津田左右吉の思想史的研究

家永三郎著

岩波書店

津田左右吉とその筆蹟

（左）1960年10月米寿祝賀会であいさつ中の津田（松島栄一氏提供）

（右）1953年10月4日付家永三郎宛書状自署

戦前の著作（日本思想史・記紀研究関係のもの）

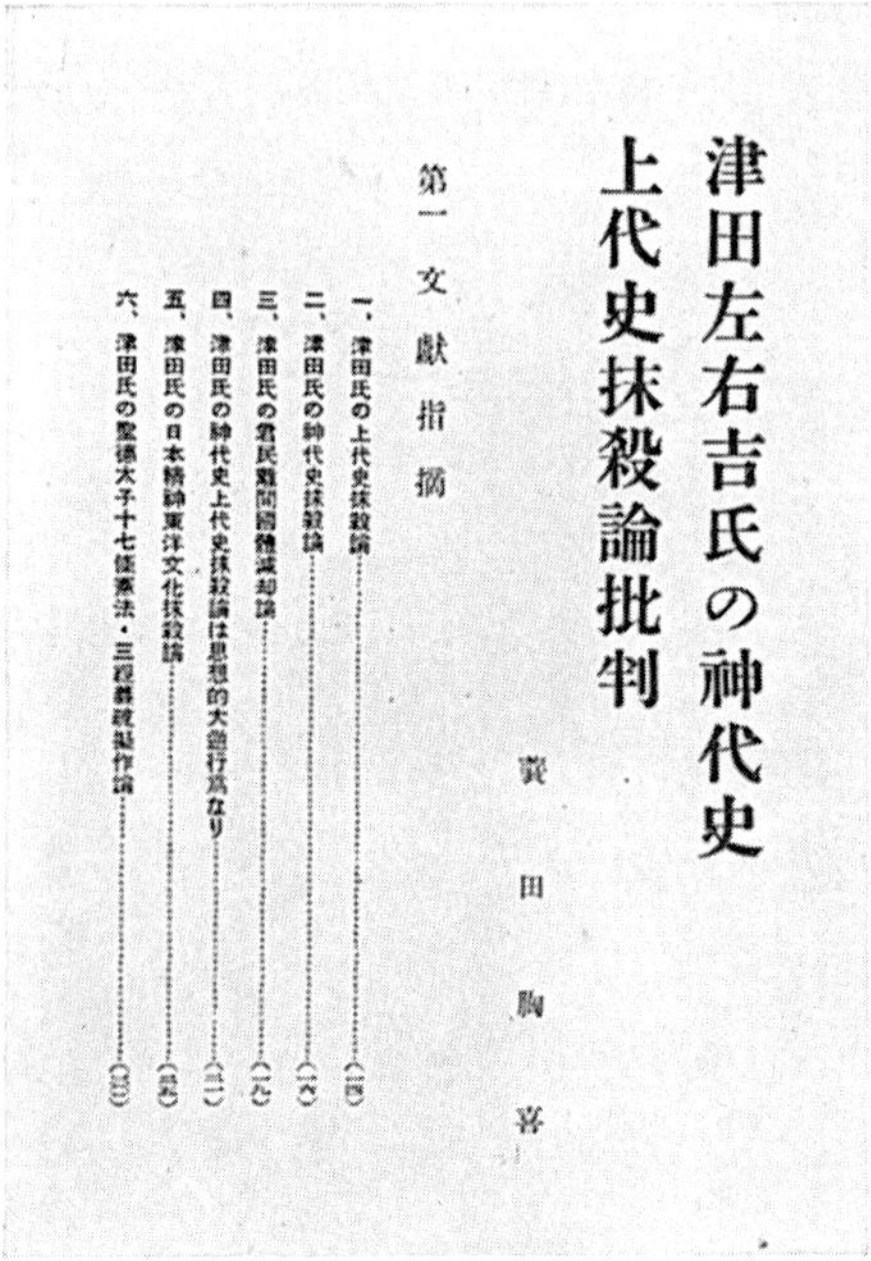

津田左右吉氏の神代史上代史抹殺論批判

蓑田胸喜

第一 文献指摘

一、津田氏の上代史抹殺論

二、津田氏の神代史抹殺論

三、津田氏の君民離間國體滅却論

四、津田氏の神代史上代史抹殺論は思想的大逆行爲なり

五、津田氏の日本精神東洋文化抹殺論

六、津田氏の聖徳太子十七條憲法・三經義疏捏作論

(1)「原理日本」臨時増刊

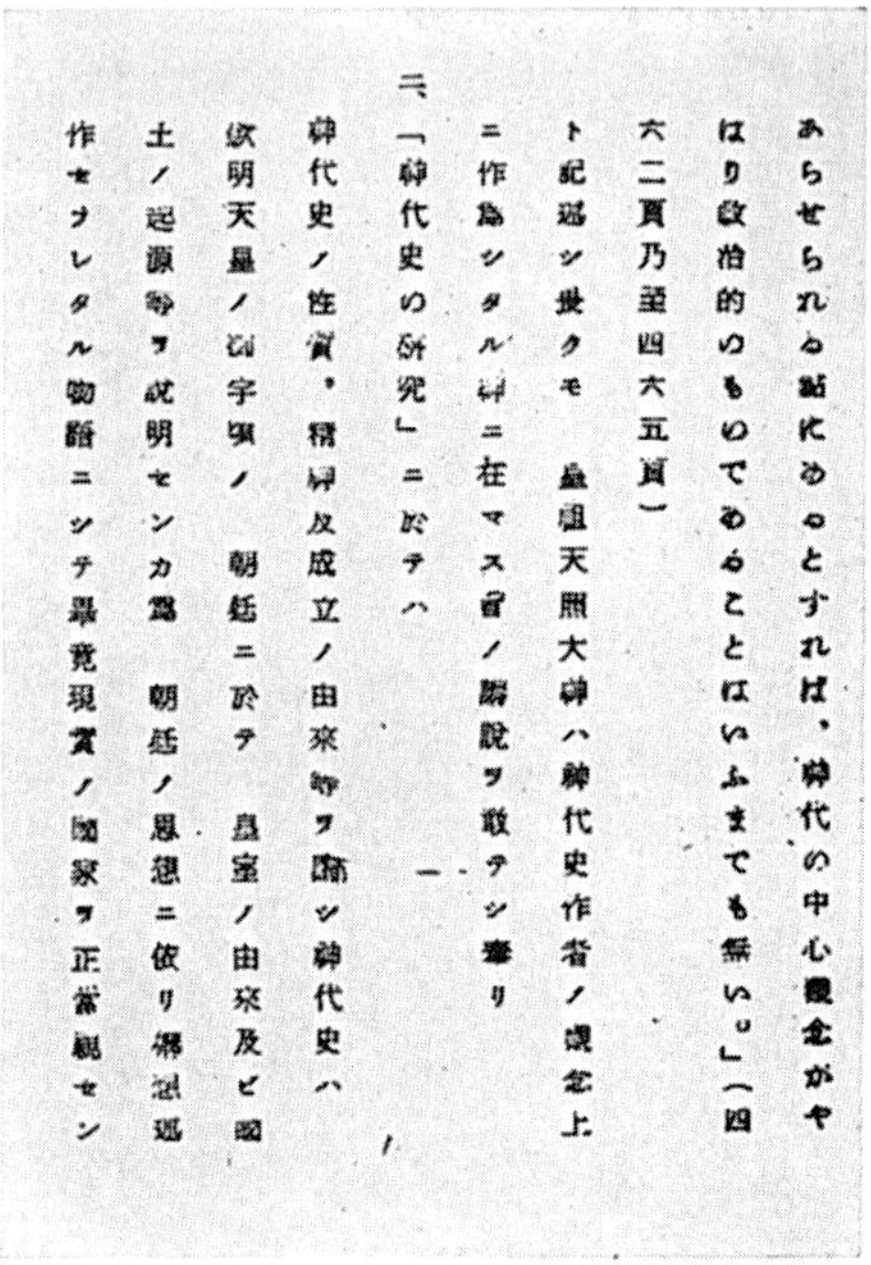

あらせられるにあるとすれば、神代の中心觀念がやはり政治的のものであることはいふまでも無い。」（四六二頁乃至四六五頁）ト記述シ畏クモ皇祖天照大神ハ神代史作者ノ觀念上ニ作爲シタル神ニ在マス旨ノ講說ヲ敢テシ奉リ

二、「神代史の研究」ニ於テハ ―― 神代史ノ性質、精神及成立ノ由來等ヲ論シ神代史ハ欽明天皇ノ御宇頃ノ朝廷ニ於テ皇室ノ由來及ビ國土ノ起源等ヲ說明センカ爲朝廷ノ思想ニ依リ構想述作セラレタル物語ニシテ畢竟現實ノ國家ヲ正當視セン

(2) 予審終結決定書

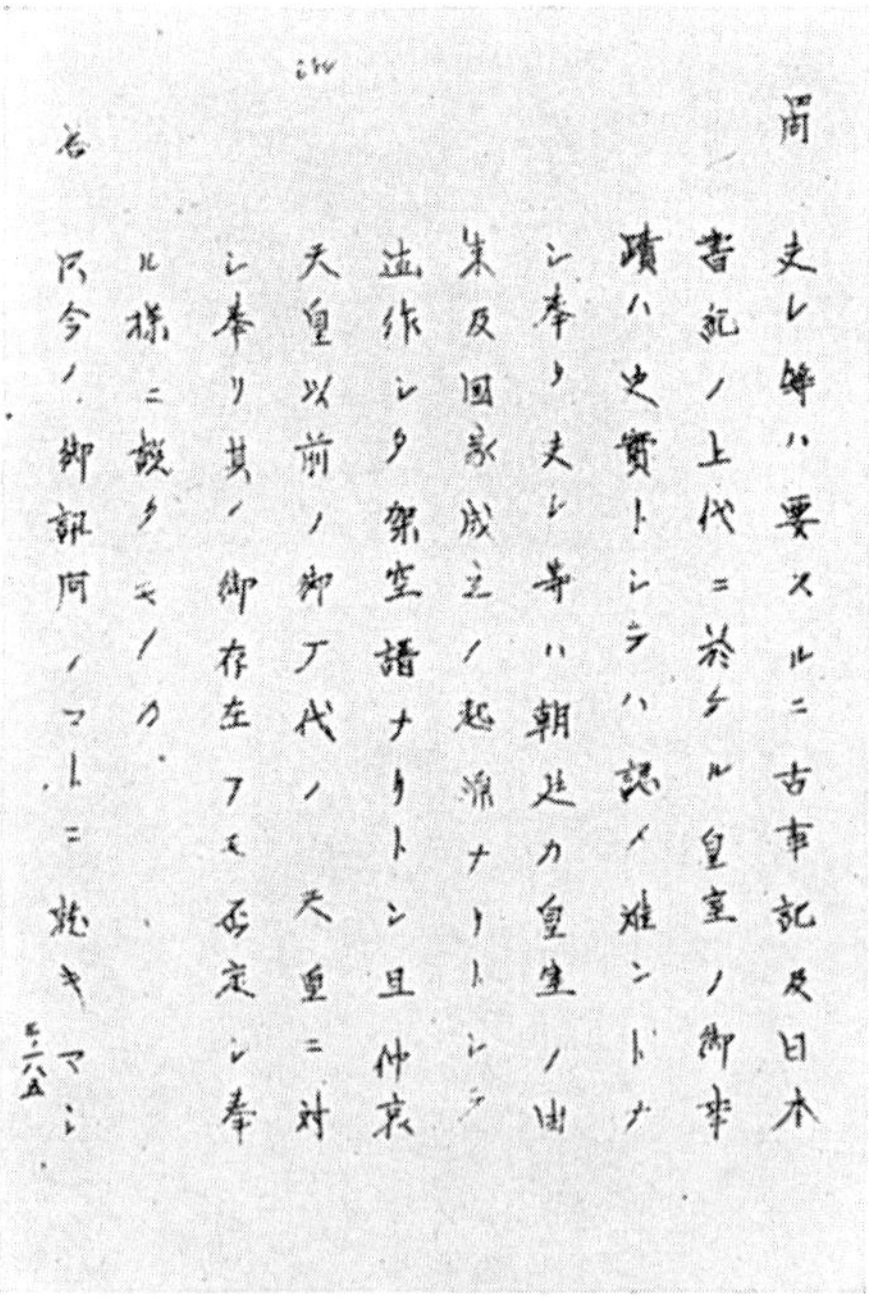

問 夫レ等ハ要スルニ古事記及日本書紀ノ上代ニ於ケル皇室ノ御事蹟ハ史實トシテハ認メ難シトナシ奉リ夫レ等ハ朝廷カ皇室ノ由來及國家成立ノ起源ナリトシテ述作シタ架空譚ナリトシ且仲哀天皇以前ノ御歴代ノ天皇ニ対シ奉リ其ノ御存在ヲモ否定シ奉ル様ニ説タモノカ

答 只今ノ御訊問ノコトニ就キマシ

(3) 公判速記録

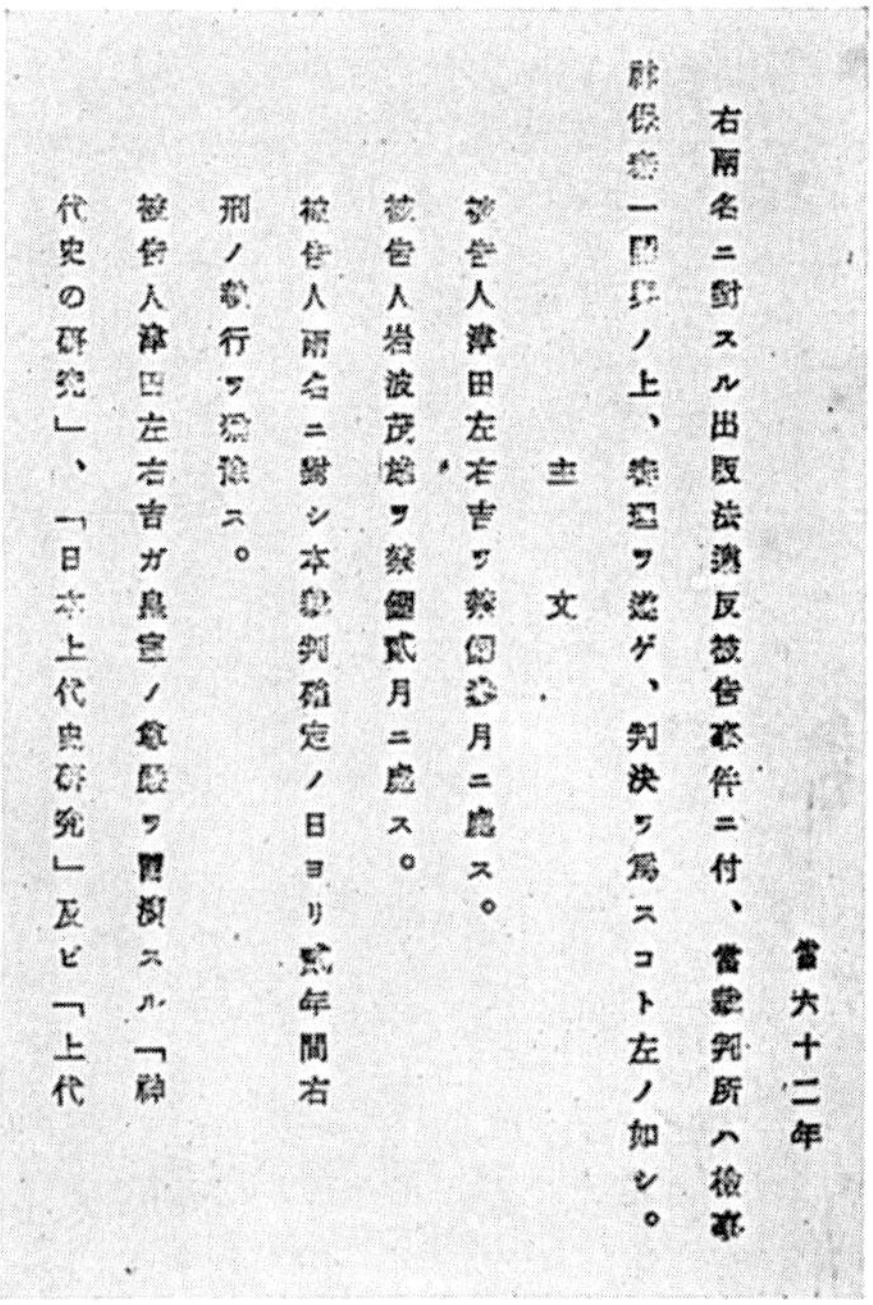

當六十二年

右兩名ニ對スル出版法違反被告事件ニ付、當裁判所ハ檢事神保泰一關與ノ上、審理ヲ遂ゲ、判決ヲ爲スコト左ノ如シ。

主文

被告人津田左右吉ヲ禁錮參月ニ處ス。

被告人岩波茂雄ヲ禁錮貳月ニ處ス。

被告人兩名ニ對シ本裁判確定ノ日ヨリ貳年間右刑ノ執行ヲ猶豫ス。

被告人津田左右吉ガ皇室ノ尊嚴ヲ冒瀆スル「神代史の研究」、「日本上代史研究」及ビ「上代

(4) 判決書正本

序

何故に書名のごとき主題について一冊の書物を書いたのか？　津田左右吉が今日すでに研究の対象として全力をあげてとりくむに値する巨大な歴史的存在となっていることがその最大の理由であるのはもちろんとして、そうした客観的理由のほかに、津田の学問と思想とが、日本思想史学を専攻してきた私の研究生活の上に消すことのできぬ重大な影響を及ぼしてきた先行業績であるという個人的な事情にもよることを、まず告白しておかなければなるまい。

本論中に述べてあるような、明治憲法＝教育勅語体制下の国家権力により統制された公教育のなかで「正統」の歴史観・国家観を吹きこまれてきた私が、その呪縛から脱却するための跳躍板となってくれた思想はいろいろあるが、もっとも決定的であったのは、第一に新カント派の哲学であり、第二に親鸞の宗教とキリスト教であった。これらの思想により、「国体観念」の源泉とされた「国史」の重みをはねのけることが、私にとりはじめて世界を批判的にみる目を開くための論理的前提となったのである。しかし、目の前を覆ってきた神秘のカーテンがはらいのけられたのちに、改めて日本の歴史を新しくどのように見直したらばよいのか、その方途を失なって歴史そのものと疎遠になろうとしていた私に、具体的な形で全く新しい歴史の見方を教えてくれたのが、津田左右吉の学問であった。

『神代史の研究』その他一連の記紀批判の労作と『文学に現はれたる我が国民思想の研究』四冊とを読了したときの深刻な印象を、私は永久に忘れることができないであろう。当時はまだ津田の筆禍事件がおこる前であったので、記紀批判を主題とする諸著作の入手に困難はなかったが、『我が国民思想の研究』はすでに稀覯本に属していた。図書館から借出したこの大冊を読み終る前と後とでは、四周の景色までが一変したような痛烈な印象がいつまでも消えなかった。そのころこの書物は古本屋にもめったに姿を見せず、稀に三冊までの揃いが現われることはあっても、第四冊目の『平民文学の時代 中』までふくむ四冊の揃いはほとんど見つからなかったのであるが、苦心の末、ようやく四冊揃いを発見し、目の玉のとび出すほどの高い代価を払って購い帰り、改めて傍線を一面に引きながら読み返すことのできたときのうれしさも、また忘れることのできない思い出である。

それほどまでに傾倒したその人が、戦後の動きの中でいつの間にか全く別世界(思想の次元での)の人となって行くのを見なければならなかったのは、個人的心情からすれば私にとりまことに忍びないところであったけれど、同時にこれを機会として、津田の業績を、今までのように自分の学問の指針としてでなく、客観的な史的認識の対象としてつき放してとらえ直してみようという気持を起させることともなった。こうして、私は、いくつかの津田を対象とする短い論文を執筆公表したのであるが、津田が世を去ったのちに、『全集』の編集公刊が行なわれ、今まで公刊された著作だけからはわからなかった青年時代の思想形成過程を示す未公表の日記や、その他日信・メモの類が本篇と付録とに数多く収められて活字化され、これらを総合してもういちど思想家津田左右吉の全貌を再構成してみる必要が感ぜられるようになったのである。

たまたま、一九六五年以来、私は教科書裁判という前例のない裁判の原告としてはげしい攻防戦の渦中に立つ身となったが、その争いの中で、争点の一つとなっている検定不合格箇所が、戦前の津田の研究成果に立脚して書かれたものでありながら、これを不合格とした文部省は、その不合格処分を正当化する証拠として戦後の津田の著作を法廷に提出するという、奇怪なできごとに遭遇した。訴訟当事者として理論的にゆるぎのない裏づけをするためにも、私は、戦前の津田と戦後の津田とを統一的に再認識することにより、文部省に右のような手口で利用されることとなった客観的根拠をきびしく洗い出してみなければならないと考え、津田左右吉の総合的な研究を、一日も早く完成する必要を、改めて強く感ずるにいたったのである。

本書のごとき主題の著作にとりかかることとなった著者の主体的動機には、右のようないろいろの事情があったのであるが、もちろんそうした私ひとりの個人的動機だけが、こうした研究が学問的に必要とされる理由のすべてでないことは、冒頭に一言したとおりである。これまた本論において明らかにされるとおり、津田は大正デモクラシーの精神を学問的にもっともみごとに代表する思想家・研究者として、美濃部達吉や柳田国男と比肩する位置を占めているのであって、さきに『美濃部達吉の思想史的研究』を公にした私が、さらにその姉妹篇として『津田左右吉の思想史的研究』を書いてみるのも、明治思想史に比べて比較的におくれている大正思想史の研究の深化のために何ほどか役立つかもしれないという、学界の現段階に即しての客観的課題の認識にもとづくところでもあることをも付言しておこう。

津田の著作の内容の考察をおもな目標とするこの研究では、『津田左右吉全集』を利用するのがもっとも便利であるけれど、津田には一度公刊した著作に何度も加筆添削を施す習慣があり、『全集』所収のテキストも、初版本をそのまま覆刻した別巻および生前未公刊の自筆本等を別とすれば、戦後の、上述のような思想転換後の立場からの改訂の加えられている本文を用いたものが多く、当該文章の最初の公刊時の原形でない場合が少くないので、津田の思想の変化をたどろうとするには、『全集』のテキストだけに依存できないのである。したがって、本書では、戦前の津田の思想をその公刊著作によって論ずる場合には、できるだけ最初に公刊した版(初版本でなくても、少くとも戦前公刊の版)を用いることとし、戦後の津田の思想を考えるに当っては、戦後の執筆にかかる著作とあわせて、戦前版と戦後版との本文を比較して改訂部分を検出することにより、戦後の津田の思想を窺う史料として用いる、という方法をとることにした。なお、津田の筆禍事件裁判の経過は、もっぱら岩波書店の好意により閲覧できた同店所蔵の裁判記録により、架蔵の関与三郎氏旧蔵書中の若干の資料を補足的に利用したこと、本文当該箇所に記してあるとおりである。これら史料の蒐集については、裁判記録閲覧の便を与えられた岩波雄二郎氏のほか、松島栄一・山田昭次・鹿野政直諸氏の好意にまつところがあったこと、関連事項の調査のために日本書紀研究会会員諸氏ならびに直木孝次郎氏の協力を煩わしたことを記し、深厚なる謝意を表する次第である。

さきにも述べたように、私は戦後早くから(まだ津田の思想の変化を感知しない時点から)津田を史的認識の対象とした短文を幾篇も書いているので、本書の起草に当っても、その後の新史料や再考察に基いて修正しなければならないところは修正するとともに、旧稿を今日なお維持できると思う場合には、これをそのまま本書の一部として編入することとした。それらの旧稿を発表順に列挙すると、左のとおりである。

「日本思想史学の過去と将来」(『日本思想史の諸問題』所収、一九四八年)

「津田史学の思想史的考察」(『歴史地理』第八十四巻第一号、一九五三年。『現代史学批判』『日本の近代史学』に増訂再録)

「異版の比較」(『学鐙』第五十一巻第五号、一九五四年)

「記紀批判弾圧裁判考」(『ヒストリア』第十七号、一九五七年。『日本の近代史学』に増訂再録)

「津田史学小考二題」(『日本の近代史学』所収、一九五七年。前の「異版の比較」と『文学』第十九巻第十一号掲載戦後版『国民思想の研究　第一巻』書評を大幅に増訂したものとを、合わせたもの)

「津田左右吉の学問と思想」(『思想』第四五二号、一九六二年。『近代日本の思想家(新版)』に再録)

本書は、いわば多年にわたる著者の津田研究を核とし、改めて体系的に全般にわたる実証を試みた成果であるといってよい。ただ、全般にわたると言っても、津田は日本学の大家であるにとどまらず、中国思想史の分野でも巨大な業績をのこしているのであるが、この領域について全くの門外漢である著者には、具体的史実に関する津田の研究を理解・批判する能力を欠いているため、日本学者・思想家としての津田の物の考え方がどのような形でその分野に現われているかを探り求めるにとどめるほかなかった。そういう点で、本書はあくまで津田左右吉の思想を歴史的に研究したものであり、津田の学問を全面的に学説史的に追究しようとする意図の下になされた研究でないことをも、あらかじめ御承知願っておきたいと思う。

本書においても、津田の日本研究中最大の業績である『我が国民思想の研究』と記紀研究とについては、それぞれの研究史上における位置づけを試みてはおいたが、本書の主題はどこまでも書名に示したとおり「思想史的研究」であって学説史ないし研究史の研究ではない。したがって、津田の学説の当否、特に実証の当否については、その判断を必要としないかぎりは、一切論じないのを原則とし、学説を通して示された物の考え方の歴史的意義の認定に主力を注ぐこととしたので、その点もあらかじめ読者の御諒承を仰ぐ次第である。

最後に、私事にわたって恐縮ながら、本書成立の経過をふり返ってみると、いささか感慨なきを得ない。著者は、一九六六、七年の交、『太平洋戦争』の原稿を書き終えたのち、まもなく本研究の準備にとりかかり、一九六八年初めには、一応基礎作業を終えて執筆を開始したのであるが、わずかに冒頭の数章に及んだ時点で、職場である東京教育大学が異常な状態に陥り、著者の所属する文学部教授会はきわめて苛烈な状況に追いこまれ、もともと持病に悩んでいた著者の健康は悪化し、その後二年半ばかりの長期間、執筆を完全に中断するの余儀なきにいたらしめられた。一九七一年正月、ようやく執筆を再開し、八月にいたって一応擱筆にまでこぎつけることができたが、このような「難産」の苦しみは、数だけはかなりの著書を書き続けてきた著者にとり、はじめての経験であった。しかも、身辺依然多事をきわめ、かつ心身の疲労と老化の進行のいちじるしい時点で書き上げられた本書が、まことに恥しい成果でしかないことは著者自らよく知るところであるが、名のみ高い割に全体像の必ずしも十分把握されていない津田左右吉について初めて総合的な解明を企てた試みとして、今後のより高い研究のためのすて石となるだけでも満足と考え、とにかく多年念頭を離れなかった課題に一応の始末をつけるつもりで、あえて大方の叱正を仰ぐことを決意した次第である。

いささか著作の意図と由来とを述べて、序に代える。

一九七一年八月十五日

敗戦二十六年の思い出多い日に

家永三郎しるす

目次

第一編　津田の思想の形成過程

本書の中心題目は客体形象化された津田左右吉の学問・思想の歴史的理解であって、人としての津田の人生行路や人間像を復原するにあるのではないから、津田の伝記の精細な究明は最初から行なわない方針であるが、その学問・思想の性格と客観的位置とを明らかにするためには、それらの形成過程だけはどうしても一応辿っておく必要があるので、その限りにおいてまず津田の学問・思想体系が確立するまでにその構成要素を成すいろいろな物の考え方が津田の内心にどのようにして定着して行ったかを検討してみることとする。

津田の思想形成の迹を語る文献としては、晩年に幾篇かの回顧録が公刊されている。一九四九年発行『おもひだすまゝ』付録「子どもの時のおもひで」、『思想』一九五一年一月号掲載「学究生活五十年」等自ら執筆した自伝的文章六篇(『全集』第二十四巻所収)がそれであるが、戦後三回にわたり私が津田と面接して聞き取りを行なった際の覚書[1]や『津田左右吉全集付録』に掲載された諸家の聞書や回想記のごとき、他人の筆に成る史料もある。[2]これら後年からの回顧を記録したもののほかに、『津田左右吉全集』により広く学界に知られるにいたった明治二十五年十九歳以来の若年期の数多くの短篇の文章[3]と、『全集』で初めて活字となった明治二十九年二十三歳以後明治末にいたる青年時代の日記[4]とは、その時点で津田自らが執筆した根本史料として、晩年の回想ほどに包括的でないかわりに微視的に正確な事実をそこから豊かに探り出すことができるであろう。これらの史料につき、後年の壮大な津田の学問・思想体系の源流が那辺にあったかを、本研究の主題に必要な角度から探って行くことにしたい。

(1)　私は、昭和二十三年二月十六日、同二十五年九月十日、同二十八年四月五日の三回にわたり、津田からの聞き取りを行ない、そのたびに記憶の新鮮なうちに談話の趣旨を覚書としてまとめておいた。本書ではそれらの覚書を必要に応じ引用するが、その際覚書の原本どおり仮名づかいにいたるまで一切手を加えないで引用する。

（2）『全集』各巻『付録』だけについて見ても、史料として価値ある諸家の文として次のようなものがある。森於菟「独協時代の津田先生」（第1巻付録）・原随園「津田博士の読書」（第2巻付録）・柳田泉「津田先生雑聞集」（同）・吉岡紹直「千葉中学校時代の津田先生」（第3巻付録）等。

（3）これらは『全集』第二十二巻に収められている。以下これらの引用はみな同巻による。なお、第二十三巻には、久しく知られていなかった青年時代の東洋史と国史の教科書が収められている。

（4）明治二十九年から明治末までの日記（途中欠けた部分がある）は『全集』第二十五巻・第二十六巻に収められている。以下これらの引用はみな右両巻による。

第一章　幼少年期の原体験

津田の父は、藤馬といい、尾張徳川藩の附け家老今尾藩主竹腰家から四十二俵の家禄を受けた武士であったが、明治二年に主家の命で美濃国米田《よなだ》の東栃井《ひがしとちい》(今の岐阜県美濃加茂市)に帰農した。明治五年同藩士であった加藤氏の女勢以と結婚し、翌六年十月三日その間に津田左右吉が生れたのである。津田はこの東栃井という山村で帰農士族(藤馬は学制頒布により付近八か村合同で創立された文明学校の助教となっていたという)の子として成長したのである。[1]

最幼少期の津田の原体験ともいうべきものは、右のような環境の中で形成されたのであるが、そこでは次のような点を注目する必要があると思う。その一は、津田家の主家が親藩徳川氏の家老であったばかりでなく、津田の回想記によれば、藩中でも「いはゆる佐幕派のほうであつた」という事実で、津田の終生を通じてかわらなかった明治維新観、すなわち天皇制国家の正統的歴史観と異なる歴史の構想は、おそらく津田が幼児からその生活環境を通して肌で感じとったものではなかったろうかと思われる。後にくり返し詳論するとおり、正統的歴史観と異なる一系列の歴史観の唱導者たちの出自をみるに、明治初年の文明史を代表する福沢諭吉にせよ、明治中期の民間史学の最高峰に位置する山路愛山にせよ、これらに比すれば光は薄いが正統的尊攘中心史観と異なる歴史像を示した島田三郎や福地源一郎にせよ、いずれも幕臣の出身であったことを考えるとき、津田が尾張藩の佐幕派の家中という家庭で成長した事実は、その歴史意識形成の出発点をなす原体験として、みのがすことができないのではなかろうか。

この点と連関して次に考えられるのは、彼の家が帰農はしたが武士出身の士族であり、その居村においては孤立した異質の家族であったらしい点である。回想記によると、津田は「学校では友だちといふようなものはできなかつた」という。「ことばづかひなどにも土地の人とはちがつたところがあつたし、一たいに『こゝらのこどもしう』とはいくらか変つたしつけをうけてゐたから、わけへだてをしたのではなかつたらうが、何となくこんなふうになつてゐたらしい。学校でも袴をつけてゐた子どもは、わたしひとりであつた」そうで、生粋の農民の子どもたちとわだかまりなくとけ合えない士族の子としての特殊な境遇が、これまた彼の終生かわらぬ孤高の精神、善くいえば衆愚に雷同せず独自の思想を堅持する強烈な主体的精神、悪くいえば大衆の切実な要求を必ずしも身をもって同感できない無意識的な知的独善性が、このような生活条件によって培われたように想像される。青年になってからも、彼は、その日記に「止むを得ざる用事あるにあらねば同僚を訪づれまじと決心せり。訪づれて却つて不愉快を感ずること多ければなり。寂莫なるかな、孤独なるかな」(明治二十九年十月十四日)「あはれ人の世のさびしきことよ。知己といふもの一人だにあらましかばとおもへどせんなしや」(三十一年六月七日)「うきわれをさびしがらせよ閑古どり。此の一句何等の断腸の吟ぞ。いほりならべん冬の山里、と詠じけん西行もさすがにおなじこゝろの友ほしかりけむ。吁、われは、われは(中略)われは賑々しく事をなさんとは欲せず、むしろさびしく物を思はんと欲す。されどひろき天地にひとりのみ泣き、さわがしき世の中にひとりのみ物を思はんはあまりに情なからずや。われはたゞ此のさびしさわくる友のほしきなり」(三十二年十月十五日)という孤独感をたえず書きつけていた。そして、この孤独感が同時に自己の個人的主体性において社会に積極的に貢献しようという積極的な意欲と微妙に結合する方向をふくんでいたことは、大正十五年二月十五日の日記に「一人のすること、いふことは、何等かの影響を隣の人に及ぼさずには置かぬ。(中略)僕はかう考へて、狭い社会に寂しい生活を送つてゐる。大きい事業は出来ないから、小さい仕事をまじめにやつてゆく。さうすれば、小さいながらに世間に貢献することが出来る。僕はかう考へて、じみなしごとをコツコツやつてゐる」という孤独の自己の使命感を吐露しているのに徴しても察知せられよう。晩年の回想には、幼時の家庭生活につき、時のへだたりに浄化されたせいでもあろうか、別に不満めいた記述が見られないけれど、明治三十年五月五日の日記に「われは幼時より、厳格なるといはむよりは寧ろ乾燥なる家庭に育ちたれば、(中略)楽しくなつかしき家庭の記念を有せず。されば、(中略)詩歌をよみ、小説をよみて、かゝる家庭の有様を叙するところに至れば、思はず潸然として涙を流すことさへ稀ならず」と記しているから、学校や村の中ばかりでなく、家庭内でも孤独感を禁じえない環境裡に成長したのであろう。直接に生きた社会の動きに身を投じ泥にまみれて歴史の実態を体得するのでなく、図書館や書斎にとじこもり万巻の書を読破することにより世界の諸相を鋭く読みとって行った津田の学問方法の強さも弱さも、原点に遡って行くと、こうした幼少期以来の孤高の生き方から出ていると考えてよいのではなかろうか。

しかし、士族であるが故に農民によって構成されていた村の人たちの中にとけこむことがむつかしかったということは、士族が特権的階級として村共同体の上に君臨していたことを意味しなかったようである。当時の東栃井の村の階級構成を究明する力のない私には、客観的な史実を示すことはできないが、津田の意識に反映したかぎりでは、「この村では、家々の間にいくらかの貧富のちがひはあつたが、しかしそのへだたりはさほど大きくはなく、村びとはみな互に平等なつきあひをしてゐた。地主といふもの小作人といふものは、なほさら無かつた」という、階級的分裂の著しく感ぜられない条件が、少くとも明治十七年の深刻な不況の到来までは維持されていたようである。おそらく十七年の農村恐慌のためであろう、「田地を売らなくてはならぬようになつたものがいくらか生じ、それが売つた田地をそのままに耕作してゐて、買ってもらつた人に年貢を納める、といふことが行はれたらしく、現にわたしの家が、さういふようにして、わづかながら年貢が入ることになつ」たというから、次第に階級分化の進行してきたことは疑を容れぬが、明治二十三年に東京に遊学して村を離れた津田は、「帰つて見るたびに、近所の家の家づくりのだん〳〵りっぱになって来たのが目についた。養蚕が盛に行はれるようになつたので、そのために大きい家が必要なためでもあつたが、またそれによつて、富が増して来たからでもあつたらしい。屋ねを瓦ぶきにした家や二階だてのものができ」てきた明治二十七、八年戦役前後からの村の急速な変化を、もはや第三者の目で見る立場に移行していたから、彼の意識に実感として定着したのは、彼が物心ついてから離村するまでの時期の村のイメイジであって、階級分化進行後の村のイメイジではなく、後に詳述するごとき津田の史的唯物論への一貫した拒否的反応は、やはりその根源をそうした原体験のうちに有していたのではあるまいか。

このように、津田が佐幕派士族、共同体的農村といった前近代的世界の内から精神生活を歩み始めながらも、そのような政治空間的条件がちょうど明治初年のいわゆる文明開化時代という政治時間的条件と重なり合っていたところから、他面では同時にいちじるしく開明的な精神の洗礼を幼少時において受けていた事実をも重視する必要がある。津田は明治十二年に小学校に入学したが、小学校で使用した教科書のうちに「アメリカの読本の翻訳めいた」小学読本があったという。著者の父家永直太郎も津田と同年齢の明治六年生れであるから、ほぼ同じ時期に小学校に在学したものと推定されるが、著者は父から、自分が小学校で習った読本の冒頭には「神ハ天地ノ主宰ニシテ、人ハ万物ノ霊長ナリ」と書いてあったということをたびたび聞かされ、今日でもその文句を正確に記憶しているほどである。おそらく津田が使用した小学読本もそのような類のものであったのであろう。そればかりでなく、小学校を卒業する明治十九年前のある時期に「ロオマ字でニホン語を書くことを、そのころに新しく来られた若い助教の先生から教へられたこと」もあったそうで、明治二十年以後の国粋主義復活以後の学校教育では到底考えられないところが多かったようである。西洋直訳の教科書を使ったからとて、そこにふくまれているキリスト教や西洋民主主義の思想を正確によみとって解説できる教師が多かったとは考えられないけれど、すくなくとも後年のような忠君愛国道徳の注入が学校教育に対し期待されていなかったことは、疑問の余地がない。津田の使用した教科書のうちに『太古史略』というのがあって、神代の話の大すじが書かれており、いちばんはじめにアメノミナカヌシの神の名のあったことを彼は晩年まで記憶していたとのことであるが、「神代の話が書いてあつても、たゞその本を読んだだけで、皇室のことや、後にやかましくいはれるようになつた国体といふようなことについて、教へられたり注ぎこまれたりしたことは、何も無かつたにちがひない、さういふことのあつたような記憶は、少しも無い」し、「学校で祝祭日の儀式といふようなものは行はれなかつた」「後年のやうに国家的意義のある祝日をやかましくいふことは、学校でもせられなかつた」と、津田の回想記には記されている。津田より四年早い明治二年に生れた木下尚江が明治四十三年の創作『火宅』の作中人物の口をかりて「私の考では、人の一生は、生れて、始めて吸うた空気の味に依て決定されるものらしい。其れで、私共と貴方々との間には、僅か十年か十何年かの間でありながら、一つの線が引いてある。貴方々は、始めて小学校へ行らしつた時、直ぐと愛国主義の道徳を、其の白い柔かい頭脳《あたま》へ打ち込まれなすつたでせう。所が私共は遂に此の愛国主義と云ふ者を知らずに育つて仕舞いました。愛国主義と云ふような固陋な思想では不可《いけない》と云ふことを、学校に於ても、社会に於ても、共に教えて呉れたのでした。私共は、明治維新と云ふ革命的意気の濃厚な空気に呱々の聞《こえ》を上げましたので、外に対しては『広く智識を世界に求める』と云ふ例の五条の大宣誓、内に向ては『四民平等』と云ふ破天荒の階級打破、私共が小学校で始めて与へられた教科書には、忠君とか愛国とか云ふ文字は影も無くて、直に『神』を教えられたものです」と語っている[2]のと照しあわせるとき、この前後の学校教育が、その後の教育思潮に比べていかに異質的な内容をもっていたかを容易に理解しうるであろう[3]。著者が津田から直接に聞き取りを行なった際に、津田は這般の事情をいっそう具体的に語ってくれた。

私の場合とあなたの場合とだいぶ違ふ様だ。自分は、家庭でも何もある道徳を強ゐられたことはなかつた。学校でも、特定の道徳をつめこまれる、といふ様なことがなかつた。教育勅語を知つたのは、中学の教師になつてからだ。だから、周囲の空気に窮屈なものを感じたこともなく、ましてそれから脱出しなければならぬ、といふ必要を感じたこともなかつた。

自分らの時代には、あなた方の時代よりもつと自由なのび〱した空気があつたのだ。さういふ中で、自分は半ば日本の古い文化になつかしいといふ気もちをもち、共鳴する気もちをもち、しかしまた一方新しい西洋の空気を吸ひながら成長した。だから本居宣長の書いたものなど、何だこんなものと最初から思ひながら、しかし古事記そのものには愛着を感じてゐた。(4)

昭和二十八年という最晩年になってからの回想であり、少年期から青年期にかけてのかなり長い時期のことを包括的に語っているので、それがそのまま津田の原体験を忠実に復原したものとはなしえないにせよ、明治憲法＝教育勅語体制成立後に成長した世代とは異なる明治初年生れ世代の少年期の精神的雰囲気がきわめて非画一的であったことはよく示されているし、それが決して津田個人の特殊な体験でなかったことは、異なる土地で成長した木下の前記の回想と符節を合わせるごとく一致しているところからも確認されるのである。そこには後年の国の教育政策の大きな柱の一つをなした道徳主義精神主義はまだ現われていない。それなればこそ、前記のようにキリスト教思想を直訳した教科書を使っても、キリスト教に随伴する強烈な精神主義や宗教道徳は脱落し、むしろ当時の学校教育制度の出発点をなす学制の根底にある福沢諭吉的実学精神、さらに福沢にとどまらず当時の思想界の先達者の多数に共通する実証主義ないし唯物的傾向さえもが、こどもたちの環境に漂っていた形迹がある。津田の家庭では、「むかしの武士の年中行事は、ほとんど行はなかつた。男の子であつたわたしのために五月の節句のお祝ひもしなかつた。(中略)近所の農家ではむかしからのしきたりのまゝに節句の行事もしたようであるが、うちではかういふふうであつた。今から思ふと、これは『旧弊』として古いならはしをやめる意味においての『文明開化』の風潮に従つたものらしく、父の思想の一面にはかういふところがあつたようである。（中略）父は、まじなひとか占ひとかいふようなことが、大きらひであつた。（中略）儒教くさいことは、何も無かつた。（中略）父は仏教に対しては冷淡であつたらしい。神さまは信仰していたので」、毎朝家での礼拝と村社への参詣は欠かさなかったが、仏壇に礼拝を行ないながら、「おれは御先祖さまにおまゐりするのだ、ほとけさまを拝むのではない、おれはお念仏などは唱へないよ、としばしばいつてゐた（家の宗旨は浄土宗であつた）。（中略）坊さんも、坊さんであるために尊敬することはしなかつたようであつて、今の坊主はみんなデモ坊主といふものだ、とよくいつてゐた」。これらは学校ではなく家庭での雰囲気であるが、いずれにせよ、津田はこうした精神的環境の下で封建教学や封建的宗教の権威を完全に無視する姿勢をしらずしらずの裡に身につけつつ成長したのではなかったろうか。著者の父が、極端に精神主義を偏重する陸軍の将校でありながら、終生一切の宗教・呪術の類を全く信ぜず、徹底した無信仰と唯物論とを固持していた[5]のを、一時はふしぎに思ったこともあるが、明治六年生れという世代が物心ついた時期の文明開化の流行は、そうした思想をこどもにまで植えつける力を発揮した場合が少くなかったのであろうか。津田の後年の思想の基本的特色のいくつかが、彼の父の上記のごとき精神生活の基調と一致している点から考えると、その源泉はこれまた幼少期の原体験にまで遡ることができるようである。

このような原体験——それらはおおむね最年少期に環境から受動的に影響せられたと認められる——を核とし、さらにその上に彼が、成年に伴ない次第に自覚的積極的に時代の思潮から吸収したもろもろの物の考え方が累積し、やがて巨大なる独自の思想体系が形づくられて行くのであった。

（１）『全集』第二十四巻所収の自伝類と尾関公見「津田先生のご両親」(『全集第二四巻付録』)による。以下幼少年期の記事も同じ。

（２）これが木下自身の回想であったことは、昭和になってからの回想記「国家主義以前」(『神・人間・自由』所収)のうちで、「若き人よ。僕等のやうな古き人間、明治時代第一期の少年は、君等の受けたやうな愛国教育と云ふものを、遂に知らずに過ぎてしまつた。明治十八年の暮、僕が中学を出て来る頃、若い教員が二三顔を寄せて、『何でもこれから、国家主義の教育つてことになるんださうだ』こんなことを、不安げにささやき合つて居るのを聞いた」と記している事実と照してみれば明らかである。

（３）これらは、教育史上顕著な事実であるが、その詳細は、例えば唐沢富太郎氏『教科書の歴史』Ⅱ・Ⅲ、大槻健・松村憲一両氏『愛国心教育の史的究明』Ⅰ・Ⅱ等参照。小学校で祝日大祭日に儀式を行なうことが定められたのは、明治二十四年六月のことで、津田の小学生時代に儀式がなかったと言っているのは、正確である。

（４）昭和二十八年四月五日の聞き取り。

（５）家永三郎『一歴史学者の歩み』一一二頁。

第二章　明治前半期の思想界よりの影響

青年期に入って以後の津田が、日本の思想界からどのような要素を吸収したであろうか、津田の思想の源流を明らかにしようと考えた著者は、昭和二十五年の聞き取りにおいて、津田と次のような問答を行なった。

問　先生はお若い頃『国民之友』をお読みになりましたか？

答　『国民之友』は創刊号から読んだ。その他、『日本人』も読んだが、三宅雪嶺と志賀矧川とでも意見が大分違ふ様であつたし、国粋主義の趣旨もよく分らず、『国民之友』の方が感銘が深かつた。しかし何時ごろだつたか何の事件についてであつたか忘れたが、蘇峰が前号と正反対の意見を次号に出した。真相は分らぬが、買収されたと云ふはなしであつた。その頃から興味を失ひ、終りの方は読まなかつた。蘇峰は友だちにつれられて一度訪問し、前後二、三度会つた。自分はまだ子供であつたから、向ふではろくに相手にもせず、覚えてもゐまい。初めの頃の風采は如何にも肥後人らしい野暮くさいものであつたが、仲々才子だと云ふ感じであつた。ことに創刊号の「嗟呼国民之友生れたり」などを読むと、如何にも才人との感が強い。そのほか、植村正久の出してゐる何とか云ふキリスト教の雑誌に毎号植村の評論が出てゐたが、それがまた面白かつたのを記憶してゐる。

問　先生はキリスト教に接近されましたか？

答　私は、キリスト教でも仏教でも、大勢集つてやる処には全然近づかなかつた。ただ分らぬなりにキリスト教や仏教の本を多少読んだ。

問　内村鑑三をお読みになりましたか？

答　内村鑑三は読まなかつた。

問　自由党や改進党の政論に親しまれましたか、又その機関誌を御覧になつていらつしやいましたか。

答　その頃東京専門学校の政治経済科にゐて、将来新聞記者を志してゐたので、政論の類には接したが、政治運動には一切関係したことがない。自由党系の言論には縁が遠く、学校の関係で改進党の方に親しみがあり、『朝野新聞』を読んでゐた。又陸羯南の『日本新聞』を愛読した。

問　からう云ふおたづねをしたのは、甚だ失礼ですが、先生の御思想を歴史的に考察しますと、明治二十年代から三十年代初めにかけての進歩的思想と一致する処が多いものですから。

答　改進党の政論などを読んでも、それ程影響されたとも思はぬが、或は無意識の裡に感化を受けた点もあるかもしれぬ。その頃はこれまでの英国風の学問からそろ〳〵ドイツの学問が盛にならうとするときであつた。新に国法学と云ふ学問ができて、有賀長雄や高田早苗がドイツ流の政治学を講義した。その中で衆議院の予算先議権について筋の通らぬ説明をしたのを今でも記憶してゐる。森鷗外と坪内逍遙との論戦があつたが、逍遙の説はわけがわからないもので、それ以来逍遙をあまり尊敬することができなかつた。会つたのも二、三回である。

翌二十六年に「学究生活五十年」が公表されたが、そのうちの明治二十三、四年早稲田在学時代の事実として、『国民之友』『日本人』『しがらみ草紙』を読んでいたこと、「バックルの『イギリス文明史』やギゾオの『ヨウロッパ文明史』は、読んだか読まなかつたか、はつきりしないが、本はもつてゐた。多分いくらかは読んだのであらう」こと、カーライルの『英雄崇拝論』をある感激をもって読んだこと、上京以前田口卯吉の『支那開化小史』を読んでおもしろいと思ったこと、田口の『史海』とか『史学雑誌』とかは「見てはゐたようだが」、特殊論文などは理解できなかったことなどの事実が回想されている。遺稿「『子どもの時のおもひで』以後」には、明治二十一年に名古屋に新設された西本願寺の私立学校に入学したころのこととして、「いはゆる自由民権論または改進主義を標榜する政論が世の中を風靡してゐた時であつたので、僕もそれにかぶれて、新聞や政治雑誌の評論をまねたり、一転してはこのころ流行しはじめた文学雑誌のまねをして、得意がつてみたりするやうになつた」という記述があり、柳田泉氏の聞き取り「津田先生雑聞集」には、明治十年代にまだ美濃の実家にいたころ、毎日配達され、父の愛読していた『岐阜日日新聞』を愛読していたこと、それより少しくあとのことであるが、成島柳北の『花月新誌』を誰かに借りて熱心に読んでいたことなどが記されている。ちなみに『岐阜日日新聞』は改進党系の政治新聞であるから(1)、後に上京して改進党色の強い早稲田学園に投ずるに先だち、津田はすでに改進党系政治思想の素地を植えつけられていたと推認してよいであろう。

以上は、すべて晩年からの回想を通じて窺われるところで、記憶の誤も若干ふくまれているが、青年期までの津田の思想形成とその精神的環境の輪廓をほぼ明らかにするに足りると思う。津田の著作で今日閲覧できる最初の文章は明治二十五年十九歳の年に『青年文学』に投じたもので、それ以前の津田の生活・思想については、すべて晩年の回想に拠るほかないけれど、それ以後は当時の津田が自ら筆をとった文章により確実な内容を知ることができ、さらに明治二十九年七月からは当時の日記が存在するので、いっそう詳細な事実の認定が可能となり、前引のいくつかの回想の誤を正し、また補足をすることもできる。例えば、著者の質問にたいして津田は内村鑑三を読まなかったと答えたけれど、日記の明治二十九年十一月十六日には

昨日より内村鑑三といへる人の『求安録』を読むに、頗るおもしろし。蓋し現今に於いてよく此の語をなし得べきもの、此の人を措いて将た幾人かある。文章又た頗る強健、思ふに内に熱する所あるもの巧を求めずしておの

づから巧なるものか。

と深い感銘のもとに内村を読んだことが記されているのを初めとし、同十八日・二十一日、三十年一月十五日、三十一年十月十三日等にも、内村の『求安録』『流竄録』『日蓮上人論』『東京独立雑誌』等の著作や主宰雑誌を読んでさまざまの感想を書きつけているのであって、たとい晩年には忘却したにせよ、内村の思想が津田の青年期の思想形成になんらかの作用を演じたであろうことは、推測するに難くない(2)。

内村については、晩年の回顧が訂正せられねばならないが、他方、青年期の文章により、晩年の回顧を裏づけうるところも多い。例えば、三十五年九月三十日条には

国をなすの価幾何ぞ、今もなほ記憶するこの語は、「国民之友」といふ雑誌がはじめて世にいでしとき、田口卯吉がその紙上に寄せし論題なるが、書をよみ新紙をよみて欧洲近時の趨勢をおもふごとに常にこの語を想起せざるなし。

とあり、明治二十二年二月『国民之友』が創刊号を発行したとき、当時十五歳の津田がこれを手にし、田口の「国を建るの価は幾何ぞ」と題する特別寄書を読み、後年まで長く記憶するほどの感銘を受けたことが立証されるのである。また、『日本人』については、日記に具体的にその愛読の情況がこくめいに記され、特に三宅雪嶺の論説がいくたびも引用されているほか、三十年三月二十三日条には

『日本人』一巻、いふところ見るに足らざるもの多きも、たゞ何処にか稜々たる奇気のあふるゝを見る。わが之を見るは之を愛するが為めなり。

という、総括的な愛読理由が記されている。これら愛読の告白と対蹠的なのは、福沢諭吉・竹越三叉という、客観的には津田の思想と近似性に富み、その先駆と見てよいとも思われる人々に対し、きびしい否定的評価を加えている事

実である。三十年一月十五日の日記に、竹越の『二千五百年史』の読後感として、独断をいだいて史実をこれに附会した傾向あること等四か条の批判が加えられていることと、三十二年二月二十日・六月十一日・七月十一日等に福沢の思想を論じ、「俗耳に入り易」き「物質主義」、「浅膚なる説」、「其の害恐るべきもの」、「キイタ風の議論はむしろ嘔吐を催すばかり」など、最大級の形容詞をつらねた酷評を下していることとが、(3) 注目される。

津田の青年期の教養に関し、しばらく明治三十年代ごろまでの思想界の主流との接触点について検討するにとどめた。改めて第一章の考察をも総合し、津田の青年時代までの思想形成の諸条件を概括してみると、まず帰農士族的心情に文明開化の強烈な合理主義精神の加わった原体験があって、その上に、明治十年代以来の改進党系の漸進的立憲主義政治思想、明治二十年代の開明的ジャーナリズムを代表する『国民之友』『日本人』、明治三十年前後における内村鑑三の文筆活動等の影響が加わり、いわば明治前半期の比較的前進的開明的な思潮をほぼ全面的に吸収して、精神的成長をとげて行った、と考えてよいであろう。これらのほかに伝統的文化やアカデミックな学問、宗教等との交渉もあるが、それらは別に考えるところに譲り、いずれにしても、基本的に右の開明的思潮と正面から拮抗する反動的思潮とほとんど没交渉であったことは、右の事実の反面として確認しておいてよいのではあるまいか。それとともに、彼が自由党系の古典的自由民権論と没交渉であった事実も、後年の津田の思想の基調を理解するために忘れてならぬ重要点であろう。自由民権運動が最高潮に達した明治十三年に津田はまだ数え年八歳であり、自由党の解党した十七年には十二歳に達したにとどまるが、改進党の機関紙を愛読したほどに早熟の津田にあれほど世論をわかした自由民権運動を全く理解できなかったとは思われない。しかし、明治十五年に自由党系の政治新聞『濃飛自由新聞』が刊行された事実はあっても、その刊行期間は僅に数か月にすぎず、彼の家庭で購読していたのは、長期にわたり刊行されていた『岐阜日日』であり、封鎖的な美濃の山村の少年が直接にその心情をゆさぶられるような形で自由民権の浪に接触する機会がついになかったという偶然の客観的条件が、おそらく津田と自由民権とを疎遠ならしめる結果を導いたものと思われる。(4)自由党系自由民権思想の内容は、単純に規定できないにしても、主権在民・民約憲法・一院制議会等の主張を多く含んでいたのはもとより、その最尖端の理論的指導者たちの思想の根底には共和主義の論理さえ包含されていたのであった。(5)僅々四年の年長で同じ早稲田に学んだ木下尚江と津田との成人後の思想の大きな開きは、全く異なる環境から生じた無数の要因に帰せられるにしても、自由党系自由民権からの影響の有無がもっとも決定的なものとして数えられるのではあるまいか。木下が、明治十年代の初頭の中学入学直後の時期に、松本の宝栄寺という寺で開かれた自由民権の演説会で「今日の圧制政治を覆へして自由の世界に出づる為めには、我々は皆な一身を棄てねばならぬ」という弁士の熱弁を聞き、「死んでも可い」と思ったこと、明治十七年中学登校時刻に監獄から裁判所へ送られる国事犯の被告人(飯田事件の被告人であろう)が「肩で風を切つて颯々と歩るいて行く」のに毎朝出会い、「満身の血が煮え立つて頭を衝いて上ぼるのを覚えた」ことは、自伝小説『懺悔』に記されているところであるが、改進党系の新聞に親しむにとどまった津田には、そのような体験は全くなく、それは津田の政治思想を生涯にわたり規定する消極的要因となったと思われるのである。

したがって、青年期の津田の思想形成に与った開明思想が、右のような欠落面をふくむものであったことは、津田の後年の大成された思想の特質を考える上で見のがすことのできない点であるにしても、とにかく津田は、明治二、三十年代の思想界の開明的な側面から多大の影響を吸収しつつ、その思想を形成して行ったことが認められるのであって、それは、日本の思想界の情況が大きく変化した大正期以後の津田の著作中に、明治前半期の開明思想家の著作中に見えるのと精密に符合する着想が少からず見出される事実からも窺い知ることができる。そのような符合は、必ずしも津田が直接にそれら明治前半期の先行思想を学んでそれを祖述したものと解する必要はなく、偶然同じような考え方に到達したにすぎないのかもしれないが、いずれにしても、津田がそのような物の考え方の横溢していた思想的雰囲気の中でその思想形成期を送ったことと無関係とは言えないのではあるまいか。その意味で、私の気づいたかぎりの興味ある符合の実例を次に列挙してみたい。

㈠　晩年の小論「秋の悲しさ」(6)で、津田は次のように述べている。

ニホンの四季のうちでは秋が最もさはやかな時、こゝろよい時、また最も明るい時である。いろ〳〵の果ものの実のる時であり、農民にとつては長い間のほねをりのむくいとしてのとり入れの喜びのある時であることは、いふまでもない。それであるのに、古歌に於いては秋は悲しいものとせられてゐるばあひが多い。

なぜそうかという理由を追究して、それが中国思想をそのまま受け入れた結果であることを立証しようとしたのが、この論説の主題であった。日本人の思想への中国思想の影響の究明は津田が生涯にわたって執拗に追究した研究テーマの一つであり、この小篇も、学術論文としてはそうした作業の一部をなすものとして別に異とするに足らないけれど、重要なのは、秋を悲しいものとする伝統的季節観の定型的思考から脱却し、秋を爽快なものとする新鮮な命題から研究を出発させえた津田の独創的な発想力にあるといえる。ところがそのような発想は、つとに明治三十一年十二月に内村鑑三が『東京独立雑誌』に掲げた「秋の歌」(7)と題する一文においてほとんどそのまま同じ命題として発表されていたのである。

日本人の秋の歌は悲凄断腸の調を帯びざるはなし、「随見随聞皆惨慄」、詩として衰凋を示さゞるはなく、歌として悲鳴を揚げざるはなし。

然れども秋は豊熟の期にして謝恩の節なり、盛夏酷熱の鍛錬と苦悶とを終へて万物斉しく静養安息に就くの時なり。池水の滑かなる、烟雲の幽かなる、落葉の紅なる、果実の肥満なる、一として平和満足を示さゞるはなし。

> 清流に臨みて満腔の感謝を天に捧ぐるの時、樹陰に逍遙して劫遠の希望を想ふの時は、実に寰宇秋天の静を帯び、万物調和して混乱の跡を留めざる時にあり。我国の歌人が、疎柳蟋蟀にのみ意を留る多くして、碧空清気に思を寄する少なきは、日本詩歌の一大欠点と云はざるを得ず。

(二)　津田は、江戸時代の社会制度を論じたうちで、妾の演じた客観的役割を次のように評価した。

> 世襲制度に於いて（中略）、嫡々相承といふ標準状態が凡ての場合に行はれるものでは無いから、庶子の家を継ぎ、分家から入つて本家の主人となるのは常のことである。ところが庶子の母は大抵身分の低いものであるから、かうして家を継いだものには、地位の高い貴族でも極めて微賤なものゝ血が混つてゐる。それが数代続けば、もとの家の貴族的の血は漸次減少してゆく。将軍の家が既にさうである。これは一面からいふと、貴族の家が兎も角も保たれて来た重要の事情であらうと思ふ。（貴族間の結婚によつて生まれた子のみが幾代も続けば、段々身体が弱くなつて、終には血統の断絶する虞がある。貴族の家が永続するのは、身分の卑い母方から比較的健康な血を伝へたことが大なる原因では無からうか。著者は今統計的にそれを証明するに足る十分の材料を有つてゐないが、これだけの推測はしてもよからう[8]）。

この奇抜な着想もまたその先蹤があった。つとに福沢諭吉が明治十五年三月四日の『時事新報』に載せた「妾の功能」と題する論説は、右の津田の着想とほとんど寸分も違うところがない。

> 爰に古来日本国中に氏ある名家を尋れば徳川時代の大名より盛なるはなし。然るに其初代は家名と共に人物も亦盛にして国中第一流の英雄豪傑なりし者が、養育変遷の理に違はずして、二代目は少しく変じて師を恐ろしく思ひ、三代目は又少しく遷りて政事も面倒になり、四代は酒色に耽り、五代は一室に閑〔閉〕籠り、七代は疳症にして、八代は早世、精神次第に萎縮して身体次第に虚弱、初代何々公は猪の獅子を手捕にしたる其九代目の若様は芋虫

を御覧ありて御目を舞させらるゝに至りしとは、変遷の理も亦欺く可らざる哉。此順序を以て次第に押して十代十五代に下るときは、菽麦も弁ぜず寒熱も分らず目も鼻もなき殿様を生ず可き筈なるに、其然らずして末世の大名にも中々の人物を生じたる由縁は何ぞや。蓋し偶然に非ず、妾の勢力是なりと云はざるを得ず。抑も妾なる者は寒貧の家より出身して大家の奥に乗込み、尋常一様ならざる馬鹿殿様の御意に適し、尋常一様ならざる衆宮女の機嫌を取り、遂に玉の輿に乗て玉の如き若様を生むものなれば、其才智決して尋常一様の人物に非ざるや明なり。此非常の才智を以て非常の無智に接し、有智無智相互に調和平均して、先づ以て末世の大名にも中々の人物を生じたることならん。（中略）若しも当時妾を放逐して正室のみに任したらば、大名の家は迚も三百年を持続す可らず。今其然らざるは之を妾の功力《くりき》と云はざるを得ず。(9)

前記のとおり福沢に対してきびしい否定的批判を加えた津田ではあったが、福沢と津田との意識に共通する明治前半期の啓蒙思潮が、偶然にしてはあまりにもよく符合する考え方を生み出させたと見るべきであろう。

なお、右の二例は単なる思いつきの符合にすぎず、思想の一致と見るのは大げさではないかという異論が出るかもしれないが、これらの着想が決して単なる過去の史実の解釈にとどまるものでない点を看過してはなるまい。古来日本人が爽快な秋を悲しいものとしてしかとらえ得なかった事実に対し、内村も津田も、ともにそこに日本人の伝統的思考形態の欠陥を見出し批判を加えているのである。妾によってかろうじて世襲制度が維持せられたという事実の発見は、福沢の場合でも津田の場合でも、身分秩序を尊重しながら身分秩序を裏切る実践によって封建制度が維持されたゆえんを明らかにして、封建制度の矛盾を暴露する意味をもっていたのであった。一夫多妻を罵倒した福沢が一見その主張と矛盾するかに感ぜられる「妾の功能」を説いた真意は、その文の末尾の「今日は是れ四民平等の世の中にして、結婚の法自由なれば、必ずしも権妻を買ふを要せず、妻を娶るには唯系図の名家を求めずして智徳の名家に探索せんこと、我輩の祈る所なり」という主張を導き出す前提にほかならなかったのである。両者ともに国民平等の理念から人間差別を批判するところに真意があったのであるから、秋の悲哀についての着想と同様に、過去の史実への解釈を通じて行なわれた文明批判の積極的提示であったことを理解しなくてはなるまい。以下の諸例は、思想的主張にかかわる問題であることのいっそう明白によみとられる事例といえよう。

㈢　津田によれば、国家観念とは他の国家との接触によって触発せられるものであるから、他国家との国民的交渉の機会のなかった古代以来日本人が愛国心に富んでいたかのように言うのは事実に反する、国家観念が多少とも明らかに形成されてきたのは、日本が世界列国と頻繁な交渉を有するにいたった開国以後のことであった、とされるのであり、奈良朝の思想を論じたところで、

すべて我が国民といひ、我が民族といふ自覚は、実際上、異国民と接触し衝突して、始めて生ずるものであり、異民族に打ち勝つて我が民族の勢力を拡張しようといふ意気によつて、強く現はれて来る。ところが自然地理上の環境からも、民族生活の状態からも、又た東亜全体の国際関係からも、我が上代人は異国民に対して国民的に活動する場合が無かつた。かういふ有様であるから、国民といふ自覚が無く、従つて国家といふ観念が稀薄であつたのは当然である。これは神代史を見ても明であつて、それに皇室の由来や、政府に要地を占めてゐる氏族の祖先のことは述べてあるが、国民といふ観念はまるで見えない。(中略)これは神代史が本来、皇室と諸氏族との関係を明にするために作られたのであつて、純然たる内政上の目的を有つてゐるからでもあるが、実際上、異国民に対する国民的精神が旺盛であつたならば、神代史の上にも何かの反映がなくてはならぬのに、それがさつぱり見えない。(10)

とあるのをはじめ、津田の著作の随処でくり返し説かれているところであるが、これと全く同じ考え方を、早くも明

治二十八年に大隈重信が『大隈伯昔日譚』において語っているのである。

元来、愛国心なるものは、外国に対して自国の地歩を保たんが為めに起る国民至高の観念なり。故に我国の如く外交の歴史に乏しき国には、是れまで此の観念を国民の心裡に惹起す機会に乏しかりき。古代に於ては神功皇后の三韓征伐ありて、筑紫の豪族は之れが為めに国家的の思想を生ぜしならんも、其の後は唯だ時を期して平和の往復を為すのみにて、次第に其の対外思想を減じたるも、亦た自然の勢なり。（中略）尤も異変の起るに際しては、国民は対外の観念を惹起したるには相違なきも、異変は只だ一時の出来事に止りて、将来に継続せぬものなるを以て其の観念も従つて滅却し、未だ愛国心の称を下すに足るべき度には達せざりしに似たり。

然るに改革の際には欧米各国より続々来航し、殆んど我が承諾を待たず開港場に占拠するに至りしを以て、敵愾心は全国志士の頭脳を衝いて起り、次第に進化して玆に愛国心を見るに至れり。遠慮なく言へば、徳川時代の武士には愛国心はなかりしなり。彼等の心を照らし、彼等の歩を導きたるは唯だ忠義心ありしのみ。(11)

ここには、大隈・津田の両者を通じて、近代的ナショナリズムの封建的忠君道徳と全く次元を異にする原理であることが強く主張されているのである。

(四)　津田によれば、西洋文化を摂取するに当り、「採長補短」という考え方に立ち、恣意的に西洋文化の局部局部を移植すればよいとするのは、西洋文化が一定の歴史・社会に裏づけられた不可分の構造的体系をもつことを忘れた機械的な考え方である、とされるのであって、これもまたその著作のいたるところに反覆力説されている。蘭学の限界を論じて、

佐久間象山ですら「東洋道徳西洋芸、匡廓相依完圏模、大地一周一万里、環須欠得半隅無」といひ、後に中村敬宇から「西洋器芸之精、実与道徳相為表裏、以道芸分貼東西、恐未確」と評せられてゐるのも、一つは此の故で

あつて、知識技芸はそれだけで独立のものと考へてゐたのである。（中略）今日までもなほ行はれてゐる採長補短説の由来がそこにあるのであるが、其の誤つてゐることはいふまでも無い。第一、長とし短とすべきことが抽象的に、又た固定した標準を以て、判定せらるべきもので無く、それは歴史的に展開してゆく実際の民族生活の変化に伴ひ、又たそれを不断に発達させてゆかうとする内的要求の推移に伴つて、常に変化推移するものである。のみならず、長所と短所とを截然と区別することが出来るもので無い。個人の生活にしても民族の文化にしても、それが真に生きてゐる限りは、其の諸方面の活動はみな一つの生命の現はれであつて、分割せらるべきもので無い。西人の天文医術は西人の文化生活から生まれた一現象であつて、それが又たやがて彼等の文化生活を誘導開発してゐる。（中略）其の天文医術のみを彼等の生活から機械的に取り離すことの出来ないことは、明白では無いか。少くともそれを採ることによつて、在来の宗教思想や道徳観が変らねばならぬ。西洋の科学と儒教道徳とを結合しようとするに至つては、資本主義の経済組織を学びながら主従道徳や家族制度を維持しようとすることの不可能であると、一般であらう(12)。

と説いているのは、その代表的な一節であるが、こうした考え方は、早く福沢が

富国強兵天下一、文明開化の中心と、名のみにあらず其実は、人の教の行届き、徳誼を修め知を開き、文学技芸美を尽し、都鄙《みやこゐなか》の差別《しやべつ》なく、諸方に建る学問所、幾千万の数知らず。彼の産業《スギハヒ》の安くして彼商売の繁昌し、兵備整ひ武器足りて、世界に誇る泰平の、その源を尋るに、本を務る学問の、枝に咲きたる花ならん。花見て花を羨むな、本なき枝に花はなし。(13)

という認識に立ち、「悉皆欧羅巴の文明を目的として議論の本位を定め(14)」、断乎「東西学説の折衷を云はずして、儒流の根柢より排斥せんと欲す(15)」との態度をもって終始一貫したのと、全く思考の論理を等しうするものであった。この

場合も、福沢の著作からの直接の影響の有無にかかわらず、両者に共通する明治前半期の啓蒙思想が両者同一の考え方の成立を可能としたと見るほうが適切であろう。現に津田が愛読したことの確かな『国民之友』明治二十一年五月四日号所載「社会の押絵細工」に

近頃如何なる風の吹き廻はしにや、社会の事に就て、押絵細工を為さんとするが如き人出で来れり。其謂ふ所を聞けば、「曰く彼の長を採り我の短を補ふ」と。是れ実に申分なき議論の様なれども、更に一歩を進めて静に考へよ。彼の長は如何にして長、我の短は何故に短。凡そ社会なるものは精細なる一の機関にして、此の機関より生ずる文明なるものは、其の光彩陸離として、千差万別の色合、種類、の現象等を呈するに係らず、総べて此の社会を支配する、或る元気の化胎発育したるものと云はざる可らず。即ち文学なり、商業なり、技芸なり、美術なり、政治なり、宗教なり、総じて相互に結んで解く可らざるの一致を保ち居るものなり。故に一を採らんと欲せば、他を採らざる可からず。一を棄んと欲せば、他を棄てざる可からず。即ち彼の長を採らんと欲せば、其の長と共に伴ふ、数多の事物、及び其の長を発育したる主義元気を併せ採らざる可からず。若し一国の政治を経綸するに、彼の癡女子が一の剪刀を握して、此処彼処より紅、紫、白、黄、黒色の絹片を裁取して、押絵細工を為すが如く、無造作なるものならしめば、彼の癡女子と雖も、天下を治むる未だ難きにあらず。然り而して彼の折衷論者は、直ちに彼の癡女子の押絵細工を以て、天下を経綸せんと欲する者なり。豈に又た迂ならずや。

という、ほぼ同一の論旨の展開されているのに徴しても、こうした考え方が、その頃まで世にかなり広く行なわれていたことが知られるのである。

(五)　封建道徳の批判が、津田の思想の中心を占める最重要部分をなすことは、後に詳論するとおりであるが、封建思想批判が、日本の近代化の方向を推進した明治前半期の啓蒙思想家たちの最大の課題であったことも、またいうま

でもない。しかも、津田は、明治前半期のそうした基本的課題を継承したというにとどまらず、ここで特に強調しておきたいのは、その論法までがきわめて酷似した形態をとっており、両者の思想的符合のすこぶる密接なものがあるという事実である。例えば、津田が「武士道」を論じて

「恥」といふのも「面目」といふのも又は「一分」といふのも、畢竟世評から生ずるものに過ぎないのである。(中略) 昔から武士は名を惜しむといつた。これには積極的に佳名を末代に貽さうといふのと、消極的に後人から非難せられまいといふのと二つがあつて、何れにしても世の批判を目あてにし若しくは顧慮したものには違が無いが、徳川時代ほどそれが軽薄な意味に用ゐられた世の中はあるまい。(16)

と言ったのを、福沢が日本文明の元素としての武士の気尚を取りあげて

此時代の武人快活不羈なるが如くなれども、此快活不羈の気象は一身の慷慨より発したるものに非ず、自から認めて一個の男児と思ひ、身外無物、一己の自由を楽むの心に非ず、必ず外物に誘はれて発生したるもの歟、否ざれば外物に藉て発生を助けたるものなり。何を外物と云ふ。先祖のためなり、家名のためなり、君のためなり、父のためなり、己が身分のためなり。凡そ此時の師に名とする所は必ず是等の諸件に依らざるものなし。(17)

と評したのと比べ、また、津田が江戸時代の社会の道徳を評して、

社会的秩序に順応し社会的権威に服従することは道徳的に善であり、反抗することは悪であつて、善悪の両面は容易に又た明快に識別せられる。劇曲に於いて善人と悪人との争闘が生ずるのも、畢竟此の意味からであり、其の葛藤が必ず敵役といふ外部的勢力によつて惹き起こされるのも、此の故である。だから善人が高い理想を抱いて人間生活の向上に努力するといふやうなので無く、屑々たる世の風尚や所謂義理に拘泥してゐると共に、悪人は其の反対に私慾を逞しうするといふだけのものであつて、人生其のものを咀ふ悪魔的性質を具へてゐるもの、

悪其のことを喜ぶといふやうな深刻なものでは無い[18]。

と述べたのを、津田の一時愛読した内村鑑三の明治三十三年十一月九日の『万朝報』に載せた論説中に日本人の「義理」を評して

日本の社会に義理なるものがある、是は外国に於ては決して見ない所であつて、是が為に苦められるものは東洋の日本人に限る。

＊

義理とは義務ではない、義務は宇宙の大道を尽すことであつて、是は極く高尚の事である、然し日本で称ふ義理なるものは詰らない社会の習慣に従ふ事であつて、是は極く卑屈の事である、さうして義務の念に至て薄い日本人は義理のためには殆んど全生涯を費しつゝあるのである。

＊

何にも愛心から之を尽すのではない、亦爾うなればとて全く利慾心に駆られて之を為すのでもない、唯世間の評判を懼れて為すのである。不義理の人と称ばるゝが恐しさに為すのである。日本人は多くは忠臣、孝子、愛国者、義人、改革者など称はれて世間に誉め立てられんことを欲する者であるから、此名誉の称号を買はんが為には彼等は何んでも為すのである[19]。

と説いているのと比較するならば、その符合のあまりにも精密なのに瞠目しないわけにいかないであろう。

㈥　津田が、天皇統治を「国体の本義」とする正統的天皇制イデオロギーに対し、天皇を政治権力から切断することによりかえって皇室の存在意義を明確にしようという立場を堅持していたことは、これまた後に詳論するとおりであるが、例えば、

徳川氏が皇室を高く俗界の上に置いて、一切の政治との関係を無くし、諸大名との交通をも絶つたのは、それが大体に於いて足利時代からの風習を継承したものであると共に、信長や秀吉のやうに皇室の精神的威力を利用し、直接に勅命を標榜して事を起すものゝ出ることを防止するには必要の手段であつて、政権の安固を計る上には止を得ないことであつたらう。（中略）さうして結果から見れば、それはおのづから皇室の神聖を保持する好方便となつたので、之が為に国民はすべての政治上の責任を幕府に負はせると共に、宮廷を塵界遠く離れた雲の上の神の宮居として仰ぎ視るやうになつた。(20)

という津田の主張を、明治二十一年十二月発行の『日本人』第十八号の社説「日本国粋を保存し助長せんとすれば責任宰相の制を設けざるべからず」に

帝室をして直接に政治上の責を受けしめざることは、余輩国粋論者の切に希望する所なりとす。鎌倉幕府以来我国政治の大権は全く人民に移り、帝室は殆んど辨髦の如く、天下又た将軍あるを知りて天子あるを知らざるもの多きが如き有様なりしかば、当時の時勢を鑑みて慷慨に堪へざるの志士は、維新の革命前後に続々輩出し、遂に王政復古の大業を成就せしめたり。如何にも幕府擅横の盛なりし当時に在りては、左こそと推測せらるるなり。然れども今日公平の眼を以て虚心平気に判断を下すに、帝室が精神上の権力と実形上の権力とを分離して、一を幕府に委ねたるが故に、余輩の所謂日本国粋なるものは国家と共に保存し発達することを得たるなり。若し帝室にして精神的実形的両種の権力を聯結して直接に政治の衝に当られたらんには、恐れ多き申条ながら、今日余輩の眼前に横たはる国粋は此の如き強大確固の発達をなさず、我国の歴史に叛逆臣子の数を増加したりしや知るべからざるなり。（中略）翻て今日の有様を見るに、勅令……（原本マヽ）……兎にも角にも余輩は将来責任宰相の制度こそ、帝室を思ふの心情より、又国粋主義の上より、切望して止まざる所なり。源氏より徳川氏の終りに至るまで、専

制武断の世にてはありながら、幾分か暗々の裡に立憲宰相政治の骨髄を存して、余輩が帝室に対する感情を保護したるは、反て今日の……（原本マヽ）……より優る所数等なるを暁るなり。

と論じているのや、同二十七年五月二十三日発行の『国民之友』の社説「君主の心と人民の心」に

君主国にありて、天皇が国家を統治する、誰か之を疑はん。誰か天皇の尊厳をして永遠無窮ならしめんと思はざるものあらん耶。然れども、統治の権と云ひ尊厳を保持すると云ふは、実際政治の局に当ると云ふとは全く別種の事也。（中略）君主にして政局に当る、万機の政、或は欠失なきを保つべからず。従つて天皇の尊厳は、之れが為めに掩はれん。故に最も君主に忠なるの政治家は、君主をして政局の衝に当らしめず、統治の大権を掌握して、高く一地歩を占めて、大臣自から政治の衝に当りて、其責に任ずる也。（中略）去ればこそ、天皇の尊厳を守護するの必要に迫られて、我国史もまた自然に天皇、統治の権を有すると共に、大臣之を補佐して政治上の責任を負ふの政制を発見せり。（中略）国初以来、幾多の過失は犯されざりしにあらざりしも、天皇統治し、大臣政治し、而して政治の責任大臣の上に落ち来るは、国初以来、明君賢相の、決して疑はざる所なりき。天皇自ら尊厳なる統治の台を下りて、親しく政治の局に当らんとするが如きは、決して之あらざりき。

と力説しているのとそれぞれ比較するときには、ここにもまたほとんど同一の発想の共通していることが見出されるのである。

前述のとおり、ここでは直接の影響・祖述関係を問題としているのではなく、大正期以後の大成された津田の思想のうちに、明治二、三十年代頃までの日本の思想界を流れていた有力な思潮の諸要素が依然として生命を失なうことなく活きてはたらいていた事実に注目することにより、津田の思想形成過程を間接に窺い知ろうとするのが、右の考察の目的であったのである。いずれにしても、右のような傾向の物の考え方は、明治末期から大正・昭和初年には、

思想界からほとんど影を潜めるにいたるのであり、まだ国民思想の画一的固定化が実現せず、多元的な方向をはらむ活気ある諸潮流が思想界に渦巻いていた明治二、三十年頃までの所産と認められるものであって、津田がもっとも感受性の強い青年時代をそのような時代の中で送ったことが、その思想的方向を形成する重要な条件となったことを、右の考察により窺い得るのではなかろうか。

以上の二章にわたり、津田の幼少年期の原体験とその上に加わった明治前半期の思想界の影響を、もっぱら晩年の回想と大成後の思想を通して大観してみた次第であるが、さらに章を改め、青年期当時の執筆にかかる文章に即して、津田史学とその思想的立場の形成要因をいっそう精密に検討することとしたい。

(1)　西田長寿氏『明治時代の新聞と雑誌』一二九頁。

(2)　もっとも、明治三十三年十二月二日の日記には「罵るに二あり、熱罵と冷罵となり。悲憤慷慨の罵は熱罵なり。内村鑑三の罵るが如きは冷罵なり。人をして不快ならしむ」と言い、内村の評論の方法に反情を示してもいるが、とにかく熱心に読んだのは事実であった。

(3)　昭和二十五年十二月二十八日に私が柳田国男から聞き取りしたところによれば、津田より二年後の明治八年生れの柳田も、また青年時代に福沢を下のように見ていたという。「福沢に対する評価が、明治二十年代とその前ではまるでちがつてゐた。(中略)自分などの学生時代には、福沢と云ふ人は実にいやであつた。学者と云ふものは、どこか抜け出た処がなくてはならぬのに、平凡を主張するのがいやであつた」。柳田よりさらに二年おそい明治十年生れの永井松三も、同二十六年七月六日、私に次のように語っている。「こどもの時代、(中略)うちでは『改進新聞』と『時事新報』とをとつてゐたが、そこへ『国民新聞』が配達された。(中略)そのころ、福沢諭吉の人気は既に衰へてゐた。福沢先生は新知識の輸入者として感嘆せられてゐたが、思想家を以て目せられてはゐなかつた」(柳田・永井よりの聞き取り内容は、いずれも私がその直後に作製しておいた覚書による)。津田と同世代の知識人の青年期には、福沢はすでに明治初年のような魅力ある思想家ではなかったことが知られる。

(4)　明治三十六年六月二十五日の日記に「世に『影山英』といふ人なほ存らへたりや。『影山英』とは大井憲太郎等の朝鮮事件に関与せし其の人ならずや。けふの新紙に偶ゝこの名を見て、わが面識なき人ながら今昔の感に堪へざるものあり」と記しているところから見て、自由民権に全く無関心ではなかったことが分かるが、自由民権についての回想はこのほかにほとんど見られない。

(5) 拙著『植木枝盛研究』『日本近代憲法思想史研究』等参照。
(6) 『東洋史会紀要』第三冊発表、『おもひだすまゝ』再録。
(7) 『内村鑑三全集』第二巻五六四—五頁。
(8) 『文学に現はれたる我が国民思想の研究　平民文学の時代　上』五八頁。
(9) 『福沢諭吉全集』第八巻一五—六頁。
(10) 『文学に現はれたる我が国民思想の研究　貴族文学の時代』一八三頁。
(11) 冨山房文庫版一六五—六頁。
(12) 『平民文学の時代　中』五七五—九頁。
(13) 『世界国尽』(『福沢諭吉全集』第二巻六一一—二頁)。
(14) 『文明論之概略』(同第四巻一九頁)。
(15) 『福翁百話』(同第六巻二六二頁)。
(16) 『平民文学の時代　上』四一〇—二頁。
(17) 『文明論之概略』(『福沢諭吉全集』第四巻一六四頁)。
(18) 『平民文学の時代　上』五三八—九頁。
(19) 『内村鑑三全集』第十四巻一七頁。
(20) 『文学に現はれたる我が国民思想の研究　武士文学の時代』四一九頁。

第三章　史学への志向とその思想的立場の形成要因

津田を思想家としてとらえようとするのが、この研究の基本的観点であり、その思想形成の原点をまず考察した次第であるが、津田は史学者たることを本領とした人物であるから、その思想を考えるにしても、その学問の形成過程を軸として見て行くことが必要であり、史学への志向が現われてくる前後からは、日記や雑誌への寄書等により、その当時における津田の読書、対人関係、心境等を明確に知ることが可能となるので[1]、これらの確実な史料を通じ、津田史学の基本的特質の形成過程をたどってみることとしたい。

第一に特筆すべき重要な点は、津田が最初から史学専攻の教育を受けたのでもなければ、社会に出てからもその方向に限定された生活を営み教養を積んだのでもなかった、という事実である。津田は、明治二十三年に東京に出て、早稲田大学の前身である東京専門学校の邦語政治科の二年クラスに編入され、翌二十四年夏に卒業したが、彼自ら晩年の回顧録に、地方の私立中学にいたとき、教師のうちに同校政治科出身の人がおり、それが誘因となって同科の講義録を読み、それから同校に行ってみようと思ったまでで、大隈重信の設立した学校であるとか、官学である帝国大学に対立する私学であるとかいう意識は全くなかった、と記している[2]。官学私学の対立意識のことは、後に検討するが、とにかく、彼が史学研究者となるには何の縁もない学歴のもち主であることを注意すべきであろう。津田史学が、一切の既成の学閥にも学派にも属しない、独自の個性にみちたものとして大成されたのは、むしろそのような学歴のもたらした逆説的な結果だったといいうる。

卒業した年の末に、早稲田で心理学を講義していた沢柳政太郎の知遇を得て、その家に寄寓し、心理学や哲学に関する書を片はしずつ借りて読むようになり、二十六年の夏、沢柳が東本願寺に聘せられて京都に赴任したとき、伴なわれて京都に赴き、ついで富山県の同寺別院付属の高岡教校の教授となったが、教育に成功せず、二十七年春辞職し、同じく東本願寺を辞して群馬県立中学校の校長となった沢柳のもとで、二十九年九月から教鞭をとることになったのである。はじめ地理と英語とを受持つはずであったが、赴任後に支那史と国史との教師を別に求めている由をきき、特に望んで英語のかわりに支那史を受持つことになった。津田の生活と歴史とが結びついたのは、たぶんこの時が最初であろうか。翌三十年三月に辞職して帰京し、五月から千葉県立中学に赴任したが、その翌三十一年八月には宇都宮中学に赴任し、三十二年一月にはまたここを辞職し、四月には再び千葉中学校に赴任、翌三十三年九月またまた辞職、九月から独逸協会学校に就職するというふうに、中学校教師として生計を立てつつ学問・教養を積みながらも、常に現職への不満を抑え得ず、二十三歳から二十七歳までの五年間、毎年のように転々として職場を変えている。後述のとおり、教師として教育については一家言をもち、それがためにかえって職場の現状との矛盾を痛感して腰を落着かせるのを不可能にしたのであるし、教科書の執筆にも当るなど、教育の意義を解せず教職を単なる生活の手段としてのみ利用したにすぎなかったと見るのは、言い過ぎとなるにしても、「われは教師を以て最終目的となすものにあらねど」(3)「直截にいはば、わが職を求むるも専ら生計の途に存することなれば」(4)「いふにも足らぬ一中学教師の椅子の階級の一段のために、しづの小田まきくりかへして、はかなき言をつらぬること、おろかにもまた卑しく小さき名利のこころなるよとおもへど」(5)「もしわれ腑甲斐なくして遂にかの蠢々たる尋常一様の中学教師にして了るとせんか」(6)「『校友会雑誌』できあがりぬ。あゝわれはかかる子供相手の戯れに満足せざる能はざるか」(7)「教育といふことは、わが最も不適当なるところ、またわが最も趣味を感ぜざるところなり」(8)「かゝる小児曹を相手にしてまじめに講義の出来べしやは。あゝわれいつまでか、かゝる仕事に日を送るべきぞ。イヤなりイヤなり、何もかもイヤなり[9]」といった教師生活への嫌厭の念を日記にくり返し記していた津田は、教育というしごとに生甲斐を見出すことができず、常に学問研究に専念できる境遇へのあこがれを断つことができなかったのである。「教員嘆、わが専門とするところの外に、わが長所ならざるところをも用ゐざるべからず。やゝもすれば全くわが専門とするところをすてて、あらぬもののみを用ゐざるべからず[10]」「兎にも角にも育英の業ぞと、これを心の慰めに職務をば辱めざれど、一つにはかよわき身の是非なしや、公の務めに心は労れて、おのが志す研究に身を置くの余力少なく、一つには語らふべき友もなく導かるべき師もあらずして、(中略)かゝる間に立ちてなほよくおのが(中略)志すところに進みゆかんは、いとも難かる業ならずや[11]」という不満の吐露に、津田の志が究極には専門研究に向けられていたことが示されている。そして、その専門を史学に絞る結果となるについては、白鳥庫吉との邂逅が決定的な契機を与えたのであったろう。

明治三十五年十二月二十七日の日記に「始終一貫してわれを指導し保護せらるゝは、たゞ白鳥氏あるのみ。わが白鳥氏にはじめて見えしは十年も前のことなりしならん。(中略)わが史学に志をよせたりしとき、磯田氏にも、三上(参次)氏にも、また坪井(九馬三)氏にも教をうけんとし、初めて氏の門を叩きしころ同じくこれらの人々をも訪ひしかど、磯田氏が京都にありしゆかりにて、其の洋行前しば〳〵訪づれたることあるのみにて、三上氏には二、三回も面せしか、坪井氏の如きは初めて訪ひしが終りなりき。たゞ白鳥氏のみには其の後絶えず指導をうけ、わが学業の遅々として進まざるのみならず、或は旧都の旅ねに、或は北越のさすらひに、湖海飄零、筆硯屢〻抛たんとせることありしにも関せず、其の交を持続し、二十八年の春、わが落托流離、都門に上りし時、世間一人のわれを顧みるものなきに当り、氏がわれを保護し、われを眷遇せられたるより、わが氏に負ふところの益〻大となれると共に親しさもまた弥〻加はりしなり。当時殆ど一歳の間、わがかすかながらも生をつなぐを得しは全く氏の賜にして、わが西洋史に於いて多少の得たるところあるもまた実にこの間なりき」と記され、晩年の回想に「『源氏』の『湖月抄』もオホサカあたりの書林からか出たので、それらをつぎ〳〵に読んでいつた。それは二十五、六年ころのことであつたらうか。(中略)かういふやうにして、いろ〳〵の古典やエド時代の文学を少しばかりのぞいて見ることができた。(中略)こんなことをしてゐるうちに、そのころ学習院の新進教授であつたシラトリ・クラキチ先生のお宅にとき〴〵うかゞふやうになつた。(中略)いつも学問上の話をせられ、お頼みすると学習院の書物を借り出して来て貸して下された。その時分、ぼくは歴史にいくらか興味をもつてゐたではあらうが、それは、古典などを読むにつれて昔のことに或る親しみを覚えた、といふ程度のことであつたらしい。(中略)しかし、シラトリ先生とたび〳〵お話をするやうになつてから、学問の匂ひとでもいふやうなものが、かすかながらに感ぜられたと共に、その学問の一つとして歴史に心がひかれるやうにもなつて来た」[12]とあるのによれば、明治二十五、六年頃から白鳥の門に出入し、それが機縁となって研究の焦点が次第に史学に絞られて行ったように認められる。三十年十一月二日、白鳥より西洋史教科書の編集を委託せられてこれに当り（あるいは三十二年十一月刊行白鳥庫吉著『新撰西洋史』がその成果であろうか）、三十四年十一月には『新撰東洋史』、三十五年一月には『国史教科書』とそれぞれ題する中学校歴史教科書を宝永館から刊行した。これらはみな津田が主観的にはその志としなかった中等教育のための著作であり、史学研究の成果と考えられてはいなかったであろうが、二十九年十月二十八日の日記に「東洋歴史の教科書を編纂し見ばやとおもひ立つ」、十一月一日に「白鳥氏を訪ふ。(中略)東洋史編纂の件につきても同意を表せられたり。又た朝鮮史に関する意見をも聞きぬ」と見え、続いて同月十一日「学校にて注文せる『東国通鑑』来着す」、十二日「けふより朝鮮史の研究やゝ緒につく」等と記されているのを見ると、教科書の編集が学問的な意味での「研究」と結びつき、自発的積極的に開始されているようにも見えるのである。また、あれほど中学教師のしごとに嫌厭の情をもらしながらも、二十九年九月十四日の日記に「明日は支那史を授けんが為めの準備とて、隋書を繙き、突厥の部を調べ、予定の日課に従ふ能はず」と授業のために高度の学問的準備を怠らなかったもようであり、主観的にはその志に反する中学歴史教師の職が、史学研究のためにすべてマイナスでしかなかったとも思われない。そして、その嫌厭する教職のかたわら、同年十月九日の「学校にて『史籍集覧』を閲みし、かねて志しゝ元亀天正ころの歴史研究の緒を開かばやと思ひぬ」とあるのをはじめ、十二月四日雑誌『文』を借覧して日本上古紀年に関する星野恒・那珂通世らの諸家の学説を論評したり、同月二十三日『国史大系』の予約金を支払ったり、三十年三月六日、白鳥の許にてクラプロートの『亜細亜沿革地図』を見たり、四月七日、白鳥よりカンニングハムの『印度古代地理』とユールの『マルコポロ』とを借出し、『元朝秘史』『蒙古遊牧記』等を読んだり、同月二十八日『史料大観』の予約をしたり、三十一年四月二十五日『開国始末』と『安政記事』とを借り来り、五月一日には維新史に関する数冊の書と『吾妻鏡』を購入したりなど、史学に対する専門研究が着々と進められていたのである。

しかしながら、このような史学への志向が次第に知的関心の焦点として絞られてきたにもかかわらず、津田の旺盛な興味と関心とは、アカデミックな分類による史学の範囲内に限定せられるには、あまりにも多面的であり広汎であった。晩年の回想によっても、明治二十五年から始る雑誌への投稿、二十九年から日記を通して窺われる生活状況を見ても、二十歳前後から十年を超える、もっとも精神的意慾の旺盛な時期の津田のあくことを知らぬ吸収活動は、あらゆる分野に及び、その貪婪には目をみはらせるものがある。三十年四月二十六日には「毎日出勤前に於いては必ず、文学及び哲学の研磋に身を委ぬべきこと」「学校に於いて自己の授業なき時間は、独坐して文学及び哲学の書を繙くべきこと。授業の際に於いて常に文学的趣味を与ふるを忘るべからず」の項目をふくむ自戒の書を記し、同月二十八日には「文学も研究したし、哲学も学びたし。歴史は本職とするも、英語だに満足によめぬに独乙語もやらねばならず、仏語もやりたし。思へば如何にして何より手をつくべしや、思へばたゞ茫然自失するのみ」、三十一年九月十一日にも「われは心に、哲学的考察と文学的趣味とを有しつゝ、実世界に立たんことを思ふ」、三十二年五月二十一日には「人はいふ、汝のかくれ家を学問の上に求めよと。されど、われは智識の要求のみを以て満足するにはあまりに情多し。美術の上に求めんか、われには天才なきを奈何せん」、三十五年十二月二十七日に「わがあまりに感じ易き性、あまりに多方面なる趣味、は学者として成功するを得べきか否か覚束なく」、三十六年一月二日に「芸術なるかな、芸術なるかな。不変の愛はこゝに求めずして何処にか求めむ」と記していることからも窺われるとおり、その制御に苦しんでいたほどであったが、結果からみれば、このような、広汎多岐にしてかつ旺盛な知的情的教養の、しかも長期にわたる蓄積が、早くから狭隘な専門の領域内の技術的訓練の積み重ねの上に築かれたアカデミズム史学には到底見られない、比類まれなスケールをもつ津田史学成立の前提条件となったことを重視しなければならないであろう。試みに、明治二十九年以後明治末までの青年時代の日記から、彼がどれほど多方面にわたる知的情的教養の吸収に熱意を注いだかを、適宜分類の上列挙しておく。ただし、津田の日記は、明治二十九年以前のものがなく、それ以後においても、三十四年一月から三十五年八月前半まで、三十六年十二月から三十九年十月十一日まで(三月二十八・九両日のみ残存)が欠けており、その後明治末までは僅少の部分が残っているにすぎず、したがってその吸収対象も左に列挙したものよりもさらに大量にのぼっていたはずであることを考えておかねばなるまい。

㈠　日本・中国・朝鮮の古典

明治二九年九月　『隋書』　一〇月　『唐書』『史籍集覧』『新古今集』『史記』仲連・雛陽伝『蕪村句集』　一一月　『国朝宝鑑』『朝鮮史』鬼貫『禁足旅記』『老人雑話』　一二月　『東国通鑑』『山家集』『史記』列伝『源氏物語』浮舟巻
三〇年一月(是以前)　『日本西教史』香川景樹の歌の教　二月　『古事記伝』『杜詩』　三月　『国史大系』第一巻『八

幡愚童訓』坂士仏『太神宮参詣記』　四月　『元朝秘史』『蒙古遊牧記』『西遊記（清本）』『白楽天詩集』『源氏物語』夕顔巻『阿弥陀経』　五月　『後漢書』白河楽翁『禿年余興』『藩翰譜』『楚辞』橘南渓『東遊記』・『西遊記』『交替式』六月　『交替式』『古今史譚』　七月　『新葉集』　九月　『直毘霊』『古今集』　一一月　『靖獻遺言』香川景樹『古今集正義』『淮南子』『杜詩』『菜根譚』『三楠実録』　一二月　『星巌詩集』　三一年一月　『回天詩史』『続歌学全書』第一巻　三月　平田篤胤の歌ども　四月　『開国始末』『安政記事』　五月　『吾妻鏡』『石上私淑言』『日本歌謡類聚』　六月　香川景樹『またぬ青葉』横井也有『うづら衣』『知不足斎文鈔』『古詩源』『報桑録』　九月　『明治史要』『源氏物語玉の小櫛』　一〇月　景樹が子を失ひし折の日記『源語』の評釈『宋名臣言行録』小沢蘆庵『六帖詠草』　一一月『平家物語』高青邱『詩醇』　一二月　『続歌学全書』所収木下幸文『貧窮百首』　三二年一月『檀几叢書』二月『平家物語』三月　陶淵明の詩　四月　『新古今集』『素堂鬼貫集』　五月　『西廂記』聖歎『読西廂記法』『群書類従』和歌部消息部装束部『虞初新誌』小青伝『樊川集』『古今類句』夢の部『広輿記』　六月　『宋元明詩選』『武江年表』　七月　『東坡集』『名家詩集』　八月　『西廂記』　九月　『国史大系』第十巻『玉香園叢書』第一集『唐伯虎集』『本事詩』　一〇月『桂園門下集』『歌学全書』所収高橋残夢歌集『東鑑』『増鏡』『太平記』『金槐集』　一一月　近松『心中天網島』・『心中宵庚申』　一二月　『真宗七祖聖教』　三三年一月　『和漢草』『観無量寿経』『平家物語』『太平記』　二月　『陶淵明集』『源氏物語』橋姫巻　八月　『孝経』　一〇月　鬼貫『禁足旅記』　一一月　『明史日本伝』『源氏物語』『西廂記』『古詩源』『保元物語』・『平治物語』『古史通或問』　一二月　『源氏物語』賢木巻―須磨巻『匏庵遺稿』　三五年九月　『万載狂歌集』・『徳和歌後万載集』『随園文粋』『徂徠答問書』　一〇月　横井也有『夢人記』『日本倫理彙編』所収三宅尚斎『黙識論』・太宰春台『弁道書』・山県周南『為学初問』・室鳩巣『駿台雑話』（是以前）　蕪村『春風馬堤曲』　一一月『桂園一枝』　一二月　『徳川実紀』『西鶴全集』「好色一代女」『俳諧論集』『蕉門誹諧語録』『徳川実紀』『西廂記』「酬

簡」「栲豔」「哭婆」「驚夢」四章『鬼貫句選』『西鶴全集』　三六年一月　『杜樊川詩集』『徳川実紀』『一茶大江丸全集』『其角全集』　二月　吉田松陰・梅田雲浜の詩　一茶『おらが春』『古事談』『今昔物語』　三月　『北槎聞略』　六月　近松『今宮心中』『史籍集覧』所収『信長記』同『川角太閤記』近松『国姓爺合戦』　七月　慈雲講説の『金剛経』　近松『重井筒』『日本倫理彙編』　八月　『源氏物語』橋姫巻　西鶴『日本永代蔵』　九月　『毛詩』「国風」二篇　千種有功『和漢草』帝国文庫『珍本全集』自笑「傾城色三味線」『芭蕉全集』所収『続の原』・『笈の小文』・『さらしな紀行』・『奥の細道』・『野ざらし紀行』『伊勢物語』『大鏡』『文徳実録』『三代実録』　三九年一〇月　『星巌集』　(四〇年以後省略)

(二)　西洋の学術・文芸書

明治二九年七月　『ヱルテル』英訳本『仏国革命論』独文ヘーゲル　九月　ランケ『法王史』　一〇月　独文『ファウスト』　一一月　カントの倫理説　ユーベルヱヒ『哲学史』バイロン『ハロルド詩篇』　三〇年一月　テイロン英訳『ファウスト』序文『教育時論』訳載ミュンステルベルグ心理学説　二月　グリフイス『朝鮮』　四月　カンニングハム『印度古代地理』ユール『マルコポロ』ブレッチユシユナイデル『中世紀に於ける亜細亜の研究』アリストートル『詩学』『ギヨオテ伝』ヘロドタス『埃及とスジ、アと』『マクベス』　五月　Manual of Historical Literature シユヹグレル『哲学史』ジヨンソン『ラセラス伝』　六月　アーギング『田舎の葬儀』アーギング『ミユーチユアリチー、オブ、リテラチユーア』『聖書』　一一月　ミグネー『仏国革命史』　一二月　フリーマン『歴史地理』　三一年一一月　ケーベル『美学講義』　三二年二月　ボルテイルの伝　仏文『査斯十二世《シャルル》』バイロン『チヤイルド、ハロルド』『ネスフイールド文典』蟹江義丸訳パウルゼン『倫理学』　三月　『新約全書』馬太伝　ボルテイルの伝　ルーソー『コンフエッシヨン』　五月　グリーン『プロレゴメナ』『沙翁全集』『魔法博士』ケーベル『美学』ロッチエ『美学』　六月　白石訳『独乙帝国史』リース『台湾島史』『ゲーテ集』　八月　ケーベル『哲学緒論』　九月　マレシャル『近世史』プラトー　三三年一月　キーツ『詩集』　二月　Famous Poet　My Beauty Lady『即興詩人』　七月　プラトー『フェードラス』アストン『日本文学史』　カーライル『ゲーテ論』　一二月　ミーネー『仏国革命史』　三五年八月　姉崎正治訳ハルトマン『宗教哲学』カーライル『ゲーテ論』　九月　『レビュウ』　一〇月　『レビュウ』『洛氏天文学』　一一月　ルーソー『民約論』『イリヤッド』（チャンドス、クラシックス版）『ヲーヅヲース詩抄』（カッセル版）　三六年一月　『新約全書』『フアウスト』英訳緒論　二月　『レビュウ』の Review of Reviews『レビュウ』ステッドの南阿戦争論およびウード夫人「ヱストミンスター、アベイの夜想」という詩『フアウスト』『聖書』ドウデン『沙翁』　三月　『レビュウ』『フアウスト』Greek Old Stories　ワーヅワース詩抄　イリー『社会主義』　四月　トルストイ原著『我懺悔』　五月　通俗世界文学の『イリヤッド』と『失楽園』　六月　シュレーゲル『文学史』　七月　ラム『沙翁物語』所収『ロメオとジュリエット』同『ハムレット』同『マクベス』　八月　シリギオ、ペリコ『楚四十年』　一一月　『チャイルド、ハロルド』　三九年一〇月　De Quincey, Confessions of an Opium Eater　フランケ『独乙文学史』　四〇年一一月　レイモンド『美学』　四一年八月　Muther『絵画史』　四四年三月　『ニイチエ』トルストイ『人生』Strindberg, Mother Love　四月　ストリンドベルヒ The Father　バアナアド、ショオ The Pilanderea　John Bull's Other Island　五月　ソフオクレス『エデイプス』　九月　英訳『ノラ』　一〇月　ゴルキイ『浮浪人』バルザック『未知の傑作』ゴンクウル『ラ、フアウスタン』　一一月　Thomas Hardy, Under the Greenwood-tree　Shaw, Man and Superman　四五年二月　Oscar Wild, Lady Windermere's Fan

㈢　日本の現代文芸・ジャーナリズム

明治二九年一〇月四日　『太陽』犬養木堂「支那古代刀剣考」　一五日　『読売』猿丸太夫の出地　一九日　『日本新聞』

野牧斎主人「画界通信」　二二日　『太陽』加藤弘之「貧叟百話」『読売』月影兵衛「破有正宗論」　一一月二日　新紙馬場孤蝶「無名氏に与ふる書」　三日　『日本新聞』三宅雪嶺「運と非運」　七日　『日本新聞』駝坊「奈良紀行」　九日『読売』海石榴会瑣談　一〇日　『日本新聞』転載『二十六世紀』宮内大臣論　一五日　『日日新聞』　一六日　内村鑑三『求安録』　二三日　『読売』与謝野鉄幹の歌　二八日　幸田露伴『血紅星』　一二月四日　『文』上代紀年諸説『日本新聞』所載の句 同荒尾精小伝　一一日　『読売』比較宗教学会の問題　一三日　徳永満之 Skeleton of Religions Philosophy『日本新聞』朱雀の会の句 雪嶺が政権争奪と党勢拡張と同じからざるを説ける文　一四日　森鷗外の『女大夫』　一六日　『日本』所載某子台湾生蛮論　一八日　『日本新聞』矢野文雄歌　二〇日　『太陽』田岡嶺雲「ハイネ」足立栗園日蓮論　二四日　幸田露伴『ひげ男』　二七日　露伴『靄護精舎雑筆』　三〇年一月一〇日　坪内逍遙『文学其のをり〳〵』『日本新聞』信夫恕軒「失心漫録」　三日　『日本人』所載幕府遣外使節写真　一五日　竹越三叉『二千五百年史』内村鑑三『流竄録』同『日蓮上人論』　二〇日　鷗外『水沫集』『早稲田文学』狂言「松影映水」　二一日　鷗外訳『玉を懐いて罪あり』　二三日　慶応義塾にてなせる鷗外が審美学の講義筆記　二八日　『太陽』井上哲次郎の老子論『お伽噺』　二九日　露伴『将棊』同『蝸牛庵鬼語』同『わが失敗』　三〇日　『めざまし草』火鉢の句　三一日　『日本新聞』故皇太后陛下の御逸事　二月二日　雪嶺『日本』大喪小喪の別　三日　『日本新聞』古代天皇の御諱　五日　『読売』　九日　『釈元恭』雪嶺「喪葬と宗教との関係を論ず」　一一日　『日本』雪嶺「紀元節考」　一五日雪嶺文　一九日　『史学雑誌』　二一日　『日本新聞』露月の句　二四日　『一葉全集』　二五日　『日本人』　三月九日『太陽』中村弥六「暹羅談」　二二日　国分青崖『菫孤』　二三日　『日本人』　四月一一日　内藤湖南『近世文学史論』一二日　『日本』雪嶺布哇問題論　一三日　『日本新聞』一話一言　『人類学雑誌』志賀矧川「河及び湖沢」『人類学会雑誌』　一八日　『青年社会』故文洋子「同情相感を論ず」　二〇日　『太陽』　二三日　二葉亭四迷訳ツルゲネーフ「片

恋」露伴「風流仏」　二六日(是日以前)『中野逍遙遺稿』正岡子規序　五月一日　『早稲田文学』露伴評　四日　『旧幕府』『日本新聞』画虎生訳「史外の史」　五日　雪嶺『我観小景』　九日　渡辺修二郎『内政外教衝突史』『新著月刊』所載二葉亭四迷談　露伴『ひげ男』　二九日　『柵草紙』所載鷗外『即興詩人』　六月七日　大槻文彦『広日本文典』　一一日　『太陽』臨時増刊号逍遙「書生気質」　一二日　『太陽』四迷「浮雲」等　矢野竜渓『浮城物語』　一三日　鷗外『埋木』　露伴『毒朱唇』『哲学雑誌』『日本』雪嶺士風変遷論　一五日(是日以前)　鷗外『舞姫』　一九日　『日本新聞』移民論　一一月三日　『新小説』露伴「貧乏」　九日　『日本人』　一〇日　『太陽』　一四日　『風俗画報』伊勢の木曳歌　一五日　『日本』福本日南論　『日本新聞』京都通信　二三日　『日本人』　二四日　『太陽』某氏房州談　二七日　雪嶺「暴虐的人物」　一二月二日　『めざまし草』「即興詩人」　一三日　『日本新聞』雪嶺文　二六日　姉崎正治『印度宗教史』　三二年一月一日　『日本新聞』陸羯南文　一一日　『おもひさめ』　五月二〇日　『天才論』　二二日　『日本』雪嶺政党論　二四日　『国民の友』リース論文『教育時論』山本某倫理教育案　二六日　雪嶺語　六月三日　雪嶺随筆六日　雪嶺の言　七日　『太陽』樋口一葉「棹の雫」　九日　『東洋学芸雑誌』中村某「支那楽律考」　一〇日　『太陽』『反省雑誌』　一八日　雪嶺新帝政党論　二五日　島崎藤村『一葉舟』　二八日　雪嶺言　八月二九日　『一葉全集』三一日　露伴『風流仏』『新羽衣物語』　九月六日　『日本新聞』　一一日　子規の歌『幕末小史』　二三日　『日本新聞』二五日　『旧幕府』大鳥圭介「南柯紀行」『幕末三俊』　二七日　『めざまし草』潮来考　二九日『めざまし草』旧刊「即興詩人」　一〇月二日　『日本新聞』　一二日　『万朝報』斎藤緑雨「眼前口頭」　一三日　『東京独立雑誌』　一六日　新聞清国形勢記事　二〇日　雪嶺文　一一月二七日　成島柳北『航薇日記』　一二月一〇日　『柳北全集』　二二日　『反省雑誌』　二九日　藤村『夏草』　三三年一月二日　『新小説』　八日　『金色夜叉』『新機軸』　一一日　『文芸倶楽部』一六日　『小狄集』　一七日　後藤宙外『しらつゆ』　一八日　『めざまし草』　二四日　『旧幕府』欠本三冊　二五日

雪嶺文　三一日　尾崎紅葉『青葡萄』陸奥宗光の伝　二月八日　『東邦協会会報』一〇日『金色夜叉』一二日『外交時報』一五日『日本』雪嶺引用リセリュー語　森田思軒『山陽論』二〇日　雪嶺軍備論『太陽』現代十二傑投票募集『史学雑誌』二二日『読売』連載「地獄太夫」雪嶺論　二五日『めざまし草』三月二日『日本人』『清議報』梁啓超文　九日『読売』紅葉選巻莨の句　一八日『新小説』小杉天外「肱まくら」四月二二日　土井晩翠『天地有情』五月七日『日本新聞』「耳ぶた」戸川残花『世界三大宗教』一三日『金色夜叉』一四日『経済雑誌』田口鼎軒文　一六日『文芸倶楽部』二〇日『しがらみ草紙』「ヱルテル」「浴泉記」二三日『日本新聞』勝安房談二五日『支那新論』『外交時報』「西比利亜鉄道論」二七日『日本考古学』二九日『読売』「鬢絲禅語」六月三日　鷗外『染め違へ』露伴『貧乏』七日『列伝体小説史』一〇日『新小説』一一日『福翁百話』『読売』「孤雁曲」一八日『徳川政教考』二七日『しがらみ草紙』旧刊　七月一日『万朝報』川上眉山「青春怨」『読売新聞』『日本新聞』「破乾坤」『新羽衣物語』一一日『太陽』「明治十二傑」一二日　石川千代松『進化新論』一九日『新小説』二〇日　露伴旧作『五重塔』二四日『お伽噺』二冊　二五日　黒岩涙香『女庭訓』二八日　鷗外『水沫集』八月二六日『日本』栖林大権現遺筆　三〇日『恋の那翁』九月二日『新小説』内田魯庵「血桜」同「富士の烟」新紙大韓国国制報道　六日　箕作佳吉『動物新論』一〇日『一葉全集』「やみ桜」一四日　露伴『枕頭山水』二二日『新小説』二六日『万朝報』懸賞小説「貧世帯」『日本』連載「破乾坤」完結　一〇月一日　鎌田栄吉『欧米漫遊雑誌』三日　田岡嶺雲上海租界の状『日本』俳句　四日『日本』「露帝の家族」五日『めざまし草』旧刊「即興詩人」八日『明治政史』第一議会人名録　一五日『読売』大西祝談話　二一日『日本』鳥尾得庵語　二二日『新小説』後藤宙外「かげひなた」田村松魚「浜の松風」『帝国文学』土井晩翠「富士の歌」高山林次郎『近世美学』二三日『万朝報』川上眉山「青春怨」『読売』嶺雲支那人論　一一月一六日『万朝報』英国各艦隊司令長官　二三日

『めざまし草』「即興詩人」　一二月一〇日　『国民の友』北邙散士「流転」　一八日　『東邦協会雑誌』『史学雑誌』　三三年一月六日　『日本人』　七日　『日本人』雪嶺立志論　一五日　『新小説』懸賞小説「初日の出」　一六日　去年『新小説』魯庵「霜くづれ」『文芸倶楽部』広津柳浪「二人やもめ」『明治人物評論』　一九日　『古戦場』　二二日　『一葉全集』　二三日　『学窓余談』付録「英雄のおもかげ」　二九日　『金色夜叉』後篇　二月二日　芳賀矢一『国文学史十講』四日　『金色夜叉』前中二篇　七日　『日本人』某「わが小忿をのぶ」『日本新聞』菊池謙二郎大日本史論　八日　『お伽噺』　酒井雄二郎訳『欧洲外交史』　一〇日　『日本』　一四日　『日本』雪嶺文　二四日　『めざまし草』　二五日　『金色夜叉』　三月一日　『新小説』　三日　徳富蘆花『不如帰』　一三日　『めざまし草』　一七日　『柵草紙』旧刊「即興詩人」　二〇日　同　二九日　同『日本新聞』竹の里人の歌　八月五日　『日本新聞』所載『エキスプレス』訳文九日　『日本新聞』「人身鍍金術」『めざまし草』旧刊「即興詩人」　一〇日　『新小説』小栗風葉「五反畝」　一五日　『太陽』嵯峨の舎「田舎美術家」同長田秋濤訳「百万年後の世界」　一六日　『帝国文学』　二〇日　『読売』志賀矧川「能登紀行」『めざまし草』「即興詩人」　九月二八日　『めざまし草』　一〇月二日　福沢諭吉『女大学評論』　同『新女大学』　一二月二日　『日本新聞』　一〇日　『読売新聞』大西操山歌　同トルストイ「少年時代」　一三日　露伴『靄護精舎雑筆』　一五日　雲照『国民教育の方針』　二二日　『史学雑誌』　二九日　『めざまし草』『新小説』　三五年八月一七日　『芸文』第二巻「金色夜叉合評」鷗外訳「やまびこ」同井上通泰歌『読売新聞』「夏の人生」　一九日　『日本新聞』子規「長句法」　二〇日　『読売新聞』『密厳教報』「時論」　二二日　『新羽衣物語』　二三日　旧刊鷗外「染違」「禿頭」『日本』連載「学者小伝」　二九日　『新小説』中村春雨「片袖」藤本夕颸「妻君難」　三一日　横井時冬『日本商業史』　九月五日　『日清戦役外交史』　八日　『外交時報』　一六日　『養豚新説』二〇日（是日以前）　正岡子規『病牀六尺』『日本新聞』子規辞世　二四日　『外交時報』　二九日　『新小説』柳浪「雨」他　一〇月四日　井上哲次郎『日本陽

明学派の哲学』　八日　『日本新聞』柿の句　矢野竜渓『新社会』『日本人』丁汝昌末路　三一日　『小説叢書』　一一月一日　『文芸倶楽部』旧刊魯庵「片時雨」　三日　『新小説』　二四日　『外交時報』　二八日　『新小説』　一二月六日　島村抱月『新美辞学』　三〇日　『新小説』柳川春葉「泊り客」　鏡花「二世の契」　春雨「野分」　風葉「有縁無縁」　前田曙山「からのとり」　宙外「公民」　紅葉「金色夜叉」続篇　三六年一月三日　鷗外『玉匣両浦島』　一六日　清沢満之主管『精神界』　二三日　『ほととぎす』　二八日　『史学雑誌』　二月二日　『新小説』徳田秋声「桎梏」同某々訳ゲーテ「クラフイゴ」　四日　『万朝報』『日本新聞』陸奥饑饉記事　七日　『文芸倶楽部』江見水蔭翻案「オセロ」　九日　『文芸倶楽部』詩　『読売』春寒の句　同懸賞短篇小説「当り籤」　一一日　『日本新聞』故北白川宮肖像逸事　二七日　『万年草』鷗外『新社会』評　『精神界』『中央公論』『ニイチエと二詩人』　三月一日　『青淵先生六十年史』　三日　『新小説』柳浪「磯の煙」　七日　『少年世界文学』　一一日　「即興詩人」　二〇日　『逍遙遺稿』　二七日　『外交時報』『お伽噺』　二九日　『新小説』鏡花「舞の袖」同小杉天外写実小説　三一日　徳富蘆花『黒潮』　四月一〇日　内田銀蔵『日本近世史』　三〇日　新刊の小説　五月二六日　『史学雑誌』三上参次豊太閤関係論文　三一日　『新小説』紅葉・海杏共訳「非常報知」同馬場孤蝶訳「燈台守」　原抱一庵訳「食人会」　六月七日　黒岩涙香『天人論』　二一日　上田敏『みをつくし』　二七日　『新小説』柳川春葉「忘れ水」同永井荷風「夜の心」　二九日　『新小説』島村抱月通信　七月五日『読売新聞』「宇治川の狂女」　九日　『史学雑誌』旧刊某氏「歴史哲学草稿」　一三日　巌谷小波『洋行土産』下巻　一五日　『万朝報』懸賞当撰国音の歌　二八日　『新小説』　三一日　『新小説』春雨「人の命」　八月一日　徳富蘆花『おもひ出の記』　八日　菊池幽芳『己が罪』　一五日　『金色夜叉』続篇　『読売』連載小杉天外「魔風恋風」　一七日　『万朝報』科学小説「破天荒」　一三日　『外交時報』　二四日　水谷不倒『小説史』　二七日　中村春雨『無花果』　二九日『万朝報』塩竈甚句ハットセ踊りの歌詞　『新小説』旧刊「片親」　三〇日　『経済雑誌』田口鼎軒「小野小通（マヽ）」　三一日

穂積八束『憲法講義』『新小説』独人某作訳「運賦天賦」　二五日　新聞対露同志会報道　九月二七日　『読売』露伴「天うつ浪」　二八日　『新小説』柳浪「未亡人」・泉斜汀「離縁状」　二九日　『日本』雪嶺(?)文　一〇月二九日　『新小説』後藤宙外「うつろ舟」・無名氏訳「運賦天賦」　一一月九日　古城貞吉『支那文学史』　三九年一〇月　夏目漱石『草枕』　四〇年一一月五日　『新小説』　四一年八月一日　漱石『文学論』　二日　『平安朝文学史』　四四年三月八日　『新小説』吉井勇の戯曲　四月一一日　漱石『虞美人草』　一四日　『万朝報』

(四)　美術・音楽・演劇等

三〇年四月　絵画共進会　絵画共進会列品某作「廃園春色」　明治美術会油絵展覧会　七月　師範学校女子部教室「よりもれ来るオルガンの音」　三一年五月　『美術評論』長唄論　六月　肖像画論　二絃琴　九月　現代絵画論　一〇月　市中音楽隊　一一月　白馬会及び明治美術会展覧会　三二年三月　『美術評論』明治美術会展覧会　玉の井亭播摩太夫義太夫　五月　『洋画手引草』『国華』　八月　日本音楽論　謡曲論　九月　邦画山水論　一一月　白馬会展覧会北蓮蔵「遺児」キットマン夫人「菊花」　三三年一一月　丹青会絵画展覧会　美術協会展覧会　明治音楽会　三五年九月　白馬会展覧会　一〇月　白馬会展覧会　美術院展覧会　一二月　明治音楽会　三六年三月　明治音楽会　真美会絵画展覧会　小川一真写真展覧会　四月　明治音楽会　五月　楽師論　太平洋画会展覧会　六月　『オルガン教則本』　七月　音楽論　八月　トモヱ会洋画展覧会　東儀鉄笛ギオリン演奏「花の歌」「フアンタジー」『写生画法』　九月　白馬会洋画展覧会青木繁「よもつひらさか坂の闘」「ヹタの研究」等　明治音楽会尺八連奏「秋のゆふ暮」　一〇月　番町教会音楽会　青年音学会　一一月　日本画論本郷座川上音二郎翻案劇「ハムレット」　三九年一〇月　明治音楽会　四四年三月　ハンネツカー『ストラウス伝』Modern Music and Musicians　中沢弘光水彩画集『畿内見物京の巻』『浮世絵画集』有楽座豊竹呂昇義太夫「新口村」Studio　五月　新富座　明治座　音楽学校演奏会　帝国座「ハムレット」

六月　自由劇場市川左団次マアテルリンク「奇蹟」　九月　文芸協会「ノラ」　一〇月　自由劇場市川左団次ハウプトマン　一二月　文芸協会「ノラ」　四五年五月　有楽座「マグダ」

くだくだしく日記の中から右のような津田の知的・情的関心の注入対象を拾い出して列挙してみたのは、津田史学の体系確立の前提としての津田の関心がどれほど多方面にわたり、古典的・現代的知識・芸術の吸収にいかに貪慾であったかを、具体的に示したかったからにほかならない。ここでは、単に対象事項名を表示するにとどめたけれど、その対象に対して、日記にはきわめて自主的な批判ないし感想の書き加えられているのを常例とし、津田の教養の蓄積が、受動的な文化財の無批判的受容ではなく、常に強固な個性的批判力に支えられた主体的立場を堅持した上での吸収・享受であったことが知られ、津田史学をもっとも鮮やかに特色づける強烈な批判的精神が、その教養蓄積過程において逸早く発揮されていたことを確認しうるのであるが、後年の津田史学が、狭隘な領域と無味乾燥で没主体的な実証とに終りがちなアカデミズム史学に見られぬ広い視野と豊かな人間精神の内部への追体験と峻烈な主体的批判とを具えて出現したのは、実にこのような青年期の教養蓄積を前提とすることによってのみ可能だったというべきであろう。

史学研究への道を求めながらも、その読書は、いわゆる史籍の類よりも、むしろ文芸関係の書のほうが量的に多いばかりでなく、その取り組み方もいっそう熱烈のように見え、さらに絵画・音楽・演劇にまで及んでいること[13]、後年専門の領域を日本・朝鮮・中国のごとき漢字文化圏の世界に限りながら、西洋の学問・思想・芸術にも多大の関心を注いでいること等は、津田史学をして同時代の尋常の国史学者・東洋学者たちの学問といちじるしく異なる性格のものたらしめた条件となったのではなかろうか。ことに西洋文化吸収の旺盛な努力は、後年の津田史学最盛期にその核心にすえられたのが近代的世界史潮から探り出される普遍人類的な価値基準を以て日本の前近代的思考様式をくまなく批判し尽そうとするところにあったことを考えるときに、特に意味深いものがある。津田史学の右記のような基本的課題は、「苟も一国文明の進歩を謀るものは欧羅巴の文明を目的として議論の本位を定め、この本位に拠て事物の利害得失を談ぜざる可らず」とまで極言し、その観点に立ち、「日本文明の由来」と題して日本の歴史の特色と目するものをきびしく批判した福沢諭吉の『文明論之概略』の、より高い次元での再現――といっても、日本史の具体的事実の認識の豊かさと追体験的理解の深さとにおいてそれらをほとんど欠如した福沢の論と同日の談でないこともちろんとはいえ――を思わせるものがあったのであるが、そのような、いわば比較史学的あるいは普遍人類史的観点から日本の歴史と文化とを批判的に考察することの可能であったのは、青年時代における上記のような西洋の学問・芸術吸収の努力を前提とすることなしにはありえなかったと考えざるをえない。

　しかも、右のような多方面にわたる文化領域への関心を貫く特に顕著な傾向は、単なる知識慾とかいわゆる教養主義とかいうものであるよりは、文学青年的な「ローマン」主義であった。ゲーテの『ウエルテル』やバイロンの『チャイルド、ハロルド』等を愛読し、ことに『ウエルテル』について「『ヱルテル』は今なほ我が唯一の愛読書たる（中略）を失はず。又た我があらん限り愛読書たるを失はざるべし」というほどの傾倒ぶりを告白し[14]、鷗外訳の『即興詩人』を「暗誦するまで[15]」にくり返し愛読し、「われも亦『ローマンチック』の生活に入らんか、むしろわが願ふところ[16]」、「旅はかなしきぞをかしき、人生は『ローマンチック』なるぞよき[17]」、「もし世に幸福といふものあらば、そは辛酸の裡に存するにはあらざるか。（中略）人はかくしてローマンチックなるこそよけれ[18]」、「ローマンチックライフなるかな〳〵、われはもはや此の平凡の境に堪へざるなり[19]」、「人はロオマンチックなるぞをかしきとつね〴〵おもひしみたれど、けふまた旧刊の『めざまし草』なる『即興詩人』をよみてます〳〵その感をふかくしぬ[20]」とくり返し書きつらねている津田の日記を見ていると、史学を志す人というよりは、文学青年の日記という印象のほうが強いくらいである。

そして、そのような「ローマン」的心情は、学問研究への専念を許さないという意味での恵まれぬ境遇への不満や、同僚・生徒等との対人関係のなかで生ずる摩擦から生ずる苦悶と重なり合って、例えば「われ狂愚、汎々として世流の風波に従ふ能はず。粗笨《ホン》の性に加ふるに多感の質を以てし、事に於いて蹉躓多く、胸裡常に悶々の気を絶たず」[21]といった、不平・不満・苦痛・悲哀・狂気の叫びをくり返し日記に書きつらねさせており、それに最初の結婚の短日月ののちに破綻したにがい経験も加わって、明治二十九年から三十六年ごろまでの日記は、いたるところその種の苦悶の声にみちみちている。明治二十九年九月の日記に記した「自箴」の冒頭に「三分の狂気、三分の風雅、残るところを学問の域とす」として、自ら六分を「狂気」と「風雅」とに発散させることを許しているのを見ても、青年津田が、専門学徒に比しおそらくまさるとも劣らない研学の努力を重ねている事実にもかかわらず、ふつうの意味での学問の徒という概念におさまりえない文学青年的生活を送っていたことを窺いうるのである。『全集』の刊行によってはじめて詳細に知りうるようになった青年期の津田の心情を、同時代の精神史的状況の中に位置づけて精細に追跡した『思想の研究』創刊号以下に連載の大室幹雄氏の「青年津田左右吉」の思想についての一連の論文[22]は、この時期の津田の思想を歴史的に位置づける作業にみごとな成果をおさめた卓越した研究であり、特に津田の文学におけるロマンティシズムに着目して、「彼が本質的に浪曼主義文学運動の世代に属する文学青年であった」点、「経世・歴史・文学が未分離のまま混在していた」「政治青年蘇峰」とは異なる世代の意識を表現していることを明らかにし、これを徴視的に裏づけるものとして、大西祝や国木田独歩との相関々係を指摘すると同時に、さらに津田の「哲学」(と言えるほどのものかどうかは問題であるが)が、井上哲次郎に発する「現象即実在論の一ヴァリアント」であり、したがって異質性をはらみながらも、綱島梁川や西田幾多郎とも共通するところの、「優に時代の歴史的所産だったこと」を論証するなど、すこぶる示唆に富む見解が展開されているが、私の上述の分析の結果に照しても、大室氏の見解はきわめて妥当であると思う。自由民権の挫折体験を経て「内部生命」の探求に沈潜して行った北村透谷をはじめ、明治二十年代ごろから活躍し始める知識人たちが、明治十年代以前に第一線にあった啓蒙思想家たちと異質の精神を分有する人物であったことは[23]、今日ほぼ定論といってよかろうが、自由民権の洗礼は受けなかったとはいえ、すでに天皇制国家確立期に入った明治二十年代に、上からの権力統制にくみこまれ、自主的で多様な教育実践の自由を失ない、型にはまった教育を行なうための末端官僚機構と化した公立中学校に就職して実社会を体験することとなった津田が、そのような閉塞した雰囲気にたえられない苦しみを「ローマンチックライフ」への志向によって解消させようとし、芸術に向って強い関心を注いでいた点では、内的な苦悶をほとんどいだくことなく、ひたすら社会的・知的活動に全精力を傾けた啓蒙思想家たちよりも、北村以後の世代の知識人といっそう大きな共通性をもつ人物であったと、一応考えてもよさそうである。

しかしながら、大室氏も指摘しているとおり、津田と西田や綱島らとの間には、「歴史への関心の有無」を中心として大きな思想上の「差違」があった。大室氏は、その由来を、「この国最初の市民的批判哲学者大西祝」との「交流」に求めようとしているかのごとくであるが、日記等から知りうるかぎりでは、大西からの影響をそれほど重視するのは無理ではなかろうか。私としては、前章・前々章に見てきたような、幼少年期以来の津田の原体験と明治前半期の啓蒙思想の影響が、「ローマンチック」へのあこがれと平行して、津田の胸裡に抜き難い刻印を遺し、それが津田の終生にわたって、啓蒙主義と主情的内部生命尊重思想との奇しき共存を維持させたところに、津田を単純に明治三十年代青年の共通傾向に全面的に埋没させない独自の個性を保たさせた根源であった、と考えたいのである。

大室氏は、津田や同世代の「青年にとって『ローマンチック』であることが、ただに個人の内面の世界に限定されるものではなく、彼らの時代と社会とに対して干与するさいの最も本質的な在り方であったこと」、したがって「浪曼主義の退潮後」の「日常べったりの閉鎖的な世界に埋もれて、社会や国家や文化や歴史に対する理知的な関心や批判をほとんど示さない自然主義の無自覚な在り方」を津田が「肯定できなかったろう」こと、そして、同じく「現象即実在論」の流れにふくまれながらも、「否定をふくまぬ相互流入的な」「即の論理にささえられた」井上・西田らの「歴史不在」の哲学と津田との間に「明白」な「相違」の横たわっていることを、正しく指摘しながらも、津田・西田・綱島「三者に共通するところ」として、「哲学・宗教・芸術への熱心な傾倒と、それとは相対的にいちじるしく目立つ政治的無関心との併存」という、「帝国主義の段階に突入しつつあったこの時代に、知識青年たちのひとしく陥った、山路愛山のいわゆる『極端なる個人主義』の精神」を見ようとしているようであるが、前記のとおり、明治前半期の啓蒙思想を依然保持していた津田の場合、すでにそれを失なってしまっていた西田らと比べれば、はるかに豊かな「政治的関心」を「哲学・宗教・芸術への熱心な傾倒と」「併存」させていたのであって、その点を正しくとらえておかないと、後の津田史学の根幹をなす思想的特質の由来が見失なわれるおそれがあることを強調しておきたい。

自由民権運動の洗礼を受けなかった津田には、幼少年期にすでにそれを強く胸に刻印された木下尚江や幸徳秋水ら数年の先輩に比べれば、たしかに政治意識の上で大きな欠落面のあったことは否定しがたいと思う。それにしても、文明開化期の雰囲気にみちた家庭と学校で物心がつき、『岐阜日日新聞』や『朝野新聞』を読みながら成長した津田には、改進党的なバイアスはあったかもしれないけれど、明治前半期の啓蒙的政治意識を培うに十分な精神形成過程を経ていたし、昭和二十五年に私の聞き取りに答え、「東京専門学校の政治経済学科にゐて、将来新聞記者を志してゐたので、政論の類には接したが、政治運動には一切関係したことがない」と語っているのであって、実践活動に入らなかったにせよ、活社会の動向に無関心ではなかった。日記を見ても、前に表示したとおり、『日本人』『日本新聞』『読売新聞』『万朝報』『外交時報』『Review』等を愛読して、なまなましい時世の動きに常に関心の眼を注ぎ続けていたことがわかるのである。具体的には、国際的にはヨーロッパの国際情勢[25]、クリートの騒乱[26]、アイルランドの暴動[27]、マニラの叛乱[28]、清国の情勢[29]、韓国の国情[30]等にわたり、国内問題では、台湾生蕃の問題[31]、足尾銅山鉱毒事件[32]、内閣の交迭[33]、衆議院の解散[34]、皇室と政治[35]、軍備の増強[36]等をとりあげ、こくめいにそうした国際的・国内的情勢の推移を日記に書きとめているのであった。それは、三十年二月十八日の日記に「列国の現状、特に東邦隣国現時の形勢を熟知するは、教育家の要務なり。地理及び歴史の教師は寸時も之を忘るべからず」と記しているような職業上の必要とも結びついていたかもしれないけれど、そのような義務感だけであれほどたんねんな時事への関心が出るとも思われない。むしろ三十年四月十八日の日記に「朝に坐して新紙伝ふるところ四海の報を見る。われ悪ぞ邦家の前途に思ひなきを得んや。夕に出でて陋巷の瑣語を聞く、われ悪ぞ文明の進運に思ひなきを得んや」、三十年十一月二十三日の「自由平等、われ今しばらく政理論を研究せん歟」、三十一年六月二十六日の「社会問題は遂にいかなるべき乎、国際問題はつひにいかなるべき乎、政体問題はつひにいかなるべき乎、あゝ貧富の懸隔は如何にして治すべきか、腕力万能主義は遂に止むべからざる乎、議院政治は果して最良の政体なるか、所謂文明つひに皮相の文明にはあらざる乎」、同年十月十六日の「床に臥しながら新聞よみて清国の形勢なんど遙かにおもひやれば、手に一剣をふるつて天下の風雲を叱咤せん野心も起り来り」、三十二年十二月二十二日の「われ（中略）政治家にはあらねど、政論家となり得ぬほどにはあらじとぞおもふ」等の所感にもらされている経世家的心情が、ローマン主義的文学青年心理と共存していたことのほうを、より重視する必要があるのではなかろうか。これを同世代の文学者たちの日記と比べてみるときに、同じローマン主義世代の文学青年といっても、そこには明らかに津田の独自性が見出される。一年の年長で津田がその作品を読み「覚えず涙おとしぬ」と日記に書いた[37]樋口一葉の明治二十年から二十九年にいたる日記にほとんど社会的＝時事的記事の無いのは、女性であり純文芸家であった一葉のこととて不思議はないにしても、大室氏により面識があったはずと指摘されている国木田独歩のような後年星亨や西園寺公望に接近して政界出馬さえ望んだことのある人の、明治二十六年から三十年にわたる日記『欺かざるの記』においても、津田の日記に示されたような政治的・社会的対象への旺盛な関心は見られないのである。そこに「三分の狂気、三分の風雅」を追う文学青年の半面を有しながら、「残る」四分を「学問」に収斂させていこうとする史学研究者、しかも生きた現実世界への取り組みの中から問題意識を構築して行く主体的研究者という他の一面において、哲学・文学・社会科学等の各領域を総合するエンサイクロペディストであったとともに現実社会の開明化への実践的活動を併存させえた明治初年の啓蒙思想家の精神が津田の中に継承せられており、その点で啓蒙思想に入れ替って登場する明治三十年代の浪曼主義者と等質化されない特色を認めるべきではなかろうか。その政治的＝社会的関心は、明治十年代の民権思想家、二十年代の『国民之友』『日本人』の同人たち、あるいは三十年代の内村鑑三・柏木義円・幸徳秋水・木下尚江・田岡嶺雲等の第一線思想家のごとき強烈な主体的批判的熱意に燃えてのものではなく、芸術等の文化的教養の吸収の場合には常に対象とする作品にきびしい価値判断を加えているのと異なり、意見をさしはさまない客観的な事実への興味に傾いているように見え、傍観者的な態度さえ感じられないでもないけれど、例えば明治三十年二月十一日の「明治政府が政治上の徳義を害し社会上の風習を乱したるは甚だ多し。今日の政界に於いて黄白の勢力を有するは、帝国議会のはじめに於いて時の政府が倆を作りたるが故に非ずや。(中略)其の他、漫りに洋風を摸擬して我が国固有の善習を破壊せしも政府に非ずや、豪奢淫逸の風を示して社会の徳義を腐敗せしめしも政府に非ずや、文化の上に於ける明治政府の罪、決して軽からざるを信ずるなり」といった、政府の実態へのきびしい批判や、同三十二年十月十八日の「鎌倉より汽車にて横須賀にゆき、造船所を巡覧す。(中略)船渠に入りゐたる軍艦橋立号を見る。(中略)親しく其の装置の緻密なると其の規模の宏大なるとを見、而して之が為めに無数の人力と無数の金銭とを費すをおもひ、一時の平和を購はんが為めにはかゝる不生産的軍備を要し、又た為めにかゝる高価を払はざるべからざる現代の矛盾を嘆ぜざるを得ざりき」という類の軍国主義の「矛盾」への鋭い直観などには、ほぼ同じ時期に日本の現実の歴史の進行に峻烈な批判の筆をふるっていた内村鑑三や幸徳秋水の論調を連想させるものが、片鱗ながらふくまれているのであって、後年の津田史学の根底をなす強烈な社会的実践的精神が、このような関心のあり方と無関係でなかったことを思わせるのである。[38] [39]

さらに、津田のいわゆる「狂気」なるものは、たしかにその高き志をみたしえぬ不遇への抑えがたい不満とか、すでに固定化し閉塞化し腐敗しつつある社会的環境の一部をなす職場での不愉快な人間的摩擦等々の個人的＝社会的事情の産物であり、それが「狂気」という形となって噴出した点では、なるほど明治中期の浪曼主義の典型の観もあるが、津田の場合、単なる自我の内的燃焼としてでなく、そこに精神の内面のみにとどまらない社会的方向をもつ感情の高揚があったことを見のがしてはならないであろう。明治二十九年十二月二十一日の日記の「小不平、小憤悶、自ら其のもどかしさに堪へず。よしさらば自ら求めて逆境に陥らんかな。死地を造出し窮所を構成し、而して大不平、大憤悶、大憂鬱を培養し出さんかな」という個人的憤懣はその後に記されている「首を回らせば浅間の高峯、(中略)灰色の雲一団汎々として将に飛揚せんとす。(中略)風か、風ならば吹け、吹いて此の穢陋の俗塵を一掃し去れ。もし夫れ炎々として地心より噴出し来れるほのほの末か。汝もし烟ならば何すれぞ其の嶺を裂き、其の峯を覆へし、猛火熱炎、宙宇を震蕩して其の上に蠢々せる無血動物を粉砕し尽くさゞる」という一節にいたっては、すでに単なる個人的感情の域を超えているのであるが、同月八日の

世に革命論を唱ふるものあり。われも亦た夙に此の考を懐抱したりき。政治も宗教も教育も、一切の社会皆な腐敗せり。一たび我が国民を死地に陥れて天下の人心を一新するに非ずんば、到底我が国民の元気を振興する能はじ。

この年の日記に挾みありし紙片の

破壊なるかな、破壊なるかな、此の臭汚の形骸をとつて之を一度び熱火裡に投ぜずんば、あゝ我が邦家奈何せむ。大死一番、而して蘇生するものは啻に一箇人が上のみに非ず。

三十年二月八日の

道徳の壊頽、人心の腐敗は何物をか生ずる。革命なるかな、革命なるかな。文部省廃せずんば教育興らず。

等の記述にいたっては、いっそうその社会的志向が明確となっている。これを、日付不明の文章「魔語」(40)の

われに一塊の爆烈弾を与へよ。われ乃ち之を子女麕集せる浅草の観音堂に投じ、之を巍峩雲衣に聳ゆる本願寺の新堂宇に投じ、成田の不動に投じ、奈良の大仏に投じ、比叡、高野、身延、黒谷、満天下のあらゆる寺院僧坊に投じ、其の高塔を壊ち、其の伽藍を覆へし、其の屋を裂き其の牀を破り、梁を飛ばし、楣を落とし、柱を折り、楹をくだき、其の裡に安坐せる釈迦、文殊、普賢の金を蕩かし、銅を漾はし、其の裡に佇立せる阿弥陀、観音、勢至の身を裂き、体を破り、四天王を仆し、金剛力士を拋ち、其の裡に衣食し、坐臥し、読経し、坐禅し、説法し、観行し、嬉遊し、偸盗し、妄語し、瞋恚せる円頂緇衣の徒を撃つて、其の肉を破り、其の骨を拆き、而して後、一片のマッチを投じて其の汚臭の残骸を一炬に附し、天を仰ぎ手を打つて呵々大笑せむ。

さらに大正十二、三年ころの中年期においてなお、

投げうたば地をこぼつべき爆弾を胸に持つ身と人は知らずや。(41)

といった、はげしい破壊的衝動の猛炎が、津田の心底からくり返し燃え上っていた事実とあわせ見るときに、津田の学問がどのような主体的情熱の上に形成されたかを理解しうるのではあるまいか。右に引用した文の中には、歴史的現実化を最初から意図しない感情の高揚を極限的なレトリックに託したにとどまるものもあるけれど、津田が感情的

に「革命」を叫びながら、前記二十九年十二月八日の記事を書いた六日後の十四日に「革命史の研究をおもひ起し」、三十年三月二十三日「仏国革命史研究の心ます〳〵深くなりぬ」、四月十二日には「来る七月夏期休暇前までに読むべき書を予定せん歟。『仏国革命史』二種」、三十一年十一月三日「仏国革命時代の欧洲の思潮を研究せんこと、一層深くおもひあたりぬ」、同九日「けふよりミグネー『仏国革命史』をよみはじむ」、三十二年一月十八日「仏国革命時代の万事を研究せん、当時の政治史はもとより、其の学術、文芸、風俗、人情をも研究せん」と具体的にフランス革命の研究に着手する意慾をくり返し示しているのを見れば、右のような破壊的精神の表明が、単なる文字の上の激語によって鬱屈した感情のはけ口を求めたにとどまらず、史学の研究とも深く結びついていたことを認めないわけにいかないのである。明治二十九年二十三歳の時から数えて十五年の後、明治四十四年三十八歳になってからも、その十月二十四日の日記に、中国の辛亥革命について

革命党の騒ぎはどうなるか知らぬ。又た、革命乱の動機が何処にあるかもよくは知らぬ。しかし革命そのことはおもしろい。おもしろい理由は、それが「反抗」運動であるからである。強ひられる服従に対して自我を立てんとする人生の根本的要求の発現であるからである。器械の如く動かされんよりは、人として生きんとする内的衝動の結果であるからである。人に自我のあるところ、こゝに必ず革命がある。

と記すことを憚らなかったのは、青年期の破壊的情熱が、最初の爆発的な形から次第に冷静化しつつも、依然として存続していたことを物語っている。かつて自由民権運動の高揚期にフランス革命は、アメリカ独立革命やロシアの虚無党の革命運動等とともに、民権運動の革命的発展を刺戟する歴史的先蹤として好んで回顧され、多くのフランス革命史が出版されて民権家に愛読された(42)。自由民権をす通りした津田が、個人的な破壊的情熱という特殊な条件に導かれ、欠落した歴史体験を何程か補足できたことは、後年の思想的大成と決して無関係ではなかったはずである。

同様に、「狂気」と「風雅」とに六分を割いた津田が、早くから歴史の進歩発展とそれに参加する人間の義務を主張しており、決して超歴史的な感情の奔流に溺れるのみの文学青年でなかったことも、序に一言しておかねばならぬ。三十一年一月十八日に

されど人のこのよにある、たゞ無邪気なるを以て満足すべきか。(中略)人間は一層の大なるしごとを此の世に貢献すべき義務はなきか。今わが此の文をかく一枝の筆は、末代の人間を叱咤する剣にはあらざる乎。今わが机上に閃めく一穂の燈火は、一世の人心をもえしむる火にはあらざる乎。

三十三年一月七日に

雪嶺『日本人』に立志を論じていふ。苟も事業にして愉快の感と義務の念と相伴ふことあらば、其の何たるを問はず極めて立派なるものなりと。又いはく、(中略)苟も事業の、以て人類の化育に参ずるある、其の何たるを問はず極めて立派なるものなりと。後者はわが持論に更に一歩を進めたるもの、前者また甚だわが意を得たり。(中略)又た曰く、事の成ると成らざるとは多く四囲の事情に関すと。真に然り、人は(中略)自ら我が志をなすに最も適当なるべき事情を作り出す底の勇気なかるべからず。

と記しているのを、後年の主著のひとつである『文学に現はれたる我が国民思想の研究　貴族文学の時代』に見られる平安貴族の生活に対する批判[43]と対照するならば、こゝにも津田史学の基本思想を準備するものが見出されるのであった。

津田史学の独自性を準備したこのような広くかつ豊かな視野は、津田が帝国大学出身のアカデミズム史学の専攻者でなかったことに規定されるところが大きい。「つら〳〵おもへば、われ学者として世にたゝんことといとおぼつかなく、よし勉めてならざることなしとせんも、わが経歴とわが地位とは、学者として進むべきよき境遇を得んこと、いと〳〵難かるべし[44]」と悲観させた、学究への世俗的な道のためにマイナスとしてはたらいた津田の「経歴」は、真の

学究としての実質的大成のためには、かえって絶大なプラスとしてはたらいたことを重視する必要がある。東京専門学校政治科の出身という津田にとり、史学専攻者としての社会的背景はゼロであり、それが多年にわたり津田をして心に染まぬ中学教師の職に生計を求めざるをえないマイナス条件となったと同時に、それ故にこそ、あらゆる既成の学風や学界の因習から切断された、独自の個性にみちた学問を建設させることが可能となったのである。国学ないし漢学の分化の中から生れ、ドイツ史学からその思想的背景を抜き去った考証技術のみを摂取して形造られた帝国大学のアカデミズム史学[45]からは導き出されうべくもない独創的な発想は、そうしたアカデミズム史学に無縁であることによって可能となったのである。

すでに述べたとおり、早くから白鳥庫吉に庇護され、学問上でも深い感化を受け、明治四十年以後は満鉄の満鮮地理歴史研究室に籍を置き、白鳥や池内宏ら帝国大学の史学者と共同研究体制に入った津田は、そのかぎりアカデミズム史学と全く無縁であったわけではない。しかし、それは個人的な接触を介してのことであり、しかも国史学の畑ではなく、いわゆる東洋史学の人々との結びつきを通してのことであったのも、津田のために幸であったといってよいだろう。帝国大学の東洋史学が、根底において中国・朝鮮等の「東洋」隣邦民族への帝国主義的進出と無縁の学問ではなく、後に詳述するような津田の中国・朝鮮観の源流もそこに由来するのである[46]が、少くとも国内問題に関して、白鳥・池内らが正統的国体観念や前近代的道徳から比較的に自由であったことは事実であり、その点で研究対象の関係上、国体観念に強く拘束されざるをえなかった国史学畑の学者とは違っていたからである[47]。同じような意味で、津田の日本文学研究が、国史学とほぼ同様に、古くさい国粋主義に傾きがちの帝国大学の国文学[48]と全然無関係であったのも、いっそう津田史学のためには有利であったということができる。

晩年の津田は、自分は「東京専門学校に、わづかの期間、学生として籍を置きはしたが、その後は学校とは何の関係も無く」、後に早稲田大学の講義をひきうけることになろうとは思ってもみたことがないほどであったし、「学問の方ではむしろ帝大の方にいくらかのつながりがあつた」くらいで、もともと「世間でいふ私学のものでも官学のものでもな」く、学問に「私学も官学も無いはずで」、「実際、さういふ分けへだてのあるやうに感じたことは、一度もない」と、しきりに官学私学に超越した心境にあったかのごとく強調している[49]けれど、日記をみると、三十年三月六日に

吁、砂塵にまみれ寒風に吹かれて車夫と赤毛布を相手に講釈せる大道の疎髯先生と、大厦高楼の裡フロックコートいかめしく受け売りのレクチュアに鼻を蠢かす大学教授と何程の差異かある。

三十二年八月七日の連歌の句に

赤門の蛙の面は洒々乎たり。

三十三年九月三十日に

重田定一を訪ふ。学校に於けるわが前任者なり。その態度、そのものいひぶり、近ごろの大学出身者の標本なるべし。(中略)学問はかうしたものぞとひとりぎめのわれは顔なる赤門派の専権を握れる高等学校(下略)

四十四年十一月二十五日に

免兼官、学習院教授兼東京帝国大学文科大学教授文学博士白鳥庫吉といふ辞令を二十一日の官報で見る。大学に馬鹿者の跋扈するのも外から見てをるとおもしろくないでも無い。先生に anti-government の思想を起させたらなほおもしろいが、これはどうだか。

というふうに、帝国大学への反感をしばしば吐露する反面、三十二年一月二十日、早稲田のあたりを散歩して「むかしなつかしきおもひ」を覚えたり、同年十一月十二日、早稲田の千葉県校友会に出席し、卒業生の虚勢を戒める演説を試みたり、三十五年九月十四日またまた早稲田付近を散歩し、学校の増築など「見まがふばかりとなれる」を見て

に「こゝろよげ」に感じたり、同年十月十九日、早稲田大学の開校式に出席したり、十二月二十七日、校友会誌を受け取って「多少の感慨」を催したりしている事実を見れば、私学早稲田の出身者としての反官学意識をいだいていたことは否定すべくもない。津田の反アカデミズム意識は、もとより単なる出身校の問題ではなく、四十四年十一月七日に

今の学者に政治の思想が無く、今の政治家に学問もなく芸術に対する感受性も無いと同じく、片輪の発達は今の日本の通弊である。文士の多数が学問のないのを笑ふならば、学者の大多数が盲や聾であることを笑はねばならぬ。

政府の保護なしに非常の発達をなしたものは日本の今の文学である。次に芸術である。文学は、むしろ絶えず政府の圧迫を蒙つたものだ。それにもかゝはらず、今の程度に達したのは日本の文学界の誇りである。あつい政府の保護の下に養はれてをる学問の、あはれなる状態を見よ。

同月十日、「ドグマやコンヹンションが無い」一女性が、「現代文学の智識などは毫末も無い」にかかわらず、イプセン劇の「自然らしさ」を感得できた事実に接し、

物の真相を解するのは必ずしも智識のみでは無いといふこと、智識は往々却つて「ありのまゝの感受」を妨げるものであるといふことがこれでわかる。

と述べ、ずっと後年になってからであるが、大正十四年九月二十二日には新村出の『南蛮広記』と姉崎正治の『切支丹の迫害と潜伏』を評し、どちらも問題となりそうな点をす通りしているとの不満を表し、「のん気な人たちばかりだ」と言い、同十五年二月二十三日にロマン-ロオランの歴史著作につき、

ロオランの歴史の取扱は今の学究的歴史家の態度とは違ふ。今の「研究室」の歴史家は、煩瑣な外的事実のきれ

〳〵な詮索に没頭してゐて、やゝもすれば其の奥底に活潑潑地として動いてゐる人間を忘却する。ロオランは歴史の大きい流れに於いて人間的精神の如何に発揚せられて来たかを看取しようとした。こゝが僕の同感するところである。

と記していることから窺われるとおり、津田の用語でいえば「学究的歴史家」の「研究室」内「詮索」の大きな限界を終始痛感していたことによるものであったけれど、そのような反アカデミズム精神も、津田が官学の「研究室」と無縁の経歴のもち主であったからこそはじめて育成せられたのではなかったか。私はかつて明治の思想界で批判的反権力的な活動をした人たちの多数が、私学、または官学でも傍系の学校の卒業生か、そうでなければろくろく学校らしい学校を出ていない人たちばかりであることに注意を喚起したことがあった。「二葉亭四迷は帝国大学の卒業生であるか？　内田魯庵は帝大を出ているか？　北村透谷は？　石川啄木は？　片山潜は？　安部磯雄は？　内村鑑三は？　山路愛山は？　木下尚江は？　幸徳秋水は？　横山源之助は？　こう数えたててくると、文壇に論壇に革新的なしごとをして来た人物が申し合わせたように帝国大学以外で育って来た人たちばかりではないか。帝国大学は半封建的権力の忠実な官僚・教師・技師の養成所であって、野党魂を養うところではなかったのである」(50)というのが、私の結論であったが、必ずしも反権力的というような政治的立場を主な標識としないにせよ、帝国大学を母胎とするアカデミズムが、その課せられた社会的機能の故に画せられた限界の大きかったことは、まぎれもない事実であろう(51)。津田は、白鳥や、後には池内らとの接触を通じてアカデミズム史学の独自の精密さをも学びとることにより、山路愛山あたりまでの在野民間史家にはなかったアカデミックな堅牢性をその学問に備える結果となったが、それにもかかわらず官学アカデミズムの無思想性とはおよそ似ても似つかぬ高度の思想性を発揮できたのは、何といってもその在野史学者という、世俗的には不遇の地位のもたらした、はからざる恩恵のいたすところであったといわなければならない。

とはいうものの、津田が結局書斎の人、「研究室」の人であったということも、また否定できない事実である。官学アカデミズムに縁のない、広く豊かな視野をもつ在野の学究であったとしても、津田の社会的関心は終始新聞・雑誌等の活字から得られる知識を素材としての関心にとどまり、研究室外の社会の現実の動きを肌で感じとるに足りる体験は、終生皆無にちかかったといってよい。津田の思想がその最盛期においても免れることのできなかった制約と、晩年ことに敗戦後の思想的後退とを考えるとき、この側面でのブランクは、彼が官学アカデミズムと無縁であったのと正反対に、ある意味で思想家としての津田にとり躓きの石となるべき致命的弱点であったことを注意しておく必要があると思う。

(1)　この時期の資料については、第一編冒頭参照。
(2)　「東京専門学校時代のこと」「『子どもの時のおもひで』以後」(『全集』第二十四巻)。
(3)　日記明治二九年一〇月二一日条。
(4)　同同年同月三〇日条。
(5)　同三二年一月一五日条。
(6)　同同年同月一八日条。
(7)　同同年一二月一八日条。
(8)　同同年同月二二日条。
(9)　同三三年一月二六日条。
(10)　同三〇年六月二六日条。
(11)　同三二年五月二一日条。
(12)　「学究生活五十年」。
(13)　津田の音楽・絵画鑑賞については、大室幹雄氏「津田左右吉の否定の諸様相——その歴史叙述の根底——」(『思想の研究』

第5号)にすぐれた紹介がなされている。
(14) 日記三一年一一月三日条。
(15) 大正五年六月『千葉中学校校友会雑誌』寄稿(『全集』第二十二巻)。
(16) 日記三〇年六月一四日条。
(17) 同同年七月二一日条。
(18) 同三二年二月一〇日条。
(19) 同同年一〇月一日条。
(20) 同三三年八月九日条。
(21) 同三〇年八月「憶上毛記」。
(22) 「青年津田左右吉における文学の問題」(創刊号)・「青年津田左右吉における哲学」(第2号—第4号連載)
(23) この世代の差が示す思想史的意義については、拙著『植木枝盛研究』四〇二—三頁、色川大吉氏「近代思想史方法論考」(『日本史の研究』三六号)参照。
(24) 三十年五月二十八日の日記に「昨夜の夢にわれさるところの新聞社に入社したりと見つ」とあるは、新聞記者志望が潜在心理として残っていたためではなかろうか。同年六月十六日にも「われは学者にもなれず詩人にもなれず、又た世にたちてはなゞゝしき動作をなすの才と力となし。どちらつかずの新聞屋ぐらゐのものか」と自嘲的な口吻ではあるが新聞記者への志をちらつかせている。
(25) 三〇年二月二〇日条。
(26) 同年同月二四日条。
(27) 二九年一〇月一二日条。
(28) 三〇年四月一五日条。
(29) 三〇年二月一一日、六月一五日、一一月一五日、三一年五月二六日、九月二二日、二八日、一〇月一六日、一七日、二六日、三一日、三二年一〇月三日、三三年八月一八日、一九日条等。
(30) 三二年九月二日条。
(31) 二九年一二月一六日条。そのほか台湾問題の記事が三〇年二月一五日、三月一二日条にもある。
(32) 三〇年三月二八日条。

(33)　三〇年一二月三一日、三一年一〇月三一日、一一月八日条等。
(34)　三一年六月一〇日条。
(35)　三一年一〇月二六日、一一月二日条。
(36)　三二年二月二〇日、同一〇月一八日、三三年一〇月二三日条。
(37)　三二年九月一〇日条。
(38)　例えば、前者を「腐敗せる今日の社会は、薩長政府の反射映なり、其淫風は薩長政府の吹入せし者なり、其偽善的宗教と教育とは薩長政府の本質を映ぜし者なり、其『実業』なる者は薩長政府の邪慾を暴露する者なり」(明治三〇年「今日の社会と薩長政府と」、『内村鑑三全集』第二巻四〇六頁)「此腐敗政府に導かれて、此腐敗華族を国民の亀鑑と仰ぎて、此代償付きの道徳に薫育せられて、日本国民の結局は如何、日本は国民としては救ふべからざるの位置に立去らんとしつゝありとは、真に日本を愛する人が屢々発せし歎声なり」(同年「此極」、同四〇九頁)、後者を「我れ某軍港に伝道し、巨艦の工を竣《を》ふるを見たり、我れ之を仰ぎ見て曰く、盛なるかな日本帝国と。我れ某地方に伝道し、多くの茅舎陋屋を見たり、我れ之を望み見て曰く、憐むべきかな我が国と。此民にして此艦を造る、以て知る国威の宣揚は必しも民の幸福の兆にあらざることを」(明治四〇年「国威と貧困」、『内村鑑三全集』第十二巻三七三頁)といった、各内村の論説と比較するとき、内村ほどに直截に自分の主張をうち出していない点で、やはり相違はあるが、かなり接近した意識を見ることができるのではなかろうか。
(39)　明治三十七、八年頃に独逸協会学校で津田の授業に出ていた森於菟は、津田が授業の中で、「西洋文化の歴史を説きながら東洋日本との比較をする、又その日の新聞にある時事を話題にする。それにすべて熱情がこも」っていた、と回想記に述べている(「独協時代の津田先生」、『全集第一巻付録』所載)。
(40)　『全集第二二巻付録』。内容から見て、明治二十六、七年の東本願寺別院付属教校在職のころのものであろうかと思われる。
(41)　『全集別巻第一付録』。
(42)　有名なものを挙げると、河津祐之訳『仏国革命史』(明治九年―)・久松義典纂訳『泰西革命史鑑続編』(明治一五年―)・宮崎夢柳意訳『仏蘭西革命記自由乃凱歌』(明治一五年)・中江篤介編『革命前法朗西二世紀事』(明治一九年)等。
(43)　「国民として何等の為すべきこともなく、個人として何等の事業欲がなく、(中略)眼前刻下の栄華を受用することをのみ希求して、一歩を現状より進んで新しい世界を開拓する意気が無かつた。(中略)自分で自分を造らうとして運命に対して奮闘努力し、自分の道徳的操守を飽くまでに貫かうとする人間は、よし力敵せずして失敗することがあつても、我は我が事をしたといふ満足がある。我が渾身の力を用ゐ尽した後の愉快がある。或は我をどこまでも我として樹立したといふ一種崇高の感がある。他人から見れば壮烈である。けれどもこれは平安朝人の思ひもよらぬ境界である」(四〇八―一一二頁)。

(44) 日記明治三二年八月一日条。

(45) 門脇禎二氏「官学アカデミズムの成立」(『日本歴史講座』第八巻)・拙稿「日本近代史学の成立」(『日本の近代史学』)等。

(46) 第二編第二章一三「中国観」・一四「朝鮮観」参照。

(47) 東洋史学・西洋史学と呼ばれていた外国史学では、国体観念に迎合する必要もなく、国史学特有のタブーも少かったので、一般的傾向としては、概して外国史学の教授たちのほうが国史学の教授たちよりリベラルであった。東京帝国大学史学科の同窓会的学会である史学会で、昭和十年末に起ったできごとにそれが象徴的にあらわれているので、紹介しておく。当時東大国史学科では教授平泉澄がリーダーシップをにぎり、その門下平田俊春が、史学科で運営している史学会の主務委員の地位にあって、そのために『史学雑誌』の彙報欄や書評欄には、いわゆる皇国史観に立つ矯激な言辞が横溢しており、心ある人々の顰蹙を買っていた。かねてこれを苦々しく感じていた東洋史学の教授池内宏と西洋史学の教授今井登志喜とが相謀り、次の編集会議の席で、『史学雑誌』の最近の傾向に対し警告の発言を行ない、平泉・平田がこもごもこれに答えたのを、史学会の学生委員であった私は親しく見聞することができた。これは必ずしも昭和十年という時点だけに特有の現象ではなく、大体において外国史学のほうが国史学よりリベラルだったのではなかろうか。余談に渉るが、戦後は両者の傾向が逆転し、東京大学史学科では、国史学科がいちばんリベラルで、東洋史学・西洋史学のほうにおかしな言動を見せる教授が目立つようになっている。戦後アメリカ帝国主義への従属の下で、日本史研究者と外国史研究者のそれぞれの政治的境位が、天皇制下の戦前と逆転したためであろうか。史学史上興味深い現象としていちど精考してみる必要があると思っている。

(48) 江戸時代の国学が、明治のアカデミズムで分化して国語国文学と国史学とになり、そのためにこの二つの学問は、国学のイデオロギーを継承する面を共有していた。明治の末に南北朝正閏論事件のあったのちに、国史学の教授田中義成・三上参次は、「大学の講義は純学術のものであるからして、小学校の教科書の例に従はずとも従来の通り南北朝史で宜しからうぢやないか」と主張したのに対し、国語学者上田万年はこれに反対し、「矢張り吉野朝と云ふ名称でなくては善くあるまい」と言い張り、田中は実質では南北朝史である講義を「吉野朝史」という名称で講ずることを余儀なくされた(田中『南北朝時代史』巻頭所掲三上「田中博士の閲歴」)。帝国大学の国語国文学の教授たちの思想傾向が、この一事にも象徴的に現われている。

(49) 「学究生活五十年」「東京専門学校時代のこと」。後者では、「官学に対抗する意味での私学といふやうなことは、事実、考へられもしなかつたであらう。けれどもそれと共に、また一方では、世間的勢力としての帝国大学といふものの存在を僕らは殆ど意識してゐなかつた」と記されている。

(50)『数奇なる思想家の生涯――田岡嶺雲の人と思想――』。

(51)拙著『大学の自由の歴史』参照。

第四章　津田史学の出発点

津田史学の思想的立場の形成過程の考察に次いで、学問としての津田史学の対象領域や方法がどのようにして形成されたかを、青年期の津田の学問的志向から読みとり、津田史学の出発点における様相を明らかにしてみたいと思う。津田が文化のあらゆる領域にわたり貪欲であったことは、上述のとおりであるが、史学についても、たゞ一つの専攻領域を初めから限定するにはあまりに問題意識が豊か過ぎた。その中でも、津田がとりわけ強い関心をひかれたのは、明治維新史と上代史と思想史との三者であったように思われる。

一　明治維新史への関心

明治三十年五月四日の日記に「『旧幕府』といふ雑誌を読むに、坐ろにむかしの忍ばるゝ心地す。『戊辰の夢』及び『南柯紀行』殊に感あり。幕末史、あゝこれ真に人間悲哀のこと、痛恨のこと、而して又た爽快のこと、而して又た是れおのづから天の道、人の命、国史中最も趣味ある時期」、三十一年九月四日に「『明治史要』かしこゝひらき見るに、維新史研究の急務を感ず」、十月二日に「朝廷と幕府と、維新の激変に於ける二大思想の衝突及び其の関係を明了に解釈するものは誰ぞや」などとあるのを始めとし、津田が早くから維新史に積極的な興味をいだいていたことがよくわかる。維新史関係の文献を渉猟していたことも、前章にあげた閲読書目にあるとおりである。そして、三十

五年二月の雑誌『をんな』に「明治維新の原動力――徳川時代に於ける尊王論の由来――」と題する文章を寄稿している。(1)

津田の維新史への関心について注目に値するのは、明治以後の国家が採用した正統的な尊王攘夷史観ともいうべきか、薩長史観ともいうべきか、薩長の尊王攘夷論と明治の王政復古、天皇親政を軸として維新を考える見方と大きく違っていた点である。親藩の領地に生れ、天皇中心主義に深く浸染されない雰囲気で成長した津田には、むしろ幕府への同情が強く、薩長史観に対立する佐幕派的史観とでもいうべき問題意識が終始一貫していたように思われる。明治前期来、島田三郎の『開国始末』(明治二十年)とか福地源一郎の『幕府衰亡論』(同二十五年)とかいう類の幕府中心の佐幕派的維新史もいくつか書かれているが、それらはやはり異端的維新史であって、正統的維新史の位置を占めていたとは言えないであろう。津田史学は、史的唯物論史学の出現以前においては、もっとも異端的な史学であったと思うが、その出発点をなす維新史への関心が異端的史観に傾斜するものであったことは、津田史学の方向を決定する根源であったかもしれない。三十二年一月二十四日の日記に「維新の当初、戦ひ勝つて天下の大政を掌握せし薩長の士人と、戦ひ敗れて牢獄の裡に呻吟せし幕下の士人と、糾弾するものと糾弾せらるゝものと、刑罰を行ふものと刑罰に処せらるゝものと、両々相対観して何の感かある。吁、これも時勢か。勝てば官軍負ければ賊か。一代の権勢は忽ち勝者の手裡に帰せしも、百世の同情は却つて敗者の枯骨に濺がるゝも是非なしや」、三十六年二月十一日に「『日本新聞』に故北白川宮殿下の肖像と逸事とをのせたり。一読おぼえず涙ぐまれぬ。たゞ其の輪王寺門跡にておはしゝほどのことを記し、上野に籠居し、奥地に奔り給ひしは、賊軍に擁せられてこゝろならずも朝家にそむかれしなりとやうにしるしゝは、いとも〳〵あかずぞおぼえられし。かのとき誰れか官と賊とを弁ずべき。(中略)この記事の如きは、ひいきのひき倒しにあらざれば則ち古風なる儒学的史論の系統に属する牽強なる名分論にあやまられたるものならんのみ」と記していることなどからも、また、前引「明治維新の原動力」において、「徳川氏が政権を自ら掌握して少しも朝廷の容喙を許さなかつたのは、敢へて朝廷の政権を奪ひ取つたのではなく、元来朝廷といふものはさういふはずのものである、として、徳川氏も、また当時の一般の世人も、之を怪しまなかつたのであります。(中略)天皇は政治上無責任の地位にあらせられるといふ憲法上の原則はこのとき立派に行はれてをりましたので、皇室の神聖を保たせらるゝ上から見れば、この時の政治は決して不都合のものでないといはねばなりますまい」と、幕府時代の天皇不親政を弁護する論を展開していることからも、津田の維新史の見方が明治時代の正統的かつ一般的な王政復古史観ときびしく対立する考え方に立つものであったことを窺いうるであろう。

大正十四年十一月二十九日の日記に「『維新史』を書かんことは、余が二十余年前の志にして未だ果さゞるところなるを思へば」とあるとおり、津田は早くから維新史を叙述しようとして大正末まで果さず、ついに体系的維新史の書を最後までまとめることなくして終った。しかし、『文学に現はれたる我が国民思想の研究　平民文学の時代　中』に「世界の形勢に順応して我が国をたてるために、鋭意西洋の文化を学習し採用しようとした幕府の大なる努力、明治の初年の政府の施設はたゞそれを継承したものに過ぎない幕末の文化運動」と言い、「滅亡に瀕してゐる幕府が、意識して或はせずして、自己の権力の破壊を誘致すべき種々の文化的もしくは政治的施設に努力した悲壮の行動、それらの新事業に従事した旗下の士人の時勢に刺戟せられて緊張した精神、世界の大勢に目ざめて国民の使命を自覚した少数の幕府当局者の心理、其の国民文化に及ぼせる功績」と記している[2]、その評価のし方を見ても、津田の維新史観が青年期からその学問の大成期まで一貫して変らなかったことが窺われよう。戦後、津田が雑誌『心』に連載した幕末・維新史に関するいくつかの論文は、津田の維新史論としてもっとも内容の豊かな(学問的にすぐれているという意味ではない)ものであり、最晩年にいたりようやく青年時代以来の宿願に着手した成果の一端を筆にしたものといえるかもしれぬ。これらの論文は、没後に未完の遺稿等とあわせて『文学に現はれたる国民思想の研究　第五巻』の題目下にまとめられ刊行された。しかしながら、戦後の津田は、最終編に詳述するとおり、大きな思想的変貌をとげているので、これらの論稿を戦前に執筆されることなくして終った『文学に現はれたる我が国民思想の研究　平民文学の時代　下』が、戦後にいたりこういう形をとって出現したものと見なすことはできないのであって、[3] この書はやはり戦後に大きく変貌した津田史学の一成果として、戦前の学問研究の連続線上においてではなく、戦後の歴史的所産として別箇の観点から考察すべきであろう。もっとも、これらにおいても、戦後独自の発想に強く彩られながらも、佐幕派史観の立場は堅持せられ、むしろそれが異常なまでに強調されているのであり、その点では青年時代からの維新史観が一貫して保持されているといってよく、このように維新史への関心が津田の終生にわたって失なわれることがなかった事実は、津田史学を理解する上で軽視できぬところといってよかろう。『我が国民思想の研究』の大著を執筆したのも、「維新のことを考へてみようとしたのが、そもそもの発端であり」、「エド時代のことから次第に溯つて上代のことに及んで来たのを、今度は上代から始めて近代に下つてゆくといふ順序で」進められた研究であったという[4]から、維新史への関心は、津田に日本思想史学史上前例のない画期的大作を執筆させる動機としてはたらいたわけであって、きわめて大きな意味をもっていたといわなければならない。遺憾ながら『平民文学の時代　下』が執筆されず終ったために、戦前の津田史学の中で維新史がどのような形で具体化されることになったかを、私たちは現実に検証できない状態となっているが、『平民文学の時代　中』には、断片的ながら、正統的維新史観と異なる鋭い見解が散見している。例えば、尊王論の発達が王政復古の原動力となったとして、明治維新の歴史的前提として尊王論を高く評価する正統的維新史観を否定し、

　世には所謂尊王論を以て直に反幕府思想であるが如く考へてゐるものもあるらしい。もしさうとすれば、それは

大なる誤である。（中略）幕府の権力を破壊しなければならぬ、といふやうな考は、其の権力の事実上ゆるぎ出した幕末騒乱の際までは、殆ど何人の思想にも上らなかつたのである。尊王思想は決して倒幕思想では無かつた。(5)と言っているごとき、(6)あるいは明治維新以後の西洋文化摂取の急速な成功は幕末における幕府の政策にあったとして、日本近代化の歴史的前提を築いた幕府の功績を高く評価した前引の一節のごとき、(7)次の巻で扱われるべき事項であるため言葉は短いけれど、端的に正統的維新史観の偏見を衝いた卓見を示しており、津田の維新史への関心が、それ自体としても、大きな意味をもっていたことを物語っているのである。

二　日本上代史への関心

維新史への関心に比べると、後に壮大な業績をうみ出した日本上代史への学問的関心は維新史への関心よりおくれて発生したようであり、青年期にあっては、それほど熱烈であったようにも思われない。しかし、明治二十九年十二月四日、雑誌『文』に掲載された日本上代紀年に関する那珂通世・吉田東伍・星野恒らの論文を読み、これらに一々批評を加え、三十年三月三十日には星野説に私案を加えた紀年表を作製したりしていて、上代史にも相当の関心を示してはいる。

三十三年十一月二十五日には、「古史の開闢説はたしかにわが邦固有の思想にあらずとおもふ。わが古伝説のうちに不調和なるほど純理的なればなり」、三十五年九月二十八日にも「書紀の記事が純粋の古伝説にあらざるは論なきことなるが、古事記の記事もまた古事記編纂時代の伝説にして、神代の伝説と逕庭あるに注意せざるべからず。天御中主神の如き、果して神代よりの伝説をあやまらず伝へたるものなりや否やは、深く考ふるところなかるべからざるが如し」と記しており、後の記紀批判の片鱗を示してはいるものの、三十年八月二十三日の伊勢参宮の紀行に「神路山の木立ものふり御裳裾川の流れ清し。宮居のみありさまは筆にせんもいとかしこし。たゞみづから神代にあへらんが如き心地ぞせらるゝ。（中略）此の地又た山河形勝の地にも非ざるが如く、土壌肥沃の地にも非ざるが如し。天孫を迎へ奉れる猿田彦命が此処に住み給ひしはいかなる事情なりしか。倭姫命が更に此の地を相して移し奉りしはいかなる故なりしか。五十鈴の川の源はたゞかしこきのみにて知るよしもなし」と述べ、三十三年一月一日に「あかつきのほど霧いとふかし。おほけなけれど神代のことも偲ばれて。天地のわかれざりけむそのかみの神代ながらにたてる霧かも」という歌を記し、三十五年一月公刊の『国史教科書』が第一章「国土生成」、第二章「天孫降臨より大和遷都まで」、第三章「畝傍橿原宮より春日率川宮まで」というように、記紀の神代説話に始まる叙述を追って説き始められており、天照大神の天孫降臨の神勅を掲げ、「天祖の大詔、天日と共に明かにして尊厳無比なる我が国体の基礎玆に定まれり。（中略）わが日本民族は一大家族にして、皇室は我等が宗家、我等は皇室の支流なりといふべく、其の間藹然たる至情の存すること実に国体の精華なり」と書かれていることなどによれば、この頃まで津田の記紀についての見方は、一般に行なわれている正統的記紀観の域内にあったこと疑なく、記紀に対する後年のようなきびしい批判的見解はまだ形づくられていなかったことが判明する。(8) 維新史の見方が、もっとも早い時期から終始一貫かわらなかったのと違い、記紀の批判的研究は、特に満鉄調査室で白鳥の主宰下に満洲・朝鮮の研究に専念しつつ獲得した原典批判の考証技術や、白鳥との個人的な学問的論議などをまって、ようやく本格的な研究領域を形づくるにいたったものと解すべきであろう。(9)

なお、津田の上代史への関心は、考古学上の遺物・遺跡への興味ともなって現われている。三十年三月十七日に群馬県総社町の古墳にて石棺を見、これをスケッチし、翌日碓氷郡発掘という古剣・曲玉を見、四月十三日には実見の古墳についての調査がないかと『人類学会雑誌』を繙き、三十一年六月四日、千葉県犢橋《こてはし》村付近の貝塚に行き発掘を試み、同月十二日と三十三年一月九日にはそれぞれ千葉県で古墳を見ている。また、三十二年五月から六月にかけて『日本考古学』を読み、アイヌについての説明のないのに失望したりしている。

『人類学会雑誌』は、日本の考古学の開拓者であった坪井正五郎らの設立した考古学会の機関誌として明治二十年から刊行されていた雑誌であり、『日本考古学』とは、ちょうどその直前に刊行された、坪井の弟子八木奘三郎著作の日本最初の考古学通論である単行本のことであろう。津田は、後年上代史の専門研究家となったのちも、考古学の成果を当然念頭において上代史を考えていたことはまちがいないにしても、考古学・人類学等の成果をその独自の研究に活用しようとはしていないし、(10) 津田の青年期には、考古学の研究はいまだそれほどめざましい業績をあげるにいたっておらず、津田自身のその方面への関心もせいぜい右記の程度で終っているから、津田史学の形成過程における考古学の意義は、特にとり立てて論ずるほどのものはないと言ってよいようである。

これに対し、歴史研究の補助学というか、あるいは隣接科学というか、津田がその後かなりの程度深入りしたのは神話学・民族学・民俗学、特に比較神話学であって、これらは後年大成された津田史学の内に、相当に重要な要素として活用されている。明治二十九年十二月十一日には、「けふの『読売新聞』に某々等が比較宗教学会の問題として提出せらるゝものなりとて、竜蛇崇拝のことをしるせり」とて、その記事を抄出し、三十年六月十三日には「聖書をよみ、各国のミトロギーを研究せばやと思ふ」と記し、三十一年十月十日には「印度の神は妖怪的なり、ものすごし。希臘の神は人間的なり、うるはし」というすぐれた指摘を行なっており、十五日には、

我が神話に於いて神の名はいと多く伝はりたれど、其の神々の性質事業なんどはほと〳〵伝はれるものあらず。古人の想像せる神のみ名多きを見れば、おの〳〵其の特異の性行を之におもひよせたること、などかなからんと

思ふに、或は其の伝説の中ごろ（文字の術開けたる以前に）失せたるにやあらん。されどこの国にはホーマーの如きものあらねば、始めよりなかりしにやありけん。

と、後の『神代史の研究』の先駆的着想めいたことを考えている。三十六年三月には、Greek Old Stories という小冊子を購読し、「わが素戔嗚尊の八岐蛇退治などをこの中に交ゆるも、知らぬ読者は其の異国の古伝なるにこゝろづかざるべし。国により多少の特色はあるも、人類の通有なる思想あるはこれを見ても知らるべく、其の通相と特色とを研究する比較神話学の必要もこれにて考へらるべし（ノアの洪水に似たる洪水譚もあり）」と論じている。津田の画期的な記紀研究が、往々誤解されているような神話学・民俗学的方法を軽視した文献批判一本槍のものでないことは、第三編に詳述するとおりであるが、その端緒はすでに青年時代から徐々に現われていたのであった。

三　『我が国民思想の研究』の原型の成立

青年期の津田がまず維新史の研究に志し、後の津田史学の最大成果の一半を成す記紀の批判的研究への方向は必ずしも自覚されていなかったこと、上述のとおりであるが、この時期における広汎な諸領域への貪慾な関心は、そのまま大正期の『文学に現はれたる我が国民思想の研究』の大著を準備するものとなったのであって、その意味で、文芸作品を通して日本思想史を全般的に把握することは、そのような体系の組織までは最初から企図せられていなかったにせよ、二十歳代以来の津田の一貫した学問的努力の方向であったと見ることができる。明治三十年一月十九日に

歴史家は精緻明覈なる哲学的眼光を有すると共に、美妙荘厳なる詩的構想を具へざるべからず。史実を判断するに当りては不偏不党にして冷なる理性を以てするを要すると共に、其の真実なりとせられたる人物事件に関して

は溢るゝばかりの温かき同情を注がざるべからず。社会の表面にあらはれたる事実の真相を描写すると共に、裏面に潜伏せる人心思想の隠微を観破せざるべからず。国勢変転の形勢を叙述すると共に、人情及び理想の推移を注視するを要す。

と論じているのは、歴史一般についての、いわば津田の史学方法論の核心となる命題を述べたものであるが、「人心思想の隠微」とか「人情及び理想の推移」とかを究極の認識対象として志向する津田の史筆は、おのずから思想史に傾斜して行く必然性を内包していたのではあるまいか。また、その読書において芸術に特に多くの力を割いたことは前に示したとおりであって、三十年四月二十四日の日記に

　哲学と文学との素養なき歴史家は真の歴史家たる資格無きものと存じ候。

と記しているのは、五月十日に

　歴史家は鋭利なる眼光を以て史実の内面を透視し分解し抽象せざるべからざると共に、豊富なる想像を以て当時の情状をさながらに具象せざるべからず。哲学と文学との素養なくして真の歴史家たる、また難いかな。

とあるとおり、文学の素養を方法の内に活用することの必要を説いたものであるけれど、文学的素養の蓄積がおのずから史料としての文学を重視する結果を導いたのも、自然であったろう。このようにして、『文学に現はれたる我が国民思想の研究』という著作のおのずから形を成してくる前提が早くから準備されていたと言うことができるのであって、しかも、『我が国民思想』に具体的に展開されている個性にみちた着想のいくつかが、すでに明治三十年代には成立していたことが知られ、いわば後の大著の方法的・史料的前提の形成過程の中でその実質的内容の原型が徐々に創出されつつあったと考えられるのである。次にそのいくつかの例を拾い出してみよう。

（イ）「武士道」について　明治三十年二月十七日には「世に武士道ほどやさしきものはあらじ。『花は桜木人は武

士』『武士は相見互』何ぞ其の情致の濃かなる」と言っていたが、六月二十六日には「『古今史譚』を読みて寛永時代の武士道と題せる一章を読むに、所謂武士道といふものかれが如きもののみを指すならば、われは武士道なるもののさまで欽すべからざるを思ふなり。(中略)徒らに情を矯めたるが如き事蹟は、わが何となくなつかしく思はれぬことなり」と言うにいたり、三十四年一月二十四・二十五両日の『日本新聞』に投じた「武士道の淵源に就いて[11]」では、新渡戸稲造著『武士道』を評し、「勤王心と愛国心との基礎が固有の神道にありとし之をもつて武士道の一要項となすに至つては、甚だ怪しむべきの至りなり。余は思ふ、(中略)承久の役の関東勢にも武士道はあり、高時を滅ぼしゝ新田義貞・足利尊氏は勤王の師を興したるも、武士道にとりては其の罪人なり。こは我が国体上いかゞはしき言なるが如きも、畢竟時勢の然らしむるところにして、もとより武士道の罪にはあらず。而して外国との交渉なかりし時代に於いて、武士の思想に愛国心の発動なかりしはまた自然の情状」にして、武士道「の中心思想は譜代恩顧の家子郎党が、祖先の家名を辱かしめずして君家のために身をすつるにあり」、「仏教や儒教や、各ゝ其の分に従ひて、僅かに之を助長し拡充せるに過ぎず」と論じているが、『我が国民思想』の武士道徳論がおおむねこれらに出揃っている。

(ロ)　大陸系美術　三十一年九月二十日に「墨絵山水の美、といふ如きものはよく其の趣きを解するもの幾許かある。彫刻の如きも然り。建築の如きも仏教の殿堂の如きは、むしろ人の感覚を抑圧するの思ひあり」と言っているのは、十月十日に「印度の神は妖怪的なり、ものすごし」と言っているのとあわせて、仏教美術や中国流美術に対する津田の評価が早くもこの時期に固まっていたことを示す。

(ハ)　人間的主体性の弱さ　三十三年七月二十日に「アストンが『日本文学史』に日本の文学に擬人法少なきよしを論ずる序に曰く、こは単に日本のみならず、支那もまたさなり。文学のみならず、一般の思想もさなり。言語に人代名詞の少なきこと、美術に肖像画なきこと、詩に戯曲詩の発達せざりしこと、宗教に、宇宙に於ける人力の価値いと低くして運命といふ考の自由意志よりつよきこと(to their minds things happen, rather than are done)、みなおなじ傾向なりといへり。こは人のいひふるしたることながら、邦人の事業を論ぜんをりこゝろすべきことなり」という感想を述べている。

(ニ)　徳川時代の皇室　前に引用したとおり、三十五年雑誌『をんな』に寄せた「明治維新の原動力」に、徳川幕府が皇室を政治から遠ざけた結果、却って皇室の神聖を保護することとなったとしているが、この考えは皇室についてその後の津田の生涯を貫く信念となった。

(ホ)　公共心の問題　前引「明治維新の原動力」にはまた、史論としてではないが、現時の「弊政の源」は「政治といふことを一種の政治家――政論を職業としてをるものに任せてしまつて、一般国民は殆ど之に無頓着であるといふことが、其の最も主なるものでありませう。(中略)我が国民の多数、市町村公民の多数は実際この不磨の大典で与へられました貴重な権利、大切な法律で定められました立派な資格を甚だ重んじてをりませぬ。(中略)幼い時から小児に自治の習慣をつけ、公共的生活のよき風習を養ひ、(中略)今はこの尊き国家の盛衰休戚が一人一人の国民の心がけによつて定まる政体であることを深く其の心にしみこませるのは、本来の国民の母たるべき婦人のつとめではありませぬか」と主張しているのは、『我が国民思想』に力説される公共心欠如批判論のさきがけというべきものである。

(ヘ)　徳川時代の女性の地位　三十六年の『をんな』に寄せた「渉史余話」の「(六)婦人の地位[12]」において、「世に婦人論者といはるゝ人々は我が国過去の風俗を一夫多妻の如くいひなし、また男尊女卑の如く説きなすが常にして、世間にてもそを自明の事実と思へるがおほきやうなり。されどこは果して世人の思へるが如き自明の事実なりや。古代はしばらく措き、近き世なる徳川の時代にあつては必ずしも然りといふ能はざるが如し。先づ一夫多妻の事実ありやと問はんに、男子が多くの婦人に接することあり、かゝることの公然認容せられしは争ふべからざる事実なれど、妻といふものは一人のほか決してゆるされざりしなり。(中略) 妾は決して妻にはあらず、其の地位は一の婢たるに過ぎざりき。(中略) 因みにいふ、単に事実の上より考ふれば、徳川氏の世に於ける上流社会蓄妾の風は、真に其の血統維持のために欠くべからざるものなりしに似たり。当時の如く上流に位するものが徒手遊食、おほくの婢僕にかしづかれて深宮のうちに隠居し、毫も身体の鍛錬をなさゞりし状態にありては、もし彼等相互の間に結ばれし正当の夫妻のみなりしならんには、其の間に生まれし子女は虚弱にして人となるに堪へざりしなるべく、かゝる有様にして数代を経過せば、虚弱はますく虚弱となつて彼等の血統は殆ど絶滅するに至りしならん。(中略) 其の子孫のともかくも継続せしは妾よりして比較的健全なる血の伝へられしが故ならんか。(中略) 当時は女子の人格の重んぜざりしと同じく、男子も其の人格を重んぜられざりしなり。(中略) 要するに男女を通じて個人の権利の重んぜられざりしが故にして、女子の殊に卑しとせられたるにはあらざるなり」と論じているのは、ほぼ『我が国民思想』の徳川時代家族道徳論の骨子と同じことを早くも発表したものといえる。

(ト)　徳川時代の儒教道徳　三十六年七月九日に「『日本倫理彙編』幾冊かとり出だして、仁義に関する諸家の説を読み」たる感想を記し、「儒教が人情の自然にとほきところあるは否むべからず。(中略) 徳川時代の道徳をとくものは、仁義といひ忠孝といひまた五常といふが如き抽象的形式を空裏に捉へ来つて、之を以て現実の人生を律せんとしたり。現実の人生の反省より抽出し出したる道徳にあらず。其の道徳の偏固にして適切ならざるは之がためなり。甚だしきは、徒らに文字の詮索(仁義五常の字義の煩瑣的攷究)をつとめて切実の工夫に入らざるすらおほし。故に、学説の差異も、其の論議も実践の上に何等の影響を及ぼさゞるを常とす。(いかなる倫理上の学説を奉ずるものも、其の人の行ひは之によりて差異なし)。(中略) さるにても世人は、何が故に自ら省み、自らおもうて、直ちに自家が腔子裏に道と徳とを求めんとはせざりしぞ。(中略) 何が故に、外より来れる抽象的形式の模型に投ぜらるゝに甘んじて、自己が自由を発展せんとはせざりしぞ。徳川時代に於いて心裡に迷惑と煩悶となく、自由なる心と世の（道徳的）繋縛との衝突なかりしは何故なりしぞ」と論じているのも、『我が国民思想』の徳川時代儒教論の骨子をほとんど網羅し尽している。

（チ）　国学思想　前引「明治維新の原動力」に「世間では国学者が尊皇の大義を発揮したといふことから、幕府に反対する考のあつたやうに思うてをるものもあるやうですが、よくしらべて見るとさうではないのです」、同じ年に『教育時論』に投じた「読史雑攷(13)」に「其の尊王論と国体論との有効なる唱道者を主として国学者に帰するの、果して正当なりや否やは、聊か之を疑はざるを得ず。殊に其の神怪なる国体説——徳川初代の頃に於ける神道家の所説と甚だしき逕庭なき国体論をば口を極めて攻撃したるものの間に、誠実なる尊王家の尠なからざりしを見れば、ますますわが言の故なきにあらざるを信ずるなり」と言い、また翌三十六年同誌に寄せた「渉史雑話(14)」に「されど国学者の所説もまた儒学と仏教とに胚胎せるものなきにあらず。（中略）宣長の説を見れば、（中略）道は自然の道にあらずして神の作り給へるものなりとせり。これ甚だ蘐園学派の道を以て聖人の所作に帰するに類似す。余は直ちに之により蘐園派と宣長との間をたどりてみだりに思想上の系統を模索せんとするにはあらざれど、宣長がこの見を定めし当時、儒学の所謂道に関する徂徠の学説が、既に彼の通暁するところなりしを疑はず」と説いているごとき、ともに後年の国学に対する評価とその由来についての見解の骨子がここに出揃っている。

（リ）　日本政府の棄民政策　三十六年の『をんな』に寄せた「渉史余話(15)」に「鎖国時代のわが政府が、不幸なる漂流民の送還を受くるも甚だしく之を徳とせず、むしろ之がために、対外政治に煩累を生ぜんを恐るゝが如き状ありしは、固より怪しむに足らざるなり。我が国が自らわが国民の保護に冷淡なる此の如きさまなれば、外国の国民に対しても また其の保護に意を用ゐず、甚だ冷淡なる待遇をなすに至りしも是非なき次第なり」とあるは、片々たる観察にすぎぬというものの、『我が国民思想』にもそのまま同じ見解が維持記述されているので、あえて一筆しておく。

（ヌ）　一茶の評価　『我が国民思想』において、一茶がきわめて高く評価されているのは、何人も注目するところであるが、三十六年一月二十六日に「づぶ濡れの大名を見る巨燵かな」「江戸川や人よけさせてうきね鳥」という二句を『一茶句帳』から引き、「此の如き類の句ある一茶は、必ずしも世すて人にはあらぬなるべし」、二月八日に「おらが春」を読み、「這へ笑へ二つになるぞけさからは」に「真情掬すべし」、「故郷は蠅まで人をさしにけり」に「こは彼の実歴に出でたる真情ならん」、「鶯よなどさはなきそちやほしき　小鍋やほしき母や恋しき　我と来て遊べや親のない雀」に「など誦してみづから心をやる、いたましからずや。されば其の子に対する愛は人にもましてふかきものありしならん」、娘を失った時の作「露の世はつゆの世ながらさりながら」に、「句体は奇なれど情ふかし」とそれぞれ評しているのを見れば、一茶への高い評価が早くもこの時期に定立されたことがわかる。

以上は『我が国民思想の研究』四冊の大著の片鱗がすでに明治三十年代にさまざまの形で現われていたのを語るにとどまるとはいえ、津田の日本思想史学の独創的見解が早くもこの時期にその原型を現わしていたことは、この時期が津田史学形成の上にきわめて重要な意味をもっていたことを窺わしめるものとして、十分注目に値するところではあるまいか。

（1）『全集』第二十二巻。
（2）一〇三頁。
（3）『全集』第八巻の「編集後記」によると、津田は「時をり、この巻が既刊のとは異なつた形となるべきことをもら」していたというから、これらの論文は、やはり『我が国民思想の研究』未完部分の完成と見なすべきものではないと思う。
（4）「学究生活五十年」（『全集』第二十四巻）。昭和二十三年二月十六日の私の津田からの聞き取りの際にも、「あの書物を書いたのは長い由来があるので、初めは明治維新史を書くのが目的であった。（中略）維新史を書くために遡って江戸時代のことを研究し、更に遡つて古い時代にまで及んだのである」と語っている。

(5)　七一五―七頁。

(6)　昭和十六年尾佐竹猛が「勤王論と倒幕論と封建破壊論」を『歴史学研究』第九十一号に寄せ、「勤王論は必らずしも倒幕論でなく、勤王と佐幕と両立するものと考へた時代があり、また此両者が一致しても、勤王倒幕はまた封建制度破壊論でない時代があつた」ことを実証した(昭和一八年刊『明治維新』上巻再録)が、津田は尾佐竹よりも二十年も前に同じ命題を唱えていたわけである。なお、尾佐竹の明治維新観が正統的維新観と鋭く対立するものであったことは、大久保利謙氏が『朝日新聞』昭和四六年三月三一日号に紹介せられたとおりであって、津田と尾佐竹とが同一の見解に達したのも、決して偶然ではない。この事実は、史実の認識が決して史料による実証のみから導かれるものでなく、史家の主体的立場に規定せられること絶大であるのを例示している。

(7)　津田に先だち、つとに明治二十五年に福地源一郎が『幕府衰亡論』において、幕府の海軍伝習を起し、蕃書調所を建てた等の事績をあげ、「左れば嘉永六年亜船渡来より、安政三年まで凡三年半の間に於て、幕府が実施したる非常なる長足の進歩は、当時の歴史に昭然たり。然らば則ち明治今日の文明は、其実この時に於て其端を啓きたれば、文明の功に関しては、阿部其外の幕吏に向って其労を追謝し、其功績を記念して可なり」と言っている。福地の著作は佐幕派史観の代表的なものであるが、津田もまた同じ流れに棹さすものであったといえよう。

(8)　その他、三十六年九月十八日の日記等。

(9)　「学究生活五十年」。津田は、前註所引の聞き取りの際に明治三十年代に日本の古典渉猟の頃を語った中で、当時は「書誌学的の考証などを行ふ条件も与へられてゐないし、又興味もなかつた」と言っており、その頃までは考証めいたしごとにほとんど興味をもちえなかったようだ。

(10)　例えば、『神代史の研究』に「最近の考古学的研究によつて後の所謂近畿地方には遅くとも二三世紀のころには既に支那の影響を受けた或る程度の文化が発達してゐたことが知られ」(四〇五頁)などと記されているが、せいぜいこの程度にとどまっている。

(11)―(15)　『全集』第二十二巻。

第二編　津田史学とその思想的立場（上）

――特に日本思想史研究を中心に――

研究者として学問に専念できる境遇をあこがれながらその条件に恵まれず悶々の情を「狂気」に発散させていた津田にも、白鳥庫吉という伯楽の力によりその驥足をのべる時機が到来した。明治三十九年、南満洲鉄道株式会社(満鉄)に満鮮地理歴史調査室が設けられ、白鳥がその主任となったとき、津田は白鳥の私的な助手の形でこの研究に参加することとなり、翌四十年に、三十三年以来教鞭をとってきた独逸協会学校を退職してその正式の研究員を嘱託され、ここに津田はようやくにして待望の学究生活に入る日を迎えたのである。大正二年十一月刊行の『朝鮮歴史地理』上・下は、この調査室での研究の最初の成果をまとめたものであるが、その一月前には『神代史の新しい研究』が出版されていて、この年は専門研究者としての津田の学界へのデビューの年であったといってよいであろう。これ以来、津田の研究は、あたかも堰を切った水のあふれ出るように、次々と著作となって学界に送り出され、昭和十年代の前半、筆禍の難にあうまでの約三十年間に、後に津田史学と呼ばれることになった巨大な史学の体系が築きあげられたのである。

津田史学は、前篇に詳述したように、津田のいわば独学同然の、広汎な学問・芸術等の領域への熱烈な取り組みの多年にわたる蓄積を基本としており、その点で狭隘な専門領域に跼蹐し技術的精緻のみを競うをもって足れりとするアカデミズム史学といちじるしく異なる独自の個性にみちみちていて、むしろ徳富蘇峰・竹越三叉らに始まり、山路愛山においてもっともよくその面目を発揮した、私がしばらく「民間史学」と名づけた在野の史学と共通した性格をもち、その系列の上に位置づけてよさそうに思われる面もあるのであるが、(1) 山路と津田の各著作を比較してみれば一見して明らかなように、両者の学問的な格差はあまりに大きく、山路の歴史書が、専門学究である津田のしごとと違い、本職であるジャーナリストとしての活動の中で生れたものである上に、時代からいっても津田よりはるかに古い段階の産物であるというハンデキャップを考慮しても、なお両者を同一範疇におさめることの困難なほどの異質性を認めざるをえないのである。それは、津田史学が、「夫れ今の大学一派なるもの何ぞ深く畏るるに至らんや」「其史学の先生なる諸氏を見るに、大抵官費を以て断簡零墨を蒐集し、世間の文籍を独占して独り博洽を誇るもののみ」とまで公言するを憚らなかった山路(2)と同様の反官学意識を根底に秘めながらも、津田の場合には、白鳥との関係を介して、間接ながらアカデミズム史学と結びついていたことによるのであろう。帝国大学の実証主義史学は、伝統的な考証学の学風を基礎とし、これにドイツから招聘した外国人教師リースのドイツ実証史学の技術を摂取して形成されたものと認められるが、津田は白鳥から白鳥が大学生であった頃に聴いたリースの講義の筆記を借りて通読したという(3)から、白鳥よりの直接の指導に加えて、官学アカデミズムの手堅い実証的技法にも学ぶところのあったことが十分推察される。ことに満鉄調査室に入ってからは、白鳥のほかに、同僚池内宏ら帝国大学系の実証史家に囲まれた雰囲気のなかで研究に専念することにより、民間史学にはないアカデミックな精緻な方法をいっそう深く体得するにいたり、これが自由奔放で多彩を極めた独学の教養の蓄積に加上され、いわば民間史学に欠けた技術的な弱さがアカデミズム史学により補完されると同時に、アカデミズム史学に欠けた視野の広さと自由な思考とが依然として堅持されることによって、民間史学とアカデミズム史学それぞれのマイナス面を交互に消去し、プラス面を相乗的に強化した、両者の高次の総合ともいうべき位置に達していたことによるのであろう。

津田は、晩年の回想中で、満鉄調査室で研究をまとめるようになった時、「はじめて特殊の問題についての学問的研究、特に原典批評の方法をさとるやうになつた」と記している(4)が、津田がアカデミックな考証技術をマスターするにいたったのは、早くから白鳥より個人的指導を受けるなかで何程か準備されてきた上でのことであったにもせよ、やはり満鉄調査室でのしごとによるところ大きかったことと思われ、津田の右の回想はそのことを物語ったものと認められる。明治四十四年五月二十三日の日記に「芸術の天地はなつかしい。それをおもふと、百済がどうとか、新羅がどうとか、どちらにしても自分の inner life に一向さしひゞきの無い問題にあたまをつかふのが馬鹿気てならぬ」、同年八月一日に「わからぬながらも研究といふ態度をとると、紙屑拾ひがノミトリ眼で塵芥箱のなかを捜してあるくやうな落ち付きのない心持がして、徐ろに古人の書を熟読玩味する余裕の無いのに軽い哀愁を懐かざるを得ぬ」、同年十一月四日に「面倒くさい地理のせんさくをしても一向おもしろい結果を得ないので、おれはイヤになる」と記されているような感想が、「終日、『慰礼城考』『漢城考』に出頭没頭」(同年十一月二十一日)「終日、好太王碑の考証めいたものを書いて暮らしてしまつた、さうして何を考へる余地も無かつた。」(十二月十二日)「『真興王巡境碑考』を少し訂正する」(同月二十日)「『不而県考』を書く」(四十五年一月九日)「『長寿王征服地域考』をかいて、至極おとなしく一日を暮らす」(同年二月二日)「けふは一生懸命に『羅済境界考』を書いたら、せなかがいたくなつた」(同月二十三日)「あたまのさきでは『後百済疆域考』を書きながら、腹の奥では数時間後の foot-light の世界をおもかげに浮かべてゐた」(同年五月七日)といった感想が、学界へのデビュー直前の日記にくり返し記されているのは、そのような種類の「研究」が、長らく「ローマンチックライフ」にあこがれてきた津田には、必ずしもただちに心底からなじみにくい異和感を生ぜしめるものであったことの証左であり、しかもその異和感を克服して、そうした「研究」技術を、これまで蓄積してきた個性的研究態度の内に吸収し、従来の独学的民間史学風の学問方法には欠けていたものを補完して行く過程をも物語っているのではなかろうか。津田史学が、帝国大学を中心に形成せられたアカデミズム史学、特に国史学と無縁でありながら、山路愛山流の民間史学とは比較にならぬ学問的精密性をそなえていたのは、このような津田史学形成要因の二元性を前提として、はじめて理解されるのである。

ただし、津田は、例えば山路のように直接に経世的活動にコミットした経歴がない。中学校教員時代に何ほどか社会の裏を見たとしても、社会の基本的矛盾の露呈に直面する機会があったようすはなく、満鉄調査室に入り、次いで吉田東伍の後任として早稲田大学の教授に迎えられ、その後は、私学という点で帝国大学等の官学と若干雰囲気は違っていたにせよ、所詮は「象牙の塔」というべき世界の人となり、激動する歴史の動きをその中から間接にかいま見ていたにすぎなかった。したがって、官学アカデミズムに欠けた独自の個性的発想にみちみちてはいても、津田史学の基盤をなす思想が、結局は書斎人の立場を超ええない制約を帯びていたことは否定しがたく、民間史学とアカデミズム史学との相互補完、高次の統一を実現したといっても、民間史学を裏づけていた社会的実践の契機が津田史学では必ずしも前進的に発展させられていない点は、津田史学の特質を明らかにする上でやはり見落してならないところであろう。

いずれにしても、このようにして前例のない新しい境地を打開した津田史学は、その対象においてどのような領域にわたり、どのような具体的成果をあげていたかというに、特に大きな業績をあげた領域が三つあった。第一は日本思想史の全般にわたる研究であって、その代表的著作が大正五年から同十年にわたり公刊された『文学に現はれたる我が国民思想の研究』四冊であり、昭和十三年の『蕃山・益軒』、同年の『支那思想と日本』、同十二年から十四年にわたり『東洋学報』に「日本の神道に於ける支那思想の要素」と題して連載され、戦後に『日本の神道』の名で単行本にまとめられた論文、戦後『日本文芸の研究』という論文集に集められた諸研究などがその系列に属する。第二は『古事記』『日本書紀』『古語拾遺』等の上代日本古典についての文献批判的研究である。これらは、記紀等を史実の記録としてでなく思想の表現としてとらえようとするもので、やはり一種の思想史の研究といえるが、厳密な文献批判の考証に力点のおかれている点、第一のグループに属する諸著作とは違った性格を帯びているので、一応区別してグルーングしておくのが適切であろう。その代表的著作は次編であげる。第三は中国思想史、津田の戦前の用語用字によれば支那思想史の研究であって、昭和二年初刊(同十四年再刊)の『道家の思想と其の展開』、同七年『満鮮地理歴史研究報告第十三』に発表され同十三年に単行本として再刊された『儒教の実践道徳』、同十年初刊(同三十三年再刊)の『左伝の思想史的研究』、戦後『儒教の研究』三冊に集められた諸論文が戦前の主要な業績であり、敗戦直後の昭和二十一年刊行の『論語と孔子の思想』、同三十二年刊行の『シナ仏教の研究』をもこれにふくめてよいであろう。『シナ仏教の研究』は、津田が仏教を主題とした唯一の著作であるが、どこまでも中国思想史上の仏教を問題としているので、中国思想史の研究にふくめるのが妥当と考える(この書の内には戦前の業績も収められている)。以上の三の領域のほかに、昭和四年に『史苑』に掲載された「歴史の矛盾性」その他の歴史哲学的研究もあり、『日本文芸の研究』や同じく戦後にまとめられた『思想・文芸・日本語』には、芸術史研究と見るべき論文がかなり多くふくまれている。

なお、戦前の津田は、まだ学界に登場しない青年時代は別として、時事問題をなまの形で取り上げ、公刊の著書論文で論陣を張ることはほとんどしていないが、戦後には、進んでこの種の問題を積極的に著作として発表するようになり、単行本にまとめられたものだけでも、昭和二十三年の『学問の本質と現代の思想』、同年の『ニホン人の思想的態度』、同二十七年の『日本の皇室』、同三十四年の『歴史学と歴史教育』、同三十六年の『思想・文芸・日本語』等、相当の量に達している。しかし、後述のとおり、戦後の津田の思想を戦前のそれの連続線上でとらえてよいかどうかはなはだ疑わしいところがあるので、これらはしばらく戦前に完成した津田史学の考察に当っては除外しておくことにしたい。同様に、戦前刊行の前引の諸業績の戦後の改訂版(『日本の神道』はあまり大きな改訂が施されていないようであるが、『我が国民思想』の戦後改訂版である『文学に現はれたる国民思想の研究』や、単行本『歴史の矛盾性』等には、後に詳しく示すとおり、別の書物といってもよいほどに戦前版と大きく違っているし、記紀批判の四冊を戦後に改訂改編した『日本古典の研究』二冊も、それほど大きな変化はないけれど、ていねいに見ると、かなり重要な改訂箇所がふくまれている)もまた、戦前の津田史学を論ずる際には、すべて考察の外におくのが適当と思う。

序文でおことわりしておいたように、私には中国思想史に関する業績を実質的に評価する資格がないので、第三の領域の著作からは、津田の考え方のよく現われているものを必要に応じ引照するにとどめ、主として第一と第二との領域の業績を精査し、その中に示される津田の基本的な思想的立場を摘出して、津田史学の思想の再構成を試みようと思う。その際、著作ではないけれど、『全集』に収められてはじめて公開された大正十四年から昭和二年までの三年間の「日信」(5)は、明治二十年代からの日記その他の青年期の文章が従来空白だった青年津田の思想を直接に示す新史料として大きな価値をもつのに比べれば、公刊専門著作に現われる思想をその私生活でなまの形で吐露したものにより裏づけるに役立つにとどまり、史料価値はやや低いが、やはり公刊の学術的著作には示されていないものもかなりふくまれているので、つとめて利用することとする。

以下編を分かち、まず第一の領域の業績を本編で、第二の領域の業績を次編で検討し、最後に両編の検討の結果を総合して、戦前の津田史学の思想史的位置を考えるという順序で筆を進めたい。

(1)　いわゆる民間史学については、拙稿「日本近代史学の成立」(『日本の近代史学』所収)・小沢栄一氏『近代日本史学史の研究　明治篇』等参照。
(2)　同右。
(3)　「学究生活五十年」。
(4)　同右。
(5)　『全集』第二十七巻所収。

第一章　日本思想史学研究史上における津田史学の位置

『文学に現はれたる我が国民思想の研究』は、学問としての日本思想史の全体にわたる考察として最初のものであるばかりでなく、質・量ともにこれを凌駕する著作は今日にいたるまでまだ出ていないのではなかろうか。学問的な日本思想史の通史として、前後に類例のない独歩の地位を占めるものといえよう。「日本思想史」という名辞がいつから使用されるようになったのか、私には確言できるほどの知識がないが、明治十六年に東京大学を卒業した三宅雪嶺が、後年の回顧記に「自分が大学を卒業する頃、日本仏教史を編纂してはどうかといふ事になつた。仏教と限つては狭くて面白からず、初め日本思想史とし、それでは広きに過ぎると言はれ、日本宗教史としても広きに過ぎ、遂に日本仏教史となり、加藤総理及び外山部長の承認で辞令を受けた」と言っている(1)ので、これが文字どおりの事実であるとすれば、すでに明治十年代から「日本思想史」という言葉が使われていたことになる。確実な文献に出てくるもので管見に入ったもっとも古い例は、明治二十七年五月発行の『国民之友』第二百二十五号に十余年来の思想変遷の大要を述べ、「最近十余年間の日本思想史は即ち古今東西世界思想史の縮写なるのみ」とあるのがそれであるが、ここでは単に日本思想史という言葉が使われているだけで、そのような学問体系が考えられているわけではない。これに次ぎ、同二十九年六月発行の同誌第三百一号に塚越芳太郎の「日本思想史の一節」と題して「武門政治の創設が国民思想に及ぼしたる影響」について論じた文章があり、とにかく歴史の考察に関して「日本思想史」の概念の用いられた古い例として挙げてよいであろう。

明治中期以後、アカデミズム史学の成立してからは、かえって日本思想史という学問的志向は稀薄となった。アカデミズム史学が、権力者中心の皮相な政治史中心の外面的史実の羅列に終る傾向を帯びていたことと、明治憲法＝教育勅語体制確立後の日本には、「国体観念」に代表される国家主義道徳が正統思想として支配的な地位を独占した結果、歴史研究にも多様な思想の変遷を追求する自由な学問的関心の成立を困難とした事情とが、日本思想史といった学問的領域の形成を阻んだのではなかろうか。哲学方面から井上哲次郎の日本儒学の伝統を回顧した『日本朱子学派之哲学』(明治三十五年)『日本陽明学派之哲学』(同年)『日本古学派之哲学』(同四十二年)の三部作が公にされており、井上が蟹江義丸と共に編集した『日本倫理彙編』(明治三十四—六年)や、有馬祐政と共に編集した『武士道叢書』(同三十八年)等とあわせて、限定された領域についてのことながら、近世思想史の研究のために基礎をすえるところがあった。神道方面から、似たような形で、田中義能の『平田篤胤之哲学』(明治三十一年)『本居宣長之哲学』(同四十五年)の姉妹篇が公にされている。しかし、これらは、いずれも、素材において今日の思想史学の対象と重なるものを扱いながら、その取り扱いの態度において、思想史とは呼びがたい異質のものである。むしろ、当時の現代思想を扱った高山樗牛「明治思想の変遷」(明治三十一年)や三宅雪嶺『明治思想小史』(大正二年)が、今日の思想史にちかいであろう。

学問的な日本思想史研究の業績としては、私は村岡典嗣が明治四十四年に公刊した『本居宣長』がおそらく最初の業績ではなかろうかと思っている。村岡は明治十七年の生れで、津田よりは十一年の後輩であるが、津田と同じく早稲田の出身で、哲学を専攻し、卒業後独逸新教神学校において神学を学んだということであり、はじめは専ら西洋哲学を研究し、明治四十年にその師波多野精一と共に『サバティェ宗教哲学概論』を訳出し、大正三年には『ヴィンデルバント近世哲学史第一　近世初期の部』を訳出しているが、その間に日本思想史の研究にも手を染め、右の業績がまず公刊されたのである。時間的順序からいえば、大正に入ってから著作の出版を始めた津田にやや先んじているが、村岡が日本思想史の研究に専念し、その方面に多くの業績をあげるようになったのは昭和以後であり、右の『本居宣長』も昭和三年増訂版が出て以後に広く世に行なわれるようになったのである。同五年『日本思想史研究』が、同十四年『続日本思想史研究』が相次いで公刊され、特に帝国大学における唯一の日本思想史講座である東北帝国大学の当該講座の担任教授として村岡は日本思想史学者の第一人者をもって目せられるにいたったが、津田の『我が国民思想の研究』は、村岡の日本思想史学界での活溌な活動に先行しており、村岡に先んじて日本思想史学の学問的体系を日本の学界に確立した先駆的な位置を与えられてよいのではあるまいか。村岡の思想史研究は、宣長を中心として国学全般に及び、さらに上代・中世についても多くの論考を公にしているけれども、学問的にもっとも完成度が高く、生命の長い価値をもつのは、処女作『本居宣長』であろう。村岡は、アウグスト・ベェクのフィロロギイから深く学ぶところがあり、「認識せられたものの認識」(das Erkennen des von menschlichen Geist producierten, d. h. des Erkannten.)を目的とする文献学とほとんど同一の方法を宣長の国学に見出すことにより、そこに思想史学の方法論を求めたのであって、(2)宣長は村岡にとり研究の対象であると同時に自己の学問研究の方法論の提示者でもあったという二重の意味をもち、そのような単なる研究対象にとどまらない対象を主題としているところにこそ、『本居宣長』が長い生命を有する名著として成立しえた根源が見出されるのではなかろうか。かように、村岡はもっぱら宣長の国学という「学問」の面に魅せられながらも、従来の「誰々の哲学」式の学説史としてでなく、宣長の学問をさらにその根底にある思想との関連においてとらえることに成功し、そこから学問史よりも広い日本思想史という学問領域を設定したのであって、論文「日本思想史の研究法について」(3)の

思想史は、哲学史や学問史とは別に、むしろそれらのものの前史として、存在の意義を有すべきである。(中略)

斯やうに考へて来ると、吾人はそれが、個々の学問や哲学が既に独立的にその発達を実現した西洋の場合に於いて、比較的妥当でなくして、未だそれらの独立の発達を観なかつたと言ひ得る我が国の場合に於いて、比較的適切であること、換言すれば、存在の理由を有することを考へ得る。

という立言からも、村岡が、日本において特に思想史という学問領域が独自の存立意義をもつことを明確に自覚していた(その実際の研究業績がこの立言を十分に充足するものといえるかどうかは別として)ことを窺いうるのである。

村岡の『本居宣長』の初版よりは少しおくれたが、その増訂版よりも先だって刊行された津田の『文学に現はれたる我が国民思想の研究』は、村岡が意義づけたような内容をもつ日本思想史を、近代を除くほとんど全時代にわたり、現実に描き出してみせた大作であった。第三編第一章に引用するとおり、津田もまた、日本人の生活を知りその文化の特色を知るには、学者の述作によるべきではなく、文芸と民俗とによらねばならぬと言っていて、学問史よりもいっそう実生活に密着した文芸と民俗とから日本人独自の思想を見出そうとしたのであり、津田としては自分の青年時代以来親しんできた文芸のほうを選び、これを主要史料として「国民思想」の歴史を体系的に構想したのである。

津田には、村岡の「日本思想史の研究法について」に相当する、思想史方法論を主題とした独立論文はないけれど、思想史の方法に関する見解は、その著作の随処に示されている。『我が国民思想の研究』第一冊の『貴族文学の時代』の序文には

国民の思想が国民の全生活と共に歴史的に発達するものであることはいふまでも無からう。(中略)国民思想(中略)は(中略)実生活に関係なしに、又た前代からの思想と聯絡なしに、みだりに動揺するものでも変化するものでも無い。(中略)

世間に於いて兎もすれば、思想といふものが実生活と離れて存在するものゝやうに見做されてゐはしまいかと疑

はれる(中略)

僕の研究の主旨は(中略)我が国民の思想と実際生活との交渉を探求しようとする点に(中略)ある。

と、くり返し「思想」を、「前代からの思想との聯絡」という思想内展開としてにとどまらず、「実生活」「実際生活」との「交渉」を契機とする「発達」の相においてとらえようとの目標を明示している。もっとも、「実生活との交渉」が何を意味するかは、上引の文章だけではやや抽象的で明確を欠くうらみなしとしないが、『平民文学の時代 上』に

武士の家といふ観念は単に血統の相続ばかりでは無く、其の根柢に知行俸禄があることを忘れてはならぬ。(これは上代の族制々度でも同様であつて、家の重んぜられるは主として其れに伴ふ領土のためであつたことはいふまでも無からう。我が国の家の観念は単純な血統主義または祖先崇拝といふやうな思想からばかり成り立つてゐるのでは無い)。(4)

『平民文学の時代 中』に

しかしながら当時の固定した社会停滞した文化が、一面に於いては落つきのある生活の情調を馴致し、そこに一種のおつとりした、湿ひのある空気を醸成したことを見のがしてはならぬ。特殊の職人が其の製作品を単に市場の商品とのみ見ず、むしろ芸術品としてみづから翫賞しみづから尊重するなども、かゝる空気の裡に於いておのづから養はれた気風であらう。(中略)家々の年中行事などに古風が保たれてゐるのも、それに奥ゆかしさのあることは許さねばならぬ。が、一方からいふと此等は工業組織経済組織が今日とは全く違つてゐるといふことに根本的の理由があるのであり、或る程度に生活の安全が保証せられてゐるといふ事情もあるので、必しも社会が固定してゐるためのみでは無い(5)(下略)

と言い、他方『平民文学の時代 上』に

倫理学史は道徳史では無い。其の間には直接間接に種々の交渉があるけれども、道徳の学として説かれ又は教訓として現はれてゐる思想が、其の儘に当時の実際の道徳生活を示してゐるものとは決していはれぬ。世間普通の道徳的観念の短所を補はうとして、故らにそれに欠けてゐるものを力説することもあり、現実の状態に不満足なために一層高い理想郷を描き出してゐることもあり、或は又た一種の懐古思想、守旧思想から、もしくは実社会を透察する明の無いところから、実生活とは殆ど交渉の無いやうな浮いたことを教へてゐる例さへもある。特に旧来の教には其の免れ難き傾向として、人間生活を生きた一つの全体として観ることをしないのであるから、其の説くところは初から人間生活其のものとは可なりの距離がある。異国の特殊な民族性の上に立つてゐる教を本とした儒者の教に於いては猶さらである。徳川時代の武士に関する教訓もまた此の例に外づれない。(6)（下略）

と言っていることなどをあわせ見るときに、津田の意図したところが、具体的にどのようなものであったかを、ほぼ窺いうると思う。

『我が国民思想の研究』四冊の刊行が完了して以後の著作であるが、大正十四年に『史学雑誌』第三十六編第六号に掲載された「儒教成立史の一側面」に

漠然考へても、孔子の時代から史記の編纂せられた漢武帝のころまで約四百年の長期間に儒家の学説に何等の変化をも生じなかつたといふことは、少しく古今東西の思想史を覗ひ知つたものには、到底想像し得べからざる話である。（中略）学説の変遷には、純粋に思惟の力による学説そのものの内外からの展開があり、一般思想界、特に他の学派の所説の影響があると共に、また常に変化してゆく社会相と学者の実生活とに由来するところもあるのが普通であるが、余の今こゝに述べようとするところは、たゞこの最後の点のみについてのことである。即ち政治上の状態、儒者の生活などの外部的事情が儒家の思想の変化に如何なる関係を有つたかを、一瞥しようとす

るのみである。

昭和二年初版刊行の『道家の思想と其の展開』緒言（昭和十四年一般刊行本による）に

道家が一学派をなしてゐたものであるとすれば、師弟相嗣ぎ、もしくは後進が先進を追うて、順次に其の思想が継承せられ、従つてそれには時の前後を通じておのづから一貫するところのものがあつたに違ひないが、それと共にまた世が移り人が改まるにつれて、其の間、次第に何様かの変化が起らねばならなかつたはずである。これは人の思想といふものの本質から生ずる必然的現象であるのみならず、道家に於いては現に「老子」と「荘子」とを比較対照することによつても此の間の消息は明かに知られる。なほ少しく此の変化の起る事情を考へてみると、それには思想そのものと其の背景をなす実生活との二つがあり、前者は更に思想の内からの発展と外からの影響との二つに、後者もまた学者の個人的生活と広い社会生活との二つに分けることができよう。第一は、思想そのものの展開によつて、其の思想みづからを深め又は拡充させてゆかうとし、もしくは新問題を提起しまたそれを解釈してゆかうとする内からの運動である。第二は、他の学派の所説もしくは一般思想界の潮流との関係であつて、同時に存在する幾多の学派の間に相互の交渉が生じ、或は意識的に或は無意識的に一つの学派が他の学派の所説を吸収採取し、また此の如き諸学派の相集り相和して醸成する、或は次にいふ社会生活の反映としておのづから生ずる、漠然たる時代の思潮の影響をも受けることをいふのである。第三、第四は特にいふまでも無く明かなことであつて、如何なる学説にも其の背景として此の二面の生活がはたらいてゐないものは無く、従つて学者その人を異にし、又は社会状態が時の移るにつれて変化すれば、学説もまたそれに応じて変化するのは当然である。

とそれぞれ言っているのは、中国の、しかも儒家や道家のような哲学的学派の思想についての立論ではあるけれど、前引『我が国民思想の研究』に散見する論旨と基本的に同じ考え方をいっそう精密な形で示したもので、津田の思想史の方法論をいずれもよく明らかにした文章といってよかろう。(7)

このような津田思想史学の基本的方法論は、どのような先行学説に由来するものであろうか。村岡がベェクと宣長とを思想史学の方法の提示者として明示したのに反し、津田は示唆せられた先行学説をどこにもあげていない。客観的にみれば、明治初年の啓蒙思想家の著作した文明史論と呼ばれるものに、類似した発想を見出すことができる。例えば、田口卯吉の『日本開化小史』に見える

貨財の有様進歩するや人心の内部同時に進歩す。人心の内部進まずして貨財の有様独り進むを得ず。(中略)何となれば智力を発達せしむるものは貨財にして、貨財を蓄殖せしむるもの人心なればなり。(第十一章)

とか、

徳川政府の組立は封建制度なり。封建制度を破るものは不忠の心なり。故に忠義の教太平の久しきに従ひて社会に発成したり。漢学の旺盛に至るに及びて、其碩学鴻儒愈よ之を鼓舞したり。蓋し孔子の教は素より封建の時に発したる者なれば、其君臣の分義を説くこと、恰も善く当時社会の結構を鞏固ならしむるに適するものあり。(第十三章)

とかいう命題は、粗雑ながら思想の形成が社会の「結構」と不可分の関係にあることを説く点で、津田の着想に近似している。山路愛山は明治四十一年刊行の『現代金権史』において、「日本の現代史は米相場の高下にて判断すべきこと多し。経済市場の変動を見れば、天下の形勢は判じ難からず」と言った田口の談話を、「流石に経済学者の眼光なり」と賞揚し、明治十一、二年頃よりの民権運動の勃興も、同十四、五年頃よりの保守的傾向の擡頭も、ともに米相場の変動に伴なう農民経済の消長に基くことを実証して、「学者の心まで米相場に依りて支配せらるゝといはば、俗

眼を以て万事を判断する様にて、高尚なる気品の人物には不愉快の事に相違なきも、人間の事、由来此の如し」、「政治社会の消長、思想の変易も、米相場の財力の変遷に因りて移動すること此の如し。(中略)我等は必ずしも此観察のみを以て当時の事態を尽くしたるものなりとは云はず。されど経済社会の状態を論ぜずして世相を明かにせんとするが如きは、是れ史学上の色盲のみ。共に史を語るに足らざるなり」と論じた。思想史についての立言ではないが、「思想の変易」を「経済社会の状態」との関連で見ようとする点で、同様の考え方に立ち、しかも明らかに田口の着想に示唆されたことを認めており、明治初年の啓蒙思想家の文明史論から明治中期以降の民間史学への連続性を物語るとともに、このような考え方が非アカデミズム史家に共通する思考方式として存在したことが窺われ、民間史学の一変種ともいうべき津田にそれがいっそう学問的な方法論として高次の形態をとって現われてきたのも、必ずしも怪しむに足らないであろう。

しかし、田口や山路の立言は津田思想史学の方法論の歴史的先駆となったとしても、田口から山路へという明瞭な継承発展の関係を、かれらと津田との間に見出すことはできない。津田が、青年時代に受けた思想界からの一般的影響によりそのような考え方をいだく基盤をもつにいたったことは考えられるにしても、直接示唆を受けたのは、西洋の芸術史家の方法からであったと思われる。津田自身は、晩年に自分の学問方法が西洋学説の祖述であることを認めるのを拒み、昭和二十三年の私の聞き取りの際にも、次のように答えている。

問　先生の『文学に現はれたる我が国民思想』の研究方法は、日本の学者の著述には先蹤がないやうですが、ヨーロッパの学者の何れかからでもヒントを得られましたか。

答　その質問は屢〻受ける処だ。いつか肥後和男君だつたかと思ふが、あれは何によつて書かれたか、と聞いた人がある。最初その質問の意味が分らなかつた。私は記憶力が悪いので、いろんなものを読んでも、その時日本のことを聯想することはあつても、後になつてそれを基として考へると云ふやうなことはできなかつた。第一、あれはむしろ今までのいろ〱な考へ方のどれにも不満であつたから、自分の考へを述べたのである。ブランデスやその他いろ〱のヨーロッパの学者の書いたものを読んだけれど、どれにも満足することができなかつた。(中略) 要するに、いろ〱なものを読んでゐる内におのづから考へがまとまつたのであつて、ある考へにあてはめてものを考へたのではなかつた。

問　では、意識的に誰かの説を継受すると云ふことは全然なかつたわけですね。

答　全然ない。

しかし、第三編第一章で指摘するとおり、ひとたびは西洋の人類学・神話学等の研究成果をその著作中に多数引用しながら後の版でそのほとんど全部を削り去った事実からも知られるように、津田は、実際に西洋の学問に多くを学びながら、後に西洋の学説の日本への機械的適用を意識的に排斥するにいたってからその主張との矛盾を避けるために、自己の研究が西洋の学説から影響されたと見られないように積極的な警戒をはらうにいたっているので、私への答も言葉どおりに受け取るわけにはいかない。現に原随園は「国民思想の研究の方法論をどこからえられたのかとお尋ねしたときに、ムターの美術史を読んで、美術と時代との関連を面白いと思ったのが、動機といえば動機といえようと答えられたことがある」という事実を伝えているから、まったくの無師独悟でないことは確実である。明治四十一年八月四日の日記に「Muther の『絵画史』をよみはじむ」とあり、蔵書中にも

Muther, R.: History of Painting from the fourth to the early nineteenth century. V. 1-2. 2 v New York & London. 1907.

が残っており、同蔵書中にある

Brandes, G.: Eminent authors of the nineteenth century. New York, c1886.

〃　: Main currents in nineteenth century literature in six volumes. v. 1–6 London, 1901–'06.

などとともに、津田の思想史(特に「文学に現はれたる」思想の歴史)方法論の形成に大きな示唆を与えたことは、否定できないのではあるまいか。早稲田大学に寄贈された津田の旧蔵手沢本を披見したところ、記紀研究に当り活用されたことの確かな民族学・民俗学関係の洋書にはほとんど書入がないのに比べ、Muther の前引書と Brandes, Main Currents in Nineteenth Century とには書入が多く、ことに前者には毎頁にわたり、後者もかなり多くの頁に、鉛筆でアンダーラインが施され、欄外に原文の要約その他の書込が明治時代の書体と覚しき筆蹟で書きこまれていて、青年時代の津田がこの大部の洋書をいかに熱心に読んでいたかが判明するのである。ムターは、ブレスラウ大学の教授で、英訳文序文に引かれたドイツ語版に示された原著者の著作意図によれば、この書は作家の伝記でも絵画の記述でもなく、主要な作風を各時代の心理から説明し、また作品を「人間の記録(human document)」として解釈しようと試みるものである、とされており、訳者も、巨匠の作品を「時代と環境(time and circumstances)」から説明しようとする方法は芸術史では新奇なものではないけれど、ムター教授ほど徹底的にこれを行なったものは今までなかった、と言っている。書入の若干を拾って紹介すると、第一巻四〇頁の The Aftergrowth of the Mediaeval Style in the fifteenth Century の章に

十五世紀における文化の大勢

世は今や教会の束縛を脱せんとす——未来よりは現在

四一頁の "The art of a nation always develops along lines parallel develops with its ideas, culture, and customs. It is the mirror, the abbreviated chronicle of its time. In art therefore, the trend towards the after-life gave way to love of the present; and worldly joy of the epoch also found its expression in painting." という本文の横に

　画もまたこの大勢に伴ふ

二〇三頁の Crevelli の節に

　彼亦、時勢の子

第二巻四三七頁の "A new development of painting could only come when some great movement in civilization gave it new subjects, new problems, and new aims. These new ideals where furnished by Counterreformation." という本文の横に

　新時代来りて新題目を提出するにあらざれば、この衰頽は挽回すべからず。

四九一頁に

　画家の社会上の地位の変化

　田舎出ノ平民画家

四九二頁に

　画材に平民を取る

六四二頁の The End of Dutch Painting の第三節 Court Atmosphere の部分に

　当時の和蘭は富豪の天地となれり画は其の嗜好に投合せんとす

とそれぞれ書込まれている。ブランデスの十九世紀文芸思潮史の第二巻一一一頁の "Joseph express it thus: Art is a tempting, forbidden fruit; he who has once tasted its sweet, innermost juice is irrevocably lost to the acting, living, world. The Soul which art has enervated is perplexed and helpless face to face with reality. Joseph himself is only delivered from this distressing mental condition when glorious music raises him high above the troubles of this earth. But he is at the mercy of his moods, and bittingly likenes his soul to the "Æolian harp, whose strings vibrate to breath that comes one knows not whence, and on which the changing breezes play at will." という本文に一括のカッコを付し、その横に

　芸術ト実社会

と記入されている。また三〇四頁の騎士に関する記述の横に

　日本ノ武士道ト比較セヨ

第四巻六〇頁に

　近代の平民文学

第五巻一三七頁に

　作品としては価値なけれど時代の精神を刻す

第六巻一六七頁に

　Goethe の境遇は Heine の如き深刻なる思想を抱かしめず

とそれぞれ書込まれている。この両書の芸術史叙述の視角と、それを読んだ津田の理解を右のごとき書入から見るとき、津田が、少くともこの両書（同じブランデスの著作でも、Eminent authors of the nineteenth century の方には書入がない）から、芸術をその母胎をなす「実生活」、あるいは「時代と環境(time and circunstances)」の所産として、その時代の主流をなす宗教や社会階層との不可分の関連において、理解する手法を学びとったことは、明白といってよいのではあるまいか。ことに「実生活」とか「文化の大勢」とか「平民文学」とかいった、『我が国民思想の

研究』において基本的な範疇として用いられている用語が、この両書の書入に現われているのは、『我が国民思想の研究』の発想の上で、この両書が少からぬ示唆を投じていることを象徴するものといってよいであろう。こうした示唆が、津田の思想史を、「実生活」から遊離した机上の観念的思弁の変化のみを事とする思想史から大きく脱皮した新しい方法に基いて展開させた積極的意義をもっていたのは注意されねばなるまいが、同時にそれが、ムターの場合に見られるような psychology への傾斜(『我が国民思想の研究』では「心理的解釈」という方法として継受されている)と「思想・文化・習慣(ideas, culture, customs)」という上部構造面の重視の面で、津田史学の大きな特質をなす「社会科学」拒否の姿勢をもたらす消極要因ともなってはたらいていることをもみのがすべきではあるまい。

以上、「実生活」との関連において思想をとらえるという津田思想史学の方法上の源流を考えてきたのであるが、津田思想史学の方法上の特色として、今一つ、津田自ら必ずしも方法論として明示していないけれど、研究者の主体的立場を強力に発揮し、研究者自らの思想上の価値基準によって過去の思想を評価しているというのも、看過できない重要な点である。歴史学において、研究者が主体性を全くもつことなく、完全に己れを空しうして対象を純客観的に認識するなどということは、原理的に不可能であり、そのようなことを表面主張している実証主義史学者にあっても、現実にはなんらかの主体性をもって研究していることは否定できないから、単に程度の違いと言えば言えないことはないが、津田の場合には、その主体的立場からする評価が明瞭に顕在化していることと、その評価の峻烈な点とで、ひときわ異彩を放っている。本書のように、津田史学を単に学説史・研究史の観点からだけでなく、思想史の観点から対象として取り上げる試みの成立するのも、津田史学が、客観的な過去の思想の認識と同時に、津田左右吉その人の思想を遺憾なく露呈するものだからであった。それでは、そのような津田史学の特色は何に由来するか。それは前の場合と違って、特定の史書の影響ではあるまい。前編に詳しくたどってきた青年時代以来の津田の強い思想的自己形成のための努力が、アカデミックな史学研究に専従するようになった後にも、そのまま維持せられ、史学研究を、単なる過去の客観的認識としてのみ遂行するに終らしめなかったためではあるまいか。しかし、客観的に見れば、そのような史風は、まさしく福沢の「日本文明の由来」にもっとも典型的に発揮されている明治初年の啓蒙思想家の文明史、それを継承した竹越三叉・徳富蘇峰・山路愛山ら民間史学の学風の延長線上にあるものといってよかろう。津田が、福沢や竹越の著作を否定的にしか評価しなかったことは前編で見たとおりであるから、それらの学風を意識的に学んだのではあるまいが、前編でも見たように、福沢や内村鑑三ら明治前半期の改革者的思想と津田の思想との符合したのと同様の関係を、この点についても見出すことができるのである。少くとも官学アカデミズム史学者が、陽に客観的実証主義を唱えながら、思想的自覚の弱さの故に権力側の正統的道徳とそれに基く歴史的視野の局限や史実の歪曲とを批判的に見る力を欠き、公然権力側に立っての史観を強調したり、無意識裡にその研究に正統史観を密輸入したりするものの多かったのとは、はっきり異なっており、官学アカデミズムの思想的痴呆との対比において、津田史学が民間史学の高次の発展形態であることを、改めて確認することができると思う[8]（官学アカデミズム史学のように秘庫の新史料を博捜する特権を欠く民間史学は、平凡な流布文献のみを史料とし、斬新な発想によるその活用において、新史料を豊かに紹介しながら陳腐な見解しか出せなかった前者と異なる特色を発揮したが、民間史学の伝統に立つ津田もまた、実証において博引旁証の極致を発揮しながら、すべて流布公刊本のみに依存しつつ稀覯史料の探索につとめた人々に見られない清新な成果をあげることに成功している[9]。この点も津田史学の一特質と考えられるので、付言しておく）。

津田の思想史学の特色として、さらにいま一点、一般にしばしば見のがされているばかりでなく、往々にして反対の方向に誤解されてさえいる面のあることを指摘しておきたい。例えば桑原武夫氏は、『我が国民思想の研究』について、「ヨーロッパにおいてすぐれた多くの精神史家を生んだ学派の頭梁ヘーゲルは、カントの批判哲学の非歴史性を指摘することから出発した。批判精神は究極において歴史を内面から見ることができないのではないか、というのがヘーゲルの疑いであったが、津田のこの精神史は、批判精神をもって歴史を見た点において、カント的といえよう。それを読みながら、私たちはヘーゲルと同じ疑いをときとして感ぜざるをえないのである、たとえば」として『全集』第三巻一一六頁の一節を引き、「ここには津田の文章の特色がよくあらわれている。彼の好きな否定的なことばに満ちているのだ。この文学史には、『すばらしい』『美しい』『深い』などというほめことばは、ほとんど使われていない。『日本古典の研究』では、否定は存在そのものに向けられていたが、ここでは、否定は価値そのものに向けられる。一般に従来価値ありと信じられてきた国民思想の代表的業績に、疑惑の目が向けられるのである」と論じている(10)が、このような読み方は、公言はしていないけれどこの書の読者中のかなり多くの人々がしているのではないかと想像されるのである。

たしかに、津田がこの書で強烈な批判精神を発揮し、今まで無批判的に金玉視されてきた古典的精神遺産に否定的ないし批判的評価を加えているのは、まさしく桑原氏の言うとおりであり、その批判的精神の赤裸々な露呈の故にこそ、われわれはこの書から津田の目を通して描かれた歴史とともに、津田自身の思想をなまなましい形でとらえることができるのであるが、さればとて、この書から、単に津田の批判的精神と否定的評価とのみを読み取るのもまたこの書の読み方としては一面的であって、この書が強烈な批判的精神にみちた啓蒙の書であると同時に、深い内面的理解力を駆使して、かえって従来見落されてきた面に豊かな同情を注いだ史書でもあるという点を見落すならば、本書の読み方としては決して十全でないとされることを免れまい。上田正昭氏は、「歴史の矛盾性」の一節を、ディルタイ『歴史的理性批判への試論』と比較しつつ、「ディルタイの精神科学についての研究法は、大正期のわが国歴史学にも大きな影響を与えているが、津田史学にも、博士が意識されたか否かは別問題として、「生」Leben に対する歴史認識には、ディルタイと似通ったものが存在する。そのつながりが、我々の想像以上であることを明かにしておく為に」、上記両書の原文を引用し、両者に「深い関連のあることを示すものがある」と言っている。(11) しかし、津田とディルタイに代表される「生の哲学」との関連を認めうる事実は見出されない。その蔵書には、Kant, Critique of pure reason. Hegel, Lectures on the philosophy of history. Schopenhauer, Essays. Eucken, Problem of human life. James, Pluralistic universe 等の哲学書がふくまれているけれど、ディルタイの著作は一冊もなく、わずかに大正十四年発行の勝部謙造著『ディルタイの哲学』があるにすぎないことから見ても、(12) 津田の方法と「生の哲学」との関連はなかったと見るべきである。それにしても、上田氏のように、津田にディルタイとの近似要素を見ようとする人のあることは、津田から批判と否定とのみを読み取るのでない、別の読み方の可能性を示すものであろう。それは青年時代の津田を支配した「ローマンチック」の精神、「狂気」と「風雅」とを「学問」と鼎立させ、樋口一葉の作品を涙しつつ読みふけり、「明治音楽会の演奏を欠かさず聴きにいった」(13) 芸術青年の魂が、改進党を介して摂取した明治前半期啓蒙思想の影響と併存し、大正デモクラシー期の中で、両者が高揚した形で再生産されて生じた現象と見るべきであって、『我が国民思想の研究』には、二つの異なる歴史認識力がともに最高の機能を発揮しているのを見過すことがあってはならないのである。

例えば、人情本についての

人情本は啻に江戸の小説界に一新境地を開いたものであるのみならず、又よく時世粧を如実に写し得たものであるのみならず、読本や草双紙によつて化石の如くせられた人間を復活して、それに温かい血を通はせた点に於いて、世に推賞せらるべき十分の資格を有つてゐる。(中略) めゝしいのが人情の真であるといふ宣長の見解は、江戸の小説に於いては人情本に至つて初めて具体化せられた、といつてもよい。業々しい出来事や人を驚かす如き奇異の物語で無く、市井の間にありがちな小情話小葛藤を写して、そこに人生を髣髴せしめてゐるのも、賞讃しなくてはならぬ。兎も角も文字上の空疎な知識や一知半解の支那小説やの拘束、又は浄瑠璃歌舞伎の定型から脱却して、或る程度まで現実の社会、現実の人生に立ち還つたところに、人情本の大なる誇があり、此の点に於いては読本や合巻の草双紙よりも逈に文学としての価値が高い。さうしてそこに儒教式の紙上道徳に対する人間としての反抗があり、それに征服せられてしまはなかつた文芸の権威がある。(14)

という評価を、例えば藤岡作太郎の遺著『国文学史講話』(明治四十一年自序)の中に見える「人情本は主として男女の情事を描くを目的とす。訓蒙を標榜すと雖も、実は猥雑なる辞句を弄して卑俗なる読者の歓心を買はんとせるもの、その当局の眼に触れて罪を得たるは固よりその所なるべし」という見解と対比してみるならば、両者のいずれが人情本の本質をよく衝いているかはともかく、津田が否定的批判に終始していたのではなくして、学界において偶像視されていた対象を容赦なく否定し去る反面、学界の権威者が必ずしも重視していなかったような対象に時として温い同情と深い内面的理解を示すに吝でなかったことが、よく知られるであろう。一茶に対し手放しの讃辞を呈したことはよく知られているけれど、津田の同情を注いだのは、ひとり一茶にとどまらないのである。そのほか、平安朝の世俗画について、「智巧主義の芸術界に於いて、多少なりとも人間の情生活を表現しようとしたものは絵画である」と言い、これに関連し、「絵画が物語と共に、時勢粧を写実的に描くやうになつたと共に、漢詩さへも幾分か同様の傾向を帯びて来た。(中略)といふのは、詩の巧拙は論外として詠ずる所は源氏物語中の光景である。(中略)和歌が言語上の機智を弄するを得意としてゐるに反し、却つて漢詩にこんな写実的なものがある」と言っていること、(15)平安朝物語の因襲を追っているだけのように見える鎌倉時代の擬古物語の中にも、石清水物語に「平安朝の物語には見えない情の深さ強さがある」し、「忍びね物語の主人公の父が子の立身のために権家の女を娶らせようとしても、主人公自身は素性の知れない女に渾身の情をよせて父の命を喜ばぬ。さすがに昔の人だけあつて、此の衝突は現代的の破裂には終らなかつたが、其の主題は現代的の戯曲をそこから発展させるに足るものであつて、斯ういふ葛藤もまた平安朝には見えなかつた」という新鮮さの見られるのに注目していること[16]、「連歌は事実に於いて其の作者に民間のもの、又た親しく地方を遍歴したものがあるだけに、『旅の暮乗る駒いばへ犬吠えて』（中略）といふやうな和歌には詠まれぬ材料が稀には無いでも無い。『武士の戦ふ場に身を忘れ』（中略）のやうに、武士の行動を材料とするなども歌には例の少いことである。さうして『水たまり梅散る庭の眺かな』（中略）などの発句には、歌人には出来ない一寸珍しい観察の結果が現はれてゐる」と述べていること[17]、「三河物語の如きは素朴な寧ろ幼稚な筆致に真率の気と熱烈な精神とが力強く現はれてゐて、此の点に於いては殆ど天下一品の武士の著作である」と評していること[18]、「俚謡のやうなものに於いてもまた、武士の生活と特殊の交渉のあるものは甚だ少い」が、その中で「城に笛ふくが麓に聞こゆる、それは推た、うらに来いとの笛のね、裏道来いとの笛の音」などの「極めて珍しいもの」もあるのを指摘していること[19]、増穂残口につき、「其の孝を説くに当り、『我ながら我もなつかしたらちねのわけて残せし形と思ひて』我が身を大事にし、子孫の繁栄を期することに重きを置いてゐるのは、祖先を本位とする儒教と反対である点に於いて注意を要する。（中略）妻子を愛するは固より天然であり、男女は平等であるから、夫婦有別といひ七去三不去などといつて女を男の奴隷視する支那思想は、いふまでも無く誤であると説く。なほ一歩を進めては、情愛を無視する無理づくめの婚姻を排斥し、さういふ形式的の妻に真の貞節の無いのは当然だと力説してゐる。これは後に述べるやうに、所謂聖人の道に反対して一部の神道者間に起こつた一種の自然主義的見解から来てゐるのであるが、それだけ人生の事実に適合してゐる」と論じていること[20]、徳川中期以降、風景の翫賞に新境地が開けて来、「耶馬渓が山陽によつて其の勝を説かれ、妙義金洞が多くの文人の筆に上つた如く、神工鬼斧の痕をとゞめた北画式の奇景が賞美せられるやうになつた(中略)海洋の遠望もまた人の翫賞に入つたので、山陽の『雲耶山耶呉耶越』にもそれは現はれてゐる」、それらの見方は、漢詩漢文によって養われたものであるが、「しかし歌人や和学者が名所旧蹟の因襲に因はれ、芳野竜田の花紅葉をのみ心にかけてゐたのとは違つて、兎も角も新しいところに目をつけた」功績を指摘していること[21]、徳川後期の歌人中、大隈言道に対し、「普通の歌人の取らない材料を勝手次第に取り入れることは固より、用語とても俚言俗語を自由に使用し、或は寧ろそれを主とし、一般には解し難い方言をすら避けてゐない。(中略)平凡な日常生活、目前の些事がすべて吟嚢に入つて琅々の響をなしてゐる。(中略)それよりも此の作者に於いて大切なことは、現実の人間生活に対し純な心もちで深い愛着を有つてゐたことであつて、そこに詩人たる真の資質がある」、良寛について、「世すて人として世間離れた寂しい境地に安住し、自然の懐に淡い楽しみを享受しつゝ、うぶなやさしい心で人と世とをつゝんでゐた温かい彼の胸臆から、泉の如くに湧き出たのが其の歌」であって、その点「全体の態度が擬万葉家とは全く違ふ」、「『あわ雪の中にたちたる三千大千世界又た其の中にあわ雪ぞふる』の如きは、彼の僧徒としての生活と空想とから生まれた、他人の摸倣すべからざるものである」として、その独創的作風を高く評価していること[22]、「象山が(中略)といひ、『珍木何亭々、廼在至人囿、墜果感玄識、鬼帯始可究、茫々天壌間、長夜開清画、功績真無窮、足以蓋宇宙』といふに至つては、科学は単なる知識では無くなつてゐる筈である。(中略)『予年二十以後、乃知匹夫有繋一国、三十以後、乃知有繋天下、四十以後乃知有繋五世界』は明に西洋の知識が彼の人格の陶冶を助けてゐることを示すものである。此の雄大の気魄と真率の自覚とは、固陋なる儒者などには到底求むべからざるものでは無いか。(中略)『九千里外存知己、五大洲中如比鄰』[23](新元開宴図題辞、杉田玄白)、そこに四海を同胞とする世界的親和の感情が動き初めてゐる」と論じていることなど、偶目した若干を拾い出したにとどまるが、いずれも一般に見落されてきた対象に独自の評価を加えてその意義を再認識させようとしたものであって、津田が過去の精神遺産をいたずらに否定的に葬り去ろうとするものでなかったことを知るには、十分であるかと思う。

また、この書では、ある場所において対象をきわめてきびしく批判ないし否定しながらも、別の場所で他の対象を評価する際にそれとの対比の形でその積極的意義を評価している場合がしばしばあり、全巻を総体的に見ないで局部の命題に拘泥すると、津田の真意を的確にとらええないおそれのあることをも一言しておきたい。例えば、仏教についてこの書の、特に『貴族文学の時代』に展開された否定的評価は、ほとんど全面否定にちかいとの印象をも与えかねないほどに極端な表現をとっているけれども、徳川時代の儒学や人生観を論ずるに当っては、それらとの対比において、『貴族文学の時代』の仏教に積極的な意味のあったことを強調しているのであって（その実例は次章の「宗教思想」の節で具体的にあげるから、ここには引用しない）、この書の局部局部に目を奪われず全編を総合的にとらえるならば、この書が常に対象を積極面と消極面との両側から評価する行届いた配慮に欠けていないことが確かめられるのである。[24] さきに内面的理解という言葉を用いたが、それは人間性の機微をこまやかにわきまえた Menschenkenner としての理解力と言ってもよいのであって、単なる机上の読書によって概念的知識を蓄積しているだけの書斎学者の及びがたい能力が発揮されているのであり、[25] 青年時代の津田の知的人間的体験が最大限に活かされているのを見るべきであろう。

津田思想史学の特色とその歴史的源流について、私は上記のように考えるものであるが、それらについての見解がどうあるにせよ、『我が国民思想の研究』が、文学史としても思想史としても、前人未発の境地を開拓した独創的名著であることは、少しも動かないのである。この書の刊行当時まだ日本思想史は広く学界に独立の学問分野としての市民権を認められておらず、大正十三年に村岡が東北帝国大学法文学部に設けられた日本思想史学科の教授となって以後も、必ずしもただちにそれが全国的に一つの独立学問領域を確立したとはいえなかったようであり[26]、日本思想史の研究が学界で無視できない活況を呈するにいたったのは、昭和十年代以後ではないかと思われるが、おびただしい多数の研究業績を出し高い水準に進んだ今日にあってさえ、日本思想史の前近代全体にわたり、この書を完全に乗り超えた通史が一冊でも存在するであろうかを考えるときに、この書が日本思想史学史上に占める位置をほぼ察しうるのではないかと思う。

それでは、上述のような歴史的由来をもって成立した津田思想史学、特に日本思想史学の成果は、学界においてどのような形で継承あるいは活用され発展させられて行ったであろうか。津田思想史学の影響という広範な主題について全称命題を述べうるほどに私は綿密な調査を行なっていないので断定はさし控えるが、アカデミズム「国史学」の世界には、「思想史は歴史ではない」と考えるような傾向があって[27]、『我が国民思想の研究』を正当に評価し、その成果を発展させるような条件はそなわっていなかったと思われる。日本思想史学の創建者である村岡も津田もアカデミズム史学畑の外の人であったように、日本思想史学の発展に寄与したのも、やはりアカデミズム「国史学」の外の学者、あるいはその出身でも異端者的な傾向の研究者であったのではなかろうか。現に津田思想史学に反撥することによって、およびそれを積極的に活用することにより、反対の方向にそれぞれ注目すべき業績をあげたのが、哲学出身の和辻哲郎(前者)と東大国史学科の卒業生ではあるけれどもクローチェの歴史理論や唯物史観によってその学問的基礎を築いたユニークな歴史家羽仁五郎であった、という事実が右の命題を裏書する。

和辻は、もともと日本研究の専門家ではなく、西洋の学問から出発した学者だった上に、青年時代には「奔放な文学青年であつて、小山内薫の自由劇場には群衆の一人として出演するほどの血道をあげた」ことさえあり[28]、その点で津田の青年時代と一脈相通ずるものがあったけれど、津田と違って日本社会の前近代的性格を鋭く批判する啓蒙思想から切断された、いわゆる教養主義・文化主義思潮に埋没し、西洋の学芸から日本の伝統に目を向けはじめたときにも、津田が日本文化としての意義をほとんど認めなかった古代仏教芸術に魅了され、そこから次第に日本文化・日本思想の研究へ進んで行った後も、終始その内在的＝追体験的理解に全力を注ぎ、津田のきびしい超越的批判に貫かれた日本思想史学とはおよそ対極的な学風を創り出したのであった。大正七年出版の『偶像再興』、翌八年出版の『古寺巡礼』は、ともにまだ学問と呼びうるにふさわしくない芸術作品にちかい著作であるが、津田の『我が国民思想の研究　貴族文学の時代』と対照してみるならば、両者のあざやかなコントラストは何人の目にも明白に映し出されるであろう。やがて和辻は、大正九年の『日本古代文化』、同十五年の『日本精神史研究』等を世に送り、次第に日本学の専門家としての地歩を築くのであるが、それらにおいては、しばしば津田の業績を、明示的あるいは黙示的に論敵とし、それに対置する見解が展開されているのである。例えば『思想』大正十一年七月号発表の「推古時代に於ける仏教の受容の仕方について」に、推古時代の日本人が仏教の受容により精神開展の一段階を画したことを論じ、たといそれが仏教の理解として浅薄であろうとも、彼ら自身にとり意味深いことであり、推古時代の仏教芸術はそのような理解を前提として見なければならぬと論じているが、

　これらの芸術が単なる摸倣芸術でないといふことは、オリヂナルな創作を摸倣品から区別するあのまがふ方なき生気を知つてゐるものにとつて、論を要しないことである。がそれはまた右の如き観察によつて裏づけられることを必要としないでもない。何故ならこれらの芸術を摸倣芸術と見る論者は、当時の日本人がこれらの芸術によつて表現すべき何らの内生をも持つて居なかつたと盲信してゐるからである。これらの盲信が根もない独断であることは、右の観察によつて立証せられたことと思ふ。我々は、あのような偉大な芸術を創り出した人々を、もつと尊敬すべきではなからうか。

という結論は、おそらく津田の古代仏教芸術論を念頭において書かれたものではなかったろうか。『思想』同年十一月号に発表した「お伽噺としての竹取物語」にいたっては、公然と津田の名をメンションし、

　この小論を草する際に津田左右吉氏の意見を駁する気持が幾分か自分にあつたことは、こゝに告白して置いた方がよからうと思ふ。この作を世態小説と見るのは、氏のみならず藤岡作太郎氏などもさうである。描写が滑稽的であるといふ意見も一般に行はれてゐるらしい。自分が特に注目したのは、その見方の根拠を説く津田氏の著書の次の数節である。

と言い、『貴族文学の時代』一六二頁と一七頁との一節を引用しているのであって、和辻の日本精神史研究(右の両論文ともに『日本精神史研究』に収録された)が、津田の研究との対抗意識を有力な動因として推進されたことを想察させるのである。天皇制に関するかぎり津田と和辻とは根本的に対立する意見のもち主ではなかったにもかかわらず、その学問的方法と敗戦までの社会的実践とにおいて、両者は対蹠的な道を歩んでいるが、和辻にとり津田が「反面教師」としてその学問を大成する上に絶大な刺戟を与えていたことは(29)、アカデミズム史学界が津田からほとんど何ものをも学び得なかっただけに、見落してならぬ事実である。

羽仁は史的唯物論に立脚する社会科学者であったから、文学青年的感覚で日本研究に入って行った和辻とは、出発点から立場を異にしていたし、天皇制を否定的に見る目をもっていた点では、和辻とも津田とも異なる政治的信条のもち主であったけれど、ドイツに留学してリッケルトの門を叩き、マックス-ウェーバーを読み、特にイタリアの哲学者クローチェを尊敬した羽仁は、教条主義に偏するきらいの多かった他のマルクス主義者とはいささか異なる特異の思考様式のもち主であったから、マルクス主義者からすればブルジョア学者と規定されるほかない津田の学問からも学ぶべきものを学びとる柔軟性をもっていた。『日本資本主義発達史講座』に執筆した羽仁の論文が、すでに他の

いわゆる講座派マルクス主義学者とは異なる特色を帯びていたと認められるが、[30] 十五年戦争の進展に伴なう学問の自由の圧縮されて行く中で、羽仁は、唯物史観をしばらく棚上げしてブルジョア民主主義の線にふみとどまり、時局便乗のファッショ的傾向をきびしく批判することによって、ぎりぎりの思想的抵抗を合法的に実行しえたのである。津田の『我が国民思想の研究』を貫く「近代主義」が、「近代の超克」が日本的ファシズムの有力なイデオロギーとして機能するこの時点できわめて適切な抵抗の武器となりえた(ただし中国問題については別)ことは、津田自らが迫害を受けて発言の自由を奪われるまでそれによって時流をきびしく批判していた事実[31]に徴して肯認せられるところであるが、津田の「近代主義」を活用し、津田が発言の自由を失なったのちにも、津田史学の精神を継承して筆陣を張ったのが、羽仁の戦時中の活動であったのである。

まず、方法論の上から見ても、大正十五年に自ら訳書を刊行したクローチェの『歴史叙述の理論及歴史』の基本思想にしたがい、現代の観点から過去を見る羽仁の学風は、源流こそ異なれ、客観的には津田の批判的史観と一致しており、ことさら津田を祖述するまでもなく、羽仁の学問には津田史学を継承発展させる内在的必然性がふくまれていたのである。『岩波講座日本歴史』の一冊として昭和十年に刊行した「明治維新(二)」、同十二年に刊行した『白石・諭吉』、『中央公論』昭和十五年一月号以下に連載された「明治維新研究[32]」等は、『我が国民思想の研究』の強烈な主体的批判的学風を彷彿たらしめるものがあるが、実証的判断についても、津田史学の継承発展たることを明示しているのは、『思想』昭和十一年六月号発表の「国学の限界」、同十五年八月刊行の『岩波講座倫理学　第二冊』掲載の「幕末に於ける倫理思想」等に代表される一連の近世思想史研究[33]であった。これらは『我が国民思想の研究　平民文学の時代』の羽仁版とも呼びうる内容のもので、方法においても、実証的認識判断においても、津田ときわめて近似した論旨を示している。前著では、村岡典嗣の『本居宣長』とともに津田の『平民文学の時代』がいくたびも引用され、

（上略）国学をそこに於ける著実な古典学と虚誕な古道説とを矛盾なきものとして無分析に理解せんとしたやうな俗学にではなく、学問的理解のためにやむなき矛盾の指摘について必要なる限りの分析は之を敢行した村岡氏の『本居宣長』や津田左右吉氏のかの古典的名著に於ける良心的にして独創的な批評（下略）

というような最高級の評価が与えられており、逆に村岡・津田よりも新しい世代の研究者である伊東多三郎の『国学の史的研究』がきびしく批判されているのである。(34) 後著では、すでに迫害にさらされた津田の名をあげることは用心深く回避されているけれど、津田の『平民文学の時代』の先行を前提とすることなしにこれを理解できない点では、前者とかわるところがあるまい。羽仁が、津田の筆禍を救援するため内々絶大な援助を惜しまなかった事実は第五編に詳述するとおりであるが、津田と羽仁とのそのような協力関係が成立しえたのも、政治的配慮や個人的同情といった動機にとどまらず、学問的に羽仁が津田を高く評価し、その学問を批判的に継承発展させてきたからこそであったと見るべきではなかろうか。

実証的認識において、津田と羽仁とに共通する基本的な判断は、徳川時代の思想界に封建思想の矛盾・解体と近代的思想の萌芽とを見ようとするところにある、と私は考える。その点では、『国家学会雑誌』第五四巻第二号（昭和十五年二月号）以下に連載された丸山真男の論文「近世儒教の発展における徂徠学の特質竝にその国学との関聯」および同誌第五五巻第七号（同十六年七月号）以下に連載された同人の論文「近世日本政治思想における『自然』と『作為』」もまた、ほぼ同一の観点に立つ近世思想史研究の成果である。第五編に述べるように、津田が昭和十四年に東京帝国大学法学部に出講した際、丸山は同学部助手としてその講義を聴いているし、論文中に津田の『平民文学の時代』が参照されてもいる。戦後これらが単行本『日本政治思想史研究』にまとめられたとき付せられた「あとがき」を見ても、丸山のこの一連の研究に当り、「とくに津田左右吉・村岡典嗣・永田広志・羽仁五郎の諸氏の研究」から「学んだところ多大」であったと記されており、津田の丸山への影響は明白であるが、羽仁が津田を批判的に発展させたのと比べれば、丸山の津田との関連は比較的に稀薄であり、むしろ「あとがき」にあげられているボルケナウ・ウェーバー等の西洋社会科学者の思想史研究の方法(特にボルケナウの)をもっぱら学んでいるように感ぜられる。そのほかにも、津田の日本思想史学から影響を受けた敗戦前の学問的業績は、探せば他にも見出されるかもしれないけれど、ここには一応、和辻と羽仁との全く異なる方向での津田からの影響をあげて、戦前における津田思想史学の学界に及ぼした影響力の程度を窺うにとどめ、敗戦までの期間における津田史学(日本思想史学の面に限っての)の史的位置に関する叙述を一応終りとする。

次に章を改めて、この書を中心に戦前の津田史学の基盤となった思想的立場を、学問的著作と私生活の記録とを通じて再現する作業に入ることとしたい。

(1) 「自分の同僚」(『自分を語る』所収)。

(2) 村岡は昭和十五年に公にした「日本精神史方法論」(『世界精神史講座Ⅵ』所載)において、「わが国の思想史研究のいかに広汎な範囲を有し、またいかに未開拓な学的分野であるかは、殆んど言ふまでもなく明らかであらう。随って吾々は、この研究に対する、直接に適当なる入門書をも有しないし、随ってその研究方法について、教へられるべくもない。而してかくの如きは、吾々が三十年前この研究に志した時には、殊にさうであつた。当時吾々はかねて、西洋殊に古代希臘の哲学思想を研究してゐたので、独英の学者の著書に学んで得るところがあつたが、就中、初期思想家を取扱つたJ. Burnetの研究は、吾々に教へるところが多大であつた。而して我国の思想的文献の有する、或は必ずしも論理的系統的でないとか、或は断片的であるとかいふ、いはば非近代的性質は、初期の希臘思想家の遺せる著作と偶然にも相似るものがあつたので、後者を取扱つて頗ぶる卓絶したこの業績は、自ら吾々に教ふるところ多大であつたのである。而してその間に、一方に吾々が親しく近接し、また入り立つことが出来たのが、実に我国の生んだ最大の学者ともいふべき、本居宣長の学問であつた。(中略)さらに進んでこの国学を、十八世紀の末葉以来、独逸の学界に特殊の発達を遂げ、アウグスト・ベェクの学によつて学的完成を遂げたフイロロギイ、即ち文献学もしくは古典学との比較に於いて、学問的に闡明し発揮し来る結果として、吾々の愈感得しえたことは、実にこの国学こそはわが日本思想史の研究のために、基礎たるべきものであるといふことであつた。(中略)吾々はここに、吾々の研究の実際の足場を有しえたのである」と述べている。

(3)『日本精神文化』第一巻第五号、昭和九年六月。

(4) 四七三頁。

(5) 五八―九頁。

(6) 四三三頁。

(7) 津田は、きわめて強い主体的批判的精神を持して対象に臨んだが、対象を「実生活」すなわち「其の国民の生活の諸方面にわたつて、成るべく広く観察し」、「それによつて特殊の作者なり作品なりを判釈する」ことにより、恣意的主観的判断に流れるのを阻止し、学問的な客観性を保持できると考えたのであって、前引の文にひきつゞき、「自分の気に入つた一二の作品に自分だけの主観的解釈を加へて、それを直に其の作者の思想と見なし、或はそれから一足飛びに飛んで、日本人の本色がこゝにあるとか、日本の芸術の精粋はこれであるとか、いふ風に手軽に論じ去るのは、著者の賛同し難きところである。(中略)如何なる観察も思索も、畢竟、自家の眼がねで事物を見、自家の思想でそれを解釈するのであつて、知識の個人的特色がそこにあるのではあるが、何等かの方法によつて、対象の全体に通じた観察を試み、一貫した解釈をそれに施さうとするのと、気まかせな断片的感想とは、其の間に差異があるので、学術的研究になるとならぬとの区別もそこにあるのであらう」と論じている(『平民文学の時代 上』例言)のは、その趣旨を明らかにしたものである。昭和二年五月二十四日の日信に「岡崎義恵といふ人の『正徹論』を読んでみた。近ごろは論理だか感想だかわからない『研究』といふものが流行するが、これも亦た其の一つである。(中略)或る歌人なり或る一つの歌なりを、それだけ取り離して見ると、どうでも解釈ができる、しかしそれを歌の歴史のうちに置き、時代の背景の前に立たせると、さう勝手な解釈はできない。同じことばでも其の歴史的由来があり時代の着色があるからである」と述べているのは、右の基準から岡崎の方法を非学問的として批判したものであった。

(8) 津田の思想史学の歴史的源流について、丸山真男氏が「近代日本における思想史的形成の方法」(『政治思想における西欧と日本　下　南原繁先生古稀記念』所収)と題する、興味深い研究に着手されたのであるが、残念ながら序論で中絶したまゝ今日まで完成されていない。

(9) 森鷗外は「わたくしは曾て珍本を求めたことがない。或る時ドイツのバルテルスの文学史の序を読むと、バルテルスが多く書を読まうとして、廉価の本を渉猟し、文学史に引用した諸家の書も、大抵レクラム版の書に過ぎないと云つてあつた。わたくしはこれを読んで秘かに殊域同嗜の人を獲たと思つた」(『澀江抽斎』)と言っているが、武鑑の蒐集に力をいれた鷗外よりも、津田のほうがはるかにバルテルス流の方針に徹していたといえよう。

(10)「歴史の思想序説」(『現代日本思想大系27　歴史の思想』解説)。

(11)「津田史学の本質と課題」(『日本歴史講座』第八巻、一九五七年)。

(12)早稲田大学図書館『津田文庫目録』。

(13)「学究生活五十年」。

(14)『平民文学の時代　中』二九七頁。

(15)『貴族文学の時代』二九〇—五頁。

(16)『武士文学の時代』一一二頁。

(17)同二九二—三頁。

(18)同四四五頁。

(19)同四五七—八頁。武士と文学との関係については、「松隣夜話に見えている上杉謙信の恋物語や、甫庵太閤記に出てゐる九州の某武士の妻が高麗在陣の夫に贈った書簡によって、其の男の出征を免ぜられたといふ話などは、此の時代に於いては珍らしいものである」(同四四九—五〇頁)などという指摘もある。

(20)『平民文学の時代　上』五〇〇頁。残口については、五三〇頁にも同趣の評価が見える。

(21)『平民文学の時代　中』六五五—六頁。日本文化に対する中国文化の影響を極めて否定的に評価するのが、津田史学の大きな特色であるが、日本人の漢詩について、津田が、むしろ因襲化された和文学に見られない新鮮さを見出す目をもっていたことは、注意されてよい。平安朝の漢詩についてもそうであったが、徳川時代の漢詩についても、「天分のある詩人はさすがに詩人であつて、偽唐詩の臼窠から脱すると共に道学先生の理屈にも堕落しない。(中略)平明の詞を以て実生活を親切に写し出し、端的の感興を有の儘に叙するところに特色のある菅茶山の如きは、其の第一人者であらう。(中略)触目の光景に無限の情趣を認め、家常の些事にも深い意味を感知した、心からの詩人であり、人生の詩人である。(中略)さて此の目前の小光景を写実的に描くことは、頼杏坪などにも見られる(中略)が、詠史の作もまた或る程度まで日本人の思想と行動と感情とを写す点に於いて、同じ傾向を示すものである。(中略)更に一歩を進めて多少の戯曲的構想を有する歌行の作られるのも、当然である。(中略)棄婦棄児の二曲は殆ど浄瑠璃を読むが如き心地がする。(中略)漢詩の日本化が可なり深いところまで行はれて来たのである。(中略)漢詩によって日本人の情生活が豊富にせられ、特殊の表現法も教へられ、又た芸術上の一要求の幾らか充たされる点のあつたことも、事実である」(『平民文学の時代 中』四四四—六〇頁)とその歴史的意義を高く評価している。

(22) 『平民文学の時代 中』四一四—二〇頁。

(23) 同五七六頁。

(24) 宗教についての例は、第二章一六参照。そのほかにも、例えば、「松の精からできるものは茯令松茸松露の類であり、老人夫婦の生れることは本草綱目にも見えないから、高砂の尉姥は虚偽である、と美しい古物語を一蹴し去つた伊勢貞丈の考(安斎随筆)、などから文学が生まれないことは、いふまでも無からう」(『平民文学の時代 中』五九八頁)という対比において、謡曲の高砂の物語を「美しい」と讃美していることなども見落されてなるまい。道綱の母、和泉式部、紫式部の歌について、「其のうちに強い感情の閃きが見える。特に其の独居詠懐の作に至つては、其の弱々しい情、奔放の気、さては苦悶憂愁の響に、読者の心琴を共鳴させる者があるのは、彼等の胸底より湧き出づる情の泉が直に化して声となつて人の耳をうつからである」(『貴族文学の時代』二五七頁)、新古今集の歌が「一首の音調が全体として殆ど音楽的のリヅムとメロディイとを有つてゐるやうにきこえ、言語によつて表はされる意味は兎も角も、それを離れて単に音調の上から一種の微妙なる楽的情調をひき起こさせる」点で、「是までの歌にない面白いところがある」(同五〇九頁)、新葉集の歌が「最早古人の口まねでもなくたゞの技術でも無い。泣くも笑ふも実生活其のものの叫びであり声である。(中略)逆境に処して、或は免るべからさる運命を予見しつゝ、なほ飽くまでも勇往邁進する悲壮劇的過程其のものが力強い一篇の詩では無いか」(『武士文学の時代』四七—八頁)、戦記物語の「人物評などでも徳川時代の学者とは違つて、何人に対しても忠奸正邪善悪といふ抽象的の概念で独断的に片づけてしまふことはしてゐない。平家物語などは清盛の罪業とか平家の悪行とかいふことを屢〻いつてゐるが、必しも清盛を悪人とはしてゐない」(同一二四頁)などというのは、従来定評ある作品に対する評価であるから、結論としては新奇なものとはいえないけれど、その理解のし方には津田の独創力がよく現われている。とにかく、津田が日本の古典に対して、深い内面的理解と温い同情とをよせていたことはまちがいなく、その鋭利な批判的精神の面のみで津田の思想史を特色づけてしまうことの適切でないのは、これらによって十分に明らかにされたと思う。

(25) 法律学者である柳瀬良幹氏が『我が国民思想』における「游女と遊客の心理を説いた一段」に魅了されたことを語り、「それは正に永井荷風が『墨東綺譚』に描いた情味であつて、日陰の女とそれを相手にする男の気持をここまで知つて居られた先生[津田]にして始めて人情に背いた頑な儒者を罵倒する資格があると思つた」と言っている(『法書片言』所収「私の先生」)のは、よくこの書の特質をとらえた名評といえよう。

(26) 今日から見て、津田と村岡とが、日本思想史学という学問分野の開拓者として並び称せられるべき大きな位置を占める研究者であることは、おそらく異論のないところと思われるが、この二人は、同じ早稲田の出身でありながら、学問的には全く没交渉で、両者それぞれ無関係に異なる学風の思想史学を建設したのであった。津田は、日本の同時代研究者の学説を特定して批判することを行なわない原則を守っていたから、公刊論文中に村岡に言及した例はないけれど、昭和二年五月三日の日信に「今月の『思想』に東北大学の村岡といふ人が、僕が三、四年前の同じ『思想』に出した『愚管抄』の年代考の反対論を載せてゐる。反対論を出すことは結構であるが、(中略)僕の論の最も大事な点を知らんかほして見すごしてゐるのである。(中略)僕は『愚管抄』が承久の乱の結果を予言してゐるのは、事後の作たる証だといひ、予言といふものは、決して力強く明確にいひ得るものでないといふ心理的事実に基礎を置いたのであるが、村岡はそれを等閑に附してゐるのである。さうして、それは村岡が心理的考察に本来無頓着な頭を有つてゐるからであらう」と率直な見解を吐露している。他方、村岡は、『我が国民思想の研究』を批判的な目で通読していたのであって、村岡手沢の『我が国民思想の研究　貴族文学の時代』に書入れられた村岡自筆の評語がそれを示している。すなわち、八八頁第一—二行の上頭に「平民者ノ作衆ハ如何ニ説明スベキカ」、一〇八頁第二行の上頭に「日本紀竟宴」、一七〇頁第三—四行の上頭に「むしろ口真似ならずや」、三六四頁最終行の上頭に「むしろ発達とも見らるべし」、五四三頁第一行の上頭に「?」とあるのが、それである(村岡手沢本の閲覧は、原田隆吉氏の高配によるものである)。

(27) 私は昭和九年から十二年まで東大国史学科に在学したが、卒業論文に思想史をやると、歴史学の論文でないと言われるおそれがある旨、先輩から注意された記憶がある。

(28) 安倍能成氏「和辻君のこと」(『読売新聞』昭和三五年一二月二七日夕刊)。

(29) 和辻に与えた津田の影響については、前引大室氏「津田左右吉の否定の諸様相」においても特筆されている。

(30) 昭和七年『講座』の一部として公刊された「幕末に於ける社会経済状態、階級関係及び階級闘争」においても、「下からの民主主義」が強調せられ、階級闘争が「人民の闘争」として把握されているのは、羽仁の特色の一端を窺わしめる例である。

(31) 第五編第一章参照。

(32) 戦後岩波新書『明治維新』として刊行。

(33) 戦後『日本における近代思想の前提』にまとめて刊行。

(34)　伊東の国学研究には、国学のにない手の社会的基盤の追求という、村岡にも津田にも欠けていた新生面を開拓した功績があり、戦後芳賀登らが伊東の先駆的業績を評価するのもゆえなしとしないが、伊東の戦時中の著作をみると、昭和十八年刊行の『近世国体思想史論』にせよ、同二十年の『草莽の国学』にせよ、村岡や津田よりも批判的精神の弱さは覆いがたいものがあり、羽仁が村岡や津田を賞揚し伊東を批判したのは、羽仁の眼識の確かであったことを示している。

第二章　津田思想史学の基本的思想

前章では、主として『文学に現はれたる我が国民思想の研究』をとりあげ、日本思想史学の開拓者としての津田の歴史的位置を一瞥したのであるが、本章では、この書を先頭とする一連の思想史研究の著作に現われた津田の思想が、具体的にどのような内容をもっていたかを、その主要な諸項目ごとに順次検討して行くこととする。

一　自我の尊重

後年の著作の基本的立場を理解するために、青年時代以来明瞭に示されている重要な諸傾向にまず注目する必要がある。

津田が青年時代から、自分一個の信念を貫くに勇敢であったことは、日記の随処に窺われる。短い期間に転々と職を変えたのも、もっぱらそのためであって、学問上の師であるにとどまらず、生活上の保護者でもあった白鳥庫吉は、津田が行く先々で摩擦を起したことにつき、後年滝川政次郎に嘆声をもらしたという(1)。日記の明治三十年三月七日に「所謂義理、所謂人情、亦た必ずしも一々顧みるに遑あらず。省慮一番、而して後、断じて行ふ。他人の評隲の如きは須らく事の成れる後を期すべきなり」、三十二年九月十八日に「人は須らくおもふがまゝにふるまふべし。左顧右眄、人を気にするは女子のことなり」、同年十月一日に「人はおもふがまゝにふるまひ、おもふがまゝに言ふべし。

成ると成らざると、用ゐらるゝと用ゐられざるとはわが関するところにあらず。また何をか顧慮せん」、三十三年十二月十二日に「あながちに世のならはしに背かずもあれ、たゞわが独立一箇をばいかなるをりにも失はざらんを要するなり。順ふべき礼節と儀式とに従ふはあしからず、争ふべきわが特定の見地は断じて争はざるべからず」とあるごときは、当年の津田の面目躍如たるものがある。四十四年十月二十四日に「革命そのことはおもしろい。おもしろい理由は、それが『反抗』運動であるからである。強ひられる服従に対して自我を立てんとする人生の根本的要求の発現であるからである」と記しているなどの例は、そうした処世方針を理論化したものと思われるので、このような生活態度を津田自身の用語を採って「自我」の尊重と呼んでおく。

二　形式的教育批判

津田が中学校教師の職を厭っていたことは、前編に詳述した。それは学問研究への専念を熱望したためであるが、すでに明治三十年代の公立学校では、国家の教育統制による教育の画一化・形式化・官僚化が進んでおり、津田のような「自我」の強い青年にはたえがたい雰囲気にみちていたことにもよるのであろう。津田が、時に中等教育そのものを軽蔑する口吻をもらしながらも、教育のあり方についてしばしば積極的な意見を述べているのを見ると、必ずしも津田が教職を生活の手段とだけ考え教育の意義を無視していたとは認められず、むしろ学校の実態の津田のいだく教育理想からあまりにも遠かったことが、津田の教職への嫌厭の情を誘発した面を看過すべきではあるまい。日記の明治二十九年十二月十六日に「職員会議(中略)。会議の問題は学生欠席の時間及び日数に応じて倫理科の学期評点を減ずべき標準なり。(中略)徒らに規則を以て之を抑圧するが如きはわが最も採らざるところ、生徒をして自ら欺きかねて人を欺くの弊を養はずんば幸ひなるべし」、三十年二月八日に「県会議事堂に於いて〔英照皇太后葬儀〕遙拝式を執行す。（中略）礼とは其の表情の度をして宜しきに適はしめんがための典儀にして、歴史的に発達し来りしものなり。故に悲哀の時には自から悲哀の礼あり、喜悦の時には其の礼亦たおのづから喜悦の形をなす。これ自然の傾向なり。さるを今日の学校に於けるが如く、軍隊的態度を如何なる場合にも斉しく適用するは、甚だ当を失するが如し」、三十一年五月二十五日に「倫理教育といひ道徳の訓練といふも、今の学校制度にありて何かせん何かせん。あゝ何ぞ今の教育法のしかく形式的なるぞや」、同年九月二十日に「我が国の学校はあまりに規則づくめなり、あまりに形式的なり。生徒をして優美なる情操を養成せしむるに適せず」、同年十月二十六日に「現今教育の弊。偏狭——時勢を知らざること（所謂政談）——性情の自然の発達を度外視すること（所謂猥褻）。散漫——学科に統一なく中心点なきこと。趣味の欠乏。倫理に一貫の主義なきこと。偏狭なる国民主義と散漫なる世界主義」、三十六年五月二十八日に「学校にては生徒の管理法に就いて議論紛々たり。われはいひぬ、問題は区々たる取締の末節にあらずして根本の精神にあり、元気の沈滞し風尚の壊頽せる今日、煩瑣なる規則何のかひかあらむ、法を以て御せんとせば、法を以て免れんとす、罪は学生にあらずして学校にあり。（中略）されどこの言は解せられずしてやみぬ」、同年十月一日に「〔学生〕の文芸に親しむをそしり、情をとけば柔懦といひ、恋を語れば淫靡といふの類ひは、血の青白き教育家といふものの常、固より歯牙にかくるに足らざるなり。げに今の所謂教育家は赤き血の失せたる動物なり。おもふに其の血の色は青白くして水の如く冷かなるべし。熱血ある青年がかれらの手にかゝらんことのいとほしさよ」、同二日に「教育家よ、汝は青年をして直ちに老成人の如くならしめんとするものなり、汝は活けるものをして死せるが如くならしめんとするものなり、汝は自由の民を牢獄の裡に投ぜんとするものなり。（中略）青年よ、かの血の冷たく血の青白き教育家にきく勿れ。煩悶せよ、懊悩せよ、恋せよ、歌へよ、狂せよ、死せよ。言はんとするところをいひ、なさんと欲するところをなせ」と記されているごとき感想は、津田が学校の現状にいかに強い不満をいだいていたかを示すものであり、ここに見られるところの自由で解放的な教育を理想とする見解は、研究者生活に入った中年以後においても、ほぼそのまま維持されたもののようであって、日信の大正十五年六月二十三日に「児童を発育させるには、八面玲瓏たるほがらかな空気の裡に置いて、伸びたい方へ自由に伸びさせることが必要であり、さうする間に自然に社会全体の間に調和がとれてゆくものと思はれる。片光線の部屋に置いて人為的に姿勢を作らうとすると、却つてひねくれたものになる」、同年九月十六日に「社会主義運動をした大学生の検挙の報道と共に、警察と学校とで取締の方針が違ふから困るといふ、役人の話が新聞に見えた。警察と学校とで態度が違ふのは当り前である。警察は現状を維持するために存在する。学校は未来の社会にはたらく人間を養成するために存立するのであつて、未来の社会といふ観念には、現状が変更せられるといふことが本質的に含まれてゐる。もし又た学問の上からいへば、いかにして不満足な現状を改めて、それよりも一歩高い文化を造り出すかが其の目的であるので、学校はかういふ学問を生命とする。従つて現状を変更することは学校の存立の根本義である。学校が警察のやうになつたら、学校は無用の長物である」などとあるのは、学生生徒をできるだけ自由溌溂たる状態におかなければ教育の目的は達せられないとしていた青年期の教育観と論理を同じくしている。このような津田の理想の実現を阻んでいるのは、現場教師の頭の硬さ古さにあるとしても、その根源が国家権力の教育統制にあることを、津田は看破していた。明治三十年二月八日の日記に「革命なるかな、革命なるかな。文部省廃せずんば教育興らず」、昭和二年三月十四日の日信に「大審院の近ごろの裁判にはなか〳〵よいことがある。法律といふものは人間のための法律だといふことが、やつと大審院によつてわかるやうになつて来たのである。不思議なことには、文部省あたりで教育といふものは人間の教育だといふことがわからないやうである」とあるのは、教育を形骸化させる原兇が文部省であることの認識なしには書かれない文字というべきであろう。西洋史教科書を執筆して検定を受けた際のことを明治三十六年二月六日の日記に記し、「冨山房より『西洋史』を送り来り、文部省の指示の如く訂正せんことを求む。何事かケチをつけねば役人の威光たゝずとおもへるらしき検定官吏のしわざ笑ふに堪へたり。やむを得ずしばし其の業に従ふ」という憤懣の念をもらしているのを見ても、教育の権力統制が何をもたらすかは、わかっていたはずである。

三　形式的道徳批判

「自我」を尊重し、自我の開発を教育の目的とする津田が、自我を外から抑圧する形式的道徳、「道学先生」的道徳に反撥するのは、当然である。神聖不可侵の「国体観念」を核とする「国民道徳」を他律的に全国民に強制しようとする明治後半期以後の官製道徳支配の時代的雰囲気に津田が強い反撥を禁じえなかったことは、明治二十九年ごろの友人宛書簡草稿[2]に「禅宗の如きは人間を教ふべきものに非ず、戒律は木石を支配すべき道具なり。勿論、禅にも律にも高尚なる所なきに非ざるも、其の仕方は最も気に喰はぬなり。（中略）今の倫理学といひ教育学といふものも、同一の理由によりて僕は大嫌ひなり。今の道徳家はたゞ冷血動物に過ぎずして、教育家は植木屋にも劣る箱細工師なり」とあるのをはじめ、日記の明治二十九年十二月十六日に「道徳は冷かに情を制限するものに非ずして、温かに情を活動せしむるものたらんを要す。沸々たる熱血の迸るところ、滂沱たる涕涙の流るゝところ、已まんと欲して已む能はず、止まらんとして止まる能はざる底の行為にあらざれば、之を善良の行為と称すべからず」（同三十年四月の群馬県尋常中学校『学友会雑誌』に載せた「小竹舎雑筆」にほぼ同文の一節がある）、同三十二年二月二十二日に「人はヱルテリズムを不健全なる思潮なりといふ。然り、或は不健全なるべし。されどわれは其の間に人間の涙の流るゝを見る。所謂健全なる現代の功利主義はわれたゞ其の裡に獣類の血の通ふを見るのみ!」、同三十六年七月十日に「今の自殺を非難するものは抑情主義の形式的道徳より来るものあるに似たり。其の自殺者に同情をよせずして徒らに之を嘲笑する所以はこゝにあり。吁、形式的道徳のために人の自然をやぶられたるもの幾許ぞ。人間のために苦悩する人間を真摯に解せんとすればなり、人生を戯れとするものいかでか人生のために煩悶せんや」、同四十四年十一月七日に「抽象的のドグマを以て、分解的に人の行為を批判するもの、人間の生きた人格を認知することの出来ぬものを道学先生といふ、Philistine といふ」などとくり返し記されていることによって明白である。

『我が国民思想の研究』には、このような考え方が、過去の道徳を評価する基準としてそのまま適用せられており、『平民文学の時代 上』の

反省の無い人々は今日でも、道徳的教訓の力のみで道徳を進めてゆくことが出来る、と思つてゐるのであるから、昔の儒者が斯う考へたのは無理で無いかも知れぬ。(3)

『平民文学の時代 中』の

文学が全体としての人間の道徳を進める所以ともなり、個人の修養に益することのあるのも明であるが、それは文学に人生そのものが写し出され、或は新しい生活を造り出さうとする人間の要求と進みゆくべき方向とが暗示せられてゐるがためであつて、或る時代、或る社会の道徳の因襲的便宜的信条または或る教派の思想が文学の形を以て説かれてゐるがためでは無い。生命ある文学は寧ろさういふ信条に反抗しなければならぬ場合が多いのであるが、それが即ちおのづから人間の道徳生活そのものを一段高く進めてゆく所以である。(4)

という類の立論が散見する。昭和六年十二月『東洋学報』第拾九巻第三号に掲載された「儒教の礼楽説」にも

礼といふものは、本来、社会的風習として存在するものであるから、個人にとつては、それは外から与へられた

ものである。（中略）しかし道徳の主体は自覚せられた個人の道徳的意識でなくてはならぬ。だから礼を本として其の権威をいふのと、人の道徳を説くのとは、其の立ち場が違ふはずである。（中略）勿論、社会的現象としての道徳の発生を考へると、道徳そのものが本来自然に形成せられた社会的の約束であり、個人にとつてはたゞ習慣的にそれに従ふのみであつた（中略）が、道徳意識が発達して来ると、個人のそれが道徳の主体となる。かうなつても、社会的約束に従ふことが一つの道徳でもあり、又たさうすることが個人の道徳的修養の一方法として考へられもするが、それにしても、個人の道徳意識が主体となつてゐなければならず、従つて現に存在する社会的約束に拘束せられず、或はそれに反抗することも許されねばならぬ場合が生ずる。

という一節がある。

四　前近代的道徳・封建思想批判

形式的・他律的な教育・道徳への反撥は、単なるその形式性・他律性という形態についての感性的反撥にとどまるものではなく、「自我」や「個人」の「主体」性の尊重によって窺われるとおり、近代的個人主義に立脚した実体的・理性的判断から発するものであり、したがってそれは当然前近代思想の内容に対するトータルな批判を伴なうものであった。津田の思想史研究が、近代思想の自覚の稀薄なアカデミズム国史学者・「支那哲学」研究者に見られない魅力に富んでいたのは、その近代主義からする、前近代的(特に封建的)思想への徹底した批判が、日本の伝統文化への深い内面的理解と並んで、その著作に横溢していたところにあり、ここに津田史学の最大の特質があったと言ってよいであろう。

すでに津田が、明治三十年六月の日記に「武士道」への疑惑を表明していたことは、前篇に述べたが、日記の三十三年一月九日には「単に『忠孝』といふ如き文字を以て無上命令となさんとする道徳論」への懐疑を示し、同年八月十一日には、『孝経』を読み、その説くところの「孝」にいくつかの問題を投げかけているが、やがて『我が国民思想の研究』において、徳川時代の正統的道徳への痛烈な批判となって展開したのである。第一篇第二章に福沢諭吉・内村鑑三と比較して引用した徳川時代の社会的道徳観念についての所論は、その最たる例であるが、そのほかにも、武士の道徳についての

彼等〔武士〕の道義は心生活の内的要求から出るのでは無くして、社会的制裁から来てゐる。人格にあるのでは無くして人の目に見える行為の末にある。約言すれば自己にあるのでは無くして他人にあるのである。(中略)人或は武士の気象をストイシズムに比較する。けれどもストイシズムには其の根柢に世上の現象を無価値とする思想があり、従つて世間の富貴栄華を求めぬと共に其の毀誉褒貶を塵芥視し、断乎として、自己の所信を貫からとするのであつた。武士の思想は全然それとは反対である。齷齪として名聞に拘泥する彼等には独立と自由との精神が無い。(5)

平民の道徳について

特殊の人に対する特殊の取引には約束を重んじ義理を守るけれども、相手の定まらない広い世間に対する場合には、一時の利を得んがために種々の不正手段を用ゐるのが、寧ろ普通のことであつたらしい。(中略)道義の基礎が他人にあつて自分自身には無く、従つてまた公共的道徳の観念が薄い世の中だからである。個人の尊重せられない、従つて人が自己を尊重しない世に、真の道徳が発達しないことはいふまでも無からう。(彼等の口癖にする世間といふのも人中といふのも、自分を知つてゐる仲間のものを指すのであつて、広い社会のことでは無い。

彼等の責任の観念は、自分を責めるものゝある場合にだけ責められないやうにするといふのである。(6)

現状維持の気風について

時勢が如何に変化してゆくかは何人も予見の出来ぬことであるが、人間が生きてゐる以上、変化することだけは確実であり、人の作つた制度に完全なものは無く、それはたゞ歴史的に馴致せられたのか、但しは断えず変化し開展してゆく国民の要求の或る時代に於いて最も緊要切実なる点に順応すべく案出せられたものかであつて、人間生活の各方面の要求を充たすに足らないものであるから、如何なる制度でも必ず其れに存在する欠点とそれから生ずる弊害とが世に現はれて、何時かは一大変革の施される時の来ることは明である。もし又た永久に動かずにゐる制度があるとすれば、それは其の運用法、又は其の制度の精神として投入する思想が、国民生活の変化に順応して推移してゆくからであり、さういふ変化と推移とを容れ得べき制度だからである。だから或る時代の特殊な制度や思想を金剛不壊のものとして、それを正当視するために立てた議論は、何時かはそれみづから立脚地を失つて崩壊しなければならぬ運命を有つてゐる。時の制度や思想を肯定するために案出せられた理論の力で其の制度や思想は保持せられるもので無く、それは刻々に開展せられてゆく国民の実生活によつて変化してゆくからである。(中略)制度が固定して存在するやうに思ふのは、個人について生れてから死ぬまで変らない、善とか悪とかいふ抽象的な概念に相当する、固定した性質があるやうに妄想するのと、類似してもゐる。何れも人が生きてゐるものであり世が動いてゆくものであることを忘れてゐたゝめ起つた考である。(7)

また、

改革を忌む保守主義もまた固定した社会の産んだ思想であつて、何時も同じやうな状態になれたものは、其のなれた気分の動揺を恐れ、新しい刺戟を受けることの不安に堪へないのである。(中略)斯ういふ世の中に立つて身を処してゆくには、事なかれ主義無為主義を執るのが便利である。が、これもまた何かしないではゐられない人間の本性に背反する。(中略)敢て事をしようとするのは即ち人間本具の欲求である。しかし其の欲求が抑へられる世の中であるから、源内の如く世を愚にして其の愚なる世に我が優越を示さうとする態度も生じ、或は強いて矯激の行をするやうにもなる。しかし思想としては兎も角も、実際に於いては意を枉げても世に順はねば生きてゆかれぬのが当時の状態であつた。固定した社会は個人の自由をも個性の権威をも認めないからである。(中略)地位があり俸禄を受けて居るものに於いては、それから生ずる精神的の圧迫は特に甚しく、一寸の自由の地をも与へられないのが常であつて、武士や役人が或は無理解な上官に対し或は気まかせな又は利害関係に基づいた世評に対して、御無理御尤で無くては勤まらないことは、昔も今と同じであつた。(8)

という類の、きびしい批判がいたるところに展開されている。そのような社会道徳の支配した前近代社会で特に理論的な形をとり互に相対立しながらも社会的にそれぞれ権威あるものとされてきた体系的思想の諸系列は、いずれも、津田の批判を免れていない。「武士道」についての

武士の風尚には根本的に大なる欠陥がある。(中略)武士の気風を緊張させるには、社会全体が興奮状態にあるを要することである。従つて斯ういふ感情の鎮静してゐる平和の世に於いては、戦闘の間から発生した武士の精神が銷磨するのは、当然であるから、武士道は畢竟一種の変態道徳に過ぎないのである。又た此の武士道の養成せられた戦国時代に於いてすら、武士の気節の砥礪せられた一大要因は、やはり社会的風尚の力であつて、「武士の命を棄つるは名を惜み世の嘲弄を耻づる故なり」といふのが彼等の一面の思想であつた。(中略)世の聞えと人の評判とを標準にして我が行動を定めるとなると、そこにおのづから矯飾が生ずる。場合によつては体面のために心ならぬ振舞をしなければならぬことになる。(中略)率直に人と交ることの出来ない傾が、今日もなほ邦人の間

にあるのは、此の武士的気風の余弊でもあらう。（中略）第二は、死を軽んずる気風が悪い方面に流れて来たことである。（中略）戦に慣れ人を殺すに慣れると、おのづから死を尋常茶飯視するやうになる。人の生命を軽んずやうになる。人の生命を軽んずるのは即ち人生其のものを軽んずるのである。人生を軽んずることが人生其のものと矛盾し、人道の根本を破壊するものであることはいふまでも無い。ところが当時の武士には斯ういふ傾向があつた。（中略）死を軽んじ人命を軽んずるものは、生きた人間に於いてもおのづから其の人格を軽んずる。（中略）第三は武士の義理もなさけも、主として一国一城の間、いひかへると主従関係によつて結合せられてゐる一団の間だけの問題であつて、其の外へ出た場合にはよほど態度が違つてゐたといふことである。(9)

儒教についての

以上の考説は、当時の学問知識が実生活と交渉することの極めて少いことを述べたのであるが、しかしこれは決して、学問が所謂実用的で無ければならぬといふのでは無い。実をいふと、純粋な思索の途の開けなかつたことが、当時の知識の一大欠点であつて、これは一つは何事も現実の社会的秩序の維持を目的として、それより上にも深くも考を向けることが無かつたのと、おのづからそれに順応する儒教が書物によつて伝へられ、それが知識の中心となつてゐたとのためであつて、実験的学問の発達しないのと同じ源から出てゐる。当時の学者には外に対する観察が欠けてゐたと同様内に対する反省と思索とが足らなかつた。彼等の所説に明白な思想の矛盾が多いこと、其の思想が多くは組織だてられてゐないこと、学説の発達の無いことは即ち其れを証するものである。（中略）学説と学者の性格との関係を見ても、其の学説が学者の内生活と多く関与するところの無かつたことが知られる。（中略）要するに師の見解を基礎にして其の上に自己の学説を築くのでは無く、学説としては一定した師説を奉ずるのが普通であるから、自己の性格が学説に影響を及ぼすことは少いので、此の点に於いても儒者の学

派は、西洋の哲学者の学派といふのとは大に意義を異にしてゐる。(10)

また、

儒者の文字上の知識が真の知識を開発するに足らず、実生活に交渉の少ない空疎なものであつて、それがために一般に知識の価値を軽視させた、といふ事情もあるが、其の根本は知識の開発と徳性の修養とを全く別の、また は反対の、こと丶見るところにある。これは今日にもなほ遺存する誤見であつて、それには道徳といふものを外から規定せられたもの、一定不変の形のあるものとし、道徳的教訓の力によつて人の徳性が養はれるものとし、人の精神生活に於いて徳性といふ固定したものが独立して存在するものとするなどの、幾多の誤謬が含まれてゐるのであり、人間の精神生活は全体として統一せられたものであると共に、不断に新しい境地を展開してゆく生命の過程であり、従つてあらゆる方面について知識を進めてゆくことが即て人間の道徳的生活を高めてゆく所以となることを、知らないところから来てゐる。のみならず、儒者は、儒教そのものが矢張昔の支那人の(今日から見れば頗る幼稚な)知識に基づいてゐることを、忘れてゐたのである。ところが斯ういふ考は今日の所謂科学的知識について最も甚しい。(中略)所謂教化、所謂治国平天下を其の理想とするのみで、国民生活を高め且つ豊にしてゆくことを思はないものに於いては、かういふ知識の力が閑却せられるのは当然のことであらう。あれ程の大事業をなした伊能忠敬が極めて微賤の地位に置かれたなども、一つはこ丶に由来がある(政治学や法律学が官吏となる唯一の資格であつて、科学的知識を有するものが其の頤使に甘んじなければならぬ今日の官僚組織にも、其の遺風が見える)。此の学術の抑制は、後にいふ文芸の無用論と共に、儒者の二大偏見といはねばならぬ。(11)

神道、特に国学についての

彼等の考へ方は殆ど皆な儒教からの借りものである。第一、道とか教とかいふ観念がそも〳〵儒教の思想である。

（中略）上代の支那人の華夷の考には、支那が周囲の民族に比して優秀な文化を有つてゐる以上、理由のあることであつたが、国学者がそれを逆に適用したのは、単に外国だから夷とするといふだけのことに過ぎない。彼等は何事によらず自国を正とし外国を邪としなければ承知しない。（中略）畢竟、我が国には何等独創の哲学的思索も学術的知識も無かつたのであるから、神道を立てようとするには、昔からの神道者のくりかへして企てた如く支那や印度の思想を採り、又は新に得た西洋の知識を仮りる外は無かつたのである。空虚な国自慢から無理に作り出した空虚な学説の落ちゆく運命はこれであつて、国学者の思想の発展は即ち其の思想そのもの〻破滅とならねばならなかつたのである。(12)

また、

宣長の考にも篤胤のにも、思想としては宗教的傾向があるが、それは概して思惟の上でのことであり、信仰の上のことではない。宣長が非合理な説話をことばどほりに信じたのも、強ひてさう考へならされ、さうしてそれが自己催眠の如きはたらきをすることによつて理性のはたらきを抑止したものらしい。(13)

といった立言に、これら伝統的思想体系への津田の赤裸々な評価を見ることができるであろう。

これらの立論は、すべて歴史上の思想の評価として述べられているのであって、津田の主義主張を宣伝する目的で書かれているのでもなければ、もちろん時事評論として発表された文章でもないにかかわらず、そこには津田自らの立場が率直に語られ、その価値基準によって過去の歴史的思想が批判されていることは、上の引用文を見ただけでも明白であるし、また、「率直に人と交ることの出来ない傾が、今日もなほ邦人の間にあるのは」とか、「今日の官僚組織にも、其の遺風が見える」という文言にはしなくも露呈しているように、それが歴史的評価の形をかりた現代（津田がそれを執筆していた当時という意味での）社会の支配的思想への間接射撃という意味のこめられていることも、否定しがたいのではあるまいか。国学は明治維新の指導理念として維新政府に重視され、その後も神社神道を国教とする制度が維持せられた結果、その理論的基礎として尊重せられていたし、儒教は、明治十年代に自由民権思想を克服する対抗のイデオロギー的武器として、積極的に復活普及が企てられ、明治中期以降も、キリスト教やその他の西洋の新思想を牽制するために、御用学者や教育行政家が盛んにその教説を利用してきたのであって、「武士道」・儒教・国学等は、明治以後の天皇制国家を支配する正統的道徳を、それぞれ異なる角度からではあるけれど、補強する役割を演じてきたのである。自由民権運動の敗北の結果、古典的なブルジョア民主主義は敗れ去り、寄生地主制を基盤とする天皇制絶対主義の政治体制が確立し、日本資本主義はそのような体制と結合して展開したのであって、現実の国民の生活・意識に封建的な思想が大幅に温存ないし再生産され、特に権力統制下に画一化された公教育と上からの教化組織とにおいて、意識的に維持されたことは、今私がくだくだしく述べるまでもない公知の事実といってよいが、津田が日本思想史の研究において特に熱情を傾けたのは、そのような天皇制国家の支配的正統思想の反近代性の淵源を歴史的に究明することを通じて、目前の、近代日本にふさわしからぬ封建思想を間接に批判することだったのではないか。私は、戦前の津田の著作の中に、そのような現代批判者としての津田が歴史家津田と不可分に重なり合ったままの姿勢で現われている事実を認めざるをえないのである。

日信の大正十四年九月二十八日に

日本人は成人すると子どもごころになれないといふ事情があるのでは無からうか。其の点では西洋人は一体に日本人と違ふ。成人や老人が時々、子どもらしい気分で子供らしいいたづらをしたり、茶目をやつたりして、無邪気に戯れる。日本人がそんなことをすればひどく笑はれたり軽蔑せられたりする。子どもらしい大人は非難せられて、大人らしい子供は賞讃せられる。武家時代に養成せられた気風が今日まで残つてゐる。それは武家時代ではもつとひどかつた。浄瑠璃や芝居に出る子どもは皆な大人らしい子供である。

大正十五年三月十六日に

個性の無い生活は機械である。日本人は長い間、此の機械的の生活をしつゞけて来た。義理と因襲と世間体との生活がそれである。もうそろ〳〵個性のある生活をするやうになつてもよいではないか。因襲から解放せられることもよい。しかし「解放」は消極的である。今は積極的に「創造」を欲求する。さうして創造は、生活を芸術と観ずることによつて実現せられる。

同年十一月十日に

公私混淆も暮夜請託も、徳川時代からのひきつゞきであり、自己を守るために窮地に人を陥れるやうなことは、戦国時代の家常茶飯であつて、それらが皆な今日に伝はつてゐるからである。

昭和二年七月二日に

「私の見た明治文壇」といふものをあちこちひろひよみをしてみて、さすがに今日は進んだものだと思ふ。（中略）明治初年の思想が如何に浅薄なものであつたかは推測せられはする。（中略）それほど浅薄であつた日本が、ともかくも今日までに進んで来た、其のあとを知る点に意味がある。明治初年の思想界をあからさまに展開して見せたら、どんな老人でも、昔の方がよかつたとは考へまい。さうして、其の明治初年の思想界は徳川時代のそれの引きつゞきであるとすれば、徳川時代の思想の浅薄であつたことは一層よくわかる。

というように記されている感想を見れば、津田が現代日本人の意識面での欠陥に常に留意するとともに、その根源を前代の思想からの連続に求めていたことが確認されるのであり、思想史研究における過去の歴史的思想への峻烈な批判が、決して現代の問題と無関係になされているのでないことをいっそう明白に裏付けるに足りよう。

執筆年代の明でないノート[14]に

> 旧式の忠孝主義は現代の社会組織を破壊するものなり。旧式の忠君思想にては立憲政治は成立せず、旧式の孝行思想にては現代の社会は活動を停止す。

という一節がある。昭和七年に『満鮮地理歴史研究報告第十三』に掲載せられた「儒教の実践道徳」は、中国思想史研究の一業績であって日本思想史の研究ではないけれど、津田の中国思想史研究は、日本の前近代思想における中国思想の影響のマイナス的効果を究明するためになされているような側面があり、この一篇などは特に日本思想史上の忠孝道徳についての問題意識に基いてなされた色彩が強く、中国思想史研究に形をかりて、公教育その他を通じ忠孝を正統道徳の柱として鼓吹することの非を明らかにするのが究極の目的であったと思われ、前引ノート所見の見解に学問的基礎づけを与えようとしたものであったと見なしてまちがいあるまい。それは「孝」と「忠」とが、上代中国の特殊な社会生活から生れた権力者本位の道徳であり、普遍妥当性を欠く、欠陥の多いものであることを論証しようとしたものであるが、「孝」について、例えば

> 上代支那人には（中略）家の生活が生活の全体であると共に、（中略）家と家の外なる社会との対立は無く、従つて社会に対する家としての道徳的義務は存在しないのが当然であり、すべての行は家族道徳である孝に帰着すると見るにも支障は無かつたであらうが、現代人の眼からは、それは自己中心自己本位の思想であり、畢竟、利己主義であると観なければならぬ。さうしてそれはおのづから、孝そのことが功利的に考へられ、身を保ち家を保ち利禄を得名声を得ることゝせられたのと、相応ずるものである。

とか

> 儒家が親子兄弟夫婦君臣間の関係に於いて少者幼者弱者卑者賤者の老者長者強者尊者貴者に対する一方的道徳を

いふことが強く、畢竟、服従者の地位にあるものゝみに道徳的責務を負はせようとする傾向のある理由がおのづから知られるのであつて、（中略）親に孝なるものはおのづから政治的権力者に服従するものであつて、上を犯さず乱を作さゞるものであるとするならば、孝の教は政治的君主たるもの権力階級支配階級にあるものゝ喜ぶところであることも、また明かであらう。少くとも孝を政治眼から観る場合にはそれは支配者の要求する道徳であつたに違ひない。

とか

親の子に対する責務を軽視する傾のある儒家の思想は、教育といふ観点から見る場合、特に大なる欠陥を有するものといはねばならぬ。

などという批判を加え、「忠」について

君臣の関係は君と民との、即ち政治的意義に於ける治者と被治者との、関係とは違つたものであるといふことを忘れてはならぬ。君臣の関係は禄によつて結ばれた個人と個人との、即ちいはゞ私的のものである。（中略）感情上の親みが長い歴史によつて君臣の間に養はれて来たといふのでも無く、君臣を中心とする集団的精神も発達してゐないとすれば、さうして又た去就の定めなきことが眼前の事実として存在したとすれば、臣の君に対する向背は主として君主の当面の態度によつて定められるので、それには又たおのづから自己の利害を本位としての打算が伴つてゐる。禄仕するのは、それによつて名利を得んがためだからである。

という例に見られるごとき実態分析を加えたのちに、わざわざ

最後に附記する。我が国に於いても知識として儒家の教が学ばれもし講説せられもした。しかし、儒家の道徳教は、古往今来、曾て我が国民の道徳生活を支配したことが無かつた。支那人に特殊な家族制度や社会組織や政治

形態（中略）の上に形成せられ、さういふ生活を維持し統制せんがために説かれた儒家の道徳教が、全然家族制度を異にし社会組織を異にし政治形態を異にし、要するに生活の様相を異にしてゐた我が国民の間に行はれたはずが無いのである。（中略）だから例へば孝といひ忠といふ儒家の術語を仮り用ゐたにしても、それが実際に行はれてゐた道徳を指す限り、其の意味するところは儒家の説とは違つたものであつた。これが明かな歴史的事実である。（中略）たゞ儒家の術語が用ゐられたゝめ、文字の同じであることに眩惑せられる傾向のあるのと、儒家の教を知識として講説することが恰も実際の道徳生活を支配することであるが如く思ふのと、自己の生活を反省し自己の生活する社会の実相を認識することができず、又た国民の生活の歴史的発展の迹を明かにしないのと、これらの事情のために、儒家の典籍に親しみ儒家の教説の知識を有つてゐるものは、儒家の道徳の教が我が国民の道徳生活を支配したものゝ如き幻想を抱いてゐたのが、過去の状態である。（中略）支那人に特殊な考へかた、支那の知識階級に特殊な心理によつて儒家の教説が組立てられてゐることについては、今日でもなほ閑却せられてゐる傾があるのでは無いかと思ふ。

という現代日本の問題との関連に言及して結論に代えているのを見ても、この論文を構想した究極の問題意識が那辺にあつたかは、明白である。(15)

津田の前近代思想批判が、前近代社会における公共的団体意識の欠如の指摘に力点を置いているのも、一つの特色である。『我が国民思想の研究』で、古代生活について

古代の我々民族には公共生活が無く、又た異民族と接触しなかつた為め、民族精神が緊張してゐなかつた。国民の全体を興奮させるやうな戦争も無く、従つて国民的英雄といふやうな人物も現はれないから、国民を感動させるやうな説話の題目が無く、さういふ説話を生み出すほどに高潮した精神が無い。又た公衆の集会する場合がな

く、従つて公衆の前で朗吟高誦する場合も無いから、説話が詩の形式をとつて現はれることも出来なかつた。だから文字の無い上代に、詞章を具へて伝誦せられるやうな叙事詩めいたものは生じなかつたのである。(16)

平安朝貴族について

公共的感情などは初から無いのであるから、それが歌に現はれないのは当然であつて、国民とか国家社会とかに対する思想などは全く見ることができない。賀の歌などに皇室に関係したものがあつても、皇室を国民の元首として見たものでは無い。(17)

発生期の武士について

もしそれが公共的精神、例へば祖国に対する愛とかいふやうなものになると、国民全体が一様に、同じ程度に、同じ深さ、同じ強さを以て感奮することができる。すべての国民が国を我として感じ、相共に身を抛つて祖国を擁護するやうになる。真の犠牲的精神が是に於いて生ずる。ところが武士の思想はどこまでも主従関係によつて成り立つてゐるものであつて、決して公共的精神といふべきものでは無かつた。(18)

徳川時代の武士について

元来家臣間には何等の組織が無いのである(其の間柄は今日の官吏生活に於ける同僚関係とあまり差異は無い)。主君はあつても、それを中心として多くの家臣が有機的に組織せられてゐるのでは無い。(中略)公共生活は有形的にも無形的にも、殆ど彼等の間に成り立つてゐなかつた。戦国の世には主従各〻力を協せ、家臣が皆な心を一にして敵に当らねばならなかつたから、却つてそこに公共心の萌芽が現はれたのであるが、平和の世でありながら、戦争に代るべき何等の事業も無いのであるから、其の萌芽は成長せずに萎縮してしまつた。(中略)主君のために身を殺すこともあるが、それは生活の基礎たる俸禄の交換条件であるのと、「名」の上の生存を欲するとの

ためであるから、公共の幸福のために自己を犠牲にするのとは全く意味がちがふ。(19)

同時代の平民について

社会的眼孔から見れば、家族制度の下に於いては公共心が発達せず公共事業が起こり難い。武士の生活が孤立的だといふことは前章に述べて置いたが、平民、特に商人は其の取引関係が複雑であるのと、顧客を広い社会に求めるとのため、武士よりは社会的観念が発達してゐながら、其れもやはり自家の信用のためか、又は漠然たる世間といふ考に止まるので、集団的、公共的活動は極めて微々たるものであつた。農民にもまた隣里郷党互に相助けるといふ風習があるけれども、これは範囲が極めて狭小で家族のやゝ大なるものであるのみならず、其の行動も消極的のものに過ぎなかつた。(中略)こんな風であるから(命令と服従とから成り立つてゐて、根本的に自治思想の無い武士の社会とは違ひ)平民に於いては、都市でも村落でも多少の衆議的自治的風習の萌芽がありながら、成長せずにしまつたのである。(20)

同時代の末期の情勢に関して

すべての社会が君臣主従といふやうな私的個人的関係によつてのみ維がれ、又た一切の生活が家族的であり、其の上に政治が専制的であつて治者と被治者といふ関係によつて世が支配せられてゐるために、社会に真の意味の組織が無い(中略)従つて人々の生活の根柢は極端な利己主義である。命令と服従とによつて外面的に秩序が保たれてゐるやうには見えるが、それの無いところではすべてが無秩序になる。君臣関係や武士本位の階級制度や又は政府の命令に力のある間は、まだそれでもよいが、その権威が事実上壊れながら、それに代るべき組織的精神が無いとすれば、国民は其の利己主義を赤裸々に表はす外は無い。金のあるものが無意味な奢侈を縦にするのも、公共的事業が殆ど起らないのも此の故であり、ぶちこはし騒ぎの如き運動が起るのも之がためである。やゝ趣は違ふが、徳川時代の名園や城池が明治になつて大抵破壊せられ、芸術品などの散乱したのも、一つは此の時代から養はれた唯物主義実利主義の故でもあり、一つは経済上の変動にも基づくのであるが、又た一つはそれがみな私人の所有であつて公共的に利用せられなかつたからでもある。如何なる名園も城池も民衆生活とは没交渉であり如何なる芸術品も民衆の目にふれないものである以上、民衆が或は其の価値を知らず或はそれに重きを置かないのは当然であつて、其の破壊にも散失にも何等の感じが無いのは怪しむに足らぬ。(21)

などとくり返し、公共生活・集団道徳の欠如が指摘されていて、前近代思想の重要な欠陥をここに見ていたことが窺われる。大正十四年十月十六日の日信に

人が来て話をしてゐるうちに、日本人に共同生活の出来ないのは何故だらうかといふことが問題になつた。(中略）日本人には生活は公共のものだといふ観念が無い（中略）それは何故か。歴史的にいへばそれは徳川時代から、或はもつと前からの因襲であつて、日本には本来公共生活が無かつたからである。（中略）過去の日本人が多数人のあつまつた生活をする場合には、命令と服従との関係でそれを成り立たせた。一人の優越者(もしくは優越者と称するもの）と多数の服従者との関係である。そこで優越者は専制権をふるふ。多数の服従者はいや〳〵表面的の服従をするが、内心には反抗をしてゐる。（中略）そこで真の多数の結合は出来ないのである。かういふ習慣によつて養成せられた旧い頭の人が世の中で幅をきかせてゐる間は、真の公共生活は出来ない。ほんとうの公共生活は個人個人が互に他を尊重することから生ずる。或る個人がみづから優越者となつて他を支配しようとせず、他人の個性と自由とを尊重する、互にかうすればそこに自分の力の限界を守ることになる。（中略）今のところそれはむつかしい。自己を強ひて他の上に立たせようとするものが一ぱいゐるからである。だから、今日の急務はさういふ旧い習慣と旧い頭とに反抗して、それを打ち破ることである。

という意見が記されており、この点も、やはり現実の実践的課題に直結した問題意識の上に立った歴史的評価であることが確認されるのであった。同じことは、中国思想史の研究のうちでもくり返されており、『道家の思想と其の展開』に

上代支那に於いては、自己を組織の一分子とする公共的な集団、即ち部分に対する全体、小なる自己に対する大なる自己、を愛するといふことが考へられないのであるから、他人を愛することは、単なる同情から出るので無い限り、からでも強く説くより外に途が無かつたのであらう。(中略) 実利主義、自我主義の支那人には他人との交渉は「交相利」によつてのみ存在するからである。支那人に於いては啻に公共的集団的生活が無かつたのみならず、個人と個人との交渉とても君臣父子兄弟といふやうな其の間に一定の関係のあるものに限られてゐるので、他は尽く路傍の人であり、さうした路傍の人には何等の心をも動かさないのが彼等の常だからである。空漠たる兼愛論は墨家によつて説かれたが、汝の隣人を愛せよといふやうな切実な教訓は何人によつても与へられなかつたのが、支那人である。

昭和八年に『東洋学報』第弐拾巻第三号に載せられた「儒教の礼楽説」に

組織のある集団としての生活が無く、群集としての生活があるのみである支那に於いては、多数人を統制するには権力によることが必要であると共に、統制の必要を感ずるものは権力者であつて民衆自身では無いから、此の点に於いて権力者が礼を以て民衆を統制することを説く儒家の思想に意味がある。(中略)(集団生活に於いては、それに属する個人が集団全体のために奉仕することが必要であり、それがために個人の心理に於いては自己の上に存在する集団の力を承認しなければならぬ。その力は個人としても外から加へられるものでは無くして内から生ずるものではあるが、自己を集団に対立する地位に置いて考へる限り、から感ぜられる)

昭和十年刊行の『左伝の思想史的研究』に

現代人の意識してゐるやうな意義に於いての社会生活が無く集団生活が無かつた上代支那人に於いては、すべての生活が自己中心、自己本位にならねばならなかつた（中略）〔左伝において〕個人の行為が個人だけで行はれ、或は場合によつては、個人だけでかたがつくものゝやうに見られてゐるところに、個人の行為の社会的意義が理解せられてゐないことが知られ、さうしてそこに集団生活が意識せられてゐなかつた上代支那人の思想がある。一つ一つの事件について其の間の関係が語られてゐるのみで、全体としての治乱興廃の動きが全く説かれてゐないのも、それと関係のあることであらう。もつともこれは、左伝の根拠になつてゐる経の記載も、其の他の文献によつて伝へられた説話も、すべてが個々の人物、個々の事件に関するものであるからでもあるが、それと共に、集団生活、社会生活、または民族としての生活が無いために、全体の形勢といふことが人の思慮に上らなかつたところにも、其の一理由があらう。

というように、随処に同趣旨の指摘が散見する。

五　専制政治・官僚主義批判

津田が公共生活の欠如を前近代社会の一大欠点と見たのは、近代的国民国家の理念に基く超越的批判であり、そこに説かれていたような権力者による一方的な「民衆」統制のみを基軸とする専制政治体制の批判をふくむものであったが、そのことは津田が明治以後の日本の政治の非民主的専制主義・官僚主義への反撥意識のもち主であったことと、密接に結びついている。津田が文学青年的であると共に、改進党的政治意識のもち主であったことは前に述べたとおりであり、専門研究生活に入ってからは、なまの政治問題を公然と論ずることは皆無にちかく、もちろん政治的運動には一切コミットせず、象牙の塔にこもっていたけれど、その意識には、右のような日本の現実の政治への強烈な批判が常にみちあふれていたことを見のがしてはなるまい。

年代不明のノート(22)に

日本人は服従的人民なり、権力に依頼するを好む人民なり。こは日本人の多年専制政治に養成せられたる結果にして、現代にとりては一大欠点たること勿論なり。(中略)悪しき政府を監視して悪事をなさざらしめ、もしくは之を改造して善き政府を作らしむる能力と気魄となきは、国民の弱点也。然れども此の弱点に乗じて、悪しき政治をなすは、一層罪ふかし。官僚政治家は此の弱点に乗じて悪政を施すものなり。

おそらく明治末年のものかと思われるノート(23)に

「反道徳的傾向」を有する文芸に対し政府の権力を以て之を抑制するは、人間の理性及び情操を無視するものなり。いかなる文芸も時代の人情に契合せざるものは世に行はるるものにあらず。反道徳傾向と見なさるるものにして世に行はるるは、当時の道徳といふものに反抗せらるべき欠陥あるが故なり。(中略)人間に理性ある以上は、政府などのつまらぬ干渉なくとも、一時の風潮にして偏せるものならば、おのづから之を中正にせんと動きゆくものなり。社会としても、個人の如く、種々なる心的経験を経、危険にも瀕し、内心のストラッグルをもなし、始めて健全なる発達をとぐるを得るなり。初めよりかゝるストラッグルを避けんとせば、お坊チャンそだちの人間の如く、無難かも知れねど、内的生命の貧弱なる、従つて人として価値なく、世に対して活動もできざる国民たらんのみ。要するに型にはまりたる人間を作り、社会を作らんとするは人と国民とを殺すものなり。

とあるのは、津田の日本現代政治観をもっとも端的に示すものである。

明治三十年代の青年期の津田が、日本の政治のあり方に強い批判的態度をとっていたことは、前に見た。直接自己の職業での体験を通して文部省の教育統制にはげしい反撥を示していたことも、すでに見たとおりである。ただ明治三十年代の津田の政治観には、「内政の糜爛未だ整はざるに外界の窮迫日に急なるを思へば、三十五年の日子も国運の消長に至大の影響なしとせんや。憲政の前途、邦家の進路、豈に憂ふべからずや、吁。天下到る処、小利益を争ひて小政策を弄するもののみ。偉大なる気魄と真摯なる熱情とは夫れ遂に何の処にか求むべき」[24]といった、政界の醜状への失望を吐露するといった、消極的かつ感情的な段階にとどまる気味が濃かったが、明治末年以後から、次第に積極的な姿勢が目だってくる。日記の明治四十四年三月三十一日に

田中の話では、法科の学生のうちにも、新機運が向いてゐるといふ。こんな圧制政府の下に居るのはイヤだから瑞西へゆくといふ者がある。警視庁が罪悪の本源だから、おれは警視庁へ入つて内部から革新をするといふ者がある。司法官が一番抑圧が少ないから判事になるといふ者、地方の中等農民がかはいさうだから郡長になるといふ者、いろ〳〵あるさうだ。今の書生が単に生活のためにのみはたらくものでない事はこれでもわかる。之をきいて何となく愉快であつた。

同年七月二十一日に

日記の空しき頁に記さるべき種々の出来事があつた。（中略）窓の外には電車騒ぎ[25]といふがあつた。白衣帯剣の怪しき動物の幾隊が犬の群の如くに街頭を圧し来つて、叨りに自由の民を暗墨なる牢獄の裡に拉し去つた。（中略）両方の肩に金筋をつけた黒いきものをきた、胡塩塩ひげの、四角い顔の人が此の物置まで入つて来たことがある。時々大きな声をして笑つてゐたが、其の笑ひ声は声帯の振動に故意の造作を加へたものであつた。其の後、また豚尾の人が来た。架上の書籍を乱抽して、其の中から「これをかりてゆきます」といふなり、二冊の書物をさつ

さと持つていつた。あれを中華の礼儀といふさうだ。

同年八月九日に

桂内閣の支那人めいた専横と陰険とは、さすがに日本人だけあつて、本ものほどに甚だしくは無いが、それでも彼等の発する毒気に心と身とをいためられるものはどれだけあるか知れない。

同十六日に

支那臭い道徳を主張する今の内閣は、宰相不徳にして陰陽の燮理をあやまつた罪として、桂太郎以下の七、八輩は首でもくゝつて死なねばなるまい。

四十五年二月九日に

桜田門の門番をしてをる巡査のしかめっつらと、あわただしげにとびまはる自動車とは何たる不調和の代物だらう。世の中に自動車と巡査といふものとが無かつたら、天下は、よほど泰平なものだと思つた。

同年四月五日に

喧嘩は嫌でない男だが、喧嘩をするのは下手な男だ。もう少し上手だと、今朝は警部だか警視だか知らぬが、なぐり飛ばしてやるところだつたのに、「春宮殿下御横行」のために肝癪を起したばかりですんでしまつた。

同九日に

警視庁の巡査は人民保護の意味で、ヤタラに蛮声をふるつて良民をどなり散らしてゐる。(中略) 政府の大臣は国政を料理する意味で、自分達の懐を肥したり、私恩を売つたり、権力を独占したりしてゐる。兵隊さんは国家の干城の意味で国民を貧乏にしつゝある。(中略) 後藤新平は官僚政治を謳歌する意味で、官僚政治反対論を翻訳した。文部省は文芸奨励の意味で、文芸の独立に反対した。

などと記されているのは、依然として感情的・傍観者的の域を出ていないとはいうものの、政治の非民主的なあり方への批判として三十年代よりはるかに積極的となってきていることは否定しがたく、第一次護憲運動の展開を端とする大正デモクラシー時代の開幕に接する時代の空気が、津田という一学究の心にもよく反映しているといってよかろう。そして、そのような新しい時勢をただちに受けとめることのできたのは、縷述してきたとおり、もともと津田にそれだけの主体的条件がそなわっていたからである。

『我が国民思想の研究』に、こうした政治に対する姿勢が歴史を見る視点として導入されたのは、当然であろう。『武士文学の時代』に

武家政府の対農民政策は、農民自身を発達させるためでは無かつたのである。農民を大切にせよとは、武士に対しても常に教へられてゐるが、それは全く武士の生活を支へてゆくに必要だからといふ意味に過ぎない。(中略)(徳川幕府は外交上に於いても国民を保護するといふやうな考は少しも無く、日本に来る外国人の犯罪を彼等の長官の裁断に任せたに拘はらず、外国に往つてゐる日本人については、それを一切其の土地の外国官憲に委ねてゐた。これは一つは国家的観念の発達しなかつた故もあるが、一つは国民を眼中に置かなかつたゝめでもある。外国に対する我が国といふ観念の内容が治者のみであるのは、人民を以て治者のための道具と思つてゐたからである。)[26]

また、

秀吉が織田に代り家康が豊臣に代つて天下を取つたのは、主従関係もしくは誓約を破つた点に於いて、不人情でもあり不信でもあり、武士道の罪人でもある。しかし国家を統一し国政を主宰する実力のあるものが出なければならぬ場合に於いて、(中略)何人かゞ彼等に代らねばならぬが、(中略)畢竟は同じ態度を取る外は無かつたらう。

また

（中略）これは政治上の実際と政治道徳との根本的矛盾であるが、これを取り去ることは、専制政治、武断政治の世の中に於いては到来出来ない話であつて、それには真の国民政治を打ち建てる外に途は無い。我が戦国時代にそんなことの出来る筈が無かつたことは明である(27)（下略）

秩序が固定すれば、徳川の幕府の目的は達せられるので、政府は国民の発達、其の生活の発展を希望するのでは無い。世の秩序を維持し、社会の統制を全うするためには、むしろ国民の活動を抑へる。個人の価値を認めないことは勿論である。（中略）儒教と同様である。幕府は民に教へて、彼等の生活することの出来るのは、将軍や領主のおなさけであるといふ。これもまた、民の生存は天のめぐみ即ちまた天の代表者である天子の仁恵である、と説く儒教主義に合ふ(28)。

『平民文学の時代　上』に

支那の政治学の根本とも又た終局の目的ともいふべきものは(今日の政治の観念が国民自身に其の生活の充実と進展とを計ることであるとは違ひ)治者が被治者たる人民をして平和に自己に服従せしめること、即ち治国平天下の道であり、其の教化政治主義もまた、国民をして各〻其の人間としての能力を発揮させようとするのでは無くして、治者の定めた政治的秩序に従順に服従するやうな、習慣を作らせようとするのである。それは根本をいふと、国家が国民によつて組織せられるといふ観念が無く、治者と被治者とが全く隔離した位置に対立してゐる専制政治の世に作られたものだからである(29)（下略）

また

真に尊皇の実を挙げようとし、真に我が国の政治組織の根本精神を発揚するのならば、第一に公家貴族といふ特殊の団体を超越し、国民全体を基礎とせねばならぬのに、どこまでも彼等を考の基礎としてゐるのは、是がためである。（言ふまでも無いことながら、明治維新は決して公家政治の回復でも公家の政府の設立でも無い）。[30]

『平民文学の時代　中』に

享保の政治の大主旨は幕府の財政救済と家人の保護とにあるので、一般民衆の生活は概して度外視せられてゐる。（中略）本来貧窮なのは公私の武家であつて、必しも一般国民では無いのであるが、政府の政策は此の武家のために寧ろ国民全体を犠牲にしようとするのである。国民を犠牲にしなければ武家と武家政府とが成立たないのである。そこに武家政府の根本的欠陥があると共に、国民が生きてゐる限り、さういふ政策が十分に成功する筈も無い。[31]

また

当時の政治とても全く国民の生活を念としないのでは無い。役人の中にも農民の保護のために種々の施設をしたり努力をしたりしたもの丶あることは、争ふべからざる事実である。けれども政治の根本の意義は政府の思ふやうな型に国民をはめ込まうといふのであり、さうしてそれは国民を政府の存在のために必要なものとするところから来る。だから政府の政策を遂行するためには国民を度外視することもある。対外問題については此のことが最もよく現はれてゐるので、日本の政府にもし其の国民を保護する意志があつたならば、断えず生ずる漂流民を適当に処置するためにも、外国からの勧誘をまたず、みづから進んで附近の諸国と交渉を開き、それに対して親善な関係を結ばねばならなかつた。[32]

といった、前近代の政治の非民主的性格への超越的批判が随処に散見する根底には、現在の政治の非民主性への強い批判が主体的要求として存在し、これらの立言は、いわば歴史上の史実に藉口した現実政治批判にちかいとの印象さえ生ぜしめるものがある。

本書公刊終了後の日信には、同じ考え方がなまの現実の政治批判として書き記されている。大正十四年五月三十一日に

内と外との相応しない人たちが、自分たちには外観だけの新しい装ひに相応する中身を有つてゐるものを見ると、驚愕したり、不思議がつたり、或は憤つたり怒つたりする。立憲政治のきものを作つた明治大正の政治家が、立憲政治の実を挙げようとする民衆を危険視する（中略）子弟に学問はさせるが、其の子弟が学問を生活の上に実現しようとすると、父兄は驚く。西洋の文化を学びながら、其の文化の真髄を捉へることを好まぬのが、日本の権力者階級である。

大正十五年一月九日に

大逆事件とか何とかいつて騒がれてゐる朴何とかいふ男は、何でもない男ださうである。（中略）それをあんなにしたのは全く警察の圧迫の結果であるといふ。（中略）その誘因は警視庁あたりの馬鹿〳〵しい圧迫である。維新前後の志士とか憂国の士とかいふ連中にも、此の変態心理を有つてゐたものが多かつた。

同年二月二十七日に

「伸びゆく力」といふ見出しの小話が夕刊にのつてゐる。こゝろもちのよい言葉である。伸びようとするものを抑へ、むしり、ひきさき、はては根ごと枯らしてしまはうとするやうな今の日本の世の中に、言葉だけでもこんな声をきくのは嬉しい。

同年六月二日に

神社は宗教機関でなく、国家の礼典を司るところだといふ。それは神社を宗教の上に超然たらしめようといふ希

望から出たことであつて、さういふ希望は神社が日本の国家と離るべからざるものであるとするところから来てゐる。しかし、事実は神社は宗教的崇拝の対象になつてゐて、それを離れて神社は無い。(中略)神社と国家とが不可分だと考へるのがそも〳〵愚かなことであつて、神社は無くなつても国家は何の影響も蒙らぬ。

同年八月二十七日に

罪を見ると共に「人」を見るのが、犯罪者として接すると共に「人間」に触れるのが、罪をさばくものの最大の任務である。(中略)陋劣な政党屋や所謂右傾派の似而非愛国主義者の馬鹿〳〵しい宣伝が、折角人間味を帯びて来た裁判官をまた形式一点ばりの旧態に逆もどりをさせねばよいが、と思ふ。(33)

昭和二年十一月二十二日に

観兵式の最中の兵卒の直訴(34)といふ新聞記事が、ちよつと人を驚かしたやうである。巡査や兵卒で護衛すれば安全だと考へてゐたものには意外の出来事であらう。巡査や兵卒も人間であることを忘れてゐたものには恐懼措くところを知らぬ出来事であらう。「教育」といふもので人間があめ細工の如く自由に作れると思つてゐるものにとつては、不思議な出来事であらう。「営倉」で人の心を動かすことができるならば、世に刑罰にかゝるものは無いはずである。此の兵卒は素性のよくないものであると宣伝したとて、それで、訴状に記してあることを否認することはできぬ。

などとあるのがそれであるが、大正十四年十月十六日に

宗秩寮で華族の不品行を取締るさうだ。これほど滑稽なことは無い。華族に不品行をさせないやうにするには、華族といふものをやめるより外に方法が無い。

同十五年九月一日に

勲章をぶらつかせるのは、台湾の土人の、首を装飾にするのと同じであり、鳥の羽なんどを頭のさきにくっつけるのは其のことまで似てゐる。

などの見解が、たとい津田自らが意識していなかったにしても、華族制度と栄典制度とを否定している点、論理的に明治憲法の部分的否定になっているのは、見のがしがたいところといわねばなるまい。

六　神秘主義的正統的天皇制イデオロギー批判

津田は、絶対主義的＝非立憲的政治には強い反撥を示したが、皇室に対しては、終始敬愛の念をいだいていた。さきに引用した日記の明治三十三年一月一日の歌や、三十年一月十二日の

かしこくも皇太后陛下御不例の報に接し、ついで崩御あらせられしと承るぞうたてき。
　雪の空の雲深くかくれたまひぬる

同年二月二日の

けふは、故　英照皇太后陛下東京御発棺あらせらるとぞ承る。
　いでましの御旗もいとゞぬれぬなり
　　民の涙や雨となりけむ

という条々のごときには、当時の一般明治人とかわらない皇室尊崇の情が示されている。しかし、全体としては、津田が、明治二十年代初頭に制度上で確立され、次いで教育その他を通してあまねく国民の間に上から浸透させられていった正統的天皇制イデオロギーの非近代的＝神秘主義的ないし非民主的性格に対して、終始批判的態度を維持し続

けていた事実は、戦前の津田の思想の基本的性格を判断する上に、もっとも重要な事実である。

（イ）　神秘主義批判　重野安繹が児島高徳や楠木正成らの事績として伝えられるものを実証史学の立場から否定したのにつき、「国史の美観を損ず」「風教に害あり」「国体の尊厳に関す」という類の非難が加えられたのに対し、津田は明治二十五年『青年文学』に載せた「史論の流行」において、

国史の学は国民の過去に経験し来れる事蹟の実相を究明するの謂なり。而も其の所謂事実にして果して真実ならずとせんか、これたゞ空中の殿堂、咸陽の宮楼に非ざるも、史家は之を一炬に付するを惜しまざるなり。乃ち更に荘厳の宮殿を建築せんとす。必ず先づ其の基礎をして正確ならしめざるべからず。事実の考証はこれ史学の根柢なりとす。（中略）重野某及び其の属僚が（中略）説く所の果して首肯すべきか否かは暫らく論ぜず、反証を挙げて学術上の攻撃をなすことを勉めずして、漫りに之を嘲罵するが如きは、これ学問の何たるかを知らざる没理性漢なり。史家は此の輩に向つて解説を勉むべしと雖も、決して其れがために拘束せらるべからず。世人の口碑に伝唱したる美話佳談が一朝にして抛棄せらるゝは、人情措しむべきが如きも、事実は奈何ともする能はず。仮令弥縫以て一時を瞞着するも、史学の進歩は何の時にか之を看破せずして止まんや。（中略）またかの楯を国家に托して跡を国体論に隠るゝが如きは顧みるに足らず。我が大日本の国体は此の如き羸弱なるものに非ず。列聖の鴻業偉徳と祖宗が洪蹟とは炳として天日と其の光を争ふ。何人か之を議するものぞ。

と論じている。津田がまだ十九歳の若齢の、今日残っている津田の著作中最も古い文章の一つであるが、ここにはいち早く津田史学のその後における（戦前の）一貫した基本的姿勢が明確にうち出されているといってよい。

日記の明治二十九年十一月十五日に

「日本新聞」は宮内大臣論を転載せし故を以て発行を停止せられぬ。新内閣の価値も大かたは知られぬべし。

「日日新聞」を見るに、大不敬、大不忠等の文字、事々しくならべたてられぬ。嗚呼、紫の朱を奪ふもの、時事知るべきのみ。

三十五年九月二十八日に

万世一系の皇統も、有史以後の歴史的関係に根拠を置くにあらざれば向後の国民には説明し難きことなるべし。換言すれば之を「理」の側よりせずして「情」の方面よりするなり。(天祖の詔勅を唯一の淵源とするは、この関係を理論的に確立せんとするものなり)

などという見解が述べられており、『我が国民思想の研究』にも、『平民文学の時代　上』に

我が国民が万世一系の皇室を奉戴してゐるといふ美しい事実は、別に微妙な歴史的由来があるので、神道者の粗大な論は、それを説明するに足らぬ。(35)

『平民文学の時代　中』に

秋成が所謂ゾンガラスで観た日月の本質を述べて、宣長の神代史盲信を嘲つた方が(常識でも明なことながら)遙に確実である。(36)

といった批判となって現われている。この点で津田にもっとも不合理かつ危険と感ぜられたのが『古事記』『日本書紀』の神代等の説話をそのまま史実として国民に信ぜしめようとする明治以来の政策であって、これを根本から是正するために、思想史の研究と平行して全精力を投入したのが、次編に詳述する画期的な記紀の批判的研究であった。

(ロ)　形式的威圧主義批判　日記の明治三十六年二月二十六日に

午前は学校より生徒を率ゐて小松宮殿下の葬儀奉送をなすため、江戸川端にゆきて整列しゐたり。(中略)路傍の雑踏せる群集には哀悼の情なし。たゞ形式的なる敬礼をなすものありしのみ。情は親しみによりて生ず。皇室の

民情を維ぐは民の皇室に親しければなり。われは益〻かの形式的忠孝主義の愚を笑はざるを得ず。

四十四年七月二十一日に

陛下が大学に行幸になるといふので、馬場先門に向いた三階の窓の戸を閉めよといふ命令が下つたことがある。硝子戸であるから、どんなにしめても見とほされるところは見とほされる。同時にいかに開け放して置いても行幸の道筋は見ることの出来ぬ窓の位置である。其の代り、うしろの窓から、せきとめられた幾十台の電車が一時間近くもヂッと動かずにをつたのが見下ろされた。

四十五年四月九日に

宮内省の役人は皇室尊敬の意味で、わざ〱皇室に累を及ぼすことばかりしてゐる。

とあるが、特に幸徳秋水らのいわゆる大逆事件に関し、四十四年十一月七日に

幸徳秋水は狂人かも知れぬ。但し、秋水のあとを追ひかけて走るものは済生会である。

と記しているのは、年代不明のノートに

政府が皇室と国民とを親和せしめずして離隔すること、皇室をして民に親しませんとせずして、威あらしめんとすること、これ皇室をして怨府たらしむるものなり。社会主義に対する無用の抑圧が彼等をして反抗の念をつよからしめ、窮して濫するの勢をなさしめしこと。

幸徳等の運動が世界的なる無政府主義と何程の関係あるかを知るは必要なり。日本の皇室が世界的なる無政府主義者を敵とするに至らば大なる危険なり。幸徳等の動機を以て日本特有の事情に帰せんこと、策として宜を得たるものならん。[37]

とあるのとあいまち、興味深い。

日信の大正十五年二月十一日に

建国祭といふ妙な騒ぎがはじまつた。(中略)建国の精神とかいふやうなことが、今の日本の現実の状態を改めようとする欲求と何の交渉があるか。今の日本は国家の権力の過重に苦しめられ、因襲的思想の束縛に苦しめられ、富の分配の不平均に苦しめられ、それがためにすべての民衆が陰鬱な気分になつてゐるではないか。此の時に当つて、いやが上にも国家の権力と因襲的思想とを助長しようとする所謂建国の精神が、民衆の欲求とどこで接触すると思ふのか。徒らに銅鑼を叩くをやめよ。それにさそはれて躍り出すものは国粋会と在郷軍人とに過ぎないではないか。

日本人は妙な国民である。教育勅語で道徳を作らうとした。さうしてそれが全然失敗に終つたことは事実が証明してゐる。それにも拘はらず、力の無い、熱のない声で紙に書いた勅語がお儀式的に朗読せられる。名で実を作らうとし、形式で内容を作らうとするのである。建国祭もそれである。

同年四月十一日に

明治神宮外苑といふところへいつて見た。(中略)何といふ殺風景なところだらう。(中略)そこに立つてゐる自分には或る威圧が加へられるやうな重苦しい感じがする。少しも安らかな、ゆつたりした心もちがしない。(中略)勿体ぶつた宗教的、政治的意図が、頭のテッペンから内部の矛盾を露はしてゐるやうにも見える。が、外面だけは威儀堂々として人を圧せんとしてゐる。だから重苦しい。要するに此の外苑と称するものは、砲列をしいて来るものを先づ威嚇しようとする明治神宮の前哨戦である。すべてがシャチコバッタ兵隊式である。要するに、いやなものであり、いらないものである。つまらないところへ来たと後悔した。

とあるのも、同様の考え方にほかならない。

（八）　権力主義国体観＝天皇親政論批判　明治維新によって、「大政奉還」の名の下に主権は将軍から天皇に移されさらに大日本帝国憲法は多くの「大権」を明文をもって天皇に集中させた。「天皇親政」が「国体の本義」であるという正統的国体観念が、このような歴史的背景のもとに新しく造り出されたのである。津田は、佐幕派的史観に立った明治維新論から出発し、むしろ天皇が現実の政治から超越しているところに天皇制が時勢の変転にもかかわらず存続しえた根本原因を求めた。「天皇不親政」に天皇制の特質を求めるこの非正統的国体観は、立憲君主主義の近代的政治思想との結合の下に、早くから津田に天皇を「象徴」と見る着想をいだかせ、それはその後の津田の一貫した天皇観として最後までかわらなかった。

すでに明治三十五年『をんな』第二巻第五号以下に連載された「明治維新の原動力」に見える

幕府は（中略）朝廷を世界の一ばん上に位せらるゝ御方、最も尊い御方としたのです。しかし其の尊い御方はこの俗界の政務をおとりになるにはあまりに尊すぎる、言ひかへれば政権を掌握するよりも一層高い位地の御方である、さらに言ひかへれば生きておいでになる神様である、とかういふやうに考へたのでもありませう。徳川氏が政権を自ら掌握して少しも朝廷の容喙を許さなかつたのは、敢へて朝廷の政権を奪ひ取つたのではなく、元来朝廷といふものはさういふはずのものである、そして、徳川氏も、また当時の一般の世人も、之を怪しまなかつたのでありませう。（中略）天皇は政治上無責任の地位にあらせられるといふ憲法上の原則はこのとき立派に行はれてをりましたので、皇室の神聖を保たせらるゝ上から見れば、この時の政治は決して不都合のみのものではないといはねばなりますまい。（中略）結果から見れば徳川の政治が、偶然ながら、また消極的ながら、却つて皇室の神聖を保護した跡のあるのは、看過すべからざる事実でございます。

という命題は、その後の津田の著作にくり返されつつ、生涯を通じて少しも変らず維持されたのである。このような見解に立つ津田が、天皇主権説をとり天皇親政を主張する穂積八束の憲法学説[38]と正面から衝突せざるをえないのは当然であった。日記の明治三十六年八月三十一日に

穂積八束の「憲法講義」とを借り来る。八束の「主権在天皇説」はたとひ詭弁ならずとするも、根拠の甚だ薄弱なるを免れず、「万世一系ノ天皇之ヲ統治ス」とありたればとて、法理上の「主権」が天皇にありとするの要なし。主権は国家の権力、天皇は其の国家の権力を行はせらるゝものとなすも何等の障礙あるを認めず。(中略)主権在天皇説は即ち天皇即国家説にして、われらが普通に有する国家の概念と矛盾す。

と論じ、さらに九月三日に「議会が人民の代表者たるを認めず」とする穂積法理論を長々と論難しているのは、法律論を好まない津田には珍しい議論であって、いかに天皇主権説が津田の持論と鋭く対立するものであったかを示すものであろう。『我が国民思想の研究』にも、『武士文学の時代』に

徳川氏が皇室を高く俗界の上に置いて、一切の政治との関係を無くし、諸大名との交通をも絶つたのは、それが大体に於いて足利時代からの風習を継承したものであると共に、(中略)結果から見れば、それはおのづから皇室の神聖を保持する好方便となつたので、之が為に国民はすべての政治上の責任を幕府に負はせると共に、宮廷を塵界遠く離れた雲の上の神の宮居として仰ぎ視るやうになつた。(しかし斯うして養はれた習慣は、国民生活の状態が全く旧時とは違つてゐる現代にもなほ残つてゐるので、それがために不徹底な、また実際の国民生活に適合しない一種の固陋頑冥な思想が生じ、却つて皇室に対する国民の真の愛情の発達を妨げてゐる。)[39]

『平民文学の時代　上』に

家康の本意は朝廷を儀礼の府として尊崇し、実際の政治とは交渉なき地位に置かうといふのであつた。(中略)事実上それがために政治上の責任はすべて幕府が負ふことになり、皇室に毫末の累を及ぼさないやうになつたので、

其の結果は皇室の地位を益〻安泰にしたのであつた。(40)

などと、津田の持論がくり返し現われている。津田が『貴族文学の時代』の序文中に「国民的活動の中心として又た国民的精神の生ける象徴として、限りなき敬愛の情を皇室に捧げてゐるといふ現代」と言い、『武士文学の時代』の戦国時代の皇室に関し、「日本全国が一国であるといふ感情と、其の国民的結合の象徴である皇室」うんぬんと述べている(41)のは、日本国憲法の象徴天皇制をつとに先取した立言として注目に値するが、事実津田は大正十五年五月十一日の日信に

僕は「国民思想の研究」の自叙で「皇室中心主義」といふ語を用ゐて置いた。あれを書いたころにはまだかういふ語が世間にあまり行はれてゐなかつたと記憶する。ところで僕の此の語を用ゐた意味は二つある。一つは皇室は上から国民に臨むべきものでない、国民の内部にあつて、国民的結合の中心となるべきものだ、といふことである。皇室が高いところから国民を見下ろすといふ態度は、それが威圧的であるにせよ、所謂仁政主義・恩恵主義的であるにせよ、現代の時勢には適合しない。我々は皇室の仁政のおかげによつて、即ちおなさけによつて生活してゐるとは思はぬ。我々は我々自身で、我々の自分の力、我々の独立の意思で生活してゐる。(中略)政治は我々の政治である。皇室の存在は我々が一つの国民として団結する中心点たるところに意義があるのである。それから第二には、皇室が国民と共に変化し国民と共にはたらきをかへてゆくべきものだ、といふことである。国民がどう変化しても皇室は厳として変らぬ、といふのは誤りである。永久不変なものは世の中に無い。世にもし不変なものがあるとすれば、それは其のもの自身が変化するからである。ところで国民生活の内容は断えず変化してゆく。其の間に於いて皇室の存在が不変ならんことを欲するならば、それは国民の外に立つてゐるのではなく、国民の内部にあつて、国民と共に変化してゆくのでなければならぬ。これが僕の意味であつた。ところが近

ごろ世間で用ゐられる「皇室中心」は全くそれと違ふ。それはたゞ「おありがたや」連の神国主義が名をかへたまでである。皇室を保守主義の本尊にしようとするものの旗じるしに用ゐられてゐるのである。皇室のためには危険の極である。

と記しているとおり、政治は国民の自主的運営に帰属させ、皇室を政治から切断し、かつ国民の上に君臨する地位から国民の内部に「象徴」として下降させ、かつ、社会の変遷とともにそのあり方をも変化させることにより存続させようとする考えを堅持していたのであって(『我が国民思想の研究　平民文学の時代　中』にも「事実上、皇室の政治上の地位が常に時勢の推移に順応しておのづから変遷して来てゐる」と言っている)[42]、それは、天皇を主権者でありかつ家父長的仁恵の最高の源泉として国民の上に君臨する超越的存在とし、しかもその地位を「天壌無窮」に不変たらしめようとする正統的国体観と全く相反する異端的皇室論であったといわなければならない。そこには、皇室を権力機構としての天皇制から切り離して親愛の情をもって対しようとする明治人の多数に共通する意識を基盤とし、さらに天皇を政治的権力と絶縁させることにより、一方で民主主義政治を発達させると同時に、皇室の安全をそれによって保たせようとする自由民権時代からの自由主義的君主制論[43]が典型的な形で再現されているのを見るべきである。日信前引記事の直前に「王政を維持するには王室みずから世と共に推移してゆくことが必要である。王政にとつての最大危険は王政が保守主義の本尊になることである。(中略)此の点に於いて英国の王室は最も危険性の少ないものであつた。帝政のロシアは其の最も多いものであつた。日本は――」とあり、津田がひそかにイギリス流の立憲君主制を理想としていたことが窺われる。そこにも明治十年代以来の自由主義的政治意識の伝統の継承が見られるとともに、おそらくそれが大正デモクラシー期の立憲主義政治思想の優勢化のなかでいっそう進展したものと考えてよいのではあるまいか。

なお、津田は、天皇不親政を現代の規範とするとともに、それが古代以来の伝統でもあったと考えており、『上代日本の社会及び思想』所収の「大化改新の研究」において、

近江令に於いて新に太政大臣を設け大政を総理するものとしたのは、(中略)唐制から離れたのであり、かゝる官職も其の名称も支那には例の無いものである。(中略)可なり久しい前からの慣例として天皇が親ら政治の衝に当られなかつたらしい我が国では、太政大臣の必要があつたであらう。中大兄皇子が事実上、新朝廷の主宰者であつたに拘はらず、長い間天皇の位に即かれなかつたことも、此の意味に於いて注意を要するので、大化から即位までの二十余年間は、此の皇子は、いはば事実上の太政大臣であつたのである。

同書所収「上代日本人の道徳生活」において

女性の御即位は已むを得ざる事情から開かれた特殊の例外とすべきである。たゞかういふ事例が屢々現はれてゐるのは、上代に於いても天皇みづから政治の衝にあたりたまはず、実際に政務を統轄するには別に其の人があつたことを示すものとして、それに重要な意味がある。支那の制度を学びながら支那には存在しない太政大臣といふ官職が設けられるやうになつた理由の如きも、これと関聯して考ふべきことである。

と述べている。

七　軍国主義・侵略主義批判

津田が青年時代に国際問題に大きな関心をいだいていたことは、前に見た。それは『日本人』の影響などのせいもあろうか、かなりにナショナリズムの色彩の強い面も見られたし、後に説く中国観・朝鮮観等に明瞭に示される「脱

亜」主義とあいまち、津田の国際思想には大きな問題をはらんでいるが、ただ、津田が青年時代以来、軍国主義・侵略主義の鼓吹に同調せず、批判的な姿勢をとり、大正デモクラシー期においていっそうその意識を強くしている事実は、やはり重視するに値するであろう。

日記の明治三十二年二月二十七日に

其の胸間に紅紫さま〴〵の玩具をかけつらね、其の腰辺にピカ〳〵したる佩剣を横たふ軍人は、真に玩具を好むものなり。否、金色燦爛たる彼等自身亦た好箇の玩具たるのみ。

とあるごとき、感覚的ながら痛烈な皮肉が示されている。三十二年横須賀造船所を見て軍備拡大の「矛盾」を嘆じていることは、すでに見た。北清事変に対しては、三十三年八月十八日に

号外と叫ぶ声のはげしさにひきこまれて購ひ見れば、北京占領の報なりけり。一里半ゆきゃ北京城、其の事のまことゝなりしは帝国の幸か不幸か。

同十九日に

北京占領の報に接したりとて、この地にては祝賀会とかをけふ開くなりとぞ。われに出席をもとめられたれどゆかざりき。気楽人もあればあるものなり。

三十六年五月十二日に

九段坂下にパノラマを見たり。パノラマは例の北清戦役、天津攻撃の光景なるが、設立者は之を以て士気を鼓舞する一助となさんとしたるならん。われはこの惨澹たる一幅の修羅場に対し、坐ろに人間の生命の価値少なきを感じ、かくの如き惨劇ならでは国を保つこと能はざる世界の現状と、かくの如き最大悲惨の事を以て天下最大の壮快事となさゞるを得ざる人生の欠陥とを思うて、いひしらぬ〔欠〕の情を喚ぶを免れざりき。

という所感が記録されているが、日記には明治三十七年・三十八年の部分が欠けているために、日露戦争の際にどのような見解をいだいたかは知ることができない。明治の青年時代には感情的・懐疑的という程度であったのが、大正デモクラシー期には、さらに積極的・否定的となったようにも思われる。『我が国民思想の研究　平民文学の時代　上』に

所謂鎖国の制は、本来外国の侵略を恐れたがためである、人を見れば敵と思へといひ、隣国は皆な敵国だと考へる戦国的思想を外国に適用して、羅馬法王も葡萄牙も西班牙も、切支丹を手さきとして我が国を奪ひ、或は徳川の天下を覆へさうとするものだと思つたからである。（中略）近い世の事実として秀吉の理由なき外国侵略が行はれた時代に於いて、己れを以て他を度らうとする武人政治家が、斯う考へたのも無理の無いことではあつたらう（中略）此の考は何時まで経つても決して無くならず、（中略）なほずつと後の時代までも続いてゐて、例の攘夷論となつて大に現はれたのである。のみならず、今日の対外思想にもなほ其の病因は絡まつてゐて、軍事的政略眼からのみ外国を観る癖があるでは無いか。(44)

『平民文学の時代　中』に

外国は何れも敵として見られたのである。（中略）通商政策が此の征討主義と絡み合つてゐた、（中略）これは西洋諸国の東洋に対する植民政策侵略政策に刺戟せられてのことであるが、それがすぐに受け入れられたのは、やはり根本に於いて武力の発揚を生命とする武士の思想に適合したからである。（中略）信淵は（中略）東方亜細亜の大陸及び南洋諸島の征服を猛烈に主張し、其の策源地及び出兵の道筋なども考へて、所謂宇内混同の白日夢を描き出してゐるので、これは最早植民政策を超越してゐる海外侵略論である（中略）。それは幕末の島津斉彬、橋本左内等の東亜経略論から遠く明治初年の征韓論まで系統をひいてゐるのみならず、ずつと下つて日清戦役以後の帝

国主義的思想にすら一脈の聯絡があることを思ふと、思想史上、全然閑却すべきものでは無い。(45)

というように、外国を「敵」視する思想が、「海外侵略論」「帝国主義」等との関連で指摘されているのは、必ずしもはっきりと現代の帝国主義の否定を明示するまでにはいたっていないにしても、『平民文学の時代　上』の

農民を圧迫して其の生活を貧弱ならしめ、彼等の正当な向上心を失はせ、彼等の独立心、自重心を養はせない武士本位の政治、国外に対しても国内に於いても、国民が其の力を自由に伸張することを許されない鎖国制度、階級制度(中略)又た国民自身の意思と能力とを尊重せず、国民の公共生活を発達させない武人的専制政治、封建制度、家族制度(中略)更に根本的にいふと畢竟戦国時代から馴致せられた一種の軍国主義(46)(下略)

という「軍国主義」の歴史的位置づけや、『平民文学の時代　中』の

「九千里外存知己、五大洲中如比鄰」、そこに四海を同胞とする世界的親和の感情が動き初めてゐることを看取しなければならぬ。西洋の知識が隠約の間に道徳観の向上を助けてゐることは疑が無い。(47)

という四海同胞観念への高い評価などとあわせ考えるならば、「海外侵略論」「軍国主義」「帝国主義」などの用語が、否定的価値判断を伴なって用いられていることは、まちがいないところであろう。

日信の大正十五年九月九日には

鷗外の「両浦島」の第二部の着想は「ファウスト」から来てゐるだらうといふことは、或は既に此の日信に書いたかも知れぬが、(中略)さうして浦島に事業慾を起させたため、故郷に帰らうとする動機を変へ、(中略)さうして事業慾の発現を海外征服にしたのは、日露戦争前の帝国主義時代の反映である。

同十一日に

夕刊の「日日」の国際聯盟に関する通信(中略)、新に加はつた独逸の代表者のはじめての出席と、それに対する

フランスの代表者の歓迎演説との報告である。（中略）何といつても世界史上の重要なる出来ごとである。これがすぐに世界の平和を齎すものとは勿論思はれぬ。しかし、兎も角も平和を促すものではあり、又た平和の必要の深刻に感知せられてゐることの発現でもある。平和が単なる思想に過ぎないにしても、堂々と平和論を主張することは、即てそれを実現させる方向に進む第一歩である。

同十二日に

時勢の動きを知らぬもの、又は時勢を新しい方に導いてゆくことを考へぬものは、何か新しい事件に出あふと、それに如何なる意味があるかを領解することができないので、「そんなことをいつてもだめだよ」と一口にかたつけてしまふ。術策や世才で生きてゐるものは、明白に所信をのべるものに出あふと、「あんな、から理窟はだめだよ」と初めから問題にしない。日本人にはこれが特に多い。さうしてそれがために何時でも人後に落ち、時勢に後れてしまふ。世界の軍備撤廃などは日本から進んで提議すべきであるのに、それだけの勇気が無いのも、一つはこゝに原因がある。

とあり、「軍備撤廃」をふくむ「平和論」が、正面から主張されるにいたっている。

八　人民の主体性とそれに基礎づけられた歴史の進歩発展

津田が、「国民」「民衆」の自主性能動性を抑圧する専制政治に強い反撥を示していたことは、上に述べたとおりであるが、そのような専制政治のもとでも、歴史が、「民衆」の主体的努力、それによる地位の向上に基いて発展してきたことを、明らかにしようとした。『我が国民思想の研究』が、単なる思想の系譜を、あるいは各時代の「実生活」

を基盤とする思想の特色の羅列をもって終るものではなく、『貴族文学の時代』から『武士文学の時代』へ、さらに『平民文学の時代』へという巻別構成を見ただけでも、そのような歴史観が看取せられるが、具体的に内容をみていくならば、この書の究極の認識目標はいっそう明白となろう。

『平民文学の時代 中』に

一般に定まつた秩序を重んずる世に於いては、其の埒を外れた行が不可とせられる。(中略) 此の秩序の最も大なるものは政府の命令の行はれることであるから、何事によらずそれを守らねばならぬ。国防計画のため土地収用のことがあり、或る貧しげな小家がそれに取り込まれようとした時、祖先伝来の大事の住居は如何なる貨財にも土地にもかへられぬといつて、主の老婆が頑として応じなかつた、といふ話を書いて「しぶときをこのもの」と一茶が罵つてゐる。事の是非は別として、フリイドリッヒ大王の命に従はなかつたといふ水車小屋の主人の物語を作つたプロシヤ人の思想と対照して、一種の興味が湧くでは無いか。しかしこれについても、実際は政令を守らうとしないものが少なくなかつたことを注意しなければならぬ。幕府の政令に「三日法度」が多いのは其のためでは無いか。さうしてそれがやはり文化生活の維持せられた所以でもある。勝手気儘な政令が文字通りに行はれたならば、民衆の生意は全く無くなつてしまつたであらう。(48)

と言い、松平定信その他の政策が失敗したのを、「民はそれ程に愚では無かつた」ことと「を物語つてゐるもの」としたのは、津田が歴史における「民」の主体性とその役割を高く評価したことの現われである。そして、前記のとおり、四巻の叙述は一貫して文化が少数支配階級の独占から民衆のものへと解放されて行く発展のプロセスとして展開されている。『貴族文学の時代』で、平安末から鎌倉初期への推移の部分に

地方と平民とも此の間に於いて少しづゝ文化の上に地位を得初めて来た。例へば寺院なども地方に於いて大きな

ものができて来た。基衡の建てた中尊寺はいふまでもなく特異のものであるが、源氏時代になつて最も有名になつた伊豆箱根なども、此の頃から既に多少規模の大きいものであつたらしく考へられる。平家の力によつて厳島が繁栄したのも、此の趨勢から生まれた一現象である。これは昔の国分寺が中央の仏教界の出張所であつたのとは違つて、むしろ地方に根拠を有つてゐるものと見られる。(中略)兎も角も地方的資力で成立してゐる寺院が勢力を得てゐるといふことが、注意すべき時勢の変転である。少し後のことでもあり、事情も大に違ふが、親鸞などが地方民の間に布教したことなども、前の時代ならば全く思ひがけないことであつたらう。それだけ地方人の勢力が認められて来たのである。平民階級が世に認められて来たのも之と同じ趨勢である。浄土教は早くから平民をも相手にしてゐたので空也などは平民の間に布教を試みた有数のものであらう。(49)

『武士文学の時代』に鎌倉時代について

昔は文化の社会が貴族と都会とに限られてゐたのが、此の時代には地方に根拠を有つてゐる武人が、凡ての社会的勢力の源となつてゐるだけに、さういふ社会相応の文化が、低級ながらに兎も角も形成せられる様になつたのである。だから全体から見ると、文化の範囲が広くなつたのではあるが、それは旧い貴族文化が国民全体に及んだといふよりは、寧ろ地方人なり民衆なりが新に幼稚な文化を享有するやうになつたといふ方が適切であるかも知れぬ。(中略)此の民衆の勢力が文化の上に現はれたといふことは、寺院が勧進によつて造られたことなどからも察せられるので、京の祇陀林寺や鞍馬寺、鎌倉の大仏などは其の例である。(50)

また足利時代について

昔の貴族政治の時代に全国は京の貴族によつて統治せられ、地方人はたゞ其の貴族の生活を維持するための道具としてのみ見られてゐたのとは違ひ、此の時代は地方人の力が幕府の威権となつて現はれ、地方人自身が政治的に地位と能力とを有つてゐることを自覚したと共に、文化の上に於いてもまた其の能力を発揮しようとするやうになつたことを示すものである。(51)

また

文学の材料に採られた当時の人物は武士のみで無く、もつと低い階級にまで及んでゐたのである。謡曲などでも数の多い物狂ひもの〻人物は大抵は平民であるらしく、又た遊女なども材料になつてゐる(中略)こんな風に詞曲なり小説なりの主なる題材に地方人や下級民が入つて来たのは、此の時代が始であるので、政治上、社会上の権力が漸次下級に移り地方に移つてゆくと共に、文学の国民化してゆく傾向が玆に現はれてゐる。(52)

『平民文学の時代　上』に

封建制度も武士本位の社会組織も、全く暗黒面ばかりがあるのでは無い。(中略)特に封建制度は、それあるがために戦国時代以来漸次地方に普及せられた文化の基礎が固まつたといふ利益もある(中略)知識の進歩は固よりのこと、産業の興隆なども封建制度に負ふところが少なくない。一藩といふ観念の下に何等かの行動をするのも、国民全体としてのはたらきをする準備として、一度は経験しなければならぬことであつたらう。(53)

また

連歌から生まれた俳諧が、新しい平民文学として現はれたに拘はらず、再び古い言語上の遊戯に立ち還へつてゐたのを、談林に至つて一歩を転じ、鬼貫や芭蕉によつて始めて詩としての俳諧が完成せられたのである。足利の昔には到底出来なかつたことが今此の元禄時代に至つて成し遂げられたのは、全体に於いて平民が社会の原動力となつてゐる世の中だからである。(54)

また

平和の世であつて国民共通の文化を享受し、一般に知識が広くもなり進んでもゐるだけに、昔の平安朝の貴族などに比べると、其の道徳的生活はずつと高いものではあつた。(55)

『平民文学の時代 中』に

此の間にもなほ健全な傾向もしくは精神が其の内面に潜在してゐることを、否むわけにはゆかぬ。制度の抑圧を蒙り、概していふと人心が萎靡してゐるに拘はらず、国民の生活力は決して銷尽しないからである。（中略）此の事実を最もよく示すものは文芸学術の権威が平民の掌中にあることであつて、此の点に於いては前代からの趨勢が益〻強くなつてゐる。（中略）名のある学者が平民から出てゐることもまた周知の事実であり、儒者はもとより国学者でも大抵は農商出身であり、其の農に属するものは多く地方人である。（中略）なほ本居宣長、菅茶山、三浦梅園、広瀬淡窓などを初として、欝然たる大家が田舎に根拠を据ゑ、又たそこに多くの学生を吸収してゐることも、此の時代の特色であつて、それには封建制度もしくは封建的気風ともいふべきものゝ影響もあ（中略）らうが、一方からいふと、学問が必しも都会にのみ集中しないところに、知識が比較的広く田舎にも普及してゐる事実が認められ、そこに国民の文化に健全な一面のあることが知られる。(56)

などとあるのは、そのような視点の特に明瞭に表現されている箇所を例示的に拾い出したにすぎないが、これらを見ただけでも、この書が、日本の文化の発展を「民」の力の拡大過程として統一的にとらえる立場に立っていることを窺い知るに十分ではあるまいか。

もっとも、津田の「民」「民衆」の観念には、階級性の認識の弱さから来るあいまいな点がふくまれており、そこに津田の思想全体に通ずる大きな問題がふくまれていたが、その点は、後に津田の社会問題観を検討する際に譲る。

九　歴史的変化発展の認識、固定的国民性の否定と近代西洋文化受容の積極的評価

歴史に一定の変化発展の基軸を見出した津田は、過去の歴史的所産に超時代的な絶対価値を賦与し、あるいは超時代的に不動の固定した国民性を設定し、その立場から現代を否定的に評価する考え方に真向から反対した。「民衆」の「実生活」の要求に基いて展開した歴史の到達点である現代は、「実生活」から遊離した神道や儒教やその他の空疎な前近代的道徳によって否定できないというのが、津田の基本的立場であり、それは、儒教その他の前近代に移植された「支那思想」が日本人の「実生活」に結びついていないのと違い、近代形成の重要要因となった近代西洋文化は、基本的には世界的普遍性を有し、その受容は「支那思想の移植」とは全く性質を異にするのであって、日本の世界化にほかならない、という見解と不可分の関係で主張されている。

日記の明治二十九年十二月一日に

もし二十年前にわれ今の年齢に達したりきとせむも、其の時勢は決してわれをしてわが今日有する学力を得せしめざりしなり。わが不肖ながらも今日の学力を有するものは、実に其の今日にあるが故なり。(中略) われをして今日あらしむるものは実に時勢の賜なり。生活の困難も世路の困阨も又た実にわれをして少なくも今日あらしめたる時勢にほかならず。われ等は須らくわれ等を困難の地に陥れたる時勢に向つて深き感謝を捧げざるべからざるなり。而してます〳〵此の時勢の進運を幇助し誘導すべき責任を有するものなり。

と記されているのを見れば、早くも津田はその青年少壮の時期に、近代が矛盾をふくみつつも歴史的進歩の成果とし

てその方向を推進せしむべき積極的意義を有するとの自覚をいだいていたことを知りうる。明治三十五年九月二十二日に

学術豈に東西の別あらんや。邦人の学、其の基づくところ欧地にありきとするも、邦人既に之を究む、其の学西人の学にあらずして邦人の学たるは、恰も儒仏の教の邦人に存するもの、其の教の清人の教にあらずして邦人の教たるが如けん。清人が頑陋迂鈍の弊、まことに其の輓近科学の智識に乏しきが故なりとせば、之を開導する、誤つて人の西学とよぶ世界の学術にあらずして何ぞや。

とあるのも、近代西洋文化の受容についてのその後の一貫した見解を、つとに明言したものと見るべきであろう。

大正三年四月『みづゑ』第百十号に掲載した「偶言一」という文章に

日本人は生きてゐる。生きてゐる日本人の国民性も民族的趣味も決して固定したものではない。だから、過去の趣味は歴史的事実として真実であつても、将来の規範とせらるべきものではない。日本人が淡泊で、清楚で、軽快な趣味を是から後も持続しなければならぬといふ理由はどこにも無い。（中略）世間にはまだ凝固した国民性といふものがあり、また無くてはならぬやうに思つてゐる人もあるから一言しておくのである。

同四年八月の同誌第百二十六号に載せた「芸術と国民性」に

国民性も国民の趣味も決して固定したものではない。要するにそれらは国民の実生活によつて養はれたものであり、国民生活の反映であるから、国民が生きてゐる限りは生活そのものの変化と共に絶えず変化してゆくものである。それが動かないやうになれば国民は死んだのである。

『我が国民思想の研究　貴族文学の時代』に

政府は斯ういふ風に支那の文化や仏教を学び又た伝へたけれども、其の伝習し得た異国思想はやはり何処までも

異国思想であつて、国民の実生活から遊離してゐるものであつた。此の点に於いてもまた当時の有様は、現代の日本人が欧洲の思想を伝へつゝあるのとは甚だ趣を異にしてゐる。現代では国民の実生活其のものが欧洲、むしろ世界一般の風潮と接近しつゝある。従つて経済生活の上に於いて、日本人は現代の科学によつて発達した物質的文化を悉く学んで其の賜を享受してゐる。日本人は欧洲人と同一の方向を取つて同一の主義の上に動いてゐる。だから斯ういふ文化、かういふ生活から発生してゐる欧洲人の思想は、日本人にとつても亦た決して異国の思想では無いのである。科学の興隆と共に、思想発達の一階段として自然主義の起つたのも免れ難い趨勢であり、個人の活動が基礎となつてゐる今日の経済組織には、個人主義が必然的に生ずる。新しい時代のものが昔風の家族主義、古い意味のまゝの道徳に服従し難いのも、異国人の思想を学ぶところから起つたのでは無く、自分自身の現実の生活が其の主義なり道徳なりと矛盾してゐるからであつて、やはり国民の実生活其のものが昔とは変つてゐるためである。ところが昔支那思想を学んだのはさうで無かつた。実生活とは関係なしに、たゞ思想を思想として伝へたのみである。(57)

『平民文学の時代 中』に

〔「東洋道徳西洋芸」といふ〕象山の考も畢竟そこに帰着するのであつて、今日までもなほ行はれてゐる採長補短説の由来がそこにあるのであるが、其の誤つてゐることはいふまでも無い。第一、長とし短とすべきことが抽象的に、又た固定した標準を以て、判定せらるべきもので無く、それは歴史的に開展してゆく実際の民族生活の変化に伴ひ、又たそれを不断に発達させてゆかうとする内的要求の推移に伴つて、常に変化推移するものである。(中略)守旧論者の考には我が長を以て彼の短に乗ぜよといふ一種の国民性保持論がある(中略)国民性とか国民の長所とかいふものを固定してゐるものゝ如く考へ、或は過去の社会制度を是認するために案出せられた独断論を不変の真理の如く思ひ、日出でて後なほ燈を燃してゐるものが此の時にあつたのは、後の大正時代の状態から考へても驚くには及ばぬ。たゞ国家経営の実際的要求は、事実上かゝる守旧主義者の所説を反証しつゝ世を進めてゆくのであつて、知識あるものゝ知識も世と共にまた進んでゆく。（中略）西洋の文物を学ばうとする幕末十余年間の旺盛なる文化運動は、此の如くにして開展せられるのである。(58)

日信の大正十四年十月二十三日に

西洋近代文化の精粋は科学であるが、此の科学のあれだけに発達した誘因乃至事情としては、搾取階級本位の社会組織があるにせよ、科学そのものの価値はそれによつて左右せられるものではない。希臘やロオマの政治も社会も亡びてしまつたが、希臘やロオマの政治と社会とによつて作られた学問や芸術は決して価値を失はず、それが根底になつて、近代の文化が生まれたのである。（中略）だから社会組織のゆきつまりといふことは、決して今の西洋文化のゆきつまりといふことにはならぬ。日本人が西洋文化の価値を軽視しようとすれば、それは大なる誤りである。

大正年間に起草せられたらしい「陳言套語(59)」という一文に

今なほ世間の一隅には、我が国固有の風俗とか固有の国民的精神または国民性とかいふことを、高唱してゐるものがある。風俗とか国民的精神とか国民性とかいふものが、昔から今まで動かないで固まつてゐたものでもあるかのやうに聞こえる。が、そんな考へが事実に背いてゐることは、いふまでも無からう。（中略）今日の家族生活が徳川時代のに比べて変つて来てゐることは、明白な眼前の事実である。（中略）今日の我々の生きた感情が、古事記や支那思想に支配せられてゐないことは、明白な自己中心の事実である。（中略）今日の国民性が国家統一のはじめから完成してゐた筈の無いことは、いふまでも無からう。のみならず今日とても、我々の国民性は決して完成せられてゐるのでは無い。(中略)我々の国民性は、これから後の生活に於いて、漸次形成せられ発展せられてゆくべきものである。(中略)短い過去にのみ執着するよりは、無限に長かるべき未来に向つて眼を開かねばならぬ。我が国の過去に固定した風俗や国民性があるやうに考へ、さうして将来もそれをそのまゝに保存してゆかねばならぬやうに思ふのが間違ひである、といふことは、これだけでも明かであらう。かういふ間違つた考へを有つてゐる人々は、歴史に重きを置いてゐるやうに自らも思ひ人にも思はれてゐるらしいが、実は全く歴史を知らぬものである。少なくとも歴史的発展といふことを解しないものである。

昭和十一年に執筆され、最初『岩波講座東洋思想』に発表され、同十三年『支那思想と日本』に「東洋文化とは何か」と題して再録された論文に

現代の日本人の生活の基調をなすものがいはゆる西洋文化、即ち現代の世界文化、であることは明かな事実であるから、それを現代の生活には殆ど交渉の無い支那文化やインド文化と対立的に取扱はうとするのは、現実の生活に矛盾することであ(中略)る。(中略)同じく過去から伝へられた文化財であるにしても、我々に親しいもの我々に有用なものは、支那やインドのそれよりもいはゆる西洋の方に多い。そこには西洋に源を発した現代文化を基調としてゐる現実の我々の生活と離すことのできないものがあるからである。(中略)日本の文化は、日本の日本文化であると共に、現代に於いては世界の日本文化であり、同時に世界の文化が日本にとつての世界文化でもある。区々として東洋といふ小藩籬を作り、そのうちに籠居して強ひて西洋といふものに対抗する必要がどこにあるか。(中略)本来、東洋文化といふやうなことのいひ出されたことには、日本の文化を過去に完成したものとして、それを保持しようとする心理が伴つてゐるのであるが、さういふ心理こそは、わか〲しい元気を以て未来に日本文化を創造してゆかうとする現代日本人の最も排斥しなければならぬものである。

昭和十五年二月刊行の河合栄治郎編『学生と歴史』に収められるために印刷され官憲の圧迫により敗戦まで日の目を見なかった論文「日本歴史の特性」に

日本民族は近代に至つてヨウロッパに発達したものごとをいろいろ受け入れた。その最も著しいものは自然科学とその応用とであつて、これは今日の日本の民族生活のあらゆる方面にゆきわたつてゐる。それによつて昔とは違つた生活が展開せられ、その生活から新しい精神も道徳も形づくられてゆく。これが無くては日本の民族生活が忽ちとまるかくづれるかしてしまふ。(中略)近代になつてヨウロッパからとり入れたものごとは、日本の民族生活そのものを変化させたのであり、それによつて変化したのが今日の生活である。これは現代において世界が一つになつて来たと共に、日本民族の生活が世界性をもつて来たからである。むかし別の世界のシナから支那民族の生活に特殊ないろいろのものをとり入れたのとは、その意味が全く違ふ(外からとり入れたといふだけのことでこの二つの場合を同じやうに見てはならぬ)。

とあるなど、この主張は、津田史学の根幹をなすものとしてくり返し説かれてきた。その論旨は、福沢諭吉が『文明論之概略』において、「此時に当て日本人の」「第一着の急須は、古習の惑溺を一掃して西洋に行はるゝ文明の精神を取るに在り。(中略)断じて西洋の文明を取る可きなり」と主張し、この精神にのっとって封建教学や封建的因習の排斥をくり返し強調したのと酷似している(後述の津田の「支那」観が福沢の「脱亜論」と符合しているのも、そのことと無関係ではない)。津田が、福沢の著作に否定的な評価を加えながらも、その所説に福沢の着想と一致するもののあることは前に述べたが、福沢の啓蒙思想と共通する発想が津田の思想の中核を成している事実は、津田の思想の歴史的性格を考える場合に逸することのできぬ点であると思う。

一〇　社会問題・社会主義についての見解

士族の出身であり、農村に成長しながら一般農民から遮断された家庭に育ち、孤立した生き方に傾きがちであった津田の原体験については前に述べたとおりであるが、津田が階級問題について徹底した立場に立ちえなかったのは、そのような原体験に由来があり、中学教師・満鉄調査室嘱託・大学教授という閉鎖的職場で知識人としての生活を続けてきたことにより、その枠の打開はついになされずに終った。ただ、時代の推移の中で津田の社会問題・社会思想についての考え方にも、一定の枠の内ではあるが、かなり大幅な変化のあることを見のがしてはなるまい。

日記の明治三十年三月十五日に、中学生徒の「容貌風采を見」、「野気堂に満ちて、上品といふ語をつけんと欲するもの一人もなし。固より田夫野人の子供のみなれば、そも理なれど」、三十二年五月二十二日の「白石子（中略）わがためにに媒酌の労をとらんといふ。（中略）われは東京にて成長したる士族ならではと答へぬ。其の容姿と学才とは如何にもあれ、鄙びたる言語と鄙びたる挙止とのいかにあさましかるべきをおもへば、さる片田舎にて生ひたちたる女子の側にあらんことのいともうかるべきわざなるをや」、同年七月十八日条の「手足の労働と酒とに寸閑もなき連日のありさま、われながらあさましき境遇なり。労働社会の輩が心に高潔温雅の風なきは怪しむに足らじと覚りぬ」、同年十一月二日の「あやしげなる賤の男、賤の女、老婆、子守までむらがり来りむらがり去る。喧囂雑閙かしらいたく覚ゆるまでなりき」、同年十二月九日の「鄙しき賤の女」などという表現には、士族・知識人の立場から勤労民衆を蔑視する意識が憚りなく書き記されており、青年期の津田の社会意識の程が窺われる。したがって、この段階では、三十年三月二十八日に「足尾銅山鉱毒事件は近時俄かに其の勢炎を高め、村民幾百相結んで衷を闕下に訴へんとす。而して適々警官の諭すところとなり、芳林寺裡春雨絲々たる処、遙かに帝京を望んで空しく故国の荒涼を忍ぶ。彼等の情何ぞ其の憫むべきに堪へたる」という、当時の良心的知識人の多くが熱烈な関心を注いだ足尾鉱毒事件への注目が記されながら、せいぜい「憫む」という傍観者的同情を超えなかったのも、やむをえないところであった。三十二年九月二十六日にたまたま『万朝報』の懸賞小説「貧世帯」を読み、「貧窮に関する研究をなさばやとおもひて」、「貧窮の意義、原因、社会に及ぼす影響、救済法」その他の条目を列挙し、「経済上の立脚地よりするは勿論、国家の上より、人類の上より、更に進んで人生観及び世界観の根本に溯りて究尽するを要す」と考えたのが、社会問題にまじめにとりくんだ初見としてよかろう。これよりさき、二十九年十月十二日にアイルランド・ロシアの英帝・露帝爆殺陰謀のニュースを読み、「社会党、虚無党の陰謀は遂に悪逆たるに過ぎざるか、将た時勢自から然るものあるか」との感想をもらしたことはあったが、三十五年十月八日には矢野竜渓の社会主義小説『新社会』を読んで、社会主義への疑問を述べ、三十六年三月二十五日と二十七日には『社会主義及び共産主義』を読み、「今の所謂社会主義が経済上の物質的平等を求むる外、何等の目的なしとすれば、この物質的平等は精神的平等と果して相伴ふべきものなるか、うんぬん」と問題を提起している。同月二十二日条に「イリーの『社会主義』幾頁かよみ」、二十九日条に「イリーの『ソシアリズム』幾頁か辛くも読みたるのみにてすごしぬ」、四月一日条に「午後は『ソシアリズム』を繙きてサンシモンが条を殆ど読み了へぬ」とあるから、右の著者名を欠く書もイリーの同じ書であろうか。蔵書にはイリーの次の著書がふくまれている。

Ely, R. T.: French and German socialism in modern times, New york, 1883.

津田が次第に社会問題に目を向けはじめ、社会主義の研究を試みるにいたったのは、右のとおりであるが、社会主義は結局津田の受け入れるところとならなかった。津田は死にいたるまで一貫して社会主義に批判的態度を維持しつづけたのである。しかしながら、大正デモクラシー期の津田は、戦後のようにはげしい反共思想を示しておらず、むしろ社会主義が一面の真理を示しているとしてこれを一定限度内で容認し、自分の独自の立言の内にも、社会主義者の主張や用語と同じものを使った例さえ少くないのであって、津田の思想的円熟期の立場の歴史的位置づけをする際に看過できない重要点である。当時の津田の全力をあげてたたかおうとした相手が権力に結びついた前近代的思想であって社会主義でなかった事実は、大正デモクラシー期の諸潮流の対立関係の中で思想家津田がいずれの戦線に与していたかの識別標となりうるのではなかろうか。例えば、『我が国民思想の研究　平民文学の時代　上』に

　経済組織が今日のやうで無かつたゝめ、(中略)富者と貧者との階級戦が生ずるやうな傾向は無かつた。また政治が治安の維持の外に無かつたゝめ、今日のやうに財力が濫に政治を動かし、政治家が富者に媚びるやうなことも無かつた。[60]

日信の大正十四年七月二日に

　思想は生活から出たものであるのを、其の生活の背景をすてて思想だけを正直に受け入れるのである。思想とすればどんな思想でも或る程度の真実性を具へてゐる。其の真実性が喜んで受け入れられるのである。社会主義も共産主義も思想としては確かに(少なくとも一部分の)真実性を有つてゐる。

同年十月二十三日に

　西洋近代文化の精粋は科学であるが、此の科学のあれだけに発達した誘因乃至事情としては、搾取階級本位の社会組織があるにせよ、科学そのものの価値はそれによつて左右せられるものではない。

同十五年六月二日に

　浜松の楽器会社の労働争議に思想問題が絡んでゐるといふ官憲のにらみは見当はづれらしい、といふ噂が新聞に

見える。思想問題が争議を生んだのではなく、争議が思想問題を生んだのであらう。争ひがはげしくなれば労働者側に共産主義的思想が芽ぐんで来るのは当然である。役人の見かたは本末顚倒で、此の本末顚倒の観察が文部省の思想取締にもなる。さうしてそれは結局京都大学や北海道大学のやうなむだな人騒がせをやるに過ぎないものになる。

同月四日に

市会議員の選挙の結果がラヂオで放送せられたさうだが、円太郎の運転手は問題にもならぬ得票数であつたらしい。普通選挙であつたら、そんなことはあるまいと思ふが、どういふものか。此の候補者が麴町から立つたのなら僕は一票を投じたのであるが、全体の得票数はもつと少なかつたらう。兎も角も第四階級の擡頭は容易なことではない。

同五日に

所謂支那料理は遊食階級、所謂士太夫、ブルジョアの食ひものとして発達したものである。

同年七月二十八日に

中勘助のいつものやうな日記めいたもの、（中略）第一にそれは衣食に余裕のあるものの生活である。プロレタリヤには出来ない生活である。

同二十九日に

越後の農民学校(61)といふものが問題になつた。どうせ圧迫が加へられるではあらう。しかし、かういふ計画は他にも追々に出て来るであらう。さうして、或る年月の後、しまひには政府もそれを認めなくてはならなくなるであらう。さういふ気運を透察して初めからそれを容認してゆくやうなことは今の政府には出来ないであらうが、実はそんな政府の態度が、追々かういふ計画をするものを作り出す刺戟となるのである。僕は小作争議がかういふものを生み出したことを面白く思ひ、感心もしてゐる。それは小作争議が単に目前の利益の問題についてのみでなく、人としての問題となつたことを意味するからである。農民学校は農業労働者としての「人」を作らうといふのだからである。農民学校といふ名称も至極結構だと思ふ。

同年十一月八日に

二十年も前に自然主義運動といふのがあつた。しかし其のころの一般の思想界から自然主義が生まれたのでは無い。たゞ批評家が西洋人のうけうりをしたのみであつた。自然主義はむしろ近ごろに至つて主張せらるべきである。マルクスの唯物史観が経済学者によつて宣伝せられてゐるが、あれは一種の自然主義である。さうして唯物史観が今ごろになつて日本で喧しくいはれるのは、今の日本の社会にそれが適合するからである。日本人の生活に根拠のある自然主義はやつと今、芽を出したのである。

同年十二月十二日に

僕はマルクスの信者でも無く、社会主義者でも無い。社会主義は、結局、半面観である。他の半面である個人を見なくてはならぬと思ふ。しかし世の中は事実として完全なものができるはずが無いから、社会主義の実現せられる世が来てもよい。さうすれば、其の次には、社会主義を破壊しようとする個人主義の主張が現はれる。世の進歩も変革も理窟から出ずして実際生活上の要求から生ずる。此の意味に於いて階級戦争を主張するマルクシズムに理由はある。従つて社会主義の実現を希望するにも理由がある。たゞそれが実現せられても、それは決して終局では無いのである。それを終局だと思つたマルクスは誤つてゐる。

同月(昭和元年)二十九日に

マルクシストの学説は、今のプロレタリヤのために立てた学説である。それはマルクシストが過去の学説をブルジョアジイのために立てた学説だといふのと同じである。だから、今のプロレタリヤの主張が実現せられた社会ができ上がると、次にはそれに反対する新階級ができて、其の階級のために新しい学説が立てられるにきまつてゐる。「それだから、今のプロレタリヤの主張は無意味だ」といふのでは無い。社会の進歩はかうして迭次に新が旧を破壊してゆくところに生ずるのである。たゞマルクシストが、今のプロレタリヤの主張が最終の社会状態で其の後にはもう新しい階級ができない、といふのが誤りだといふのである。予知しがたい未来を、予知した如く考へるのが誤りだといふのである。僕は今の世に於けるマルクシストの態度には必ずしも反対でないが、其の主張には賛成しない。

その前日二十八日に

長谷川如是閑の「芸術からの解放」といふ文を新刊の「我等」で読んでみる。マルクシズムの見地から芸術を論じたもので、（中略）美の永久性に反対することは真理の不変性に反対することと共に、別に哲学上の考察を要する問題であつて、必ずしも階級的区別に結びつけて論ずる必要は無く、またさうすべきものでも無い。だから、此の考は階級闘争の眼からすべてを見るマルクシストの偏見である。しかし唯物史観に一面の真理が含まれてゐると同様、此の考にも一理はあるので、芸術も学問も実生活から生まれ出るものだといふことがそれである。けれども、（中略）知識も趣味も、（中略）実生活に根拠はあり、又た断えず実生活に影響せられてはゐるものの、全然実生活に支配せられるもので無く、一面からいふと実生活を誘導してゆくものである。唯物史観が此の一面を閑却してゐると同様、かういふ芸術論もまた芸術が実生活を動かしてゆくことを忘れてゐる。

昭和二年五月三十一日に

ロシア美術の展覧会を大いそぎで見て来た。（中略）芸術はやはり永久の芸術である。人間はやはり普通の人間である。ソギエットロシアが鬼の国でも蛇の国でもないことが、最もよく之によつて示されてゐるといつてもよからう。

前引「陳言套語」に

デモクラシイの要求をも、軍国主義に対する反対をも、社会問題をも、労働問題をも、すべて外来思想といふ語の下に一括し去らうとしてゐる一派の人々の考へが事実に背いてゐることは、いふまでも無からう。これらはすべて我々の現実の国民生活が生み出したものである。それが定まつた形となるについては、知識として与へられた外国人の考へやその運動が資料を供給したことは明かであるが、我々国民はさういふ知識を有つてゐるためにさういふ要求をするのでは無い。我々国民は官僚政治や軍国主義や資本家の跋扈する現在の経済状態に対して内心から痛切なる嫌厭と不満足とを感ずる。だからそれを改めようとするのである。それは我々の現実の生活が生み出した我々自身の要求であつて、決して外人から教へられたのでは無い。

（中略）世間には、現在の状態に対して不満足や嫌厭を感じない人々もある。我々が欠陥多しとする政治や社会の状態に順応して生活の便を得てゐる人たちに、かういふ傾向のあることも自然である。さういふ人たちは我々の思想を了解することができず、我々の要求に共鳴しない。だからそれを外来思想だと考へる。

と記されているごとき意見を通覧すれば、少くとも大正から昭和初年にかけての津田が、社会主義ないしマルクス主義に批判を加えつつも、それが実生活の要求から出たものであって、単なる外国かぶれの思想ではなく、誤をもふくむが一面の真理をふくむと認め、全面的に排撃しようとせず、むしろ「搾取階級本位の社会組織」あるいは「資本家の跋扈する現在の経済状態」に対し「痛切なる嫌厭と不満足とを感じ」、「それを改めようとする」という、社会主義とほとんど同一の要求を示してさえいるのである。津田がマルクス主義を正確に理解するだけの学習を行なった形跡は見当らないし、(62) 右の引用にも見られるとおり、マルクス主義批判はきわめて浅薄なものにすぎず、同時に現状変革への志向も情緒的の色彩強く、いずれにせよ、社会問題についてたいした識見はなかったと見るほかないけれど、それにしても、社会主義にこれだけの寛容と一種の共鳴までを示しているのは、戦後の戦闘的反共論とはいちじるしい相違があるとせねばならぬ。

大逆事件発生当時に事件の原因を政府の社会主義者抑圧に求める批判的感想を記していたことは、前に述べたが、大正十五年二月二十八日に幸徳秋水の詩を批評したのち、

僕は秋水を知らぬが、しつかりした人、まじめな人であつたと思ふ。所謂一九一〇年事件の真相と意義とは、百年、もしくは二百年の後になつて始めて知られるであらう。

同年三月三十日に

一九一〇年事件の刑が決定せられた時に僕は、特赦によつて彼等全部を放免したら、と思つた。さうしてそれを一、二の人に話したことである。(中略)これによつて、世界の君主国に於ける我が皇室の特殊の地位が最も明かに示されると思つた。同時に、此の不祥事を絶後のものとする所以も亦たこゝにあると思つた。不幸にして時の政府にはこんな考をもつてゐるものが無かつた。(中略)残つたものは何であるか。第二の不祥事件、第三の不祥事件、効果のおぼつかない、さうして非難のたえない済生会、――秋水は依然たる秋水である。

と記し、「天人ともに許さざる大逆漢」とされていた幸徳秋水に暖い同情の目を注いでいるのも、社会主義への寛容と無関係の個人的同情にとどまらぬものがあるのではなかろうか。

このように大正デモクラシー期の津田は、社会問題から目をそらすことなく、社会主義への寛容をさえ示すにいた

ったけれど、唯物史観の理論を日本の歴史の認識に適用することには終始反対であったから、津田史学における階級や階級闘争についての理解は、きわめて低調なものにとどまらざるをえなかった。階級と階級闘争との歴史における重要な意義を理論と実証との両面から日本史学の研究に導入して大きな成果をあげたのは、何といっても唯物史観史学の功績であったから、政治的イデオロギーないし世界観としてマルクス主義をトータルに受け入れるか入れないかにかかわらず、唯物史観史学を頭から拒否するかぎり、近代史学史の成果の上に立った日本史の科学的究明を十分に果しえなかったのは、必然の結果だったといわねばならない。

もっとも、津田は、広い意味での「階級」の対立に決して目をそらしていたわけではなく、『我が国民思想の研究』が、時代区分の原理として「貴族」「武士」「平民」という階層的な文学のにない手を導入し、それを軸として思想史の全体系を構成したのは、大正五年から十年という時期の学問的水準に照すとき、むしろきわめて先進的な階級重視であったといえよう。「貴族」「武士」「平民」は、厳密な社会科学的範疇としての階級であるかどうか、貴族はしばらく別として、武士と平民とは、今日ならば身分と呼ぶほうが適当かもしれないが、とにかくそれが社会階層の名であり、階層の力関係の変遷過程に歴史的発展の基軸をおいた考え方は、当時としては卓越した考え方であったとせねばならぬ。

「平民」という用語は、今日の語感からすれば古くさく感ぜられるかもしれぬけれど、明治三十年代の社会主義者が「平民社」を結成し、二回にわたり『平民新聞』と題する社会主義の機関紙が発行されたこと、明治三十七年に堺枯川・幸徳秋水が共訳した『共産党宣言』の訳文に「近代の労働階級(Working class)――即ち平民是れなり」とあるのを見れば、明治末年以来「平民」の名称は、今日の用語でいえば勤労民衆とほぼ同じ意味に用いられていたことが判明するのであり、単なる身分の名というよりは、やはり階級対立関係を暗に含蓄した用語であったと見てよいのではあるまいか。また「民衆」という語もしきりに使用されているが、これもまたあいまいな言葉ながら、「平民」よりもいっそう階級的色彩の強い用語である。したがって、津田が、階級関係を無視していなかったのはもちろん、当時としてはむしろその点の配慮は強かったとさえ言いうるが、それにしても、具体的な史実の認定に当って階級の対立と闘争とよりも、対立の弱さと闘争の欠如との強調に傾いていることは、否みがたい。

『我が国民思想の研究　平民文学の時代　上』に

生存の競争が今日の如く激しくなく、貧民となつても兎も角も生活ができる上に(農民の間に極めて貧窮な水呑百姓があつても、それは決して昔の欧洲の農奴のやうなものでは無いと同じく)都市の貧民もまたどこまでも自由の民であつて、彼等平民相互の間に於いては社会上の階級的圧迫を蒙らないといふことが、斯ういふ気風の養成を助けたのでもあらう。(63)

しかしこれは農民生活の一面であつて、別に他の一面の存することを見のがしてはならぬ。当時の農民が全体として苦痛の境にあり、断えず不安の生活をしてゐたとのみ考へてはならぬのである。(64)

『平民文学の時代　中』に農民の困窮を叙したあとに

と述べて階級対立が顕著でないことを力説するとともに、『平民文学の時代　上』に

農民の思想は文学の上に現はれることが甚だ少いから、茲にそれを詳論することは出来ぬ。が、大体に於いて一般多数の農民は商人より生活の波瀾も少く世間も狭く、従つて実社会から得る知識も少いのであるから、生活上の体験によつて練磨せらるべき思想も浅薄で、道義の念もまた幼弱であることを免れなかつたらう。(中略)又た商人とは違つて実生活の上に武士の抑圧を受けることが強いので、全体の生活が消極的となる傾があり、従つて意地も気力も無くなる。彼等自身の間に於いても、貧富の地位は商人の如く動き易いもので無いから、分に安ん

ずる思想がおのづから養はれ、武士に対しても、それに抑圧せられながら全く生活が出来ぬほどの窮乏にも陥らぬから、大に反抗するほどの勇気も出ず、時には裏面の手段で納税の緩和を計るか、然らざれば職を商工に求めて其の生活を転ずるのであつた。(65)

『平民文学の時代　中』に

人心の動揺は決して階級的闘争といふやうな意味を含んではゐない。下級武士の上級武士に対する反抗とか、或は又た平民の武士に対する反逆とかゞあるのでは無い。(中略)全体として階級制度の如き固定した社会組織から来る抑圧と倦怠とに人々が堪へなくなつた、といふ事情もあつたのであるけれども、それは或る階級と他の階級との争では無かつたのである。階級の存在を否認するやうな思想の無かつたことはいふまでも無い。又た経済生活に於ける貧富の争の如きは、全くその痕跡をも認めることが出来ぬ。百姓一揆は虐政に対する反感から来たものであり、時々勃発したぶちこはし騒ぎの如きも、特殊の事情の下に於いて米の無いものが米を有するもの若しくは米商に対する一時的憤怒の現はれに過ぎない。貧者の富者に対する漠然たる反感は固より存在したので、義賊といふやうな考の起つたのもそれ故であり、又た田舎などの狭い世界では利害関係から生ずる直接の衝突も生じ勝ちである上に、幾分の嫉妬心などもそれに加はつて「白壁のそしられながら霞みけり」(一茶)といふやうな場合も多く、地主と小作人との不調和も屢〻見られるのであるが、貧者にも富者にも明な階級意識が形づくられ、彼等の間に執拗な争の起るまでにはならなかつた。(66)

などと階級闘争の存在をほとんど全面的に否定しているごとき、大正期の津田のこの点に関する見方をよく現わしている。ただし、一揆の研究がいちじるしく高度の発達をとげた今日の学界の常識で大正期の津田史学を見るのはもちろん適切でなく、結論は津田の前引とほとんど同旨の見解に終っているものの、とにかく百姓一揆を全般的に通覧した実証的研究である黒正巖の『百姓一揆の研究』が公刊されたのは昭和三年になってからであり、階級的観点に立った一揆研究や一揆史料の公刊されるのは、すべてこの前後からのちのことであるから[67]、それ以前の大正期に、しかも社会経済史的史料を渉猟することなく、主として文芸作品を史料として作られた『我が国民思想の研究』において、津田が階級闘争について前記のような見解を出しているのも、必ずしも津田の個人的責任とのみは言えず、当時の学問の水準に制約せられた面の強かったことを度外視して評価を加えるのは酷であるが、それにしても、すでに大正五年公刊の『江戸時代文芸資料第三』には百姓一揆を主題とした文芸作品『百姓盛衰記』が収められていたし、その気さえあれば一揆についてもうちこわしについても、もっとつっこんだ理解をする手がかりがなかったわけではなく[68]、ことに他の研究者の思いもよらぬ新鮮な着眼点を随処に発揮しているこの書が、百姓一揆についてあのような見解しか出せなかったのが、やはり津田の思想的立場の故にもたらされたものであることもまた、認めざるをえないであろう。

だからこそ、昭和に入り、唯物史観史学が、今日からみればもちろんまだ公式論的な弱さを多分にもちながら、理論面でも実証面でも史学全体の内に次第に影響をもちはじめてくると、津田は、その成果に学ぶよりは、むしろこれを拒否する身がまえをとるようにさえなるのである。昭和四年に『史苑』第二巻第一号に発表された「歴史の矛盾性」に

歴史の過程に或る公式をあてはめ、もしくはそれを公式化せんとする見解は、(中略) 余の賛同する能はざるところである。(中略) 或は又た、歴史を概念化し抽象化することを以て史学の本色とするが如き傾向が、もし世にあるならば、それもまた余の見るところとは一致しないものである。歴史は、其の本質として、過去の過程を、特殊なる過程として、具体的に観るを要するものである。

と言っているのは、それとメンションしてはいないけれど、明らかに史的唯物論の理論を日本史に適用することを

「公式化」として排斥したものと解せざるをえない。『儒教の実践道徳』に

封建といふ語は諸侯が世襲的に一定の領土を与へられてゐることをいふのであつて、諸侯の権力の下にある所謂「国」の政治上の制度もしくは社会組織などを意味するものでは無い。（中略）近ごろ我が国で用ゐられてゐる封建の語は遙に原義から離れてゐるが、それはヨオロッパ語の訳語として此の語があてはめられ、其の意味に於いて用ゐられるところに主なる理由があらう。此の類のことが現代には甚だ多く、それがために却つて古典の解釈を誤まり、古典による上代社会の観察を誤まることも少なくない。

とあるのも、歴史の発展段階として「封建」という用語を使用する学界の傾向への拒絶反応を示すものといえる。昭和に入ってから、津田の研究は、中国思想史を別とすれば、もっぱら日本上代史に集中するのであるが、その中でも、階級対立をつとめて軽視しようとする論義がくり返された。昭和七年に『岩波講座日本文学』の一冊として書かれた「上代文学に於ける社会性」に

物語の興趣を添へるまでのことであつたにせよ、民間説話や民謡を結びつけたり、「あし原のしけこき小屋に菅だたみいやさやしきてわが二人ねし」といふやうな歌の作者を天皇としたり、又は歌垣に皇子が立たれたやうな話を作つたりしてあるのを見ると、貴族階級に属するものが彼等みづからを一般民衆とは遙かに懸隔した地位のもの、それとは本来違つたもの、とするやうな強い感情を有つてゐたかどうかは、疑問である。政治的には民衆を彼等の使役するもの、彼等のために租税を納むべきもの、としてのみ観てゐたではあらうが、社会的感情としては、寧ろ彼等と同じ人間と観てゐたのではあるまいか。少くとも、民衆を自己に対立するものとして、もしくは抗敵するものとして、観なかつたことはほゞ想像せられよう。対立し抗敵するだけの力を民衆が有つてゐなかつたからでもあらうが、もと〳〵悠久な古から歴史を共にして来た同一民族であり、民族的には征服者と被征服

者といふやうな関係が無かつたからである。（中略）次に民衆の貴族に対する感情であるが、（中略）防人の歌には官命の厳にしてそむきがたきことをのべ父母妻子に別るゝ悲痛の情を吐露したものが少なくないが、それは必しも貴族に対する反感の現はれでは無い。（中略）実際に於いても、もし一般の民衆の反感なり怨嗟なりがあつたとするならば、それは主として彼等に接触し彼等を凌辱する郡司里長などの地位にあるものに対してであつたらうと推測せられる。従つて、民謡などにはさういふ感情の歌はれたものが幾らかはあつたかも知れないが、それもたゞ臆測にとゞまるのである。のみならず、一面の事情としては、民衆は貴族の地位と其の生活とに対して一種の尊尚の情を有つてゐたはずであり、官府の権力に対しても畏敬の念があつたことを、忘れてはならぬ。（中略）文化が貴族階級のものであるそのことが、即ち文化の、従つて又た文学の、階級性を示すものではあるが、文学が階級意識によつて形成せられたのでは無く、それに階級意識が現はれてゐるのでも無い。（中略）階級の存在と階級意識の成立とは同じで無いといふことをも、注意しなければならぬ。階級の存在したといふことが、現代に於ける如き階級的関係の存在を意味し、現代人の意識するやうな階級意識の存在を意味するものとするならば、それは大なる誤であらう。のみならず、当時の民衆の生活を支配してゐた社会的集団は、階級的に組成せられてゐたのでは無くして、土地の上に立てられた村落であり、宗教的信仰もまたそれに結びつけられてゐたので、彼等の首長たる豪族は概ね村落の神社の祭主であつたやうであるから、此の意味に於いては、豪族は彼等の集団の中心をなすものでもあつた。彼等に対立するものでは無かつたのである。（中略）我が国の上代に関して近ごろ世に流行してゐる見解には、二つの顕著なる傾向があるので、其の一つは何事をも宗教的呪術的に見ることであり、文学の如きも其の起源を巫祝の行ふ儀礼に帰するのであるが、他はすべてを階級的に解することである。宗教的呪術的起源を有する事物の少なくないことは事実であり、宗教的呪術的儀礼が文学の発生に与つて力のあつたことも承認せらるべきであらうが、すべてをそれで説明しようとし、文学についてもそれを唯一の起源と考へるのは無理である。人間の生活は多方面であり人の心のはたらきも多様であつて、一つのことにも種々の側面があり種々の由来があると考へる方が、妥当だからである。(中略)上代文学を階級的に解することも、亦た之と同じ錯誤があると余は考へる。

と論じているのは、津田史学における階級の問題についての見解を、もっとも明瞭な形で述べたものであり、昭和八年に公刊された『上代日本の社会及び思想』に収められた「大化改新の研究」にも、同じ姿勢が示されている。

奴婢が法制上、世襲的であるやうに定められたことにも、支那の法制の影響があるのでは無いかと思われる。根本的にいふと、良賤の区別そのことが支那の法制を学んだものであるので、それに当る国語が我が国に無かつたことを思ふと、身分として良といひ賤といふやうな区別が厳格な意味で本来わが国に存在したとは考へられぬ。(中略)奴婢と其の主家の子女との婚媾が屢〻行はれたとすれば、奴婢が、後世の賤民の如く、特殊民として賤まれてゐたもので無いことは、おのづから想像せられよう。(中略)それを現代人の用語例に於いての奴隷と見るのも、大きな誤である。我が国の上代にギリシヤやロオマにあつたやうな奴隷があつたと臆測し、又は農奴の如き階級が存在した如く考へるに至つては、ヨオロッパの社会史上の事例によつて我が国の状態を推測しようとする現代の学者の通弊であり、それには又たヤツコの奴と訳語としての奴隷などの奴との混淆もあるのではあるまいか。ヤツコの由来が征服もしくは捕虜とした異民族を奴隷としたことにあるやうに考へようとするのも、亦た同じ過誤に陥つたものであらう。(中略)なほ近ごろは、上代の社会に種々の階級が存在したやうに考へられてもゐるやうであるが、これにもまた現代の階級意識の反映があるのでは無からうか。(中略)

近ごろの社会経済史的考察には、ともすれば現代の社会意識、階級意識、もしくはヨオロッパの社会史から与へられた知識に累せられる傾向のあるのに鑑み、つとめて当時の状勢と生活と思想とによつて改新の意義を討尋しようとした。私見の是非はともかくも、余の用意はこゝにあつたのである。

同じ書所収の「上代日本人の道徳生活」に

世には我々の民族の上代に於いて母系相続の遺風もしくは痕跡を認めようとする考へかたがあるやうであるが、文献に見える限りに於いては、それは困難であらう。（中略）子に対して母の有つ力の強かつたことは種々の説話によつて推測せられるが、それは家を支配する権威が母にあることを示すものでは無く、子が母の許で養育せられ成長する風習から生じたことであらう。（中略）つまどひの風習を所謂母系時代の遺風と見なし、それと共に、父の知られないものをさしあてるといふ播磨風土記に見えるアメノマヒトツの命や山城風土記の賀茂のワキイカツチの神に関する説話を、一般の状態として父が知られず母のみが知られてゐた時代が昔にあつて其の時からいひ伝へられたものと解し、さうしてそれを上記の母系説に結びつけ、それによつて我々の民族の上代にも所謂雑婚もしくは集団婚の行はれてゐた時代があつたことを推測しようとする考へかたがあるかも知れぬ。けれども、妻どひの風習は必しも母系の制度と伴ふものには限らず、現に父系による家族生活に於いてそれが行はれてゐたのであるから、家族制度の発達には必ず一定の順序があつて、父系になる前の段階として必ず母系の時代があつたと仮定しない限り、それを母系時代の遺風と解することはできぬ。（中略）万葉集巻九の筑波のかゞひを詠んだ歌に「他妻にわれも交らむ、わが妻に他もことゝへ」といふことがあるために、かゞひを一時的の性の開放であるとし、雑婚または集団婚の遺風とする見解もあるらしいが、これも亦たさう単純に説き得ることでは無い。

（中略）

以上は、(中略)世間には、一方に於いて文献に見える我々の民族の上代を原始時代でゝもあるやうに思ひなし、それと共に、他方では所謂原始社会に関する何等かの学説を、好むところに従つて、単純にうけ入れ、さうしてそれにあてはめて文献上の記載を手軽に解釈しようとする考へかたがあるらしいので、さういふ考へかたの非なることを説かうとしたのである。今日から知り得られる上代に於いては、家族制度が確立してゐたので、婚姻の風習もそれを基礎として成立つてゐたのである。勿論、さうなるまでには長い時間に経過して来た歴史的発達の幾段階かゞあつたには違ひなく、さういふ過去の遺風の何ごとかゞ後にも伝へられてゐたであらうとは推測せられるが、具体的にはそれが何であるかを知ることが困難であり、それについては今後の慎重なる研究にまたねばならぬ。たゞ過去の遺風があつたといふことを原始的状態が残存したことの如く解するならば、それは大なる誤であらう。(中略)家族生活の基礎をなす婚姻の規制とても、後世とは違つてゐるが、原始社会もしくは未開民族の風習に比擬すべきもので無かつたことは、いふまでもあるまい。

と論じているのが、家族の起源に関するモルガン＝エンゲルス学説の日本上代史への適用を拒否するための議論であることは、明白であろう。昭和九年に『岩波講座日本歴史』の一冊として刊行した「上代史の研究法について」においては、はつきりと「もし史料たる文献の研究が誠実に行はれたならば、世に多く現はれてゐる上代日本に関する種々の見解には、それによつて考へなほさねばならぬことのいくらでもあることが発見せられるであらう。例へば、唯物史観の或る公式にあてはめて記紀に語られてゐる時代の社会組織を説かうとするやうな考へかたに対しては、記紀の記載を綿密に検討すれば、其の無稽なことが容易に知られる」と言い、「唯物史観」をメンションしてその適用を強く排斥している。丸山真男は、後に詳述するような事情で、昭和十四年の暮に東大の講義の後に右翼の詰問を受けた津田が、「先生の立場は結局唯物史観ではないかと迫る彼等にたいし、ほとんど即座に『唯物史観などは学問じゃありませんよ』と軽く一蹴」したのを傍で聞き、「『オヤ』という戸まどいの気持」が心をかすめたと回想しているが、(69)すでに上引のような「唯物史観」批判を公言していた津田が、このような即答をしたのは、右翼の鋒先をかわす戦術でも何でもなく、平素の持論がただちに口をついて出たまでにすぎず、きわめて自然な反応であったといわねばなるまい。大正期の津田は、唯物史観史学の未発達による階級的視点の史学界一般における未成熟に制約せられて『我が国民思想の研究』において、階級的観点を脱落させたのであるが、昭和期の津田は、唯物史観史学の擡頭に意識的に対抗の姿勢をとり、ことさらに階級対立と発展段階理論とを拒否する「用意」をもってその研究を進めるにいたったのであって、そこにすでに戦後における津田の反共主義への傾斜のはじまりを見出すことができるのである。たゞそれにもかかわらず、戦前において、津田が唯物史観史学に対し政治的レッテルはりやイデオロギー攻撃を加えることをあえてしていない事実は看過されてなるまい。共産主義運動が合法化された戦後よりも、それが非合法の運動として弾圧されていた戦前には、むしろマルクス主義思想にイデオロギー攻撃をかけるのが容易であったにもかかわらず、それをしていないのは、上に紹介したとおり、大正デモクラシー期の津田の社会主義への寛容という姿勢を離れては理解できないであろう。この時期において、津田の思想上の主要なる敵は前近代思想に支柱を置く正統道徳であったから、その正統道徳により迫害されているマルクス主義に政治的攻撃をかけるようなことが、主要な敵と共同して二次的な対抗者を追いつめる結果となるのを、当時の津田は、自覚的か無意識的かはともかく、辨別する力をもっていたと思われる。戦前の津田が唯物史観を批判したのは、西洋社会の研究により導出された理論を日本史に安易に適用しようとする公式論的方法を好まなかったためであり(事実、生れたばかりの唯物史観史学、ことにもっともおくれていた古代史部門でのそれにその傾向のあったことは否定しがたい)、それ故に、津田の前近代思想批判が史学の形をかりたイデオロギー攻撃であったのに反し、唯物史観批判は、それと反対に史学の実証をめぐる方法論上の批判にとどまったのであった。この点で、反マルクス主義という点では一貫しながらも、戦前の津田と戦後の津田とをはっきりと区別するもののあることをくり返し注意しておく次第である。

二　婦人問題・家族制度観

社会問題についてと同様に、婦人問題ないし家族制度についても青年期の津田は、旧来の家族道徳思想から脱却しておらず、大正デモクラシー期に入って、前近代的家族道徳をきびしく批判するにいたっていることが判明する。明治二十九年七月刊行『密厳教報』第百六十三号に寄せた「売淫は何故に悪なるか」に加藤弘之の言を批判し、「足下は女子に貞操の徳あることを思ひ給はざるか」、日記の明治三十年四月二十一日に「『夕がほ』の巻を読むに、当時風俗の壊乱せるさま思ひやられていと浅まし」、同年八月十日に「我が国の恋歌を見るに、其の十中八九は皆『逢ふ』を以て最終の目的となし最初の動機となさゞるはなし。あゝこれ純潔の恋愛なるか。われは私かに我が文学の為に悲しまざるを得ず」と記し、三十三年十月二十九日の『毎日新聞』に寄せた「福沢翁の『新女大学』を評す」に、例えば「父子別居の制は果して今日に実行せらるべきか。殊に同居しながら、世帯を別にし、カマドを別にせよといふが如きは、啻に実行の困難なるのみならず、全く従来の家族制度を破壊するものなり。(中略)かゝる風習の普及せざる今日、女子をして遵奉せしむべき訓誨書たる『女大学』に於いて之をいふは、思想の未だ定まらざる現時の女子を誤ることなきか。兎も角も軽率の譏りは免れざるべし」、あるいは「われは必ずしも再婚を非難せずと雖も、(中略)事情の許す限り亡夫の家を守るは、むしろ情深く義高きにあらざるか」など、旧来の「家族制度」を擁護する姿勢を強く示し、三十四年『をんな』に寄せた「国史上の婦人」に、「女子の地位を高めねばならぬことは、いふまでもありませぬが、家族といふ考が社会の基礎となつてをる今の我が国に、個人主義から起つた風俗をそのまゝ移し植ゑようとするは、どんなものでありませうか。我が国の婦人の特有といつてもよい一種の貞淑優婉の性情が今の人々のいふやうな女権論と調和するものでありませうか。まして女子自身の修養が足りないのに、先づ其の社会に対する地位とか、男子に対する権利とかいふものを、かれこれいふのは事の順序を得たものでありませうか」と論ずるなど、この頃までの津田は、旧来の家族制度をほぼ是認する伝統的観念に安住しており、家族制度改革論に反対の意志をさえ示していた。

しかし、津田の家族制度観は、明治三十年代後半あたりから次第に変化してくる。三十五年十一月に津田は最初の結婚に失敗して破鏡の歎を体験しているが、その体験が家族制度観の変化をもたらす条件としてははたらいたかどうかは、離婚の具体的事情が的確にとらえがたいために、判断しにくい。日記の三十六年二月十五日には、「女子の世にあるは花の宇宙にあるが如し。其の任は人に安慰を与ふるにあり。(中略)女子に独立心あらしめんとするは、これ女子の特性を失はしめんとするなり。女子は本来独立すべきものにあらず。女子はもとより男子に依頼すべきものたるなり。女子に職業的、実務的教育を与ふるは女子の本務を知らざるものたり。女子の任務が人に安慰を与ふるにあるを知らば、其の教育の専ら美的ならざるべからざるを悟らん」と、依然古い家族観念を強調しているが、同年九月六日に出処不明の西洋の事件を叙したのち、「これ法朗西の出来事なりといふ。夫妻腕をかはして法官の前に立てるなど興趣ありといふべし。わが国にては決してかゝる事を許さゞるべきに。(わが国は外形に拘泥すること何事にても甚だし。かの国のかた人情を解すること深きが常なるやうなり。いかにや)」という感想を述べているのは、これまでといささか考え方が変わってきたように窺われる。

明治四十四年五月八日に

例の文部大臣は、どうしたら祖先崇拝の風を維持することができるかといふ問題を教育屋仲間へ提出したさうである。おれが教育屋の小僧であつたならばから答へる。最もよい方法は、親よりは子、子よりは孫と次第劣りに馬鹿にしてゆくことである。先祖になるほどえらい人であるならば、誰でも先祖を尊敬するに違ひない。これができぬならば第二の策がある。それは世の中をひつくりかへして、封建制度、世襲制度の社会に後もどりをさせることである。「親のおかげ、先祖のおかげで食べていかれる」といふ考を起させるにはこれが一番である。(中略)もし、また、以上の二策ができない相談だとすれば最後に一策がある。それは、個人の人格を立派にすることである。(中略)子孫から尊敬をうけるに値する人間を造ることが、祖先崇拝を子孫に教ゆる最良の方法である。但し此の最良の方法は忠孝屋にはお門ちがひの建策であらう。

同年十一月七日に

儒教は婚姻を以て明かに子孫をつくる為だといつてをる。しかし此の「子孫をつくるため」は犬や猫の種族保存と全く同一意味である。儒教を有り難がつてゐる道学先生は極端な肉慾主義者である。

と記すにいたって、はじめて家族制度への正面からの批判が始るのである。

『我が国民思想の研究　平民文学の時代　上』に

かの久兵衛の如く「孝行」の名によつて子の情を犠牲にしてまでも、親の利益もしくは家の利益を得ようとすることが多いので、そこに個人を重んじない家族制度の欠陥がある。親を養ふために女が操を売ることの孝行とせられた類も、やはり同じところから来る弊害であり、心ならぬ恋を装つて女を欺いても、盗をしても、親のためならば認容せられるといふに至つては(今様二十四孝巻一、四)、余りに個人の人格を無視したものでは無いか。家族制度の欠陥はなほ其の他にもある。其の第一は、父が家長である間は其の子が大人であつても独立した社会の一員では無く、従つて自分の意志による自分の生活が出来ないのみならず、家の中に於いても一人前に取り扱はれないことであつて、其のために往々家内に紛乱を惹き起こす。世に立つべき能力を具へながら、それが抑へられてゐるからである。(中略)正当に能力を揮ふことが出来ない状態は、おのづから其の力を不正当に使用せしめる傾があり、特に無責任の地位は益〻それに便利を与へるので、かの遊蕩児の生ずるのも、同じ家族制度の一要件たる財産の相続といふことから生ずる依頼心と、斯ういふ事情とが、其の大なる誘因となつてゐるのであらう。(中略)第二は嫁と舅姑との関係である。(中略)制度もしくは風習の上から強ひて父母ならぬものを父母と同視させようとするのは、そこに幾分の不自然がある。特に家といふものによつて互に障壁を作つてゐる家族本位の生活に於いては、女の嫁することは我が家から全く他の家に入るのであつて、(中略)家族制度によつて強制せられる嫁と舅姑との結合は、同じ家族制度から養はれた斯ういふ思想によつて事実上妨げられてゐるのである。(此の点から見ると家族制度と結婚とは根本に於て不調和なものであつて、夫の家からいへば、結婚其のことが本来異分子を家の内に混入させて、家族の結合を攪乱するものだともいへるし、また其の反対の方からいふと、妻の心裡に絶えず生家の念が蟠つてゐるので、(中略)家族制度は夫妻の結合を弛めるものだともいへる。離婚の多いのも一つはこゝに原因があり、合はせものは離れものといふ俚諺も生ずる。要するに個人間の問題である結婚を家のことゝしなければならぬのが此の混乱の本である)。(中略)次には妾の問題がある。(中略)甲子夜話に子を産んだ妾を斬りすてたといふ人の話があつて、此の書の記者は豪傑のしわざとそれを賞讃してゐる。子を得んがための妾であるから目的を達した上は、女に用が無いのみならず、他日に至り子が母の情にひかれて名分を紊す虞があるからだといふのである。此の物語其のものが、既に家族制度と常識でも考へられる人道との矛盾を示してゐる。(中略)更に社会的眼孔から見れば、家族制度の下に於いては公共心が発達せず公共事業が起こり難い。(中略)彼等の全生活は家の内に限られ家の内に始終してゐて、財産も我が身の遊楽に費すと子孫に遺すとの外に使途が無いのである。(中略)此の制度が、一方では世の秩序を保持するに便利であつたと共に、それだけ他方に於いて家族を遊惰ならしめ進取活動の気を抑へる結果を生じ、一般に人心を萎縮させた。(中略)比較的個人の活動が認容せられてゐる平民の社会に於いて、割合に元気が旺盛であつたのは、当然である。(中略)

夫妻の関係は子孫相続の本源であるに拘はらず、寧ろ軽んぜられてゐたのである。(中略)夫妻の関係が精神の無い形式と肉と甚しきは財産とによつて維持せられるに過ぎない、といふやうな危機も亦たことに潜んでゐる。夫妻の関係を軽んずるのは即ち両性の交渉を軽んずるのであつて、そこに相互の精神的要素が認められないからである。斯ういふ社会では女は女性として尊重せられず、従つて恋愛の成り立つ一大要素を欠いてゐるといはねばならぬ。特に武士階級に於いては、(中略)彼等の社会には何等の社交機関が無く、家は思想上の一種の城廓として堅固な障壁によつて他と隔離せられてゐるから、武士には単純な恋愛関係の生ずる機会が少く、もしさういふことがあれば「不義」として罪悪視せられるほどであつた。(中略)平民文学(中略)に性的欲求を離れた恋愛の毫も見当らぬことは注意を要する。恋愛の根柢に性的意義のあることはいふまでもないが、或はそれを意識しない無邪気な、あどけない状態にあるものもあり、(中略)其の他種々の精神的要素が纏綿し、(中略)終にはそれがために本来の性的意義を超越するに至ることも、また有り得べき事実であるのに、当時に於いては全然さういふことが認められなかつたらしい。これは(中略)夫妻としての関係の外に、両性の正当な接触が認められないからでもある。(中略)儒者の思想がやはり(中略)両性の関係を単に性的のものとし、(中略)家族組織によつて両性を結合し礼によつて其の慾を節するのが人の道であるとし、性的欲求に基づきながらそれを超越する恋愛の其の間から生ずることを認めなかつた（中略）。彼等は人生の已み難き慾として軽くそれを取り扱ひ、さうして外部からそれを抑制することをのみ教へたので、人生の根本に存する厳粛なる事実としてそれを尊重し、尊重することによつてそれを内部的に精錬し向上させることを知らなかつた。彼等は高尚げな態度を以てそれを賤んでゐるが、実は其の賤しとするところより外を視る眼が無かつたのである。(70)

『平民文学の時代　中』に

人の妻の上に加へられる堪へ難き圧迫は、夫からよりは寧ろ姑からであり、全体からいふと家族制度からである。人の妻の涙がちに世を送らねばならぬのは、夫妻関係から生ずる夫の態度によるよりは、家族に於ける彼女の地位によることが多かつたのである。(71)

という痛烈な封建的家族制度への批判が縷々として説かれているが、『平民文学の時代　中』に

西洋の科学と儒教道徳とを結合しようとするに至つては、資本主義の経済組織を学びながら主従道徳や家族制度を維持しようとすることの不可能であると、一般であらう。(72)

日信の大正十四年六月二十九日に『思想』の七月号を読んだ感想として

現在の日本の民法に於ける家族制度を論じたものもあつた。これは平凡な観察であるが、民法が或る点に個人主義を取り入れてはゐながら、全体から見ると、無批判に封建時代の家族主義を踏襲してゐて、それがために現代の生活の正当な発展を抑圧し、幾多の不幸を醸成しつゝあるといふ論旨には賛成の外ない。家族制度の因襲は多くの点に於いて弊害が多い。我々は新しい精神を以て家族生活の様式を改造すべきである。家族的結合そのものは自然の存在である。それは破壊すべきで無い。改むべきは、或る特殊の事情の下に発生した封建時代の因襲的制度である。新しい社会、新しい事情の下ではそれに応ずる制度が立てられねばならぬ。

同年九月九日に「夫婦生活は子孫を作るためだと説いた支那人の教」を批判し、

子孫は自然の結果としてできる。しかし夫婦の結合はそれを目的とする手段に過ぎないとするならば、夫婦生活そのものは無価値のものになる。我々はさうは考へない。夫婦生活そのものに価値があるのである。

と論じているなどの例とあわせ考えるとき、『我が国民思想の研究』所見の既引の多くの批判的見解と同様、現代の課題を念頭においての歴史的批判として読むべきであろう。さきに紹介した『儒教の実践道徳』における「孝」についての見解なども、その延長線上に形成されたものである。

封建的家族制度ならびにその精神的支柱としての家族道徳は、「孝」を中核とする儒教倫理をかりて合理化正当化される場合が多かった。津田が『儒教の実践道徳』を著作した動機が、単に「支那思想」の研究のためにとどまるものでなかったことは前に述べたとおりであるが、『我が国民思想の研究』においては、儒教的家族道徳が日本人の「実生活」ならびにそれから生じた家族意識とは全く異質のものであり、儒教的家族道徳ともっとも符合することの多かった封建的家族制度の時代にあっても、「実生活」にあっては必ずしもそれによって規制されない面の強かったことを情熱をこめてくり返し強調している。『貴族文学の時代』に

子に対する親の愛をのべたと明に知られるものは、万葉集中にも数は甚だ多く無いが、其の尠いものが尽くみな真情の流露したものであるのは嬉しい。親を慕ふ子の歌は、憶良の熊凝の歌とか、防人の歌とかの類であるが、是にも儒教的意味での孝行といふ冷な義務的観念のかげは少しもさしてゐない。(73)

『武士文学の時代』に

徳川時代のやうに社会が固定し家格が動かぬものになつてゐて、父祖の力のみによつて生活をしてゆく時代とは違つて、自己の力で自己の生活を開いてゆく動乱の時代では、父祖の力を頼むことも割合に少かつたらうから、

家族に於ける親子の関係も、後世と多少違つてゐるのは不思議では無からう。（中略）異国風の不自然な孝行の教が行はれずとも、親子の関係は自然に暖かであつたのである。[74]

『平民文学の時代　上』に

特殊の家族制度があまりに窮屈に定められたゝめ、それによつて却つて、自然な家族生活の素直な発達が阻害せられた傾がある、といつてもよい（徳川時代の家族制度が昔から我が国に行はれてゐたもので無いことは勿論である）。（中略）が、一方からいふと表面に不自然な形式はありながら、其の実は割合に自然な家族生活が営まれてゐたのである。家族生活の根本をなす親子夫妻の愛、自己の生命を永久に発展させようとする欲求は、人生に固有なものだからである。文学に写されたり論議の題目となつたりするのは、或は何等かの葛藤が生じ、或は理論的に押しつめて考へる場合のことで、さういふ時には思想上、表面の制度に強い権威があつて、それと人間自然の欲求とが衝突するから、上に述べたやうに其の弱点も明に暴露せられるが、実社会に於いては寧ろさういふ困難な場合に逢着せず、或はそんなことを深く考へさせられずに、兎も角も無事な日を送る方が多かつたであらう。さうして孝行も貞節も、儒者の説く文字上の教からでは無く、かういふ家族生活によつて自然に保たれて来たのである。[75]

『平民文学の時代　中』に

通常の場合に於いては、表面の形式は兎も角も事実の上では、妻は夫に対して友たり内助者たる地位にあるのであり、特にはたらいて生活せねばならぬ平民の社会にあつては、妻は家に於いても世間に対しても頗る重要の地位を有するのが常であつて、学者が説法するやうな絶対的服従を強要せられたのではないから、それに対して甚しき不満を感じなかつたのも無理は無い。勿論例外はあるが、例外をいへば夫が妻に苦しめられつゝそれを忍んでゐた場合も少なくない。徳川時代の人妻が甚しき抑圧を夫からうけてゐたやうに思ふのは、儒者または其の影響を蒙つてゐる道学先生の、紙上の教訓によつて誤られた点も無いではなからう。儒教道徳の直訳である「女大学」は決して実際の妻の地位を示してはゐないことを忘れてはならぬ。(76)

と述べているのがその例である。その観点から儒教的家族道徳に反抗する動向に着目し、例えば『平民文学の時代中』に「支那式」道徳に対する「自然の人情の反抗」に言及して

子に対する愛が浄瑠璃に於いて極めて濃厚に写されてゐることは、いふまでも無い。所謂義理のつらさも武士のあはれさも子故に思ひ知られる場合が最も多い。(中略)俳諧に於いては一茶が力をこめてそれを描いてゐることは既に述べた通りであり、我が子に対する全幅の愛も極めて率直に披瀝せられてゐる。(中略)姑の嫁いびりは川柳の好題目となつたばかりで無く、(中略)踊り歌にも歌はれてゐて、一般に嫁に対する同情は深い。世の実際は、親の権力を絶対的に承認してゐるばかりでは無いのである。人情本の作者は、恋に対して親の容喙することをさへ認めまいとしてゐる(英対暖語八)。(中略)

国学者の間には更に夫妻関係の根本について、支那思想は固より、当時の家族主義的風習に反抗するものも現はれて来た。それは宣長の恋愛至上説から来る自然の結論であつて、萩原広道も婚姻は恋によつて成るべきものであり、互に知らざるものを親などの計らひで強ひて配偶とするのは天地自然の理にそむくといひ、平安朝の風習を讃美してゐる。かうなるともう一歩進んで、家族制度其のものに対する不満の声が、微ながらに聞えて来るのも無理は無い。「心合はざれば親子兄弟も仇敵の如く、心が合へば四海みな兄分ともなり若衆ともなる」(風来根無草)といひ、それを当然のことゝする考もあるでは無いか。(77)

というふうに、そうした家族制度批判意識の出現を高く評価しているのは、それらが外来の借り物の理論ではなく、

日本人の「実生活」から生れ出たものだからであった。

「家族制度は国体の基礎」とされた明治憲法時代には、家族生活の歴史的変化を無視し、徳川時代の特殊な歴史的条件の産物にすぎない家族制度を国初以来の一貫した伝統であるかのごとき教説が宣伝せられていたことを考えるときに、津田のこうした見解のもつ積極的意義は十分に評価せられねばなるまい。津田がその後も、『儒教の実践道徳』や

親を尊しとし子を卑しとして、親に対する絶対的服従が子に要求せられ、子は親のためにのみ生存するものであり、親の所有物であるとせられた支那の孝の教のやうな思想は生じなかつた。(中略)万葉巻五の巻の山上憶良の歌に「父母を見れば尊し、妻子見ればめぐしうつくし」とある前半は(中略)支那思想に由来する分子が含まれてゐるらしいが、後半は「子等を思ふ歌」などの作者の言であることから見ても、純粋なる感情の発露であり、さうしてそれを前半の思想と対等に取扱つたところに、日本人の思想がある。(中略)それと共に親に対する思慕の情の歌はれてゐるものが万葉に少なくないのを見ると、親子の間が素朴な自然な愛情によつて結びつけられてゐたことが想像せられる。

などと、「支那思想」と異質の家族道徳の行なわれていたことを実証するのに大きな力を注いだ「上代日本人の道徳生活」(『上代日本の社会及び思想』所収)を著わしたのは、特にそうした現代の正統的家族道徳説の横行を念頭においてのことであつた。『上代日本の社会及び思想』の序文に、特にそれらの点に言を費すことの多かったのは、「一つは、これらのことについて世に行はれてゐる種々の見解に同意し難き点があるからである」と言っている、その「種々の見解」には、一方モルガン＝エンゲルス流の古代家族論をもふくむと同時に、他方上述の正統的家族道徳説をふくんでいたことは、疑をいれない。

一二　因襲的自然観・因襲的芸術批判

津田は早くから日本の伝統芸術とその自然観の因襲的傾向に対し、鋭い批判を提起していた。明治二十九年群馬県中学校『学友会雑誌』第十四号に載せた「文界瑣語」に

「国学者」と「歌人」と殆ど同意義に用ゐらるゝ間は、わが和歌界は到底振興の機を得ざるべし。されば、今日の要務は断じて詩人ならぬ国学者をわが詩国の圏外に放逐するにありとす。而して後、和歌の面目はじめて革まるを得る歟。

日記の明治三十一年九月二十日に

我が国の美術は兎角陰気に兎角さびし。(中略)絵画には土佐絵の如きものもしくは浮世絵の如きものの外は、筆法は固より画趣も概ねさびしき方に限れり。墨絵山水の美、といふ如きものはよく其の趣きを解するもの幾許かある。彫刻の如きも然り。建築の如きも仏教の殿堂の如きはむしろ人の感覚を抑圧するの思ひあり。仏教の感化は美術をして自然の発達をなさしめざりしなり。教育上等に於いてはむしろ西洋の美術の光彩燦爛たる方望まし。

同三十六年十一月三日に

秋は荒涼寂寞たる一面と、豊饒富贍なる一面とあり。けふ汽車のまどよりながめやりし沿道の光景、黄金色したる稲田の、あるはひろやかにうちつゞき、あるは山のかひ、川のほとりにつらなれる、見るからに豊かなるみいりのおもひしらるゝなり。西欧の文学にはげにかゝる光景、かゝる感想を詠じたるものおほかるに、わが詩歌のたえてこゝにいひ及ばざるは何故ぞ。こはわが古文学の偏に山城大和の山地に於ける宮廷詩人の手にのみなり、

而して後、人の詞章を弄ぶもの偏に之を踏襲するをつとむるがゆゑなるか。

と記しているごときがそれであって、やがて『我が国民思想の研究』の全巻にわたり、例えば『貴族文学の時代』の斯ういふ風光の裡に生ひ立つた万葉の歌人は、どんな所へいつても、やはり同じやうな情趣をのみ求めたので、雄大な宏壮な眺は彼等の目には入らなかつた。(中略)筑波山に登つても、雲烟糢糊として無限の平野を蔽ふ関八州の遠望を賞することは出来ず、(中略)朝日の光に絢爛たる光を放つ立山に対しても、其の雄姿を讃するのでは無い。(中略)日本海の怒濤に対しても、彼等はたゞ美しき渚によする銀色の小波を愛するに過ぎなかつた。(中略)天界や空界の壮大な眺めもまた彼等の詩に入らなかつた。(78)

とか

自然界は初から人生の歓楽を助けるものと決められてゐる。従つて、平安朝人は自然の恩恵を感謝するといふやうな考は少しも無い。(中略)春の花に尽きる期なき歓楽を享受しようとはしながら、冬にゐて春を翹望するあこがれも無く、春が来ても飛び立つほどの喜びもない。四季の推移が徐々に行はれ、且つ冬とても人の身人の心を圧迫するほどの烈しさでなく、折にふれてそれ〴〵の遊楽も出来る京の天地であるから、北欧の詩人が春を喜ぶやうな熱烈な感情の起らぬのは自然のことであり、(中略)南欧の五月の人の血を沸かすやうな強烈さがないから、春にあつても我を忘れて躍り狂ふといふ調子の出ないのも当然ではあるが、また、さういふ強い力の無い優しい自然が、平安朝人の自然を玩弄視する一原因ともなつたのではあるが、一方には彼等の生活の目的が全く人生の歓楽にあつて、何物をも其の方便に供するといふ思想が、自然を重んぜず自然を尊敬しない傾向を生じたのである。(中略)又た、かの山川河海の雄大なる眺めについては、勉めて之に接することを回避して、纔にみづから其の繊弱な官能を保護しようとしたのである。だから平安朝人は真に自然を解し自然を愛したものではなく、自然

を玩弄したに過ぎなかつたのである。(79)

とかいう例に見られるごとき、日本芸術の因襲的な弱さに対するきびしい批判がいたるところに展開されたのであった。日信の大正十四年四月二十三日にも

日本人は昔から自然に親しんでゐるといふが、それは自然の一々の現象、月なり雪なり鳥のねなり、花の色なりを愛玩するのであつて、いひかへると、自己に対して自然を小にするものである。さうして上に述べたやうな漠然たる自然の雰囲気には感じが鋭くなく、従つて自然の威力を認めなかつたやうである。「万葉」以来、僕の歌ひたいと思ふやうなこゝろもちを歌つた歌が少ない。自分はこの点で日本の歌に大なる物足りなさを感じてゐる。

同年五月三日にも

日本人に物象をたしかに見、又は作る力が欠けてゐたからでは無からうか。「万葉」には、人の貌や姿を写したものも無いのである。日本に神話が発達しなかつたのも、神の像ができなかつたのも、同じところに由来があらう。支那にゐても支那の風物が歌詠に上らなかつたのは当然かも知れぬ。

などと、日本の伝統芸術への不満を書きつけている。

一三　中国観

津田が、大正・昭和初年にいたるまで、日本の社会・思想界に残っている前近代的要素に対し、さまざまの分野にわたりきびしい批判の姿勢をとっていたことは、上の諸節につぶさに見てきたとおりであるが、津田が否定的批判の対象とした前近代的要素のうちには、中国から移植され、日本人の「実生活」から乖離しているにもかかわらず知

識・観念の上で権威をもっている「支那思想」が大きな比重を占めており、それ故に津田が、日本の前近代思想の批判を有効に進めるためにさらにさかのぼって『儒教の実践道徳』などの中国思想史研究を行ない、間接に日本の支配的正統道徳に効果的な打撃を加えようとしたこともまた既述のとおりであって、津田にとり、「支那」は、日本の伝統におけるマイナス要因の根源として、徹底的に批判せられねばならぬ宿命を帯びざるをえなかった。他方で西洋近代文化を世界的普遍性をもつ文化と見、日本の西洋近代文化受容を「西洋化」ではなく「世界化」とし、一方で中国文化を普遍性のない「支那」的特殊文化とする津田の「脱亜」的近代主義は、客観的には大きな問題をはらむものであるけれど、儒教を中核とする前近代的イデオロギーが正統道徳として権力により支持せられ、日本の前近代性を温存・再生産する役割を演じていた戦前の日本において、前近代的封建的なものとのたたかいが、ひいてそのようなところまで行きつくこととなるのも免れがたい勢にあったことをも考えなければなるまい。

日記の明治三十年二月十一日に「今日邦人の支那を見ること甚だ軽蔑に過ぎ、戦争以来特に甚だしきが如し。これ実に支那人民の勢力を誤認するものにして、又た東洋政策上極めて好ましからざる影響を来すの虞れありとす」と「支那人民」に一時は豊かな可能性を求めた津田が、三十二年十月二十三日には

支那をして古より常に外国の文明と相接せしめたらんには其の進歩の状態いかばかりなりしぞ。支那は厖大の国、邦土広闊なりと雖も、山河の異なく形勢の変なく、欧洲の国土の出入起伏、参差として犬牙相まじへ錯落として山海相雑るの観なく、たゞこれ弥望千里、一様の山河、一様の平原あるのみ。其の内に於いて、互に異様の文明を発揮し多種の開化を織り成すの余地あるなし。而して外来の刺激は独り印度文明の「影」のみかすかに其の地に印したるを見るのみ、西欧の文化の、埃及より、猶太より、フェニシヤより、而して希臘、而して羅馬、而して又た日耳曼相互に切嗟琢磨するものと同じからず。支那が進歩せざること、亦た怪しむに足らざるを覚ゆ。

三十五年九月二十二日に

邦人の学、其の基づくところ欧地にありきとするも、邦人既に之を究む、其の学の西人の学にあらずして邦人の学たるは、恰も儒仏の教の邦人(中略)の教たるが如けん。清人が頑陋迂鈍の弊、まことに其の輓近科学の知識に乏しきが故なりとせば、之を開導する、誤つて人の西学とよぶ世界の学術にあらずして何ぞや。(中略)世人往々西欧崇拝の醜なるを知りて而して未だ支那崇拝の陋なるをさとらず。近時清客の来遊甚だ多きを加へたると共に、所謂漢文学を弄するを知るもの、相率ゐて之と交遊を試み以て栄とするものあり。其の状恰も徳川氏以前に於ける学者の醜態を復興したるが如き観あり。睡して棄つべきにあらずや。

同年十月八日に

「日本人」を見るに、丁汝昌の末路を記せる一文あり。彼の自殺は部下のために脅迫せられしが故なりとか。吁、支那人の利己主義は遂に此の如し。おもうてこゝに至る、宣長等の説は俄かに妄譚とすべからず。

と記すにいたって、すでに明治三十年代には、津田の否定的「支那」観の基本が確立したもののようである。四十五年四月九日の日記に「チャン公」という言葉の用いられているのも、津田の「支那」観が理性のレベルばかりでなく、感性のレベルにまで浸透していたことを示している。専門研究の生活に入って以後の津田の著作には、日本思想史に関するものにも、中国思想史に関するものにも、すべて右の「支那観」がいたるところに露呈されているが、日常生活の中でもその考を赤裸々に述べている。日記の明治四十四年八月九日に満鉄調査室の蔵書につき、

四壁に高くつまれた満架の書冊(中略)これ等の書物にはチャンとヨボとの過去が記されてあるでは無いか。権謀と術数と、貪慾と暴戾と、虚礼でつゝんだ険忍の行と、巧言で飾つた酷薄の心とが其の幾千巻の冊子の一枚一枚に潜んで居るでは無いか。(中略)現実を遠ざかつた過去の影ではあるが、支那人の頭から出て、支那人の手にな

つたこれ等の書物から起る汚濁の空気におれの頭が圧しつけられて、たまらなくイヤな気になるのは無理でも無からう。

日信の大正十五年十二月二日に

「西廂記」の如きも、美しいのは詞章だけである。(中略) 美辞麗句を除けば、あとは空つぽである。支那の全体がさうである如くに。

同月三日に

例の原稿を書いてゐると、支那人の考へかたの浅薄であることが、つく〴〵感ぜられる。(中略) 運命は或る人にとつては其の人の生活の内部に存在するものである。しかし人はそれを脱しようとする。こゝに人の自由の欲求と必然的の運命との間に争闘が起り、そこに苦悩が生ずる。さうして其の苦悩に宗教もあり道徳もある。支那人には、かういふ考を起すほどな内省と強い人間的欲求が無い。おもしろくない人間である。

とあるごときは、その典型的な例であろう。

専門的学術研究に現われた津田の「支那」観は、到底一々あげるにたえないが、端的にその否定的評価を明示した二、三を例示して一端を窺う手がかりとしておく。大正十三年に『東洋学報』第拾四巻第三号に発表された「易に関する一二の考察」に

彼等は知識を愛し知識そのものを正しく純粋にし又た深めてゆき、さうしてそれによつて物に対し事に処してゆかうといふのではなく、幼稚な呪術や迷信や何等かの因襲的思想や民間の風習やに知識の外皮をつけ、知識的にそれを取扱はうとしたに過ぎないのである。支那人の知識に論理的な思索と統一とが欠けてゐるのは、当然である。何様かの組織だつた考へ方をするにしても、些少の聯想によつて種々の事物や観念を際限も無く結合し援引

し附会する。

同十五年『満鮮地理歴史研究報告第十一』に載せた「漢代政治思想の一面」に

徹底的に実利主義者である支那人は目前の物質的生活をあるがまゝに享受し、それに始終して足れりとしてゐる。たゞ彼等にも思惟がある。しかし、其の思惟によつて此の生活を動かさうとはしない。思惟は単に思惟として其の領土を有たせて置く。さうしてそれと生活とは相関せざるものとして置く。だから、それは実生活から見れば初から終まで空疎なものであつて、それが思惟の本分なのである。(中略)あれだけに文化の発達した民族でありながら彼等は知識を知識として、いひかへると真理を探求するものとして、取扱ふことを知らなかつた。

同じ論文に

上代の君主にとつては自家の権威を立てその欲望を充たすことが政治の全体であつたので、それは何れの民族に於いても同じであるが、支那のやうな地理的状態に於いて、あのやうな広大な土地と多数の民衆とを有するところでは、君主と一般民衆との間に何等の親しみが無く、又た国土民衆を一つの国家として他の国家、他の国民と対立することが無いから、国家的意識が全く発達せず、国民といふ観念が形成せられないと共に、君主として国家の存立のために国民の富強を計るといふ考をも懐かせないのであるから、此る傾向は特に甚しいのである。(中略)高い調子で政治を説いた孟子の考は民主的であるやうに思はれてもゐるらしいが、実は民衆を軽視してゐることの甚しいものである。民衆は自己に利益を与へる、もしくは損害を加へない、君主ならば何人にも、又た如何なる場合でも、服従するものであり、其の反対の君主ならば何人にも背反するものであるとせられ、それを肯定して、其の上に所謂王道論を建設してゐるのが孟子である。だから、其の王道論は極端な物質主義に立脚してゐるものであると共に、民衆は全く動物と同視せられ、何等の道徳的人格を与へられてゐない。孟子の思想のみならず尚書の精神もまた同様であつて、革命説の根拠は即ちこゝにある。かういふ民衆が自主的に何等の力をも認められてゐないことはいふまでも無いから、其の生活が全く君主の恩恵によるとせられるのも亦た当然であつて、仁政の意味がそこにある。（中略）孟子の政治学が民主的であるといふのは、根本的の誤解といはねばならぬ。

昭和八年『東洋学報』第弐拾巻第三号に載せた「儒教の礼楽説」に

人の行為に一定の規矩を与へるところに意義のある礼は、其の本質として保守的精神を有するものであるのみならず、過去の時代から因襲的習慣的に守られてゐることによつて、其の権威が一層強められる。（中略）さうしてこのことは、支那の文化が上代に於いて一旦或る程度に発達した上は、もはや停滞して動かず、それから後はたゞそれを維持するのみであつた歴史上の事実と相応ずるものである。支那人が未開民族によつて包囲せられてゐる孤立した文化民族であり、其の文化階級が一般の民衆とは隔離した地位を占めてゐたことが、文化の停滞の主要なる原因の一つでもあり、思想の保守的になつた有力な事情でもあることを考へるがよい。（中略）支那に思想上の革命が起らなかつたのも、一つはこゝに理由があるので、思想は知識として与へられたものであり、さうしてそれには生活を指導し羈束する権威が無いから、それに反抗しそれを変革する必要も生じないのである。それは恰も政治上の制度や社会知識に対する革命が起らなかつたと同様であるので、民衆の生活は制度や社会組織のために甚しき圧迫を感じなかつたのである。

などとあるを見ただけでも、ほぼ全般を察するに難くないであろう。

津田は、日本については、『我が国民思想の研究』のように、古代から近世までの一貫した歴史の発展をあとづけた研究を行なっており、近代については、戦前にはついに実証的研究を発表するにいたらなかったけれど、同時代人としての体験的知識をもっていたが、中国については、先秦時代から漢代あたりまでの、古典的思想についてに研究の範囲が限られており、わずかに昭和十三年に『東洋思想研究』に載せた「朱晦庵の理気説」が新しい時代の思想を取り扱った例外的著作として数えられるにすぎない。また、津田は実地に中国に赴いて中国の社会をその目で見、中国人の生活を現実に体験する機会を求めたことがなく、その「支那」観はすべて文字を通して得た知識から導かれたものであるから、日本の思想・文化についての津田の見識と、中国についての津田の見識との間には、質量両面にわたり大きな格差があったといわなければならぬが、それはとにかく、津田の「支那」観が右のごとくであるかぎり、国内問題については大正デモクラシー期の思潮を典型的に代表する高さに達した津田の時代感覚も、ひとたび中国問題となると、そのなまじいの学問がかえって中国の歴史の進展を的確に把握する視力を奪う結果となり、特に辛亥革命以後進展しつつあった中国の民族的自覚と革命の進行の認識をほとんど不可能ならしめたのであった。

日信の大正十五年八月二日に

今の支那の状態を見るがよい。どこに、弱国としてのつゝましやかと強国たらんとする努力と、自己の民族を向上させようとする高い精神とがあるものぞ。彼は弱国たることを見えとして、却つてそれを強みとしてゐる一種の「ふてくされ」である。(中略)都合がよいと見ればアメリカを味方にする、内わげんくわのためにはロシアを頼む、さうして口にアジヤをいふ。何のアジヤであるか。民族主義も強国に対する反感も、政治家や外交家の言論や策動である限り、それは真剣なものでなく、根柢の深いものではない。それは其の場〳〵の政略と離れ難いものだからである。

同年十一月二十五日に

支那が赤くなるか、ならぬか、といふ問題がある。ほんとうに赤くなるには階級意識が鮮明にならねばならぬが、それは今の支那には無い。のみならず、階級意識の鮮明になる前の段階として資本主義の経済組織が存在しなければならぬが、それがまだ成り立つてゐない。だから支那が一足飛びに赤化する筈は無い。但し支那には昔から権力に反抗する思想がある。(中略)かういふ漠然たる感情が表面上、赤い感じとやはり漠然共鳴し易い。そこで赤い宣伝がちよいときゝ易いのである。しかし一方では支那人は権力慾が強い。役人になつて金をため、兵隊になつて掠奪するを喜ぶ心理である。だから紅い宣伝が成功して其の宣伝者が権力を得ると、今のロシアの支配階級以上に権力を振ふやうになるであらう。支那は赤くはならない。かういふことを、今日僕は或る人に話した。

昭和二年三月二十三日に

何れにしてもたちのよくないものは取扱に困る。民族としての支那人も同様である。「中国」の虚名と空疎な「東洋文化」の幻影とを誇りとして、旧人も新人も、ごまかしばかりをいつてゐる。さうして正直に忠言をすれば、敵意を含んでそれに対する。厄介至極な隣人である。

同月二十九日に

南京の騒ぎは言語道断だが、(中略)震災の時、朝鮮人の虐殺をやつた日本人もあまり大きな口はきけないが、あれは虐殺で掠奪はしなかつた。今度は虐殺はしなかつたが掠奪をした。そこにどういふ意味があるか、僕にはわからぬが、とにかく、支那人が上等な人間でないことだけは、日々明かになつてゆく。実は三千年の前から同じことである。

同年四月十六日に

支那の赤化とか共産主義とかをまじめに受け取るのは、仁義の政治をまじめに考へるのと同じである。労働党や社会主義者の支那観は、かびの生えた漢学者の支那観と同程度のものである。

と記されているごとき例を見ると、津田が、二十世紀の中国に生じつつある大きな歴史の胎動をよみとることができず、古代中国思想研究の結果確立させた「停滞支那」の固定観念を改めるだけの余裕をもっていなかったことが明白に窺われる。

前述のとおり、津田は、日本の前近代思想に内在するマイナス要因の根源を究めるために中国研究に入ったのであって、日信の大正十五年五月二十四日に

或る人が来て、「君は支那が嫌ひだといふのに支那のことをやつてゐる、可笑しいぢやないか」といふ。そこで僕が説明してやつた。糞や小便をうまさうだともよい香だとも思つてゐるものは無いが、それでも毎日それを試験管のなかへ入れたり、顕微鏡でのぞいたりしてゐる学者がある。僕の支那研究にも第一にそれがあると思ひ給へ。これはいかなる事物にせよ、其の本質、其の真相を知らうとする純粋の学問的興味のためである。次には我々の思想にも考にも、長い日本の文化の歴史の結果として支那的要素が多く含まれてゐる。だから、日本の文化、もつと切実にいへば自分自身の思想を明かにするためには、其の支那的要素、従つて支那文化、の本質を明かにせねばならぬ。これが第二である。

と言っているのは、上述の問題意識が、津田を中国思想史研究に深入りさせた、もっとも有力な動機であったことを裏書するものといわなければならぬ。中国が克服さるべき万悪の根源という角度から研究され、その研究成果が現代中国を見る目を制約するかぎり、現代中国に生じつつあった大きな歴史的前進の底流を読みとることの困難であったのも、いわば宿命であったろう。しかし、津田は、前引日信の文にすぐにつづけて

それから、如何にきらひでも支那人も人間である、支那思想も人間の生んだものである。(中略)支那人とてもわるいところばかりあるのではない、どこかに人間らしい人間として尊むべきところが無ければ、あれだけの文化は発達しない。嫌なもののうちからよいものを見出さう、塵埃の裡から珠玉を発見しようとする興味もそこから

湧く。これが第四である。

とも言っており、同年八月三十一日にも

平生支那の歴史を読んだり、学者の書いたものを見たりして、そこから推測すると、支那人といふものは如何にもいやな人間だと思はずにはゐられないが、それだけでは支那の社会が今日まで成り立つてゐる筈が無い。書物などに現はれない実際生活に於いて、却つて、面白い、よい、ところがあるに違ひないと考へてゐる。

と記していて、中国に対する自己の既成観念が必ずしも中国のすべてを説明し尽しうるものでないことを反省するだけの理性は保たれていた。[80] 昭和二年一月十一日に

今度の漢口事件は、御きげんとりをはじめた英国の失策だともいへる。えらがつてゐるものに対して弱味を見せると、きつと、こんな目にあふ。（中略）今度の事件には赤い手が後に控へてゐるにせよ、ゐないにせよ、十年前には支那人が英国に対してこんなことをするなどは夢想もしなかつたことである。たゞ問題は此の下り坂になつた原因の何であるかである。目に見えぬ時運の大勢といふやうなものがその一つであるならば、其の大勢の内容が何であるかに関せず、そこに世界史の一転機があるのではなからうか。欧米に対してはアジャの一国で、アジャに対しては欧米の一国であるやうな日本は、此の間にどうすればよいのか。

同年七月七日に

今日の東洋史談話会で、和田（清）が支那がへりの土産ばなしをした。支那人の考が西洋化して来たことと、支那に外国排斥の気風の強くなつたことを、著しい現象だといつてゐた。此の二つは一見矛盾のやうであるが、必ずしもさうばかりでない。（中略）しかし、もう一歩進んで考へると、此の思想上の西洋化は実はうはつらなものである。ほんとうに西洋の思想が領解せられるならば、空虚な国権の主張が無意味であり、事実、国力の充実を示す

ものでないことが知られるはずだからである。だからこゝでは思想と実生活とが分裂し、別々になつてゐた過去の支那人の文化状態が依然として継続せられてゐる。支那の新思想運動は決して無意味ではない。よしそれが方便として説かれ、実生活と没交渉であるにしても、口でいふことは、口でいふだけでは終らないで、何の点かで実生活にはたらきかけてゆくものであるから、それを口さきだけとして手軽に片づけるわけにはゆかぬ。

と記しているなどの例は、津田が中国の自覚と「停滞」からの脱皮の可能性を全く無視していなかったことを語っているが、しかし、全体として津田が中国について強い否定的態度を持していた事実は、何といってもまちがいないところである。(81)

一四　朝鮮観

中国を蔑視した津田は、ほぼ同じような目で朝鮮を見た。日信の大正十四年六月二十七日に国学院での講演の要旨を摘記した一節に

型にはまつた因襲的思想が生活を抑圧する時に、生活力の強いものは其の因襲を破つてゆく、弱いものは因襲に抑へられて生活力が衰へてゆく。朝鮮などは生活力の弱い国民だ。だから滅びた。

大正十五年七月二十二日に

朝鮮人が朝鮮文学を愛することアイルランド人の如くなる日が来るかどうか。それは覚束ない。第一、朝鮮人は国文学をもたなかつた。それほど文化上の独立性が欠けてゐる民族である。さうして、それと同じ原因から生じた現象として民族があまりひねくれてゐる。純真さが無い。

といった感想や、前に引いた中国人を「チャン公」と呼ぶとならんで朝鮮人を「ヨボ」と呼んでいる態度などに、津田の朝鮮観が赤裸々に示されている。津田は、前に引用したとおり、大正大震災の際の朝鮮人虐殺を日本人として恥辱と感じていたし、大正十五年六月十日にも、李王の死に対し、朝鮮人が「哀悼の声を大にしてゐるのは、日本に対する反感、もしくは朝鮮の独立といふ漠然たる感情が、李王に投影せられたのである。李王が本来大事なのでも何でもない。偶像たる李王家を此の一種の民族的感情で生かしてゐるのである。仮に今、朝鮮が独立したとしたなら、此の偶像は忽ちドブの中にすてられてしまふに決つてゐる」、したがって、「日本の政府が李王家や其の周囲の少数の貴族などを優遇して、それで朝鮮人の歓心を買はうとするのは間違つてゐる」と判断するリアリスティックな目をもっており、また同年三月一日に、「今の朝鮮人が今の日本人に対して反感を有つことは当然であり、そこに実は朝鮮人の人間味がある」と考える気持までもっていたけれど、右の文に引きつづき、「今の日本人、帝国主義的の日本人が、朝鮮は昔から日本の属国であつたやうに宣伝し、その宣伝によつて朝鮮併合を是認させようとするから、かういふ誤つた判断とそれに本づく反感とが生ずるのである。朝鮮併合は（中略）現代に於いてはじめて必要の生じた（勿論、日本のために必要な）問題である。昔のこととは何の関係もない」と居直って、朝鮮併合が現代日本の、換言すれば「帝国主義的の日本人」の「必要」から出たことを公然と主張するにさえいたっているのは、昭和二年一月二十一日に「朝鮮の発掘品を総督府の博物館などにしまつて置くのは、馬鹿の骨頂である。（中略）日本の領土で日本の政府が発掘したものを、東京へもつて来るのに、何の差支があるか」と言っているのとあわせ、津田がまさしく「帝国主義」の立場で朝鮮に対していたことは、否定しがたいところといわねばなるまい。

一五　沖縄観

中国・朝鮮に対すると同じような姿勢が、中国・朝鮮とは違い同じ日本民族であるが、朝鮮とやや似たような形の琉球処分という強制の過程を経て日本に編入された沖縄の人々に対する場合にも窺われる。日信の大正十四年九月六日に

「琉球芸術展覧会」は名前がわるい。芸術といふ名がつけられるやうなものはいくらも無い。さうして其の芸術らしいものには、琉球の特色が少しも無い。それは支那の模倣か日本の模倣かの外には出でないので、日本へ来たものは日本の歌をよみならひ、支那へ行ったものは支那の詩を作りおぼえ、其の間に何の調和も融合も無いのと同じである。さりとて今の所謂農民芸術、或は民間芸術といふやうな素朴なものでも無い。何れにしても芸術よばりは僭越の沙汰である。もつとも、染めものなどは此の民衆芸術の範囲に属するもので、それは琉球の地方色が現はれてゐる点に於いて、興味がある。但しそれがよい趣味のものであるかどうかはおのづから別問題である。瞥見したところでは、色そのものには好い感じが出てゐるやうであるが、それから構成せられた模様全体としては、あまり感心しなかつた。民衆芸術のよいところは、素朴なこゝろもちを素朴な手法であらはしたところにあるので、そこに所謂自然の雅致があるのであるが、琉球のは、技巧を日本や支那から学んでゐるだけに、此の素朴さが欠けてゐる。もしあるとすれば巧みにならない前の稚拙では無くして、巧みさが失はれた稚拙である。大体こんな感じがした。（琉球人の衣服は、日本のきものを学んで、それから進歩したものである。不恰好な点は西洋人の描く「キモノ」のやうであるが、あれは琉球固有の衣服が進歩して自然に作られたものでは無い。これ

が琉球全体の文化の傾向を象徴してゐる。）

とあるのは、厳密にはその展覧会に出品されたものと照し合わせた上でないと適切に評価できない見解ではあるが、まず津田の沖縄文化への姿勢をこの文章から汲みとっても、大きなまちがいはないであろう。

一六　宗教思想と既成教団批判

『我が国民思想』に見られる仏教・仏教芸術への大胆な否定的評価から、津田を単純な反宗教主義者であるかのように認識することの早計であることは、『我が国民思想』自体をていねいに検討しただけでも明らかになるのであるが、青年時代以来の思想的経歴をたどってみるときに、いっそう明確となるのである。津田は、明治二十一年十五歳の年に名古屋で本願寺別院の私立中学に入学しているし、二十六年には沢柳政太郎に随伴して東本願寺の教育に参加することとなり、別院附属教校の教師となっており、仏教教団を内側から見る機会をもっている。その体験は、津田を仏教に親しませると同時に、むしろ既成仏教教団の腐敗堕落へのはげしい義憤を燃えたたせる方向により大きく役立っているもののようであって、既成仏教へのきびしい否定的批判が出てくる根源はそのあたりにあると思われるが、それとは別に、青年時代以来、津田が仏典やバイブルに親しみ、その所説を人生の事実とつきあわせることにより、宗教が人生に有する意義を内面的にとらえようとする努力をつづけてきた事実も、津田の思想を考える上でみのがすことのできないところであろう。

明治二十九年八月『密厳教報』に載せた「波のしづく」と題する文章に

人間とは由来矛盾の動物なり。人は常に悲しみを去って喜びに就かんを求むれど、悲しといふ事実の世にあるからは、人の之を以て自ら慰めざるべからざるもまた矛盾を以て満たさるゝ人生の悲しき運命ならずや。

とあるは、津田が、きわめて早い時期、少くとも今日著作の形を残している範囲での文筆生活の最初から、矛盾を人生固有の事実として認める思想をもっていたことを示すものであり、この考え方はその後の津田の物の見方の根底に長期間にわたりそのまま維持せられるのであるが、津田が、既成宗教を憎悪しながらも、宗教が本質において人間のやみがたい要求から出ていると見たのは、津田の人生観がこのようなものだったからである。日記の明治三十六年七月十一日に

そも〳〵悪はいかにしてか起る。(中略)社会まだ完からざるが故に其の間に矛盾あり、衝突あり、罪悪はこゝより起ると。(中略)(但し、かくして罪悪の道徳上の責任を奈何せんとかする)(中略)儒教の如き古来の道徳説が、真個に人生を導くに足らざるは之に反するが故にはあらざるか。彼等は人生を以て本来完備せるもの、正善なるものと仮定し、道徳はこの本然の性に基づくものとせり。この仮定の誤謬は道徳を以て現実の人生と没交渉ならしめ、其れをして偏固冷〔欠〕、甚だしく人情の自然を抑圧するものたらしむ。

同年八月二十五日に

欠陥の世界、矛盾の宇宙、人の自ら生をたつ大矛盾もこの矛盾の世界に必然なる一現象、人間にこの大欠陥あるも、この欠陥の宇宙の当然なる一現象のみ。自ら生をたちて而して後始めてこの矛盾を超越し、この欠陥を脱却するを得ん。世界は人の自殺を尤むるの権能なきにあらずや。

同月二十八日に

社会には本来矛盾あり、人生は本来矛盾あり。個人いかでか理性と感情との円満なる調和を得べき。其の矛盾あるところ、其の円満なる調和を得ざるところが人間なり。人間の罪悪もこれより起り、(中略)快楽もこれより生

ず。これ人間の趣味あるところなり。

などという記述は、理論的に厳密なものでもなく、当時の「ローマン主義」的心情の故に感覚的印象的感想の表出に傾いてさえいるが、それだけにまた書物の文字から得た知識でない、実感にささえられた生きた人生観の発現とも見られるのである。

津田が、人生の矛盾と正面からとりくむところからその教義を展開させた仏教、特に浄土真宗とキリスト教とに深く魅了されたのは、そのような主体的基盤が存したればこそであった。津田は、著作の現在残っていない年少の時期から仏典に親しんでいたもののごとく、明治二十九年には『密厳教報』に「仏教革新の第一着手と古代印度の攷究」を始めとして毎号のように仏教に関する論文を投稿しており、また友人である真宗の稲葉昌丸と接触して仏教を論じ合い、(82)日記の三十年四月二十六日に

阿弥陀経をよむに、其の極楽の光景を叙せるところ徒らに噴飯の料となれるのみ。浅草の公園に身を置くが如し。

三十二年十二月六日に

阿弥陀仏は一度び研究すべき価値あるべし。他力の教、大乗の法門はたとひ釈迦の教にあらずとするも何人かの一大偉人の説なりとせば、宗教としての要素を具へたりといふべし。法然上人の一枚起請の如きは真に立派なる文章なり。但し所謂往生安楽国と現世との関係はいかに。これ最も注意すべき要点なり。

三十三年一月二日に

観無量寿経をよむ。（中略）他の二部経と共に、専ら極楽浄土を欣求せしめんとの極めて浅薄なる手引草たるなり。この経にて心つきたるは、行者の種類に従ひて往生の方法乃至成仏の程度遅速に差等あることなり。こは一念成仏の第一義と如何の交渉ありや疑はし。

と記しているように、仏典を読み、特に浄土教に深い関心を示しており、明治三十九年十一月から四十年二月にかけて雑誌『なでしこ』に「法華経の話」を連載するところまでいたっている。

これと並行して、キリスト教の研究にもつとめている。明治二十九年十一月、内村鑑三の『求安録』を読んで感銘を受けていることは、第一編に述べたとおりであるが、日記の同月十八日に

内村某の『求安録』をよみ、基督が贖罪説を見て其のいたく真宗の教理と類似せるを感じぬ。

と記しているのを見ると、津田のキリスト教への関心が浄土信仰との対比を軸として進められていることが判明して興味が深い。すぐ後に引用するとおり、津田は清沢満之の精神主義運動に関心をいだき、機関誌『精神界』を読んでおり、三十六年に清沢の訃報に接したとき、その翌日の六月十日の日記に

雑誌『精神界』は、かつて其の一両冊を瞥見せしことあるも、全体の調子何となく基督教のそれに似たるところあるを感じ、一道の霊光、紙上をはするあるを認めながら、其の言説はわれらが現実の生活に関せざる他界の消息をきくが如き心地せしを記憶するのみ。(中略)近時、仏教を以て立てるもの、多くは時好に投ぜんとして一知半解なる西洋哲学を云々し、社会事業、慈善事業を喋々するを常とするに、氏が迥然として之に同ぜず、一に弥陀の福音を伝へんことにのみ力を尽くせるは、氏の品性の高きを示すものたらざらんや。

と記し、清沢の信仰に徹したのを讃えながらここでも浄土信仰とキリスト教との類似に心を惹かれているのである。津田の宗教意識が矛盾を人生の本質とみる人生観を基盤とするのであるから、人生のパラドックスともっとも尖鋭な形でとりくむキリスト教と真宗との相関関係を中心において仏教とキリスト教との研究の進められたのは、論理的にも必然的であったといってよいであろう。(83) 三十六年一月十六日には

瑜伽より「新約聖書」(中略)をかり来りぬ。

同月十九日に

夜、聖書を繙きて馬太伝をよむ。

同月二十八日に

聖書をよみて馬太伝を了り、馬可伝をも通読し、路加伝に入る。

とあるように、直接聖書をくり返し読んでいるし、三十三年十二月十日には

基督教の歴史及び信条はともかくも、われは一神教を以て最も美なる宗教なりとおもふなり。

とも言っているが、さればとてキリスト教に入信したわけではなく、前引三十六年一月二十八日の記事のあとに

余が理性は万有神教的意義に於いての一神説を承認し、而も其の一神の人格を有することを信ず。されどこは余が冷かなる理智の示すところのみ。所謂宗教的信仰はいかにしてもこの間より発生し来らず。

と告白しているように、結局は理性の上で宗教の意義を理解するにとどまった。それはキリスト教についてのことだけではなく、津田は終生いずれの特定の宗教にも帰依することをしなかったのである。

津田はまた宗教哲学をも研究していた。ハルトマンの宗教哲学を読んだことは、第一編に述べたとおりであるが、日記の明治二十九年十二月十三日と同十五日とを見ると、徳永(清沢)満之の『宗教哲学骸骨』を熱心に読んだことが記されている。

このように、内面的な欲求にかられて宗教の研究を重ねながらも、ひとたび醜状をその目で見た現実の仏教教団の実態に対しては、常に徹底的な批判の刃を擬する態度をかえなかった。

前引「仏教革新の第一着手と古代印度の攷究」に

世の僧侶が日常務めとする所の最大なるものは実に仏前に於ける読経是なり。(中略)此の如き鳥語雀囀、抑も何

の為ぞや。夫れ読経を以て無量の功徳ありとなすこと、古代の印度に於て固に然るものありき。(中略)今や然らず。(中略)何を苦しむでか外邦の語を以て訳出したる経文を音読するの要やある。凡そ此の如きもの一たび仏出世の当時に溯りて其の実情を究め来らば、省みて呆然たらざるもの蓋し多からじ。

同じ年の七月に同じく『密厳教報』に寄せた「邦人の宗教心」に

上代に於いてわが国民の宗教が全く現世的にして且つ物質的、其の神に祈るは単に無病息災、福利増進の類に外ならざりきとはわが前に略述せしところ。之を今の仏教に見て抑も何の差違かある。寺院は金碧燦爛として宏壮目を驚かすものあり。妙相端厳なる仏菩薩の像と、奇容怪貌を呈する印度諸神の像との、人をして其の前に拝跪せしむるあり。また奥妙なる哲理と、豊富なる想像とを含める経典の飾りつけられたるあり。其の道具立ては復た決して、一株の根こき榊に、青白の幣、鏡璽の類をかけたるが如き清楚簡単なるものに非ず。然れども其の相異なるは単にこれら形式の上のみには非ざるか。天災あれば乃ち読経祈禱、地変あるも乃ちまた読経祈禱、身病あれば加持以て其の平癒を希ひ、国家災あれば修法以て其の安穏を求む。仮令、其の読む所の経文は如何に深奥なる教義を含むとするも、また仮令、其の修する所の法会は如何に玄妙なる理由に基づくとするも、之は毫も世人の解する所に非ず、また其の関する所に非ず。世人の求むるところは、たゞ是れ息災延命、福徳円満、一に眼前物質的の利益に外ならず。而して、僧侶また実にこの民心に投じ、廟堂の上、伽藍の裡、殊勝気に香を拈じ、数珠をつまぐり、自ら国家人民の保安者を以てゐたりしなり。

とあるなど、仏教教団の歴史的実態がその本来の教旨といちじるしく乖離していることをくり返し指摘しているし、その腐敗の甚しいのに憤るのあまり、「われに一塊の爆烈弾を与へよ」、われこれを本願寺、成田の不動、奈良の大仏その他「満天下のあらゆる寺院僧坊に投じ、其の高塔を壊ち、其の伽藍を覆へし」、仏像、僧侶をことごとくうちちくだかんとまで極言するにいたったことは、第一編に引用したとおりである。

このように、歴史的な仏教のあり方への批判と、それにもかかわらず人生の矛盾が宗教への要求を不可避とするという二面的な宗教観は、そのまま津田の思想の中に維持され、『我が国民思想の研究』には、その両者が日本仏教の史的評価の基準として併せ用いられている。仏教が大陸より移植されたもっとも権威ある思想として大きな力をふるっていた『貴族文学の時代』では、例えば

秋天に立つてゐる薬師寺の三重塔は、其の権衡といひ輪廓といひ、其の簡素にして而も変化を失はざる細部の技巧といひ、今日見ても殆ど申分の無い美しい建築である。けれども、あの層々相重なつて其の頂に聳ゆる九輪の尖端が高く碧空を摩する卒堵婆は抑〻何を語つてゐるか。当時の人の何様の情調がそれによつて現はされてゐるか。或は大きな屋根が天から落ちて来て地を蔽ふばかりに見える、さうして中へ入ると光線の通らない薄暗い陰鬱な金堂の建築に何の象徴があるか。十一面観音や四天王や十二神将や、或る教義の寓意せられたものとしては、知識の上からそれを理解することは出来ても、日本人の信仰なり想像なりから現はれたものでないから、当時の人の内生活とは何の因縁も無い別世界のものである。特に頭の上に頭が幾つも列んでゐ、手のわきに手が何本も出てゐるやうな奇怪な形体、鈍栗の笠を並べたやうな螺髪、幾条も絲でくゝつたやうな頸、さうして又た全身の金色、何から何まで異国のものである。異国のものといふよりも人間界を離れた怪物であつて、（中略）多くの児女はそれを見て白日の夢にうなされたかも知れない。要するに外から持つて来た型によつて作られた工芸品であり複製品であつて、真の意味でいふ芸術品では無い。実は其の手本となつたものが、仏教芸術の歴史からいへば、既に因襲化し、便宜化し、退化したもので、芸術品としては価値の高くないものである。従つて其の作者は職工ではあるが芸術家ではない。或は其の製作者に信仰的情熱があつたかも知れないが、それは芸術的精神とは何の

関係も無いものである。(中略) 少くとも奈良朝頃までの芸術は、六朝から唐代にかけて行はれた支那芸術の標本であり、其の摸造であつて、我々の民族の芸術では無い。[84]

というように、美術史家が讃美してやまない飛鳥奈良の仏教芸術に大胆不敵な批評を加えたり、あるいは法然も親鸞も、旧くは曇鸞や善導や、新しくは恵心等の説を紹述したのみであつて、其の教は彼等みづからの深い内省から得来つた結果でも無ければ、現実の人生に対する親切な考察から生まれたものでも無い。従つて其の説は単に経論の煩瑣的研究から得た知識の集成に過ぎないのである。彼等が浄土教を唱へるまでには、経論の解釈に於いて幾多の難関を切りぬけ、知識の上で尠からぬ苦悩を経て来たではあらうが、彼等みづから人間として絶大の煩悶に陥り、其の間から弥陀の霊光を感得したといふやうな、心的経歴があつたらしくは無い。彼等の著述を読んでも彼等の行動を見ても、そこに宗教的天才、宗教的偉人の風丰を看取するわけにはゆかぬ。其の信仰は真率でもあり鞏固でもあつたらうが、それは加持僧、祈禱僧の信仰と同じ種類のものである。[85]

と言って、日本仏教の最高峰とされる鎌倉新仏教を遠慮なく酷評して憚るところのないのは、[86] おそらく仏教の現実の堕落相への義憤が、日本仏教の歴史的評価に当り、形を変えて発現したものであろう。ところが、仏教など日本人の内生活の深化に何のプラスをも残さなかったかのような印象を与える『貴族文学の時代』の論述にもかかわらず、仏教が思想界で権威を失なった徳川時代を扱った『平民文学の時代』になると、それとは反対に仏教ないし仏教的な宗教意識の積極的意義を、儒教ないし徳川時代通有の現世主義との対比において間接に高く評価しているのである。

救済の観念が宗教の核心である以上、親鸞の説く如き悪人往生は、宗教として本質的のものであり、或は其の極致と見なさるべきものである[87] (下略)

というのは、若年の頃から浄土教を研究していた津田であればこその立言であり、また、彼等〔徳川時代の学者〕が仏教思想を排斥したのは、人生そのものを肯定する点に於いて意味があるけれども、人生の欲求と其の欲求を充たし難い事実との矛盾について深く考慮しなかつたのは、彼等の思慮の浅薄なることを示してゐる。(88)

という評言は、青年時代の一貫した人生観に基き、間接ながら仏教が人生の矛盾に正面から取り組んでいる功績を評価したものと解してよかろう。

『貴族文学の時代』では平安朝貴族の人生観の浮薄なことを痛罵しておきながら、『武士文学の時代』でお伽草子がすべて大団円に終っていることの皮相を指摘し、そのコントラストとして平安文学を挙げ、

虚心に観察すれば、人生のあらゆる葛藤は決して円満にのみ解決せられるものでも無く、（中略）だから昔の源氏物語のやうに切実に世間を観たものは、そこに悲みと喜びとがさま〴〵に纏綿して、世態の極めて複雑であることを認め、或は源氏や薫が彼等の地位と身分とによつてもなほ免れることが出来ない悲哀の運命に陥つた有様を叙し、さうして幾多の葛藤に何等の道徳的解決をも下してゐないと共に、測り難き人生の窮通を人力の如何ともすべからざる宿命に帰したのである。(89)

と言い、『平民文学の時代』でも、徳川時代の思想の現世万能を批判するためにまたまた平安朝の文学を引き合いに出し、

人間そのものは宇宙に対しても運命に対しても、何等の畏敬の念を有せず、みづから無上の権力を有するものとして考へられる。敬虔なる宗教的信仰の起こらないのも、人生に対する真率なる反省が無いのも、また其の文芸に概して懐かしみと優しみとが出てゐないのも此の故であらう。天地の間に於いて自己の小なることを切実に覚知し神の前に人の力の極めて弱いことをしみ〴〵と感ずるものに於いて、始めて真のやさしみと懐かしみとが心

の底から湧いて出るからである(平安朝の文学が極めて利己的な現世本位な人生観を示しながら、なほ其の中に情味の極めて濃かなるものがあるに反し、此の時代の文学にそれが乏しい理由はこゝにもある)(90)と論じているごとき、人生が免れがたい矛盾を本質的にふくむと見る津田の宗教観を史論に藉口して語ったものと見ることができる。これらの言は、特定の宗教の信徒とはならなかったけれど、青年時代以来その体験を通じて人生の本質を深く洞察してきた津田の哲人的側面を示しており、津田が、社会的・歴史的現実へのきびしい批判的精神と超歴史的な人生の本質への深い内面的考察とを兼ね具えていた、近代の思想界では類例の少い思想家の一人であったことを物語るものではなかろうか。

「支那思想」である儒教がついに日本人の実生活と深く結びつくことはなかったとした津田は、仏教の教理についてもほぼ同様であると考え、仏教が日本人の生活に定着したのは教理よりも民間信仰としての面であると見、『支那思想と日本』において、

民間の神社やその祭儀が、神道者の講説や国家的権威などとは無関係に、民衆生活、特に村落に於いては村落的集団生活、の一発現として存在し行はれもしたところに、民俗としての神の崇拝の真の意義があるのであつて、神社は村落民にとつては、その集団的祭祀呪術を行ふところであると共に、公会堂でもあり、演芸館でもあり、また宴会場でもあり、その祭儀は殆ど唯一の遊楽の機会を彼等に与へるものでもあつた。民間信仰としての仏教についても、またそれと似たところのあることが考へられるのである。インドに起つた仏教の本質から見れば、これは殆ど仏教と称すべからざるものであるが、宗教として日本化した仏教の真面目はこゝにある。日本の仏教の特色は、飛鳥奈良時代の遺物たる寺院建築や仏像や又は学匠の述作や禅僧の語録などに求むべきではなくして、例へば民間の寺院や辻堂や道ばたの石地蔵やお彼岸まゐりやお会式や三十三ヶ所めぐりや、さういふやうなとこ

ろに於いて認めらるべきである。

と言っているが、同じ書において

日本人の生死観は、体験から得られたものとしては上に述べた如く武士に於ける特殊のものがあるが、思想としては仏教によつて導かれたところが多い。日本人の人生観や世界観は、日本人の生活そのものによつておのづから醸成せられ、また表現せられ、或は生活の内面に流れてゐるのであり、文芸の上には現はれたけれども思想として明かに体系化せられるには至らなかつた。さうしてもしそこにいくらかの外来思想の影響があつたとするならば、それは支那のではなくして寧ろ仏教のであつた。仏教は宗教として一般人の心生活にしみこんでゐるところがあつたはずだからである。

とも述べているとおり、同じ外来の知識としての思想でありながら、「支那思想」と仏教とのそれぞれの日本人の心生活との結びつきに差のあることを認めたのは、上述のように、仏教が人生の本質である矛盾を問題とする普遍的性格をふくんでいる点で、中国社会の特殊な歴史的条件の所産にすぎず、世界的普遍性をもたない「支那思想」とはやはり異なるところのあることを認めたためと考えられ、そしてそれは津田自らが仏教やキリスト教の研究を重ねながら、人生には宗教的なとりくみの外に理解しがたい根本的矛盾の存することを認めてきた事実と無関係ではあるまい。

津田が昭和十二年から仏教を主題とした研究を公表するようになり、やがて戦後に『シナ仏教の研究』一巻として集成されることは、後篇に述べるとおりであるが、それはもっぱら中国思想史の一環としての「シナ仏教」の研究であり、他の中国思想史研究の諸著作と同様の、中国思想に対する批判的態度で貫かれたものであって、津田自身の宗教思想を表明するところにはとぼしいので、ここではしばらく言及しないこととした。

以上、問題ごとに、『我が国民思想の研究』を中心に、戦前の津田の思想史研究の著作に現われた思想的立場がどんな内容をもっていたかを、具体的に見てきたのであるが、その思想が全体として如何なる歴史的意義を有するものであるかについては、次章に説く記紀の批判的研究における思想的立場とあわせて、次々章に一括して論ずることにする。

(1) 滝川氏「直木証言剝偽」(『教科書裁判』所収)。
(2) 『全集第二二巻付録』。
(3) 六一二頁。
(4) 五八九―九〇頁。
(5) 『平民文学の時代　上』四一九―二〇頁。
(6) 同四六三頁。
(7) 『平民文学の時代　中』五〇〇―五頁。
(8) 同六八六―九頁。
(9) 『武士文学の時代』五五六―六六頁。
(10) 『平民文学の時代　上』六四六―九頁。
(11) 『平民文学の時代　中』四七五―七頁。
(12) 同五一〇―二二頁。
(13) 「日本の神道に於ける支那思想の要素(七)」(『東洋学報』第二拾六巻第三号、昭和一四年五月)。
(14) 『全集第一五巻付録』。
(15) 『史学雑誌』は第四十三編第十二号(昭和七年一二月)にこの書の書評を載せ、「終に付記されたる『我が国民の道徳と儒教』に関する一文は、世の無批判的なる儒教信奉者にとつては痛烈なる警告として響く事と思はれる」と、津田の著作の意図を正しくとらえている。
(16) 『貴族文学の時代』二二五―六頁。
(17) 同二二六〇頁。

(18)　同五八九頁。
(19)　『平民文学の時代　上』四二八―九頁。
(20)　同四八七―八頁。
(21)　『平民文学の時代　中』六一―二頁。
(22)　『全集第一八巻付録』。
(23)　『全集第八巻付録』。
(24)　日記明治三二年九月二五日。
(25)　七月八日の東京市内電車市営反対市民大会が、津田の勤務先近くの日比谷で開催されたことを指すのであろう。
(26)　四一六頁。
(27)　五七八―九頁。
(28)　五八六頁。
(29)　六一三頁。
(30)　六三一頁。
(31)　一二―三頁。
(32)　七三八頁。
(33)　東京地方裁判所予審判事立松懐清が、朴烈・金子文子の取調に際して二人の写真を撮影したという、有名な「怪写真」事件についての感想である。
(34)　この月十九日の観兵式に兵卒北原泰作が軍隊内での差別を天皇に直訴した事件。
(35)　六四三頁。
(36)　五六九頁。
(37)　『全集第一二巻付録』。
(38)　穂積八束の憲法学説については、拙著『日本近代憲法思想史研究』参照。
(39)　四一〇頁。
(40)　六八―九頁。
(41)　三九〇頁。

(42) 五三二頁。
(43) 拙稿「初期国粋主義の国体論」(『日本思想史の諸問題』所収)参照。
(44) 六四—五頁。
(45) 七六〇—三頁。
(46) 一二二頁。
(47) 五七六頁。
(48) 六一四—五頁。
(49) 四二七—八頁。
(50) 一二—三頁。
(51) 一九一頁。
(52) 二二七—八頁。
(53) 六三—四頁。
(54) 二四〇頁。
(55) 四三二頁。
(56) 六七—七三頁。
(57) 四九—五〇頁。
(58) 五七八—七五五頁。
(59) 『全集別巻第五付録』。
(60) 一二三頁。
(61) 木崎村小作争議の中で小作側がそのこどもたちを同盟休校させ、公立学校に代えるため自主的に設立した学校。
(62) その蔵書を見ても、マルクス主義関係の原書は皆無であり、翻訳書にエンゲルス『空想から科学へ』(昭和四年版改造文庫本)・同『家族、私有財産及び国家の起源』(岩波文庫本)・マルクス『賃労働と資本』(昭和二年版岩波文庫本)・エンゲルス『反デューリング論』(岩波文庫本)が見出されるくらいにすぎない。
(63) 四六六頁。
(64) 四三—四頁。

(65) 四六七―八頁。
(66) 九四―五頁。
(67) 百姓一揆研究の進展については、林基氏「百姓一揆研究史おぼえがき」(『百姓一揆の伝統』参照)。
(68) 例えば、『徳川実紀』を通読しているのだから、それだけを史料としても、百姓一揆について、もっとつっこんだ見解が出せたはずである。
(69) 丸山「ある日の津田博士と私」(『図書』一九六三年一〇月号)。
(70) 四八一―五二九頁。
(71) 六三六頁。
(72) 五七九頁。
(73) 一三七頁。
(74) 三二九―三〇頁。
(75) 五〇二―三頁。
(76) 六三六頁。
(77) 六二九―三五頁。
(78) 一七四―五頁。
(79) 三五七―六〇頁。
(80) それ故に津田は、昭和十四年十二月、東亜研究所と満鉄調査部が「支那慣行調査」に着手するに当り、調査員の請に応じ、調査に対して期待する問題点を積極的に提示したのであるが、そこに示された津田の問題意識は、その談話を筆記した福島正夫氏によれば、「今日でいう法社会学的なものに符合して、いまもその新鮮さを失わない」と評するに値するということである(『書斎の窓』第一〇七号所載福島氏「津田左右吉博士と土地制度研究」)。
(81) 津田の中国観・朝鮮観を規定した基底には、津田がアカデミズムの世界に入った最初の職場である満鉄調査室の性格(これについては第五編第一章参照)とその主宰者白鳥庫吉ならびにそこでの同僚池内宏・和田清ら東京大学東洋史学の教授たちの姿勢が考えられねばなるまい。津田をふくむかれら戦前のアカデミズム東洋史学のあり方をきびしく究明した旗田巍氏「日本における東洋史学の伝統」(『歴史学研究』二七〇号・増淵竜夫氏「歴史意識と国際感覚――日本の近代史学史に於ける中国と日本――」(『思想』四六四号)等は、この点を考える上できわめて有益な論考である。

(82) 日記明治二九年一〇月一二日条。

(83) 浄土教とキリスト教との思想的類似については、内村鑑三(明治三九年一二月『聖書之研究』掲載「日本人の宗教心」、『内村鑑三全集』第十二巻所収。「日記」一九二四年九月五日条、『同全集』第十八巻所収)・植村正久(「黒谷の上人」、明治四四年三月『宗教及び文芸』掲載、『植村正久著作集3』所収)らのキリスト者にあっても、しばしば留意されているが、岩本裕氏の研究によれば、浄土教は西北インドにおいてキリスト教の影響を受けて成立したものであるという(『極楽と地獄』)から、もしこの説が正しいとすれば、その類似は偶然の一致ではなく、当然ということになろう。

(84) 五二―五頁。

(85) 五四三頁。

(86) 日蓮についても、「其の教には、少しも日蓮自身の人生に対する切実な考察と感懐とから来た点が無く、又た実践道徳上の問題とは殆ど没交渉であり、従って宗教としては甚だ価値の乏しいものである」と言っている(『武士文学の時代』九四頁)。

(87) 『平民文学の時代　中』五六一頁。

(88) 同六七一頁。

(89) 三七一頁。

(90) 『上』五三九頁。

第三編　津田史学とその思想的立場（中）

——特に記紀の批判的研究を中心に——

津田が日本思想史の全般にわたる研究を刊行したのは、前述のとおり大正五年から十年にかけてであるが、それに先だち、大正二年に『神代史の新しい研究』を公にし、『我が国民思想の研究』刊行と平行して、八年に『古事記及び日本書紀の新研究』を公刊している。『平民文学の時代　中』刊行後、『我が国民思想の研究』の執筆は放棄された形となり、その後は中国思想史研究とならんでこの領域の研究の大成に全力が傾注され、上述二書に大幅の改訂を加えた『神代史の研究』『古事記及日本書紀の研究』の二書を大正十三年に相次いで刊行した。(1) さらにその延長線上にできあがったのが、昭和五年の『日本上代史研究』と同八年の『上代日本の社会及び思想』であって、『神代史の研究』以下の四冊をこの領域の代表的業績としてよかろう。

『我が国民思想の研究』が日本思想史の全般にわたり全く前例を見ない独自の、かつ包括的な考察をとげたのと同じく、上記四書に大成された津田の『古事記』『日本書紀』等の上代古典に対する批判的研究は、従来その性格について科学的究明のほとんど加えられたことのないそれらの古典の文献としての性格に徹底的な批判的考察を加えたものとして、その独創性と包括性とにおいて、これまた画期的な業績といってよいであろう。次に章を分かち、その研究史上の位置とその思想的立場とを順次検討してゆくこととしたい。

(1)　『古事記及び日本書紀の新研究』と『古事記及日本書紀の研究』は、文化人類学的方法の利用について津田の考え方が変化した(第一章に詳述する)ために、その点ではかなりの相違を生じているが、記紀の記載についての認識にはほとんど相違がなく、したがって記紀研究として両書の結論は同一といってよい。これに対し、『神代史の新しい研究』と『神代史の研究』は、記紀の記載について重大な相違があるので、厳密には後者は前者の改訂版というより別の書物というべきであろう。

特に前者では、「神武天皇東征物語の基礎として、少くとも皇室が筑紫から起つて東方を平定せられたといふだけの伝説はあつたものと見るのが穏当であらう」(一一三―四頁)と、神武東征説話を史実の記憶としていたのを、後者で全く史実と関係のない造作としたのは、両書のもっとも大きな相違点であり、『新しい研究』の段階での津田の記紀批判がまだ後年ほど徹底していなかったことが窺われる。したがって、津田の記紀批判の基本的立場が確立されたのは、『古事記及び日本書紀の新研究』の完成の時点とすべきである。唯物史観史学が生れてきた後に、津田の記紀批判の姿勢に若干の変化が生じたことは、第一編第二章に詳述したが、このように津田の記紀研究にも時間的に微妙な変化のある点は注意を要する。

第一章　記紀研究史上における津田史学の位置

津田の記紀研究が、特に明治憲法下の正統的記紀観との対比において見るとき、きわめて大胆な、むしろ反逆的ともいうべき独創性にみちみちていたことは、後に詳しく述べるとおりであるが、しかし、津田をしてそのような独創的業績を大成させた歴史的条件の存在したこともまた事実であって、必ずしも津田の個人的能力のみによるものではなかった。そのことは、津田の著作に回顧されている近世徳川時代の記紀研究の発達を見ても、知られるところである。

『古事記及び日本書紀の新研究』の冒頭にちかい部分に、記紀研究史の大要が紹介されているが、そのうちに左のような一節がある。

村田春海の如く、宣長の説に反して神代の物語を一々事実と見ないもの、富士谷御杖の如く、特殊の研究の結果、神代史に後人の手になつた部分があるとするものゝあつたことは、注意すべき現象である。天野信景が塩尻に於いて、神代史に上古の野俗が現はれてゐると説いてゐるなどは、当時の神道者の説に反対したのではあるが、これ亦た其の着眼を推賞しなければならぬ。

同書の第四版(大正九年八月版)の「補遺」では、右の文章に次のような増補を加えている。

神代の物語に見える歌が後世の作である、といふことは上田秋成もいつてゐて、御杖の考よりも一層適切である(鉗狂人評、藤井紫影氏編秋成遺文所収史論)。なほ徂徠はじめアマテラス大神を女性としたのが聖徳太子のしわざであると主張する儒者は、少くとも此の点に於いて、神代の説に後人の改作が加へられてゐることを主張するものであつて、秋成は此の点に於いても亦た同論である。夢の代の著者山片蟠桃も同じ説を有つてゐるが、彼は神代史そのものを作り物語と見てゐるので、徳川時代の学者の考としては非常に面白い。本文の考説に大した関係のないことではあるが、春海や御杖の名だけ出して置くのは偏頗の嫌があるから、補つて置く[1]。

『我が国民思想の研究　平民文学の時代　中』には、次のような一節がある。

全体不合理の物語の多い神代史の取扱方については、此の時代になつても人々の考が区々であるが、それを事実と見なさないことは一般の通説であつた。概していふと、秋成の神代かたり貞丈の神道独語の如く、上代の事蹟の比喩的にいひ現はされたものとして白石と類似の見解を抱くものが多く、(中略)又た伝説として語りつがれた間に不合理な分子が加はつて来た、といふ考もある(貞丈の安斎随筆)。これらは何れも神を上代の実在の人と見て、それに合理的解釈を下さうとしたのであつて、平惟章が神の寿命の長いのを疑つたのも此の故である(和学辨)。しかしそれを全く後人の造作と見なすものもあるので、富士谷御杖の古事記燈及び北辺随筆、山片蟠桃の夢の代などに其の説が見える。「まがのひれ」の著者市川匡は後世の天皇の御心から出た秘事だといつてゐる。守部がそれを分解して、目に見えぬ神の上を人事らしく叙した比喩譚や童話や又は民間の昔話やが其の中に含まれてゐるとしたのは、当時に於いては珍らしい見解であるが、教誡のために事実を了解し易く面白く説いたもののやうに論じてゐ、比喩譚にしても其の根柢には目に見えぬ神秘の事実があるものとして、古典の記載を其のまゝに信用してゐるから、其の説は頗る晦渋曖昧であり、神道者らしい点があるだけに、全体の考へ方としては宣長と五十歩百歩である。或は寧ろ宣長よりも考へ方が混乱してゐる。また神代史を大体は古伝としながら、其の中に後世の考が混入してゐることを説いたものもあつて、天照大神を女神としたのは聖徳太子の姦策だといふやうな説は、種々の人々（例へば秋成《（徂徠カ）》、蟠桃、万里）によつて唱へられたが、貞丈は黄泉の物語を仏説から出たとした（安斎随筆）。藤井貞幹もまた神代史に仏家の思想が混入してゐるやうに考へてゐる（衝口発）。（中略）概括していふと（中略）、御杖蟠桃の説または守部の或る一面などの外には、今日から見て的確な批判とすべきものは少いが、宣長のやうな考は中庸篤胤輩の外にはあまり受入れられなかつたらしい。[2]

これら徳川時代の学説の中でも、とりわけ重視に値するのは、山片蟠桃の『夢の代』である。津田は、上引のとおり、この書の説を「非常に面白い」と言い、また「今日から見て的確な批判」の一つに数えているほかに、昭和六年以後、おそらくそれを距ることあまり遠くない時点のものと思われる印刷年代・題目不明の九頁の小文（関与三郎氏旧蔵の抜刷で、『日本上代史研究』が引用され、『上代日本の社会及び思想』が引用されていないところから見て、前者公刊後、後者公刊前のものかとも思われるが、確言しかねる）にも、

記紀の仲哀天皇以前の記載は、細かに考へると其の性質に於いて神代の説話とほゞ同じものである。山片蟠桃が上記の書（夢の代）で十四五代までは歴史でないと説いたのも、此の理由からである。蟠桃の考へかたは、今日の学術眼から見れば、甚だ不完全なものではあるが、本文をよく読んだところから出たことに違ひない。「古事記及び日本書紀の研究」は此の問題を学術的方法によつて取扱つたものである。

と述べて、自分の研究と問題意識を同じくすると認めているのであるが、『夢の代』の原文から主要論旨を抜萃して示すと、次のとおりである。

神代ト云モノハ漢土三皇ノ如キト見ルベシ。何ゾ始メテ交合シテ国土、山川、草木ヲ生ゼン、何ゾ目ヲ洗ヒ鼻ヲナデ、ヤス川ニ誓ヒ迦具津知ヲ斬テ子ヲ生ズルノコトアラン。古今一轍ノ人ナリ、地神五代数十万歳ノ寿アルベカラズ。（中略）神武ヨリ神后マデノコトタリトモ、文字ナケレバ知ベカラズ。又日本紀ニ神武已来歳日ノ甲子ヲ

シルストイヘドモ、コレ亦信ベカラズ。(中略)二代三代ノ前ハ、口碑シテ知ルベシ。ソレヨリ前ノコトハ知ルベカラズ。已ニ以テミルベシ。豊臣太閤ノ威名天下ニ敵ナシ。父ヲ弥右衛門ト云、又筑阿弥ト云テ、其祖父ノ誰某タルヲシラズ。(中略)近ク二百年ノ前ニシテ古今ニ類ナキ豪雄ノ人ニシテカクノゴトシ。況ヤ神武ヨリ神后マデ千年ホドノ長キヲヤ。況ヤ神代ノコトヲヤ。大テイニ見過シテシカルベシ。(中略)日本紀神代巻ハ取ルベカラズ。願クハ神武已後トテモ大抵ニ見テ、十四五代ヨリヲ取用ユベシ。シカリトイヘドモ、神功皇后ノ三韓退治ハ妄説多シ。応神ヨリハ確実トスベシ。

これによってわかるとおり、推論の根拠は全くの常識論であって(もっとも、記紀については古来、近代にいたるまで、非常識の見解のほうが一般に優勢であったから、常識的であることだけでもすでに卓見なのである)、津田の精細きわまる文献批判に基く立論とは同日に語るをえないものの、その結論は、津田が『神代史の研究』『古事記及日本書紀の研究』において説いたところと全く同じといってよく、そのかぎり、津田の研究は決して前人未発の新説とはいいがたいものであったとも言えるであろう。津田が同じく「今日から見て的確な批判」をふくむとした富士谷御杖の『古事記燈』は「上巻非史弁」から起筆せられており、その内で

此神典、実録とみては奇怪かぎりなし。しかるをしひて史とするは、たとへば火をともしてあたへたるをふきけちたるが如し。

と論じていて、神代記のみを史に非ずとし、「神武帝、この御国を一統し給ひて天子となり給ひし事疑なく」と、神武以後を史実と認めている点は、『夢の代』よりはるかに批判性が弱く、全体の論旨も神道者流の神秘主義に貫かれてはいるが、神代巻だけにせよ、それを史に非ずと断定している点に関しては、上田秋成が『胆大小心録』に

我国の神代がたりは人のつくりそえし物にて、云べからず。

と述べたのと同じく、やはり『夢の代』と揆を一にするところがあり、津田学説の先駆と見ることができるのである。もっとも、津田がその著書中にこれら徳川時代の学説を紹介したのは、研究史を整理して見せただけであって、それから示唆されたと言ってはおらず、むしろ前引のように、「本文の考説に大した関係のないことで」と、自分の研究がそれらと関係のない独創であることを暗示しているようにも思われる。上来しばしば述べたように、津田は、自分の学説の由来の明確になるのをことさら回避する傾向があるので、右の暗示とも見られる文章に拘泥するのも適切でなく、さりとて津田が『夢の代』の類を読んだ時期が明確にならない以上、それから示唆せられたと断定することもまた困難であるが、いずれにしても、すでに近世において、記紀に対して合理主義的な立場からする高等批評的態度が成立していたことは明白であるから、津田がそれらから直接示唆されたと否とにかかわらず、津田学説のごときものの出現する歴史的前提の形づくられていたことは否定できない。たゞ、次章に説くとおり、明治以後天皇主権体制の下において、徳川時代よりも記紀批判がいちじるしく後退していた状況を考えるとき、津田が、徳川時代の先駆者たちの批判精神を復活させるにとどまらず、近代史学の利器を遺憾なく駆使することによりそれを一躍最高度の水準にまで上昇させる研究を大成しえたのは、津田個人の創意はもとよりとして、何といっても大正デモクラシー期の批判的精神の高揚を背景においてはじめて十分に理解できるところなのではなかろうか。

記紀についての徳川時代の先蹤のほかに、津田の着想を導いたのではないかと推測されるものがいま一つある。それは、津田が早くから庇護を受け学問上の指導にもあずかった白鳥庫吉の中国古典についての高等批評の方法である。『神代史の新しい研究』の白鳥の序文ならびに津田の「緒言」によると、すでに明治の末年から、津田は白鳥と記紀の神代巻の解釈について論議を交わしていたとのことであり、その「間に暗示を得たのが尠なくない」し、その他にも「種々の点に於いて、平生教を受けてゐる先生の啓発を蒙ってゐることはいふまでもない」と津田は記している。

白鳥は、明治四十五年四月、雑誌『東亜研究』に「尚書の高等批評——特に堯・舜・禹について——」という論文を発表し、堯・舜・禹は実在の人物ではなく、天地人三才の思想を背景にしてこれを創作したものであり、堯は天に、舜は人に、禹は地にというように、三才の思想に仮託排列されたものである、と断定しているのである。白鳥は、記紀についても、しばしば口頭の発表を学界で行なっていたし、津田と個人的に論議を重ねていたこと上記のとおりであるから、それに示唆せられた点は少くなかったであろうが、戦後に公刊せられた白鳥の『神代史の新研究』などで見たところでは、白鳥と津田との神代史に関する見解はかなり開いているし、津田の『新しい研究』の「緒言」にも、「先生の説は根本的に僕の考とは違つてゐる点があるので、そこになると、まるで話が合はない」と記されているから、記紀批判の根本的な考え方については、白鳥の神代論よりもむしろ上記尚書研究に例示されるごとき中国古典批判の方法から示唆されるところが大であったのではないかと想像されるのである。昭和十九年津田が「白鳥博士小伝」(3)を執筆し、その内で白鳥の尚書批評に言及し、「博士の見解は、反対論者のいつたやうに、『堯舜禹の抹殺』ではなく、却つてそれを、正しい意味に於いて、生かしたのである。博士の伝説もしくは説話の批判は、いつでもみな同じ精神から出たものであつて、説話が事実でないために価値が無いもののやうに考へるのとは、その精神と方法とが全く違つてゐる。かつて学界の一方面に行はれてゐた啓蒙主義的、合理主義的批判の態度は、博士によつて根本的に修正せられたのである。しかし、このことが反対論者にはよく理解せられなかつたやうである」と述べ、また「博士は久しい前から我が国の古典の研究に思ひを潜め、その記載は、上代人の思想と精神との表現として、解すべきものであつて、民族の由来などに関する歴史的事実をそれによつて知らうとするのは誤りである、とせられてゐた」とも記しているのは、津田の筆禍裁判事件後、きびしい戦時下で書かれた文章であるから、そのまま明治末・大正頃の津田の白鳥観の忠実な再現ではないところもあろうが、これによっても、津田の記紀研究が白鳥の古典研究方法に多く負うていることは、十分に察せられるであろう。そもそもアカデミズム史学と無関係な文学青年であった津田が、アカデミズム史学の精緻な技術をあわせて身につけえたのは、既に詳述したとおり、白鳥との接触を通じてであり、その指導下で満鉄調査室において朝鮮歴史地理の研究に従事したことによるのであるから、津田の文献批判の能力は、そこで大陸文献を扱っているうちにきたえ上げたものであったにちがいない。『文学に現はれたる我が国民思想の研究』では、文献批判の技術をほとんど必要とせず、むしろ文学青年時代の多面的教養がストレートに役立った観さえあり、文献批判能力を日本研究で発揮したのは主として記紀研究の領域においてであったが、『神代史の新しい研究』と同じ年に刊行された満鉄調査室の研究報告『満鮮歴史地理研究一』の「真興王巡境碑に就いて」「新羅征討地理考」等の章には、すでにきびしい史料批判が示されており、その後記紀の批判的研究と平行して多大の力を投入した中国思想史研究の中で古典批判の技術はいよいよときすまされて行き、記紀批判と中国古典批判との両領域の研究において文献批判能力が相互に他を強化する作用を続けていったのであった。中国思想史の研究は、実体的内容において日本思想史の源流を究める意義を有したばかりでなく、方法面でも記紀の文献批判をいっそう深化させるために役立っていたのではなかろうか。『老子』『左伝』『論語』その他の中国古典に対する津田のきびしい文献批判は、記紀に対するそれと手法が酷似している。そして、そのような文献批判の着想は、根源において、尚書の高等批評に典型的に示されたごとき白鳥の古典学に発していると考えられるのである。

中国の学界にも、疑古派と呼ばれる学者があり、白鳥や津田はさしづめ日本の疑古派学者ということになろう。中国疑古派の先駆崔東壁は、『洙泗考信録』において、「老耼之学、経伝未レ有ニ言者一。（中略）戦国之時、楊墨竝起、皆託ニ古人一、以自尊ニ其説一。儒者方崇ニ孔子一。為ニ楊氏説一者、因託ニ諸老耼一、以詘ニ孔子一。（中略）道徳五千言者、不レ知ニ何人所レ作。要必楊朱之徒之所ニ偽託一」と論じており、津田の『道家の思想と其の展開』で述べられた老子についての所説は、すこぶるこれと近似している。『洙泗考信録』を収めた『崔東壁先生遺書』第二冊の原版は清の道光四年の刊、明治三十六年那珂通世の校点を経た日本版が公刊されているので、かつて私は津田の着想が崔の研究に影響されたものではないかと想像したことがあったが、津田は、老子を研究するに先だち崔の著作を読んでいなかったとのことであるから、崔の疑古派の研究方法の影響は無いとするほかなく、そうなればやはり白鳥からの影響を重視すべきであろう。(4)

日本でも、徳川時代に『出定後語』『翁の文』等を著わし、日本・中国・インドの古典について鋭い文献批判的研究を行なった富永仲基があった。津田の古典批判には仲基の方法と基本的に相通ずるものがあるけれど、津田が仲基の方法から影響を受けたと認むべき史料はなく、両者の関係を認定することは困難である。たゞし、直接の継受関係の有無にかかわらず、客観的にみれば、日本における思想史研究史の上で、仲基を津田思想史学の先駆者として位置づけることができると思われるが、今はしばらく深入りをやめておく。

なお、津田が青年時代にその文章を愛読した三宅雄次郎が明治十九年六月に公刊した『日本仏教史　第一冊』は、前編に紹介した、三宅が大学卒業に当り大学から編纂をすすめられた企ての実を結んだものと思われるが、最初「日本思想史」としたいと考えていたとされるとおり、書名は「日本仏教史」となっていても内容には仏教のことなど全然扱われておらず、「第一篇　仏教到来前ノ宗教」という一篇のみに終始し、これをさらに「古史ノ真偽」「カミノ意義」「開闢ノ説」の三章に分かち、記紀の批判が展開されている。その一節を紹介すると、

最旧ノ歴史トアレバ、古事記日本紀ヲ推シテ称スルノ外ナカルベシ。然ルニ是レ取テ以テ確実ナリト認ムベキカ。仁徳帝ノ世ヨリ漢字ノ流行シタルアリトシテ、其代マデ完全ナル記録ノ徴スベキアリシト強テ仮定スレバ、之ヨリ以前ノ事実ヲ何様ニ判断スベキカ、素ヨリ五里霧中ニ迷フノ思ヲナスト言ハザルヲ得ザルベシ。(中略)仮令古人ハ極テ記臆力ニ富ミタリトスルモ、甚ダ理解力ニ乏シカリシハ争フカラベザルコトナレバ、己レ一生能ク当時

ノ情状ヲ記憶スルモ、之ヲ子孫ニ伝フルニ於テ、子孫決シテ充分ニ理解スル能ハザル所アルベク、充分ニ理解スル能ハザル所ヲ、更ニ他人ニ語ラントスレバ、識ラズ知ラズ、想像ヲ混ジ、虚偽ヲ雑ヘ、怪談ニ陥ルニ至ルヤ必セリ。然ラバ神代前後ノ事情ハ真ニ精密ニ見ユルモ、断ジテ虚妄ナリトスベキカ。凡ソ事トシテ多少真実ナキモノ有ラザレバ、尽ク然リト言フ能ハザレドモ、過半然リトスレバ誤謬ナキニ幾カルベシ。実ニ仁徳帝ノ世ハ文運ノ発生セントスルトキニシテ、将ニ虚妄ノ時代ヲ脱シ真実ノ時代ニ移ラントスルモノナリ。後ノ十五帝即チ履中、反正、允恭、安康、雄略、清寧、顕宗、仁賢、武烈、継体、安閑、宣化、欽明、敏達、用明ノ寿命ノ平均数ハ五十余ニシテ、尋常ニ過ギザレドモ、前ノ十五帝即チ神武、綏靖、安寧、懿徳、孝昭、孝安、孝霊、孝元、開化、崇神、垂仁、景行、成務、仲哀、応神ノ寿命ノ平均数ハ百余ニシテ、非常ニ長シ。在官二百四十四年ノ武内宿禰ノ如キ、并ニ忍熊王ヲ撃テヨリ百七十年ノ後、更ニ宿禰ヲ誅シタル難波根子武振熊ノ如キモ、此世ヨリ少ク以前ニアリ。胆吹山神ノ大蛇ニ変ジテ道ニ当ルヲ一跳シテ過ギ、病ニ罹リテ薨ジタル後、八尋ノ白鳥ニ化シテ空中ヲ飛行シタル日本武尊ノ如キ、并ニ荒魂ヲ先鋒トシ、和魂ヲ身ニ服シ、魚類ヲシテ浮テ船ヲ助ケシメ、潮浪ヲシテ騰テ敵国ノ半ニ達セシメ、戦ハズシテ新羅、百済、高麗ヲ服従シタル神功皇后ノ如キモ、此世ヨリ少ク以前ニアリ。況ンヤ神代ヲ窺ヘバ、奇奇怪怪ニシテ殆ド融会スベカラザルモノアルナリ。仁徳帝ノ世ニ降リテモ、奇異ト称スベキ事件ナキニ非レドモ、之ヲ以前ニ比スレバ寔ニ尠小ナリト云ハザルヲ得ズ。此世ヨリ人類ノ寿命遽ニ短縮シ、鬼神ノ威力急ニ減少シタル様ニ見ユルハ何故アリテ然ルカ。他ナシ之ヨリ以前ハ書契ノ徴スベキナクシテ、過半虚妄ニ渉レルノミ。

（中略）最初ニ天神中主神、高皇産霊神、皇産霊等ヲ置タルハ、中臣、大伴、斎部等ノ諸氏ガ自己ノ祖先ヲ帝ノ祖先ト共ニ、神代七世ヨリ尊カラシメンガ為メナルベク、海神ノ綿津見宮ヤ、山神ノ女木花佐久夜毘売ノ談ニ至テハ、毫モ事実ナキコトニシテ、後世ニ小説体ニ作リタルモノナルベキコト明ナリ。神武帝、神功后幷ニ日本武尊ニ就テハ、真実ノ事ナキニ非レドモ、多クハ種種ノ説話ヲ集合シテ、成ルベク奇妙ニ作リナシタルモノ、如ク、特ニ日本武尊ノ童女ノ姿ヲナシテ川上梟師ヲ誅シ、倭姫命ヨリ草薙剣ヲ授カリテ東海、東山両道ヲ跋渉シ、遂ニ白鳥ニ化シタルコトハ、演戯流ノ勇士伝ニシテ、人ヲシテ作者ノ意匠ニ感服セシム。(中略)然ラバ最旧ノ歴史トアレバ、古事記、日本紀ヲ推シテ称スルノ外ナシト雖ドモ、之ニテ引証ヲナスニハ、大ニ取捨スル所ナキヲ得ズ。大ニ取捨スル所ナケレバ、里見ノ八犬士、水滸ノ百八人ヲ実ニ存在シタルモノトシ、基督教ノ旧約全書幷ニ印度ノヴヰダ、希臘ノイリアド及オヂツセヲ真実ノ歴史トナスガ如キ弊ニ陥ルニ至ルベシ。

というような論旨が展開されており、これまた常識論であるとはいえ、『夢の代』とほぼ同一の結論をとり、きわめて大胆に神功皇后までの記紀の説話の非史実性を断定しているのである。自由民権運動高揚後間もない時期でまだ明治憲法＝教育勅語体制の確立する以前の時点であったために、このような勇敢な発言も可能だったのかもしれない(それにしても、『日本仏教史』という書名は、こうした内容であるが故に必要とされたかくれみのであったのかもしれない)。この書以後も、『日本書紀』の紀年については、多くの学者が競って批判的研究を試みたけれど、それらもすべて神武以後歴代天皇を実在の人物とした上での議論であり、紀年を除く記紀初頭部の史実性を全面的に否定した研究は、津田の研究の送り出されるまで、絶えて見ることがなかった。津田の記紀研究は、徳川中期以降に興り、三宅を最後として消え去った記紀への徹底した高等批評を復活し、それを独力で一挙に高度の科学的水準に高めることにみごとに成功したものであって、その意味では、『我が国民思想の研究』とならんで、日本史学史上まことに画期的な業績として特筆大書されるに値するものであった。

津田の記紀批判の根幹が、記紀の神代説話以下を史実の記録ではなくて思想の表現であることを論証するにあり、ここにその画期的意義を強調するのも、その点についてのことであるが、単に史実の記録と見なしがたいというだけのことであれば山片蟠桃や三宅雄次郎が常識論からして喝破したとおりであって、津田の研究が最初ではなかった。津田は、さらに一歩を進め、神代史以下の説話の体系が、大和朝廷の官人の政治的目的により造作されたものであることを明らかにしたのであって、山片も三宅もそこまでは想到しておらず、その点津田の研究は前人未発の創見とも称しうるのである。津田の記紀説話の研究が「作為説」と呼ばれるようになるのは、そのためであり、それに伴なって、津田が記紀説話の「作為」性のみを一面的に主張し、「作為」の素材に民間伝承の類がふくまれていることを無視ないし軽視しているかのように見なす人々もいるようであるが、それは大きな誤解といわねばならない。津田が青年時代以来早くから神話学等に関心をいだいていたことは、第一編に述べたとおりであり、専門研究者となって以後、神話学・民族学・民俗学をいよいよ熱心に学びとっていたことは、その著作に西洋のその種諸学問の業績の引用や関係術語の原語の使用が頻繁に見られることからも窺われよう。例えば大正十年刊行の『東洋学報』第拾一巻第四号掲載の「支那の開闢説話について」という論文を見ると、

> Anthropomorphic な神の観念が知識社会に発達しなかつた上代支那に於いては、götlersage とか deity sage とかいふ意味の、即ち文字通りの、神話が作られるやうにならなかつたのは、当然である。しかしそれがために、広い意味でいふ myth が folk-lore として存在しなかつたといふことはできぬ。

とか

> 述異記に（中略）「秦漢間俗説」「先儒説」又「古説」として挙げてあるものは、種々の解釈を容れる余地があらうが、最初の話は、明白に一種の cosmogomic myth である。さうして、それを、Rig-veda に見える Purusha、北欧神話の Ymir に於いて最もよく現はれてゐる、人類以前の人類から宇宙や人類が作られたといふ、これと同

様の物語に対照し、またそれに類似した、或は其の一部とも見られる、説話が古代民族や今日の所々の未開民族にも存在することを思ふと、これは秦漢以後になつて始めて作られた話では無くして、極めて遼遠な古代から folk-lore として伝へられてゐたものであることが推測せられる(その由来が人間の sacrifice にあるかどうかは別問題として、こゝに言及しないことにする)。

とかいう議論が進められており、またその註に Tylor : Primitive Culture. Lang : Myth, Ritual and Religion. Frazer : Scapegoat. Harrison : Themis. Jastrow : Religion of Babylonia and Assyria. Frazer : Folk-lore in the Old Testament のごとき西洋の神話学ないし今日のいわゆる文化人類学的著作をしばしば引用しているほかに、高木敏雄の『比較神話学』を引用しているのである。(5) その後も、津田がひきつづき西洋の文化人類学の吸収を怠らなかったことは、その蔵書中に

Batchelor, J. : Ainu and their folk-lore. 1901.
Crooke, W. : Religion and folklore of northern India. 1926.
Durkheim, E. : Elementary forms of the religious life.
Frazer, Sir. J. G. : Totemism and exogamy. 1910.
〃 : Psyche's Task. 1913.
〃 : Belief in immoratality and the worship of the dead. 1913, 1922.
〃 : Folk-lore in the Old Testament. 1919.
〃 : Studies in Greek scenery, legend and history. 1917.
〃 : Golden bough. 1917–20.

〃　: Magical origin of Kings. 1920.

〃　: Worship of nature. 1926.

Levy-Bruhl, L. : Primitive mentality. 1923.

Müller, M. : Comparative mythology and essay.

Smith, W. R. : Kinship and marriage in early Arabia. 1903.

〃　: Lectures on the religion of the Semtics, first ser. 1914.

Spencer, L. : Introduction to mythology. 1921.

Tylor, H. O. : Ancient ideals. 1921.

Tylor. E. B. : Primitive culture; researches into the development of mythology, philosophy, religion, language, art, and custom. 1913.

Westermerck, E. : Origin and development of the moral ideas. 1912–17.

Westermark, E. : History of human marriage. 1921.[6]

等のその方面の洋書が相当に見出される事実によっても窺われよう。

津田が記紀の批判的研究を遂行するに当っても、このようにして吸収された文化人類学的知識が十二分に活用せられていることは、ともすれば津田の研究を、文化人類学的な神話研究と対立する業績であるかのような誤解が広まっているように思われる今日、看過してならない点である。特に初期の著作、同じ書物でも早い版ほど、西洋文化人類学のなまの形での引用が目立っている。それが、後の版で消されてしまうために、早期の版を見ていない読者には、津田の古典研究に文化人類学的知識が積極的に活用された事実が不明瞭となり、これについて不正確な印象を生ぜしめているのではなかろうか。例えば『古事記及び日本書紀の新研究』とその改訂版である『古事記及日本書紀の研究』を比較してみると、前者に見える次のような記事が、後者ではすべて削除されてしまっていることが判明する。

我が上代に父方母方の何れの近親とも結婚したのは、父方の近親と結婚することが普通であつた母系時代の習慣が遺つてゐるところへ、母方の近親と結婚し得る父系時代の新習慣も行はれて、其の二つが共存し、終にそれが混同したのではあるまいか。(中略)(Frazer が母系時代と父系時代との過渡期に同胞兄妹間の結婚の風習の生ずることがある、といつてゐるのは、全く別の問題ではあるが、或る制度の変革期に於いて変態が現はれることは、考へ得られなくはない。Adonis Attis Osiris 三九六―七頁参照。)

(中略)

序に一言する。近時の学者間には、異部族結婚(exogamy)の習慣が totemism に関聯した事実として、一般に認められてゐるやうであつて、其の totemism が凡ての民族の経過して来た階級であるやうに、考へる学者も多い。ところで本文に述べたやうな、母系の社会では父方の近親と、父系の社会では母方の近親と、結婚し得られるといふ事実は、totemic exogamy の上からも説明し得られることであるらしい。しかし、アウストラリヤ人やアフリカ人や、又たアメリカの印度人の間に存在する totemy exogamy の如き、特殊な、又た可なり複雑な場合もある部族組織が、果して遠い過古の未開時代に一般に行はれたものであるかどうかは、問題ではあるまいか。又た異部族結婚と totemism との結合も、本質的のものであるかどうか。是も問題であつて、Frazer の如きは明に両者を区別して考へてゐる(Totemism and Exogamy 第一巻一六二頁)。のみならず、totemism 其のものが、果して凡ての民族が経過して来たものと考ふべきであらうか。それが既に問題である。(中略)丹後、近江などの風土記に見える白鳥を妻にした話、又はオホクニヌシの神とスセリヒメとの物語(神代の巻)なども、世界的のものではあるが、学者は或は前者を totemism に由来してゐるやうに説き(Frazer, Dying god 一二五—三一頁)、或は後者を異部族結婚の風習から生まれたものとしてゐる(Lang, Custom and Myth 一〇二頁)が、これにもなほ研究の余地はあらう。(中略)それから totemism 其のものの遺風で無くとも、それと本質的に離るべからざる関係が無くてはならぬやうな風習の痕跡があるかどうか、と考へてみるに、これは totemism の解釈次第で種々に見られる。例へば Jevons のやうに、野獣の家畜化をも野生植物の農作化をも、皆な totemism と関係させて考へるものから見れば、あらゆる文化民族はみな totemism の時代を経過したことになるが(Introduction to the History of Religion)、かういふ考其のものが、果して肯定せられ得るものであらうか。疑を挾む余地は十分にある。畢竟、今日の程度に於いては、此の点に決定的の判断をすることが困難ではあるまいか。少くとも著者の乏しい知識に於いては、それに就いて多く語ることを躊躇しなければならぬ。(7)

神が蛇となつて人間の女に婚するといふことは他の民族にも例がある。Frazer, Adonis Atis Osiris 七一頁参照。(8)

〔家永註〕『研究』では「蛇神と人間との婚媾は世界の民間説話に例の多いものだからである(9)」といぅ文章があるが、Frazer の参照はない。

後に大祓として発達した儀式の遠い起源も、畢竟は同じところにあるのであつて、それは所謂「祓へつもの」に此の悪い精霊を移し負はせて、それを此の国の外、此の世の外に攘ひやるのである。ヘブライ人の山羊の追放やギリシヤ人の pharmakos(Harison, Prolegomena to the Study of Greek Religion 九五—一〇六頁参照)などの

由来をも参照するがよい。(10)

附記　ワニについて（中略）さて斯ういふ性質を具へてゐるものが海にあるかといふと、それは海蛇の外に該当すべきものが見当らぬ。（中略）海蛇に対する信仰は、昔の希臘にも今の未開人の間にも其の例がある(Frazer, Dying good 八四頁。Tylor, Primitive culture 第二巻三一〇頁参照)。またアラビヤには sea-demon を母とする部族があつて、其の母について、トヨタマ姫に似た話もある(Robertson Smith, Religion of Semtic 五〇頁)といふが、これも海蛇ではあるまいか。demon が蛇であるのは普通の例だからである。(11)

前引「支那の開闢説について」においても、Anthropomorphic は「人の形をもつた」、myth は「説話」、folk-lore は「民間伝承」、cosmogomic myth は「宇宙生成説話」、sacrifice は「犠牲」というように、それぞれ横文字の術語が、後の加筆本を底本とした『全集』ではすべて日本語に書き改められているが、同じように『古事記及日本書紀の研究』に使われていた myth(12) も『日本古典の研究　上』では消去され(13)、『神代史の研究』に使われていた「宇宙生成説話 cosmogomic myth」(14)、「demon」(15)、「人間らしい神(anthropomorphic god)」(16)も、『日本古典の研究　上』では、それぞれ「宇宙生成説話」(17)、「邪霊」(18)または「悪鬼邪神」、「人の性質を具へ人の形を有するところに本質のある神」(19)と書き改められ、また、前者の「月が農業にとつて特に深い関係があるように思はれてゐたことは、Frazer の Golden Bough などにも多く例を挙げてあることである」(20)は、後者では「月が農業にとつて特に深い関係があるやうに思はれてゐたことは、多くの民族にその例がある」(21)と Frazer の引用を削った形に書き改められているのである。

しかしながら、このような記紀研究の全体にわたる書き改めが端的に物語っているように、津田の文化人類学の記紀研究における有効性についての見解は、『新研究』の完成後その改訂版『研究』公刊までの時期に大きく変化していると認めざるをえないのであって、そのために少くとも大正十三年以後の津田は、文化人類学的研究から大きな示唆を受けつとめてこれを活用しつつ記紀研究を大成した経過の痕迹を著作から抹殺するにいたったのであるが、それによって津田の記紀研究が実際に文化人類学的研究から多大の知識を吸収することなしには大成されなかったという客観的事実を抹殺することはできないであろう。現に『古事記及日本書紀の新研究』では、新井白石が『古史通』で採用し、「今日」(津田の著作当時の)の人々の多くがなお追従している記紀説話の euhemerism による解釈方法を根本的に誤っていると排斥し、

何故に事実をありのまゝに語らないで、故らに奇異の言を作り設けて不合理な物語としたのであるか。(中略) 譬喩であるといふにしても、説話化であるといふにしても、其の譬喩其の説話が不合理な形になつてゐるとすれば、少くとも人間にさういふ不合理な思想があること、或はさういふ思想の生ずる心理作用が人間に存すること、を許さねばならぬ。(中略) かう考へて来ると、此の種の浅薄なる合理主義が自家矛盾によつて自滅しなければならぬことがわからう。然らば我々は、かういふ不合理な話を如何に考ふべきであるか。それは別にむつかしいことでも無い。第一には、そこに民間説話の如きものがあることを認めるのである。(中略)記紀の物語のやうなものが記紀ばかりにあると思つてゐた時代、また思想の発達や変化といふことがわからず、人の思想は何時でも同じものと思つてゐた時代、従つてまた未開上代人の思想を理解することの出来なかつた時代の学者、例へば白石のやうな人が、さういふ特殊の物語を特殊のもので無く解釈し、後人の日常経験に背馳してゐる説話を、さうで無いやうに理解しようとしたのは、無理の無いことではある。(中略) しかし今日では人の知識が広くなつた。記紀の物語に含まれてゐるやうな説話は、世界到るところにあることがわかり、人の思想が一般文化と共に発達するものであることが知られ、上代人に比較すべき未開民族の風俗習慣や其の心生活も了解

せられ、また多くの国、多くの民族に於いて、上代の歴史として伝へられてゐるものが如何にして結構せられたか、といふことも知れ渡つて来た。従つて我々は、さういふ知識の助を仮りて、或は上代人の思想を理解し、或は物語の作者の意のあるところを推測し、それによつて記紀の説話、記紀の全体の結構の意味を知ることが出来るやうになつたのである。もはや白石のやうな窮策を取る必要は無くなつたのである。[22]

と論じて、euhemerism ではなく、比較神話学などの「助を仮りて」、その説話成立当時の人々の考えていたとおりに理解しなければならないとしているのである。『新研究』は、この方針に基き、文化人類学的知識を積極的に活用しつつ、記紀説話についての独創的認識をうち立てたのであったが、細部はともあれ、その大綱はほとんどそのまま改訂版『研究』に維持されているのであるから、たとい改訂版『研究』が、上述のような文化人類学的術語の使用や西洋学者の著作への引照を削り去ったとしても、その基本的方法が文化人類学の活用の上に立っている点では、改訂前の『新研究』と相違はないと見なければならない。ただし、津田が、最初から文化人類学的方法の適用において一定の限界のあることをはっきりと意識していたことは、前引トーテミズムについての見解にも示されており、そうした意識が年を追ってだんだんと強くなるにつれ、はじめは積極的に活用の必要を強調していた文化人類学的方法の活用の必要よりも、むしろそれがもたらす危険性への警告をいっそう強く示すにいたったのであった。大正十三年の『神代史の研究』の例言において、「著者は西洋の学者によつて試みられつゝある原始宗教や民間説話や又は所謂神話の人類学的、社会学的、もしくは心理学的研究などから大なる稗益を得てはゐるが、さういふ一般的な学問の一部面もしくは一材料として神代史を取扱ふのでも無ければ、それらの学者の種々の所説をもとにして、無雑作に、又は強ひて其の目で神代史を見ようとするものでも無い」という立場を明らかにした津田は、昭和八年の『上代日本の社会及び思想』では、進んで近ごろに於いては、神代史のすべてを所謂神話として見ようとするところから来てゐるものもある。さうして此の最後の一事は、何ごとについても欧人によつて形成せられた或る学説もしくは仮説を準拠とし、それにあてはめて概念的に事物を取扱はうとする傾のある、日本の学界の通弊の現はれでもある。神代史の一々の物語には所謂神話として取扱はるべきものも無いでは無いから、多くの民族の神話に関する知識と神話学の種々の学説とが参考せらるべきものであることはいふまでもなく、それによつて解釈し得られることがらもあるが、それと共に全体としての神代史は、我が国に特異のものであることを考へねばならぬ。欧人の神代史をいふものは此の根本義を解することができず、神代の物語を彼等の所謂神話として取扱はうとするのであるが、我が国の学者もそれに追従する傾のあるのは遺憾である。（中略）

又たもし人類の文化の発達に共通の順序と段階とがあるといふやうなことが、いくらかの程度に於いて許されるとするならば、其の或る段階に於ける共通の生活のあらはれとして見るべきものも無いでは無からう。（但しこれについても、現存の未開民族を原始人もしくはそれに近いものと見なし、文化民族が遠い過去に一たび経過したことの或る段階にあるものとして、考へることは、甚だ危険である。（中略）それ〳〵に特異相を有する現在の種々の未開民族の生活状態の差違を文化の発達の諸段階を示すものとして見るが如きは、一層の誤であらう。）なほ所謂伝播によつて他の民族から受入れられ、従つて其の民族と共通なものがあるべきことも考へ得られよう。が、すべてが上記の如きものでは無く、（中略）それと共に、同じやうな説話が異なつた生活、異なつた心理から異なつた径路によつて形成せられる場合があり得べきことをも注意しなくてはならぬ。

という、文化人類学的方法導入の流行に対する強い批判的主張をさえうち出すにいたったのである。したがって、戦前の津田の記紀批判の方法は、基本的に大きな変化はないと言えるものの、文化人類学的方法の利用に関しては、大正十年前後を境として、その前と後とには若干の変化が生じており、大正末尾から昭和初年にかけての業績、特に文化人類学的方法の活用よりもそれへの警戒のほうを強調しはじめた昭和初年の『日本上代史研究』『上代日本の社会及び思想』では、文化人類学的方法の活用においてかなりの後退のあることは否定しがたいように思われる。一例をあげると、上に引用したとおり、『新研究』では日本にも「母系時代」の存在したことを積極的に推認していたが、改訂版『研究』ではその部分は消し去られており、さらに『上代日本の社会及び思想』所収「上代日本人の道徳生活」になると、前篇第二章に引用しておいたように、現存する資料から母系制の遺風を見出そうとする見解が強く排斥されるにいたっているのであって、これなど津田史学のこの面での後退の特に顕著に現われた実例といえよう。したがって、津田の記紀批判の方法を、その基本構想の成立した原点において理解するためには、昭和に入ってからの著作、ことに大正期の著作の戦後改訂版を史料として用いるのは適当でないということを、念のためにあえて一言しておく。

いずれにしても、津田は、実際には比較神話学その他の文化人類学的知識を豊かに身につけ、それを十分に活用して記紀に対する画期的な批判的研究を大成しながら、そして大正二年の『神代史の新しい研究』の中の「イザナミの肢体に神が生れたといふ化生の物語も高木敏雄氏(比較神話学)の説の如く或は支那伝来の思想かも知れない」との引用に見られるとおり、明治三十七年に『比較神話学』を公刊し、記紀その他の日本の古典を主要な素材として比較神話学を日本に導入して「日本神話学の建設」[23]に力をいたした高木敏雄の研究成果をも汲み入れる方針を一度はとっていながら、結局はそれらの文化人類学的方向からの日本「神話」研究の動向ときびしい一線を画し、その独自の文献学的方法の内にたてこもってしまったのである。それは、津田の記紀批判を鋭くする反面に細く狭いものとしたことも免れなかったばかりか、西洋の学問あるいは西洋の学問的方法の日本研究への積極的応用に努力した日本人学者の研究成果の活用の道をとざすことになり、それが前章に見てきたような唯物史観史学拒否の姿勢を強化するよび水ともなったように思われるのであって、その意味で津田の研究態度の微妙な変化は、思想の変化ともつながるものがあった、といわねばならぬ。

文化人類学あるいは比較神話学的方法に対すると同様の批判的警戒的態度は、日本の民間伝承の研究を通して記紀等の説話の理解を深めようとする民俗学的方法に対しても示された。津田が「民間伝承」を重視していたことは、上引中国・日本の古典の研究中にしばしば folk-lore あるいはその訳語としての「民間伝承」または「説話」という術語を使用している事実からも窺われるばかりでなく、昭和十三年公刊の『支那思想と日本』では、「過去の日本人の生活を知りその文化の特色を知るには、主として此の如き〔日本に独自の〕文芸と民俗そのものとによらねばならぬ。支那風の学問を講習したり宣伝したりしてゐた学者の述作によるべきではない」と言い、自ら日本人の思想を表現しているもっとも適切な史料として全力をあげてその究明にとりくんだ文芸と並ぶ高い史料的価値を「民俗」に与えているところからも、明らかであるが、しかし、津田は日本の民俗の研究のためにはほとんど自分で手を染めようとしなかったし、特に記紀の研究のために民俗学の力をかりることについては、『上代日本の社会及び思想』の上引の民族学的方法の安易な利用への批判の文に引きつづいて、

或は又た日本の民俗や民間伝承などを根拠とする神代の物語の考説も世に多く現はれてゐるが、さういふ考へかたをする場合に、もし其の民俗や民間伝承の解釈が学問的方法によらない思ひつきであり、独断的のものであったならば、そこから種々の無理が生ずるはずである。又た民俗に立脚するといひながら実はそれを抽象的に取扱ひ、民俗の地方性、時代性を度外視し、或は其の歴史的変化もしくは発展を軽視乃至無視するやうなことがあるならば、そこからも亦た幾多の誤謬が生じて来よう。民俗、特に山間僻地や海島のそれ、を上代の民俗がそのまゝに遺存したものとするやうな仮定は、決して無条件に許され得べきものでは無い。（中略）神代史は治者階級

知識階級の手になつた政治的意義のものであるから、それに取入れてある神も信仰も、或は政治的統制の下に置かれ、或は知識社会の思想を以て変形させられてゐるので、それは決して民間信仰に於ける神そのまゝの姿でも無く、民間信仰が如実に現はれてゐるのでも無い。民間信仰は民族生活そのものに内在するものであつて、上から加へられる政治的権力と相関するものでは無いから、村落的集団として行はれる呪術や祭祀にこそそれが純真の形に於いて現はるれ、国家的儀礼や政権の象徴としての神はそれとは縁遠いものである。又た神代史が支那の文字で書かれてゐるといふことは、それに記されてゐる宗教観念が民間信仰とはむしろ対立的地位にあることを示すものである。

という、きびしい警戒の主張が力説されているほどである。右に説かれているような記紀説話体系の非民衆性の認識が民俗学の利用の必要性を小ならしめたものでもあろうが、読書を主なる研究手段とし、デスクワークにもっぱら力を注ぎ、書斎にとじこもって民衆との直接の接触の機会を進んでもとうとすることのとぼしかった津田の研究方法・生活態度が、民俗学に深入りするのを妨げたという事情もあったにちがいない。とにかく、津田は観念の上で「民俗」を重視しながらも、ほとんど同世代の人物である柳田国男が、ほぼ時を同じうして日本民俗学の貴重な業績を次々に生み出しているのを知りながらも、その成果から学びとろうとする積極的関心は欠けていたように思われる。大正十四年十二月二十六日の日記に「柳田国男の仲間のやつてゐる『民族』といふ雑誌の新年号が来てゐた。あちこち、ひろひよみをしてゐると、柳田の手まり歌の整理といふやうな一文が目についた。(中略)そこに子ども特有の突飛な聯想作用や想像力がはたらいてゐるので、大人がきいては不思議な興味がそこに生ずるのである。(中略)手まり歌を考へるには、かういふ子どもの心理を顧慮する必要があらうと思ふ。柳田の考には、此の点が欠けてゐるのでは無いかと感じた」と記されているのは、柳田国男を直接に論じた、津田としては稀有の発言であるが、右に見られるごとく、個人心理的観点からの批判が強く、子どもの手まり歌に民間伝承を見出そうとする柳田民俗学の独自の発想をくみとる意図は見られない。昭和二十五年九月十日、私が津田に柳田民俗学をどう評価するかをたずねたときの津田の答は、柳田君が民俗学を日本に興し豊富な資料を蒐集した功績は偉大であるが、その結論には賛成できぬものが多い。それに柳田君の書くものは論旨が晦渋で、趣旨が分りかねる。もう少し論旨がはつきり分る様に書けないものだらうか。

というのであった。この感想はおそらく晩年になってから新しく生じたものではないようで、津田が柳田民俗学との交流にきわめて消極的であったことを確認しうるのである(24)。

このように、津田の記紀批判が、比較神話学・民族学・民俗学等からのアプローチによる記紀研究とは一線を画する独自の道を歩むものであったけれど、それは記紀の説話体系の全構造をあくまで内在的に究明することなしに記紀の本質をとらえることはできないとしたからであって、津田が記紀説話の素材の内に他国にも類例のある神話伝説や日本の民間伝承に由来するものがふくまれている事実を否認したことを意味するものでなかったことを、注意しなければならない。記紀の説話構造の作為性と非民衆性とを強く主張した津田の結論が、世界的に流布する神話伝説や民間伝承の要素を見出そうとする熱意を、民族学者や民俗学者に比べればとぼしいものにさせたことは否定できないけれど、戦前の津田の神代史研究の決定版である『神代史の研究』を見ても、

イカツチは(中略)蛇であらうと思はれるが、蛇が墓地にあり、それが死者の精霊もしくは屍体に存在する demon として考へられることは、他の民族にも例がある(25)。

ヨモツヘグヒといふ如き考は、例へばギリシヤの神話に於いてペルセフオネが下界で下界の石榴を食つたゝめ此

の国に還りきることが出来なくなつたといふ話があり、ニユウジイランドに於いて、死の国へいつて死者の食物を食つたものが此の土地に帰られなかつたといふ物語がある如く、他の民族も同じ思想を有つてゐたのであり、また fairy の国へいつて其の食事をとれば再び其の国を出ることが出来ないといふヨオロツパに例の多い物語とも性質を同じうするものであることを思ふと、これはやはり民間の思想として考へるのが妥当であり、従つてヨミの国の観念もまた民衆の間に存在してゐたものと見るべきであらう。[26]

ヨミの国といふ観念が既にできてゐる以上、死せる妻を慕うて夫のそこに下りてゆくといふ話の生ずるのは、極めて自然のことであつて、遠いギリシヤの物語にも其の例がある。さうして「見るな」といふ禁制と、それを破つたがために希望が達せられなくなつたといふことゝも、また多くの民族の民間説話に於いて、種々の主題について語られてゐることである。(中略)だから此の話は民間説話に準拠があると見るのが妥当であらう。[27]

路の岐れるところに悪い demon がゐるといふ思想は他の民族(例へばゲルマン人など)にも例のあることであるから、demon がヨミの国から来るといふ思想とそれとが聯結せられて、ヨミの国の物語にそれが現はれるやうになつたのかも知れず、[28](下略)

何故にそれが火の神と土の神との結合によつて生まれたことになつてゐるのであらうか。(中略)それは恐らくは植物の、特に農産物の発展を促がす呪術として、冬もしくは春の初に一定の場所に於いて火を焼く民間の風習に由来があるのであらう。今日もなほ地方によつて其の遺風の存在する正月の「どんど」の如きは多分からういふ意

味のものであつて、春の暖い日が地上の万物を発生せしめるところから、火の暖みでそれを模擬し、それによつて土地の発生力を助けるのであらう。かういふ儀式は多くの民族に其の例がある。祭祀の儀式もしくは呪術に基づいて神話の作られることも、また神話の人類学的研究が行はれるやうになつてから、普く世に知られて来た事実であるから、著者は今此の問題を斯う解釈しようと思ふ。(29)

神もしくは巨人が殺されて其の屍体から神や人や種々の生物の生まれることは他の民族の説話にも其の例が多い。(中略)此の話が何かの呪術に由来があらうといふことを、他の民族に於ける神話の例から類推しても、大なる誤は無からう。又たオホゲツヒメなどの食物の神は昔物語の主人公としての英雄神では無く、民間信仰に於いて現に存在する神または精霊でなければならぬから、それが殺されたといふ話は年々にくりかへされる儀式に根拠があると見るのが妥当であらう。(序にいふ。(中略)月が農業にとつて特に深い関係があるやうに思はれてゐたことは、Frazer の Golden Bough などにも多く例を挙げてあることであるから、我々の民族の上代にもさういふ考があつて、そのために月神をかりて来たのかとも思はれないでも無いが、もしさうとすればオホゲツヒメの神を殺させるために此の神をかりたのが少しく解し難くはあるまいか。(中略)さてオホゲツケヒメもしくはウケモチの神の話が上記のやうな意義であるとすれば、カグツチの殺された屍体にヤマツミが化生したといふのも、やはり山で火を焼く儀式から出たのではあるまいか。(30)

岩戸がくれの物語は、長鳴鳥をなかせたことも、ウズメの命が踊つたことも、神々がはやしたことも、日の現はれることを促さうとする呪術に由来があるらしく、ウズメの命がほとを露はしてゐるのも、すべてのものに生気を与へる呪術として見ると意味のあることであり、さうして日についてのさういふ呪術は主として日蝕の場合であらうから、此の話は日蝕に関係があらうと思はれる。しかし日蝕の現象を説明する自然神話では無くして、日蝕の場合に行ふ呪術に基づいた神話なのである。(31)

ウケヒをするといふことは民間の風習に違ない。かういふことは未開人の間に一般に存在するからである。(32)

禍をする精霊を品物や動物や又は人間やにつけてそれを境域外に放逐するといふ所謂 Scapegoat の風習は世界の到るところにあるので、我が国の大祓も其の一例であり、(33)(下略)

異郷人は悪い精霊を伴つて来るといふので、それを怖れるのは未開人に例の多いことであるから、かういふ旅人を郷里なり家なりに入れるには、祓をして其の精霊を逐い払つてからで無くてはならないのである。(34)

蛇が少女を求めるのを英雄が現はれて蛇を殺し少女を妻とするといふ話は、世界を通じて例の多いものである。さうして此の話の由来が処女を犠牲とする原始時代の風習にあるといふ近時の学者の所説も大体に於いて承認せらるべきものであらう。其の最も古い意味は、恐らくは地の精霊たる蛇と処女の結合から生ずる生殖作用によつて穀物の豊饒を促す呪術であつたらしく、此の物語に於いて処女の名がイナダヒメとなつてゐることも、其の思想の痕跡として見るべきものではあるまいか。毎年蛇が処女をとりに来るといふのも、年々行ふ呪術に基づいた話だとすればよく了解せられよう。蛇は(中略)山の神でもあるが、(中略)また今日にも遺つてゐる民間の信仰から考へると、池や淵のぬしとしても見られてゐたに違ない。要するに、蛇は山川草沢原野田畑、到るところに生存する霊的のものであるから、土地に関することについては種々の意味に於いてそれが恐るべき又頼むべき神として考へられたのであり、従つて極めて古い時代に於いては、農業についても斯うといふことがあつたのであらう。或は、此の話の場所がヒの川上にあり、さうして水が稲田に最も必要なものであるとすれば、蛇を水の精霊と解してよいかも知れぬ。[35]

男が思ひ妻を得るために種々の仕事を課せられるといふ話もまた民間説話として存在し得るものであらう。古い時代の婚姻の風習に其の由来があらうと思はれるからである。[36]

サルダヒコの神の特質は其の異様な眼光にある。前にも述べたことがあるやうに、異様な眼光を恐れることは未開人一般の風習であるが、それは異人種もしくは異郷人に於いて常に経験せられるところである(中略)異郷に入る時に斯ういふ神が道のちまたにゐるといふやうなことは、民間説話として存在したものであらう。[37]

兄弟の争ひに於いて弟が最後の勝利を占めるといふ、例へば古事記の応神天皇の巻に見えるハルヤマノカスミヲトコ、アキヤマノシタビヲトコの物語の如く、民間説話としてありふれた型を有つてゐるものであり、潮満珠潮涸珠や鉤による呪咀や、又は「風招」といふ呪術やが、何れも民間の風習に起源を有するものであることを思ふと、やはり民間説話として存在してゐたものを採つたのであらう(国学院雑誌第二十八巻第二号に見える松村武雄氏の説によると、弟が兄の鉤を失つたといふ話はインドネジアンに類似した物語があるさうである。其の出所

として記された書物を著者はまだ見ないが、参考のため附記する。此の類似によつて直に此の話の南洋伝来を主張することができるかどうかは問題であるが、民間説話として存在し得べき性質のものであることは、これでも知られよう。[38])

涙と雨との聯想が未開民族に例のあることを思ふと、ナキサハメといふことばは或は雨をふらせる呪術に関係があるのでは無いかとも思はれるが、もしさうとすれば此の名は民間の風習に由来がある。[39]

という類の論述が随処に散見し(右の引用以外にもまだたくさんある[40])、津田が常に比較神話学の提供する知識や民俗学的知見によって記紀の説話の真義をとらえようとする意欲を欠いていたのではなかった事実を確認すべきであろう。[41]津田が記紀研究史を回顧する中で、上田秋成や富士谷御杖や山片蟠桃の先駆的見解を評価するとともに、神秘主義的な談理にみちて一見近代史学の立場から採るところのないかのようにも見える橘守部の『稜威道別』の所論の中から、「稚語《をさながたり》」「談辞《かたりごと》」等の民間伝承的要素の指摘のあるのを発見し、「当時に於いては珍らしい見解である」と評価しているのも、津田自らが民俗学的アプローチを心がけていたればこそ可能だったのである。前引印刷年代・題名不明の九頁の小文中にも

明治時代になると、神代の説話は日本民族の由来が伝説の形に於いて語りつがれたものであるといふ見解が現はれた。(中略)ところが、その後、神話学の研究が起り、神代の説話をいはゆる神話として見ようといふ新しい態度が生じたが、神話とすれば、それは歴史的事実の語られたものではないことになる。「神代史の研究」はかういふ学界の状勢に刺戟せられて生じたものであつて、(下略)

と記されており、津田自ら、その研究が神話学の勃興に「刺戟せられて生じた」ことをはっきりと認めている。もと

より、津田の著作に示された比較神話学的ないし民俗学的見解が、今日の学問的水準から見て正しいといえるかどうか、十分か不十分かは、問題ではない。まだ海幸山幸説話の流布状態がわずかに松村武雄の論文によって紹介せられるにとどまっていた大正期までの日本神話学の発達水準に照して考えれば、比較神話学や民俗学の安易な利用にきびしい警戒をはらっていた津田が、それにもかかわらず大正末年の著作にこれだけ民間説話や祭祀関係説話等の存在を承認しているのは、その時期の業績としてはきわめて積極的な姿勢を示すものと見るべきであり、津田が記紀説話の「作為」性を強調したことに眩惑され、比較神話学・民俗学的考察にいちじるしく消極的であったかのように見なすことの誤は明白であると考えられる。『我が国民思想の研究』が痛烈な批判的研究とあわせて深い内面的理解にみちた考察の成果としての側面をもつのを看過するのがまちがいであると同様に、記紀の批判的研究が、比較神話学・民俗学的考察においても、当時の学問的水準においてきわめて積極的であったことを見落すのは適切でないことを明らかにしておきたく、念のため立入った検討を加えた次第である。

さらに、津田の記紀研究においては、説話の体系が作為の所産であることを明らかにするとともに、記紀という成書の文章に漢籍の文章により潤色されている部分、あるいは漢籍の文章をとり入れて原資料に無い新しい要素を付加した部分の多いことを具体的に指摘し、記紀の記載の文字どおりに史実を認定したり民間伝承の存在を考えたりできない場合の少くないことを明らかにしており、この点もまた津田の研究の大きな功績であった。その内には次章に述べる日本書紀一書の有名な天壌無窮の神勅文に関する考察のごとき重要な思想的意義をふくむものもあるのであるが、この批判方法も、津田の独創ではなく、徳川時代以来の研究史が前提となっていたのである。特に日本書紀が漢文の潤色により古意を歪めたところが多いとは、本居宣長の強調してやまなかった主張であり(42)(宣長は、古事記にも漢語による潤色のあることを認めている(43))、考証学者狩谷棭斎が『文教温故批考』において、

> 憲法を聖徳太子の筆なりとおもへるはたがへり。是は日本紀作者の潤色なるべし。日本紀の内、文章作者の全文を載たるものなければ、十七条も太子の面目ならぬを知るべし。もし憲法を太子の面目とせば、神武天皇の詔をも、当時の作文とせんか。[44]

と言っているのは、よく人の知るところであろう。日本書紀の文章の漢籍からの出典の調査は、谷川士清の『日本書紀通証』において組織的に進められ、河村秀根・益根父子の労作『書紀集解』によりさらに徹底的に行なわれた。河村父子は、『集解』巻頭の「総論」の「第八論㆓註例㆒」の「夫書紀文辞修㆓古文辞㆒者也。或出㆓内典㆒、或出㆓外典㆒。豊文茂記不㆑可㆓尽挙㆒、云々」と言っているように、書紀が内典外典から古文辞をとって文章を成したことを認め、その典拠の究明を書紀註解の主要任務と考えたのである(但し『集解』が註に引いているもののすべてを書紀編者の用いた出典としているのではないが)。津田の研究も、このような徳川時代以来の、ほとんど異論を容れる余地のない漢籍による潤色の研究を発展させたもので、特に『集解』のしごとを意識的に継承するものであったことは、昭和九年に『岩波講座日本歴史』の一冊として刊行した「上代史の研究法について」に

> 河村秀根の書紀集解には其の出典がよくしらべてある。(集解の此のしらべには補足を要することが所々にあるけれども、それによつて語句の出典が知られるばかりでなく、書紀の書物としての性質と編述者の態度及び意図とが暗示せられてゐることを思ふと、此の書は、書紀の学問的研究としては、他に比類なき貴重なる業績である。)

と『集解』を高く評価しているのを見ても、推察せられよう。たゞ従来の出典研究が、ともすれば出典の指摘に終り、そのような漢籍の文章の利用が、記紀の成立過程の上でいかなる意味をもち、その史料価値をどの程度に左右するものであるかについては、せいぜい「暗示」するにとどまっていたのに対し、津田は、その点からも、記紀が、その編

述に当り大幅に原資料を改変し、したがって史料としての性質に大きな変化を生ぜしめたことを論断しているのであって、長い研究史の延長線上に立ちながら、なおその単なる量的補足にとどまらぬ、質的な観点の飛躍をとげることにより、前人未発の多くの新説を提示するのに成功したのであった。この点と関連して補説しておかなければならないのは、津田の記紀研究の重要な一環として生れた論文に「天皇考」があることである。この論文は大正九年十月に『東洋学報』に掲載され、敗戦前にはいずれの単行本著作にも再録されていないが、「天皇」という称号は神仙説もしくは道教に関係ある中国の典籍の用語から出たもので、その使用は推古天皇時代からであるが、その頃にはまだ公式の称号となってはいなかったようである、という要旨の、「天皇」号の成立についての実証的研究として、ほとんど唯一の貴重な業績であった。本居宣長が『古事記伝』で少しくふれてはいるものの、明治以後の学問の発達にもかかわらず、津田以外に見るべき研究が皆無であったのは、天皇に関してのタブーが強かった結果としか考えられず、そのタブーを犯し、「天皇」という、常識ではもっとも日本的な伝統の精華であるかのように感ぜられていた称号が実は中国思想の用語から出たという結論を示す、かような論文をあえて発表したのは、記紀説話の成立の究明と同様の、津田の高度の批判的精神をまってはじめて可能であったというべきであろう。この論文が『東洋学報』のような、東洋学専門家のみを読者とする学術雑誌に発表されるにとどまり、広く一般人の目にふれる機会の多い単行本に再録されなかったのも、あるいは、そうした点を配慮するところがあったのかどうか知らないけれど、もし単行本に再録されていたならば、後年の筆禍事件の際におそらく攻撃の対象の一に数えられるのを免れなかったであろうことは、天壌無窮の神勅についての研究が予審判事によって犯罪行為と認定された例からも、容易に類推せられるのである。

次章に述べるとおりに、津田の記紀研究の核心をなす考え方は、アカデミズム史学界では正しく理解せられず、したがってその方法を継承して記紀研究をさらに深化させる業績は、敗戦前にはほとんど生み出されていない。ただ建築学畑出身で上代建築史を主として研究していた福山敏男が昭和十年前後に次々と発表していた諸論文、例えば昭和七年の「唐招提寺の建立」(『歴史地理』同年十月号)、同九年の「唐招提寺建立年代の研究」(『東洋美術　日本美術史五』)・「飛鳥寺の創立に関する研究」(『史学雑誌』同年十月号)、同十年の「四天王寺の建立年代に関する研究」(『東洋美術』第二十一号)・「法隆寺の金石文に関する二、三の問題」(『夢殿』第十三冊)・「豊浦寺の創立に関する研究」(『史学雑誌』同年十二月号)等で、主として寺院の古縁記の陳述史料としての価値のきびしい批判、その作為性の究明等を軸とする新説を連続的に提起しており、明言はされていないが、おそらく津田の記紀批判の方法を学んだものと推測される。それは、津田の文献批判を、『元興寺縁起』その他の初期仏教関係古典に応用し、対象領域を拡大したものであるとともに、部分的ながら『日本書紀』の一部について津田の十分に論じ及ばなかったところを深めてもいる点で、津田史学の戦前におけるもっともみごとな継承の実例といってよいであろう。敗戦前の学界で、津田の記紀批判を実り多い形態で具体的に継承発展させた業績は、この外にはあまり見当らないのではなかろうか。津田の記紀研究が、部分的には無数の修正の必要のあることの指摘を受けながらも、その基本的発想が、古代史の科学的研究における最大公約数的命題としてほとんどすべての科学的史学研究者の共通の出発点と認められるにいたったのは、敗戦後のことであり、戦前の津田の研究は、本格的な反論もないままに、孤立した巨峯として聳え立つにとどまっていたといってよい。

(1)　この補遺は、『古事記及日本書紀の研究』では、ほぼそのまま本文に書き入れられた。
(2)　五二八―三〇頁。
(3)　『東洋学報』第二拾九巻第三・四号掲載(『全集』第二四巻所収)。
(4)　山口修氏が直接津田から聞き取り私に語られたところによる。
(5)　大正十三年九月に『東洋学報』第拾四巻第二号に掲載された「易に関する一二の考察」にも、「動物を殺して其の臟腑などの或る現象によつて吉凶を占ふことは、世界に例の多い divination の方式だからである。（中略）Herodotos によると、Skythen の風俗にさういふことがあつたらしい」、昭和六年三月同誌第拾九巻第一号に載せた「儒教の礼楽説」にも「喪服をきることも本来は呪術であり、一定の期間謹慎するのも、原始時代に於けるかゝる場合の禁忌(taboo)に遠い淵源があらうと思はれる。（中略）一般的に音楽や舞踊の起源を呪術に帰することの可否はもとより問題であるが、呪術として或は呪術に於いて、楽と舞踊とが行はれたことは事実であり、従つて又宗教的儀礼にそれが伴ふやうになつたことも、多くの民族の事例から肯定せられねばならぬので、支那の上代に於いても亦たさうであつたらう」というような論述が見え、この種の例は他にも少くない。

(6)　早稲田大学図書館『津田文庫目録』から拾い出した。
(7)　三六一―七頁。
(8)　三八八頁。
(9)　四一六頁。
(10)　三九七―八頁。
(11)　四七四―八頁。
(12)　一四頁、二〇八頁。
(13)　八頁、一三三頁。
(14)　六一頁。
(15)　八〇頁、一四一頁、一四三頁、一六二頁、一九一頁、二一二頁。
(16)　一〇一頁。
(17)　三四三頁。
(18)　三九七頁、四一三頁、四三一頁。
(19)　三七〇頁。
(20)　一七四頁。
(21)　四二〇頁。
(22)　一〇―八頁。
(23)　高木の遺著『日本神話伝説の研究』所収論文の題目。

(24) 柳田と津田とはほとんど同年輩で、津田が青年期に文学青年であったと同じように、柳田もかつては田山花袋らの作家と親交を結んでいた文学青年で、本人の意志により『定本柳田国男集』には収められていないけれど、明治三十年刊行の新体詩集『抒情詩』には、国木田独歩・田山花袋・宮崎湖処子らの作品とともに松岡国男「野辺のゆきゝ」が収められており、同三十一年刊行の新体詩集『山高水長』にも、独歩・正岡子規らの作品とともに松岡国男「野辺の小草」が収められている(『日本現代詩大系』第二巻)。同じく「ローマンチック」な明治三十年代の思潮にはぐくまれながら、高級官僚のエリートコースを歩んだ後、一転して在野の民俗学者(戦前アカデミズムは民俗学をほとんど「学問」として認めず、大学におけるその市民権を拒んでいた)となり、全国にわたる在野研究者のオルガナイザーとなった柳田と、終始学界の主流と離れたところで研究を続けながら、早稲田大学の研究室と書斎とにとじこもって過した津田とは、その人生行路を全く異にし、この時代をほとんど同じくした二つの偉大な学問は交流の場所を全くもたないままに終った。
(25) 一四一頁。
(26) 一四七—八頁。
(27) 一四九頁。
(28) 一六二頁。
(29) 一六八—九頁。
(30) 一七二—五頁。
(31) 一九一—二頁。
(32) 二〇一頁。
(33) 二一四頁。
(34) 二一七頁。
(35) 二二五—六頁。
(36) 二五六頁。
(37) 三五八—九頁。
(38) 三七六—七頁。
(39) 四五九頁。
(40) 『神代史の研究』ばかりでなく、『古事記及日本書紀の研究』『日本上代史研究』等にもその例は多いが、引例は省く。

(41)『神代史の研究』公刊後も、大正十五年一月二十五日の日信に「『古事記』にあるニ、ギの命が石長姫をきらつて木花開耶姫を娶つたため天孫の命が短くなつたといふ話は、人の命の短い、即ち人に死のあることとの起源を説いた民間説話であらうといふことを僕の『神代史の研究』に述べて置いたが、昨日、ある必要があつて Frazer の The Belief in Immortality を読んでゐたら、南洋セレベス島の土人の神話に似た話のあることがわかつた。(中略)日本の方のは、よほど発達した思想であつて、(中略)ずつと文化の進んだ時代に作られたものであることを示してゐる。しかし、其の遠き由来は、南洋人の話に似たものであつて、それが後に潤色せられたものではなからうか。フレイザアの此の書は、前から持つてゐたのであるが、此の話のあるのには気がつかなかつた。木花開耶姫の話の解説をたしかめる一材料であつたのに」と記されており、津田が常にこの方面から記紀の説話を見る姿勢を持ちつづけていたことがわかる。

(42)『古事記伝』一之巻に「書紀の論行」の一章を立て、「その記されたる体は、もはら漢のに似たらむと勤められたるまゝに、意も詞も、そなたざまのかざりのみ多くて、人の言語物の実まで、上ツ代のに違へる事なむ多かりける」「大かた御代御代の詔詞、(中略)上ツ代の巻々なるは、潤色《カザリ》に加へられたる物と見えたり」などと言い、『歴朝詔詞解』の冒頭でも、「宣長書紀を読ごとに、かの上代のからざまの造詔《ツクリミコトノリ》の、こちたくうるさきにつけても、云々」と述べ、書紀には漢文をもって架空の詔勅さえ造作したことを指摘している。その点では本文引用の狩谷棭斎の判断と同じであった。

(43)『古事記伝』三十之巻で「無退」という文字は「仏書に退転などつねに云る退の意以て書るか」と言っている(拙著『上代仏教思想史研究』所収「上代仏教史小考二題」参照)。

(44)『日本古典全集　狩谷棭斎全集第八』。

第二章　記紀研究の基本的思想

津田の記紀研究の成果のうち、思想的にもっとも重要なのは、次のような点であろう。
第一に記紀の記述中、神代から仲哀天皇の部分にいたるまでは、天皇の系譜をもふくめて、歴史的事実の記録と見るべき部分は全然なく、日本の民族または国家の起源についての客観的事実を知るための陳述史料として記紀は全然史料価値をもっていないこと、応神天皇以後の部分には、時代が下るにつれ、次第に史実の記録から出たものが多くなるが、それでも天武・持統紀三巻を除けば、史実でない記事、特に机上で造作されたもののすこぶる多いこと等を明らかにしたことである。

『我が国民思想の研究　貴族文学の時代』に

我が日本民族の起源や由来などについては玆に論及する余裕も無く、また著者にはそれだけの知識も無いが、これは比較言語学、比較解剖学、人種学、又は先史考古学上の精細なる研究によつて決定せらるべきものであつて、文献の上からは何等の材料をも供給することが出来ないといふことだけは明である。(1)

『古事記及び日本書紀の新研究』に

我々の民族のうちには、或は遠い昔の何の時かに於いて混合した異人種もしくは異民族の分子があるのかも知れぬ。解剖学者や言語学者にはそれに関する研究があるであらう。けれどもそれは記紀の語るところでは無い。(2)

と言っているのは、日本民族の由来についての研究は、言語学や形質人類学や考古学によるほかに考える方法がなく、記紀はその史料にならないことを明言したものである。

『古事記及び日本書紀の新研究』の第四版補遺に「履仲天皇から急に御在位の年数が減少してゐるなどは、理由の無いことでは無く、此のころからおひ〱確実な史料も存在するやうになつたのであらう」を削って、下記の文を補うとされている。

文字の学ばれるやうになつた事情と、帝紀と見なすべき部分の記紀の記載の内容とから考へて、応神天皇仁徳天皇ごろから後の時代については、皇室の御系譜に関する記録もおひ〱作られるやうになつて来たと思はれ、よし精密には後に伝はらぬまでも、大体のことは帝紀編纂の時にも知られてゐたらしく考へられる。年次についても同様で、書紀の紀年に於いて応神天皇以後允恭天皇以前のを引きのばしながら、履仲天皇反正天皇の御在位年数が際立つて短かくなつてゐるのも、何かの都合上もとのまゝに置いてあるからでは無からうかと思はれる。

『古事記及日本書紀の研究』には、右の趣旨をさらに明確化した文章が本文に入れられるにいたった。

なほ帝紀によつて書かれたと見なすべき部分の記紀の記載から考へると、四世紀の後半より前のことについては、帝紀編纂の際に其の材料のあつたやうな形迹が少しも見えない。たゞ文字の学ばれるやうになつた事情と総論第五節に述べたやうな記載の内容とを互に参照してみると、応神天皇ころから後の御歴代については、御系譜に関する記録もおひ〱作られるやうになつて来たらしく、よし精密には後に伝はらぬまでも、大体のことは帝紀編纂の時にも知られてゐたと推測せられる。さうしてそれは記紀に記してある御歴代の中、仁徳天皇もしくは履仲天皇から雄略天皇までが宋書倭人伝の記載とほゞ一致することによつて、確められる。又た応神天皇より前の部分について材料が無かつたといふことは、旧辞から出たと推定すべき同じ部分の物語についての上記の研究の結果ともおのづから符合する。(3)

昭和七年刊行の『岩波講座日本文学』の一冊である「日本書紀」にも、「帝紀とても、仲哀天皇神功皇后までについては拠るべき資料が無かつたはずである」とはっきり書かれている。後に筆禍事件が起った際、津田は裁判において、神武天皇から仲哀天皇の実在を否定してはいないと陳弁しているけれど、それがこれらの著作の真意と認められないことは、その場所で述べるとおりである。(4) このように、神代史の全部をはじめ、神武以下仲哀までの歴代天皇の存在、その期間の神武東征、日本武尊の活動、神功皇后の新羅征討その他の物語がすべて架空の記事とされるのであるから、それだけでも、後述するようなその当時の正統的記紀観ならびにそれによって教育された国民の常識に照しショッキングな学説であったはずであるが、さらに皇位のしるしとされたいわゆる三種の神器についても、『神代史の研究』には、

> 持統天皇のころには、剣鏡の二つが神宝であると一般に思はれてゐたことが知られる。(中略)こゝで問題の生ずるのは、古事記や書紀の「一書」に皇孫に授けられた神宝を三種としてあることについてである。(中略)三種と信ぜられてゐたのが一種を減じて二種と思はれるやうになつたといふことは、時代が経つに従つて数の増すのが常である、かういふことについて容易に首肯し難き話であり、また同時に二様に考へられてゐたといふのも、可なり無理な臆測である。(中略)皇孫に授けられた神宝として鏡のみを挙げてある書紀の「一書」の説が想起せられる。(中略)それは鏡のみと思はれてゐた時代に書かれたものが此の「一書」に採られてゐたので、古い思想の名残がこゝに遺存してゐる、と見る方が妥当ではあるまいか。一般的に考へても、一種から二種となるのはあり得べきことであらう。(中略)
>
> 一体古語拾遺に出てゐる神宝新造の物語は、古事記にも書紀にも全く見えないのであるが、(中略)偶然遺脱したと見るには、あまりに事がらが重大では無からうか。(中略)だから神代の物語に神宝の話の無かつた時代があり

従つて崇神朝の物語にも神宝新造の話の無かつた時代があつたので、書紀にも古事記の崇神天皇の段にも其の時代の面影が遺存してゐる、と推測しても差支が無からうでは無いか。（中略）之を要するに、神宝を御歴代に伝へられることゝイセに日神が奉祀してあることゝは、或る時代から後の厳然たる歴史的事実であるが、此の二つの事実を結合して説いた物語も、又た皇孫降臨の場合のことゝして神宝の起源を説いた話も、旧辞の最初の形に於いてはまだ無かつた、と見ることができるのである。(5)

と論じ、「国体の淵源」とされたいわゆる天壌無窮の神勅文についても、『上代日本の社会及び思想』所収の「書紀の書きかた及び訓みかた」に

「宜爾皇孫……無窮者矣」は全体が漢文であつて、文章の上では、旧辞の文を書き改めたらしい形迹は見えず、此の点に於いて上記の一句とは趣を異にしてゐるし、国語で書いてあつた旧辞の面影が遺存してゐる前後の文章とも全く調子が合はないのを見ると、此の漢文の部分は其の全体が書紀の編者の修補とすべきではあるまいか。(6)

と論ぜられていて、いずれも記紀の原資料編者あるいは記紀編者の造作にかかると判断されているごときも、当時の客観的情勢の下においては、まことに大胆不敵の立言であったといってよいであろう。(7)

津田は、右のように、記紀の主要部分を大巾に史実をふくまないと論断したのであるが、そのことは陳述史料としての価値を否定したものであっても、思想の表現としての遺物史料としての価値を寸毫も軽んずるものではなく、むしろ記紀の思想を知るための遺物史料としての価値を重視すべきであるというのが、津田の真意であった。『古事記及日本書紀の研究』に

種々の物語なども歴史的事実の記録として認めることは出来ないが、しかし、それに見えてゐる思想や風俗が物語の形成せられた時代の厳然たる歴史的事実であることは勿論、全体の結構の上にも、それを貫通してゐる精神

の上にも、当時の朝廷及び有力なる諸氏族の政治観、国家観が明瞭に現はれてゐるのであるから、さういふ人々の思想に存在してゐる国家組織の精神を表現したものとして、それが無上の価値を有する一大宝典であることはいふまでも無く、従つてそれに含まれてゐる一々の物語が実際に起つた事件の経過を記したものでないといふことは、毫も此の点に於ける記紀の価値を減損するものでは無い。古事記及びそれに応ずる部分の書紀の記載は歴史では無くして物語である。さうして物語は歴史よりも却つてよく国民の思想を語るものである。これが此の書に於いて、著者の反覆証明しようとしたところである。(8)

と述べているのは、そのことを明らかにしたものである。この文章は原版ともいうべき『新研究』の文章に添削を加えて成立したもので、その添削を見ると、津田の真意がいっそうよく理解されるから、重要な部分のみ示してみると、まず「歴史的事実の記録として認めることは出来ないが」という部分は、『新研究』では「歴史的事実として認めることの出来ない点が多いが」を改めたものであって、全称否定判断に改めることにより、記紀の前半部には歴史的事実の記録が皆無であることを明らかにしたのである。次に、「当時の朝廷及び有力なる諸氏族の政治観、国家観」と「さういふ人々の思想に存在してゐる国家組織の精神」は、『新研究』ではそれぞれ「当時の人の政治観、国家観」「上代の国家組織の根本精神」とあったのを改めたものであり、このようにそこに表現されている思想を、漠然と当時の日本人一般の思想ではなく、朝廷関係者のみの思想として限定したのは、看過しがたいところであろう。それは、津田の記紀研究の成果のふくむ第二の重要な問題点とかかわっている。

津田は、単に記紀の前半部に歴史的事実の記録が皆無と判断したばかりでなく、それらが朝廷の官人の政治的目的による造作の所産と判断したのであった。『神代史の研究』に「神代史の性質及び其の精神」を

神代史は其の国家組織が整頓してから後、思想の上で企てられた国家成立の由来に関する一つの主張であつて、

それによつて現実の国家を正当視しようとしたものである。(9)

と解し、「神代史の述作者」を

上に述べたやうな意味で皇室の由来を説いた神代史が朝廷に於いて述作せられたことは、いふまでもなからう。それは斯ういふものゝ述作がどういふところで欲求せられたかを考へれば、すぐにわかることである。(10)

と断定し、『古事記及日本書紀の研究』に

神武天皇から仲哀天皇までの物語を大観すると、国家経略の順序が甚だ整然としてゐる。（中略）近きより遠きに、内より外に及ぼされた径路が、一絲紊れずといふ状態である。これも事実の記録であるよりは、思想上の構成として見るにふさはしいことの一つである。(11)

と言っているのは、津田の記紀研究のなかでもとりわけ独創性の高い命題といわなければならぬ。そうであるとすれば、記紀のこれらの物語は当然朝廷の権力者の思想の表現であっても、民衆の思想ではないという、階級性を帯びているとの判断が随伴せざるをえず、これについても、津田はくり返しその点を明確に理解することの必要を強調しているのである。『貴族文学の時代』に

神代史〔は〕（中略）特殊の目的があつて知識で作りあげたものであつて、国民の内生活、国民自身の感情が表現せられたもので無いから、（中略）国民文学としての価値が余り高くないのである。(12)

『古事記及び日本書紀の新研究』に

繰返しいつて置くべきことは、皇祖神の御代であるといふ神代の物語を頭に戴いて、それから順次、人の代の話に下つてゐる記紀の記載は、皇室(もしくは皇室によつて統一せられた国家)の起源と由来を説いたものであつて、我々の民族の歴史を語つてゐるのでは無い、といふことである。国家の起源は民族の由来とは同じで無いからで

ある。(13)

また『神代史の研究』に

皇室を諸氏族の宗家とする考は、（中略）一般民衆には実際上の交渉が無い。上代の国家組織に於いては、少数の氏族、即ち所謂百八十伴緒が単位となつてゐるので民衆はたゞ此等の氏族の部民としてのみ存在し、政治的に地位を認められてゐなかつたから、神代史はそれが政治的意味のものである限り、民衆とは殆ど接触が無い。(14)

また

勿論、神代史の種々の物語には、上代の我々の民族の有つてゐた宗教や道徳や政治やに関する種々の思想がおのづから現はれてはゐる。しかし一つのまとまつた結構を有する神代史としての根本精神、其の説からとした政治的観念は、一般民衆の間に於いて自然に形づくられたものといふことは出来ぬ。我々国民の胸の裡に醗酵しておのづからに醸成せられ、おのづからに流れ出でたものでは無い。（中略）今日の普通の用語例による国民的精神といふやうなものから神代史が作り出されたと考へるに至つては、恐くは上代の政治状態をも社会組織をも、要するに国民生活そのものを解せざるものであらう。世にもし斯ういふ考があるならば、それは中世以後に漸次形成せられて来た一種の国家的自負心と現代の民主的もしくは国民的精神とを結合し、さうしてそれを神代史の上に投影したものではあるまいか。(15)

また

神代史に民衆の思想の現はれてゐないのも、また其の述作者と述作者の態度とに一因由がある。（中略）神代そのものが民衆の精神生活とは縁の薄いものであるのは、神代史も神代の観念も本来民衆によつて形づくられたものでは無いからだ、と考へなければなるまい。神代史の神代は、現実の人生とは何の交渉も無い遠い昔のものでは無いか。神の世界が人の世界と共にあり神が人と竝び存し、さうしてそれが人生を精神的に支配するギリシヤや印度の神及び神の世界とは全く性質が違ふ。神代と其の神とが民衆と縁遠いものであるのは当然であらう。実をいふと、人間性を有する神の観念のでき上がらなかつた我我の民族の間には文字通りの意味に於いての神話(Göttersage, deity saga)といふものが自然に発達しなかつたのであるが、それは文化の程度がそれまで進まないうちに支那思想などが入つて来てそれを抑止したからでもあると共に、また官府の手によつて神代史が作られたからでもある(種々の民間説話、広義にいふ myth は幾らもあつたが、それは宗教的意義を有する神の話では無い。)(中略)物語の上に幾らかの民衆的要素が加はつて来たにしても、それは民間説話を取り入れたからのことであり、民衆自身が神代史を自己のものとしたのでは無い。従つてまた神代史は後までも民衆の心情とは交渉の浅いものである。(中略)万葉以後の文学に於いても、神代史の神と神の話とは殆ど現はれて来ない。(中略)神と神の代とが、真に国民の心生活と密接の関係のあるものであつたならば、それが新しい生活の開展に伴つて、或は新来の思想によつて、新しい解釈が施され、或は其の性質に新しい変化が行はれつゝ断えず文芸の題材となつて発展して来なければならぬのであるが、少しもさういふ様子がなかつたでは無いか。神僊譚も仏教の物語も漸次国民化せられながら、少しも神代史とは調和せられずに、独立して発達し、さうして神代史といふものには神秘の扉が堅く閉されてしまつたのである。官府によつて撰修せられた神代史の性質は、これでも知ることが出来よう。[16]

と述べられているのは、津田がいかにこの点を明確にするかに意を用いたかを示す論述であり、ことに最後の引用文が『神代史の研究』の一巻の最後におかれた結びの言葉であることを見ても、津田の力点のおき方が窺われるのである。『上代日本の社会及び思想』所収の「大化改新の研究」に

徳川時代までの学者は、記紀の系譜や姓氏録などの記載を事実と信じたゝめ、貴族豪族などの同じ氏の名を有し

系譜に於いて同じ祖先を有するが如く記されてゐるものを、血統上の同族と考へたのみのことであるが、明治時代以後になると、かういふ考の成立つか否かを学問的に吟味すること無しに、其のまゝそれを受入れ、さうして其の考を基礎として、そこから直に一大飛躍を試み、上代の社会組織が血統上の氏族関係によつて成立つてゐたやうに、想像するものが生じて来たのである。これは、記紀や姓氏録などを史料として取扱ふに当つて先づ試みなければならぬ其の本文研究を等閑に附したゝめであるが、又た貴族や豪族に関する記紀の記載を直に一般民衆のことゝして見ようとする態度からも来てゐるので、此の点に於いては、我が国民は一家族のひろがつたものであるといふ思想が明治時代になつて生じたのと、或る共通点を有つものである。此の思想は徳川時代までは世に現はれなかつたもので（中略）、世界に対して日本の国家を立てゝゆくには其の内部の精神的結合を固くする必要が感ぜられたので、そこで斯ういふ思想が宣伝せられたらしい。其の由来するところは、貴族豪族の祖先が皇族または神代史上の神もしくは人物であるといふ記紀の記載にあるのであらうが、記紀の系譜は権力階級、治者階級に属する貴族や豪族のことであつて、被治者階級たる一般民衆には毫も関係の無いことであるのに、それを全国民のことゝして解釈したのである。(17)

と言い、明治時代以来政府や御用学者・御用思想家たちによってしきりに「宣伝」せられるようになった、いわゆる家族国家論、日本は皇室を宗家とする一大家族であるという思想の全く歴史的根拠のないことを喝破したのも、また同書所収「上代日本人の道徳生活」に

一般民衆に於いては、民族的精神とか国民的精神とかいふやうなものは、まだ形を具へるに至らなかつたのである。民族的もしくは国民的活動の無かつた時代に、かういふ精神の発達しなかつたことは当然である。(長い間の国民文化、国民思想の歴史的発展と現代の世界文化、国際情勢の間に於ける現実の国民生活とによつて形成せ

られた現代の我が国民の皇室及び国家に対する思想もしくは民族的、国民的精神が其のまゝ上代から厳存し、此のことに関する限りは古今の間に変化も発展も無いやうに思ふものがもしあるならば、それは国民の生活と其の歴史とを全然理解せざるものである。我々の民族が一つの国民として政治的に統一せられたことは、過去の長い民族生活の歴史の結果であり、そのことみづからも歴史的に進行した事件であつたのみならず、かくして形づくられた国家形体とても、亦た、それから後、今日に至るまでの国民生活、国民思想の歴史的発展によつて漸次に成長し次第に鞏固になつて来たものである。其の意義なり精神なりとせられるものは、(中略) 種々に解釈せられさまぐに考説せられたのであるが、たゞ過去のさういふ解釈や考説は上代の政治、上代人の思想に関して歴史上の真実とは一致しないことが多い。それは主として歴史の学問が発達せず、其の研究法が知られなかつた時代のことだからであるが、一つは思想家の態度にもよることである。今日に於いても、現代の国民に対して何等かの要請するところがあつてそれを建国の精神といふやうな名称によつて宣伝することは、歴史上の真実を闡明しようとする学問的研究とは、全く態度を異にするものである。さうして、真に国民の思想を深め、精神を高め、国民みづからが、意識して或はせずして、歴史的に養つて来た国家形体を生きたものとして、現在及び未来の国民の活動に適応させようとするには、学問的に闡明せられた歴史上の真実を基礎として其の上におのづからうち立てられる指導精神によらなくてはならぬ。学問の発達してゐる現代の国民は、真実を闡明し真実に依頼せんことを欲するものである。(18)

と論じて、記紀の説話に「国民的精神」が表現されているとする「宣伝」がこれまた全く歴史的真実と無縁であることを強調したのも、いずれも記紀の神代史やこれに接続する説話の体系が、民衆から切断された支配階級の政治的思想にとどまるという認識が、津田の記紀研究の核心をなしていたればこそであった。

右の最後の引用文の末尾の言葉には、津田をして記紀の批判的研究に全力投球の熱意を傾倒させた根本的動機が告白されている。前引関与三郎氏旧蔵九頁の抜刷印刷物にはさらに明瞭に

神代の説話や記紀の上代の記載を考へるについて、第一に注意すべきことは、それらは上代の政治の下に於いて上代の社会に生活してゐた上代人の思想の表現せられたものであるから、今日の思想と同じ思想がそれに存在するやうに思つたり、今日の思想でそれを解釈したりしてはならぬ、といふことである。上代の思想は今日の思想の淵源となつてはゐるが、今日の思想の全部がそこにあるのではない。古今を一貫した精神はあるが、思想そのものは長い間の歴史によつて断えず発展して来たものである。

第二は、上代の歴史も国家の起源も、現代人の理性のはたらきによつて合理的に解釈せられねばならぬ、といふことである。徒らにそれを神秘にすることは、とりもなほさず、人に疑をもたせることであつて、国民の精神生活にとつてはそこに大なる危険が伏在することを忘れてはならぬ。

第三は、学問上の研究によつて真実を明かにすることと現実の生活に於ける国民の情念とは、矛盾するものでも衝突するものでもないといふことである。例へば国家の起源の正確なる暦年上の地位、即ち今日から何年前であるといふことは、学問的にはわからないことになるにしても、或る機会に建国の古を回想しようとすることには、国民の情念の発露として重大なる意味があり、さうしてそのためには長い間一般に信ぜられて来た書紀の紀年によるといふことは自然の方法である。

と述べており、要するに、津田は、「学問の発達してゐる現代の国民に」、「現代人の理性のはたらき」に照すときに「疑をもたせること」を免れないような「神秘」主義をもって臨むことは「大なる危険」をもたらすと考え、そうした「危険」から免れるためには、どこまでも「学問上の研究によつて真実を明かにする」必要があり、「真実に依頼

する」ことによつてのみ、健全な国民生活を発展させることができると確信し、これがために権力とその意向にしたがって宣伝せられる非科学的な記紀観ないし日本上代史観を根底からくつがえすために、記紀の批判的研究に全力を傾けたものと考えられるのである。

皇室に対し衷心から敬愛の情をいだいていた津田が、記紀の記述の非史実性を強調しても、それは反天皇制思想家が、皇室の起源の科学的考察を通じてその権威を失墜させようとするのとは、全く志向を異にしていた。右の引用文の第三に明言しているとおり、津田は、「真実を明かにすることと現実の生活に於ける国民の情念とは矛盾するものでも衝突するものでもないといふ」確信を堅持していたばかりでなく、「真実」を隠蔽する「神秘」化政策こそかえって「国民の情念」を動揺させ破壊する「危険」なものと考え、あくまで「現代的」「合理的」な心情にマッチした認識を確立しようと切望したのであった。津田は記紀の階級性を強調したにとどまらず、その芸術的価値についても、

『貴族文学の時代』に

神代史(中略)特殊の目的があつて知識で作り上げたものであつて、国民の内生活、国民自身の感情が表現せられたもので無いから、(中略)国民文学としての価値が余り高くないのである。(中略)神々についても其の容貌や性質などの記述は甚だ乏しく、(中略)高天原のやうなところでも其の世界の有様は具体的に想像せられてゐない。概念ばかりの神々さへ多い。(19)

『神代史の研究』に

概していふと、其の叙述は平板であり、散文的であり、また往々概念的であり抽象的である。どれだけかの詩的分子があるのは、多くは民間説話などから来てゐるらしい場面であつて、神代史の精神に於いて重要の意味を有するところには却つてそれが少なく、又た其の精神を高い調子で表現しようといふ熱情がそこに認められない。

(中略)少くとも芸術的の統一が欠けてゐる。さうして全体に生気を与へる律動が無い。これは幾度も潤色が加へられたからでもあり、上代の日本人が概して空想の力、具象的な幻像を作る力に乏しかつた故でもあるが、しかし又た詩人の述作では無くして官府の撰修であることが其の一大原因であらう(20)。

などと消極的な評価を加えていたけれど、官府の造作に出た政治的思想の表現であるが故に全く無価値であると言おうとしているのでないことはいうまでもなく、『神代史の研究』に

皇室を宗家と考へるについても、民衆の問題としてゞは無かつたのである。しかし兎も角も、事実上、皇室とは血縁の無い諸家が、思想上さういふ関係を有するやうに説き示さうとしたのは、皇室の地位が鞏固を加へて来たからには違ないが、根柢に於いて我が国民が人種を同じくし言語を同じくし、風俗習慣を同じくし、又た閲歴を同じくしてゐる同一民族であるからであり、従つて皇室と一般氏族との間が親愛の情を以て維がれ得るものであつたからである(21)。

前引無題の印刷物に

説話が皇室の御事蹟としての物語であつて、民族の由来を語つたものでないとすれば、それは朝廷で作られたものであつて、民衆の間から出たものでないことは、明かであるが、それに現はれてゐる国家観は、第一に朝廷の貴族や地方の豪族の指導精神となり、それから後、歴史の発展に伴つてだん〳〵民衆の間にゆき渡り、またその意味が次第に深められ、さうしてそれが国民全体の信念となつて来た。さうなつたのは、日本民族がもと〳〵一つの民族であつて、国家としても征服者と被征服者との関係から成立つてゐるものではないからである。

と述べているように、皇室と豪族・民衆との同一民族であること、征服者と被征服者との関係にあるのでないこと、皇室との「親愛の情」の紐帯の存すること等が、記紀の物語を成立せしめた思想として重視せらるべきであるとして

いるのであって、「親愛の情」というごときは、津田個人の対皇室感情の投射という色彩が濃い。とにかく津田は、皇室に「親愛の情」を感ずれば感ずるほど、「親愛の情」をむしろ破壊する結果しかもたらさない権力主義・権威主義・非合理主義・神秘主義の記紀観ないし日本上代史観の横行を黙視するに忍びず、そうした正統的思想のもち主たちの神経を逆なですることとなるのを承知の上で、あえて徹底的な記紀批判を遂行したのであった。右のような津田の記紀研究の基本的動機を理解するためには、明治憲法下において、記紀あるいは日本上代史についてどのような考え方が権力をかりて国民の間に広く普及浸透させられていたかを具体的に知っておかねばならぬ。津田の記紀研究の根底を支える思想的立場の歴史的意義は、それとの対比においてのみ適切に認定せられるものだからである。

もっとも、明治以来の正統的記紀観や日本上代史観の全貌を詳述することは、それ自体独立の一書を成すに足りる大きなテーマであるし、また個々の事実は多く学界で周知の知識に属するから、ここには、津田史学との対比の必要の限度において、大綱を述べるにとどめたい。

既述のとおり、徳川時代においてかえって記紀に対する批判的研究が活潑であったのは、当時は徳川将軍が日本の君主であり、徳川氏に対する言論はきびしく取り締まられる反面、すでに君主の地位を失ない、一小封建領主として特殊な家系と家元的権威とを保有するにすぎない皇室についての言論がほとんど自由に委せられていたからであった(22)ところ、明治維新により王政復古の名において統治権が将軍から天皇(厳密には天皇を戴く薩長中心の新政権というべきであろう)に移るとともに、一般人民を新しく主権者となった天皇に心服させるために、天皇政府の権力の強化とならんで天皇の権威の強化が積極的に進められ、天皇の地位の起源を神聖化するために記紀の皇室起源説話を歴史的事実として強調するとともに、それに基いて臣民の天皇への服従の義務を根拠づけようとする政策がとられることとなったのである。もともと記紀の皇室起源説話は、六世紀を中心とする時期において皇室の統治権を正当化するために造作されたのであるから、それが天皇主権体制の復活した明治維新において、ふたたび天皇の支配的地位を根拠づける政治的役割を担うにいたりうる可能性を十分に内包していたといえよう。明治新政府は、平田篤胤門流の国学者の建言にしたがって祭政一致・大教宣布という神道的教化政策を推進した。大教宣布の教化宣伝綱領である三条教憲には「敬神愛国の旨を体すべき事」が第一条に掲げられ、これに相当する「神誡」として「天津御祖を敬ふべし」、「皇国の御恩を念ふべし」等の項目が挙げられ、これが教憲第三条の「皇上を奉戴し朝旨を遵守せしむべき事」への導きとなっているのであって、皇祖神崇敬を通じて天皇政府への隷従を国民に求めるのが、大教宣布の目的であったと認められる。ここにもち出されている「天津御祖」なるものは、当然記紀の神代説話から出ているのであり、教憲の説明書を見ても、みな神代説話から説き起しているのであって、例えば、明治六年の権少教正田中頼庸の『三条演義』(23)の序に「我神教は尊く奇く幽き道の極にして、一日片時も無くて得あらぬは此の教になむ有ける。抑天地の初発の時、天祖造化大神の伊弉諾伊弉冉大神に天瓊戈を賜ひて、この国土を修固めなせと詔給へるは即ち神随の本教にして、天神の太兆に卜へて教給ふとあるぞ、教といふ語の神典に見えたる始なりける。其他神祇の詔を載られたる条々は、悉に教に洩ること無し。況て皇祖天照大御神に高天原を依給ひし詔と、皇孫瓊々芸尊に宝祚の隆を万世かけて祝給ひし詔との類は、有るが中にも高く貴き真訓なれば、天下の人民は最も能弁へ居らでは合はぬ理にこそ」とあるのは、その典型的な一例である。

このような神道主義的教化は、政府の必要とする富国強兵政策と両立せず、明治七、八年頃から文明開化政策のほうに重点が移り、まもなく神道主義は勢力を失なった。しかし、明治十年代前半期における自由民権運動の勃興は、政府をいたく動揺させ、こうした下からの民主主義要求を抑圧し、君主権の強化による上からの絶対主義体制を確立するためには、天皇の権威の強化に役立つあらゆる伝統的要素を利用しなければならなかったから、ひとたび反動政策が再強化されはじめると、またまた記紀説話への特殊な期待も高まっていった。自由民権論者の唱える人民主権論を排斥する権威として、しばしば記紀の神代説話がもち出された。明治十五年、御用新聞である『東京日日新聞』は、その社説「主権弁妄」[24]において、民権派の主権論を反駁する論拠として古事記の伊那佐の小浜の誓の記事を援引し、「是れ既に神代に於て此の葦原中国は我が御子の知らさむ国と言よさして邦土人民の主権は帝室にありと主張し給ひたるに、大国主神は命に随て献らむと答へて其主権の統御の下に従ふべしと約せるの明文とこそは知らるゝなり。辛酉紀元より千三百有余年の口伝はついに斯の如くなりしに、誰ありて当時否らずと論ぜしことも見ず、又これを古事記に筆してより幾んど千二百年同じく之を否らずと論ぜしことも無くて今日に至れり。此事や毎日記者と雖も、其の日本人民にして日本の文学を修むる以上は、以て我国の主権は帝室の有させ給ふ所なりとは既に神の代に確定せることを熟知せざる可からず」と言っている。明治政府が大日本帝国憲法を制定したときにも、天皇の統治権を基礎づける根拠をやはり記紀の記述に求めたのであって、憲法第一条の「大日本帝国ハ万世一系ノ天皇之ヲ統治ス」、第三条の「天皇ハ神聖ニシテ侵スヘカラス」という条文が、記紀の説話体系を根拠として書かれたものであることは、憲法起草者の筆に成る『憲法義解』の第一条の注に「恭て按ずるに、神祖開国以来、時に盛衰ありと雖、世に治乱ありと雖、皇統一系宝祚の隆は天地と与に窮なし。(中略)古典に天祖の勅を挙げて『瑞穂国是吾子孫可レ王之地宜爾皇孫就而治焉』と云へり。又神祖を称へたてまつりて『始御国天皇』と謂へり。日本武尊の言に(中略)。景行天皇東蝦夷を征し、西熊襲を平げ、疆土大に定まる。(下略)」、第三条の注に「恭て按ずるに、天地剖判して神聖位を正す(神代紀)。蓋天皇は天縦惟神至聖にして臣民群類の表に在り。欽仰すべくして干犯すべからず」と記している事実に徴して明白であろう。憲法の起草に当った井上毅が、「統治ス」の典拠を求めて古事記大国主国譲の段に見える「しらす」の語を援用したことは、『梧陰存稿』所収「言霊」および同書の小中村義象奥書に記すところであり、明治憲法における君主権は、かようにして記紀の記載のうちにその源泉が求められていたのである(憲法学者宮沢俊義の「日本国憲法生誕の法理」[25]に「明治憲法は、その第一条で(中略)と定めていた。ところで、その天皇の権威はいったいどこから来るかといえば、それは神意から来ると考えられていた。具体的にいえば、天孫降臨の神勅が、その根拠だとされた」と言っている[26]が、必ずしも天孫降臨の神勅のみが根拠とされたのでなく、記紀の神代説話の全体系が明治憲法の天皇主権の観念上の源泉としての意義をになっていたのである)。

法律上で憲法が記紀に天皇主権の源泉を求めたのとならんで、国民の思想統制のための教育政策のなかでも、同じ現象が見られた。明治天皇の側近としての地位を利用して儒教を国教としようと画策した元田永孚が、「教育議附議」[27]に「本朝瓊々杵尊以降、欽明天皇以前に至り、其天祖を敬するの誠心凝結し、加ふるに儒教を以てし、祭政教学一致、仁義忠孝上下二あらざるは、歴史上歴々証すべし」と言っているのを見ても、神代説話を素材とする神道的要素と儒教とを結びつけていることがわかるが、元田の動きを契機として発せられた教育勅語に「我カ皇祖皇宗国ヲ肇ムルコト宏遠ニ徳ヲ樹ツルコト深厚ナリ」とあるのは、その官権的注釈書ともいうべき井上哲次郎の『教育勅語衍義』[28]に「太古ノ時ニ当リ、瓊瓊杵命、天祖天照大御神ノ詔ヲ奉ジ、降臨セラレテヨリ、列聖相承ケ、神武天皇ニ至リ、遂ニ奸ヲ討ジ逆ヲ誅シ、以テ四海ヲ統一シ、始メテ政ヲ行ヒ民ヲ治メ、以テ大日本帝国ヲ立テ給フ、云々」と注解されているとおり、記紀の説話体系をふまえて、そこから日本の道徳の「淵源」を導き出しているのである。そして、この勅語がその後教育の神聖な基準とされた以上、勅語の背景をなす記紀の説話もまたおのずから、日本「臣民」を教育する根本精神の源泉として、きわめて重要な役割を発揮することとなるのであった。

憲法と教育勅語という、明治天皇制国家の支柱となった二つの根本規範の権威の源泉が記紀の記述にあるとされ、しかもその記述が歴史的事実の記録であることを自明の前提として援引されている以上、すべての日本「臣民」は記紀の記述を客観的史実の表現として受容することを余儀なくされるのであって、それを可能ならしめたのが学校教育の発達である。政府は学校教育の内容を公権力により掌握することにより、教授要目の類と教科書とを通して、記紀の説話から始る日本歴史を小学校・中等学校で教授することを強制した結果、明治以後の学校教育を受けた人々はすべて記紀の説話を歴史的事実であるかのごとく教えこまれ、就学率の上昇にともない、記紀の説話の梗概が国民の大多数の間に歴史知識となって定着するという日本史上未曾有の現象が生じたのであった。

公権力の教育内容に対する統制は、学校の教科課程を法令で定めて教育現場を法的に拘束する方法と教科書統制によって主教材を直接に規制する方法とを併用して行なわれたが、前者については、明治十四年の文部省布達小学校教則綱領、同十九年の文部省令「小学校ノ学科及其程度」、同二十四年の文部省令小学校教則大綱、同三十三年の文部省令小学校令施行規則等において、小学校の教科課程を、明治十九年の文部省令「尋常中学校ノ学科及其程度」、同三十五年の文部省訓令中学校教授要目、同三十六年の文部省訓令高等女学校教授要目等において、中等学校の教科課程をそれぞれ定めている。しかし、いっそう具体的かつ画一的に教育内容を統制したのは後者であって、明治十九年より小学校教科書は文部省の検定を経るものとし、三十七年には文部省著作の国定教科書を使用させることとして、小学校に関しては、教育内容は完全に政府の掌握するところとなった。中等学校でも、検定教科書を使用させ、昭和十八年にはこれまた国定となったのである。中等学校では、敗戦直前の二年間を除き、多年検定教科書が使用されたとはいうものの、文部省は教授要目に合致し、政府の意向に忠実に従うもののみを合格としていたので、国定とほとんどかわるところがなかったといってよい。その検定または国定の教科書においては、日本の歴史は、すべて記紀の神代、神武天皇の東征等、記紀の物語の筋書を追って書き始められており、客観的史実である石器時代の存在などは、全く教えられることがなかったのである。戦前の歴史教科書の内容については、近年歴史教育の歴史を説いた論著[29]や教科書原本の覆刻[30]が幾種も刊行されているので、ここに詳しく紹介するまでもないところながら、試みに一、二を例示してみると、例えば津田の『神代史の研究』『古事記及日本書紀の研究』の公刊された時期に用いられた第三期国定教科書『尋常小学国史上巻』は、「一　天照大神」「二　神武天皇」「三　日本武尊」「四　神功皇后」「五　仁徳天皇」という順序で書き進められており、この五章まではすべて客観的史実でない記紀の造作された説話(仁徳天皇は実在の人物であるが、その事績として教科書に書かれてある「民のかまど」の物語は造作された架空のはなしである)で埋められていて、それがあたかも客観的な日本上代史であるかのように児童に教授することを強制されていたのである。

中等学校用検定教科書として、津田の『日本上代史研究』刊行の翌年に当る昭和六年一月文部省検定済の三省堂編輯所編『日本歴史教科書上巻』は

第一編　上古史(神代より蘇我氏の滅亡(紀元一三〇五年)に至る)

第一期　神代(神武天皇以前)

第一章　帝国及び皇室の御起原

(一)天照大神　(二)大国主命　(三)国体の確定　(四)天孫の降臨

第二期　建国発展時代(神武天皇の御代より成務天皇の御代まで、八百五十年間)

第二章　神武天皇

(一)東遷　(二)即位　(三)政治

第三章　崇神天皇　垂仁天皇

(一)神器の奉遷　(二)皇威の伸張　(三)産業の奨励　(四)殉死の禁　(五)上古の風俗

第四章　日本武尊

（一）熊襲征伐　（二）蝦夷征伐　（三）皇威の拡張
第三期　朝鮮半島服属時代（仲哀天皇の御代より任那の滅亡まで、約三百七十年間）
第五章　神功皇后　朝鮮半島の服属
（一）朝鮮国と三韓　（二）三国と任那　（三）半島の服属　（四）神功皇后
第六章　外国文化の伝来
（一）外国の文化　（二）漢学の伝来　（三）工芸の伝来　（四）国民の同化力
第七章　仁徳天皇　雄略天皇（以下略）

という編章節構成をもって書き進められており、記紀の説話で埋められ、客観的史実を全く無視している点、小学校の国定教科書と少しもかわりなく、時代区分などを施していかにも歴史事実らしく見せかけている点では、かえって非科学性を加えたとさえいえよう。ただわずかに第三章（五）の一節のみに古墳時代の考古学的遺物から窺い知られる古代風俗についての史実を記しているにすぎない。第三章（一）に崇神天皇が三種の神器のうち鏡・剣を笠縫邑に遷し、宮中に「模造の御鏡・御剣」を置いたと記しているが、これは明治三十六年発行の第一期国定教科書『小学日本歴史三』に「別に鏡と剣とを模造せしめたまひ、真の鏡、剣は、これを大和の笠縫といふ所にうつしたまひき」とあるのに基き、その後戦前の教科書がすべてこれを踏襲してきた一例にほかならないのである。けれども、崇神天皇の時に鏡・剣を「模造」したということは、記・紀・古語拾遺等のいずれにも見えないところであり、文部省の作為にかかる二十世紀の新造説話というべく、そもそも「三種の神器」（「三種の神器」という言葉も、上代古典にはない名辞であり、中世の新造語である）についての記紀崇神天皇段の説話が六世紀ないし八世紀初頭の間に造作されたものであるのに、それにさらに二十世紀の造作を加えた上、これをあたかも客観的史実であるかのように学校で教授するよう強制したのを見ても、戦前の歴史教育についての公権力の政策の実態がよく理解せられるであろう。この教科書は下級学年用の上下二冊と上級用の一冊とから成るが、上級用では事実を簡略化するかわりに、下級用よりも「国体観念」を強調したイデオロギーの説示がはるかに大量に加わっている。その一端を左に抄出する。

第一章　国体

(一)(略)

(二)国体　我が国体は、帝国憲法第一条に「大日本帝国ハ万世一系ノ天皇之ヲ統治ス」と記して、その明かなること炳として日星の如くである。この条文は、実に神代の昔、天祖天照大神が天孫瓊々杵尊を我が大八州国にお降しになる時、

葦原千五百秋之瑞穂国は、是れ吾が子孫の王たるべき地なり。宜しく爾皇孫就いて治らせ。行きくませ。宝祚の隆えまさんこと、当に天壌と窮りなかるべし。(日本書紀)

とおほせられた神勅を奉じてこの土に降りたまひ、その曾孫神武天皇が大和を平定して都を橿原に奠め、即位の大礼を行はせられてから、こゝに凡そ二千五百九十年の間、万世一系の天皇は帝国を統治せられ、君臣の分は儼然として定まり、国礎長《トコシナヘ》に固まつて動くことがない。是れ実に世界・万邦にその比類を見ざる所である。

(三)国体の成因(略)

(四)愛民と忠君(略)

(五)君臣の関係　更に試みに問はん。かくの如く、温情に基いた君臣関係が独り我が国にのみ成立したのは何故であるか。曰く、我が国民の血統を尋ねると、皇別・神別・蕃別等の差別はあるが、皆渾然融和して恰

も一大家族の如く、共に皇室を大宗家として戴き、天皇を大家長と仰ぎ奉つてゐる。それで君臣の間に自然に父子の如き温情を生じ、ここに世界無比の美しい君臣関係が成立するに至つたのである。

(六)二大精華(略)

第一編　上古史(神代より蘇我氏の滅亡(紀元一三〇五年)に至る)

第二章　上古の社会組織

(一)概説(略)

(二)氏(略)

(三)姓(略)

(四)天皇　皇室は全国民の大宗家で、天皇は全国民の大氏上にあらせられる。(以下略)

明治三十六年の国定教科書制度成立以前の教科書の中には、明治二十四年刊行の神谷由道編『高等小学歴史』のように、貝塚や石器のことに言及したもの、同二十六年刊行の金港堂編輯所『小学校用日本歴史』のように、神代を除き、「極メテ遠キ昔ニハあいのノ如キ人民或ハ一層開ケザル人間国中ニ住ミ居タリ」と記しているものなども僅少ながら出ていたけれど、これらは例外に属し、ほとんどすべての教科書が神代から神武天皇へ、あるいは神武天皇から、と記紀の説話の筋に従って書き進められており、それが国定教科書において、動かすことのできない形態となって固定され、小学校・中等学校の教科書はすべてその固定したわくの範囲内で、時代と編者との違いによる変化を示したにとどまったのであった。したがって、そのような歴史教育を受けた日本国民の上代史についての知識は、個人的な学習によってそれから脱却できた少数の例外人を除けば、すべて右の固定したわくによる見方を真実と信じこむほかなかったのであり、いわば社会通念と化していたといってよかろう。津田の記紀研究は、国家の権力により強制され、社会通念化していた右のごとき日本上代史の見方を根底から覆そうとするものであったから、その社会的意義はきわめて注目すべきものをもっていたとせねばならぬ。たゞこの領域での津田の著作は、『我が国民思想の研究』の叙述の、すこぶる達意明快であったのと違い、晦渋な考証を積み重ねて行く難解なスタイルをとっていたので、ていねいに読めばきわめてショッキングな命題をいたるところにふくんでいたにもかかわらず、昭和十四年に右翼の攻撃を受けるまで、ほとんど問題とならなかったのである。それは、その論旨が専門家でなければ容易に理解しにくかったことにもよるが、何といっても大正デモクラシー期の、明治憲法下では比較的に自由な社会の風潮が、この種の刊行物を無事に継続発行させるだけの余裕を与えたと見ることもできるのではなかろうか。

津田の記紀研究は、小・中等学校の教育内容とそれによって教育されたほとんど全部の国民の共通知識と鋭く矛盾する異端的学説であっただけではない、高等教育や専門学界においても、これほどラディカルな学説は、ほとんど他に例がなかったのである。もちろん、徳川時代以来、学者の間に培われた記紀への批判的考察は、上田秋成や山片蟠桃らのような形のものは津田以外に発展させた人がなかったけれど、他の諸学説は、明治以後の学界で継承発展させられたものが多かった。

第一に藤貞幹の『衝口発』で思いつきのような形で提言され、伴信友の「日本紀年暦考」(『比古婆衣』所収)で精密に論証された日本書紀紀年の作為性の問題は、津田が青年時代にすでに学んだとおり、明治二十年代末から三十年代にかけて、星野恒・菅政友・吉田東伍・那珂通世らが競って論文を発表することにより、大きく前進した。紀年研究はその後も多くの学者の研究が続き、日本書紀の紀年は全体で約六百年の水増しがあり、応神紀前後において干支二巡すなわち百二十年の引のばしがあるという命題が、ほぼ定説となったといってよい(31)。文部省はこうして成立した「定説」を黙殺し、国定・検定の教科書にそうした「定説」を書くことは敗戦まで全然許されなかったけれど、高等学校以上の学校では公然と授業で語られることが多かったようである。その点で、小・中等学校と高等以上の学校の歴史教育には異質性があったものの、日本書紀の紀年は日本書紀のみの紀年にすぎず古事記はそれと異なる干支紀年を採っていて記紀に共通の紀年ではなかったし、約六百年の引のばしといっても、それは神武以後の歴代天皇の実在性を疑うことなく、歴代天皇の数を認めた上で算出された結論であり、日本書紀の紀年の史実性を批判するのみで、紀年以外の記載内容には批判を加えなかったのであるから、記紀の説話を客観的史実とする正統的史観と決して根本的に対立するものではなかったのであった。日本書紀紀年論の発表が禁止されず、高等教育機関でそれを教えることが、公に認められないにせよ黙認されていたのは、正統的記紀観の基本を逸脱するものでなかったためである(32)。津田の記紀批判は、そのような局部的の批判とは、全く次元を異にするものであった。

第二に、新井白石が『古史通』でとった記紀説話の解釈法、すなわち神怪の記事を通常の歴史的事件の譬喩談として解釈する、いわゆる euhemerism は、近世儒家流の合理主義思想から生れた学説であり、したがって明治以後の近代的合理主義と、本質においては大きな違いがあるはずであっても、外形的には接続しうる可能性をもっていたため、明治以後にもその方向を発展させた上代史観が、記紀の神怪談をそのまま史実として納得するわけにはいかないが、さりとてそれを後人の作為と考える力まではもたなかった知識人をひきつける力を発揮したもののようである。神代以後の記紀の説話をそのまま客観的史実として教えこむ小・中等学校の歴史教育が、ほとんどすべての国民に受け入れられたのは、一つには幼少の時から教えこまれるために疑問をいだく余裕をもちえなかった事情によることが主であろうが、疑問をいだく教師や児童・生徒の場合にも、euhemerism をクッションとして中間項に挿入することにより、根本から否定する必要を認めないですんだ場合も相当あったのではないかと思われる(33)。専門の学問的著作として、euhemerism をもっとも極限的な形で展開した一例に、久米邦武原著・種村宗八校訂の『日本時代史　第一巻　古代』

を紹介しておこう。この書物は、津田が後に就職する早稲田大学の出版部が大正十五年に刊行したもので、津田の『神代史の研究』『古事記及日本書紀の研究』の両書公刊の二年後に出たものである。津田の記紀についての主要学説が出揃った後に依然としてこのような内容の著作が世上に流布していたのを見ても、津田の著作が当時の学界ないし読書界でいかに影響力のとぼしいものであったかを想見しうるであろう。

　久米は、明治二十五年に帝国大学文科大学教授在任中、有名な「神道は祭天の古俗」と題する論文で筆禍にあい、大学を追われた経歴をもつ古代史家で、バックボーンのある人物であったから、この書も決して批判的精神を没却した著作ではない。例えば、「日本の原人は大陸より来る」という節を設け、「是までの俗伝には、日本は国土も人民も元はみな伊弉諾、伊弉冉の二尊より生れ、其種族の繁昌したるものにして、他に比類なき国なりとありて古来これを誇りたれど、かゝる談は今は科学の下に烟と消えたり」とか、神武紀について「開巻は《(のカ)》『天皇生而明達、意確如也、年十五立為㆓太子㆒』の句の如きは、漢史に摸倣したる脂粉なり。是まで明達をサカシ、確如をカタクツヨクマシマスと読みたる訓の無理なるに照らし見るも、原語のなき虚構の文なることは明かなり。又俄に年十五と序し、立為㆓太子㆒と記すが如きも虚構なり。帝には長兄五瀬命の在して軍を帥ゐ給へるに、いかでか立太子式の挙行せらるべき」とか、勇敢に記紀の「虚構」を衝いた文言があり、就中、天壌無窮の神勅文に対し、「行矣云云の句は漢語めきたれば、後世記者の頒辞なるべし。書紀の正文には此書全くなし」と言い、後に津田が「書紀の書き方及び訓み方について」で論じ筆禍原因の一つを醸した意見と全く同じ命題を述べるなど、決して正統史観に迎合した著作ではないのであるけれど、問題は久米のいう「科学」の方法にあった。その方法は、次のような論述において、おそらくもっとも徹底した形で示されているといえよう。

　古史の文は宗教的の譬喩に詩歌の思想を交へて抽象し、務めて事実の直写を避けたるを以て、恰も楚辞を読みて楚国の歴史、学説を稽ふるが如く、甚だしく解釈に苦しむなり。国史の譬喩的なるが為に、昔より其伝へを誤り失ひたるは、是亦、南種の詩歌思想に富める特性なるべきか。

余は日本上代の国疆には、大八洲はさらなり、海外に亘りて甚だ広濶なる区域を含むものなりとの説を懐くこと久し。(中略)神代歴史にも明記しあるなり。(中略)常世は即ち夜国なり、海原は妣国にて即ち新良貴なり。また東の蝦夷を日高見国といへるに就て考へ合すれば、高天原は中国にて、常世は西方日没の地をいひ、海の向岸を海原といひたるにて、皆国土の名称にはあらず。天照大神の中国に君臨したまふを日神に喩へ、月夜見尊の西土に君臨したまふを月神に喩へたり。是も詩想的に其光景を抽象したるものなれば、(下略)

たゞよへる国を修理固成せよといふ語の中に、既に国土も人影も見ゆるに非ずや。紀の一書には「瑞穂之地宜ニ汝往循ヒ之」とも書かれたれども、実は循よりも鎮服といふべき事とし思ふなり。新井白石の古史通に、たゞよへる国とあるは、国乱れ争ひての義にて、二尊の大八洲を生むの一段は、淡路に拠りて国々を征せられしものなりと解したるは活眼と謂ふべし。

此一段も怪しき譬喩の様なれど、(中略)今これが解釈を試みんとす。まづ海川山木草土等の神を生むとあるは、疑ひもなく伴造国造の強大なるを鎮定せられたるなり。

八岐蛇は無論譬喩なり。(中略)尾に至り刃欠くとは、最後の一人が防闘の強かりしを譬へたるものにて、其者の佩きたる剣が天叢雲剣にてありしなり。脚摩乳、手摩乳は、(中略)雲伯の地を領したる県主なるべし。然るに冉尊の比より、北国より高志人侵入せしが、八岐蛇は其高志人の魁帥にて、簸川の谿谷を占領して其県主となれるものなるに、簸川の下流なる県主の勢力弱くして、毎々采女を要求せらるゝに至りたるに因て、素尊これを援けて高志人の魁帥を斬夷し、因て雲伯の地を鎮定し給ひたるなり。

漢韓の両史を国史に参照するには、首に年代を相当の位置に排序する必要を生ず。然るに国史の紀年は信ずるに足らざるが故に、爰に真の年代を考定する必要を生ず。是国史研究の一大難題にして、紀年排斥論の己むを得ざる所以なり。其年代考定のため、近比余は、仲哀崩じ応神誕生せる年は新羅の訖解尼師今の卅七年、百済の肖古王の元年丙午にして、東晋の穆帝永和二年、耶蘇紀元三百四十六年なる証を考定し得たれば、此を起点となし、国史の事跡に精究し、并せて天皇治世の平均率を以て逆推し、神武帝誕生は漢の宣帝元康年中、耶蘇紀元前六十年の比と定めたり。然れば瓊瓊杵尊の降誕は是より八十年許以前にて漢武帝の初めに当り、素尊は文帝と同時なるべく、伊弉諾尊は高祖と同時にて、耶蘇紀元前二百年比に当る。(中略)自国の歴史に伝はらぬ事の周囲の国に記録されたるを収拾するは、史学上緊要の事なるに、是までの学者はこの緊要の眼目に盲《クラ》かりしを以て、古代の事のいとゞ晦き世を更に闇黒になし畢りたり。因て爰に諾冉二尊までの年代を相当の位地に排序し、日韓両史を参照すれば、当時の事跡を闇中に髣髴と見るを得たること前に述ぶるが如し。

凡そ天孫の拓殖は、まづ要港より海浜の野を開いて、山中に進み入りたる跡歴々たり。大倭は山中の原野なれば第一着手となるべき地理に非ず。然るに之を高天原に擬するは、畢竟天降といふ神話の為に其考を制せられし迷

想たるを免れず。其迷想を去りて見れば、大倭の闢けぬ時代は、宇陀郡と一般の荒山なるべきのみ。（中略）然らば高天原の京師は何処といへば、（中略）当世の重浪打寄する神風の伊勢より外には求むべからず。

皇孫は葦原中国を知らす継統の君なれども、日向より全国の八十伴緒を統轄するには、頗る不適当の地理と思はる。且天孫西降の後も、天照大神、高神両産霊尊、及び思兼命等の諸神は、猶高天原に在りて顕見の事を治め、中央政府は元の地に存せしなるべし。爾後如何なる沿革となりたるにや、歴史再び闇黒になりて考ふべき緒なし。是に於て皇孫瓊瓊杵尊は文武の伴部を随へ、日向をさして海路より進行せられたり。此事を神話にて「排二天八重雲一、稜威道別道別」といふは、道すがら不順の者を打払はれたる替語なるべし。此を事実とすれば、航路を内海に取給へる歟。延元三年に征西宮は伊予忽那島に渡りて、数年滞座あり、九州の水師を催して薩摩谿山に渡航ありたる例もあり。されど、又土佐海を航せられしとしても不可なるなし。何となれば此航路の絶えたるは鎖国以後の事なればなり。

彦火火出見尊が海幸を得んとせしに一魚をも得る能はず、剰へ釣鉤を失ひたりと伝へられたるは、要するに舟船を以て海浜の地に利得を獲んとして、海賊(即ち或る水師)と衝突して利を失ひ、船械若くは将帥を虜獲されたるに譬ふべし。（中略）火闌降命の原鉤《モトノハリ》を責《ハタ》りたるは、掠奪せられし物を再挙して回収せんと迫りたる意なるべし。

潮満瓊を出せば潮大に溢り、兄山に走れば潮亦山に入る。兄窮困し罪に伏せしを以て潮涸瓊を出せば潮涸たりとあり。是は火闌降命の党類が野心を遂げんとして海戦を起し、筑紫の艦隊に敗られたれば、山地の兵を催さんとしたれど、山地みな尊に反応し、隼人の謀略みな敗れて降伏したる譬喩なるべし。

以上長々と引用を試みたのは、文中に言っているとおり、新井白石の方法を祖述しつつ、それをいかに徹底的に推し進めたかが、実によく窺われるし、記紀の記載を文字どおりに信ずることができなくても、このような譬喩談として逆にその全部に史実を認めようとする「科学」的方法なるものが、正統的史観を注入されてきた一般国民の間にも、相当の説得力をもっていたのではないかと推測せられるからであるが、実は、このような方法こそ、津田がもっとも非科学的な考え方とするところであり、このような考え方を根底から覆すのが、津田の記紀批判の重要な目的とされていたのであった。『古事記及び日本書紀の新研究』に

世間には今日もなほ往々、高天原とは我々の民族の故郷たる海外の何処かの地方のことであると考へ、ニ、ギの命のヒムカに降臨せられたといふのは、其の故郷から此の国へ我々の民族の祖先が移住して来たこと、もしくはそれに関係のあることである、と思ふものがあり、さういふ考から天孫民族といふやうな名さへ作られてゐる。さうして其の天孫民族に対して出雲民族といふ名もできてゐるが、(中略)なぜこんな附会説が生ずるかといふと、それは一つは、記紀の神代の物語や上代の記載は、我が国の民族の起源や由来を説いたものと速断し、或は国家創業の際に於ける政治的経営の物語と臆断したためでもあらう。が、それよりもつと根本的な理由は、此等の物語の内容が不合理な、事実らしからぬことであるからである。徳川時代の学者などは、一種の浅薄なる支那式合理主義から、事実で無いもの不合理なものは、虚偽であり妄誕であつて、何等の価値の無いものと考へ、さうしてまた一種の尚古主義から、崇厳なる記紀の記載の如きは、勿論、虚偽や妄誕であるべき筈が無いから、それは事実を記したもので無くてはならぬと推断し、従つて其の不合理な物語の裏面に潜む合理的な事実があり、虚偽妄誕に似た説話に包まれてゐる真の事実が無ければならぬ、と臆測したのである。さうしてそれがために、新井

白石の如く、不合理な物語を強いて合理的に解釈しようとし、事実と認め難いものに於いて無理に事実を看取しようとして、甚しき牽強附会の説をなすに至つたのである。(中略)今日記紀を読む人には、(中略)其の所説に於いて必しも白石と同じで無いにせよ、なほ彼の先蹤に(意識して或はせずして)追従するものが少なくないやうである。(34)

と論じているとおり、津田は、この種の euhemerism を「浅薄なる支那式合理主義」「牽強附会の説」として強く排斥しているのであるが、それはまた、当時の学界および一般社会に白石＝邦武流の euhemerism が広く行われていたからにほかならぬ。しかも、久米流の euhemerism は、本来譬喩ならざるものを譬喩として解釈しようとし、合理的ならざるものを合理的に説明しようとする点で、科学的に全く誤っているばかりでなく、その根底では記紀の記載を基本的に歴史的事実の記録と見ようという立場に立っているのであるから、その解釈に奇想天外の着想の多いために一見記紀を文字通りに受容させようとする正統的上代史観とやや様相を異にするように見えながら、実は正統的上代史観・正統的記紀観と本質的に対立する見解とは言いがたく、むしろ正統的記紀観を基本的に防衛しつつ、その神秘主義から多くの人々に与える異和感を、津田の言うところの「浅薄なる合理主義」によって消去し、国民層への広汎な浸透をいっそう容易にする役割を客観的に果していたと見られるのであり、第一の紀年論批判と同様、結局において正統的記紀観の枠を大きく逸脱するものでなかった点を見のがしてはならないのである。

久米ほどに徹底した euhemerism は専門学者の間では、どちらかといえば例外であったろう。しかし、そこまで行かずとも、これに類似した考え方がかなり広く存在したらしいことは上述のとおりであって、例えば、もっとも正統的なアカデミズムの研究機関である東京帝国大学教授黒板勝美が、昭和六年に刊行した『更訂国史の研究総説』、同七年刊行の同書『各説　上』には、一往久米説を「到底我等の首肯し能はざるところである」と斥けながらも、「天照太神に関せる記載に、どれだけが神話であり、どれだけが史話であるかを区別することは頗る困難であつて、神話が余程よく史的事象を包んで居り、史的事象が余程よく神話化せられて居る。(中略)天照太神の御代に皇室の基礎が定まり、我が国は天照太神の神徳によつて肇まつたことは朧気ながら認められなければならない」とか、「天孫民族が大和や日向に入る以前、即ち未だ相分れざりし時の地が所謂高天原であるともいへよう。(中略)本居宣長がこれを天であると解釈して居るのは古事記の出来た頃我が国民が左様に考へて居たとする意味に於いて妥当であるが、もし天孫民族の祖国と之を解釈すべくば、地上の何処かに之を擬すべきである」とか述べているのを見れば、結論はともかく、方法において久米のそれと五十歩百歩の差にすぎないのではあるまいか。久米の『日本時代史』では、津田の学説は一顧だに与えられていないが、黒板は津田の研究を重視して一九行にわたり、その紹介と批評とを行なっている。

津田左右吉博士はその神代史の新らしい研究及び神代史の研究なる著書に於いて、記紀の神代巻をば或る時代の人の作為の物語と考へた大胆なる前提から研究を起して居られる。(中略)(尚ほ同博士の古事記及日本書紀の研究及び上代史の研究〔日本上代史研究〕等参照)併し神話伝説といふものが、特に或る時代に或る目的を以て作られたやうに観るのは、民族心理学的若しくは比較神話学的の考察を一蹴した様な、余りに独断に過ぎる嫌がある、寧ろ長い年月の間にだん／＼それらの説話が作られて来たとする方妥当ではあるまいか。始めは一の罌粟粒であつても、遂に金平糖になるやうなもので、その次第に立派な神話となり、伝説となり来れるところに、矢張り歴史が存在するのではあるまいか。(下略)

のちに津田が、これに対し

「大胆なる前提」トシテアルノハ、黒板氏ノ大ナル誤解デアル。「前提」デハナクシテ、細カイ研究ニヨツテ論理的ニ導キ出サレタ「結論」デアル。ナホコノコトヲ「記紀の神代巻」ニツイテノ見解ノヤウニイハレタコトモ誤解デアッテ、『神代史の研究』ニハ、黒板氏ノ説ノ如ク、「長い年月の間にだん〳〵それらの説話が作られて来た」其ノ最後ニ集成セラレタ形ガ「記紀の神代巻」ノ記載ダト説イテアル。(35)

と不満の意をもらしているとおり、黒板の批評は、津田の記紀批判の方法についても結論についても全くの無理解を示したものであって、詳細に紹介批評することで形式上無視しなかったような姿勢をとりながら、津田の研究成果から、黒板は何一つ学びとることができなかったのである。そのために、『国史の研究』では、「天御中主神や国常立神は実在の御方でなくて、史的人物とは申されず、古来皇室に於かせられて御祖先たる神として歴朝特に崇敬を加へ奉祀したまふ天照太神こそ肇国の御方であらせられ、こゝに国史を始むべきではあるまいか。謹んで按ずるに、天照太神以来皇統が御代々連綿として今日まで及んでゐるのは事実である」と言い、

一　神代

肇国の当初より神武天皇以前の時代をいふ。(中略)

二　氏姓時代

神武天皇の御代から皇極天皇の御代までをいふ。(中略)この時代はまた左の如く五時代に分たれる。

(一)　大和開都時代

はじめて都を大和橿原宮に奠めたまひし神武天皇の御代から開化天皇の御代までをいふ。皇化尚ほ未だ遠く四方に及ばず、八十梟帥の諸国に居つた時代である。

(二)　皇化発展時代

崇神天皇の御代から成務天皇の御代までをいふ。皇化四方に拡張せられて大和朝廷の下に国内の統一を見るに至つた時代である。

（三）　韓土服属時代

新羅を征伐せられた神功皇后と共に、九州に行幸せられた仲哀天皇の御代から、武烈天皇の御代に至るまで、韓土の我が国に帰服して居た時代をいふ。

（下略）

というような時代区分によって叙述されており、その大綱は、小・中等学校の教科書の上代史の部分と少しもかわりがない。官学アカデミズムにおける古代史の専門家の主著において、このような正統的記紀観がそのまま支持されていた事実は、明治憲法下の専門学界が記紀に対していかに無批判的であったかを、何よりもよく物語っているのではあるまいか。(36)

東京帝国大学に比べれば、比較的にリベラルで、内田銀蔵のような近代的センスに富んだ教授のいた京都帝国大学文学部史学科についてみても、この問題に関しては五十歩百歩にすぎなかった。東大の実証史学と違った京大流文化史学で知られる教授西田直二郎が昭和七年に公刊した『日本文化史序説』は本論を「神人融合」という項目から書き始めているが、その冒頭の文章は、「『草木咸《コトゴトク》能《ヨク》言語《モノイヒ》』。また『天地割判《ワカル》の代、草木言語《モノカタリ》せし時』ありしとしたのは、古代の日本人が、わが住む世界について考へたこゝろである。われらの祖先は、その四周の山川、草木のことごとくから、よく生ける声を聞いたのである」というのであり、その少しく後に、「日本古代文化を考へて、国家の組織を、精神展開の事実として観るとき国家は、人の住む国ながら、神の成せる御国であつた。精神発展の上の大なる事実である国家のその創刱は、神によつて成された厳然たる事実であつた」とか、「神武皇（マヽ）の国家の創刱は太神の神功によつて動きなき基を立てられたのである」とかいう命題が続いている。西田は、こうした記紀に表現されている内容を、「神話」と呼び、「精神発展の事実」とも言っているから、そのまま客観的事実の記録と考えていたとは思われぬが、また、西田の場合は、精神史的文化史の叙述であって黒板の『国史の研究』のような政治史中心の通史を書いているのではないから、一応記紀の記載する「精神的事実」から出発しても非科学的とはいえないとの弁解も成立つだろうが、日本人の「精神」が記紀の「神話」から始るという考え自体、当時の学問的水準からいって決して科学的といえないばかりか、素朴に「神代」を認めた黒板よりも、もっともらしい言いまわしでたくみに「事実」と「精神」とを区別しながらも、両者の区別を混同したような上引例示のごとき叙述を行なっている点からも、また記紀の文献史料としての性格を明確にすることなしに、「事実」とも「精神」ともつかぬあいまいな描写で終始している点からも、少くともこの書の読者が、客観的な日本上代史が記紀の陳述とはまったく違ったものであることを理解するのは不可能だったのではなかろうか。とすれば、西田の場合、黒板よりもスマートであるというだけで、正統的記紀観を根本的に批判する姿勢に欠けている点では、ほとんどかわるところがなかったと言ってよいだろう。

西田はもちろん、上代史の専門家で考古学界の成果にも通暁していた黒板をもふくめて、アカデミズム史学者が、記紀の記載を客観的史実の記録あるいはその譬喩的表現と本心から信じていたかどうかは、疑わしい。しかし、上述のとおり憲法と教育勅語とにより記紀の記載を客観的史実とする前提に立った国家秩序が維持され、公権力がその前提に即した教育を小・中等学校に強制しているかぎり、専門研究者といえども、国家公定の記紀解釈と根本的に矛盾する学説を公表するのは危険であった(その点で、小・中等学校における教育の自由の欠如が専門の学術研究の自由をも必然的に制限していたのである)。久米邦武の筆禍や、明治四十四年に起った南北朝問題で喜田貞吉が文部編修の職を追われるなどの受難の記憶をもつ官学の教授たちは、権力に対しきわめて神経質となっていて、忌諱にふれるおそれのある言説をつとめて避けるのに汲々としていたもようである。滝川政次郎氏は、大正の中頃に、東京帝国大学の山上御殿(教官食堂兼集会所)で津田が講演を依頼された際、「熊沢蕃山は、皇室を永久に安泰ならしめる途は、天皇を伊勢に遷して神宮の祭主たらしめることであるという意見を述べています」と述べるや、帝国大学教授三上参次が「弁士中止」の声をかけ、「只今の所、速記録から削除して下さい」と言ったのを直接聞いた、と回想している。[37]三上は、南北朝事件で喜田といっしょに攻撃にさらされた苦い経験のもち主であったために人一倍気をつかったのかもしれぬが、官学史家の小心翼々たる姿勢がよく窺われるであろう。たとい記紀の文献史料としての性質に疑問をいだいても、それを率直に表明する自由は、官学アカデミズムの世界にも存在しなかったのである。津田の記紀批判は、このようなアカデミズム「国史学」と全く無縁の世界の所産だったのであり、前章に詳述した、その源流の考察から見ても、津田学説の成立のためにアカデミズム「国史学」が何の寄与をもしていないのは、決して偶然ではない。後に記紀批判弾圧の刑事訴追が行なわれたとき、津田を弁護する証人として昭和十六年十二月二十日の公判に出廷した和辻哲郎が

日本ノ東洋史ハ今学問ニナツテ居リマスガ、ソレニ対シテ国史学ノ方ハ非常ニ遅レテ居ルノデアリマス。サウ云フ点デ東洋史学ノ畑カラ出ラレタ方ハ、其ノ非常ニ進ンダ方法デ以テ国史ノ方ノ材料ヲ扱ハレルト云フコトニナリマスト、色々ナ点デ国史ノ学者ノ方カラ嫉妬ト申シマスカ、何カサウ云フモノガ起リ得ル危険ガアルノデアリマス。現ニサウ云フ形跡ガアルノデハナイカト云フヤウニ、私ハ感ジテ居ルノデアリマス。サウ云フ点デ、恐ラク国史ノ方デハ、津田サンハ東洋史学界ニ於ケル程同情ガ湧イテ居ラレナイノヂヤナイカ、サウ云フ風ニ考ヘテ居リマス。

と陳述しているのは、[38]哲学畑出身で日本文化史・思想史の研究に手を染めながら「国史学」界から黙殺されたと感じていたであろう和辻自身の感情を移入した印象なしとせず、必ずしもそのとおりであったかどうか疑わしいけれど、津田とアカデミズム史学とのつながりは、東洋史学との間にはあっても「国史学」との間にはなかった大局的情勢を

穿ちえて妙であるといってよいであろう。

もっとも、アカデミズム史学という枠を私学にまで拡大して見渡すと、上述のような傾向ばかりと限らず、僅少の例外もないではない。例えば、大正十一年に早稲田大学出版部から公刊された叢書『国民の日本史』の第一巻、西村真次著『大和時代』は、津田の『神代史の研究』以前の著作で(『古事記及び日本書紀の新研究』以後であり、これを一か所だけ引用している)あるが、『文化人類学』『体質人類学』の著書をもち、人類学的視野をもっていた西村だけあって、その構成は全く正統的史観のわく組から外れ、当時としては高度に科学的な見地から編成されている。

第一章　土地と民衆

第一節　地球の生成と其発達　第二節　人類の出現と其進化　第三節　日本群島の地勢　第四節　古代民衆の移動　第五節　石器時代の遺跡と遺物

第二章　先住民の生活

第一節　旧アイヌ種族の移住　第二節　旧アイヌの生活様式　第三節　旧アイヌの経済状態　第四節　旧アイヌの宗教　第五節　旧アイヌの芸術　第六節　エスキモーの足跡

第三章　原日本人の生活

第一節　ツングース族の移動　第二節　民衆移動の動因　第三節　原日本人の社会生活　第四節　原日本人の経済状態　第五節　美の追求と生の享楽　第六節　精霊と霊魂と神と　第七節　未来観と死体埋葬

第四章　南西民衆の移住

第一節　ネグリトーの漂着　第二節　印度支那族の移住　第三節　インドネジヤ族の北進　第四節　漢族の東遷

第五章　日本帝国の萌芽
第一節　群島の牽引力　第二節　聚落の生成と其発達　第三節　皇室の勃興　第四節　原始形の政治観念　第五節　法制思想の黎明
第六章　社会組織と政治組織
第一節　家族制度の基調　第二節　氏族制度の発達　第三節　政府の組織　第四節　官房財政から国家財政へ　第五節　土地経済　第六節　民衆領域の拡大
第七章　文化生活の昂揚
第一節　太陽複合文化　第二節　文化移動線と古代交通線　第三節　国家の成立　第四節　移民と新文化　第五節　神話の進化　第六節　日本民衆の生活理想

この書の目次をくまなく列挙したのは、これを一覧しただけでも、いかに黒板流官学史家の日本古代史と根本的に異なる構成をもつ書物であるかが明瞭に理解できると考えたからである。人類学・比較神話学等の西洋学者の研究が広く利用されているばかりでなく、ほとんど人類学・神話学・考古学の成果や中国正史・好太王碑文等によって論述が進められ、記紀の記載も陳述史料としては使用されておらず、その基本的方法に関するかぎり、戦後の今日にもそのまま通用しうるわく組で書かれていると言ってよい。もちろん、それはわく組に関するかぎりのことで、個々の事実の認定にいたっては、必ずしも厳密な論証を伴なっているとはいえず、いささかラフで大胆にすぎるとのそしりは免れないけれど、ここで問題にしているのは、具体的史実認識の当否とアカデミックな意味での論証の精粗ではなく、右のような視野による日本古代史を展望した著者の着想が、アカデミックな史家の到底思いもよらぬところであったという点なのである。史的唯物論による日本古代史の研究が多少なりとも学問的な形をとって現われてきたのは、昭和七、八年のアジア的生産様式論争開始以後のことではないかと思われるが、それよりもはるか以前に公にされたこの書が、文化人類学的知識を豊かに駆使してはいても社会科学的にはきわめて幼稚な水準にとどまっていたのは当然のことながら、例えば第五章第三節「皇室の勃興」という、きわめてデリケートな主題の一節を見ても、ほとんど大部分がシベリアのツングース族のマジシャンの紹介で埋められ、最後に

からした原始的のシャマンが、家族的、団体的から、次第に職業的になつて、其職業シャマンの頭に王冠の輝く日が来たことは疑問を挾む余地がない。――もつと具体的に云はうならば、出雲民衆の間には、それを統率するほどの大きな力を有つたシャマンが現はれ、日向にも、大和にも、それぐ力と富とを持つたシャマンが現はれたが、それらは遂に互譲の精神から合同し、或はいくらかの葛藤を経歴した後に合同して、遂に大和国家が、最も大きく、最も力強く、最も評判よく発達して、宗教国家から政治国家に発達したのであつた。伝説の語るところでは、日向国家が出雲国家と任意合同をなした後、大和国家を征服した形になつてゐる。しかし、それは所詮神話であつて、それから正確な歴史を知ることは出来ない。

と、まことにクールな文体で「皇室の勃興」が付言されているにすぎない。「序言」において、「神話の集成であるところの『古事記』にどれだけの史的価値があるか？　形式は史的でありながら、内容は神話的であるところの『日本書紀』から、どれほどの史的事実が捻出されるであらうか？　（中略）私の採る唯一の手段は、汎く云へば人類学的研究である。――細く分けて云へば、人態学的、考古学的、人種学的、土俗学的、神話学的、言語学的、其他あらゆる方面から観察、推論、断定して、霞雲《ネビユラ》のやうな古代の世界を知らうと力めてゐるのである」という方法論を示した西村は、「皇室の勃興」についても、記紀の所伝は、「所詮神話であつて、それから正確な歴史を知ることは出来ない」とつき放し、正統的な記紀観からの訣別の態度をとっているのである。たとい、その記紀観が、津田の業績をマスタ

ーできなかったために、常識的な批判に終っているにしても、また、全体としてアカデミックな論証の弱さのために、日本古代史の研究の進展にあまり貢献するところがなかったにしても、思想的に正統的記紀観の桎梏に囚えられていた人々の眼を開かせる上に果した役割はかなり大きなものがあったのではなかろうか。(39) 西村がジャーナリスト出身の在野学者であったことが、アカデミックな論証力を身につけさせえなかった制約としてはたらいた一面、官学の専門学者の怯惰な心情からは生れなかった科学的な視野をもつことを可能ならしめたと考えられ、(40) その点で、アカデミックな技術を兼ね具えていた点は違っているけれど、同じく官学アカデミズムの世界の外にいたがために独創的な方法を樹立できた津田と相通ずるものがあるのである。私は、従来史学史上看過されてきた西村のこの書を、思想史の観点から改めて評価する必要があると思うのであるが、それにしてもこの書は何といっても当時の学界では例外的な書物であり、記紀の記載をほぼそのまま客観的史実と見るか、あるいは見るようなポーズをとるのが、学界の大勢であった。津田の記紀批判は、このような学界の大勢に正面から挑戦するものとして、まさに画期的な業績であったとしなければならぬ。

なお、一九三二年五月九日付の序文をもち、同月二十一日発売禁止処分に付せられた羽仁五郎著『歴史学批判叙説』には、一九二九年八月一日付の「神話学の方法及び概念」と題する論文が収められている。史的唯物論の立場から書かれたこの論文には、自然発生的な民間説話としての「神話」と、それを「支配のため」に「再生産」「再神話化」した「文化神話乃至政治神話」としての「神話」とを区別する、鋭い見解が示されており、「神話」研究の基本視点に関するかぎり、津田をのりこえる高度の水準に達しているが、津田と違い、マルクス主義の立場に立っているが故にかえって記紀を具体的に批判する自由に欠けていたのであろうか、全体が抽象的な方法論に終始し、末尾にわずかに日本古代神話に言及した部分も、あまりに概念的公式的に流れ、津田の豊かな実証に基く構想とは到底同日の談ではない。戦前の史的唯物論史学は、資本主義発達史の研究において多大の成果をあげていたけれど、前近代の歴史については研究の緒についたにとどまり、ましてタブーの多い記紀研究を十分な実証をそなえて遂行することはなしえなかった。したがって、昭和初年史的唯物論史学の勃興があったにもかかわらず、記紀批判に関しては、ついにブルジョア史学である津田史学を凌駕する業績は史的唯物論史学の側からは生じなかったのである。

専門の学界さえがこのような水準にあったのだから、まして文献批判の力をもたぬ一般国民が記紀の記載につき、たといその不合理な内容に懐疑の心を起すものがいたとしても、根本的にその性格を理解できず、権力から注入された記紀観ないし日本上代史観にその認識を制約せられていたとしても、彼らをわらうことはできないのである。一般の常識がそうであったとすれば、特に極端な国粋主義者たちが、記紀の記載の無条件尊重を錦の御旗として、少しでもそれに疑問なり否定なりを提示する言説に、「不敬」「国賊」の類のレッテルはり攻撃を加え、異端の撲滅をはかったのも、これまたふしぎではない。その典型的な一例が東京帝国大学教授井上哲次郎の筆禍事件であった。井上は、大正十四年『我が国体と国民道徳』と題する著作を公刊したが、そのうちに

我国体の淵源とも称すべき天壌無窮の神勅は日本紀に出て居るが、日本紀は元正天皇養老四年即ち西暦紀元後七百二十年に出来たのである。今から一千二百余年前の事である。(中略)或歴史家は斯う云ふ事を云つた。彼の神勅は建国以来余程の年数を経て真に皇祖の無窮なる感を抱くに及んで始めて出来たのであると。それも一説である。(中略)神勅が果して一時に出来たものか、次第に出来たものか、今日に在つては固より之を確むることが出来ない。併し兎に角最古の律法として伝へられて居る。

神話伝説は固より歴史的事実ではない。尤も瓊々杵尊だの大国主命以下の事は余程歴史の範囲に属する。けれど

も立派に神話伝説と分離する訳には行かない。両者は錯雑混合して居る。神話伝説の大部分は固より想像的産物である。併し神話伝説として古典に記載されたる想像的産物は特殊の個人が故意に作為したものではなくして、我々日本人の祖先が共同的に殆ど無意識的に構成したものである。

神話の中には、荒誕無稽の事が多大に含まれて居るけれども、民族間の信念として非常の影響を遺したものである。

天照大神の事は歴史と云ふよりは寧ろ神話に属するが故に吾人は何にも確定的に断言することは出来ない。併し伝説によれば天壌無窮の神勅は天照大神によつて煥発せられ、三種の神器も亦天照大神によつて皇孫に授けられたと云ふことになつて居る。伝説は伝説として兎に角神勅と共に三種神器の伝へられたる事は史的事実である。

三種神器の歴史的変遷に就いては文学博士栗田寛が曾て『神器考証』を著はして一通り論じて居るからして、さう云ふ事は栗田のやうな考証家に譲りて但ゝ茲には元との鏡と剣とは、疾くに失はれて、今は只模造のそれが存して居るやうであるが、独り玉のみは、元とのが依然として宮中剣璽の間に存して居ると云ふことを明言すれば、足れりである。

一体日本の歴史は瓊々杵尊あたりから始まつて居る。神話の中にも歴史の部分が大分混入して居る。瓊々杵尊あたりから歴史の部分と言つても差支ない。それで固より父子相伝と云ふ工合に立派な直接の系統では無いけれども、皇統の継続は歴史の伝ふる所で、之を打消すべき何等確かな証拠がある訳ではない。

といった記述がふくまれていた。そこにはやや不正確な表現もあり、全体として前引黒板の著作に書かれたのと同じ程度の、いわば常識的発言の域を出ておらず、すでにその前年に津田の画期的な著作二冊の公刊されていたのと対照して考えれば、それよりもはるかに学術的に水準の低い中途半端な考え方にとどまるものであったのに、それと比較にならぬほどラディカルに記紀の記載を批判した津田の著作は全く問題とならず、この程度の井上の著作がはげしい攻撃にさらされるにいたったのである。大体この種の右翼からのレッテルはり攻撃は、政治的な意図に基く陰謀に類するものが多く、井上が東京帝国大学教授・帝国学士院会員・貴族院議員という顕職にあったが故に、ねらいうちされたのであろうが[41]、『教育勅語衍義』の著者であり、内村鑑三のいわゆる不敬事件に際し「不忠不孝なる内村鑑三」と罵倒し、内村陥害の主役の一人となった井上が、今度は逆に右翼の餌食となったのは、悲劇というより喜劇というべく、他の筆禍事件とは同列に扱い難いけれど、とにかく記紀の記載に対する批判的否定的言辞が、ひとり治安立法による権力からの弾圧にさらされるばかりでなく、権力の走狗である民間右翼の攻撃にもさらされる危険を惹起するタブーに属していたことを端的に物語っている例証となりうるものであるから、次に井上に対する右翼の攻撃の内容を紹介しておこう。

井上哲次郎著書ニ関スル請願書

臣政恒良三誠懼頓首頓首

謹ミテ

天闕ノ下ニ奏ス。臣聞ク、明主ハ善ク機ヲ将動ニ制シ禍ヲ未萌ニ防グト。恭ク惟ミルニ、我朝

神裔

列祖相伝ヘ、天壌無窮ノ　宝訓ヲ体シ、以テ国ニ涖ミ、古今不易ノ　神器ヲ承ケ、以テ極ニ登リ給ヒ、万世一系
断ジテ覬覦ヲ容レズ。是レ国体ノ尊厳ニシテ宇内ニ冠絶スル所ナリ。故ニ若シ姦軌ノ徒　宝訓ヲ蔑如シ　神器ヲ
冒瀆スル者アラバ、国法固ヨリ不赦ニ在リ。臣等頃者東京帝国大学名誉教授学士院部長貴族院議員正三位勲一等
井上哲次郎ノ著ハセル我ガ国体ト国民道徳ト題スル書ヲ観ルニ、其ノ中　神器ニ関シ説ヲ為シテ曰ク、三種ノ
神器中原ノ鏡ト剣トハ疾クニ失ハレテ、今ハ唯ダ模造ノ其物ノ存スルガゴトシ、独リ玉ノミハ原物依然トシテ宮
中ニ存セリト。吁是レ何等ノ暴言不敬ゾ。謹ミテ按ズルニ、
赫赫タル
伊勢　熱田ノ二神宮ハ実ニ　神鏡　神剣ヲ奉祀シ　朝廷ノ崇敬シ給フ所、億兆ノ景仰スル所、誰カ敢テ之ヲ誣フ
ル者アラン。而シテ
天祖ノ　神鏡ヲ
天孫ニ授ケ給フヤ、特ニ勅シテ宣ハク、此ヲ視ルコト猶ホ吾ヲ視ルガ如クセヨト。
即チ　神鏡ハ
天祖威霊ノ寓シ給ヘルモノニシテ、
聖子
神孫崇敬惟レ謹ミ、奉事懈ラセラレズ。万古儼存毫モ異変ナキハ、国史朝典昭昭トシテ稽徴スベシ。然ルニ彼ノ
哲次郎何物ゾ、此ノ無稽ノ暴言ヲ肆ニシ、独リ之ヲ口ニスルノミナラズ、又之ヲ筆ニシテ公公然世ニ刊行シ、以
テ国民道徳教養ノ標示トナセリ。何ゾ其ノ大不敬ニシテ忌憚ナキノ甚シキヤ。臣又之ヲ聞ク、虐政民ヲ戕フハ其
ノ害一時ニ止マル、邪説世ヲ誤ルハ其ノ毒万代ニ及ブト。意フニ、近時世勢一変シ、人心ノ険悪日ニ一日ヨリ甚

ダシ。邪説暴行其ノ隙ニ乗ジテ起ル。臣等竊ニ邦家ノ為ニ杞憂ニ堪ヘザル者アリ。乃チ現時京都学生事件ノ如キ、論者以テ学校教師ノ責任亦軽カラズトナセリ。而シテ哲次郎ノ如キ学界ノ長老ヲ以テ　皇室ノ恩遇ヲ忝ウシ、久シク顕要ノ地位ニ居リ、現ニ文部省教員検定会試験委員タレバ、今日邪説ノ人心ニ浸淫蠹毒スル者之ガ源委ヲ推セバ、安ンゾ其誘因タラザルヲ知ランヤ。顧フニ、神武天皇即位以来二千五百八十六年、其ノ間時ノ汚隆世ノ治乱ナキニアラザレドモ、未ダ嘗テ祖宗ノ聖徳ヲ誣罔シ奉リシモノアルヲ聞カズ。又未ダ嘗テ　神器ノ威尊ヲ冒瀆セルモノアルヲ聞カズ。其ノ之アルハ実ニ彼ノ哲次郎ノミ。臣等誠ニ以テ聖代ノ大恨事トシテ恐懼措ク所ヲ知ラザルナリ。而シテ当局ノ有司之ヲ見テ禁ゼザルノミナラズ、又其ノ書ヲ全国学校ノ修身倫理科並ニ教員検定試験国民道徳科ノ参考書トナスニ至リテハ、臣等又実ニ憂慮ニ堪ヘザル者アリ。伏シテ願クハ、陛下、上ハ祖宗立国ノ大義ヲ思ハセラレ、下ハ臣等区区ノ微衷ヲ憫ミ給ヒ、宸断一下、速ニ有司ニ付シ之ガ処置ヲ行ハセラレンコトヲ。臣政恒良三屏営懇欵ノ至ニ堪ヘズ、誠恐誠懼頓首頓首謹ミテ奏ス。

大正十五年九月三十日

陸軍少将従四位勲三等功四級
臣草生政恒
臣五百木良三
謹上

右は『国体冒瀆著書ニ関スル請願書　文学博士井上哲次郎氏ノ神宮皇室ニ対スル大不敬事件』と題するパンフレッ

トの冒頭に掲げられたものであって、その「附録」には、右の請願書で攻撃している「天祖の神勅を疑ひて後人の仮託となす」という項目の外に、「天祖を神話に属すとなし其の実在を疑ふ」という項目があり、それぞれの項目ごとに上引の井上の著作の原文が引用されていて、記紀の記載を「神話」と見ること自体が「大不敬」の行為と目せられていたことを窺いうるのである。これは特に世間を騒がせた事件という意味で挙げたにとどまり、一般に記紀の記載の史実性を公然論ずることが、法律上でも社会的にもタブーに属していたという点が重要なのであって、津田があえてそのタブーを破ったのは、むしろそのようなタブーの存在、ことに右の実例に見られるごとき非合理的な思想の横行が、かえって皇室と国民との間の、津田が望ましいと信ずる関係を破壊する危険性をはらむと考えたからにほかならないことは、前に津田の著作を引いて明らかにしたとおりであった。

とはいえ、いかに法律と「国体観念」という批判を許さぬ権威をふりかざして異端撲滅をはかっても、歴史の進展に伴ない、国民の間から疑問の生ずるのを抑止し尽すことは、事実上不可能だったのである。明治四十五年一月の『中央公論』に発表された森鷗外の創作「かのやうに」は、大正デモクラシー思潮の開幕に先だって、早くもそのような事態の不可避なるゆえんを予告した含蓄に富む文章であった。大学で「国史学」を専攻した主人公五条秀麿は、「生涯の事業にしようと企てた本国の歴史を書くことは、どうも神話と歴史との限界をはっきりさせずには手が著けられない」が、「うかと神話が歴史でないと云ふことを言明しては、人生の重大な物の一角が崩れ始めて、船底の穴から水の這入るやうに物質的思想が這入つて来て、船を沈没させずには置かないと思つてゐ」るらしい父と思想上妥協できる見込みがないのを考えて懊悩する。「危険」思想の出現を見て、「天国を信ずる昔に戻さう、地球は動かずにゐて、太陽が巡回してゐると思ふ昔に戻さうとしたつて、それは不可能だ。さうするには大学も何も潰してしまつて、世間をくら闇にしなくてはならない。黔首を愚にしなくてはならない。それは不可能だ」ということを理解する秀麿は、

「アルス・オップ」すなわち「かのやうに」という「立場」に立つことにより、この矛盾を脱却しようとするけれど、それさえ困難であり、「ぼんやりして遣つたり、嘘を衝いてやれば造做はないが、正直に真面目に遣らうとすると、八方塞がりになる」国史学者という「職業を選んだ」「不幸」を悲しむのである。ここには、アカデミズム国史学のあり方への明治時代最高の知識人の一人である作家の「さめたる眼」を通しての冷厳な観察と、同時に歴史の進展がそのような国史学のあり方の永遠に無事に維持できないであろうという透徹した予測が語られていて興味が深い。それにしても、鷗外のような傍観者は、ただこうした事実の認識と将来の予測とを皮肉に創作化して聡明を誇示すればそれですんだが、教育の第一線に立ち、国定教科書を使用して日本歴史を教えねばならぬ教師の場合はそれではすまなかった。児童・生徒の白紙の頭脳は、大人のように先入見を植えつけられていないから、かえって率直に疑問を提起することがあるのであって、教師はそうした疑問が提起されたときになんらかの解答を与えねばならぬはめに追いこまれるからである。

といっても、小学校と師範学校で正統思想を徹底的にたたきこまれてきた現場の教師が、この問題で深刻に悩んだことを伝える史料は、案外にとぼしい。津田史学を生み出した大正デモクラシー思潮は、教育界にも「自由主義教育」を流行させたが、教育史家の指摘するとおり、「大正自由教育は(中略)学習方法の次元における改革運動にとどまり、教育内容政策に対するインパクトはきわめて微弱であつ」て、「むしろ教育内容においては国家権力の統制を殆ど容認してしまっていた」[42]から、非科学的な「国史」教育を批判する動きは、ほとんど現われていない。自由主義教育のもっともすぐれた理論家であり実践者であった千葉師範学校附属小学校主事手塚岸衛が大正十一年に公刊した著書『自由教育真義』に紹介されている実践記録に『尋常小学国語読本』巻五の三「大蛇たいぢ」を教材とした授業の状況が紹介されているが、国語教材であり本来文芸的観点から学習すべきはずのヤマタノヲロチの物語について、教師は、「1、これは何時のお話ですか。2、すさのをのみこと様はその時おいくつでしたか。3、八岐の大蛇は娘ばかり食べておぢいさんやおばあさんは食べないのですか。4、八岐の大蛇はどの位大きかつたのですか。5、出雲の国はどこですか。6、すさのをのみことは箸が流れてきたのを見て、どうして人が住んでゐるとおかんがへになつたのですか」という質問を発し、1に対して、「児童等は、『むかしの話』『大昔の話』と答へた。『それなら大昔といふのはどの位昔か』と深入して聞いたら、『天照大神様の時分』とは答へたが、その内容がだん〳〵薄くなってきた。そこで自分は大体図解して、時代観念の補成をなした」、というふうに、あたかも歴史的事実の記録でもあるかのような扱い方で児童の学習を誘導しているのであって、大正自由主義教育が、文部省より与えられる非科学的記紀観に対しいかに無批判的であったかを示している一例と見てよいであろう。

とはいえ、教師が疑問をいだかなくても、前述のとおり、児童のなかから疑問が出てくるときには、教師も対策を考えざるをえない。例えば、昭和二年第二十八回全国訓導協議会の席上、愛知県南設楽郡東郷東尋常高等小学校訓導伊藤栄作は、「高等小学国史中神代史の取扱に就て」と題する発表を行ない、その中で次のような問題を指摘して、参会者に訴えている。

現今神代史取扱の欠陥

一　国定教科書に就て(略)

二　教授者の欠陥

1　教授者神代史教授の識見信念に乏しく

2　悠久の神代吾等凡人知るべからずと逃げつゝ

3　仮空的なお伽噺的神話を事実と信ぜしむべく強要し

4　児童の質疑に対する答解曖昧不鮮明

5　（略）

高一児童の心的特徴

一　自立独立の精神発達し益〻合理的自覚的となる。

二　三（略）

吾等の神代史取扱に就ての念願

一　事実に徴して全然信ぜられない事柄を教へてまで児童を導いて行かねばならぬといふ理由は無いと思ふ。

二　仮空的な神秘的な神話それは神々しくも亦美しい話ではあるが。

一歩現実の世界に踏み込んで行つた時、児童は幻滅の悲哀を感ぜないだらうか、悲哀と懐疑（青年が神話を信ぜず苦しむ）の心から却つて我が国の真価教育の効果を疑ひ真面目を蔽ひはせぬかとおそる。

三　（略）

四　近時人類学、考証学、言語学、心理学、地理学等の長足なる進歩による史料調査の結果真膺爬羅剔抉して其の真相を捉へ神代の忠実《（史カ）》また人間の常規に違はざる事を示し、科学を超脱した神話的材料を現実化し合理化して児童に納得せしめ、神代史をして晃々の光を放たしめたいと思ふ。(43)

伊藤がこのような提案をなすにいたった動機を、提案後の「質問討議」の中で、自ら次のように語っている。

実は神代史の取扱に付ては、非常に困つたのであります。過去十年間国史教授の経験上、神話を敬虔な態度で話をして、子供も喜んで聞いて呉れましたが、併し私の本統の心から考へた時に、其処に神代史の悩みが、年一年と醸されて来ました。即ち今自分の考へて居る事は、果して本当であらうか、自分の教へて居る神代史の神話は、果して現代人に取つて事実であるかどうか。斯の如き不安があつたのであります。其の事を考へた時に、私の教育的良心は、悲哀のドン底に落込んだやうに感じました。而も其の間に於て時々突飛な――子供自身から言へば当然かも知れませぬが――質問を出すのであります。例へば出雲には今でも八つの谷を跨るやうな大蛇が居るかとか、高天原を何で降つたか、飛行機で降りたかとか、大八洲は何処へ生んだかとか、殊に青年が来て、神代史といふものは本当の事でない、学校では嘘を吾々に教へた。斯ういふ事を実際に於いて聴いて居るのであります。斯ういふ質問をされる事は、私に取つては痛い所に触れられたやうに感ずるものであります。そこで国史観念を損はず、神話を破壊せず、又教授者の教育的良心をも咎めず、子供の納得する、合理化した説明はないかと思つて、常に探して居つたのであります。(44)

記紀にどのような事が書いてあろうと日常の業務に何のかかわりもない一般国民と違い、記紀の記載を文字どおり客観的史実として児童に教えるよう義務づけられていた教師においては、多少なりとも「教育者的良心」をもっているかぎり、おそらく大なり小なりその不合理に感づかないはずはなかったであろうと思われるのに、そうした教師の「悩み」を告白した文章はとぼしく、右の伊藤の発言は、そのような「悩み」をきわめて率直に公表した珍しい史料として注目に値するのであるが、現実にここに示されているとおり、大正昭和の近代社会にあって、いつまでも記紀の記載をそのまま史実と信じこませようとしても、もはや小学校児童さえもすなおに納得するとは限らなくなってきたのであった。自然発生的な、あるいは自覚した知識に基いての疑問や批判を、権力によって封殺することはできるとしても、そのような沈黙の強制がいつまで維持できるか、終局的に得策かどうか、改めて考え直さなければならぬ段階に達していたのである。上述教育者としての「悩み」に苦しんだ伊藤は、久米邦武の euhemerism を見出してここに血路を見出そうとしたのであるが、(45) それが一見合理的な解釈のように見えても、根本において非科学的な、誤った発想であるとすれば、問題はなんら解決されたことにならず、真に科学的な記紀解釈が要求されねばならぬ。津田の記紀批判は、そのような状況の中での、正しい意味での合理主義的な観点からの問題解決の試みであり、単に記紀研究史上画期的な業績であったというにとどまらぬ、重大な思想的意義をになっていたのである。

しかし、前述のとおり、その著作が難解であったことと、津田が在野の、比較的無名の学者であった事情等とによって、津田の著作は、篤学者の読書の対象となるにとどまり、思想界に波瀾をまき起すにいたらなかった。したがって、正統的記紀観のもち主からのイデオロギー攻撃を、昭和十四年にいたるまで受けることなしに、その主張を公然維持することができたのである。それ故に太平洋戦争前夜の時期についに筆禍をこうむる日まで、津田は象牙の塔の内にこもって、記紀の批判的研究を、津田なりの方法にしたがい、心ゆくまで完遂することができたと同時に、反面国民の間に記紀に対する正しい理解を普及させることもないままに終ってしまったのであった。

(1) 二―三頁。
(2) 五四一頁。
(3) 四八二―三頁。
(4) 第五編第二章参照。
(5) 三二九―四二頁。なお、『日本上代史研究』所収「古語拾遺の研究」三六一―七八頁にも、これを補足する所見が述べられている。
(6) 六四頁。
(7) 後述井上哲次郎の筆禍を見ても、いかに危険な論述であるかがわかるが、津田はあえて井上の筆禍事件の後に、この二つの論述を公刊しているのを注意すべきである。
(8) 五〇三―四頁。
(9) 五六三―四頁。
(10) 五七一頁。

(11) 四七四―五頁。
(12) 七五―六頁。
(13) 五三六頁。
(14) 五五三―四頁。
(15) 五六二―六頁。
(16) 五九四―七頁。
(17) 四一六―七頁。
(18) 五九一―三頁。
(19) 七五―六頁。
(20) 五九二―三頁。
(21) 五五五頁。
(22) 文芸においても、明治以後であったら不敬罪まちがいなしの作品が公然と発表されていた(拙著『歴史家のみた日本文化』雄山閣版一七四頁参照)。
(23) 『明治文化全集　宗教篇』所収。
(24) 「主権論纂」(『明治文化全集　自由民権篇』)・喜多川林之丞『国家主権論纂』各所収。
(25) 『コンメンタール憲法』付録。
(26) 明治憲法時代からそのように説明されていたので、宮沢の創案ではない。
(27) 『教育に関する勅語渙発五十年記念資料展覧図録』所収。
(28) 稲田正次氏『教育勅語成立過程の研究』参照。
(29) 松島栄一氏「歴史教育の歴史」(『岩波講座日本歴史22別巻1』)・海後宗臣氏『歴史教育の歴史』等。
(30) 『日本教科書大系　近代篇　歴史』三冊・秋元書房版覆刻等。
(31) 辻善之助氏編『日本紀年論纂』に主要な論文がほぼ網羅されている。
(32) なお、戦前の国家権力は、高等教育を受けるエリート層と下級学校のみを卒業して社会に出る一般庶民層との教育を差別し、前者にはある程度リベラルな教育を施すことを容認し、後者には厳格に公権力の定めた教育内容のみを注入するという分断政策をとっていた。大学では天皇機関説の憲法学の講義を許しながら、小・中等学校の教科書にはすべて天皇主権説による説明を書かせた(拙著『日本近代憲法思想史研究』参照)のもその一例であり、高等教育機関で日本書紀紀年批判を黙認し、小・中等学校の教科書をすべて日本書紀紀年一本に統一したのも、それと全く同じ手口である。もちろん、リベラルな教育を許すといっても、それは「国体観念」と抵触しない限りのはなしであって、天皇機関説が「国体観念」と抵触するものでなかったと同様に、日本紀年論も記紀の記述の史実性を否定するものでなかったから、黙認されていたにすぎない。

(33) 例えば、後に紹介する伊藤訓導の久米学説の利用の例など。

(34) 六―九頁。

(35) 後の筆禍裁判の際に裁判所に提出するために作製した『神代史及ビ上代史研究史資料』と題する印刷物の一節。

(36) 後に官学アカデミズムの長老となり、国定教科書の編纂を担当して、公定イデオロギーのにない手となった三宅米吉が独特の記紀研究法をひそかに着想していた事実が、戦後小沢栄一氏の研究等(『史潮』七〇号「三宅米吉博士三十年記念特輯」・小沢氏『近代日本史学史の研究　明治篇』)により明らかにされた。三宅が明治十九年に刊行した『日本史学提要第一編』は、人類学や考古学の研究に拠って「本邦太古人民ニ就テノ想像説」「蝦夷及ビころぼくぐる」「太古ノ器物」などと科学的な名目の章を立てながら、そして記紀について「太古ノ有様ヲ穿鑿スルニ、一意ニ史乗ニ信ヲ措クベカラザルハ言ヲ待タザルナリ。殊ニ神代ノ如キハ最モ然リトス」と言いながらも、「以上挙グル所ノ理ニヨリ、此見解ヲ以テ古記ヲ見レバ、余ガ説ク所亦古記ニ背馳スル所少シ。神代記ヲ読ムニ、其徹頭徹尾吾人先祖ノ海外ヨリ渡リ来リシト云フ意ヲ表セリ。勿論アカラサマニハアラネドモ、一々意味ヲ分解スレバ、此意明瞭ナリ。古事記ニ拠ルニ、(中略)二尊此島ニ降リマシテ、ミトノマグハヒシテ大八洲ヲ生ミ給フトアリ。是レ諾冊二尊海外ノ或地方(高天原トハ尊ビテ云フ)ヨリ舟(天浮橋トハ舟ヲ云フナラン。橋ハ陸ト陸トヲツナグモノナレバ、其浮ベルハ即チ舟ナリ。天ハ尊ブ語)に乗リテ漕ギ出デ玉ヒテ此島々ヲ見出シ給ヒシ(語ヲ変ヘテ生ムト云フ)ナラン。(中略)此ノ一章ヲ解シテ、二尊海外ノ或地方ヨリ来リテ此群島ノ一若シクハ若干ヲ見出シテ上陸シ給ヒシト見ルベシ。(中略)又瓊々杵尊ノ高千穂ノ串触峯ニ天降リマシシト云フモ、皆是レ海外ノ或地ヨリ此島ニ渡リ来タリシ事実ヲ形変シテ云ヘルナラン」というような説を述べており、結局白石的解釈を一歩も出ていないのである。史学の方法について、斬新な社会学的方法を提案しながら、記紀の解釈では当時まだ右のような陳套の域を脱しえなかったことがわかる。のちに三宅は、神話学を研究してその見解を改め、『旧辞学』と題する稿本において、「旧辞」の理解の方法として「之ヲ歴史上ノ事蹟ト見、或ハ寓意、仮託等トシテ解釈スルハ、旧辞ノ本来ノ性質ヲ知ラザル者ノ所為ナリ。旧辞ハ古人ノ思想ヲ表彰スルモノナリ。古人ノ学問ナリ、信仰ナリ、小説ナリ。其ノ思想ヲ尋ヌベシ。其ノ事実ノ何タルヲ問フニ及バズ。而シテ之ヲナス、広ク古今内外ノ俗説、俚談ヲ比較スベシ」という基本原則を示し、「日本ノ旧辞の解釈」において、「蓋旧辞ヲ以テ歴史ト見做スハ固ヨリ誤レリ。之ヲ真ノ史ニアラズトナス、寔ニ然リ。然レドモ亦之ヲ虚誕妄想トシテ之ヲ放棄シ、之ヲ嘲笑スルハ亦誤レリト云フベシ。白石ノ見解ノ如キ、大ニコレラト異ナリト雖、尚之ヲ歴史トシ理解セントス」、「宣長ガ旧辞ノ穿鑿ハ其ノ正法ヲ得タリ。只其ノ之ヲ今日ニ信ゼシメントスルニ至テハ大ニ誤レリ。サレバ、今日ニ於テ旧辞ヲ見ルノ法ハ、其ノ旧辞ノアリノママヲ知ルベキハ宣長ノ如シ。然レドモ、是レ只古人ノ思想ヲ正シク伺フマデナリ、自ラ信ズベキニアラズ」と、白石・宣長の記紀解釈における一面の正しさと他面の誤を的確に指摘し、記紀を「古人ノ思想」を知るための史料として見る、というすぐれた結論に達しているのである。そこには、津田の創案したような、記紀の体系が政府の作為に成るという着想はまだ生れていないけれど、比較神話学や民俗学を用いて記紀の説話を解釈するという、科学的方法がみごとに完成しているのを見ることができよう。もし、このような見解がアカデミズム史学の世界に流布していったならば、明治以後の記紀研究史は、津田の出現をまつことなく、実際とは相当に違った展開を示したのではないかと考えられないでもないが、この草稿は筐底に秘められて、前引『史潮』誌上に覆刻されるまで人の目にふれなかったから、学界の動向には影響を与えることなく、日本のアカデミズム学界の主流は、最後まで白石流の euhemerism か、宣長流の全面信受かという、いずれにしても非科学的な二つの方法をふみ越えることができなかったのであった。その背景には、本文に述べたような強力な国家の政策の枠があったのであり、三宅が「旧辞学」を発表もせず、それにしたがった研究を行ないえなかったのは、三宅が次第に権力側にコミットする立場に移行したためでもあるが、根底において、右の国家的な枠が厳存したところにその理由を求めるべきであろう。

(37)　前引「直木証言剝偽」。

(38)　公判速記録(その解説は第五編に述べる)による。

(39)　現に私などは、大正十五年にこの書の新装版を読み、はじめて小学校で学んできた「神代」から始る日本歴史の呪縛から脱却できたのである。おそらくこの書は私以外の読者にも同じような影響を及ぼしたのではないかと想像される。

(40)　辻善之助博士からの聞き取りによると、西村は、船の研究を東京帝国大学に提出して学位を請求したが、文学部教授会で、論文はよくできているけれど、その背景をなすもの(「学識」であったか「教養」であったか、辻博士の用いた言葉を正確に記憶していないけれど、おそらく真意は「学歴」ということだったらしい)が疑問であるから、自発的に撤回させようということになり、西村に取り下げを交渉したけれど、西村が否決するならしてもかまわないから、自分からは取り下げないと拒否したために、学位授与を否決した、ということである。東京帝国大学教授と在野学者との断絶を実にあざやかに物語るエピソードであり、東大から学位を拒まれるような立場にあったからこそ、東大の教授では到底書くことのできない『大和時代』を書くことができたともいえる。

(41) これまた辻博士からの聞き取りによるが、井上が右翼の尊敬する杉浦重剛を「君《くん》」呼ばわりした(井上は杉浦の同輩だから当然だが)ために、右翼の憤激を買ったのがきっかけだ、という。

(42) 中野光氏『大正自由教育の研究』。

(43) 東京高等師範学校附属小学校教育研究会編『国史地理教育の研究』の記事による。

(44) 同右。

(45) 伊藤の本文引用の提案に引続き、次のような提案が示されている。

合理化した教材の解釈

一　(略)

二　天照大神をすくなくとも女神としては取扱はず。「日の神」「光華明彩六合照徹」の語は陽性にして男性的なり。「女神」とせしは御恵深く絶大無限の御仁徳より、聖徳太子の国史によるにあらざるか。

三　四　(略)

五　大国主命に至ります〳〵領地をひろめ。
領土は出雲を中心として山陰、山陽、北陸、東山道に及びしならん。

六　七　八　(略)

九　瓊々杵尊多くの神々を従へ。
神は上にして神の御近親しかして高天原朝廷の御勢力隆勢をいふ。

一〇　日向に下り給へり。
日向は今の日向大隅薩摩の地にして、下りは都より下向をいふ。

一一　日向以前の帝都高天原の所在。
高は上、天の義を有し、天原を形容し、原は城邑、天は高貴の称にして皇居の称、大和国高市郡の地ならん。神武天皇の如何にしても大和へ入らんとせらるゝ御決心も祖先の地なればなり。

一二　一三　一四　一五　(略)

合理化した敷衍教材解義

一　伊奘諾冉二尊を以て開国の始となす。

造化の三神より所謂天神七代に至るまでは国土の経営あらず。

日本の原人　中亜{南種―印度―南支那―筑紫中国―天孫族
　　　　　　　　　北種―西域―千島樺太―北海道東北―蝦夷

二　二尊大八洲を生み給ふ。

「生み」は「定むる」の義にして大八洲を鎮定して其君長を定められしなり。二尊の勤労磤馭盧島(淡路)を根拠としての御努力思ふべし。

三　三貴子を生む。

「生む」は「任命」するの意に用ゐられたるなり。

天照大神　高天原＝日本　月夜見尊　夜食国＝呉＝南支那　素戔嗚尊　蒼海原＝新羅＝朝鮮

知るべし天孫民族の古疆、日支鮮三国にわたりしを。

四　真名井の誓

素戔嗚尊は五男子を、太(マヽ)照大神は三女を生むは、神前に宣誓して協議を定むと解し、天忍穂耳命日嗣と定むる。

五　(略)

六　八岐の大蛇

高志人の酋長来寇、脚摩乳の女を後世の釆女の如く要求したるものにして、大蛇にあらず。尾に至り刀音す。是最後の一人最も頑強に抵抗す。天叢雲剣はさきに天照大神の帯せしもの故に、是を奪取りて大神の許へ再び戻せしなり。

七　八　九　(略)

一〇　立后と后家の家格

(中略)彦火々出見尊―豊玉姫　筑紫の海神の女外国貿易を管す。(中略)

一一　海幸、山幸

彦火々出見尊は山幸彦と称し山村統治の君。火闌降命は海幸彦と称し漁村統治の君。(中略)一旦領土交換の談あり。実行せしが(に脱カ)やはり古巣恋しく元通にせしなり。鉤針を失ひしは軍艦を失せしならん。それを探さんが為、筑紫の海津見氏の許に至り、遂婿となり、潮満潮涸瓊(新文化による用兵術)により火闌降彦を敗り、海上権を得給ひしなり。

一二　一三(略)

以上立論をなしたる参考書

一、日本時代史神代（古代 上）　久米邦武博士　二、日本開闢史　中邨徳五郎学士　三、歴史教育　昭和二年二月号四月号　四、高一の国史教授　新井順一郎氏

この発表をめぐり、「質問討議」が行なわれ、その冒頭で伊藤は、この提案をなすにいたった動機を率直に告白している。

伊藤栄作（十五番）　（本文引用の部分省略）然るに昨年早稲田で出版しました日本時代史の古代史の久米氏の説を読んで、是こそ私が探して居るものであると思つて、今迄の神話的取扱を、本年は斯く合理化してやつたのであります。さうして今迄の戦《（はカ）》々兢々として壇上に上つたのでありますが、是に依つて何となく力を得たかの如く感じて、堂々と教壇に上つたのであります。本年の高等一年に斯の如き取扱をして、充分とは言へないかも知れませぬが、少くとも私の教育的良心から考へますと、比較的好結果であつたと思ひます。久米博士の史論は、意表に出るものが少くなくて、新説は一世を驚倒し、紛議を招かなければ已まないといふ事が多かつたのでありますけれども、人々の心が鎮り、時を経るに従つて、博士の高見には感じた事が多いかと思ひます。さうして私は僅に一ヶ年の経験を以て此処に臨むといふ事は、余り大胆な又余り無謀なといふ謗を招くは覚悟をして居ります。併し天下多くの人々の中に、私の如き悩を味つて居る方はないだらうか、若しあつたならば、之を取扱ふ方法を御教を願ひたいといふので出したのであります。（下略）

しかし、伊藤のこの真剣な「悩み」に対しては、参会者の発言はあまりにも「正統的」であった。

青木隆治（十七番）　唯今の御説明に依つて大体先生の御考が分りましたから、自分の考を申上げます。（中略）一面に於て教科書を排し、一面に於て之を尊重する事は、矛盾撞着と思ひます。（中略）神代に於ける学問は、文学《（マヽ）》の上の学問でなくて、言語の上の学問と思ひます。一例を挙げれば、吾々が浪花節を聴く時、真に心の躍動に感じ、生命の躍動に触れて涙を流す、それが一つの学問であります。其の立場で説明すれば何等斯うした事はないと思ひます。（中略）吾々国史を扱ふのに、よりよき教科書を、よりよく参考した時に、教科書に最も近い関係を持ち、最も深刻なる教授者其の者の生命の躍動に触れたるものを以て主眼点を決定したいと思ひます。要するに先生が比較的御研究が深い為めに、先生の主観に依つて子供を有力に導かうとする、偏した考から、斯うした苦みが生れる事と思ひます。

根本幹三郎（四番）　唯今十五番或は十七番の御意見を伺つて、十五番の意見が少し偏して居るといふ、十七番の御意見に賛成であります。（中略）吾々一般に神話として国民の肯定して居るものを、唯一二の学者が発表したからと言つて、それを採つて国史教育の材料とする事は、現在の我が国民教育の立場から見て、早計ではないかと思ひます。（中略）私の観る所は、神話とか伝説とか或は口碑等は、苟も国民教養の上から採るものとすれば、縦令之れが実際に証明せられ、或は如実に信じ難きものと思考せられたとしても、是は国民の理想であつて、「あり」といふ史実の表現でなく「あ

るべき」理想の表現であるとして、神話は神話、伝説は伝説、口碑は口碑として取り、学者の詮議を真似しないで、事実の有無に拘泥しないで、其の中に流るゝ精神を以てして、国民の教養の上から信念として把持せしめ、民族並に祖先に対する愛着心敬虔心を附与することは当を得たものと思ひます。(中略)

渡辺旻(九番)　(中略)神話に対し伝説に対し、即ち神代史に対する吾々の態度としては、一つの信仰、一つの民族の理想として、之を眺めて行きたい、余り現代の理性に走つた所のメスを加へて、之を分析解剖する事はどうかと考へて居ります。(中略)専門学校以上の最高学府に於て、神話を研究致します場合と、小学校に於て神話を取扱ふ場合とは、其処に非常な趣《(違カ)》があると思ひます。合理化したる教材の解義といふ所を拝見致しましても、肯けない点が多々あるのであります。(中略)一二の学者が、不注意にも応用史学と純正史学とを混合して、多くの国民の前に飛んでもない意見を発表する事を、時々目に、耳に致しますが、吾々祖先の強き流れである所の生命に触れて、而して自己の生命と其の祖先の生命とを渾然として、将来に向つて進むべく、一二の不用意なる説に依つてのみ、断定的の態度を取りたくないと思ひます。それが自分の一家言であれば兎もあれ、多くの児童の前に教育上の材料として提供する場合は、余程考慮を要すると思ひます。

渡辺丈次(十三番)　唯今九番より、非常に詳しく御話になりまして、殆ど私共が言はんとした所を言ひ尽されたやうに思ひます。私は是迄色々悩みました過程を、御笑ひ迄に申上げます。さうして九番と同じ意見を有つて居るといふ事を、蛇足でありますが一言申上げます。私は従来神話の解釈に付ては、色々と迷つたのであります。さうして大体四つばか《(かカ)》り考へたのであります。第一は先刻の十五番の御説明の如く、之を名を付ければ、自然科学的の解釈とでも申しますが、所謂合理的の事実に、今日の実際に引直ほして見やうといふ考であらうと思ひますが、今日の子供に理解し易い事実に引直ほして考へる事は、神話其のものゝ生命を誤ると思ひます。第二は是に宗教的解釈と付けたのであります。動もすると、神話が神秘的のものとして、超人間的に、吾々と世界の違ふ神の事実であると考へて、合理的に強ひてする考へでありますが、是も誤つた、所謂敬遠主義に流れた考へ方と思ひます。第三には色々見ました書物の中で、名前を付ければ人為的の解釈といふか、或時代に或人の為めに、或考の下に作られたといふ考であつて、其の作られたる時期なり其他に付ては、色々説がありますが、私は是は矢張り誤つた考であらうと、一蹴したいと思ひます。第四に先刻九番より御説明のあつた如くに、神話は過去に於て或は誤つて伝へられたものもあると思ひますが、兎に角民族的の理想を語る、祖先が理想化して今日に語伝へた神話の価値観を、精神科学的、文化科学的解釈と致したいと思ひます。(中略)是こそ当時の民族心意を反映したものと思ひますので、全体に亘つて強ひて子供に、斯ういふ事を正面から話をするとか、指導してやるといふのでなく、神秘的の神話として取扱ひますが、私も過去に於いては子供から色々な問題を出された事がありますが、斯ういふ事は自然科学的の解釈をしては限りがないといふ疑問が起つたのであります。(中略)

日田権一(会長)　(中略)殊に我が国の神話が、我が国の国体史上如何なる意義を有するものであるかを考へたならば、唯子供の質問を、自然科学的に解釈する事に努めるだけでなく、其の自然科学的に、不合理な事実の底にも、不合理を不合理とせずして非常に大なる理想を描いて来た、吾々国民の祖先の一大理想を理解する事の出来る、歴史の観方もあるのでないかと思ひます。(中略)

石綿房次郎(二番)　大分御意見も出ましたので、極簡単に申上げます。神話の取扱に付ては、唯今日田会長より御話もあり、十七番、四番、九番、七番の御説に賛成する一人であります。若し神話を十五番の如く取扱つたならば、我国体観念の根源がグラ付きはしないか、我が国体観念を養ふものは神話であります。之を若し十五番の如く懐疑的に取扱つたならば、思想の動揺も起ると思ひます。学者と吾々とは立場が違ひます。学者は事実を詮索し、検微鏡で拡大し、自分を利口にして行けば宜い、本が売れば学者は儲るが、吾々の立場はさうでない。吾々が学者の如き態度を以てしたならば、子供を誤りはしないか、又国民を誤るやうな事になりはしないか、更に我が国体の本源を誤りはしないかと思ひます。或は又学者的の立場であつたならば、情操陶冶は出来ないかと懸念致します。何れの国と雖も、神話を合理化したものはないのであります。私も久米さんの本は見て居りますが、天叢雲剣は価値がないやうになる。さうしたなら天照大神の三種の神器の一つは価値がない。従つて国体の観念が動揺しやしないかと思ふ。(中略)

山田義直(七十六番)　(中略)是にはト部神道のとつた訓話《(詁)》主義の解釈、国学者の採つた宗教的解釈、新井白石によつて唱へられた歴史的解釈等がありますが、久米博士のは白石風のお考のやうに見られます。しかし今日では高木《(段カ)》博士の唱へられる民族進化の上から見る観方の方が勢力あるやうです。あなたの御意見も結構でありますが、もう一般の御研究を願ひたい。併し科学と伝説との関係に付ては、余程迄疑問の点があります。あなたの御苦心に付ては、充分御同情を申しますが、小学校には小学校的の観方があります。唯久米博士だけでなく、尚神話に付て研究はたくさん出て居りますから、それに依つて徐ろに御進行になりたいと思ひます。大体御意見は分つたと思ひますし、尚他にも色々問題がありますから、神代史に対しては之を以て打切りを願ひたいと思ひます。

(拍手)

日田権一(会長)　大変御賛成もありますから、神代史に付ては之を以つて次に移ります。

こうして、せっかくの伊藤のきわめて切実な「悩み」は、一人の賛成もなく葬り去られている。久米の euhemerism のように、記紀の史実性を基本において容認する、きわめて「国体」擁護的立場からする合理主義解釈さえも、その「合理化」の故に「国体の本源を誤る」との非難を免れなかったのであるが、それほどに正統的記紀観の権威はゆるぎなきものとして信奉せられ、これに対する合理的な修正は、教育の現場において、容認される余地のなかったことを窺いうるであろう。渡辺の発言中にある「或時代に於て或人の為めに、或考の下に作られたといふ考」はおそらく津田の研究を指しているのであろうと推認されるが、それは「誤つた考」として「一蹴」されているのであった。このような一般的情勢の下で、伊藤の「悩み」は深刻なものがあったにちがいないが、津田もまた、こうした情況であるからこそ、いっそう真に合理的な科学的記紀観を確立し、一方で伊藤のような「浅薄なる合理主義」による解決でない、根本的な解決の道を提示するとともに、伊藤以外のすべての教員の主張している合理的理解を頭から排斥することがかえって「思想の動揺」を惹起するとの憂いを深くしたのであろう。昭和九年に文部省学生部の作製した「秘」文書『プロレタリア教育の教材』には昭和七年発行『ピオニールの友』第四輯の「プロレタリア教育」の国史教材が紹介されているが、それには

日本も大昔は共産社会だつた。

一体人間は何うしてできたのだらう。

それは長い間かゝつて動物からだんだんに変つて来たので、日本人だけが神様の子だなどゝ言ふことはウソだ。(中略)日本に初めて人間が住むやうになつたのは、シベリア地方から渡つて来たアイヌ人で、(中略)その次にシベリアや満洲からやつて来たのがツングース族と云つて、国史では先生が神様だと教へる瓊々杵尊や素戔嗚尊などだ。(中略)ツングース族が渡つて来てからはアイヌやそのほかの前に住んでゐた人間を征伐し始めた。素戔嗚尊が八岐の大蛇を斬つたと云ふのは大蛇ではなくて、その土地に楽しく住んで居た罪のない人間を征服したのだ。神武天皇が悪者どもを征伐したと言ふのも、やつぱりその土地に住んでゐた人間をいぢめて段々力をひろめてゆくやうになつた。神武天皇の前までを国史では神代と言つてゐるが決して神の時代ではない。国史にある色々のことは後の人が作つたものが多く、ウソが多いからピオニールはだまされてはいけない。

と記されており、また同書紹介の元神奈川県平塚第三小学校訓導脇田英彦手記には、

所謂神武の創業である建国と云ふのは、征服国家の成立であると考へる。征服者は高千穂民族でその族長が天皇であらうと云ふ。その当時日本国土に居た民族――血族的集団群であらう――は出雲民族(大国主命)土蜘蛛(長髄彦)蝦夷民族(アイヌ)、熊襲民族、そして少し後に隼人民族等であつたらうと云はれてゐる。(中略)高千穂民族は極めて征服欲の旺盛な民族であつた事も察せられる。(中略)高千穂民族が何処から移住して来たかを考へると恐らく南洋方面からではなかつた

かと云はれてゐる。（中略）かゝる高千穂民族が南洋、西支那、台湾等々をコスモポリタン的に掠奪しつゝやがて我が国の九州日向に上陸し、そこでやや土着的になつて高千穂民族を形成したのではないかと考へる。

などと記されている。非合法活動であるが故に政治的には正統思想にもっとも鋭く反逆しているはずの「プロレタリヤ教育」においても、その記紀認識の方法は意外に陳套であり、鳥居竜蔵・西村真次流の民族学と久米邦武まがいのeuhemerismを一歩も出ておらず、それを唯物史観の立場で色づけしているにすぎない。津田が憂えていたのは、おそらく記紀説話批判の欠如ないし抑制が、かえってこのような形での天皇制否定の政治思想を醸成する結果となることにあったのではなかろうか。

第四編　津田史学とその思想的立場（下）

――大正デモクラシー思想の歴史学における発現――

前二編において、津田史学の思想的立場を一応二の主要研究領域に分かって考察したのであるが、これを総合して結論をさきに言うならば、津田史学は、大正デモクラシー思想の歴史学という知的分野における最高の発現形態といってよいであろう。第一編で見たとおり、津田史学には、明治前半期の啓蒙思想や明治中後期のローマン主義などが複合してその形成要因となっているけれど、津田のアカデミックな業績がもっとも完成した体系をそなえて確立したのは、大正から昭和初年にかけての時期であり、政治史の上でいうと、第一次護憲運動の勃発からいわゆる憲政の常道の慣行の成立した時期に相当し、時代的にもまさに大正デモクラシーの発展と平行しているばかりでなく、実質的内容において津田史学の基本的立場は大正デモクラシー思想の一つの古典的な達成であると認められるのである。大正デモクラシーは主として政治史的傾向に着目して指摘される動向を呼ぶ名であり、その思想上での代表といえば、まず指を屈せられるのは吉野作造であろう。吉野は、東京帝国大学教授の職にあった政治学者であるが、その思想活動は専門的な学問としての政治学の範囲内においてよりも、広くジャーナリズムにおいて「民本主義」政治思想を鼓吹したにあったと考えられる。そのほかに、京都帝国大学教授佐々木惣一とか早稲田大学教授大山郁夫とか同浮田和民とかいう人々の名があげられようが、これらの人々においても、思想家としての業績とアカデミックな学問的業績とが必ずしも対等の重み、ないし不可分の結合関係にあったといえるかどうか。学問の世界でアカデミックに高度の研究成果をあげるとともに、大正デモクラシー思想の尖鋭な表現者でもあった学者として、私は、吉野ら前記の人々よりも、美濃部達吉・津田左右吉・柳田国男の三人を挙げたいと思う。もちろん当時の学界を全領域にわたりくまなく知悉しているわけでもない私が、右の三人以外にこれに匹敵する学者がいなかったというような大胆な判断をするつもりは毛頭ないが、私の貧しい知識の射程内に入ったかぎりでは、学問的業績と思想的水準とが共に時代の最高水準を示していると称し得る学者は、それほど数が多くないのではないかとも思われる。例えば、思想を学問的に凝集するときに哲学となるはずであるが、思想と哲学とが不可分に結合していたのは、日本近代史では、アカデミズム哲学がまだ分化成立しない前の啓蒙思想家の活動していた明治初年の頃のことであって、専門哲学界が成立すると、かえって広い視野が失なわれて行き、西洋哲学の紹介・翻訳・祖述か、あるいは現実の歴史とかかわりのとぼしい形而上学的思索の展開か、いずれにしても日本の生きた歴史の動きから隔絶しがちの傾向は覆いがたかった。大正期の哲学に人格主義・新カント派・プラグマティズム・ニイチェ・オイケン・ベルグソン等の「流行」したこと、西田幾多郎の独創的な思索の体系化が進行したこと等には、大正デモクラシー期のリベラルな空気が感ぜられるけれども、大正の哲学界が「非政治的であり非社会的であつた」という哲学史家の断案(1)は動かしがたいものがあり、マルクス主義哲学以前に真に批判的な哲学をアカデミズムの世界で樹立したのは、せいぜい大西祝くらいのものであったのではなかろうか。明治哲学史上の大西に相当する哲学者は、大正期にはかえって見出すのに苦しむ程に稀少である(2)。

歴史学界においても、基本的には同じであった。特に天皇制イデオロギーとの接触を避けえない国史学界がいかに思想的に消極的であったかは、前編に例示したエピソードからも想像せられるところであり、例えば大正四年辻善之助の著作した『田沼時代』のような大正デモクラシーのいぶきを感じさせる業績もないではなかった(3)が、大勢はむしろ正統的国家主義を無批判的に前提とし、実証の世界に跼蹐して世界人生の大局を見る眼を欠いていたとの批評を免れうるものは少なかったといってよい。津田がその例外に属するのは、くり返し述べてきたように、彼がもともとアカデミズム史学と無縁な文学青年の出身であったからであり、その主著の続々刊行された後も、歴史学者としては依然として傍流の位置におかれていたように思われる。柳田国男にいたっては、今日でこそ歴史学者からもその業績が活用され、「柳田史学」の名さえ生れているが、大正・昭和初年に柳田のしごとが歴史学界から問題にされなかったのはもちろん、そもそも彼のしごとを「学問」として認めた「国史学」者が何人いたであろうか。

その他の学界について、私は自信をもって語る力を欠くけれど、少くとも美濃部・津田・柳田の三人の学問的業績に大正デモクラシー思想の高度の発現という、アカデミズム学界では例外的な現象を見出そうとすることは、必ずしも大きなまちがいではないと考えている。それでは、実質においてこの三人が大正デモクラシー思想の学界での最高の表現者であると言えるのは、どのような点によるのであるか。前篇までに明らかにしてきた津田の基本的思想を、他の二人の思想と比較しながら、総括してみたい。

まず美濃部達吉と津田とを比較すると、一方は解釈法学、他方は思想史学というように、全く学問としての方法も、対象領域も異なっているにもかかわらず、基本的思想がほとんど全面的に一致している。第一に、津田が前近代的な封建的道徳、絶対主義的・権力主義的・官僚主義的な政治を排斥し、個人の自覚を尊重し、国民の総意に基いた政治の樹立を主張しているのは、まさに美濃部の立憲主義憲法学の基本精神と揆を一にしていた。美濃部は、明治四十五年の著『憲法講話』の序文において、「我が国に憲政を施行せられてより既に二十余年を経たりと雖も、憲政の智識の未だ一般に普及せざること殆ど意想の外に在り、専門の学者にして憲法の事を論ずる者の間にすらも、尚言を国体に藉りてひたすらに専制的の思想を鼓吹し、国民の権利を抑へて其の絶対の服従を要求し、立憲政治の仮想の下に其の実は専制政治を行はんとするの主張を聞くこと稀ならず」と概歎している。美濃部憲法学の思想的特質は、拙著『美濃部達吉の思想史的研究』に詳述したところであるから、ここにくり返すことをしないが、右の引用文だけによっても、津田の思想史との一致を窺うのは容易であろう。すでに見たとおりに、津田は美濃部と対立関係にあった穂積八束の憲法学説をきびしく批判していた。津田が天皇機関説を理解していたかどうかは明らかでないが、天皇主権説に反対することにより、客観的には機関説陣営に左袒する位置にあったと言ってよい。否、美濃部が天皇になお国家の最高機関としての地位を認め、統治権の源泉であることを説いていたのに比べ、天皇をもっぱら「象徴」と見る津田のほうが、君主権の実質的空洞化の主張という点で、美濃部よりも一歩前進した側面があったとも言いうるのである。

第二に注目されるのは、美濃部の天皇と政治との関係についての歴史的理解であって、前引『憲法講話』に、

我が皇室が世界無比の尊厳を保たれ、国民の尊王忠君心は政治上の如何なる変動にも拘はらず寸毫の動きもなかつたといふことは、実に我が古来の政体に於て天皇が親ら国政の衝に当られなかつたことが其の原因の一を為して居ることと思はれるのであります。我が古来の政体に於て、藤原氏の時代、武家政治の時代等は勿論、天皇御親政の時代に於きましても、其の御親政と言ふのは敢て天皇御自身に凡ての政治を御専行あらせらるゝといふのではなく、常に輔弼の大臣が有つて、其の輔弼に依つて政治を行はせられたのである。是が実に我が国体の存する所で、之に依つて国体の尊厳が維持せらるゝのであります。若し之に反して君主が御一人の御随意に凡ての政治を行はせらるるといふことであれば、君主の無責任といふことは実際に望むべからざる所であつて皇室の尊厳を傷つくるの結果は避け難い所であります。

と論じ、天皇不親政が日本の伝統であるとし、天皇親政を「国体の本義」とする正統史観を斥けていた。この点もまた津田の見解と全く一致していることは、改めて説くまでもなかろう。もっとも、天皇不親政とは天皇の個人的意志に基く専制が行なわれなかったというだけであって、不親政の天皇を中核とする政治体制が全体として極度に専制的であったとする命題の成立を妨げるものではなく、「低気圧の中心は無風且つ快晴であっても、その故に低気圧の本性が無風且つ快晴なのではない」のと同じ現象を天皇制についても考えるべきであるという鋭い批判(4)も存在するので

あるが、津田や美濃部の場合には、天皇不親政を日本の歴史的伝統として強調することにより、天皇大権の拡大によって民主主義の発達を抑圧しようとする明治憲法下の君権主義に対する有効な抵抗力となりえたことを看過するのは、適切でないであろう。

第三に、美濃部は、昭和九年に公刊した『日本憲法の基本主義』のなかで、

科学的精神の旺盛な現代に於いて、上代に於けるやうに、神話的の伝説を以て直に歴史的の事実と為し、之を根拠とした宗教的の信仰を、其のままの形に於いて、維持しようとすることは、恐らくは困難であり、今後は益々困難となることと思はれる（下略）

と明言し、「神話的の伝説を以て直に歴史的の事実と為す」ところの明治憲法・教育勅語の背後にある非科学的皇室起源論を「科学的精神の旺盛な現代」にもはや「維持」できないものとしており、ここでも、津田の記紀研究の根本動機と全く同一の精神を表明していることが注目をひくのである。ちなみに、これと同様の主張が、最近ようやくその全貌が知られるようになった、安中教会の牧師柏木義円が大正八年一月に『上毛教界月報』誌上に載せた「君主主義と民主主義」と題する論文にも、「若し夫れ（中略）荒原なる神話伝説を王統真実の歴史として其由緒を飾らんとし、其が為め自由討究を禁圧して人民を愚にし、以て君主の尊厳を保持する所以と妄想するに至て」は、「君主国体を害し、国家を誤る」ものである、という命題として主張されている(5)のを序に紹介しておこう。柏木のような勇気ある思想家にしてはじめてここまで明言できたのでもあろうが、津田・美濃部・柏木らがほぼ時を同じくして期せずして同一の考え方を公言しているのは、やはり時代の動きの然らしめたところであったともいえよう。

第四に、美濃部は、自分自身は社会主義・共産主義に反対の立場を持しながら、その「偉大なる効績」はこれを認めるという寛容な態度を示し、大正十四年治安維持法が制定せられるや、その翌年「治安維持法批判」という一文を

発表し、「権力を以て反対思想を撲滅」しようとする政策に対しきびしい批判を展開したことは、上引拙著に詳述してあるとおりであって、この点もまた、戦前の津田の態度とほぼ同一であった。

上述のとおり、津田も美濃部も、天皇制を合理化近代化し、民主主義発達の障害を除去すると同時に、心情的に敬愛する皇室の存続をかえって安全ならしめようとした、天皇制のわくの内での民主主義者であったのであり、また資本主義の矛盾をも無視せず、社会主義を力で撲滅しようとすることには反対するけれど、自らは社会主義の原理に賛成しないという意味で、ブルジョア自由主義者とでもいうべき立場に立っていたのである。

さらに、津田が専門的研究に基いて中国・朝鮮を蔑視し、植民地支配を是認していたのと同様に、美濃部も、帝国憲法が植民地に施行されず、朝鮮人・台湾人等が国法上の差別を受けることを当然としていたのであって、この点では両者ともに、自覚的ではなかったにせよ、帝国主義を是認する立場にあったとせざるをえない(6)。君主制のわくの内での民主主義、社会主義を支持しない自由主義、帝国主義の容認、おそらくこれらは大正デモクラシーの主流と共通するものというべく、自由民権期以来社会の底流に地下水のように流れ、明治末年には無政府主義者により、大正期に入ってからはコミュニストによってそれぞれ政治的目標に掲げられるにいたった共和主義ないし君主制廃止論(7)や、明治三十年代以後逐次思想界に重要な位置を占めるにいたった社会主義思想からすれば、津田や美濃部のごとき人物の思想は、きわめておくれたものとの評価を免れないであろう。しかし、歴史上における思想の意義は、単に時代のもっとも尖端に立ち、論理的に極限の主張を掲げるかどうかという基準のみで測られるべきではない。その思想が、どの程度の新鮮性と徹底度をもっているかだけではなく、どの程度の独自性・実証性・堅牢性・説得力等をそなえ、どの程度にその時代における有効性をふくみ、さらにかつどの程度の長期的生命を維持しうるか等を総合して評価されねばならないのであり、津田や美濃部が、大正デモクラシーとその限界面においても同一水準にあったことの故に、その積極面における豊かなメリットをそれと相殺してしまおうとするのは、思想史の考察としてははなはだ不毛の方法であると考える。

右のように、美濃部法学と津田史学とは、法律学と歴史学の分野において、大正デモクラシー思潮の基調をひとしく強力に展開したもっとも典型的な実例と認められるのであるが、柳田民俗学と津田史学との比較は、それほど単純な形では行ないえない。津田も、美濃部も、ともにその主張を明快率直に表明し、表現を婉曲にすることで批判を回避しようとする配慮にはとぼしかった。津田の記紀批判は、『我が国民思想の研究』に比べれば難解で結果的には一時期間官憲の目をくらます役割を果したと思われるが、それは文献批判の考証から必然的に生じたもので、別に官憲への配慮を必要としなかった中国古典研究でも同様であったのを見れば、意図的に晦渋な表現を試みたのではなかろう。津田と美濃部とに共通するこの率直さと比べると、柳田は、意見の表明において慎重であり、しばしば明快な主張を掲げながらも、叙述はもってまわった言い方をしている場合が多く、はなはだしく率直を欠く。それは、一つには、誕生したばかりの民俗学では、結論を急ぐより資料の蒐集整理と事実の究明のほうがさきであるとする自覚と、いま一つは詩人であった柳田の直観力が、もっぱら論理を武器とした津田や美濃部と違って、論理的に整序されない芸術的表現をかりた文章を書かせたこととによるものがあるようで、必ずしも意識的に韜晦をはかったのではないかもしれないが、アカデミズムの中で放言の自由になれていた他の二人と異なり、官僚として権力の実態を内側から体験してきた柳田が、学者となってのちにも、他の二人よりも、表現に多く配慮するところもあったのではなかろうか。(8)そのような柳田の著作の難解さを克服するだけの十分な柳田研究を私はいまだ果しえていないから、柳田について簡単な概括を試みるのは時期尚早の感を免れないけれど、あえて言うならば、少くとも次のような点で、やはり柳田民俗学にも、大正デモクラシー思想に通ずるものが流れていたと考えられるのである。

第一は、無名の民衆である「常民」の心意と生活との復原をもって民族の歴史を明らかにするための中心作業であるとし、少数有名の英雄豪傑の個人的活動や都市の高級文化の類のみをもって構成される正統的日本史像に正面から対決したこと。そこには、政治的支配・階級的搾取の矛盾が捨象されたフラットな農村共同体を歴史の基体とするかのごとき印象を与えるのを禁じえないものがあり、意識的に史的唯物論史学の一面性への積極的な批判もしばしばなされているが、それにしても、天皇・貴族・武将・大臣・大将等の支配層の列伝か、そうでないまでも、中央政府の所在地によって時代を区分し、政権の移動によって文化までが一変するかのような体裁をとっている政権中心史観か、とにかく学校教科書に極限的な形で示される正統的日本史像が、柳田にとりまったく民族の歴史として無意味な虚像としてしりぞけられていたことは、例えば昭和十年に『岩波講座日本歴史』の一冊として書かれた「国史と民俗学」を見るだけでも明らかである。それは、津田が『我が国民思想の研究』で試みた正統史観への挑戦と、いちじるしく内容を異にするが揆を一にするものがあるばかりでなく、津田のそれよりもいっそう根本的という言葉の意味どおりでのラディカルな性格をもっていた。

第二に、柳田は、もともと農政学者であって、実証に徹したその民俗学は、そのエピゴーネンにおいてしばしば見られがちなディレッタンティスムスとはおよそ異質の、旺盛な経世家的精神に貫かれていたのであって、その点同じ民俗学の大家でも、折口信夫と決定的に異なるところであり、それはその著作の随処に窺われるが、農政学・民俗学の学問的著作以外に、柳田には『朝日新聞』に大正十三年七月から昭和五年九月にわたり執筆した論説があるのであって、これにより柳田の時務的発言を知ることができる。『定本柳田国男集　別巻第一』『同第二』の刊行は、津田のほぼ同時期での未公刊の社会評論を豊かにふくむ日信を収めた『津田左右吉全集　第二十七巻』の刊行とあわせて、大正末・昭和初年における両碩学の現実の歴史的情況へのなまの反応を明白に開示してくれることとなったのであるが[9]、両者を比べ読むとき、前述のように、率直で忌憚のない津田の明快な発言と、迂回した論法を用いた柳田のデリケートな表現との大きな個性的相違にもかかわらず、基本的な物の考え方はほぼ同一の方向を志向していると思われるのである。例えば、大正十四年三月一日の柳田執筆の社説「普選と封建思想」に

タイムスの社説子が所謂東洋の封建思想なるものは、果して尚大正年間の日本に現存し、能く普通選挙制の設定に反抗し、もしくは之に由つて初めて征服せらるるまでの、活気を具へて居たかどうか。近年国民はほとんど此四箇の熟字を忘れてしまはうとして居たことは事実であるが、さう言はれて見るとなるほど、陳腐に属したのは独り名称だけであつて、其内容実質に至つては、まだ何人も其全滅を報告した者は無かつたのである。あるひは今日でも新思想が、秩序風俗と云ふが如き概括的称呼の陰に隠れ、系統も何も無い破片と為つて残留し、知らず識らずの間に、政治の革新を困難ならしめて居りはせぬだらうか。(中略)実際において(中略)吾人は寧ろ一種の悪癖とも謂ふべきものを、封建時代から受け継いで、少からず難儀をして居るのである。其一つは改革に対する漠然たる不安である。見境の無い保守傾向である。(中略)第二の封建思想の残物は、甚だ窮屈なる忠誠であつた。我郷我友我親方の為には、死をも辞せざる義気はあつても「他」の字の附ものに対しては、国内に在つても尚冷淡以上であつた(下略)

などと論じているあたり、柳田が決して前近代的伝統の全面的温存をはかろうとする意味での保守主義者でもなく、むしろ「封建思想」の清算の必要を力説する「近代主義」の側面を兼備していた点で、津田の徹底した近代主義との思想的共通性の予想外に大きいことを窺わしめるであろう。このような基本的共通性は、ほぼ同時期の美濃部の時事評論集『時事憲法問題批判』(大正十年)『現代憲政評論』(昭和五年)等と柳田の社説とを対照した場合にも、また別の形で見出しうるのであり、津田・美濃部・柳田の三者が、根底において共通する思想傾向をいだいていたことは否定

しがたいのではあるまいか。

柳田は、津田や美濃部のように直接に天皇制の本質を論ずることはしなかったようであるが、『朝日新聞』社説として掲載するために修正を余儀なくされた昭和三年即位礼に関する「京都行幸の日」「大嘗宮の御儀」の二篇にもよく示されているように(10)、皇室への敬虔な尊愛の心情とそれ故に皇室と国民とが、官僚的障壁を撤していっそう親密に結びつかねばならないとする主張とを持していたことは疑なく、津田や美濃部ほどに直截ではないにせよ、柳田もまた、天皇制を頑迷固陋なタブーから解放しようとする意向のもち主であったと解せられるのである。

第一の「常民」史観が権力者中心の正統史観と根本から相容れぬものであったのも、柳田がたとい天皇制の支持者だったにせよ、地域的多様性をはらむ民衆の日常性の尊重を基盤に下からの積み上げによる国づくりが柳田の経世思想の核心をなしていたからであって、それは中央政府の上からの天下り強権主義をもって全国に画一的な支配を貫徹しようとする絶対主義天皇制国家の統治方針とは、鋭く対立するものだったのではなかろうか(11)。

また、前述のとおり、唯物史観史学を批判した柳田がマルクス主義に反対する立場にあったことはいうまでもないが、柳田がコミュニストとして治安維持法による迫害を受けた橋浦泰雄を門下に包みこみ、あるいは同じ陣営に属する中野重治と友交を保っていたなどの事実は、戦前の津田が、唯物史観を非としながら、マルクス主義にも一面の真理があるとし、これに政治的攻撃を加えなかったのよりも、ある意味ではいっそう広い思想的寛容をもっていたことの証左となろう。

神職の家に生れ、民間信仰を愛し、農村共同体の伝承を尊重した柳田は、青年時代に国木田独歩・島崎藤村・田山花袋らとの交友を通じ近代西洋に耽溺した経験をもちながらも(12)、それを切りすてて日本の伝統の深部に立ち帰るところからその学問を出発させた。柳田民俗学は、柳田が西洋近代思想の洗礼を受けることなしには成立しえなかった歴史的由来を負っているとしても、学問の内容においては西洋近代を一応切断したものである点で、西洋近代主義のストレートな継受の上に立つ美濃部憲法学・津田史学の「進歩主義」とは異なる「保守主義」の色彩は覆いがたい。たゞその「保守主義」は、「保守」が「反動」の異名であるのを常とする日本では他に例の多くない、「反動」ではない、文字どおりの「保守」である上に、西洋化と同義の近代化と違って、日本の内面性に根ざした近代化でもある故に、柳田は、津田のように、上からの絶対主義と、表面でことさら争わないが、深部においてきびしく対決する姿勢を堅持し、戦前戦後その姿勢は一貫して死にいたるまで崩れなかった。「ふりはば」を大きくしてはならぬという戦後の柳田の言葉[13]は、客観情勢への期待であると同時に、彼自らの思想のあり方についての自戒であり、それは文字どおり実行されたのであって、その点で敗戦を境に大きな変貌を見せた津田といちじるしく異なるものがあったことは、終編に詳述するとおりである。したがって、津田と美濃部との間に見出されるのと等質の共通性は、津田・美濃部と柳田との間には見出されないけれども、不自然な上からの天皇制イデオロギーに対する、非革命的な思想的批判を、きわめて水準の高い学問の次元で遂行したという点では、この三人にはやはり根底において共通するものがあったと言ってよいのではなかろうか。昭和二十五年十二月十八日に私が柳田から聞き取りを行なったとき、柳田は「私は、古いことに骨董的な知識はかなり前からもつてゐたが、民俗学の研究に入るやうになつたのは、明治四十一年に九州を旅行し、田舎にいろ〳〵今まで知らなかつた珍らしい生活を見出してからのことである。それまではあんまり旅行もしてゐない。民俗学も、デモクラチックな考へから研究を進めるやうになつたのは後のことで、初めはかくれたものをあばき出すのに興味が惹かれた[14]」と語っている。柳田民俗学が、きっかけとなった動機はともあれ、「後」(時期からみてまさしく大正デモクラシー時代に当る)には「デモクラチックな考へから研究を進め」たことは、柳田自ら意識していたところであることが判明するのであって、右のような判断がこれによっても裏づけられるであろう。

大正デモクラシーは、社会の底辺からの人民の動きをエネルギーとし、ブルジョア政党に吸い上げられることにより体制化してしまうとともに、その過程の中で、体制をのりこえてゆこうとするもの、あるいは完全に体制を否定し去ろうとするものなど、漸進急進のさまざまの新しい思想を生み出した。明治十年代の自由民権時代が日本における近代的民主主義運動の第一波の時期とすれば、これはその第二波であり、前者が天皇制国家の完全な確立と資本主義経済の成熟に先だっての運動であり、後者は天皇制権力と帝国主義段階に入った資本主義の強固なわくの中での運動であるという歴史的段階の相違の故に、それを代表する思想・理論にもいちじるしい相違をもつ反面、日本における民主主義の第三波ともいうべき戦後のそれとの関係において、いずれもその歴史的先駆としての位置を占めていると見てよかろう。

帝国主義段階の大正デモクラシー期と、戦後とには、自由民権期にはまだ形成されていなかった社会主義思想(広義)が思想界の先端に立っているが、社会主義の出現の故に民主主義の存在理由が消滅したのではなく、前近代的社会構造とそのイデオロギーとが依然として温存再生産されている「近代」日本では、民主主義思想に課せられた役割の軽くなかったことは、大正期についてはもちろん、戦後について見てもかわりはない。そうした歴史的情勢の中で、非社会主義的なデモクラシー思想のアカデミックな結晶として、私は、津田左右吉を美濃部達吉・柳田国男と鼎立する典型的実例として位置づけてみた次第であった。

大正デモクラシー期の思想界には、「教養主義」と呼ばれる、非政治的な文化主義思想があった。前に述べたように、思想の学問的凝集化であるはずの哲学が、日本の大正期アカデミズム哲学において全く非政治的であったのは、それが広義の「教養主義」の流れに棹さしていたためと考えられる。大正期の「哲学者たちが暗い時代に災いをおそれ、萎縮して口をつぐんでいたと考えることは、彼らの社会的関心に対するわれわれの買いかぶりである」という指摘は、名言とすべきではあるまいか。「大正哲学は」それほどに「非政治的であり非社会的であった」が、上述の三人の学者については、同じ命題は適用されない。このことは、津田史学の思想史的意義を判定するためのキイ－ポイントである。すでに詳しく紹介したように、津田は、体制のイデオロギーに勇敢に対決し、その戦闘的な主体的情熱がそのままあの巨大な学問的成果を生み出すエネルギーとなったのであった。天皇制を完全に客観的に批判しえず、帝国主義の本質を認識できなかったなどの限界にもかかわらず、津田の業績はその時代において群を抜く高さをもっていたことは疑なく(当時の社会主義がその理論と綱領の徹底度に相応するだけの実証的裏づけや政治的有効性に欠けていたとすれば、単純に両者の優劣をつけることはできないと思う)、津田の提起した問題が今日なお完全に解決されていない実情を目撃するときに、その思想・学問の中には、大正デモクラシー期という過去の特定一時代の歴史的遺物にとどまらぬ永い生命力を見出すことさえできるのである。どのようなすぐれた思想・文化にも、歴史的な限界と、その限界にもかかわらぬ超時代的な活力との併存することの珍しくないのを知る私たちは、戦前の津田史学を日本近代思想史の一つの高峰として評価し、その豊かな精神的遺産の内から、現代においてなお私たちの歴史的前進のための糧をくみ出す用意を以て臨むのが、津田史学に対するもっとも生産的な意義づけとなるのではなかろうか。

(1)　船山信一氏『大正哲学史研究』。
(2)　井上哲次郎の時代はさておき、桑木厳翼が中心となって以後の東京帝国大学の哲学者たちは、京都帝大の教授たちに比べれば、独創性はとぼしかったとしても、思想的には京都哲学よりもリベラルであった。しかし、かれらの西洋哲学の紹介者としての役割は大きいとしても、哲学史ならぬ思想史上での役割は、ほとんど言うに足らないのではなかろうか。
(3)　大正九年には、社会問題・社会運動の展開を反映した『国史上の社会問題』という著作が、アカデミズム国史学界の第一人者である三浦周行により公刊されているが、それは時勢にマッチしたテーマに目をつけたというだけで、三浦の歴史学が全体としてその方向に脱皮して行ったわけではない。研究対象への時勢の影響の及び方という点では、辻の『田沼時代』のほうがより深いが、辻もまた結局その学問全体を変容させることとなくして終っている。

(4)　正木ひろし「倫理と論理」(昭和二十一年発表、正木論文集『真夜中の来訪者』再録)。正木には社会科学的理論が十分に備わっていないので、その表現は文芸的・直観的であるけれど、明治憲法下の天皇制の実態をこれほど鋭くついた言葉は他に例が少く、正木の熱烈な共和主義思想の基盤なしには生れなかったところであろう(拙著『権力悪とのたたかい　正木ひろしの思想活動』参照)。

(5)　『柏木義円集　第一巻』所収。

(6)　植民地問題は、日本の「民主主義」のもっとも弱い一環であった(もっとも民主主義の元祖である欧米においても、もともと民主主義は本国人民だけの民主主義から出発したのであるから、必ずしも大正デモクラシー期の日本の民主主義に限ったことではないが)。その理解を深めるためには、マルクス＝レーニン主義による帝国主義理論の学習をまたねばならず、それによってはじめて矢内原忠雄の『帝国主義下の台湾』(昭和四年刊)のごとき著作が、アカデミズム学者の手により書かれたのであるが、矢内原のような学者はアカデミズムの世界では数少い例外に属していた。社会主義運動においては、植民地解放がスローガンとしては唱えられたけれど、植民地の実態の具体的把握が十分であったようには思われないし、したがって植民地人民との連帯的活動も弱かったのではなかったろうか。たゞ帝国主義理論に拠らなくても、ヒューマニズムの立場から、植民地人民への深い愛情を示し日本の植民地政策を批判した柳宗悦のような在野の思想家も存在したのであるから(『柳宗悦選集　第四巻　朝鮮とその芸術』)、津田や美濃部が植民地問題の省察を欠落させたことについての思想家としての責任を全面的に解除することはできないであろう。

(7)　従来戦前の天皇制否定思想といえば、アナーキストやコミュニストのみに限られるかのように考えられていたが、明治初年以来自由民権家ないし若干のブルジョア民主主義者、さらに無名の一般民衆の間にも、広義の共和主義的思想が散発的ながら潜在した事実を、私は「日本における共和主義の伝統」(『歴史と現代』所収)に具体的に実証しておいた。

(8)　まだ官僚在職中だった柳田が、明治四十四年に南方熊楠の神社合併強行に対するはげしい反対活動にひそかに援助を与えた事実は、柳田民俗学の原点を明らかにする上で注目に値するところであるが、その中で、同年六月十四日付南方に与えた書簡に、「牟婁新報は悪謔ちと度に過ぎたり。あれにては溜インは下るべきも、相手方を死地に陥るものにて到底目的を達するの方法に非ず候。当世は英雄の一喝に摺伏するやうな気の利いた人間はなくなり候。ことに人も亦保存すべき生物なれば、あまり之を傷害せられては反抗する者必ず多かるべく候」と南方の「漫罵癖」を戒めている(『定本柳田国男集　別巻第四』所収)のは、同時にそのまま柳田の生涯を貫いて維持された経世戦術の表明と見てよいであろう。

(9)　農政学の著作以外に柳田の時事を直接に論じたものとしては、大正十三年朝日新聞社発行『時局問題批判』所収の講演筆記くらいしか世に行なわれていなかった。

(10)　『定本柳田国男集　別巻第二』所載。

(11)　柳田の思想と学問とについては、傍論として述べ去るには、あまりにも多くの重要な問題をふくんでいるから、それだけの準備のできていない現在、これ以上の細説は避けて、ここでは一応著者の旧稿「柳田史学論」(『日本の近代史学』)とその後に『定本柳田国男集』で得た知識とにより、卑見を略述するにとどめる。

(12)　津田と同様に、柳田にも文学青年の時代があり(国木田独歩『欺かざるの記』・田山花袋『東京の三十年』等)、新体詩集『抒情詩』『山高水長』(ともに『日本現代詩大系　第二巻』所収)には、詩人松岡国男の作品が収められている。この経歴が柳田民俗学の質を決定した点では、津田の場合と同じと私は考えるものであるが、民俗学者となったのちの柳田は、当時の文学青年的行動を意識的に忘却しようとしており、津田の日記に相当する文献もないため、いまだ精細に解明されていない。私が昭和二十五年十二月二十八日に柳田から聴取した聞書によれば、独歩らとしばしば会談した内容につき、「全然覚えてゐないが、その頃の話柄と云へば、外国の文学の話より外なかつたらう」ということであるから、西洋文芸にいかに深く溺れていたかが察せられる。

(13)　思想の科学研究会編『私の哲学』所見柳田談話。

(14)　直後に作成した私の聞書による。

(15)　船山氏前引書。

第五編　記紀批判への刑事弾圧と津田の対応

——十五年戦争下の津田史学——

第一章　「非常時」下の思想界と津田史学

厳密にいえば、日本の中国侵略に始り、やがて第二次世界大戦の一環としての太平洋戦争に発展する、十五年にわたっての戦争という意味での十五年戦争は、昭和六年九月の柳条溝事件に始るのであるが、戦争の進展に伴なって日本の政治体制や思想情況にいちじるしい「非常時」的色彩が現われてくるのは、それよりもやや時間的におくれている。満洲事変発生以後、右翼のいわゆるファッショ的思想が次第に擡頭してはくるが、なおその後の数年、マルクス主義の言論活動も活潑であったし、(1)言論・学問の自由が急激に狭められたとまでは言えなかった。したがって、昭和十四年の秋までは、津田は従来の基本的立場を変えることなくその研究の公表を続けることができ、特に昭和八年には後に弾圧の対象となった『上代日本の社会及び思想』を刊行し、その時点では何の非難攻撃をも受けていないのである。忠孝道徳批判という、相当に挑発的な内容をもつ『儒教の実践道徳』が『満鮮地理歴史研究報告』に掲載されたのは昭和七年であり、十三年には『岩波全書』に再録して広く一般に市販されるにいたっている。

津田は、従来の立場を維持して専門業績を引きつづき刊行するとともに、ようやく擡頭してきたファッショ思想の現われである「日本精神」論とアジア主義(後の「大東亜共栄圏」思想の先駆としての)とに対するきびしい対決の主張を提示するのを憚らなかった。津田がその研究成果に照して科学的根拠のない時局便乗思想の横行を黙認できなかったのは、前近代的思想・非科学的史観の権威に挑戦することを主要な動機として思想史を研究し記紀の批判を遂行してきた、強烈な主体性の貫通する津田史学のにない手として、きわめて自然な行動であったといえよう。

昭和八年十月立教大学で講演し、九年八月『史苑』第八巻第三・四号に論文として掲載された「日本思想形成の過程」は、すでに有力化しつつある日本主義思想を意識的に批判する姿勢で発表されたものである。この論文で、津田は、「ヨオロッパの思想にも伝統があり、それ〴〵の民族の特異性があると共に、他方では現代の日本人の生活にもまた長い間の歴史によつて養はれた伝統及び習性が可なり力強くはたらいてゐるのと、日本の風土の自然から生ずる特異性があるのとで、日本人の生活の世界化的傾向には或る制限があり、又はさういふ傾向に従ひつゝ種々の点で特異な生活が展開せられてゐるために、ヨオロッパから受入れた思想には現実の生活といろ〳〵の間隙のあるものがある」こと、「だから経済機構や社会組織の現代化についても、そこから或る制限が生ずる。或はそれによつて幾らかの変つた形態が成立つ。それは発展の段階が違ふといふやうな考へかたで簡単にかたつけられるべきものでは無いこと」を認めながら、同時に「過去の思想を復活」しようとして「所謂日本思想の鼓吹」を試みる動きに痛烈な批判を加えている。

過去の思想を日本思想と呼ぶのがそも〳〵の誤であつて、それはやはり日本思想といふものを固定して変化しないものゝやうに思ひ、過去の思想で無いものを非日本的なものと考へるからのことである。(中略) 要するに、現代日本人の生活に即した現代日本人の思想を好まないために、過去の日本人の有つてゐたあらゆるものを、それに対抗する意味で、日本思想と呼び、それによつて現代日本人の思想を排撃しようとするところから出てゐるらしい。(中略) 過去の思想が現代の生活を支配し得べきものゝやうに思ふ点に於いて、民族生活に歴史的発展のあることをも、また実は現代生活そのものをも、理解しないものである。彼等が実際に於いては、彼等みづからの主張と何の交渉も無い現代の科学文化、彼等の主張と相反する現代の社会機構の裡に生活し、平然として其の賜を享受してゐるのでもそれは知られるでは無いか。(中略) 彼等は過去の思想を歴史的に見ることができないのであるから、それは則ち歴史を尊重することを知らないものである。(中略) 真に歴史を解し歴史を尊重するものは、過去を現在によびもどさうとせず、現在を未来に展開させてゆくことに眼を注ぐ。日本思想といふものゝ如きも、亦たそれを過去に求めずして、未来の展開に期待すべきである。(中略)
所謂現代の生活は、機械文化とそれに伴ふ経済機構などから生ずる幾多の欠陥のために、何等かの変革を要するやうになつてゐることは、周知の事実である。ところが、日本に於いては過去から伝へられた種々の習性がそれに絡みあつてゐるために、其の欠陥が特に強められ、或はそれに特殊の形態が生じてゐる。だからそれを変革して新しい生活を展開させてゆくには、日本に特殊な指導原理、即ち日本的な思想、が要求せられるのである。しかし、その思想は現代生活そのものゝ内部から生れるもので無くてはならぬ。(中略) 今日に於いて過去の思想や習性の復活や維持を故らに主張するものは、多くは欠陥多き現代の民族生活に於いて、寧ろ其の欠陥のために、優越の地位を得てゐるものであつて、其の地位を保持しようといふ欲求がかゝる形に於いて現はれたものである。上に述べた如く、彼等が現代生活の賜を平然として享受してゐるのが、其の明証である。(中略) 日本人の生活も思想も断えず世界の思潮と交流しつゝ展開してゆくものであることを知らねばならぬ。さうしてそれと共に、日本思想それみづからが世界の文化の進運に関与するもので無くてはならず、従つてまた世界共通の思想、人間一般の思想の上に立つもので無くてはならぬことは明かである。世界の思潮と無関係な日本思想、日本人だけの独りよがりの日本思想といふものは、これから後には存立し得るはずが無い。

津田は、「今日に於いてかゝることばの故らに声高く叫ばれるのは、特殊の方面の特殊の目的のための宣伝にもよるのである」と言い、「日本思想鼓吹」が不純な政治的動機に出ていることを承知の上で、あえて緻密な理論をもってこれが論破を試みたのであった。津田の従来の専門的研究がいずれも現実の日本を支配する非合理・非科学的な思想を批判する熱情に発したものであることは、すでに前三編に詳述したとおりであったが、「非常時」の進展に伴なう時局便乗の日本主義の横行を黙視するにたえられなくなったためであろう、この講演(論文)には、「時局について語ることは、わたくしの職分を超えてゐる[2]」という研究者としての政治的禁欲を固く守り、なまの形での時評的発言の公表を避けてきた津田[3]が、今や敢然として象牙の塔から一歩ふみ出す決意の程が窺われ、全篇にわたりファッショ的日本主義との対決の気迫にみちあふれているのである。

昭和九年五月、雑誌『思想』が「特輯　日本精神」号を刊行したとき、津田は巻頭論文「日本精神について」という寄稿において、「日本精神」という言葉の「流行」が「所謂『非常時』の声に伴って急激に弘まつたもの」であり、「断えず高い調子で叫ばれ」、「聞きやうによつては一種の重苦しい抑圧的のひゞきさへも感ぜられる」と、にがにがしげに述べたのち、

> もと〳〵日本精神といふやうな語の用ゐられたのは、日本精神がかうであるといふよりは、かうで無ければならぬといふ主張からであり、従つてそれは日本人のよい美しい一面を強調していひ、又は日本人のすべてにそれが無くてはならぬものとして要求せられることをいつたものと解せられる。従つてそこから、やゝもすれば日本人の気質や習性のすべてをよいもの美しいものとして考へる傾向が生ずる。さうしてそれが国家の対外的態度の問題に適用せられると、自国の行動はすべて批判を超越するものとなり、そこから危険なるジンゴイズムの展開せられる虞さへもある。

ときびしい批判を加え、前引『史苑』論文において「日本思想」強調を評したのとほぼ同じ論法で、「歴史的発展の全過程」を見ようとせず過去の日本にのみ「日本精神」を求めることの誤を指摘し、

> 現代が歴史の頂点なので、（中略）現代の精神こそ、最も直接なる意味に於いての日本精神では無いか。

と喝破し、さらに

世界と離れた民族生活の成り立たない現代に於いて孤立時代の精神が適用せらるべきで無いことは明かである。

と言って、夜郎自大の独善的国粋主義にはげしい打撃を加えたのであった。

昭和十二年二月、林銑十郎が内閣を組織し、「祭政一致」を唱え、批判をあびたが、津田は早稲田大学の四月からの講義「過去ノ日本思想ト現代生活」とを、「祭政一致論」から始め、夏休前までの一学期をついやしたという。(4) 津田の時世への憂慮がいよいよ積極化したことを物語るものであろう。翌十三年三月刊行の『史苑』第十一巻第三・四号に掲載された「マツリといふ語と祭政の文字」は、その一部を活字にしたものと推定される。この論文は、上代の日本では祭と政とを掌るものは別だったのであり、「祭を掌ることが即ち政を執ることだ」というのは「大なる考へちがひである」こと、徳川時代の儒者や明治維新政府が「祭政一致」を唱えたが、その主張は「我が国の上代思想とはまるで違つたことを主張してゐる」ものであること、維新後の「祭政一致の運動がどういふなりゆきになったかは、明かなる歴史的事実として世間によく知られてゐる」こと、つまり全くの失敗に終ったこと等を実証した冷静な学術論文であるけれど、それが林内閣の唱えた時代錯誤の「祭政一致」論が無知の強さから出たたわごとにすぎないことを明らかにしようとする警世の文章として書かれている点は、一読して明瞭といわねばならない。

このように、津田は、国内の思想問題に関してきわめてすじの通った議論を展開し、正面から反動的思想に抵抗したのであるが、ことが中国の問題になると、津田の抵抗には、日本主義への攻撃と違い、必ずしも侵略戦争を全面的に否定する主張としては展開せられなかった。もちろん、戦争反対を正面から唱えうる客観的状況ではなかったという点を考えねばならないけれど、それだけではなく、第二編に紹介したような津田の中国観を前提とするとき、日本と中国との対等の立場での友交的協力という発想を妨げる論理的必然性のあったことが重要なのである。

昭和十三年に津田は、昭和八年『岩波講座哲学』の一冊として刊行した『日本に於ける支那思想移植史』と同十一年に『岩波講座東洋思潮』の一冊として刊行した『文化史上に於ける東洋の特殊性』を合せ、『岩波新書』の一冊とし、『支那思想と日本』と題して公刊した。その本文は、津田の年来の持論を平明な形にまとめ、かつ補足説明を加えたもので、要するに、日本と支那との文化は全く異質のものであり、支那思想が日本に移植されても、それは日本人の実生活とさしたる関係の無い知識に終ったこと、その点ではインド思想についても同じことが言えるのであって、日本文化・支那文化・インド文化の三者が「西洋文化」に対立する「東洋文化」としての共通性をもつと考えるのは誤であること、現代日本人の生活の基調をなすのは、支那文化やインド文化ではなくして、西洋近代に源する「世界文化」であること等が、津田のこの書において力説するところなのである。それは中国との戦争の拡大に伴ない、日本主義と結びついて有力となってきた一種のアジア主義、「東亜新秩序」思想の論破を意識しての主張であり、所論の内容は年来の持論のくり返しにとどまるにせよ、『新書』として広く一般読書界に訴えることをあえてしたのは、これまた当時の流行思想への積極的な挑戦の決意の現われにほかならなかった。同書の「まへがき」に「この二篇は、いづれも今度の事変(昭和十二年の中国との全面戦争開始、当時の用語にいう「日支事変」＝家永註)の前に書かれたものであるが、事変によつて日本と支那との文化上の交渉が現実の問題として新によび起されて来た今日、再びそれを世に出すのは、必しも意味のないことではあるまいと思ふ。日本人が日本人みづからの文化と支那人のそれとに対し、また支那人が支那人みづからの文化と日本人のそれとに対して、正しい見解をもつことの必要が今日ほど切実に感ぜられる時は無い。もしその見解にまちがつたところがあり、さうしてそのまちがつた見解に本づいて何等かのしごとが企てられるやうなことがあるとしたら、そのなりゆきには恐るべきものがあらうと気づかはれるからである」とあるのは、対中国政策についての津田の真剣な憂慮が、この書の刊行の動機となっていることを物語る文字であり、そとには、日本と中国とを安易に同文同種の国と称し、日・満・支の一体化による米英排撃を呼号する侵略戦争謳歌の空疎なプロパガンダの横行への義憤の念がありありと読みとられるのである。そのかぎり、津田は中国侵略を正当化するための非科学的なアジア主義の流行をきびしく批判した抵抗者としての積極的な役割を演じたのであるが、津田の批判が、学問的に日本・支那・インドが全く異質の文化をもち、これらを包括する「東洋」の存在を否定するにとどまり、「東洋」と「西洋」との対立を呼号するアジア主義が、実は西洋帝国主義に日本帝国主義を代置させ、日本の中国侵略を美化するための欺瞞の標語にすぎないことを衝くにいたらなかったところに、大きな問題があった。(5)日本思想の健全な発展に災した元兇は「支那思想」であるとし、その本国である「支那」の歴史と文化とを否定的にのみ見てきた津田には、日本帝国主義に抵抗する中国民衆の自覚と成長とを読みとる目の欠けていたとしても、ふしぎはない。せっかく日本と中国との異質性を洞察しながらも、それを対等の異なる特質とし、それぞれが独自の特色を発揮することにより世界史の発展に寄与する可能性をもち、したがって両国が対等の立場で協力提携したときにのみ、はじめて両国の正しい関係が樹立されるという考え方は生れえず、津田が排斥してやまない時局便乗のアジア主義と、結論にいたる前提こそ違え、実質には基本的に大きな違いのない日本の対支優越意識を強調するあやまりに陥ってしまったのである。

抗日意識が植ゑつけられたことには、いろ〳〵の理由も事情もあり、またその根本には、民族競争国家競争のはげしくなつて来た現代の世界の状勢に於いて支那をどうして立ててゆくかといふ支那みづからの深いなやみがあり、そのなやみから生じた民族意識国家意識を、もと〳〵さういふ意識の弱かつた、或は無かつた、支那人の間に急速に、また強ひて、つぎこまうとして、目的のために手段をえらばず目前の謀のために永遠の計を忘れるのが常である、或は自己の言動に自己みづから昂奮してその正否を反省することのできない、支那の一部の政治家や知識人の気質から、さうしてまた人人の権勢慾やそれに伴ふ術策がそれに結びついて、終には国際信義をも無視し人道をも無視するやうになつたといふみちすぢのあることをも考へねばならぬが、よしそれにしても、それが特に抗日といふ形をとつて現はれたことには、日本の強さに接したところから生じた圧迫感ともいふべきものと、日本を弱いと見たところから生じた軽侮心とが結びついたため、或はむしろ軽侮心がおもてに現はれて圧迫感がそのうちにつゝまれてゐるため、にさうなつたといふ理由があるのではあるまいか。(弱いと見たものに対しては、いかなることをもしかねないのが、支那の民族性の重要なる一面である。)

というごとき「抗日」理解を前提とするかぎり、「文化上の提携といつても、実は、現代の世界文化をわがものとしてゐる日本が、まだそれまでになつてゐない支那を導く意味でなければなら」ぬ、といった、これまたあまりにも現実の中国の民族的成長と革命の進行とを無視した優越意識・指導者意識の導き出されるのを避けることができなかったのであった。これでは、たとい軍事的・経済的侵略に賛成していないにしても、文化的な面での日本の一方的中国指導を主唱するのであるから、中国の自主独立の支援とならず、中国を日本に精神的に隷属させようとする結論となるのを免れないのではなかろうか。

『中央公論』昭和十四年三月号に発表された「日本に於ける支那学の使命」は、「日本人が支那についての知識をあまりにも有たなさすぎることが、こんどの事変によつてよく知られたのではあるまいか」、「今日に於いて最も必要な用意は、よく現実を凝視し、あらゆる支那の事物に対して冷静な観察を加へ、それについてのたしかな知識を得ることである。人々の単なる主張を徒らに強いことばで宣伝し、動もすればそのことば其の主張にみづから陶酔するやうなことがあつてはならぬ」、「これまでの日本に於いて真の学術的研究と其の精神とが尊重せられず、学術の権威も認められず、(中略)それでありながら何等かの必要が起ると急に学者を利用しようとしたり、学術上の素養も無く知識もないものが学術的研究に喙をいれようとしたり、さういふことさへも無かつたとはいひがたいが、これではまじめな学術の研究が盛にならなかつたのは、むりもなからう」、しかし、学術上の業績こそどの民族にもうけ入れられ世界性をもつものであるから、「日本が支那の文化を進めることに力を入れようとするならば、(中略)此の科学の力を以てし、其の力を支那人の実生活に利益を与へる事業の上に実現させてゆくのが最も適切な方法であり、それより外に方法は無い」、「たゞ日本の支那学が上に述べたやうなはたらきをするには、世間のいろ〳〵の風潮に動かされず、あらゆる偏執に因はれず、大言壮語と性急なまにあはせの判断とをさけ、実用に縁遠いと思はれるやうな問題にも学術的価値のあることには十分に力を入れると共に、一つのことがらについても各方面各分科からの周到なる専門的な観察を綜合」するなど、慎重な研究をつゞけねばならぬ、「かういふ態度で研究せられたものによつてこそ、支那に関する正しい知識を世間に提供し目前の実務に対して真の貢献をすることもできるのである」、という論旨から成るもので、固陋な中国古典盲従の伝統的「漢学」や、時局便乗の軽佻浮薄なアジア主義の類が、当面の時局になんら寄与しないことをきびしく警告し、冷静な科学的研究の必要を強調している点、『支那思想と日本』と同様に、日本国内の思想状況への批判としては十分に意味があったけれど、ここでも、「支那」の「民族性の根本に於いて、重大なる欠陥があり、現代の世界に立つてゆくには適合しないものがある」という強い中国蔑視と、他方、前引の、科学の「力を支那人の実生活に利益を与へる事業の上に実現させてゆく」とか、「文化工作といふ語があるが、ことさらに工作を加へるのではなくして自然に日本の文化に信頼するこゝろもちが起るやうにするのが大切であらう」とかいった、中国民衆の自主的成長をではなく、日本文化の一方的指導による中国文化の開発をのみ考える優越意識が根底を貫いている点でも、また前著と異なるところがない(6)。津田が軍事行動としての「事変」すなわち侵略戦争を支持していなかったであろうことは、東亜研究所の求めに応じて執筆した「支那再建の指導精神について(7)」に

> 支那人ほど利害に敏感なものは無い。(中略)日本の行動が支那民族・支那国家の利益となることが事実上で明かにならなければ、支那人は日本を信頼しない。(中略)唯一の望みは、事実上利害を一致させることによつて両民族を結びつけることである。(中略)
>
> 支那の政体をどうするとかいふやうな問題は、日本の関与すべきことではない。(中略)
>
> 世界全体の新秩序を離れて東亜の新秩序は成り立たないのではないか。またそれがもし東亜を世界の特別区域とし、そこからヨウロッパやアメリカのすべての力を駆逐しようといふならば、それが果してできるかどうかは問はぬにしても、支那人がそれを希望するかどうかが問はれねばならぬ。支那人にとつては日本人も異民族であり、ヨウロッパ人やアメリカ人も異民族である。(中略)支那に共同の利害をもつものは日本のみであると支那人に思はせ、彼等をして日本人にのみ特別の親しみをもたせよう、といふのは支那人の考へかたではなくして日本人の考へかたである。

と述べていることや、また第三章に紹介する私的な談話からも、確かなように思われる。「支那再建の指導精神について」は公開論文でないだけに、雑誌所載のものよりいっそう忌憚のない、きわめてリアルな認識を示しており、三民主義を支持する意見までふくまれているが、同時にここでもまた

> 力と権威との無いところには、支那人は決して心をよせない。日本人はやゝもすれば支那人を親しませようとして知らず／＼彼等を甘やかしたりつけあがらせたりするが、これは支那人を日本人に親しませる方法ではない。支那人に対しては常に強い威力を日本人が有つてゐることを知らせなければならぬ。

といった、あいかわらずの対中国優越観が顔をのぞかせているのである。そもそも津田を専門的学術研究者たらしめたのは白鳥庫吉の主宰する満鉄調査室であり、満鉄が日本の中国侵略の尖兵としての役割を演じた重要機関であった

ことを考えるならば[8]、たとい調査室が相対的な自律性を維持し、室内が純理性的研究の自由の空気でみたされていたとしても、所詮は釈迦の掌中を飛行する孫悟空の運命を免れなかったといわねばなるまい[9]。津田の思想の円熟期において、津田が中国に対する強い偏見に囚われていたことはすでに詳述したとおりであるが、満鉄調査室出身の研究者津田が、日本帝国主義という大前提を批判する力を養いえなかったのもむりのないところであったと考えられる[10]。津田が、現代中国の流動的な実情をその目で見ようとせず、「研究室内の研究」のみを「純粋なる学術的研究」の名において万能化し、「現に支那に於いてはたらいてゐる〔西洋人の〕宣教師や通信員や外交員や実業家」たちの「意見には、業務の性質上、いづれも偏執がありがちであるのみならず、自分らの接触してゐるところから得た感想で全体を臆測したり、現在の事態のみを見てその歴史的由来などを考へる遑が無いために其の事態の真相を解しなかつたり、するやうな欠陥のあることを免れない」と軽蔑するという[11]、「実生活」を重んじた津田に似合わしからぬ「研究室内」アカデミズム万能主義が、津田の中国に対する偏見の是正を永久に不可能ならしめたことも、あわせ考えられよう[12]。いずれにしても、戦前の津田の国内思想界に対しての批判が、たとい大正デモクラシー的限界をはらみながらも、大局において積極的な意味をもっていたのに反し、中国観において見られた大きな問題点が、日中戦争という重大な時局に当り、このような形で露呈してきたのは、戦後における津田の思想の推移を考える上にも、注目を要する点である。

それにもかかわらず、津田が、少くとも時局に便乗せず、むしろ時局便乗の「大言壮語」を真向から批判する戦闘的姿勢を示していたことは、ファッショ体制の側からみればやはり看過しがたいところであったにちがいない。年ごとに言論弾圧の強化して行く時勢のなかで、津田がいつまでも上記のような批判的発言の自由を維持していられるはずはなかったが[13]、津田への攻撃は、津田がいちばん力を集中した日本主義批判をめぐって起るに先だち、まずその

「東洋」否定論に対して加えられたのであった。後に詳述する原理日本社の機関誌『原理日本』の昭和十四年三・四月号に松田福松の「津田左右吉の東洋抹殺論批判」が掲載され、次いで『中央公論』同年十一月号に、日本主義刑法学を唱え出していた東京帝国大学教授小野清一郎の「東洋は存在しないか」が掲載された。これらはやがて次に来る津田攻撃の本番である記紀研究非難の前哨戦だったと見てよかろう。

小野の論文は、原理日本社流の非学問的なレッテルはり攻撃で埋められているものではないというものの、

　我々の「東洋」観念は徳川末期に始まる日本人の民族的であると同時に超民族的な文化的自覚、しかも徒らに西洋文化の驚異的なものに幻惑せられない批判的精神の所産である。さうして今やこの文化意識は日本を中心として東洋諸民族の文化的覚醒を促しつつある。(中略)これは日本人の文化意識が全世界に発展しつつあることの証左である。この著しい事実を津田博士は何と見られるであらうか。

とか

　文化的に東洋といふ一つの世界の存在を否定することは、即ち東洋諸民族の間における精神的聯関を否認することであり、(中略)日本人は「現代文化、世界文化、即ちいはゆる西洋文化」の領略者として嘗て西洋人が東洋において為したところ、その帝国主義的侵略と植民地化、半植民地化とを西洋人に代つて継続するといふことになるであらう。しかし、此は断じて日本民族の意欲ではない。我々は嘗ての民族性を無視した世界主義――それも亦西洋文化を唯一の世界文化と考へる点では津田博士と寧ろ同一の観念を基底にもつものである――を克服して、民族の現実性を認識すると同時に、単なる民族主義をも超克して、民族互に其の個性を尊重しつつ、古き東洋の文化的地盤の上に新なる東洋文化の創造・形成を理念とする東亜の新秩序をこそ欲するのである。

とか

津田博士の学説は（中略）、東洋的普遍に盲目であることによつて東洋における文化的新秩序の発展を阻碍する虞がある。しかも日本の文化を容易に西洋文化と同一視することによつて日本固有の文化を抛棄し、西洋文化を絶対視する点において、実は甚しき非民族的思想を醸成するものといふべきである。

とかいう非難の辞は、もはや学問的批判の域を超えており、明らかに津田を「東亜の新秩序」形成のために行なわれている「聖戦」の妨害者として告発する政治的陥害工作としての性質を帯びていたといわなければならぬ。津田は、例によって論争に応じなかったけれど、「東洋」否定論への攻撃がさらに発展するのをまつことなく、突如としていっそう致命的な「殺し文句」を正面からふりかざしての津田陥害の一大キャムペーンが開始され、津田の記紀研究への全面攻撃が展開するのであって、その経過を次に章を改めて詳述したい。

（1）日本マルクス主義史学に礎石をすえた『日本資本主義発達史講座』が昭和七年五月から同年八月にわたって刊行されたこと、同十一・十二年にいたりはじめて史的唯物論の立場から日本原始古代通史を叙述した『日本歴史教程』の刊行されたこと（次章参照）等の例を見ただけでも明らかであろう。

（2）後引「日本に於ける支那学の使命」中の一句。

（3）ただし、なまの形の時評的発言は公にしないが、学術著作中に実質的に時評的見解と認められるものが随処に散見することは、第二編以下に紹介したとおりである。

（4）松島栄一氏「津田先生の講義」（『全集第七巻付録』）。

（5）すべてのアジア主義がそのようなものであったのでないことは、竹内好氏「アジア主義の展望」（『現代日本思想大系9』解説）に説かれているとおりであるが、十五年戦争期のアジア主義は一般的にこういうものであったと言ってよかろう。

（6）この論文で、津田は「支那の知識人にもいろ〳〵の事情から新しく強められて来た民族意識が存在し、刺戟の如何によつては民族感情の昂進する場合があるべきことを予想しなければならぬ」とか「支那の若い知識人には既にかかる反省（「支那」の「欠陥」についての）があり、過去の支那の文化や政治に対する批判的態度がとられ、それに伴つて新しい政治、新しい文化を建設し民族生活を改善しようとする運動が行はれた」とか言ってもおり、必ずしも中国民衆の自覚に全く盲目であったようでもないと思われるが、上引文につづけて「しかし（中略）さういふ運動そのものに過去の因襲や民族性の欠陥がからまつてゐて、それがために現在の破局が導かれた」と言っているとおり、結局「抗日」を「破局」としか見ておらず、「抗日」が実は中国の根本的改造につらなる画期的な動きであることをよみとっていないと認められるのである。

（7）『全集別巻第五付録』所載。

（8）安藤彦太郎氏『満鉄』参照。

（9）安藤彦太郎・山田豪一両氏「近代中国研究と満鉄調査部」（『歴史学研究』二七〇号）・伊藤武雄氏『満鉄に生きて』参照。伊藤氏が同書で、白鳥庫吉が後藤新平を口説き落し、満鮮地理歴史調査部を設けさせたいきさつを紹介したのち、次のように述べているのは、この調査室の性格を理解する上で、たいへん参考になろう。「白鳥庫吉が『学術上より満韓地方に関する根本的研究をなすの急務なるを唱説』した点は後藤の期待と一致します。しかし、その根本的研究を『純然たる学術的見地よりする』ものと、『実際的必要よりする研究』とかれは分離して考えているのです。ところが後藤は『学術も唯実務と一致するが故に貴く……（原文）植民地民事商事の活動を研究し、以て講学の資に供』せんと、学術と実務の一致を深く信じています。その信念にしたがい、学術の側から実務への協力を期待し、同時にこれが実務の側からの学術への寄与となると考えています。両者の考えかたは呉越同舟、後藤は白鳥に期待しすぎたといえましょう。満鮮地理歴史調査部なるものは、いってみればこの点における両者の相互誤解のうえになりたったものといえます」。序に言っておく。伊藤氏は上文にひき続き、「後藤新平の大風呂敷といわれるところ、その点につけこんで白鳥庫吉博士は研究費を満鉄に寄生することで得た。こういう評価も満鮮地理歴史調査部についてはなりたつかとおもいます」と言っているが、研究費を出してくれさえすれば、研究費の出所は問題にしないという白鳥の態度が窺われる。津田が、「日本に於ける支那学の使命」で、「これまでの日本に於いて真の学術的研究と其の精神とが尊重せられず、（中略）従つて研究のために必要な費用も供給せられず」となげき、「実用に縁遠いと思はれるやうな問題にも学術的価値のあることには十分に力を入れる」、つまり十分な研究費を提供する必要を暗示する趣意を力説しているのは、あるいは満鉄調査室のことを念頭においての発言であろうか、白鳥流の「物とり主義」を祖述しているように見える。しかし、結果から見ると、津田が満鉄調査室で専門研究者としての技をみがいたことが、記紀研究に役立つこととなった反面、中国研究に関してはマイナスにはたらいた形跡も否定しがたいのではなかろうか。はしなくも、私は、白鳥や津田と深い関係のあった東洋文庫が、昭和三十二年にアメリカのアジア・フォード両財団の研究資金提供を受け入れたところ、それがアメリカの中華人民共和国に対する敵対政策に加担する結果となるとの非難が中国研究者の間で提起され、はげしい論争をまき起した事実（中国研究者研究団体連絡会議『アジア・フォード財団資金問題に関する全中国研究者シンポジウムの記録』)を想起しないではいられない。日本「支那学」の問題点は、単に戦前だけの現象ではないようである。

(10) 当時の客観的条件の下で津田にそうした批判力を求めるのは期待可能性を無視した要求のようにも思われるが、同時期の公刊文献に限ってみても、石橋湛山の「満蒙問題解決の根本方針如何」(『東洋経済新報』昭和六年九月二六日・一〇月一〇日号社説、『石橋湛山全集』第八巻所収)等、矢内原忠雄の「民族と平和とのために」(『通信』昭和一二年一月号)・「支那問題の所在」(『中央公論』同一二年二月号)、尾崎秀実の『現代支那論』(同一四年五月)、中西功等の『支那抗戦力調査報告』(同一四年度)等、桐生悠々の「毛沢東の揚言」(『他山の石』同一五年一月号)等のごとき、中国の歴史的実情を的確に把握した認識が存在していたのであるから、津田を免責することはできないと思う。

(11) 前引「日本に於ける支那学の使命」。

(12) 現に中国をその目で見た西洋人ジャーナリストの認識が、「研究室内の研究」「純粋なる学術的研究」よりもはるかに的確に歴史の進行を把握していたことは、一九四〇年に執筆された Edgar Snow: The Battle for Asia (森谷巌訳『アジアの戦争』)ひとつを見ただけで明らかであろう。日本人でも、「研究室内の研究」者よりも、現地の調査マンたちの研究成果である中西や尾崎の前引著作のほうが、はるかに的確に中国の現実をとらえていた。

(13) 拙著『太平洋戦争』第二編第五章・第六章参照。

第二章　刑事弾圧の経過

　満洲事変以来、ファッショ的思想が優勢化し、思想・言論への統制が次第に強められて行く中で、一時は「大学の自治」の壁に守られていたかのように見えた学問の自由に対する統制が復活してきた[1]。昭和八年に京都帝大教授滝川幸辰がその刑法学説の故に教授の地位を奪われ、同十年に東京帝大名誉教授美濃部達吉がその憲法学説の故に迫害され、貴族院議員を辞任するはめに追いこまれ、両者ともに問題となった著書は発売禁止の処分に付せられた。同十二年に東京帝大教授矢内原忠雄が反戦思想を表明したために辞職を余儀なくされ、同十三年十月東京帝大教授河合栄治郎の著書が発売禁止となり、翌十四年一月、東大総長平賀譲は河合を休職処分に付し、同二月東京地方裁判所検事局は河合を出版法違反で起訴している。そのような情勢のなかで津田の記紀研究の諸著が早晩問題となるであろうことは十分予見されたところであり、美濃部事件の後で津田の身辺を気づかいその著作を自発的に絶版にするようすすめる人もいたという[2]。しかし、津田に対する迫害は、表面上は津田の東大法学部出講をきっかけとして大々的に開始されており、一見偶然の不幸のように見られないでもない。私は、それがなくても、昭和十年代の急速な情勢の進行の中で津田の記紀批判の著作が無事に刊行を続けられたはずはないと思っているが、それにしても東大法学部に出講しなかったとすれば、刑事訴追を受けるまでには行かずにすんだかもしれず、その意味でやはり東大出講から事件の経過を追って行くのが順序であろう。

一　弾圧事件の発端

昭和初年から、東京帝国大学法学部の教授をもっぱら槍玉にあげて執拗な陥害工作を続けていた蓑田胸喜という右翼活動家がいた。三井甲之らと原理日本社なるものを設立して、『末弘博士告発——学術的公開訴状』(昭和九年七月刊行)『美濃部博士の大権蹂躙』(同十年二月刊行)等の小冊子を次々とばらまき、東京帝大法学部の旧・現教授美濃部達吉・末弘厳太郎・横田喜三郎らを槍玉にあげ、「国政破壊」「凶逆思想」「日本万悪の癌種禍根」など、最大限の罵詈讒謗を加えていたが、久しく立憲政治の正統学説とされてきた国家法人説に立つ美濃部の憲法学説が「皇室の尊厳を冒瀆する」ものとされ、その講説も著作も一切禁止されるという事態に追いこまれたのも(3)、蓑田の宣伝活動がもっとも大きな原動力となってのことだったのである。そのような右翼の集中攻撃の的となっている東大法学部に津田の出講したのが不幸のはじまりであった。

昭和十四年、東大法学部に東洋政治思想史講座が開設され、これまで早稲田以外への出講を引受けたことのなかった津田が、はじめて東大の講壇に立つことになった。時節柄物議を醸さないようにとの配慮からであろう、日本の政治思想史を避け、先秦政治思想史を題目として、十月下旬から開講された。ところが、年末終講の際、かねての計画に基き、右翼の学生(学生でないものもふくまれていたらしい)が「質問があります」と次々に立って、津田の講義内容に対し、政治的攻撃を加えた(4)。「儒教と日本文化とのつながりを全面的に否定し、日本とシナを通ずる『東洋文化』なるものは存在せずと断言される。いまや聖戦を通じて、多年アジアを毒して来た欧米自由主義、『デモクラ思想』や共産主義の迷夢からシナを目覚めさせ、日華提携して東洋の文化と伝統を回復すべき東亜新秩序創造のたたかいにわれわれ同胞が日々血を流している時に、先生のかかる論旨はこの聖戦の文化的意義を根本的に否認するものではないか」という趣旨の発言があったというのを見れば、明らかに小野清一郎が『中央公論』で行なった津田攻撃の延長線上での攻撃であったといわなければならず、小野の津田攻撃が津田陥害の大キャムペーンの前哨線の役割を演じたことが確認されるであろう。津田の講義を聴講していた法学部助手丸山真男がたまりかねて質問者の非礼をなじり、津田を促して講師控室に入ったところ、羽織袴姿のものをふくむ十数人がここにも入りこんできて質問の続行を強要し、午後四時頃から夜の九時半まで集中攻撃を続けた。丸山は「先生、こんなファナティックな連中と話していてもきりがありません、行きましょう」と、相手を無視して津田をつれ出した。長時間の論争で外はすでに真暗になっていた。おそい夕食をとりながら、津田は「ああいう連中がはびこるとそれこそ日本の皇室はあぶないですね」(5)(「ああいう連中がはびこっていけば、日本の国体は亡びるね」(6)と言ったとも聞いている)とつぶやくように言ったという。

ここでは、先秦思想史の講義を攻撃するために「東洋」否定論に鋒先が向けられたのであるが、津田史学への全面攻撃の準備がすでに完了していたのである。(7)ちょうどこの事件とほぼ時期を同じくして、蓑田胸喜の主宰する原理日本社の機関誌『原理日本』の臨時増刊号が昭和十四年十二月二十四日付で発刊されたが、その表紙に次のような文字がならんでいた。

「皇紀二千六百年」奉祝直前に
学界空前の不祥事件！

早稲田大学教授文学博士
東京帝国大学法学部講師

わざわざ「東京帝国大学法学部講師」の肩書を特筆していること、本文の終りに
今回東京帝国大学法学部が同氏を「国体明徴・興亜政治学」たるべき新設の「東洋政治学」講座の特別講師たらしめ講壇に立たしめたことの重大責任を思ふべきである。(中略)今次の津田氏講師任命事実は！(中略)東大法学部が実に「現日本万悪の禍源」たることの実物供覧を完結したことを意味する。そこにはカソリック盲信に基く神社参拝忌避論、国家主権否認論としての世界法論、国際法上位説等、畢竟反国体非日本的民主共産主義「容共抗日」思想家としての田中耕太郎、横田喜三郎、末弘厳太郎、宮沢俊義、我妻栄、南原繁氏等が文学部との牽聯に於いて系列蟠居してをるのである。いま東京帝大は「学術ノ蘊奥ヲ攷究スル」最高学府として、筆者が本稿に於いて指摘した津田氏の大逆的思想内容、かくの如き思想的重大不祥事件に対して無知無研究を以つて免責せらるべくもない。平賀総長と法学部教授会との責任は徹底的に糺弾せらるべく、其の講堂はカンナガラノミチにより厳かに禊祓せられ、その研究内容に対しては文学部のそれをも含めてシキシマノミチ学術維新が断行せられなければならぬ。

と論じているのを見ても、津田への攻撃が、東大への出講をきっかけとして大々的に開始されたことが裏書される。主要な論旨を次に抄出しておく(文中闕字を用いているのに注意)。

津田左右吉氏の大逆思想

神代史上代史抹殺論の学術的批判

津田氏の神代上代史抹殺論は思想的大逆行為なり

かくして津田氏は　神武天皇から　仲哀天皇まで十四代に亘る『古事記』『日本書紀』の記事は——「詔勅」を

も含めて――「お伽噺的方式」における「全然後の修史家の虚構」であり「全部架空譚」(古事記及日本書紀の研究、六二四頁)であると忌憚なく断定し、「造作」とか「作り話」とか、果ては「捏造」といふ如き反道徳的劣悪を意味する評語をまで忌憚なく用ふるに至つてをる。

(中略)

見よ、「作者」といふ言葉まで用ゐて、それは「政権に重大の関係を有するもの――政権の掌握者で無くてはなるまい」と放言し、その際「君主政治」「朝廷」「皇室」といふ語をまで露骨に用ひ、『古事記』の序にいふ「勅語の旧辞」を指して、「政治上の特殊の意味を以て作られた」「虚構」であり「捏造」であるとまで忌憚なく断定揚言してゐることを！

かくの如き津田氏の神代上代捏造論、即ち抹殺論は、その所論の正否に拘らず、掛けまくも畏き極みであるが、記紀の「作者」と申しまつりて「皇室」に対し奉りて極悪の不敬行為を敢てしたものなるは勿論、皇祖　皇宗より　仲哀天皇に及ぶまでの御歴代の御存在を否認しまつらむとしたものである。「天皇機関説」は猶ほ　天皇の御存在は認めまつゝてゐるもので、統治権の主体に在しますことを否認しまつゝたのであるけれども、岡田内閣により「全く我が尊厳なる国体の本義に背反するもの」と断ぜられた。皇祖　皇宗を始め奉り十四代の　天皇の御存在そのものを否認しまつゝた罪は何を意味するであらうか？　かく言挙げするさへ畏き極みである。明治時代に「抹殺博士」なるものがあつたが、それは臣民たる児島高徳等の史実を否認せむとしたに過ぎなかつた。いまこの津田氏の所論に至つては、日本国体の淵源成立、神代上代の史実を根本的に否認することによつて、皇祖　皇宗を始め奉り十四代の　天皇の御存在を、それ故にまた神宮皇陵の御義をも併せて抹殺しまつらむとするものであるから、これは国史上全く類例なき思想的大逆行為である。

津田氏は頻りに「民衆」「民衆」といつて、その味方代弁者を装つてゐるが、記紀の物語る神代及び上代は「政権の掌握者」の政治的目的によつて「捏造」せられた「全部架空譚」であるといふ氏の所論は、上代の祖先以来億兆国民は瞞着せられてそれを盲信せしめられ来つてゐるとするものであるから、これは億兆国民の心性精神生活に対して極度の侮辱を加へたことになる。それは俗諺にも「一寸の虫にも五分の魂」といふヒユマニテイ人間性そのもの——良心、良識を抹殺する悪魔的所為である。

これだけの引用文によっても、全体を想察するに困難ではないであろう。この中には、『支那思想と日本』にも若干論及し、津田の持論である天皇不親政を日本の伝統とする所説に対し、

この態度はそれらの摂関政治や武家政治が「国民生活を羈束し」たことは単に「結果に於いて」のものであるといつて、その反国体思想意志を全く無視し、「日本人はまたいろ〳〵のしかたで事実上その羈束をゆるめ」たと叙するのみで、其際当然明治維新の「皇政復古」「国体明徴」に言及せねばならぬのに、氏は全くこの点を緘黙して語らず、（中略）あゝ　明治天皇が畏くも、軍人に下し賜はりし勅諭に

「……古の徴兵はいつとなく壮兵の姿に変り遂に武士となり兵馬の権は一向に其武士ともの棟梁たる者に帰し世の乱と共に政治の大権も亦其手に落ち凡そ七百年の間武家の政治とはなりぬ世の様の移り換りて斯なれるは人力もて挽回すへきにあらすとはいひながら且は我国体に戻り且は我祖宗の御制に背き奉り浅間しき次第なりき」と拝誦しまつるだに恐懼の極みなる大御言葉もて悲歎せさせ給ひし「武家の政治」は、津田氏によつて「日本人の誇りとすべきもの」と讃美せられたのである！

という非難を加えたり、その他

> 「生活が変化すれば……あらゆる思想もまたそれと共に変化しなければならぬ」といふ一文の示す思想法は、マルクス主義唯物史観の原理信奉態度を示すもので、（下略）

といった、事実に反するレッテルはりの誹謗を試みたり、あるいは

> 一般に「神」「現人神」の信仰そのものが上代日本にもなかつたので、それは「官府によつて」「政治的要求」から作り出されたものに過ぎないといふことになる。これこそ津田氏のいはむとするところで、氏自身明かに「我々の民族にはさういふ神（宗教的信仰の対象としての）の観念が発達してゐなかつた」といつてをるのである。然しながら若しも神の信仰の観念が本来日本人には全くなかつたものであるとすれば、こゝにもまた津田氏にとつて大問題が起る。即ちその場合上代日本人に如何に熾烈なる「政治的要求」があつたにしても、如何にしてさういふ信教的信仰を国民の間に作り出すことが出来たであらうか？

という、若干の理論的意味ある反論をも提示したりしているなど、攻撃理由としていろいろのことが挙げられているけれど、中心の論旨は、最初に引用したところに尽きており、要するに、津田の記紀研究は、神代および仲哀以前の歴代天皇を「抹殺」する「思想的大逆行為である」ということに帰するのであった。

昭和十年代の学問の自由侵害は、多くの場合、民間右翼がレッテルはり攻撃のキャムペーンをはり、内務省をしてその著作を発売禁止処分に付させ、次いでその学者を公職から追放し、最後に刑事訴追にもちこんで、裁判所に有罪判決を下させるという順序で行なわれた。美濃部達吉は、最後の刑事訴追だけは免れたが、河合栄治郎に対してはこのとおりが行なわれ、津田についても同じであった。蓑田らが津田を不敬罪で告発し、検事局がこれを受けて起訴となり、記紀批判弾圧裁判が開始されたのである。

昭和十五年一月二十一日、津田の記紀研究を出版している岩波書店主岩波茂雄が東京地方裁判所検事局で取調を受

け、二月十日、『古事記及日本書紀の研究』が、十二日『神代史の研究』『上代日本の社会及思想』がそれぞれ発売禁止の処分に付せられ、三月八日、著者津田・出版者岩波が起訴された。しかし、罪名が出版法違反であることのわかったのは、六月二十七日になってからであった。[8] この裁判の経過を紹介した文献は他にもあるが、[9] 私は次の十種の史料に拠り、私独自の観点から経過をたどるとともに、問題点を指摘することとしたい。

一　出版法違反事件予審終結決定書謄本（岩波書店所蔵）

二　上申書（第一審において提出されたもの、松島栄一氏所蔵）

三　「古事記及日本書紀の研究」
「神　代　史　の　研　究」
「日　本　上　代　史　研　究」
「上代日本の社会及び思想」ヨリノ抜萃（同右）

四　「神代史の新しい研究」
「神　代　史　の　研　究」
「古事記及日本書紀の新研究」
「古事記及日本書紀の研究」
「日　本　上　代　史　研　究」
「上代日本の社会及び思想」ニ対スル世評（同右）

五　本人の学術的研究によりて到達したる皇室の尊厳及び国体に関する見解
——既刊書よりの抜萃（同右）

六　「古事記」及ビ「日本書紀」ヨリノ抜萃(同右)
七　神代史及び上代史研究史資料(第一審において提出されたもの、関与三郎氏旧蔵)
八　出版法違反事件公判速記録(岩波書店所蔵)
九　出版法違反事件判決書謄本(同右)
十　上申書(控訴審において提出されたもの、早稲田大学所蔵、『全集』第二十四巻所収)

事件はまず予審に付され、東京刑事地方裁判所予審判事中村光三の取調に基き、昭和十六年三月二十七日に予審終結決定が行なわれ、津田の記紀批判の四部作『古事記及日本書紀の研究』、『神代史の研究』、『日本上代史研究』、『上代日本の社会及び思想』は、出版法第二十六条に該当する出版物と認められ、津田と出版人岩波茂雄とは公判に付せられることになった。出版法第二十六条とは、「皇室ノ尊厳ヲ冒瀆シ、政体ヲ変壊シ又ハ国憲ヲ紊乱セムトスル文書図画ヲ出版シタルトキハ著作者、発行者、印刷者ヲ二月以上二年以下ノ禁錮ニ処ス」という規定であって、予審終結決定書は、津田の著作が左に列挙する諸点において「皇室ノ尊厳ヲ冒瀆」している、と断定したのである[10](この決定書が、最大限の敬語を連発しているばかりでなく、明治五年八月七日の式部寮回答で廃止された闕字を行なっているのは、当時の司法官の意識をよく示している)。

一　「『古事記及日本書紀の研究』ニ於テ」

㈠　「畏クモ　神武天皇ノ建国ノ御偉業初メ　景行天皇ノ筑紫御巡幸及ビ熊襲御親征、日本武尊ノ熊襲御討伐及ビ東国御経略並　神功皇后ノ新羅御征討等上代ニ於ケル　皇室ノ御事蹟ヲ以テ悉ク史実トシテハ認メ難キモノト為シ奉ルノミナラズ　仲哀天皇以前ノ御歴代ノ天皇ニ対シ奉リ其ノ御存在ヲモ否定シ奉ルモノト解スル外ナキ講説ヲ敢テシ奉リ」

㈡「畏クモ現人神ニ在マス　天皇ノ御地位ヲ以テ巫祝ニ由来セルモノノ如キ講説ヲ敢テシ奉リ」

㈢「畏クモ　皇祖天照大神ハ神代史作者ノ観念上ニ作為シタル神ニ在マス旨ノ講説ヲ敢テシ奉リ」

二「『神代史ノ研究』ニ於テ」

㈠「畏クモ　皇祖天照大神　皇孫瓊瓊杵尊ヲ初メ　皇室御系譜ノ神々肇国ノ御偉業ハ国家組織整備後ニ於ケル朝廷ニ依リ現実ノ国家ヲ正当視セシガ為政治的目的ヲ以テ述作セラレタル物語上ノ御存在ニ外ナラザル旨ノ講説ヲ敢テシ奉リ」

三「『日本上代史研究』ニ於テ」

㈠「畏クモ　皇祖天照大神ノ　皇孫瓊瓊杵尊ニ賜リタル御神勅ヲ初メ　皇極天皇以前ノ御詔勅ハ悉ク後人ノ述作ニ出タルモノナル旨ノ講説ヲ敢テシ奉リ」

㈡「畏クモ　仲哀天皇以前ノ御皇統譜ニハ意識的造作ノ加ヘラレ居ルヤモ知レザル旨ノ講説ヲ敢テシ奉リ」

㈢「畏クモ　仁徳天皇ノ御仁政ハ支那思想ニ由来セル政治物語ニシテ史実ニアラザル旨ノ講説ヲ敢テシ奉リ」

四「『上代日本の社会及び思想』ニ於テ」

㈠「畏クモ　天照大神ヲ初メ　皇室御系譜ノ神神ハ　天皇ノ統治権ヲ確立シ或ハ　皇室ノ御権威ノ由来ヲ説明センガ為　朝廷ニ依リ述作セラレタル物語上ノ御存在ニ外ナラザル旨ノ講説ヲ敢テシ奉リ」

㈡「畏クモ　皇祖天照大神ノ　皇孫瓊瓊杵尊ニ賜リタル御神勅ニハ支那思想ヲ含ミ且日本書紀編者ノ修補シタル部分アル旨ノ講説ヲ敢テシ奉リ」

ちなみに、戦後の書物に津田が不敬罪で裁判に付せられたように書いてあるのをおりおり見かけるが、それは全くあやまりである。不敬罪の場合には、不敬行為を行なう意思すなわち犯意の存在を犯罪構成の要件とするが、出版法違反については、「犯意、即チ著作者又ハ発行者ニ於テ尊厳冒瀆ノ意識ナキ場合ニ於テモ、著書ノ表現自体ヲ客観的ニ観察シ尊厳ヲ冒瀆スルモノト認メラレル場合ニハ犯罪成立スル(11)」と認められていた。津田に不敬の意思ありと認定することは無理であったから、出版法を擬する以外に津田を罪に陥しいれる手段はなかったのである。

二　裁判所に対する津田の主張

公判は同年十一月一日から開始された。裁判長は判事中西要一、陪席判事は山下朝一・荒川正三郎の二人であった。公開は開廷直後停止され、とくに許された速記録も秘扱いにするように命ぜられた。翌十七年一月十五日まで二一回にわたり審理が続いたが、まず津田に対し著作内容に関する裁判長の訊問が行なわれ、津田は、彼自身の言葉によると、「できるだけていねいに説明しようと」して、あたかも「教師が学生に話をしたりその質問に答へたりするやうな気分で」詳細な陳述を行なっている(12)。速記録を読んでいても、さながら津田の講義録のごとき部分が多いが、それだから裁判所が徹頭徹尾好意的であった、と断定するのは早計であろう。裁判長は、問題点になると、言葉はおだやかでも内容的にはかなり意地のわるい、かつ執拗な追及を行なっていることは、後に示す通りである。

津田の法廷における態度は、問題によって二つに大きく分かれていた。すなわち、公訴事実の中一の(一)の後段にある「仲哀天皇以前ノ御歴代ノ天皇ニ対シ奉リ其ノ御存在ヲモ否定シ奉ルモノト解スル外ナキ講説ヲ敢テシ」たとされる点については、あくまでその事実を否認し、決して歴代天皇の存在を否定するような記述を行なっていない、と主張したが、その他の点については、公訴事実に挙げられている諸記述は学問上正当な判断であって、なんら皇室の尊厳を冒瀆するものではない、と主張した。この二つの異なった主張のうち、後者がほとんど全面的に裁判所の採用するところとなって無罪の判決を受け、前者が究極において採用を拒まれて有罪判決を受けるにいたったことは、後に述べる通りであるが、この態度の相違が判決の有罪無罪の認定の相違に対応している点は注意すべきである。

裁判長は、神武から仲哀にいたる歴代天皇の存在を否定していないという津田の主張には容易に納得せず、執拗な追及を行なった。この点で、十一月二十五日の第十一回公判あたりが裁判の山となっているように思われる。以下速記録の一部を抄出しておこう(問は中西裁判長、答は津田被告)。

問　是等ノ記事ニハ神武天皇カラ仲哀天皇マデノ御歴代ノ御存在ハ疑ハシイト云フヤウニ読者ヲシテ思ハシメルモノガアルト思フノデスガ、被告ハ是等ノ記事ヲ書イタ当時ニ、神武天皇カラ仲哀天皇マデノ御歴代ノ御存在ヲ疑ツテ居マシタカ。

答　疑ツテ居リマセヌ。

問　其ノ通リ信ジテ居タノデスカ。

答　サウデス。

問　ソレデハ被告ガ御歴代ノ御存在ヲ疑ハズニ、肯定シテ執筆シタト思ハセルヤウナ記事ガ、此『古事記及日本書紀の研究』ニアルカドウカ、之レニ付イテ説明シテ下サイ。

答　何処ニアルカ蒼卒ノ間見付カリマセヌガ、全体カラ申上ゲマスルト、此ノ私ノ書物ノ何処ニモ御歴代ノ御存在ヲ疑フコトハ少シモ書イテアリマセヌ。(中略)

答　是ハ疑ハシイト思フコト、其ノ疑ハシイノハ何故デアルカト云フコトヲ考ヘルノガ此ノ書物本来ノ目的デアリマスカラ、其ノ儘ニ信ジテ行クコトニ付テハ、別ニソレヲ積極的ニ言ヒ現ハスト云フコトハ大体致シテ居リマセヌノデアリマス。ソレデ殊ニ御歴代ノ御存在ヲ肯定スルト云フヤウナサウ云フ意味ヲ特別ニ言ヒ現ハシタコトハナイノデアリマス。

問　今読ミ聞カセタノハ、疑ツテ居ルヤウニ取レル所ガアルカラ聴イテ居ルノデス。寧ロ真実ヲ肯定シテ執筆シタト云フナラ、其ノ肯定シタコトヲ思ハセルコトガアルカト云フコトヲ聴イテ居ル。

答　帝紀全体ニ付テノ記事ガソレヲ証明スルコトニナラウト思ヒマス。

裁判長は、とくに四六八頁から四六九頁にかけての「それがほぼ仲哀天皇までであるのは、帝紀旧辞の編述せられた時に、御系譜だけでもほゞ知り得られたのは応神天皇より後のことであつて、それより前については記録も無く、其の頃の歴史的事実が殆ど全く伝へられてゐなかつたといふことが、恰好の事情となつてもゐるらしい」の一条に喰い下った。

答　是レハ物語ヲ言フ時ニハ帝紀ハ実ハ出サナクテモ宜イノデアリマスケレドモ、ツヒソレハ旧辞ノコトヲ言ツテ居ル場合ニ、帝紀ガ何時モ聯想サレル訳デアリマスカラ、帝紀ト云フ言葉ヲ出シマシタ。御系譜ノコトモソレ等ノ聯想デ一応此処ヘ是レダケノコトヲ書イタ訳デアリマス。ソコデコノ御系譜ト申シマスノハ即チ帝紀デアリマスガ、此ノ帝紀ト云フコトハ、曾テ申上ゲマシタヤウニ、皇室全体ノ御系譜デアリマシテ、御歴代ノコトデハアリマセヌ。ソレデ其ノ皇室ノ御系譜ト御后、皇子、更ニ其ノ皇子カラ分レタ家柄、家々ノコトマデ、其ノ帝紀ニハ書イテアリマス。其ノ全体ヲ私ハ御系譜ト申シテ居ルノデアリマス。（中略）御歴代ノ天皇ニ付テハ古事記モ日本書紀モ全ク同ジデアリマシテ、其ノ他異説ガ述ベテアル所ニ於キマシテモ、御歴代ニ付テハ何ノ異説モアリマセヌ。是レハ極メテ明白デアリマス。ソレニ付イテハ何ノ異説モナク、随ツテソレニ付イテ考ヘルコトモナイノデアリマス。唯其ノ他ノ、分量カラ言フト大部分ヲ占メテ居リマスル后妃、御后、皇子、ソレカラ又其ノ皇子ト家々トノ関係ト云フコトニナリマスト、皆違ツテ参リマス。

問　結局、此ノ場合御系譜ト云ッタノハ御歴代ノコトデハナイ、御歴代ヲ除イタ全体ノ皇室ノコトデアル、斯ウ言フ意味デスカ。

答　サウ云フコトヲ私ハ申シテ居ルノデ、文字ノ使ヒ方ヲ申シ上ゲタノデアリマス。

問　此ノ際用語トシテ帝紀ヲ御系譜ト云ッタノハ、御歴代ヲ除イタ意味デアル明カナ説明モナシニ書キ流シテシマヘバ、ソレヲ読メバ如何ニモ応神天皇マデハ御系譜ダケデ(モ脱カ)略々知ルコトガ出来ルケレドモ、ソレ以前ニ於テハ御系譜サヘモ御歴代ヲ含メタ意味デ知リ得ナカッタト云フ風ニモ取レル余地ガアリマスネ。

答　御歴代ト皇族トヲ別ノモノトシテ見マスレバ、其ノ場合サウ云フコトガ出来ルカモ知レマセヌガ、私ハ帝紀ト云フモノハ一ツノモノトシテ見マス。

問　一ツノモノデアレバアル程、御歴代ヲ含ンダ意味ニ取レルノデハアリマセヌカ。

答　ソレハ今マデ私ガ読ンデ参リマシタ例ヲ見マスレバ、サウデナイヤウニ使ッテアリマス。

(中略)

問　被告ノ書イタ積リハ、御系譜ハ御歴代ヲ含メナカッタト云フケレドモ、特ニ御系譜ハ御歴代ヲ除イタ意味デアルト云フコトハ、此ノ文面デハ分リマセヌ。

答　文面ニハ明ラカニ書イテアリマセヌガ、此ノ際ニ物語ノコトヲズット書イテ居リマシテ、其ノ物語ノ大部分ト云フモノハ皆ナ皇族ノコトガ多イノデアリマシテ、ソレデ詰リサウ云フコトニナリマス。(中略)全体読ンデ見レバサウナリマス。

問　被告ガ予審デ調ベヲ受ケタ当時、此ノ『古事記及日本書紀の研究』ノ過程ニ於テ神武天皇カラ仲哀天皇マデノ御歴代ノ御存在ヲ疑ッテ居ッタト言ッテ居リマスガ、ソレハドウ言フコトカラ疑ッタノデスカ。

答　ソレハ私ノミナラズ一般ニ疑ハレテ居ルコトデアリマス。（中略）一応ハサウ云フ疑問ヲ起スト云フコトハ、是レハ昔ノコトヲ考ヘレバ当然起ルコトデアリマス。

問　ソレヲ疑ハナクナツタノハドウ云フコトデスカ。

答　ソレハ積極的ニ疑ハナケレバナラヌト云フ十分ナ確証ガナイト云フコトデアリマス。

問　確証ハナイガ、被告ヲ疑ハシメタ原因ハ依然トシテ残ツテ居リマスネ。

答　ソレハ残ツテ居リマスケレドモ、ソレハ色々解釈ガ或ル程度出来マス。

問　ドウ云フコトデスカ。

答　（中略）其ノ疑ヒノ根拠ハ開化天皇以前ニアルノデアリマシテ、ソレヨリ後ノコトニ付テハ別ニ疑フベキ根拠ガナイノデアリマス。応神天皇ノ時ニ文字ガ入リマシテ、ソレカラ間モナク御系譜ナドガ書キ記サレタデアラウト云フノガ、私ノ考ヘデアリマス。サウスルト仲哀天皇カラ以前崇神天皇マデハ五代デアリマス。ソレ位ノコトハ常識カラ考ヘマシテモ、言ヒ伝ヘノアツタト言フコトハ明カナコトデアリマス。ソレデアリマスカラ、私ハサウイフコトニ付イテハ別ニ疑ヒヲ持タヌノデアリマス。

（中略）

答　私ハモツト強イ積極的ナ証拠ガナケレバ、ソレヲ疑フト言フコトハドウカト思ヒマシテ、サウ言フコトハ私ノ頭カラ一切去ツテ居ツタノデアリマス。

問　其ノ点ハ『記紀の研究』ノ外ノ方面ノ態度トハ違ヒマスネ。疑ハシイケレドモ、ソレヲ疑ツテハイケナイト言フノデ抑ヘテ居ルヤウニ……。

答　イケナイト云フ意味デハナイノデアリマシテ、学問的ニソレヲハツキリ立証スルコトが難カシイト言フコトデス。

問　疑点ハ疑点トシテ残ルノデハアリマセヌカ。

答　疑点トシテハ尚ホ問題デアリマセウケレドモ、私自身トシテハ（下略）

右の問答によって知られるように、公判廷の問答に関するかぎり、津田の釈明は必ずしも明快とはいえない感があった。しかし、津田は最後までこの主張をまげず、有罪判決を受けると、控訴の理由として提出した上申書において、さらにくわしくその主張を繰り返している。次に、上申書の結論の部分を引用しておこう。

以上申し述べましたところを要約しますれば、総論から取つてある(い)(ろ)(は)の三条には、まだ文字の用ゐられなかつた時代である仲哀天皇以前の皇室の御系譜が口碑によつていひ伝へられ、応神天皇の朝に文字が用ゐられるやうになると間もなくそれが記録せられ、さうしてその記録が後に編纂せられた帝紀の材料となつたことが、一般の想定として、記述せられてゐるといふこと、また第四章から取つてある(に)(ほ)の二条は、仲哀天皇以前の御歴代の天皇の御系譜が帝紀編纂の前から既に世間に知られてゐたといふことのわかるやうになつてゐる記述であるといふこと、此の二つでありまして、(い)(ろ)(は)に於いて想定せられてゐることは、(に)(ほ)に於いて実証せられてゐるのであります。

(い)『古事記及日本書紀の研究』四三―四四頁。(ろ)同五七頁六行―五八頁一行。(は)七四頁二行―一〇行。(に)三八〇頁三行―一一行。(ほ)三八五頁末行―三八六頁五行。(上申書原本二一一―二一二頁)

応神天皇の御代即ち西暦四世紀の後半のころに文字が入つて来て記録の術が伝へられましたならば、天皇の御父母や御祖父母の御名が記録せられないはずは無いのでありまして、仲哀天皇成務天皇などの御名は御父祖の御名と同じくいひ伝へられてゐて、同じく記録せられたに違ひありません。かういふ近い時代の御祖先の御名が記憶せられてゐないはずの無いことは、今日の一般の常識的に知り得られるのであります。ですから景行天皇垂仁天皇崇神天皇の御名は、このやうにして、応神天皇のみよに書かれた記録に上つてゐたことも推測せられます。ただそれより前の御歴代の天皇の御名の伝はつてゐたことについては、後世の人の考から見れば、いくらかの疑問が起るかも知れず、次に申しますやうに、実際疑問を起した学者もありますが、何よりも大切な御血統のこと皇位御継承のことでありますから、特殊なる注意の下にそれについてのいひ伝への昔から次第にうけつがれて来たことが、推測せられるのであります。極めて遠い昔からヤマトの地域に君臨あらせられた皇室の、其の遠い昔までの御祖先の御名がすべていひ伝へられたとまで考へることは困難でありますが、或る時期に於いて大に皇威を伸張あそばされた英主、即ち神武天皇の御名は、このやうにしていひ伝へられて来た、といふ推測を拒否することはできなからうと思はれます。神武天皇より後とても、数多き皇族后妃の御方々までの御名の確かないひ伝へがあつたとは考へ難いのでありますが、御歴代の天皇の御名だけについては、かう考へねばならないのでありま す。（中略）御歴代の天皇の御系譜について（中略）記紀に於いても異伝が少しも見えないといふことは、このやうに考へて始めて理解のできることであります。（同二九一―二頁）

神武以後の歴代天皇の実在性の問題について、津田は受け太刀の形であったが、その他の問題については、むしろ攻勢の姿勢をとり、積極的に著作の正当行為であることを主張した。神代史が歴史的事件の記録ではなく、述作された物語であることについて、津田は公判廷で次のように述べている。

ソレハ歴史的事件ノ記録デハナイノデアリマス。天上ニ国土ノアル筈モナク、天カラ人ガ降リテ来ル筈モナイカラ、是ハ説話デアリマス。説話トシテ初メテ古事記ノ記事モ生キテ来ルノデアリマス。若シ之ヲ歴史的事件ノ記録トシテ見マスレバ、古事記ノ記載ヲ破壊スル、殺シテシマフコトニナリマス。（中略）ノミナラズ、ソレガ説話トシテ見テコソ其ノ精神ト云フモノガ考ヘラレマスルノニ、実際アツタ歴史的事件トシマスレバ、サウ云フ精神トハ無関係ナコトニナリ、寧ロ其ノ精神ヲ壊ハスコトニナルノデアリマス。例ヘバ「日ノ神」ヲ純然タル人間デアラセラレル、或ハ儒者ノヤウニ聖人デアルトシマスレバ、神デハナイコトニナリマス。「日ノ神」ガ神デナイト云フコトハ、古事記ノ記載ヲ破壊スルコトデアルノミナラズ皇祖神ヲ神トシテ考ヘテ居リマスル一般ノ国民ノ思想トモ亦矛盾スルコトニナリマス。天孫民族ガ海外カラ渡来シテ出雲民族ヲ征服シタト云フ様ナコト、サウ云フ歴史的事件ガ神代史ニ現ハレテ居ルトシマスレバ、日本ハ征服国家ト云フコトニナリマス。武力ヲ以テ皇室ハ此ノ国ノ民衆ヲ征服セラレ、ソレニ依ツテ国家ガ出来上ツタト云フコトニナリマス。是ハ皇室が一般ノ国民ト全ク別ナ由来ノモノトシ、唯武力、権力ニ依ツテ繋ギ合ハサレテ居ルノデアルト云フ考ヘ方デアリマシテ、日本ノ国体ノ精神ハソレニ依ツテ傷ケラレルコトト固ク信ズルノデアリマス。（十一月十三日、第六回公判）

従来ノ学者ノ研究ハ寧ロ古典ヲ殺シタト云フ風ニ私ハ考ヘテ居リマス。ソレヲ私ハ生カシタノデアリマス。（中略）古典ヲ生カシ、古典ヲ謂ハバ復活サセタト云フコトデアリマス。（十二月十八日、第十八回公判）

要スルニ、皇室ニ対シ奉ル尊敬ノ情ト云フモノ、又愛国心ト云フモノ、是ハ真実ナル知識ノ上ニ立ツモノト思ヒマス。真実デナイコトノ上ニソレヲ打立テルト云フコトハ困難デアリマス。サウシテ又尊厳ナル国体、我ガ皇室ノ御地位ガ学問的ニ真実ヲ明ラカニスルコトニ依ツテ益々鞏固ニナル、益々尊厳ガ明ラカニナル、斯ウ考ヘナケレバナラヌノデアリマス、事実サウデアルト思ヒマス。（同）

津田によれば、神代史を歴史的事件の記録とすることは、記紀の記載に違背した解釈であるのみならず、かえって日本の国体を傷ける結果となるのであり、それを説話と見、思想の表現と考えてこそ、はじめて国体観念を明らかにすることになるというのである。この見地から、津田は、第一審提出の上申書において、公訴事実に逆襲を加え、私の著書から所々の辞句が取り出されてそれが問題とせられながら、其の辞句に示されて居りまする私の見解と記紀の記載との関係が少しも顧慮せられてゐないやうに見え（中略）ます。実を申しますと、これらの辞句の問題とせられましたのが、如何なる理由からであるか、それが私にはよくわからないのでありますが、（中略）すべての場合を綜合して見まするど、記紀の記載は事実を記したものである、といふ考がもとになつて、そこから私の見解の示されてゐる辞句が問題視せられたのではないか、といふ疑が起るのであります。もつとも、事実を記したものであるといふのが、㈠本居宣長の見解のやうに、記載のまゝが事実であり実際であつたことであるといふのか、又は㈡一部の学者の説の如く、例へば皇祖は太陽ではあらせられず、高天原は地上の或る場所であり、八咫烏は鳥でなくして人であ（中略）る、といふやうに、記紀の記載を変更した上で、それを事実とするのか、その点はわかりかねます。しかし㈠に従ふことは、さすがに現代に於いてはできかねませうから、或は㈡のやうな考へかたによつたものであるかとも推測せられますが、もしさうでありますならば、それは記紀の記載に違背するものでありますから、もし此のやうな考から私の見解が非難せられるならば、それは記紀の記載には違背した考を準拠として、記紀の記載そのものを非難し、または記載を記載のまゝに理解したところから生じた見解を非難することに、なるのであります。（三八四―五頁）

と論じたが、控訴審において提出された上申書では、予審終結決定書の神代史の解釈についての判断をいっそうはげしい言葉で反駁している。

決定書に於ける四つの著書の一々についての判断によつて推測しますと、神代史及びその他の記紀の記載に語られてゐることは、そのままでは実際あつた歴史的事件ではない、即ちそれらの記載は物語であつて歴史ではない、と四つの著書に考へてあることが、皇室の尊厳を冒瀆するものと判断せられたのではないかとも思はれますが、これは記紀の記載そのものが明かに示してゐること、記紀をありのままに読めば何人にも考へられることでありますから、もしこのやうな見解の下にこのやうな判断がせられたのでありますならば、それは、皇室の尊厳を冒瀆してゐるものは記紀の記載そのものであつて、私の著書ではないことになる、といふことであります。（上申書原本四二七―八頁）

かういふ見解は、つまるところ、学問的研究によつて真実を明かにすることが皇室の尊厳を冒瀆するものである、といふことになるのでありますから、それをいひかへますと、皇室の尊厳といふ観念は真実を隠蔽することによつて存立する、といふことになりますが、実を申しますと、これほど皇室の尊厳を冒瀆する見解は無いのであります。（同四二八頁）

神代史が「政治的」意図の下に「述作」された、というのも、「無イモノヲ無理ニ作ルト云フノデハナクシテ、想像デアリマシテ、其ノ想像ガ思想ノ詩的ナ表現デアリマス」、したがって「述作」という言葉をとらえて、「実際存在シナイモノヲ無理ニ作ツタ」といっているかのように誣いるならば、不当である、「政治的ト云フ言葉」も、最近では「政策的、又ハ特殊の高等政策ト云フヤウナ意味」に用いる例があるけれど、「政治的ト云フ言葉ヲソンナ風ニ使フノハ極メテ最近ノ事デアリ」、「本来正シイ使方デナイノデアリマシテ」、「本来ハ政治ハ国家ヲ治メルト云フ事デアリ」「随テ、神代史ニ政治的意味ガアルト書キマシタノハ、国家御統治ノ意味ガアル、ト云フコトデアリマス」、だから、それはなんら皇室の尊厳を冒瀆することにはならない、と主張した。

その他の公訴事実については、下記のような弁明がなされている。天壌無窮の神勅については

御神勅全体ガ支那思想ニ依ツテ影響サレテ居ルト云フ意味デハナイノデアリマス。実ハ此処ニハ天壌ト云フ文字ハナクテモ宜イ、唯無窮デアリサヘスレバ宜イ、宝祚ガ無窮デアレバ宜イノデアリマス。ソレダケナラ何モ支那

思想ハ入ッテ居リマセヌ、日本特有ノ事デアリマス、唯無窮ト云フ事ヲ形容スル為ニ、天壌ト云フ二ツノ文字ヲ持ッテ来タ為ニ、ソレハ支那思想カラ来テ居ルノデアル、斯ウ云フ事ヲ申シテ居ルノデアリマス。（十二月十六日、第十七回公判）

天皇の地位を「巫祝」の語によって説明したことについては、第一審提出の上申書において

一般的に申しますると、もと〳〵政治的君主の地位の極めて遠い起源が上記の意義での巫祝にあるといふことは、政治的君主の地位を低く見たのではなくして、却つて其の反対なのであります。祭祀呪術と政治との分離しない前、巫祝と君主との両立しない前の巫祝は、全部族もしくは全民族の精神的指導者であり首長であつたのでありますす。（中略）それでありますから、近代の民族学者の研究の結果は、我が皇室の御地位の遠い淵源を考へるには、適切なものであると考へられるのであります。もし此の考を非とすれば、どう考へてよいのか、他に考へかたは、全く無からうと思ひます。（一八二―三頁）

と述べられているが、さらに公判廷において裁判長の訊問に対し次のように答えている。

問　「巫祝ノ徒」ト云フノハ少クトモ敬称デハアリマセヌネ。サウ言フ言葉ヲ同ジ書物ニ於テ天皇ノコトヲ申上ゲルノニ使フト言フコトハ避ケルベキデハナイカト思ヒマセヌカ。

答　此処ニ「巫祝ノ徒」ト申シマシタノハ、日本ダケノコトデハナクシテ、世界的意義ヲ持ッテ居ル原始宗教ニ関スル思想ニ付テ之レヲ使ッタノデアリマシテ、アトノ方ハソレデソノ原始宗教ニ関スル学問上ノ術語デアリマス。（中略）英語デ申シマスト、「マジシヤン」ト云フ言葉ヲ使ッテ居リマス。（中略）呪術師ト言フ訳語が相当使ハレテ居リマス。又巫祝ト言フ訳語ヲ使ッタ人モアリマス。（中略）呪術師ト言フコトヨリモ、寧ロ巫祝ト言フ古典的ナ語感ノアル言葉ノ方ガ宜イト思ヒマシテ、ソレデ巫祝ト云フ言葉ヲ使ッタノデアリマス。

問　我ガ国ノ天皇モ勿論申上ゲテ居ルコトニナリマスネ。

答　左様デアリマス。

問　サウ言フ言葉ヲ使ツテ差支ヘナイト思ヒマスカ。

答　差支ヘナイト思ヒマスノハ、ソレハ決シテ悪イ意味デハアリマセヌ。（中略）ソレヨリ良イ術語ガ他ニアリマセヌ。

問　今デモサウ思ツテ居リマスカ。

答　思ツテ居リマス。（十一月二十五日、第十一回公判）

裁判長の訊問のきわめて執拗なのは、裁判所がこの点を相当に重要視していたことを示すのであろう（しかし裁判所は判決において津田の主張を容れてこの点は無罪とした）。

津田は、上述のごとく、すべての点にわたって、自己の著述の正当なことを主張し、問題が起ってから、書物の発売を差し控えたり、早稲田大学の教授をやめたりしたのも、学校当局者が窮地に陥るに忍びなかったためであって、自分の非を認めたからではない、と断言している（十二月十八日、第十八回公判）。その点は、天皇機関説問題において美濃部達吉が最後まで自説の正当なことを主張して屈しなかったのと、符節を合するものがあった。

なお、被告人訊問の一応終了した後、十二月二十日の第十九回公判において、検事から、津田の問題の著書が渡部義通・秋沢修二・伊豆公夫等共著『日本歴史教程』に引用されていることを重視する旨の発言があり、つづいて左の問答の行なわれたことは、起訴の動機の一端をあらわに示すものである。

有馬弁護人　特ニ左傾ノ者ガ云ツテ居ルト云フ其ノ立証趣旨ハドウ云フ意味デスカ。

検事　本ノ記事ノ影響ニ付イテ（下略）

有馬弁護人　左傾ト云フノハ何カ意味ガアルノデスカ。

検事　左翼ノ人ハ国体ノ否定ノ立場ニ立ツ人ガ多イヤウデスカラ、其ノ本ニ書イテアルト云フコトデス。

有馬弁護人　サウ云フモノガ利用スルト云フノデスカ。

検事　サウ云フ意味デ、社会的影響デス。

検事の『日本歴史教程』うんぬんは、渡部・三沢章《(和島誠一)》・秋沢・伊豆共著、昭和十二年六月発行の『日本歴史教程』第二冊巻末の「参考書解説」欄に、この裁判で問題とされている津田の四冊の著書が解説を付して挙げられている事実をとりあげたものである。『日本歴史教程』第一冊は、渡部・三沢・伊豆・早川二郎共著として昭和十一年十二月に発行されており、第二冊はその後をうけたものであって、唯物史観の立場から日本の原始・古代の歴史を総合的に叙述したおそらく最初の通史ではないかと思う。「日本列島の形成と人類の渡来」「日本石器時代の遺跡と遺物」「原始日本の社会」「金属文化の輸入と生産経済の発達」「氏族社会の矛盾とその発展」「政治機構の形成」「原始時代のイデオロギー」「原始社会の崩壊」(以上第一冊)「神話伝説と古墳文化」「三・四世紀における列島情勢の概観」「五・六世紀の経済的発展」「上代の社会組織」「大和国家の政治体制」「大陸諸国との政治的交渉」「上代末期における社会的諸矛盾の展開」「隋唐文化の輸入」「大化改新とその過程」「大化改新の成果と意義」「上代文化と奴隷制的構造」(以上第二冊)という章別構成をとったこの書は、当時の学界の研究水準ときびしい治安立法下での合法的出版という制約の下で書かれたのであるから、今日から見れば大きな限界を有するのは当然ながら、唯物史観史学の日本古代史研究の戦前段階でのはじめての通史的まとめとして大きな意義を有するものであるばかりでなく、史学史全般を通じて見ても、さきに紹介した西村真次の著作以後、戦前に出たものの中ではもっとも科学的な日本古代史概説であったとも言えるのではなかろうか。それはともかく、検事は、この書がマルクス主義者の著作であることから、津田の当面の四著作がその参考文献欄に紹介されているのに着目し、津田の著作が有害な「影響」力をもつことの一証左に利用しようとしたわけである。しかしながら、この書の参考文献欄には、津田の著作ばかりでなく、浜田耕作・後藤守一・大場磐雄・中山太郎・駒井和愛・江上波夫・藤田亮策・梅原末治・高橋健自・安藤正次（以上第一冊）高橋健自・後藤守一・中山久四郎・西岡虎之助・川上多助・安藤正次・木宮泰彦・内田銀蔵・滝川政次郎・西村真次・三浦周行・鳥居竜蔵・土居光知・五十嵐力（以上第二冊）等多数の非マルクス主義学者の著書が、マルクス主義関係著作といっしょに列挙されているのであるから、「左翼ノ人」が引用した書物の著者がその「社会的影響」について責任を負わなければならぬとすれば、これら多数の学者がみな同列なのであって、ひとり津田だけのことではない。その上に、『日本歴史教程』の「解説」で、津田の『神代史の研究』『古事記及び《(マヽ)》日本書紀の研究』は、「記紀或ひは日本古代史の研究の上に大きな進歩的役割を果した名著であ」るとされながらも、「但し、そこでは記紀の内容の否定的部面が強調され、肯定的部分が影をひそめる形である。なほ今日では更に考古学・民俗学・土俗学・比較神話学等によつて再検討されねばならぬ部分が少くないし、社会科学的把握が弱い」とかなり手きびしく批判されているのであるから、津田とマルクス主義史学との間には大きな距離があることも明示されているのであって（津田の側からも、マルクス主義史学に強い批判を加えていたことは、すでに詳しく見てきたとおりである）、検事が『日本歴史教程』うんぬんを法廷で問題にしたのは、全く津田を陥害するための言いがかり以上の何ものでもないとすべきであろう。

三　検事の論告と弁護人の弁論

十二月二十三日第二十回公判では、検事神保泰一の論告が行なわれた。検事の論告には、当時の国家権力のこの問題についての考え方が最も赤裸々に示されているので、重要部分を左に抄出する。

検事はまず、記紀の記載内容が国体存立の基礎となっているということを、煽情的な言句をつらねて強調し、学術的研究といえども、もし国体存立の根底に抵触するならば、違法となる、と主張した。

皇室ノ尊厳ノ神聖(八)、西欧ニ於ケル君主ノ神聖不可侵ノ観念トハ全ク其ノ性質ヲ異ニシ、皇祖天照大神ノ神裔ガ、神勅ニ基ク万世一系ニ国家ヲ御統治遊バス所ニ其ノ本源ヲ有スルノデアリマス。而モ此ノ事タルヤ、国体ノ基根タルト共ニ、凡ユル秩序ノ源泉ヲナシテ居ルノミナラズ、古来民族ノ揺ギナキ信念トナリ、東西ニ類例ナキ皇室観、国体観ヲ形成シテ来タモノデアリマス。(中略)仮令之等(記紀古語拾遺等)ニ一部史実トシテ信ジ難キ、不可解ナ点ガアリトハ云ヘ、其ノ記述ハ皇室ノ御由来並ニ御事蹟、又ハ国家ノ起源ニ関スル記録ヲ多ク含ミ、其ノ大筋根幹ハ日本ノ上代ノ史実ヲ筆録シタモノトシテ古来吾々日本人ノ皇室観乃至国体観ノ拠リ所トナツテ居ルノデアリマス。此ノ故ニ斯カル文献ノ内容ニ付テノ研究ニ当リマシテモ、極メテ敬虔ナル態度ト慎重ナル用意トヲ以テ臨ムベキハ勿論デアリマスト共ニ、其ノ研究ノ態度方法如何ニ依リマシテハ、直チニ皇室、国家ニ関スル史実其ノモノ、随テ国家生活ノ根本的秩序ヲ破壊シタル場合ニハ、其ノ罪責ヲ回避シ得ザルモノデアルト云フコトハ、又言ヲ俟タザル所デアリマス。(中略)憲法発布ノ勅語ヲ拝シマスノニ、畏クモ「惟フニ我カ祖我カ宗ハ我カ臣民祖先ノ協力輔翼ニ倚リ我カ帝国ヲ肇造シ以テ無窮ニ垂レタリ此レ我カ神聖ナル祖宗ノ威徳ト並ニ臣民ノ忠実勇武ニシテ国ヲ愛シ公ニ殉ヒ以テ此ノ光輝アル国史ノ成跡ヲ貽シタルナリ」ト宣ヒ、陸海軍々人ニ下シ給ヒタル勅語ニモ「昔神武天皇躬つから大伴物部の兵ともを率ゐ中国のまつろはぬものともを討ち平け給ひ高御座に即かせられて天下しろしめし給ひしより二千五百有余年を経ぬ」ト仰セラレテ、又教育ニ関スル勅語ノ「朕惟フニ我カ皇祖皇宗国ヲ肇ムルコト宏遠ニ徳ヲ樹ツルコト深厚ナリ」ト宣リ給ヒシ大詔ヲ拝誦致シマスレバ、皇国民タルモノ如何デカ肇国ノ御事及建国ノ御事跡ニ軽々シク異議ヲ挿ムコトヲ得ベキデアリマセウカ。肇国ノ御事及建国ノ歴史ハ当ニ国体ノ淵源デアリマシテ、国家存立ノ基礎デアリマス。(中略)此ノ肇国ノ御事及建国ノ御事ヲ、歴史的事実ニアラズト申シ、更ニ神代史及上代史ヲ(中略)述作セラレタルモノナリトシ、又思想上企テラレタ国家成立ニ関スル一ツノ主張ニ外ナラヌト云フガ如キハ、伝統的国体観ニ背反シ、此ノ限リナイ尊イ皇室ノ尊厳ヲ冒シ奉ルコト、正ニ之ヨリ甚シキハナイノデアリマス。

とくに、検事は、「天壌無窮の神勅」に対する津田の批判を重視した。

皇位ガ神勅ニ基ク儼然タル神聖位ナルコトハ、帝国憲法第一条ニモ明示シ給フ所ト拝察スルノデアリマス。憲法ノ上諭中ニモ「国家統治ノ大権ハ朕カ之ヲ祖宗ニ承ケテ之ヲ子孫ニ伝フル所ナリ」ト、神勅ニ基ク所以ヲ明示シ給フテアリマス。又教育ニ関スル勅語ニモ「天壌無窮ノ皇運ヲ扶翼スベシ」ト仰セラレテアリマス。神勅コソ皇位ノ基幹デアルト共ニ皇位其ノモノデアリマシテ、尊厳極リナキモノデアリマス。神勅ヲ初メ列聖ノ詔勅ハ古来至尊ト同一視シ奉リ謹ミテ奉誦奉戴スベキモノデアリ、臣子ノ分トシテ苟初ニモ論議ヲ挿ムベキコトヲ許サルベキデハアリマセヌ。

さらに、検事は、日本における学問研究の態度について、津田の主張を駁撃するためであろう、次のような見解を述べている。

我ガ国ニ於キマシテハ、学問又ハ学問的研究モ、皇室国家ニ貢献スルコトヲ任務トスベキモノト思ヒマス。特ニ記紀ノ研究ノ如ク皇室ノ御由来、国体ノ淵源ニ触レルコト多キ事柄ノ学問的研究ニ終始スルモノハ、単ニ皇室国体ヲ尊敬スルト云フコトノミデハ足ラズ、自己ノ全霊ヲ以テ皇室国体ヲ擁護シ其ノ尊厳性ヲ愈々発揮スルコトニ努力スルト云フ徹底セル信念ヲ常ニ一貫シテ保持シナケレバナラヌモノト考ヘルノデアリマス。而シテ学問研究ノ発表ニ当リマシテモ、学問若クハ学問的研究ハ真実ノ発見ニアリトスル所カラ、何カ特殊ノ領域ノ如ク心得、之ニ囚ハレ過ギ、法律モ之ヲ罰スル能ハズ、又一時国民ノ思想若クハ国体観念ニ悪影響ヲ及ボスモ已ムヲ得ヌトナスガ如キ増長慢ニ陥ルコトナク、能ク出版法、新聞紙法等ノ精神ヲ遵守シ、慎重ナル用意ヲ以テナサルベキモノト考ヘマス。

検事は、歴代天皇の実在性を否定していないとする津田の弁明を「弁解センガ為ノ詭弁ニ過ギナイ」と一蹴し、あくまで自己の著述の正当を主張する津田の態度を「今日ニ於テモ尚ホ十分反省ノ色ヲ示サナイ」ものと認め、「情状甚ダ重イモノガアル」と断じ、四冊の著書のそれぞれについて禁錮二月、合計八月の刑を求刑した。

検事の論告を、この事件についての政府の意向の表現と解するとき、われわれは、記紀の研究に対して、国家権力が次のような考え方をもっていたと解せざるをえない。

第一に、皇祖の神勅を中心とする記載内容は、天皇制国家秩序の基底をなすものであり、その大綱は、どこまでも歴史的事実と信ぜられているのであるから、これと異なる見解を示すことは臣民としての義務に反する、というのである。『古事記』、『日本書紀』は、ここでは批判を許さない国家的聖典として神聖不可侵の典籍とされている、といってよい。(13)

第二に、天皇制下の日本では、学問研究といえども、この天皇制国家機構を擁護する御用学問としてでなければ、法律の保護が与えられない、ということである。それは、学問の自由の制限などという生やさしい段階ではないのであって、一九四五年八月以前における日本国家の本質を最も露骨に示すものではなかろうか。その意味で、この検事論告は、貴重な史料価値を有するといわねばならぬ。

昭和十七年一月十五日、第二十一回公判においては、島田武夫・有馬忠三郎両弁護人の弁論が行なわれた。島田弁護人は、記紀の記載をすべて歴史的事実であるとする前提に立つ予審決定を、「今日一般人カラ見レバ、是ホド常識ニ外レタ見方ハアルマイ」と痛撃し、もしそれがそのまま歴史的事実だといいたいならば、そのまま歴史的事実でないとする被告の主張に対して「反証ヲ挙ゲテ後言ハルベキコトデアル。何等ノ反証ヲモ挙ゲズニ、此ノ物語ハ事実ダト独断サレルノハ、却ツテ皇室ノ尊厳ヲ瀆ス結果ニハナラナイカヲ憂フル」と論じ、さらに被告の著述には「誣罔に出ヅル説明ハ一ツモナイ」から、刑法第二三〇条第二項の「死者ノ名誉ヲ毀損シタル者ハ誣罔ニ出ツルニ非サレハ之ヲ罰セス」の条文に拠り、違法性を阻却するもの、とした。島田弁護人は、刑法の右の規定をもって「真面目ナル歴史ノ科学的研究者ノ為ニ認メラレタ」ものとし、「畏クモ明治大帝ガ御裁可ニナツタ刑法ハ、歴史ノ科学的研究ニ付テ特例サヘ認メラレテ居ルト云フコトニ御留意ヲ願ハナケレバナラヌ」と力説した。明治憲法では、言論出版の無制約的自由を保障しておらず、学問研究の自由については全然規定していなかったから、歴史学の研究の自由を擁護するためには、このような特殊な条文を採用するほか、道がなかったのである。

ついで有馬弁護人は、検事の重視する天壌無窮の神勅について、「是ハ古事記ニモ日本書紀ニモ実ハ記サレテ居ナイ、日本書紀ノ一書ノ説トシテ註ニ引用サレテ居ルノデアリマス。書紀其ノモノデハナイノデアリマス。サウシマスト、此ノ二書ニ関スル検事局ノ見解ニ基キマスト、御神勅ハ天武天皇モ御採用ニナラナカツタト云フコトヲ云ハザルヲ得ナイ」と痛いところを突き、また、検事は「記紀ニ記サレテ居ル肇国及ビ建国ノ歴史ハ、古来皇国民ノ須臾モ忘レナカツタ所デアル、又苟且ニモ疑ヲ挾マナカツタ信条デアル、斯ウ述ベラレテ居ルノデアリマスガ、度々被告ガ当法廷デモ申述ベテ居リマスヤウニ、過去ノ学者ニ記紀ノ記載ヲ歴史的事実トシテ信ジタ者ノ甚ダ少ナカツタコト、現在ノ学者ハ殆ド皆信ジナイト云フコトハ、本件デハ頗ル顕著デハナイカト思フ」、「全体カラ見テ史実ノ記録ナリトハ、現代ニ於テハ何人モ認メテ居ナイノデアリマス」と論じて、検事の主張を真向からうちくだいたのみならず、そもそも本件が法律上の問題となったのは、「或ル愛国ヲ売物ニシテ居ル一種ノ連中ガ東京帝国大学ノ法学部ヲ攻撃スルタメニヤツタノダト云フコトガ動機ニナツテ居ルト云ハレテ居ル」、「サウシテ内務省ト検事局トガ、悪ク言ヘバ彼等ノ御先棒ニ使ハレテ居ルノダ、斯ウ云フコトスラモ耳ニ入ラナイデハナイ」と皮肉を飛ばし、勇敢に逆襲的態度に出ている。(14)

終って被告の最終陳述があり、これで審理は終結となった。

四　判決と公訴の消滅

判決は昭和十七年五月二十一日に言い渡された。判決では、『古事記及日本書紀の研究』一八五頁一三行から一八六頁四行まで、四六七頁一三行から四六九頁二行まで、四八二頁七行から四八三頁四行までの三か所を限って、出版法違反に該当すると認定し、「或ハ崇神垂仁二朝ノ存在ヲ仮定スト謂フガ如キ、又或ハ帝紀編纂ノ当時ニ於テ仲哀天皇以前ノ御歴代ニ付テハ其ノ御系譜ニ関スル材料ノ存シタル形迹ナク、之ニ関スル歴史的事実モ殆ド全ク伝ヘラレ居ラザリシ旨、畏クモ神武天皇ヨリ仲哀天皇ニ至ル御歴代天皇ノ御存在ニ付疑惑ヲ抱カシムルノ虞アル講説ヲ敢テシ奉リ、以テ皇室ノ尊厳ヲ冒瀆スル文書を著作」したという理由で、津田に禁錮三月の刑を宣告している。判決は、被告が仲哀以前の歴代天皇の存在についての疑問を解決し疑念を抱かざるにいたったというけれど、「其ノ事タルヤ、我国家我皇室ニトリテ最モ重要ナル事柄ナルヲ以テ、若シ之ニ対スル疑問ヲ解決シタリト云フニ於テハ、固ヨリ之ヲ其ノ著述ニ於テ明解シ、以テ斯ル疑問ノ生ズル虞ヲ絶エテ無カラシムルコトコソ正ニ学者トシテ信ズベキノトコロナリト謂フベシ。然ルニ被告人ハ本書ニ於テ之ヲ明カニ記述セズ」、「其ノ総論ニ於テ帝紀ソノモノノ総括的説明ニ於テ、帝紀トハ皇室ノ御系譜即チ皇族后妃ノ御系譜ノミナラズ御歴代天皇ノ御系譜ヲモ含ム趣旨ノモノナルコトヲ明言セル本書ニ於テ」、上記箇所のごとき記述を敢えてするのは、「仮令右御歴代ノ御存在ニ付明カニ之ヲ否定シ奉リタル記述ヲ為シタル部分ナキニモセヨ」、「右御歴代ノ御存在ニ付疑惑ヲ抱カシムルノ虞アル記述タルコトハ寔ニ明カニシテ」「神武天皇ヨリコノカタ皇統連綿トシテ今上陛下ニ至ラセ給フ我皇室ノ尊厳ヲ冒瀆スルノ記述タルコト」「素ヨリ論ヲ俟タズ」」と断定したのである。

判決では、右以外の公訴事実についてはすべて無罪とした。神代史を「其ノ儘ニ歴史的事件ヲ記録シタルモノト解スルコトハ現代人ノ理性現代人ノ知識ヲ以テ之ヲ為シ得ザルモノ少シトセザルヲ以テ」、「皇室ノ御上ニ関シ国家ノ起源ニ関スルノ故ヲ以テ其ノ疑問ヲ抑制シ之ガ論議ヲ許サザルモノト為スニ於テハ、本来尊厳無比ニシテ何等之ヲ覆フノ要ナキ我皇室我国体ニ付却テ疑惑ヲ抱カシムルノ虞ナシトセズ」、「唯其ノ史実性ヲ否認シタルノ事ノミニヨリ直チニ之ヲ以テ其ノ尊厳ヲ冒瀆スルモノト解スベキニ非ズ」、したがって神代史を説話として、その精神を顕彰しているのは、国体の「尊厳ナル所以ニ付一ノ学問的根拠ヲ与ヘントスル建設的講説ト解スベキモノ」である。神武から仲哀に至る歴代天皇の事績の史実性についての問題も、右と同様に、それだけで皇室の尊厳を冒瀆したとは認められない。巫祝という語は学術的用語として用いたのであるからして咎めるに当らない。神勅の文章に支那思想よりきたものがあるというのは、形容の文字に関することにとどまり、「御神勅ノ思想其ノモノニ支那思想ヲ含ムモノト為シタルモノト解スベキ」ではないから、「御神勅ノ尊厳ヲ瀆シ奉ルモノトハ認メ難」い。「仁徳天皇御仁政ニ関スル記述ハ武烈紀ニ係ル記述ト比照読了スルニ於テハ、皇室ノ御仁慈ニ対スル我国民ノ心情ニ影響アリトハ認メ難」い。このようにして、公訴事実九か条の中八か条までにつき被告側の主張が認められた。とくに神代史を説話とすることがそれだけで違法とならないという判例を示したのは注目に値する。(15) 裁判所は、「尊厳ナル我国体ヲ益々明徴ニ」するための論議であることを条件としてではあったが、歴史的事件の記録としてはそのまま信じ難い記載に対する学問的批判は「抑制セラルベキニ非」ず、と判示したのであって、ここに裁判官のぎりぎりの良心を読みとることができるようである。[16] しかし、この論理を忠実に推し進めていくならば、神武天皇以後の歴代天皇の存在に対しても同じことがいわれねばならないはずであって、神代については適法とされた学問的研究が神武天皇以後については違法となる、というのは論理的一貫性を欠くとせられねばならないのであろう。おそらく、この判決は、学問研究の正当性の主張と正統的国体論のたてまえとの両方の顔を立てるために、論理の一貫性を犠牲にした折衷的結論を下したのではあるまいか。たまたま津田は神武天皇以後の天皇の実在性批判の正当性を主張しておらず、その存在を否定していないという弁解に終始していた。もし津田が神武天皇以後の歴代天皇の客観的実在性についても、神代史の場合と同様、批判的研究を正当とする主張を展開していたならば、それが津田にとり結局有利であったかどうかは別として、少くともあのような形で判決を書くことはできなかったにちがいない。津田がこの点に関して学問的研究の正当性を主張しなかったことが、裁判所にこのような判決を書かせる結果となったのは否みがたい事実のようである。

判決では、津田・岩波両被告とも二年間の執行猶予が付せられていたので、二人ともめんどうだから服罪しようと考えていたが、検事局では起訴理由全部が有罪とならなかったことを不満とし、検事控訴を行なったので、被告側もまた控訴の手続をとった。しばしば引用してきた控訴審における上申書は、このとき控訴の理由として提出されたものである。ところが、控訴審では時効の期間を経過するまで審理が行なわれず、両人に対する公訴は自然消滅という結果となった。おそらく司法当局は、このような天皇制の観念的支柱に関する根本的問題について、ふたたび控訴審で論争がくり返されるのを不利と考え、問題を闇に葬ることを支配権力のために得策と判断したのではあるまいか。もちろん何の証拠もないことであるけれど、そのように推定することが、被告に対する好意から出た、と解釈するよりはるかに蓋然率に富む、と信ずる。とにかく、事件はこうして終を告げたのであった。

五　裁判記録を通して見た津田史学

この裁判の焦点は、神代史を客観的史実でないとすることが皇室の尊厳を冒瀆するかどうかにあったと思われるが、結果から見ると、それよりも、津田の著述において、神武以後数代の天皇の客観的実在性が肯定されているか否定されているかが、争点となり、有罪無罪の分岐点となったのである。上述のように津田は、自分の著書では決してその実在性を否定していないと主張したが、この主張ははたして事実であるか、単に出版法違反の認定を免れるためになされた戦術にすぎなかったか、これが私の最初に遭遇した疑問であった。なぜなら私は『古事記及日本書紀の研究』を読んで以来約二十年間にわたり、著者が神武から仲哀にいたる歴代天皇を架空の人物と認定したものとばかり一途に了解していたので、津田の右のごとき主張を見て一驚しないではいられなかったからである。そこで、私は、同書に対する自分の了解のし方が私一個の読み違えから出たものにすぎないのか、それともそのような了解は同書の理解として無理のないものであったかを検討するため、東京・大阪・京都三都の古代史専門の研究者一二人にお願いして、同書を最初に読まれたときの了解のし方を無記名で答えていただいたところ、私と同じように、著者は右歴代天皇の実在性を否定していると理解した人が六人(A)、実在性を肯定したうえで議論していると理解した人はゼロ(B)、著者は右歴代天皇の実在性の問題を取り上げておらず、肯定否定いずれの見解をも示していないと理解した人が三人(C)、答のない人が二人(D)、という結果を得た。[17]古代史の専門家が同書を読んだ際の理解のし方がこうであったとすれば、津田が裁判に際して主張したところは、津田の主観的意図如何にかかわらず、他人を納得させることのきわめてむつかしいものであった、といわざるをえない。同書の戦後改訂版『日本古典の研究　上』三〇四頁をみると、問題点について、旧版にはなかった、次のような議論が加えられている。

応神朝に百済から文字が伝へられ、それによつて何等かの朝廷の記録が作られたとすれば、その時より四五代ほど、年数からいつてもほゞ百年あまり、前からの天皇の名は、多分、なほ人の記憶に残つてゐたと思はれ、従つてそれが記録せられてゐたであらうから、その点から崇神天皇以後の歴代は、その名によつて後に伝へられたであらう、と推測せられる。従つてそれらの歴代の天皇は、事実上の存在として考へられよう。しかし、さういふ推測を甚しく遠い昔の時代にまで遡らせて適用することには、むりがあらう。もつとも、ヤマトの朝廷の勢力の発展の径路に於いて、かなり遠い昔に何の時にか劃期的の事業をせられた、いはゞ創業の主とも称せらるべき君主のあつたことが、想像し得られるので、さういふ君主の名が口碑として後に伝へられたでもあらうが、幾代かの歴代の君主が欠漏なく、伝へられたかどうかは、問題である。従つて上記の如き推測のできるのは、ほゞ崇神天皇以後の歴代であるとするのが、安全な考へかたではあるまいか。

右の所論では、戦前版『古事記及日本書紀の研究』の所説を少しく修正し、仲哀天皇までについては全く史料がなかったと言っているとしか読めない所説を改め、崇神天皇からはその名が後に伝えられたと推測されること、創業の主の名が口碑として伝えられた可能性のあることを新に説くにいたっているが、開化天皇以前の歴代天皇は「事実上の存在」と考えられないと記述している。少くとも右の引用文が裁判所に対して主張したところといちじるしく違っていることは、明白といわなければならない。これによって見るかぎり、裁判中の津田の主張は、有罪判決を避けるための戦術として説かれたものであって、津田の著作の真意ではなかったものと解するのが正当と思われる。狂気の時代の中での理不尽な弾圧を避けるために必要な戦術をとったとしてもいたし方なかったと私は考えたいが、津田自身にとっては、そのような戦術をとらざるをえなかった窮境に追いこまれたのは、後々まで永くたえがたい不快の念をのこす結果となったのであろう。戦後の津田は、この裁判を回顧したり語ったりするのを好まなかったとのはなしであるが、その理由は、一つには右のような事情によるのではあるまいか。その点はともかく、私は戦後版の記述に徴し、裁判所における津田自身の主張は戦前版著作の真意を伝えるものではなく、津田が戦前版の著作で仲哀までの歴代天皇の実在を否定していたと解するのが合理的であると確信するものである(18)。

次に、裁判の終始を通じ、津田は自分の研究が皇室の尊厳を冒瀆する意志のないことを力説したが、その陳弁の中には、津田の学問の思想上の基礎を明らかにするための手がかりとするに足りるものが見出される。例えば、第一審提出の上申書において

記紀の記載には少からざる疑問がありますので、知識あるもの心あるものは皆な其の疑問の解釈を要求し、皇室の御ことにつき国家の起源についての真実の知識を得ようとして居ります。(中略)ですから、学問的研究によつて此の疑問に明かな解釈を与へ真実なる知識をうち立てることは、此の要求に応ずる所以であります。もし此の疑問を疑問のまゝに放置し、または何等かの力によつて此の疑問を抑制しようとしますれば、それは却つて疑問を強めることになり、そのために不安の情さへ人に起させるのであります。尊皇愛国の情は長い歴史によつて養はれ、現実の体験によつて形づくられたものでありますから、古典の記載に疑問があるといふことによつて弱められ衰へもしないことは、明かな事実でありますが、さりとて古典に疑問があり、それを解くことが許されないとしますれば、人々の心情に一抹の不安が生じないわけにはまゐりません。(四〇〇―四〇一頁)

と言い、また公判廷において

天上ニ国土ガアルトカ、天カラ天孫ガ御降リニナツタトカ、大八洲ノ国ガ人デアラセラレル「イザナギノミコト」

「イザナミノミコト」カラ生レタトカ云フコトハ、一体ドウ云フコトデアルカ、是ハ別段学問的研究ヲシタ人デナクトモ、誰デモ古事記、日本書紀ヲ読メバ直グニ起ル疑問デアリマス。斯ウ云フ疑問ガ是マデノ学者ニ依ツテ解決サレテ居ルカト云フト、ソレガ十分デナイト思ハレルノデアリマシテ（中略）宣長ノヤウニ其ノ儘ガ事実デアルトスレバ、無論今日ノ人ニハ信用ノ出来ナイコトデアリマシテ、又白石ノヤウナ考ヘ方ヲシマスレバ、古事記ニ書イテアル本文ニ矛盾スルデハナイカト云フ疑問ガ起ツテ参リマス。（中略）是ガ他ノ説話デアリマスレバ、マア不思議ナコトデアルト云ツタダケデ済ムカモ知レマセヌ、是ハ話デアルトシテ軽ク取扱フコトガ出来ルカモ知レマセヌガ、神代史ハサウ云フ性質ノモノデハアリマセヌ。我ガ皇室ノ御由来ガソコニ説イテアリ、我ガ国家ノ起源ガ説イテアリマス極メテ重大ナ意義ヲ持ツテ居ルモノデアリマス。其ノ重大ナ意義ヲ持ツテ居ル神代史ガ、誰ガ見テモ疑問ニ思フモノデアツテハ、ソレガ解釈ガ出来ナイト云フコトハ、是ハ其ノ儘ニ打捨テテ置クベキコトデハナイト思ハレルノデアリマス。若シソレヲ其ノ儘ニ打捨テ置キマスレバ、皇室ノ御由来ニ付キ、国家ノ起源ニ付キ、又我ガ国体ノ淵源ニ付キ、何カ確カデナイコトガソコニアルヤウニ思ヒ、非常ニ不安ヲ感ズルノデアリマス。国体ニ対スル吾々国民ノ信念ト云フモノハ、何モ古事記ヤ日本書紀ト云フモノガ如何ニ解釈セラレルカニ依ツテ動揺スルモノデハアリマセヌ。ソレハ現在ノ生活ノ体験ニ依リ、長イ間ノ歴史ニ依ツテ養ハレタ確乎タルモノデアリマシテ、神代史ガ如何ニ解釈セラレヤウトモ、ソレニ依ツテ動クヤウナモノデハナイ訳デアリマス。ケレドモ其ノ神代史ノ説話ニ於テ解釈セラレナイ疑問ガアルト云フコトハ、少クトモ古事記ヤ日本書紀ヲ読ム者ニ取ツテハ一ツノ不安デアリマス、ソコデ是ハドウシテモ学問的ニ正シク解釈シナケレバナラヌト思フノデアリマス。（十一月十三日、第六回公判）

と陳述しているのをみられよ。すべて裁判所に対する陳述には、戦術的顧慮からくる修飾的言辞が何ほどか加わっていると見るべきであろうが、これを、前に引いた神代史述作物語説に関する諸陳述とあわせ考えるとき、津田の古代史研究の思想的意図は、だいたいにおいてここに述べられているごときものである、と判断して大過ないであろう。津田は記紀の神怪記事がかえって世人に不必要の疑惑を招き、天皇制に対する不信の念を醸す原因となることをおそれたもののごとくである。第十八回公判で、津田は

私ハ色々ナ学生ニ接シマシテ、学生カラ種々ナ質問ヲ受ケタ経験ガアリマス。ソレハ程度ノ低イ学校、中学生モサウ云フ質問ヲ起シマス。程度ノ高イ大学程度ノ学生ニナリマスト尚更デアリマス。古事記ヤ日本書紀ヲ読ミマシテ、アレハドウ云フコトデスカト云フ疑問デアリマス。（中略）近頃古事記デモ日本書紀デモ、其ノ古典ガ容易ニ手ニ入ルヤウニナリマシテ、多クノ人ガソレヲ読ミマス。読ンデ見テ、妙ナコトガ書イテアリマスネ、ト云フヤウナコトヲ云フコトモ聞キマス。妙ナコトト云フノハ、日常ノ経験ト違フコトガ書イテアルト云フコトダラウト思ヒマス。ソレダケノコトデ止ル人モアリマス。モウ一歩進ミマスト、アレハ一体ドウ云フコトデスカ、斯ウ云フ質問ヲ屢々受ケマス。

と述べているが、このような疑問にしばしば直面してきた体験が、津田をして、そうした疑問を解消させようと決意せしめたもの、と思われる。

世にもし学問的研究によつて真実を明かにすることが尊皇の情を妨げ国体観念を動揺させるものであると考へ、学問的研究と尊皇の情または国体観念とを反対のものの如く思ふものがありますならば、それは大なる誤であると信じます。すべては真実の上に立たねばなりません。如何なる学問的批評に逢つても聊かも動かない真実なる知識の上に立つてこそ、尊皇心も国体観念も鞏固になるのであります。さうしてまた実際、皇室の尊厳も国体観念も学問的研究による真実の発見によつて、ます〳〵明かにせられいよ〳〵強められてゐるのであります。（第

一審上申書四〇一頁）

と確信する津田にとって、記紀に対する批判が外観においていかに破壊的に見えようとも、終局の「目標とするところ」は「積極的肯定的」なところに置かれているのであって、「消極的否定的側面はそこに到達する段階に過ぎないのであり」（第一審上申書三七〇頁）、そのようなむしろ合理的批判を通過することによって「皇室ノ御地位ガ益々鞏固ニナル」と考えられていたのである。これが津田の真情であったことは、前三編に詳細に検討してきた戦前の津田の諸著作中の思想に照しても、疑を容れる余地はあるまい。(19)

このように、裁判を通し、津田の従前の著作の真意が隠蔽されたところと、いっそう明瞭にされたところとがあるほかに、津田の意識に若干の変調を生ぜしめたところの窺われる点も、看過しがたい。戦後の津田の思想に大きな変化の生じたことは、次編に詳述するとおりであるが、注意すべきことは、その変化の先駆的なあらわれが裁判中の陳述または上申書に看取される、という事実である。ここでも、今一度私の体験を語ることを許していただくならば、私は終戦後雑誌『世界』に発表された論文や、それらを集成し戦前版に加筆して新刊された『日本古典の研究』、『日本上代史の研究』等を読み、戦前版の四部作との間に若干の相違があるように感じたのであるが、最近裁判関係の記録を精査して、その相違点が早くも裁判中の陳述や上申書にあらわれているのを確めることができたのであった。例えば、前に引いた『日本古典の研究 上』三〇四頁の崇神以後の歴代天皇の存在を確実とし、かつ創業の君主の名が口碑として伝わったとする、戦後版に初めてあらわれる見解が、公判廷の陳述や上申書中で述べられていることは、既に述べた通りである。第一審の上申書には

彼等豪族は（中略）それ〴〵の土地の神社の祭司であり、さうして其の神社は領民の村落生活の安全のために祭祀呪術を行ふところでありましたから、単に此の点から申しましても、豪族と其の領民との関係がわかるのであり

ます。また彼等は朝廷もしくは朝廷に地位を占めてゐる貴族知識人との間に密接な交渉をもち、従つて朝廷を中心として発達してゐた文化に接触してゐたのでありますが、此の意味では彼等は村落民の間に於ける知識人文化人であつて、其の点で村落民を指導し得るものであつたことも、推測せられます。かういふ状態でありましたから、豪族と其の領民との間がらは、領主と領民といふ語で普通にいひ現はされるやうな対立関係を主としたものではなかつたやうであります。（中略）

神代史が民衆によつて形づくられたものでないことは、既に申し述べましたとほりでありますし、一般諸氏族の間から出たものでもないのでありますが、こゝに申しました意味に於いては、神代史は、一般諸氏族の思想を代表するものであると共に、また民衆の心情を代表するものといふこともできます。かやうなことは「神代史の研究」には明かに記してはありませんが、説話といふものが単に作者の思想の表現せられたものではなくして、作者の思想そのものがおのづから一般人の思想を代表してゐるといふことは、文芸についての常識でありますから、ことさらにいふ必要は無いのであります。（三二五―八頁）

と記されており、十一月十五日の第七回公判では、

貴族及ビ豪族ノ思想ガドウシテ出来タカト云フト、ソレハ広イ範囲ニ於テノ人々ガ、サウ云フ考ヘヲ受ケ容レルダケノ要素ヲ持ツテ居ツタ。ソレガ貴族及ビ豪族ニ於テ明カナ形ヲ取ツタ訳デアリマシテ、総テ説話ト云フヤウナモノノ出来タノハ、私ノ言葉デ申シマスレバ、述作シマシタ人ハ少数ナ人ナリ或ル一個人デアリマス。ケレドモ、其ノ一個人ナリ少数ナ人ナリガ、多数ノ人ノ思想ヲ代表シテ居ルモノト見ラレル。（中略）併シ其ノ少数ナ人ノハツキリシタ形ニ於テ意識シテ居ルノヲ、漠然ト意識シテ居ルノガ多数ノ人デアリマス。

十二月九日の第十四回公判では

豪族ト其ノ部下ノ民衆トノ関係ハ割合ニ親シイモノデアッテ、相対立スル勢力ト云フヨリモ、寧ロ民衆ヲ代表スルモノトシテノ豪族ト云フヤウナ関係ガ多カッタデアラウト思ヒマス。

同十三日の第十六回公判では

民衆ノ幸福ノ為メノ神社ヲ祀ル者ガ其ノ領主デアル所ノ豪族デアルト云フコトニナリマスト、其ノ豪族ハヤハリ民衆ノ生活ノタメニ、民衆ノ幸福ヲ祈ル人間デアリマス。（中略）豪族ト民衆ガ単ニ支配スル者ト支配セラレル者ト云フダケノコトデハナクシテ、寧ロ民衆ヲ代表スル者、民衆ヲ指導スル者ガ其ノ豪族デアツタト云フ風ニ考ヘナケレバナラヌト思ヒマス。

という陳述が、それぞれ行なわれている。もちろん、ここに説かれている趣旨は、必ずしも津田の著作（戦前の）記述と矛盾するものではない。しかし、重点の置き方がいちじるしく違っていることも、否定できないところである。それは前引上申書の一節に「かやうなことは『神代史の研究』には明かに記してはありませんが」とあるによっても裏書せられるであろう。もちろんそれが、裁判という特殊な情況下の発言であることに基くのであろうとは、容易に想像されるところであるが、それにもかかわらず、ここに顕著に示されている階級対立否定への論調が、戦前の著作の主調へではなく、かえって戦後の論説の主調のほうにつらなっている事実は、津田の思想の変遷過程を考える場合に、軽々に看過しがたいところではあるまいか。戦後における客観的情勢の変化に先だって、すでにこのような事実の認められる事情は、この裁判が、津田の戦後における大きな変貌を生み出す遠因となったことを暗示しており、ある意味で弾圧の効果を一定の限度で実現させたと見ることも可能であろう。(20)

最後に、この裁判経過の検討から知られたところを簡単に概括してみると、だいたい次のようなことになろう。まず、検察官（及び予審官）側の主張をみれば、記紀とその説話体系が天皇制国家機構の観念的支柱としていかに重要視されていたかがわかる。太平洋戦争初期の狂信的雰囲気からくる加重を割引して考えても、明治以来、記紀に期待せられた政治的機能のどれほど大きかったかが、検事の論告などにはっきりあらわれているのである。次に、津田の主張をみると、津田の記紀批判が、一部の人々の誤認したように、天皇制に対して破壊的批判を企てたものでは決してなく、むしろ天皇制の精神的支柱の合理的再編成による強化をめざして行なわれたものであることがきわめて明瞭に裏書されている。津田史学の思想的基礎が、弁明の形で明瞭に浮かび出ているとともに、その戦後における転換の予告されていることもみのがせない、と思う。この裁判の経過を詳しくみていくことにより、私たちはこうした重要な事実を確認することができたのであった。

六　裁判をめぐる客観情勢

以上は、はじめに列挙した十種の裁判関係記録によって、もっぱら訴訟の経過を追ってみたのであるが、裁判をめぐる客観的情勢の動きに少しくふれてみたい。

滝川事件や美濃部事件の頃は、連日新聞紙が関係記事を大きく報道し、それぞれの時点でのビッグニュースとして、世の視聴を集めた。しかし、日中戦争の進行していた昭和十五年には、報道の自由はきびしく制約されており、津田らの処罰はいわば闇黒裁判で世人の注意をひかないように行なわれたと言っても言いすぎではない。私は当時次のような短い記事を一度だけ新聞で見たにすぎなかった。

津田博士起訴

出版法違反で岩波書店主と

前早大教授前東大講師津田左右吉氏(六八)は出版法違反事件として東京地方検事局玉沢検事の取調べを受けてゐたが八日同法第廿六条に該当するものとして起訴、不拘束のまゝ予審に回附された。出版社の神田神保町岩波書店主岩波茂雄氏も発行人として責任を問はれ同様起訴された。

同博士の著書「神代史の研究」「古事記及(マヽ)び日本書紀の研究」「上代日本社(マヽ)会及び思想」「支那思想と日本」四冊は内容中に不穏のものがあると発禁処分に附されたので司法権の発動となつたもので、これはさきに起訴され近く東京刑事地方裁判所で公判が開かれる休職東大教授河合栄治郎氏の場合と全く同一で只適用条文が違ふだけである。(写真は津田博士)

出版法第廿六条(条文省略)[21]

滝川事件では学生の組織的な抗議運動が行なわれ、消極的な抵抗にとどまるとはいえ、京都帝大法学部教授の連袂辞職が行なわれたが、美濃部事件のときは、内心美濃部に同情する人々は多くても、表立った支援はなしえない空気となっていた。それよりもさらにファッショ化の進んだ時点で、津田を支援することのいっそう困難だったのは言うまでもなく、せいぜい有志の学者が内々協議して裁判所に哀訴嘆願するという低姿勢での救援活動がなされたにすぎない。大久保利謙氏によると、西田幾多郎が幸田露伴と相談し、かかる学問上の問題を刑事問題とするのは不当であることを司法大臣まで申立てようということになり、近衛内閣の司法大臣風見章に西田が面会して懇談し、風見もよく了解したが、すでに起訴された以上、大臣として上から命令できない、ということだったという。[22] 西田幾多郎日記の昭和十五年十月十日条に「午前小林勇来訪。午後津田氏を伴ひ来る。津田氏本当に気の毒也」、同十六日条に「小林勇来り、風見を司法大臣官舎に訪ふ」とあるのがそれに該当する記事であろう。

岩波は、『世界文化』事件で治安維持法違反の冤罪をきせられた久野収を庇護していたが、十六年の夏久野のもとに予審調書を持参し、公判対策につき協力を求めた。(23) ちょうど河合栄治郎の筆禍事件公判が進行中で、河合の門弟木村健康が特別弁護人として奮闘しているのを知っている岩波は、学者でそのような役割を演じてくれる人を求めていたのである。久野は、訴訟記録を携えて羽仁五郎を訪れ協力を求めた。羽仁は、「自分は戦後には天皇制擁護の津田史学とは真正面から衝突するから」と言ってはじめは避けていたが、久野が説得して同意してもらい、羽仁・岩波・久野の三人で津田と軽井沢の山荘に会し、一日がかりで羽仁が津田をコーチした。私の久野からの聞き取りによると、羽仁さんは徹夜で予審調書を読み、公判における津田氏の陳述戦術をコーチした。例えば武烈の悪逆を史実として認めるかというふうに裁判官に逆襲したほうがよいなど。朝八時からまる一日かかり、羽仁氏は平素すわりつけないのに正座していたために、終ったときひっくり返ったほどであった。自分は膝をくずしてたばこをふかしていたから平気だったが、羽仁さんから、津田さんがのどを痛めて気管支炎になったらどうするか、と叱られた。天皇制について津田と全く思想を異にすることを承知の上で、誠意をもって津田を救う戦術を考え、津田の健康にまで配慮した羽仁のこのときの態度は、異なる思想に立ちながらもファッシズムに対しともにたたかう者としてのみごとな典型を示すものといわなければならぬ。マルクス主義を一時棚上げにしブルジョア民主主義を逆用する戦術をとり、明治の自由主義を讃美する歴史論の形にかくれて抵抗を続けていた当時の羽仁(24)にしてはじめてなしえたところだったのではあるまいか。(25)

それから、津田さんのところから岩波さんの別荘に移り、改めて津田さんのいない席で特別弁護人の件を協議した。羽仁さんは、高坂正顕が文化価値の普遍性を主張するリベラリズムを主張している以上、彼が出るべきだ、と言ったが、自分は、戦争に協力している高坂にそんなことは頼めない、と反対した。天野貞祐さんというはなしも出たが、天野さんはとてもそんなことのつとまる人ではないし、へたをするといっしょにやられるおそれもある、津田さんに反対の立場の人で弁護できる人といえば和辻さんしかない、と自分が提案した。しかし羽仁さんと自分との発意でということが和辻さんにわかったら、和辻さんの「アカ」に対する生理的反応から考えてとても出てもらえる見込はないと思ったので、これは岩波さんが全く別のルートで和辻さんに当ってもらうこととした。岩波さんがどうして和辻さんを引出すのに成功したかは、知らない。

羽仁の予言どおり、戦後の津田と羽仁とは水火相いれぬ立場の人となったが、羽仁の示した好意は津田に深い感銘をのこした。昭和十七年八月十七日妻にあてた書信に「昨日、羽仁が男の子と一しよに馬で来た。ハムと菓子を少しと、もつて来てくれた」とあり、同年九月五日の書信に抜刷の郵送先を書き送り、「郵送先はもう一つ、羽仁五郎(北多摩郡、久留米村、南沢学園町)」と羽仁を追加しているのも、両者の友情を示している。[26] 戦後まだ平泉に疎開を続けている津田のもとを訪れた歴史学研究会の代表に向い、津田は、真先に「羽仁君はどうしているか」とたずねたということである。

軽井沢の対策会議に基いて、誰かから出廷を求められた和辻哲郎は、昭和十六年十二月二十日の第十九回公判に証人として出廷し証言を行なった。津田と思想的にも学問的にも傾向を異とし、津田学説にしばしば反対意見を述べてきた和辻の証言は、[27] 久野収氏によれば、裁判所の心証形成を有利に導いたであろうと推測されている。

久野らとは別に、迫害のきっかけをつくった東大法学部出講を懇請した南原繁は、責任を感じ、自ら裁判所宛の上申書を起草し、助手丸山真男らが署名集めに奔走し、主として大学教授クラスの学者八九名がこれに署名し、中西裁判長に「生等飽クマデ博士ノ無辜ヲ信」ずるが故に「謹シンデ公正明達ナル御審理ト御裁断トヲ冀フ」旨の上申を行なった。[28] おそらく和辻の証言よりもはるかに大きな効果があったと思われるが、結局津田を無罪にさせることができなかったのは、裁判所のあり方と裁判所を包む客観的情勢のきびしさとを考えさせないではおかない。

津田の起訴された昭和十五年は、日本書紀の紀年による神武天皇紀元二千六百年に当り、国家的な式典が盛大に行なわれた年であった。翌十六年十二月には、米・英両国に対する戦争が開始され、神がかりの日本主義が声高く鼓吹されて「戦意昂揚」の役割を果しつつあった。そのような時期において、神武天皇以下歴代天皇冒頭の数代の実在を否定するとしか読めない著作の公刊継続は、たといそれが高度の専門的研究であろうとも、許容できなかったことは、容易に理解できるであろう。司法権が完全に他の国家機関から独立し、裁判所の専権に属しているはずの戦後でさえ、裁判所が「ハイーガバーメントの配慮」の必要を公言している実状である。[29] まして、「天皇ノ名ニ於テ」司法権を行使する明治憲法下の裁判所が、天皇制の観念的根幹を動揺させるに足りる思想表現の刑事責任が問題となったのに対し、無罪の判決を言渡すことのきわめてむつかしかったのは当然であり、前述のとおり有罪を一点に絞っただけでも、相当の勇気を要したのではないかと想像される。[30]

この訴訟の進行中である昭和十六年七月、文部省の外局である教学局は『臣民の道』を著作発行し、「皇国臣民の道を明確にし」ようとの意を示した。その一節に

紀元二千六百年を寿ぐ曠古の盛典は、澄み渡つた大空の下、宮城外苑式場に於いて、天皇皇后両陛下の行幸啓を仰ぎ奉り、盛大かつ厳粛に行はれた。億兆挙つて聖寿の万歳を唱へ奉つた歓喜と感激との中に、国民は肇国の淵源を憶ひ、神武天皇御創業の雄図を偲び奉り、国史の成跡を顧み、皇国の窮まりなき隆昌を慶祝した。かくて我等はここに、肇国の精神に基づく道義的世界建設への決意を愈々深くしたのである。

我が国は、皇祖天照大神が皇孫瓊瓊杵ノ尊に神勅を授け、この豊葦原の瑞穂の国に降臨せしめ給ひしより、万世一系の天皇、皇祖の神勅を奉じて永遠にしろしめし給ふ。臣民は億兆心を一にして忠孝の大道を履み、天業を翼賛し奉る。万古不易の我が国体はここに燦として耀いてゐる。

顧みるに我が国の道義的世界建設への使命は、悠遠なる我が肇国の事実に淵源してゐる。即ち伊弉諾ノ尊・伊弉冉ノ尊の二柱の神は、天ッ神諸〻のみこともちてこの漂へる国の修理固成に従ひ給うた。(下略)

とあるとおり、ここには紀元二千六百年＝「肇国の事実」＝「道義的世界建設」すなわち世界征服戦争という連環があざやかに示されていて、こうした考え方が国家機関の著作に堂々と掲げられている下で、津田の記紀批判を免責することは、裁判所にとっておそらく至難であったにちがいない。

このような情勢の下で、裁判の成行などもはや問題ではなくなり、記紀の批判的理解や科学的な日本古代史に基く研究も学習も、全く不可能となったのである。

昭和十八年五月頃、茨城県河和田村立国民学校の児童Tが、国史の時間に「天孫降臨」の掛図を見て、「先生そんなのうそだっぺ」と問うたところ、茨城師範学校出身の二十五歳位の若い教師は、Tを教員室に呼びつけ、「貴様は足利尊氏か、とんでもない奴だ」とどなり、校長以下多くの教師の前でTの頭部を木刀で強打したという[31]。国民はもはや記紀の所伝に対し、疑問を表明する自由さえ有しない状態に堕してしまったのである。

「神代」の物語から日本の歴史を説き起す国定教科書の基本型は、明治三十六年版の第一期教科書以来敗戦まで六回の改訂を通じ終始一貫しており、その眼目が天孫降臨の記述にあった点も同一であるが、さすがに右の河和田国民学校で問題を惹起したような、天孫降臨を絵で具体的に示すことは、昭和十五年版の第五期教科書まではなされなかったところ、ついに昭和十九年二月発行の第六期教科書『初等科国史』にいたり、堂々と「皇孫のお降り」が絵となって掲げられたのであった。

美濃部達吉の憲法学説「天皇機関説」は、学界や官僚界ではむしろ正統学説であったにもかかわらず、昭和十年の美濃部迫害事件を契機とし、その後の十年間は「国禁」の学説とされてしまった。まして、最初から学界でさえほとんど支持されなかった津田の記紀研究を葬り去るごときは、権力とその走狗にとり朝飯前のことであったのである。こうして昭和十年代後半には、日本の古代史についての学問的研究はほとんど不可能となり、良心的研究者が沈黙を守る一方、曲学阿世の便乗学者の正気の沙汰と思えない空言が時を得顔に氾濫するという醜態が展開されたのであった。

もっとも、記紀の批判的研究の完封された戦争中にも、純実証的な角度から記紀を研究する余地がなかったわけではなく、戦後の記紀研究の飛躍的展開を用意するじみな実証の積み重ねのあったことを無視するのは、公正でないと思われるので、付言する。例えば昭和十二年公刊の『日本文化史論纂』所載原田敏明の「日本書紀編纂に関する一考察」や同十五年刊行『歴史と国文学』第二十三巻掲載の太田善麿の「日本書紀編纂者の問題」等の諸研究は、日本書紀諸巻の形式・用語等の異同に着目し、編纂者の分担等の事情をよみとろうとした試みであって、この角度から日本書紀編纂の過程を追究する研究が戦後大きな成果をあげるのであるが、そのような道がすでに上記諸論文として戦争中にすでに開拓されていたのである。これらは、もっぱら純文献学的実証の域を出なかったために、戦時においてもなおその研究成果の公表が可能であったのであろう。昭和十九年に公刊された武田祐吉の『古事記研究一　帝紀攷』等も、同じように文献学的考察に終始しているが故に、敗戦間近な狂気の時代の中で、なお客観性ある研究書として出版できたのであろうと思われる。

また、戦後記紀に対する神話学的研究が長足の進歩をとげたことについても、戦前の比較神話学者、例えば松村武雄・松本信広・三品彰英らの用意した基礎作業の先駆的意義は、十分に評価に値しよう。特に三品は、津田の迫害の開始された後にも、研究の公表をやめず、昭和十八年に『日鮮神話伝説の研究』を公にしている。これが戦後の今日にもなお評価にたえうる学問的業績であることは、その内容が昭和四十五年以来続刊の『三品彰英論文集』に再録されていることからも知られよう。したがって、戦後の記紀の科学的研究の復活発展の準備を行なったともいえるこれらの業績は、学説史・研究史の観点からすれば十分にその意義を評価できるのであるが、津田の記紀批判の根底をなす思想は到底継承せられうるものではなかった。三品が前引書に先だち、昭和十二年に公刊した『建国神話論考』もまた、比較神話学の立場から記紀の素材を明らかにしようとする試みにおいて、前者に劣らぬすぐれた力作であるけれど、

結局これから私の試みんとするところは、神話から歴史が構成され行く過程の考察に外ならないのである。そしてかゝる考察は太古史の尊厳を傷けるものではなくて、寧ろ神威によつて発展して行く国家の力をはつきり感得せしめ、併せて史学の国家への貢献を克明に認識せしめる所以である。（昭和十二年版二八五頁）

とか

神日本磐余天皇てふ御名をのみ凝視し奉る時、その背後の神話の世界は消え去つてしまふのであらうが、これを彦火火出見尊・御毛沼命などの「亦名」と共にあはせ拝し奉る時、神話から歴史への過程が、御名と御名を結ぶ縁となつて現はれ、（中略）「神代から人代へ」の意味を把握することが出来る。（中略）観念上における神と人との二面性は、神武天皇御一人の御異名と御行動によつて、如実に具体的に表示されるのである。（中略）国体観念上天皇は一面に神であらせられることも誠に重大なことで、この現人神たる天皇に対し奉り、現人としての御稜威を仰いでは、神日本磐余天皇・神武天皇と御名をたゝへ奉り、神としての御霊徳を拝しては、彦火火出見尊・御毛沼命の御名をさゝげ申し、かくて我が神ながらの御国の歴史は、神々の御名によつて開け行くのである。（同二九七―八頁）

とかいう叙述が、本論の主部をなす精緻な実証的研究に木に竹をつぐように唐突に付加されていて、結局津田が提示

した記紀の記載の本質の追究の成果を水泡に帰せしめるごとき結果となっていることも事実である。とすれば、戦争中の記紀についての実証的研究は、学説史上戦後の研究の前提たりうるものを生み出しながらも、記紀が、単に学問研究の対象にのみ限られぬ、全日本国民の国家観を規制する思想の根源とされていた当時において、この種の研究が、津田の強制された沈黙から生ずる空白を補塡する役割を寸毫も演じえなかったことは、動かしがたいとされねばならぬであろう。

津田への迫害の始る直前の昭和十四年四月には、相磯貞三の力作『記紀歌謡新解』が公刊されている。折口信夫・武田祐吉のごとき国学院大学系民俗学による記紀研究を最良の方向に展開させたこの書には

元来、斯かる上代歌謡は或説話から更に他の説話中に、条件を変へて織り込まれる場合が著しい現象として認められる。即、意識的、無意識的に、特殊の事情が歌謡の制作事情の記載に働きかけてゐる場合が幾らもあるからである。その為、固有の内容が忘却せられ、他の全く別種の意味が移入せられ附加せられて来てゐる。従つて、歌謡それ自身をば、附会せられてゐる説話から独立せしめて、始めて本来の意味と価値とを闡明になし得る場合がある。この御製(神武記神武御製「宇陀の高城に云々」)もその例に漏れず、再吟味の必要がある。さうすると、作者を神武天皇と見奉ることの不自然のことも考へられ、戦勝祝賀の歌といふよりは、大和の山間に於ける農民の狩猟生活を詠んだ一猟夫の作と見做すことの至当であることが明白になる。(中略)或時代に久米部の間に行はれてゐた俗謡であつたのが、偶然にも「宇陀」の語がある為に、神武天皇の御東征物語の一部に採り入れられるやうになつたと言へよう。

という解釈方法論からも窺われるように、歌謡のみに対象を限定しているが故に可能であったのかもしれないけれど[32]、とにかく記紀の説話構造に高度の作為性の存することを明示する論述をふくみ、敗戦前の記紀研究の業績としてはき

わめて卓越したものであったといってよかろうが、このような角度からの研究も、それ以後には断えて見ることができなくなったのであった。歌謡に関する作為性を深く掘り下げて行けば、散文の部分にも同様の問題を考えずにはいられなくなるはずであるが、そのような考察を進めることの許される時代ではなかったのである。その意味で、若干の学問的研究が存在したとはいうものの、昭和十年代は、日本古代史の科学的研究の進展の歴史の大局から見るとき、やはり闇黒時代であったことにまちがいはないのであった。

昭和十五年十一月、国幣中社塩竈神社は、『古事記諸本解題』を発行し、津田の著書をも紹介してはいるが、『神代史の新しい研究』について「その説く所独創に富めども従ひ難きもの多し」、『古事記及び日本書紀の新研究』について「されど本書は信じ難き説を立てたる点もあり」、『古事記及日本書紀の研究』について「甚しき異説にして、首肯すべからず」とそれぞれ評言を加えている。評言は紳士的儀礼を守っているにせよ、「甚しき異説」という形容に、「異端」の説として迫害にさらされている津田学説の社会的位置が鮮明に示されているのではなかろうか。

（1）　向坂逸郎氏編『嵐のなかの百年――学問弾圧小史』・拙著『大学の自由の歴史』・美濃部亮吉氏『苦悶するデモクラシー』等参照。
（2）　大久保利謙氏「ファシズムの古代史研究弾圧」（向坂氏編前引書所載）。
（3）　詳細は宮沢俊義氏『天皇機関説事件』参照。
（4）　以下は、丸山真男氏から私が昭和二十八年五月十六日聞き取りをしたところと、同氏が『図書』一九六三年一〇月号に「ある日の津田博士と私」と題して発表された回想記とによる。内務省警保局『社会運動の状況　昭和十四年』によれば、津田の東大での開講は十一月二日、質問と称して右翼が津田を論難した終講の日は十二月四日とされている。
（5）　回想記の文章にある表現。
（6）　私の聞き取りの際の表現。
（7）　註（4）の聞き取りの際に同席していた松島栄一氏から聞いたところによれば、その直後に、早稲田大学でも、「この前の東大の講義では……」という調子で、計画的攻撃が加えられたという。周到な準備による陥害工作によるものであった。

（8）『岩波書店五十年』。

（9）前引大久保・美濃部両氏論文。

（10）予審終結決定書が、前引蓑田の『津田左右吉氏の大逆思想』と基本的に同一論理に立っているのを注目する必要がある。

（11）神保検事論告。

（12）大久保氏論文所引津田からの聞き取り。

（13）記紀が、明治以後の国家において、このような特別の現実の政治的機能をになう典籍となったことについては、第三編第二章参照。とくに、「天壌無窮の神勅」が天皇制の支柱としていかに重視されたかは、検定・国定の小・中等学校修身・国史教科書の巻頭に、この神勅文を別丁として掲げている事実からも察せられる。筆者は昭和十二年七月、この神勅文についての文献学的研究を雑誌『歴史地理』に発表しようとして、校正刷の出る段階まで印刷が進行したにもかかわらず、このような研究を発表することは重大な危険を招く、という意見が強く、原稿撤回の余儀なきにいたらしめられた経験をもっている(拙著『歴史の危機に面して』所収「私の処女出版」参照)。

（14）被告津田の態度が「教師が学生に話をしたりその質問に答へたりするやうな気分で」終始していたのに比べると、有馬弁護人の弁論はきわめて戦闘的であった。同弁護人は予審決定書の被告人の文章の引用を取り上げ、あたかも「予審、検事局ト云フモノハ、被告ニ利益ナモノハ成ルベク隠シテ不利益ナモノダケ故意ニ摘出スルト云フヤウナ態度ガココニ歴々トシテ現ハレテ居ル。此ノ点ニ於テ日本ノ予審ナリ検事局ノヤリ方ハ少シモ進歩シテ居ナイ。平生私共ハ始終云ッテ居ル、コンナ旧体制ハイケナイ、予審ノ廃止論トカ、予審ガ検事局ノ云フ儘ニナルト云フヤウナ世間ノ批評ハ、斯ウ云フ予審ノヤリ方ガ悪イノデアル」と論じ、日本の刑事裁判運用に対する痛烈な弾劾的発言まで行なっているほどである。有馬弁護人のこの批判は、明治以後の日本の刑事裁判の実体を深くえぐったものであった。刑事裁判のこのような運用のし方は、明治時代以来の伝統であるばかりでなく(拙著『裁判批判』等参照)、刑事訴訟手続の一新された現代においてさえ、まだ一掃されていないほど(松川裁判の実例等を想起せられよ)根深いものであるが、あの圧制下の暗黒時代に堂々とこれを摘発した有馬弁護人の発言は、高く評価されねばなるまい。

（15）戦後、学校の歴史教育では、「神代」の物語からでなく、石器時代についての客観的史実から日本の歴史を始めることとなったにもかかわらず、依然として神代の物語が史実でないという命題を忌避しようとする傾向が強い。『朝日新聞』昭和三一年一〇月二六日号「読者のラジオ評」で、天照大神やスサノオノミコトを「歴史上の人物」として出題していることが問題となっているし、文部省の学習指導要領や教科書検定をめぐり、「神代」の取り扱いが大きな論議の的となっていることは、周知の事実である。家永三郎著高等学校用教科書『新日本史』の『古事記』も『日本書紀』も『神代』の物語から始まっている。『神代』の物語はもちろんのこと、神武天皇以後の最初の天皇数代の間の記事に至るまで、すべて皇室が日本を統一してのちに、皇室が日本を統治するいわれを正当化するために構想された物語である」という一節は、昭和三十八年度検定において削除を余儀なくされ(拙著『教科書検定』)、昭和四十二年度の検定においてその復活申請に対し不合格処分が行なわれた(東京地方裁判所昭和四五年七月一七日判決)。戦後の今日でもまだ神代の物語の批判的理解を忌避する政治的要求の存在することを考えるとき、戦争中に裁判所がこのような判例をうち立てたことは、重要視されてよかろう。この事件が控訴審でうやむやに流れてしまったのは、第一審のこの判決を否定することもできず、さりとてそれを堂々と維持することも躊躇された結果の苦肉の手段ではなかったろうか。

(16) この判決を書いた裁判所が、戦前の刑事裁判官としてはベストメンバーといってよい判事ばかりで構成されていたことも注目する必要がある。裁判長中西要一は、昭和十七年の東京控訴院分科会議事件で控訴院長の不法を是正する運動を企画した判事丁野暁春が、その勇敢な行動のために同僚から見すてられ孤独の境地に陥ったとき、慰労のためにわざわざ宇都宮まで鰻を食べに行こうと誘った人物であり(『法学セミナー』一九七一年三月号所載丁野氏「東京控訴院分科会議事件など」)、右陪席山下朝一は、かつて東京地裁で丁野が裁判長であったときにその陪席をつとめ丁野と意気相投ずることとなった人(『丁野さんと私』所収山下氏「丁野さん」)、左陪席荒川正三郎は、戦後三鷹事件における共産党員の共同謀議を「空中楼閣」であると認定し多数の被告を寃罪から救う名判決の合議に与った一人であり、東京都教組勤評反対闘争事件を無罪とし、昭和四十四年四月二日の画期的な最高裁判所大法廷判決の基礎を作った東京地方裁判所同三十七年四月十八日判決を言渡した裁判長である。津田が、このような三人の裁判官の審理を受けたのは、偶然とはいえ、当時としては最善の条件に恵まれたものといわねばならぬ。

(17) この質問に答えて下さったのは、東京では石母田正・井上光貞・大野晋・坂本太郎・末松保和・関晃の六氏、関西では井上薫・岸俊男・北山茂夫・田中卓・直木孝次郎・吉田義孝の六氏(五十音順)で、関西の方々には直木氏を通じて御回答をいただいた。御回答下さった諸氏、および特別の御配慮を願った直木氏に厚く御礼申しあげる。

(18) 拙稿「記紀批判弾圧裁判考」(『ヒストリア』第一七号・拙著『日本の近代史学』所載)でこの点の断定を避けてあるのは、当時津田博士が健在であり、私として敬愛する博士の心の痛みに針を刺すような命題を述べるに忍びなかったからであるが、ここでは率直に私の解するとおり述べることとした。

(19) それだからこそ、津田は、狂信的国体論者の攻撃に直面したとき、「あゝいう連中がはびこっていけば、日本の国体は亡びるね」という概歎の声をもらさざるをえなかったのであろう。私は、この一言に津田の真情がこめられていた、と考える。

(20) この部分も、「記紀批判弾圧考」で明言を避けてある。註(18)に述べたと似たような理由で、率直な表現を抑制したのであった。

(21) 『東京日日新聞』昭和一五年三月九日号。『東京朝日新聞』同日号にもほぼ同内容の記事がある。「八日午後木村法相の稟議決裁」を経ての起訴としている部分が『日日』の報道に見えぬ点である。両紙とも、発禁になった四著作の名を挙げ、『日本上代史研究』を脱して『支那思想と日本』を含めているが、誤報であろう。『日日』は一三段(最下段広告欄を除く、以下同じ)中の二段で津田の顔写真入り、『朝日』は一二段中二段で写真がない。『朝日』昭和一七年五月二二日号に判決の報道があるが、量刑を記すのみで、有罪理由には全然ふれていない。一三段中一段、一段一〇八行中一六行という、よくさがさなければ見落すほどの小さな記事である。起訴のニュースのスペースさえ、事件の意義からみて扱い方が控え目に過ぎる感があるのに、判決にいたっては、ニュースヴァリューとしての比重にかんがみ、あまりに小さすぎ、当局が事件をなるべく目立たない形で報道させた形跡が歴然としてよみとられる。『日日』には判決の報道がない。

(22) 大久保氏前引論文。

(23) 以下は、久野収氏から私が昭和四十二年八月二十八日聞き取りをしたところと、『世界』昭和四十一年一月号座談会「『世界』創刊のころ」所見久野氏発言と、羽仁五郎氏「つだそうきちの学問」(『図書』一九六二年一月号)の記述によった。

(24) 第二編第一章参照。

(25) ここには、きわめて局部的な規模ながら、日本には珍しい人民戦線的発想から出た実践が認められる。

(26) 『全集第二六巻付録』。

(27) 第二編第一章参照。

(28) 『全集第二四巻付録』。

(29) 『法律時報』第四一巻第八号五三頁。

(30) 戦前の裁判所が行政権といかに深く癒着していたかについては、拙著『司法権独立の歴史的考察』参照。

(31) 唐沢富太郎氏『教科書の歴史』所見T氏からの聞き取り。

(32) 昭和十九年公刊の倉野憲司著『古事記論攷』には、「古事記と国家的精神」といった時局的文章もあるが、「古事記の素材としての歌謡」には、「神話や伝説に或程度の手を加へて、歌謡に適合せしめる」、「稀には歌謡に手を加へて神話伝説に適合せしめる」という「手段」を講じて、記紀が歌謡を神話伝説に「結びつけた」事実、すなわち歌謡をめぐる記紀の作為性の指摘が行なわれている。記紀の基本的構造を批判しない、歌謡のみについての作為性の論議はおそくまで許されていたことがわかる。

第三章　迫害開始後敗戦までの津田

昭和十五年三月、河合栄治郎編『学生と歴史』が公刊された。河合編学生シリーズの一冊として編集されたもので、その第二部「各歴史の特性」に津田左右吉の「日本歴史の特性」が収められていたのであるが、発行直前になってから危険をおもんぱかった津田の自発的申出により削除され、敗戦後この書が重刊される日まで日の目を見る機会を失ったのである。(1) この論文自体に治安立法にふれるような内容があったとは思われないから、記紀研究で刑事訴追を受けている人というだけの理由によったのであろう。こうして、津田は、記紀研究の主著四冊の発売を禁止されたばかりでなく、新しい論文の公表の自由をも失なうにいたり、わずかに『東洋思想研究』『東洋学報』『東洋史会紀要』のごとき限られた専門家のみを読者とする学術誌に中国思想史・日本文芸史関係の論文若干を発表することしかできず、社会から葬り去られたも同然の状態で敗戦までを過したのであった。

「日本歴史の特性」は、「民衆のはたらきが歴史の発展と共に次第次第に強くなって来て」、やがて「社会を動かす力のもともまた民衆」の手に帰するにいたったこと、儒教や仏教の「人間性をおさへつける傾向」は日本では大きな力を及ぼすことなく、日本独自の芸術などには「人間性を尊重する精神が強くあらはれてゐること」、近代にいたりヨウロッパに発達した文化、特に科学とその応用という世界性をもつものを受け入れることにより、今日の日本の民族生活が世界性をもって来たこと等を、短文ながら要領よく説いたものであって、『我が国民思想の研究』『支那思想と日本』等の既刊著作の論旨を概説したにすぎないが、やはり迫害を受けている身の上を考慮したためであろうか、日本歴史に対する批判的態度よりは、その積極面の評価が一面的に強く出ている点で、同じ論旨を説いているとはいうものの、読了後の印象は『我が国民思想の研究』とかなり異なるもののあるのを禁じえない。例えば、「日本の歴史にはルネサンスのやうな思想運動の起つたことは無かつたが、それも実は、さういふ運動の起らねばならなかつたやうなありさま、人間性をひどく抑へつけた時代が無かつたからだ、といつてもよからう」という一節など、従来の論旨と矛盾しているとは言えないにしても、いささか日本の歴史を美化した表現という感を免れないのではなかろうか。刑事裁判における弁明の中で、戦後における学説の修正の先駆が看取されたと同じように、ここにも、後に詳しく比較立証する『国民思想の研究』戦後版での大幅な改訂による批判精神の後退の先駆現象が生じていると思われるのである。それにしても、戦前の日本についての最後の論文であるこの一篇においても、流行の日本主義や東亜新秩序思想に迎合する言句は全くなく、津田は最後まで文筆人としての操を守りぬいたと言ってよいであろう。

憂国の至情に燃えながら祖国について一切発言を封ぜられた津田が、大破綻への道を突進しつつある戦時下の日本をどう見ていたか、戦時下の私的な会話、私信、断片的手記の類によって知るほかないが、これらを通して、津田が、戦争を否定的な目で見ていたことは明白である。

粟田賢三が津田を訪ねたとき、津田は、「軍部の専横や驕慢や無謀をたいへん心配して、『このまま、もし戦争が勝利に終つたりしたら、恐らく彼らは、もう抑えようがなくなる。それは日本にとつて非常に不幸なことだ。戦争に負けない限り彼らの横暴は改まらないだろうが、といつて、国民として日本の負けることを希望することもできない』と語って、いかにもつらそうな沈痛な顔をして」いた、そして「なんとか、それに対して、自分の所存を書き残しておこうかと考えている」と言ったので、粟田は、目下起訴されていていつどんな捜査を受けるかもしれないので、そのような文書が官憲の手に入ったらたいへんなことになるから、と思いとどまるよう切言して帰ったという(2)。

昭和十五年三月、早大文学部長吉江喬松が死去しその葬儀が行なわれたとき、津田に会った窪田空穂が、中国との戦争につき、「我が軍が蒋介石を降伏させたと仮定して、それが将来、日本の利益になりましょうか、反対に損失になりましょうか」という意味の質問をすると、津田は言下に「損失ですね」と答えただけでなく、「漢民族の生活力の旺盛さ、根強さ、それに執拗さは、すばらしいものです。とても日本人の手にはおえませんよ。戦争に勝ったとしても、短い期間きり維持できなかろうと思われますね」と「熱意をもった口調で」付け加えたという。(3) 中国を否定的に評価してきた津田であったけれど、日本の武力で中国を征服できるかのような妄想に同調するには、津田の理性はあまりにも鋭かったのである。昭和十六年十二月、米・英両国との戦が始り、緒戦の花々しい勝利に国中が有頂天になっていたころ、日本の勝利を報じた新聞記事の切りぬきをもって津田を訪れた鈴木秀枝・瑞枝姉妹に対し、津田は「これで日本は勝つのかね」と「ポツンと言」ったとのことである。(4) 一九四五年一月二日付の津田のノートには「戦ひはもうとつくにまけになつてゐる。（中略）こゝにいふのは、第一に、アメリカと戦ふやうになつたことが、そもそもシナとの戦ひに敗けたからのことだといふいみである。第二に、そのアメリカとの戦ひにおいて、今のやうな戦ひのしかたをしなければならず、今のやうな国内のありさまに陥つてゐることが、まけてゐることとの証拠だ、といふいみである。局部的のいくさのかちまけはかちまけとして、大局の上からはかう見るほかは無い」と記されていて、(5) 津田の戦争に対する曇のない眼力をここでも裏書している。はじめから勝算のない戦争を続けている期間は、津田にとり「やみのよ」であったが、「やみのよの何に光を求めむとないひそ光はおのれかゝぐべし」「明日いかにならむは知らず今日の日の今日するわざにわがいのちあり」(6) という歌に示されているごとく、明日の安全をもはかりがたい「やみのよ」の中でも、津田の学問への努力はたゆむことなく続けられていた。戦後『シナ仏教の研究』にまとめられた中国の禅思想の研究は、吉野源三郎に語ったところによれば、「仏教が中国に入つて中国的に展開した独得のもので、その意味で興味があるし、また、同じ仏教の研究でも他の研究とちがつて」、蔵書の手許にそろっていない「疎開中にやるのに適している」という理由で選ばれたテーマであったとのことで、[7] 戦争のさ中に津田はその研究に全力を投入していたのであろう。

ほとんどすべての国民が挙げて戦争に協力することを余儀なくされていた「暗い谷間の時代」に、戦争の非を、その認識の深さの違いはあれ、とにかく知っていた人たちの身の処し方は、きわめて困難なものがあり、積極的な抵抗から消極的な沈黙にいたるまでのいくつかの形態があったのであるが、[8] 津田のそれは、迫害の身の上というためもあったろうが、もっとも消極的な姿勢でしかありえなかったとはいえ、同時に狂気の時流に対しても最後まで消極的な同調拒否の態度をとりつづけることができたのであった。

それにもかかわらず、問題としなければならないのは、津田の消極的な沈黙が、狂暴な迫害により他律的にもたらされた事態であったのに、津田がこの不幸な体験から深く日本の現実について学びとり、それを自らの思想と学問の前進のために役立たせるよう活用した形跡の認められない事実である。津田は、刑事訴追の行なわれたことにつき、戦後の回想記で、「当時の時勢に動かされて政府が学問の研究に対する弾圧を行はうとしたもののやうに、世間でいはれた」が、「本来の主旨がそこにあつたかどうか」、自分は「疑問をもつてゐる」、政府ではなく、「いはばジアナリズムのはたらきが原因となつてゐた」のであり、「特殊の状態に於いてのジアナリズムの放縦なはたらきであり、特殊の意味をもつた言論機関の横暴」が、あの事件をひき起したのであった、「当時の主要な新聞」が「この問題を全く取り上げなかつた」のは、「当時の一般のジアナリズムには健全なところがあつた」ことを示すものであるし、時効期間を経過して免訴となったのも、「最初の起訴が思想弾圧といふやうな大きな意図から出たものでなかつたことを示すものかも知れない、と思へば思はれもする」と記している。[9] ここには、津田個人にとってばかりでなく、日本国民の学問・思想の自由の破壊を促進するに大きな役割を演じた刑事弾圧の客観的意味がまったく認識されていない。たしかに蓑田一派の策動がなければあれほどの事件にはならなかったかもしれないけれど、それがなくても、津田の記紀研究が最後まで無事に公刊を続けられたはずのないことについては、すでに述べた。時効成立の原因は不明であるけれど、前章で推測したような理由も考えられるのであり、津田の推測するほど当時の司法当局に善意があろうはずがないのである。新聞が沈黙したのを、商業ジャーナリズムの「健全」さのあらわれと解するにいたっては、見当違いもはなはだしいもので、その頃の新聞には、報道の自由がなく、傍聴禁止の闇黒裁判で処理しなければならないような事件を大きく書き立てる自由が失なわれていたというだけのはなしにすぎない。むしろ大きく書くことによって津田擁護の声を喚起させるのが、ジャーナリズムのなさねばならぬところだったのではないか。世人の目につかぬように処罰を遂行する結果に協力させられたジャーナリズムを讃美している一事を見ただけでも、津田が事件の本質をほとんど認識できなかったことが窺われよう。加えて、前章に述べたように、裁判上の戦術として余儀ない手段であったとはいえ、学説のきわめて重要な点において苦しい弁解をしなければならなかったという後味の悪さがおそらくこの事件への真剣な検討から津田を回避させ、むしろその過程で生じた若干の後退が、戦後の大規模な思想的後退のいとぐちとさえなったとも見られる。こうして、津田が、この未曾有の戦争を体験しながらも、かつその国内政策面でのあらわれともいうべき苛酷な刑事弾圧までを味わいながらも、そこから学ぶべきものをほとんど学びとりえなかったことは、戦後の津田の思想的顚落を導く大きな要因となったと考えてまちがいあるまい。戦争中にどのような態度をとったかは、すべての日本人にとって問題とせねばならぬところであり、特に思想家と呼ばれるに値する人物を評価する場合重要な着眼点であるが、戦後まで活動した人物についていえば、それよりも戦争中の自己の態度・行動を戦後においてどう受けとめたかのほうがいっそう重要であると思う。戦争に協力したことへのきびしい自己批判によって戦後に新しい自己転換をとげている場合と、戦争中便乗しなかったことの上にあぐらをかいて戦後の新しい客観的情勢の下で戦争中の時局便乗よりもいっそう悪質な「時局便乗」を行なっている場合とを比較すれば、問題の所在は明瞭であろう。津田が、刑事弾圧という、ある意味では得がたい貴重な体験を経ながらも、その客観的意義を理解できず[10]、したがってそれに象徴される民族的悲劇から貴重な教訓をくみとって戦後の活動に役立てえなかったのは、他律的に惹起された刑事弾圧と違って津田自らの責任に帰せらるべき事態であるだけに、思想家津田にとっては、刑事弾圧の受難よりも、いっそう深刻な結果をもたらさざるをえなかったといわねばなるまい。

(1)　私は、松島栄一氏の好意により、すでに印刷の完了していたこの論文の抜刷(公式には非合法印刷物というべきだったろう)を当時読むことができた。

(2)　吉野氏「終戦直後の津田先生2」(『みすず』九六号)。また、福島正夫氏「津田左右吉博士と土地制度研究」(『書斎の窓』一〇七号)によれば、昭和十五年頃にしばしば津田の宅を訪れた福島は、「日本軍の大陸侵略に憤慨することで常に意気投合していた」ということであり、岡本三郎氏「津田左右吉先生の一側面」(『図書』一九七二年三月号)によれば、十五年戦争中に外務省に勤務していた岡本から独ソ戦の進行状況などを詳しく聞き、「太平洋戦争にたいしても、科学者としての深くするどい批判的見解をのべ」ていた、という。

(3)　窪田氏「津田博士の片影」(『全集第四巻付録』)。

(4)　鈴木秀枝・同端枝両氏「思い出」(『全集第二七巻付録』)。

(5)　『全集第一七巻付録』所載。

(6)　昭和十九年九月栗田直躬宛詠草(『全集別巻第二付録』)。蓑田胸喜は前引『津田左右吉氏の大逆思想』中で、「六十幾歳の齢を重ねて仮りに一万頁の著作をなしたとしても、その冗漫文体の示すものと全生涯を通じて一首の歌も詠み得ぬ思想素質の『呪はれたる魂』の醜塊のみ」と津田を罵ったが、『全集』をみると、津田は青年時代以来たくさんの和歌を詠んでいた(その巧拙は別として)ことが判明する。

(7)　註(2)所引吉野氏回想記。もちろん、津田の中国仏教研究が、疎開中の資料不足のためにという消極的理由のみによって行なわれたのでないことは、その研究がすでに筆禍事件発生以前の昭和十二年に「念仏と称名」という論文として公表されていることからも明らかなように、早くから自発的問題意識に基いて進められていたのを見ても疑ない。この一連の中国仏教研究は、戦後にも熱心に続けられ、昭和三十二年に『シナ仏教の研究』としてまとめられた。ほとんど全部が仏家出身の研究者により占められ、したがって護教的色彩を濃厚に帯びざるをえない仏教史学界での研究と全く異なる、津田一流の批判的研究として、仏教史学の業績として異色に富むものであり、中国仏教の研究を主としながら、インド仏教・日本仏教にも言及されている。

（8）　拙著『太平洋戦争』第二編第十二章参照。

（9）　「わたくしの記紀の研究の主旨」(『歴史学と歴史教育』所収)。大久保利謙氏の聞書(『嵐のなかの百年』同氏論文)にも、ほぼ同旨の津田の談話が掲げられている。

（10）　木村時夫氏の『日本の史潮』の「まえがき」によれば、同書の草稿を校閲した津田は、草稿に大逆事件裁判につき「弾圧」の語を用いている箇所に「司法部の弾圧とは不穏当？」という書入れを加え、筆者の再考を促した、という。これは、津田が司法弾圧の意味をついに理解できなかったことを何よりもよく立証している。しかし、「司法弾圧」は決して戦後に造り出された新造概念ではない。昭和七年六月二十四日の司法官会同の席上、大審院長和仁貞吉は、「共産主義の撲滅すべきは論なしと雖、右傾思想を有する者に在りても、国憲を無視し暴力を用ひて秩序を破壊する者に対しては厳に弾圧を加へざるべからず」という演述を行なっているのであって(拙著『司法権独立の歴史的考察』参照)、「司法弾圧」とは裁判所自らが自覚的に使用していた用語に由来するのである。

第六編　戦後の津田の思想の変貌

一九四五年八月の日本の降伏は、単に日本の政治＝社会構造を激変させたばかりでなく、思想状況にも根本的な変革を惹起させずにはおかなかった。日本人がこの未曾有の激変にどのように対応したか、そこにさまざまの注目すべき問題が見られるのであるが、敗戦を契機として生じた津田の思想的変貌も、その一つの顕著な事例といってよいであろう。

まず外形面からすぐに気づくのは、戦前の津田がつとめて時事的発言を公の場所で行なうのを自制する方針を堅持し、社会的ないし思想的主張は、学術論文の中で史論の形をかりて行なうか、公表されない私信あるいは手記または私的会話でしか示さず、したがって公刊著作のほとんどすべてが学術論文であったのに対し、戦後には進んで時事的評論を盛んに公表するようになり、その量が学術論文をしのぐにいたったことである。戦後にも、昭和二十一年刊行の『論語と孔子の思想』、同二十四年刊行の『日本の神道』、同二十五年刊行の『儒教の研究　第一』・『必然・偶然・自由』、同二十六年刊行の『儒教の研究　第二』、同二十八年刊行の『日本文芸の研究』、同三十一年刊行の『儒教の研究　第三』、同三十二年刊行の『シナ仏教の研究』等の戦後新刊の専門研究を内容とする単行本があるが、この内、『日本の神道』・『儒教の研究』三冊は全部戦前公刊されたものの重刊であり、『日本文芸の研究』所収の論文のなかばは戦前のもの、『シナ仏教の研究』所収の幾篇かも戦前のもの、『論語と孔子の思想』は刊行の時期からみておそらく敗戦前に大体できあがっていたであろうと推測されるし、純然たる戦後の著作といえるのは『必然・偶然・自由』と死後にまとめられた『文学に現はれたる国民思想の研究　第五巻』くらいのものである。ほかに、昭和二十二年に『歴史の矛盾性』・『日本上代史の研究』、同二十三年に『日本古典の研究　上』、同二十五年に『日本古典の研究　下』、同二十六年に『文学に現はれたる国民思想の研究　第一巻』、同二十八年に同『第二巻』・『第三巻』、同三十年に同『第四巻』、同三十三年に『左伝の思想史的研究』をそれぞれ公刊しているが、最後のものは戦前版のほぼそのままの重刊、他も戦前版に添削を加えた改訂版であって、添削はかなり大幅に施されてはいるものの、やはり新しく書き下した著作ではない。敗戦時にすでに七十二歳に達していた老年の津田が、改訂と新起草とをあわせてこれだけの学術著作を晩年に刊行しただけでもその学問への熱意は常人の追随を許さぬものがあるといわねばならないが、津田自身の戦前の独創的な学問研究成果の巨大さと対比すれば、戦後の津田の研究の貧しさは覆いがたいであろう。しかも年老いて筆力がとみに衰えたというのならばやむをえないけれど、そうではなくて、戦前に見られない大量の時評的文章がたえまなく公表されているのを見れば、戦後の津田は、純学問的研究ないし学問研究の形で示してきた社会的思想的主張を、なまの時評的文章として公表することのほうにより強い意慾と大きなエネルギーとを発現させるにいたったものと考えざるをえないのである。単行本で数えれば、昭和二十三年の『学問の本質と現代の思想』・『ニホン人の思想的態度』、同二十七年の『日本の皇室』、同二十八年の『歴史の扱ひ方』(同三十年改訂版)、同三十四年の『歴史学と歴史教育』があり、同三十六年の『思想・文芸・日本語』には戦前の文章もふくまれているが、戦後の時評的文章が大量に収められている(ほかに二十四年に自伝『おもひだすまゝ』を刊行している)。『全集』第二十八巻の「著作目録」で数えてみても、最初の学術著作である『神代史の新しい研究』を公刊した大正二年十月から敗戦までの三十二年間に新聞雑誌類に発表した時評的文章が十数篇にすぎないのに、敗戦後の十七年間に発表した同種の文章が七十篇内外にのぼっている(何を時評的文章とするかでこの数は若干増減するが、大勢は動くまい)のは、戦後老年期の津田が時務的発言に学問研究よりもより強い熱情を傾けていたことを端的に物語るものといわなければならぬ。

もっとも、第四編までに詳述したとおりに、津田史学は単純な過去の事実の復原を目的としたものでなく、強烈な主体性をもって貫かれ、歴史的評価の形で社会的・思想的主張を随処に表明していたのであるから、戦後になって津田がにわかに研究者から時評家に転身したというわけではない。むしろ津田の本領とする思想性が、学問研究というベールをかなぐりすてて素面をあらわにしたとも見られるのであって、知識人としての津田の活動に本質的な変化が生じたのではなかったと言ってもよいであろう。しかしながら問題は、津田が戦前に主として専門研究を通して主張してきた思想と戦後直接時務的発言の形で主張されるようになった思想とが同質の一貫したものであるか、両者の間に大きな変化が生じているか、ということにある。これは思想家津田の本質をどう規定するかという津田理解の根本問題にかかわるところであって、論者により見解の分かれるところであろう(1)。私は、津田の思想に戦前戦後を一貫するもののあるのは否定できないと考えるが、同時に、津田の基本的立場に大きな変化が生じたこと、さらに客観的な歴史情況の中での役割という点で戦前の津田と戦後の津田とを同じように評価することは到底できないと考えるものであって、以下その判断の根拠を順次実証的に示して行くことにしたい。

(1)　例えば、上田正昭氏「津田史学の本質と課題」(『日本歴史講座　第八巻　日本史学史』)では、戦前著作の戦後版改訂部分に「たんに辞句の加筆補訂以上の何ものかが痛感される」としながらも、戦後「の変貌もテーゼを変更することなく変貌しうるものであ」るとし、戦前戦後の一貫性のほうに基本的視点をすえて津田史学がとらえられている。

第一章　時事評論に見られる思想的変貌

敗戦の結果、多年にわたり国民の自由を弾圧し、無謀な戦争に国民をかりたて、破局をもたらした権力者たちが退場し、思想界・言論界はにわかに活気をとりもどしたが、戦争勢力の打倒が日本国民の自主的な力の成果としてでなく、占領軍の指令によって行なわれたことと、自由の回復が占領軍の指導による「民主主義」の鼓吹とのだき合わせで実現したこととは、戦後の思想界・言論界の活況に一種の矛盾をはらませないではおかなかった。一方で、多年にわたり強いられた沈黙の強制の消滅をまちかまえていた人々が、一せいに戦前以来用意していた自主的主張を積極的に展開するかたわら、他方では、戦争中、自発的にかやむをえないでかは別として、戦争協力を呼号してきた組織や個人が、たちまちてのひらを返したように「民主主義」の宣伝に乗りかえるという現象が生じ、この両者の混合の上に始った戦後言論界の再出発が、戦争に協力せず忍従の姿勢で敗戦を迎えた人々に対し何かしら不自然な異和感を与えることとなしとしなかったのも、やむをえなかったのではなかろうか。したがって、「戦争に負けて長いあいだ日本に重くかぶさっていた軍とともに旧日本がふっとんだのは涙の出るほどうれしかった。あの時の解放感というものは生涯忘れるわけにはいかない。だから、占領軍がやって来ても、日本軍部のひどさにくらべることになるので、占領に対してもさして抵抗感を覚えなかった。それどころか、つぎつぎと日本改革の手を打ってくるので、心を開いて迎える気持が根本にあった」という心境の人さえも、かえって日本の言論界の豹変ぶりには抵抗感を禁じえず、「腹の虫をおさえかねたのは、もっぱら国内に対してですね。大体、戦争に負けてからは、戦争中とは別の角度から国民というか、民衆というか、それを相変らずおだてるような言論にはひどく反撥を感じましたね」という気持だったという。これは敗戦直後に雑誌『展望』を創刊した臼井吉見の述懐であるが、この発言をきいた丸山真男も、「敗戦直後には、やや『展望』と似た反応を示した人があちこちにいたと思うんですよ。つまり、民主主義万々歳のちまたの叫びにおいそれと唱和する気になれない。それは政治的保守じゃないけれど、やはり一種の保守的な心情とくっついているんです。ぼく自身考えたってそうですよ。だから、復員してから最初の講義のときにすぐ思いついたのは、フィヒテの『ドイツ国民に告ぐ』だった。きのうまではプロシャの旧支配体制に乗っかって甘い汁をすっていたのに、こんどナポレオンが来ると、きのうまでの支配者に、あたかも自分たちがはじめから反対していたかのように、たちまち香煙をささげる相手を変える、こういう無恥なことをして平然たるのはドイツ国民だけであると、フィヒテはあそこで言っているんですね。(中略) 同じ人間が世の中が変ったというだけでそう簡単にきのうときょうで変ってたまるかといった、ほとんど本能的な反撥というか、意地っ張りの根性が、他方でのあふれ出るような解放感と奇妙にないまぜになっていたように思うんです。こういう反撥はそれをどう評価するかは別として、今日ラジカルとみられている友人のなかにもありましたね」と、同じような感情をいだいた事実を語っているのである。(1)

敗戦直後の「民主主義」の鼓吹には、戦前の民主主義の復活という積極的な面のほかに、戦争中の軍国主義一色に塗りつぶされた画一的言論の裏返しという消極的な一面もふくまれていたのは否み難いところであって、戦争中のステロタイプ化した宣伝の洪水に強い反撥を感じていた戦争非協力派の人々が、今度は逆に「民主主義」宣伝の洪水に同じような反撥を感じたのは、当時の「民主主義」の主張に、上述のような、戦争中の裏返しでない積極面もふくまれていたのを看過ないし軽視した点で、十全な認識に欠けていたとの非難を免れえないにしても、主観的にはやむをえないふしもあり、客観的にも全くまちがっていたとは言いがたい。その種の抵抗感覚を特に強くたたえていたとさ

れる『展望』昭和二十一年一月号掲載の「喜談日録」において、柳田国男が

言論の自由、誰でも思つた事を思つた通りに言へるといふ世の中を、うれしいものだと悦ばうとするには、先づ最初に「誰でも」といふ点に、力を入れて考へなければならない。もしも沢山の民衆の中に、よく口の利ける少しの人と、多くの物が言へない人々とが、入り交つて居たとすればどうなるか。事によると一同が黙りこくつて居た前の時代よりも、却つて不公平がひどくなることがあるかも知れない。(中略)

今までの所謂軍国主義を、悪く言はねばならぬ理由は幾つでも有るだらうが、たゞ我々の挙国一致を以て、悉く言論抑圧の結果なりと、見ることだけは事実に反して居る。独り利害の念に絆されやすかつた社会人だけでは無く、純情にして死をだも辞せざる若い人たちまでが、口を揃へてたゞ一種の言葉だけを唱へ続けて居たのは、勿論強ひられたのでも欺かれたのでも無い。言はゞ是以外の思ひ方言ひ方を、修練するやうな機会を与へられなかつたのである。一方には又或少数者の異なる意見といふものは、国に聴く方の教育が少しも進んで居ない為に、抑圧せらるるまでも無く、最初から発表しようとする者が無かつたのである。斯ういふ状態がもしもなほ続くならば、どの様な不健全な挙国一致が、是から後にも現はれて来ぬとは限らず、歴史に忍び難い悔恨の数十頁を留めることは、必ずしも是をたゞ一度とするわけには行かぬかも知れない。

と説き、同誌同年二月号の同題名の文章に重ねて

多くの若い人の使つて居る文句などは、何遍かどこかで聴いたものが多く、しかもそれは学校で学んだものゝ他である。口真似教育の最も濃厚な効能が、今や既に読み書き綴り方より外の方まではみ出して居るのである。国の未来の幸福は、是に懸つて居るとまで、我々のあてにして居る話方の教育が、万が一にもこの筆法で推し進められるならば、形は全くちがへて、又第二の挙国一致が出現するかも知れない。戦慄すべきことである。

と警告の言を述べたのは、話し方聴き方の教育の問題に論題を限定している点で重大な欠陥をはらむ見解であるが、敗戦直後の、戦争中とは方向こそ正反対であれ、形式的にその裏返しと感ぜられるふしもある風潮への戒めの言葉として、決して無意味な発言ではなかったというべきである。柳田と同じ大正デモクラシー思想の最良のにない手であった津田が、柳田と似たような見解を表明したのも、そのかぎりでは、必ずしも無意味な発言だったとは言えない。例えば、昭和二十一年九月二十六日東北帝国大学学士試験合格証書授与式に招かれ「我が国の思想界の現状に就て」と題する記念講演を行なった中で、

皆さんの在学時代は、戦争に伴ふところの種々な事情のために、学問の研究がひどく抑圧せられ妨げられた時代でありました。一つは権力の圧迫、一つは、殊に学生の方々にとりましては、学徒動員といふやうなことがありまして、(中略)このうちの権力の抑圧は、敗戦と共に、日本の全面的降伏と共に、取り除かれ、学問の自由、思想の自由、が恢復せられました。これは学徒にとつては大なる喜びであります。(中略)しかし学徒自身が求め得たのではなくして、情勢の変化によつて、又は他から与へられて、得たといふことは、自由そのものの本質から見ると、やはり矛盾であり、皮肉でもあります。このことは自由の得られた後の現在の状態にも関係のあることのやうに考へられます。今日は権力の抑圧はありません。なくなりました。しかしそれに代る他の抑圧、抑圧といふことばを用ゐては或は当らぬかも知れませんが、何かやはり自由な研究を妨げ、思想の自由を妨げる力があるのではないか、これは戦争中の如き頭の上におしかゝつてゐた重苦しい力ではありません。けれども、しかし落ちついた、誠実な、冷静な、自由の研究が、それによつておのづから妨げられ抑圧せられるやうな力なり働きなりが、新に生じたのではないか、といふことが私には感ぜられます。それは一口に申しますれば、世間の風潮といふやうなものであります。今日の我々が新聞なり雑誌なりを見、或はまた世間の若い方々のいはれるところ

を聞いてをりますと、書いてあること、いつてゐることがほゞきまつてゐて、どれもこれも一本調子であります。どれもこれも同じやうなことば同じやうないひかたで、同じやうな思想を述べてゐるのであります。（中略）戦争中に言論が一本調子であり、どれもこれも同じことを同じ強い調子で叫んでゐたのと、殆ど変りがないやうに見えます。（中略）戦争中から色々なことばが作られ、又たそれが宣伝せられました。大東亜戦争であるとか東亜共栄圏であるとか、或は八紘一宇であるとか、一億玉砕であるとか、さういふことばが流行させられて居りました。今日はそれとは違ひまして、民主的といふこと、人民といふこと、勤労大衆といふこと、また非難のことばとして封建的といふこと、などがあり、或は何につけても闘争といふことがいはれ、又は無血革命とか思想革命とかいふことば、或は保守とか反動とか進歩とかいふことばが、しきりに使はれてをります。(2)

と言っているのにも、もっともなふしがある。ここには柳田が感じたのとほぼ同様の反応が語られているが、柳田が言論界の単調さを日本人の表現能力の問題という教育的観点から批判するにとどまり、言論内容へのイデオロギー批判を加えていないのと違って、津田の場合には、言論の「一本調子」であることのみが非難されているのではなくして、その実体的な思想内容への反感が常に伴なっていた。例えば前引東北帝大の記念講演でも、

近ごろ日本の歴史の研究について進歩的だとか保守的反動的だとかいふことが、しきりにいはれてをります。それは一くちに申しますと、唯物史観の立場から歴史を解釈するものが進歩的であり、さうでないものは保守的反動的だ、といふことのやうに聞えます。ところがさういふ意味で進歩的といはれる歴史の解釈を見ますと、歴史的事実が曲げられたり無いことが有るやうに説かれたり、さうしてその考へかたは甚しく独断的であり、非合理的であり、史料となるべきものをほんとうに読んで考へたものかどうか、また史料をどう取扱ふべきかを知つて考へたものかどうか、といふことすら疑はれるやうなものさへ少くないのであります。またさういふ考へかたを

する人々は、自分たちが何か特別の権威でももつてゐるかの如き態度で、従つて断定的な口調で、その説を主張してゐるやうに見えます。これはてうど、戦争中にいはゆる右翼の人たちが日本の歴史についてやかましくいつたのと同じしかたであつて、たゞその思想の方向が反対になつてゐるだけの違ひがあるのみであります。

というように、唯物史観史学へのはげしい攻撃がなされ、唯物史観史学が戦争中の右翼の史観の裏返しにすぎないという非難が加えられているのである。昭和二十三年の『ニホン人の思想的態度』にも

左翼思想と右翼思想とは思想の方向こそちがつてゐるが、その考へかたとそれを主張する態度とには共通な点がある。むしろその態度に於いては、右翼は左翼のそれを学んだものと見られる。(3)

という一節があり、同様の命題がその他の著書でもいく度かくり返し語られている。(4) 津田の戦後の言論界への批判が、このように実体的イデオロギー的なものである以上、それは柳田の場合と違い、言論界の単調さの問題にとどまらぬ、戦後思想界への津田自身のイデオロギーを主張しての積極的参加を意味したのであって、「非常時」時代の初期に象牙の塔から一歩ふみ出そうとし、まもなく迫害を受けて口をとじた津田が、戦後の思想界ではじめて象牙の塔から言論界裡に躍り出したことを物語るものであった。とすれば、こうして今や公然と時事を痛論する人となった津田の思想的立場の内容がどのようなものであるか、それは戦前の学問的著作を通して示されていた思想とどのような一貫性をもち、どのような点で変化を示しているかが検討されねばなるまい。その検討は、戦後の津田の立場をはしなくも端的に世に広く知らしめた雑誌『世界』掲載論文をめぐる一件から着手するのが、いちばん理解しやすいと思う。

敗戦直後に岩波書店が創刊した総合雑誌『世界』昭和二十一年三月号に発表された「日本歴史の研究に於ける科学的態度」は、同月『新中国』創刊号に発表された「シナ文化研究の態度」とともに、発言の自由を回復し公然たる文筆活動を再開した津田の第一声ともいうべきものであったと思われるが、『世界』では、翌四月号にもひき続き、「建

国の事情と万世一系の思想」と題する津田の論文が掲載された。ここに述べられている津田の天皇観は、戦前の津田の著作の随処に散見された持論(それについては第二編以下にくり返し指摘しておいたとおりである)の集約であって、特にこの時点で新しく言い出されたものではなかったが、

国民が国家のすべてを主宰することになれば、皇室はおのづから国民の内にあつて国民と一体であられることになる。具体的にいふと、国民的結合の中心であり国民的精神の生きた象徴であられるところに、皇室の存在の意義があることになる。さうして、国民の内部にあられるが故に、皇室は国民と共に永久であり、国民が父祖子孫相承けて無窮に継続すると同じく、その国民と共に万世一系なのである。(中略)国民みづから国家のすべてを主宰すべき現代に於いては、皇室は国民の皇室であり、天皇は「われらの天皇」であられる。「われらの天皇」はわれらが愛さねばならぬ。国民の皇室は国民がその懐にそれを抱くべきである。

という一節にもっとも強く現われているごとき、熱情的かつ積極的な天皇讃美の横溢は、むしろ前近代思想・非合理思想の排撃のほうに力点のおかれていた戦前の諸著作の基調と異なる色彩が濃いとの印象は否めない。「いま吾々が直面してをります民主主義的変革と建設とに寄与することを目的とし、その根本的な方針にそつて編集してゆくこと」を「編輯方針」としていた『世界』の編集者は、寄せられてきた原稿の「意外」な内容に驚き、礼を尽して津田の再考を求める書簡を、まだ疎開のまま平泉に居住していた津田に送っている。その書簡は、同じ号に「津田博士『建国の事情と万世一系の思想』の発表について」と題し、大部分がそのまま公表されているが、「編輯者」は、「最近の民主主義戦線の運動と、これに対抗するいはゆる『反共戦線』」の結成といふ情勢認識、ならびに「今日の日本のかやうな政治情勢に関する判断にとつて、最も重要なことは、それぞれの陣営の掲げてゐる名目そのものよりも、むしろその名目の下にどんな政治力が結成されようとしてゐるか、何が為されようとしてゐるかといふこと、どんな名目

の下にどんな実体が動いてゐるかといふことで」あるとの配慮を前提とし、「先生の御論説が反動的勢力によつて『政治的』に利用される見込みは非常に多いのであります。それは『世界』にとつても、また恐らく先生御自身にとつても、非常に不本意なことであり、客観的には、今日の日本のために甚だ遺憾なことと申さねばなりません」との憂い、すなわち「今日の情勢から見て、御論説の発表の齎す政治的・社会的影響が思はぬ方向に向ひはしないかといふ」心配を述べ、原稿の改訂を懇請したのであった。『世界』の「編輯者」の客観情勢の認識と津田論文が演ずるであろう役割の予測とは、今日から見てもきわめて的確であったと思われるが、かんじんの津田の思想についての「編輯者」の認識はきわめて不正確であったといわねばならない。というのは、書簡には、反動の徒「の拠りどころとする非科学的な国史や国体観は先生の学説によつて最も手痛い攻撃を受けてをりました。そして、彼等は先生のやうな国史の御研究から皇室擁護の結論が出るとは夢にも考へてをらないにちがひありません。また、左翼の方もこの点では同様ではないかと思ひます。(中略)一般に進歩的と呼ばれる傾向の人々は、その意味で今日一斉に先生に対して敬愛の念を抱き、反動的思潮に対する強力な精神的支柱として先生を仰いでをると存じます。そして、先生の学説によつて非科学的な日本歴史が正され、神がかり的な妄想が一掃された後に、なほ先生が今回御発表になつたやうな積極的な皇室擁護の立場があらうとは、恐らく考へられてゐないに違ひありません。それだけにいづれの側にとつても、今回の先生の御発言は意外の感を与へ、大きなセンセイションを呼びおこしかねないと思はれるのであります。そして、前述のとほりそれが大きなセンセイションを捲きおこせばおこすほど、国体護持の名目をかざす政治家たちにとつては都合のよいこととなるでありませう」と記されているが、実は「皇室擁護」は、青年時代以来の津田の一貫した立場であって、これを「意外」としたことは、津田の思想に対する大きな認識不足を示すものにほかならなかったのである。したがって、津田は、この書簡を受け、「新たに反動的思想の発生とその構造とに関する記述を補」ったけれど、

「『われらの皇室』といふ思想については、それが三十年来懐いて」きた思想であるとして、「最初のまゝの記述にとゞめ」、「編輯者」の希望は達せられなかったのである。(5) 戦後における津田の思想的立場は、『世界』の「編輯者」とのこうした意見の交換を通じ、端的に社会に明示されたのであるが、それは、一面津田の戦前以来の思想と論理上一貫したものであるとはいえ、他面戦前の津田の著作の力点配置の全体構造に照すならば、「意外」の感を生ぜしめるもののあったこともまた否定しがたい。そこには、連続一貫している面と新しく変化した面との両面がふくまれていたのである。すでに述べたとおり、戦前の津田が天皇制の観念的支柱とされていた記紀への徹底的批判を遂行したのは、皇室の起源に関する没理性的神秘主義的教説が、近代日本において、決して皇室と国民との関係を維持するに適切でないと判断し、天皇制の近代化合理主義化をはかったものであり、同時に政治を民主化し、天皇を政治の責任の衝から解放して「国民的精神の生ける象徴」たらしめるのが津田の念願であったのであるが、敗戦後、占領軍は、天皇制を温存する政策をとると同時に、非合理的国体観念を一掃する方針をとり、昭和二十一年一月一日の詔書で、天皇自ら「朕ト爾等国民トノ間ハ紐帯ハ、終始相互ノ信頼ト敬愛トニ依リテ結バレ、単ナル神話ト伝説トニ依リ、生ゼルモノニ非ズ」と宣言することとなり、占領軍司令部の与えたいわゆるマッカーサー草案に基いて、日本政府は昭和二十一年三月六日、「天皇ハ日本国民至高ノ総意ニ基キ日本国及其ノ国民統合ノ象徴タルベキコト」を第一条とする憲法改正草案要綱を発表し、やがて十一月三日には「天皇は、日本国の象徴であり日本国民統合の象徴であつて、この地位は、主権の存する日本国民の総意に基く」を第一条とする日本国憲法の公布を見るにいたった。『世界』の問題の津田論文は、新憲法草案発表の前に書かれたものであるから、「象徴」天皇制の成立を前提としてはいないけれど、すでにポツダム宣言受諾以来、天皇制の合理化は不可避の大勢にあり、結果からいうと、多年津田の持論としてきた「象徴」としての天皇が憲法に明文化されるという、津田の戦前以来の天皇観が名実ともに現実化することとなったわけである。天皇制に対して、もはや津田はその合理化のための論議の必要を失なったのであるが、その反面、敗戦後における連合国側ならびに国内急進派から提起された天皇制批判の主張は、皇室を心から敬愛する津田の憂いを深からしめるものがあった。(6)天皇制否定の声は、合法政党として公然たる活動を開始した共産党をはじめ、いろいろな方面からあがってきた。(6)津田がかつては最大の論敵として常に念頭においていた非合理的国体論の社会的勢力が社会の表面から退き、天皇制否定論が代わって思想界に公唱せられるにおよび、おのずから津田は天皇制否定論と直接に対決せざるをえない情況に直面するにいたったのであって、津田が一見「意外」との印象を与えるような熱情的積極的な天皇制擁護論を展開するにいたった心理的根拠は、このような客観情勢の変化に伴なう津田の位置の変化を前提としたとき、はじめて十分に理解できるのではあるまいか。

天皇制否定論の公然たる唱導に挑発されて津田の天皇制擁護の熱情が対極的に燃え上り、津田は、敗戦後の思想界におけるもっとも有力な天皇制擁護理論の主張者となった。学者の間では、積極消極さまざまのニュアンスはあるにせよ、天皇制擁護論者が多く、著名な学者が多数その方向にそった見解を表明した(7)が、昭和二十一年二月の『暁鐘』に発表され、二十三年の単行本『ニホン人の思想的態度』に再録された津田の論文は、天皇制擁護論としては、もっとも積極的であり、(8)論理的にももっとも徹底したものだったと言える。(9)その後も、津田はあらゆる機会を求めて、天皇制擁護論をくり返し主張してうむところを知らなかった。

こうした天皇制擁護論の熱情化を軸として、津田の言論は全面的に変貌を呈し始めた。もちろん津田が戦前の立場をそのままの形で維持したとしても、戦後の客観的情況の変化は津田の思想の歴史的役割を同一のものたらしめ得なかったであろうが、戦後の津田は、戦前の思想的立場を全面的に変更したとはいえないにしても、実質的に大きく変えることにより、歴史的情況との関連の中で全く反対の役割を演ずることになったのである。形式的にのみ見れば、戦後の津田の主張するところはおおむね戦前にその萌芽をふくんでいたのであり、戦前に全然考えていなかったことを、戦後突如として言い出したという点はほとんど無いかもしれない。しかしながら、問題は津田の言論活動の全体系の中で占める比重如何という点であって、各要素ごとに分解して見ると連続性があるからといって、全体としての思想活動の意味においてもまた同一の連続性が維持されているということにはならないのである。戦後専門学術研究よりもいっそう大きな力を傾注することとなった時事評論的著作について、津田が敗戦前とはいちじるしく異なる思想活動を展開するにいたった事実を、もっとも典型的な事例をあげながら、順次通覧してみることとしよう。

最初に述べたとおり、敗戦後かつて津田がむしろ皇室と国民との親愛関係を妨げるものとして極力排撃してきたいわゆる国体論が力を失ない（ただし、占領政策により社会の表面から後退させられただけで、絶滅したわけではなかった点は、重要であるが）、戦前には非合法的言論として弾圧の下に屏息させられていた天皇制否定論が、たとい国民の多数を制するほどの力はなかったにせよ、公然と唱導せられるのを黙視するにたえきれなかった津田が、これと対抗する天皇制擁護論に情熱を傾注するのあまり、戦前に声を大にして力説してきた主張はほとんど全面的に放棄された形となり、戦後の津田はさながら戦前のいわゆる国体論者の演じた役割を継承するにもひとしい形を呈するにいたったのである。歴史教育が皇室中心の史観によって構成されていないことに対し、

上代社会には国家が成りたつてゐたといひながら、それについての皇室のはたらきが注意せられてゐず、大和朝廷の起源とか政治の始まりとかいふことばがよそ〳〵しげに用ゐてあるのみであり、近代社会のはじまりとせられた明治維新のことをいふ場合にも、尊皇論と天皇の地位との名目が挙げてありながらそれが軽く取扱はれ、（中略）新憲法を問題としても、天皇を国家の象徴、国民統合の象徴、として規定してあることが注意せられてゐない。歴史的事実として昔から皇室が日本の国民の精神的結合の中心であり、そこに皇室の存在が日本の歴史に大きな

はたらきをした意味があるのに、日本歴史の教科に於いてそれがかう軽く見られてゐるのは、甚だ不自然なこと事実を無視したことではないか。(10)

という不満をもらし、特に記紀の神代の説話等の歴史教育における取り扱いに関し、

歴史を科学的合理的に理解させようといつてゐることについて、(中略)この場合の科学的といふのはどういふことなのか明かでないが、(中略)その主なる動機は、神代の説話を日本の古代史とし日本の建国の事実を語つたものとして取扱ふことを排撃するところにあつたらしい。指導要領に神話や伝説は信用すべきかどうかを考へさせることが記されてゐるのも、同じ意味であらう。信用するといふことはそのまゝに歴史的事実として認めるといふことらしい。しかしさういふ意味で神代の説話を信用するものは、モトヲリノリナガ一派の外には、かなりの昔から殆ど無かつたから、今さらさういふことをいつてそれを科学的な態度とするのは、甚だをかしい。(11)

とまで極言し、進んで

世界に類の無い民族国家として成立し有史以来変ることなく継続して来た日本の国家の起源(国生みの物語はこの思想の象徴である)、国家の初めて統一せられてから一貫して国民が戴いて来た日本の皇室の由来(日の神の物語はこの心情の象徴である)、それを語る神代のこの説話こそは、政治の局に当つて来た貴族もまた知識人も、従つて間接には一般国民も、よくそのいはんとするところをいつたものとして、世界に誇るべきものである。(12)

と言うにいたっては、全く戦前の正統的国体論者の史観とかわるところのない言説というべく、ことに記紀の説話を史実として信用したものは本居一派以外ほとんど無かったのだからこれを科学的に理解するなど無用の言であるというごとき、何故に津田がかつて記紀の研究にあれだけの巨大なエネルギーを投入しなければならなかったのか、彼自身のライフワークの意義を自ら否定するに等しい主張であって、政治的な動機からの津田の天皇制擁護の情熱は、往

年のおのれの心血を注いだ研究の意義を空無に帰せしめるにちかい心境にまで自らをかりたてたというべきであった。

この熱情は、同時に天皇制否定論の主役と目されるマルクス主義あるいはその思想を信奉する共産党、さらにその思想によって建設された共産主義国家へのはげしい敵愾心ともなって現われる。第二編で述べたとおり、戦前以来津田はかつて唯物史観をも社会主義をも肯定したことがないと同時に、社会主義にも一面の道理のあることを認め、唯物史観についても学問的方法論的批判を加えるのみで、これを政治的に攻撃する態度はとらなかったのであるが、戦後の津田は、学問としての唯物史観を方法論として排斥するにとどまらず、さらにマルクス主義に対するイデオロギー攻撃を積極的に開始するにいたったのである。津田がこのようにマルクス主義へのはげしい非難攻撃の姿勢をとるにいたった直接のきっかけは、戦後再建された歴史学研究会に指導権争いが生じ、指導権を掌握したマルクス主義史家が津田の出馬を求めた際に、津田は、彼らの期待に反し、この立場に立つ研究者に対する人間的な不信をいだく結果となったことにあるようで、その後面会した吉野源三郎に対し、「私は、すでにあの立場に対して手套を投げたのです」、つまり決闘を挑む決意を語ったということであるが[13]、それが津田のマルクス主義への態度を戦前と異にするにいたった原因のすべてであるとは考えられないから、ここではしばらく津田の客観的に表現した思想だけによってその考え方の動きを追ってみることにしたい。

社会主義の根本精神は、機構のはたらきに主なる力をもたせて、人を受動的地位に置く傾向のあるものであり、従つて人の人格とそのはたらきとを重んじない傾向をもつものであります。(中略)社会主義の実現によつて国民は果して幸福が得られるであらうか。これについては何よりもまづ、人の幸福は経済生活の安定だけでは得られないといふことが考へられねばなりますまい。人はパンのみによつて生きてゆくものではないのであります。(中略)自由経済には長所が多いと思ひます。といふよりも経済生活の本質がそこにあるのではないかと思ひます。

（中略）経済上の自由といふことと離して考へても、一般的に人の生活の自由を拘束するに傾く社会主義の構想の実現をば、その意味で私は希望しないのであります。そこで自由経済の原則を維持しつゝ現状に於ける資本主義の欠陥を補ひまたは弊害を正してゆく方法を考へらるべきだと思ひます。（中略）もつともこれは資本家といふものの存在を肯定しての考でありますが、私はそれを肯定せらるべきものと思ひます。[14]

という、資本主義への大胆な支持は、社会主義を一度も肯定しなかった津田として、形式的には持論に属するように見えても、かつてしばしば金権の横暴を口にしてきた津田の言説を回想するならば、そこには明らかに重点の大きな移動の生じていることを窺わしめる。まして日本ならぬ外国の政治体制としての社会主義の破壊を積極的に主張する反共精神の露骨な表明にいたっては、到底戦前の津田の理論レベルでの社会主義批判の単純な延長とは見なしがたいであろう。

もしいつの時にかソギエット聯邦の民衆の文化が一般に高められ、彼等の間に生活の自由に対する欲求の起つて来るようなことがあるならば、現在の形態を崩さうとする要求の生じて来ることが、考へられるであらう。どうしてまたいつになつてさういふ時が来るかは、もとよりわからぬが、人間性に対して希望がかけられる限り、かういふことが考へられる。[15]

とか

いま世界は二つに分れてゐるといはれる。実はこのいひかたは妥当ではないので、二つの力は、文化の現状においても世界の歴史の上においても、対立の状態にあるものではない。共産主義国は、これまで世界の文化の進んで来た方向を逆転させ、または文化そのものを破壊しようとしてゐるのであり、民衆の文化の程度の低いロシアにおいて始めて成り立ち、同じく文化の程度の低い地域においてそれが模倣せられてゐる。（中略）日本はヨウロツパとアメリカとを中心とする文化の世界の一員となるとともに、(中略)それ〔世界の文化〕を破壊する力を世界から無くしようとする運動に参加し、それを推進するのが当然である。(16)

とか

思想としてはやはり一部の知識人の間に流行してゐるソ聯の社会及び国家の讃美が、一面では日本の国家及び社会の破壊を誘致することになるものであると共に、他面ではそのソ聯の政治が近代に入つてからの西洋の文明の進路を逆転させて中世時代の状態に復帰させるものである点において、上記の反動の勢とつながるところがある。(17)

とか

今日の世界に於いて、平和を脅かす力と行動との本源はソ聯であつて、それはソ聯の国家の本質の現はれである。またこれまでに進んで来た世界の文化を破壊し、少くともその方向を逆転させようとするのが、ソ聯である。まして日本人に於いては、戦争の末期からの日本及び日本人に対するすべての行動態度と、ソ聯に連繋の深い共産党のしごととの、いかに非文化的、特に非人道的、であるかを知らぬものはあるまい。そこで、日本が世界の一国としてその文化を進めてゆくには、ソ聯の勢力下にある民衆を文化の光に浴させ、ソ聯の国家の性質を一変させるところに終局の意味のあるべき、自由主義諸国の運動に参加し、それを推進すべきであつて、そこに講和の一つの精神がある。勿論、講和条約の草案には、アメリカ自身の立場に立つてのその国策が含まれてゐる。しかしそれが日本の立場と一致するならば、それを快く承認すべきである。(18) ソ聯が参加してもしなくても、その国家の本質が変らない以上、日本の平和を脅かすことは同じである。

とかいう、アメリカを中心とする反共国際勢力をもってソビエト体制の打倒をはかるべきであるとまで極言するその主張は、同じく共産主義革命を達成した中華人民共和国に対しても同様にソ聯が戦前から戦後にかけて日本及び日本人に対し不信不法の行為をなし、日本の不利を計り多くの日本人を苦しめて来たことは、今さらいふまでもないが、いはゆる中共もまたほゞそれと同じであつて、最近に至つては特に傲慢な態度を日本に示してゐる。(19)

とか

特にアジアに関する学問的研究といふ点から見ると、いはゆる中共の権力が続く間は、シナに学問の自由は全く無いと思はねばなるまいから、シナについての研究をするには日本人が最も適当であり、従つてそれは、世界に対する日本人の学問上の責務であるといつてよい。いつかはシナが共産党政権の抑圧から解放せられる時が来るであらうが、さうなつた時には日本人のこの研究がシナにとつても大きなはたらきをするであらう。(20)

とかいう態度の表明となっており、このような極端な政治的発言を津田の口からきこうとは、戦前の津田を熟知するものの到底予想しえなかったところといわねばなるまい。

中華人民共和国に限らず、中国蔑視はある意味で津田の思想の基本的構想に属するものであったから、そして朝鮮についてもほぼ同じであったから、戦後の津田が戦前の日本の植民地支配について

断えず大陸の圧迫下に置かれて気の毒な状態にあつたために、そこから養はれた半島民族の特殊の心理が内政の上にも外交の上にも種々にはたらき、半島の地位をますく困難にし、国際関係をいよいよ紛糾させたので、日本が韓国を併合するに至つたのも、半島人のかゝる心理が悪質の行動となつて現はれたところに理由があつた(下略)(21)

とか

アジヤにあつては、少なくとも近年の台湾及び韓半島に於ける日本文化の大なるはたらきを、何人も軽視するこ

とはできないであらう(22)。

とか

日清戦役または日露戦役が、或はシナ人の覚醒を促し、或は東南アジヤの諸民族をしてみづから頼むところのあるべきことを感知せしめた功績は、いふまでもなく、台湾及び韓地に日本の文化の力をはたらかせた効果の大なることも、また明かである。この点に於いては、ヨウロッパ諸国の植民地経略の方策とは違つて、例へば何よりも先づ教育の普及を計つた如く、日本は台湾及び韓地に内地と同じ文化的施設をしたことを、高く評価しなければならぬ(23)。

とかいった全面讃美の辞をつらね、あるいはまた

或る国の自己の便宜から案出せられた特殊の態度に追従して、第三勢力といふやうなできてもゐないもののできることをあてにしたり、アジア民族といふやうな名によつて、国情も国際的地位も文化上のはたらきも遙かに違つてゐるものの仲間入りをしようとしたり、さういふことを企てるものがあるならば、それは、日本みづからを世界の劣等国視して、その存立を他国の力に依頼しようとするものである(24)。

とかいう、福沢諭吉以来の「脱亜論」のおさらいをしているのも、戦前の津田のアジア観と根本的に異なる発想ではないとも言えるけれど、こうした命題が、すでに前引のアメリカの国策から出た講和を「快く承認し」、「ソ聯の国家の性質を一変させるところに終局の意味のあるべき、自由主義諸国の運動に参加し、それを推進すべき」だという主張、あるいは

アメリカやイギリスが戦時中にも日本人に対してソ聯のしたやうなことは決してしなかつたこと、戦後の日本を占領下に置いても、その国を日本人のために公開し、文化的に日本人と協同する態度をとつてゐることと、対照

して見れば、ソ聯の国家の性質がよくわかる。ソ聯の強圧の下にいはゆる衛星国が、どんな状態であり、ソ聯がそれをどう取り扱つてゐるか、を知るものは、日本がアメリカの主宰する聯合軍の占領下に置かれたことの幸福を、感ぜずにはゐられない。（中略）世界に対する日本の態度が講和条約によつて明かにせられた以上、日本は如何なることが起つてもどこまでもそれを堅持しなければならぬ。（中略）この態度に少しでも動揺の気を示したり曖昧なけぶりを見せたりすることほど、日本を害するものはない。(25)

といった主張との関連をもって提示されていることを直視するならば、それが単純な戦前の脱亜論の延長にとどまらぬ意味を帯びていることは否定できないのではあるまいか。

戦前の津田の中国蔑視は、日本の進歩を妨げる前近代的思想の有力なる一つとして「支那思想」を考えたところから由来しているのであって、中国蔑視といっても、それはもっぱら観念的世界の問題とされていると同時に、それが日本の前近代的なものへの勇敢なたたかいの武器となるという論理的連関を有するものであったことを想起する必要があるが、戦後においては、中国ばかりでなく、ソ連への上記のごとき激烈な敵愾心と、他方ではアメリカ陣営への手放しの信頼とが、国内に対しては、支配的政治勢力への無条件の傾倒となり、前近代思想批判へのはげしい反撥として現われているのであって、かつて大正デモクラシー期から昭和のファシズム擡頭期までに見られた津田の批判的言論活動とは、正反対の役割を演じているというほかないのである。

このようにして津田は、その熱烈な現実批判の精神を、他のアカデミックな学者と違ってその学問的著作の中で随処に発現させながらも、時事問題についての直接の見解の表明は、公表を意図しない日記・日信を除いて、つとめて抑え、特に政治的党派への直接のコミットメントは厳に避けるという「政治的禁欲」を守ってきた戦前の方針をすて、大胆に戦後の政治的対立の渦の中で政府与党の代弁者としての言論活動を続けたのであった。前述のごとく共産主義国を憎悪してやまぬ心情が、ソ連・中国をふくむ全面講和の主張を一蹴したのはもちろん、進んで再軍備ならびにアメリカとの軍事的協力に賛成し、さらに「平和憲法」論を否定し、憲法「改正」に賛成するまでにいたるのも、騎虎の勢いとして免れがたいところであったろう。昭和二十七年に

今日の世界に於いて一国の独立を全うするためには、事ある場合に国民が武器をとつて国家を擁護する精神とそのための平素の準備としての軍隊をもたねばならぬことは、一般の常識である。近接せる強国から現に種々の危害を加へられてゐる日本に於いては、なほさらである。

憲法第九条の規定が防衛のための軍備を否認するものでないことは、かかる規定の設けられた事情と立法の精神とから明かであり、法文の解釈もまたそれを助ける。もしまた仮にそれをも否認したものとするならば、国家の独立を全うするためにこの規定を改正すべきである。

軍備が他国の侵攻を招くといふやうな考の妄想であることは、既に明かにせられてゐる。(中略) 現実の世界に於いては平和のために軍備が必要なのである。だから憲法を防衛のための軍備をも否認するものとしてそれを平和憲法と呼びまたその擁護を叫ぶのは、人を惑はせるものである。(26)

同二十九年に

軍備をすることは日本人をアメリカの傭兵にすることだ、といふやうなことをも聞くやうである。アメリカが日本に軍備をもたせたいと思ひ、それについてなんらかの援助をしようと考へてゐることは、事実と認められる。またアメリカのこの態度には、アメリカ自身の地位の擁護とその世界政策の遂行とに関聯があることも推測せられる。どの国の対外政策も自国のために計ることが基礎になつてゐるのは当然である。それと同じく、日本では日本のために軍備をすることが必要である。たゞそれを遂行するためには、今日の世界の形勢と日本のいろいろ

の事情とにおいては、このことについてアメリカの国策と一致するところのあることを認めねばならず、従つてその支援を得ることが必要となるのであり、さうして支援を受ける以上、それについてなんらかの便宜をアメリカに提供するのは、当然である。(27)

同三十三年に

戦争は罪悪であるからどんなばあひにも戦争をしてはならぬ。といふことになると、それは結局国家の存立を否定することになつてしまふ。国が滅びても戦争はしてはならぬ、といふことになる。（中略）世界には無法もの乱暴ものがありますから、国家としては万一のばあひに備へる防備を厳にすることが必要であり、不幸にして戦争しなければならぬやうな時が来たならば、国民のひとりひとりは、いつでも戦死するだけの意気が無くてはなりません。（中略）国を愛するものは国のために何時でも戦死するだけの意気が無くてはなりません。（中略）平和、平和といつてゐますが、それはことばだけのことであつて、さういふことをやかましくいつてゐる人たちのすることは、明けても暮れても闘争、闘争、であります。ですから平和といふやうな流行のことばは聞きながしにしておいてよいから、日本の国民としては、この日本の国をどこまでも独立の国として、武力は勿論のこと、思想による侵略に対しても、しつかりした防衛をするために、できるだけの努力をしなくてはなりません。兵員が必要ならば進んで兵員に加はらねばなりません。武器がいるならばそれを整へねばなりません。それらのために費用がかゝるならば国民は分に応じてそれを負担しなくてはなりません。(28)

などと、さまざまな場所で、戦争放棄・戦力不保持の憲法擁護論をはげしく攻撃したばかりでなく、平和主義とならぶいま一つの憲法の大きな柱である基本的人権の保障に関しても、昭和二十六年に

どうして国民の精神を緊張させることができるか。（中略）それは、民主主義とか言論の自由とか人権尊重とか男

女同権とか、その他、敗戦後にはやり出したさま〴〵のやかましい「ことば」を一切やめてしまふことである。さうして昔からいひならはされて来たやうに、人々がめい〳〵に守るべきことはしつかり守り、すべきことはどこまでもする、じぶんのことはじぶんでして他人にたよらない、（中略）かういふ心がけになることである。（中略）これだけの心がけがあつてそれを実行するならば、（中略）猥褻であるとかないとかいつて騒がれるやうなものを出版することもしなくなり、（中略）組合の指導者が独りよがりの考で「指令」などをしなくてもよく、資本家または経営者と労働者がいがみあひをするにも及ばず、議会のやうなところで多数を頼んでむりおしをすることも無くならう。(29)

同二十七年に

節制が無く責任感の伴はない言論の自由、義務のあることを知らぬ権利の主張、（中略）現にさういふ濫用が今の日本に夥しく行はれ、それが国民の生活を混乱させてゐる。独り破防法だけのことではない。破防法の実行に当るのは官憲であつて、官憲が実行すれば戦時中の警察政治を再現する虞れがある、といふことがいはれてゐるが、ジヤアナリストに対してそれと同じことがいはれないであらうか。（中略）要するに破防法の濫用を恐れるならば、言論の自由の濫用をも恐れなくてはならないのに、それを措いて問はず、或はむしろ濫用を濫用と考へないのは、思慮あるものの思慮のしかたとは違つてゐる、といはねばならぬ。（中略）もつとも濫用は言論のみのことではない。（中略）団結権の濫用、ストライキの濫用、「自由」の濫用、「平和」の濫用、今の日本には如何に濫用の多いことか。(30)

同二十九年に

言論の自由または学問の自由の名の下に、放縦専恣な言辞が到るところに横行して人心を混乱させ、思想の上で世の秩序の失はれてゆく虞れのあるのが、今日の状態であることを、忘れてはならぬ。(中略)それは恰も敗戦前に戦争讃美論がジャアナリズムの全面を蔽うてゐる「世論」であつたのと同じであり、時代を溯つて考へると幕末に攘夷論が一知半解の知識しかもたない世人を圧倒したのとも似てゐる。これらは言論の暴力が如何なるものであるかを示すものである。[31]

と述べているように、基本的人権を否認するにひとしい主張がくり返されており、そのあげくは、昭和二十七年の、

言論の自由といふやうなことも同じ例であるので、言論人みづからのうちに道徳的に自制するだけの心がけをもたないものもある日本、意識してにせよしないでにせよ、共産党に同調することになるような言論が進歩的として喜ばれてゐるらしい日本、の状態においては、それ相応の用意が国家に無くてはなるまい。[32]

同二十九年の

直截にいふと、社会党は国会に席をもつべきものではないのである。[33]

といった命題をさえ公言するにいたっているのである。津田の憲法についての理解は、

私の考では、実際政治の上に於ける旧憲法と新憲法との違ひの根本的な点は、旧憲法では議会の機能をできるだけ狭くし、または抑制して政府の権能をできるだけ広くしまた強くしてあつたのを、新憲法に於いてはすべてを議会の権能とし政府をそれに従属させることにした点にあると思ひます。[34]

という文章から察せられるように、国会の権限の拡大が新憲法の最重要点と見られていたのであって、日本国憲法の三大基本精神である主権在民・基本的人権保障・戦争放棄についてほとんど考慮された形跡がないから、津田が、基本的人権の保障を無視するような主張をしたり、戦争放棄規定の廃止を安易に提唱したのは、あながち不自然のことではなかったと見られよう。

戦後の思想的対立の一つの鋭い争点となったものに日本史の見方をめぐる争いがあり、その点において、かつてはもっともリベラルで批判的な史学者であった津田が、戦前と正反対の主張をするにいたったことは、すでに見たが、ついには極右の狂信的日本主義ないし軍国主義史観の宣伝書に全面的な支持を与えるまでにいたった。昭和三十二年に「歴史教育問題研究会」と称する匿名右翼グループ執筆の『子供に教える正しい日本史』と題する書物が発行された。その二年前の昭和三十年に日本民主党が『うれうべき教科書』と題するパンフレットを三輯にわたり連続発行し、宮原誠一編『一般社会』・宗像誠也編『社会のしくみ』等特定の社会科教科書の名をメンションして政治的誹謗を加え、翌三十一年には民主党が合流して成立した自由民主党の名で『裏切られた童心――憂うべき教科書の真相――』という新書版単行本が経済往来社から刊行されたが、これらはいずれも当時の検定合格済教科書の内容にイデオロギー攻撃を加え、教科書の検定の強化その他教育内容への権力統制をいっそうきびしくする必要のあることを宣伝するために頒布されたものであり、『子供に教える正しい日本史』も、これらを承け、同一の意図の下に、当時の日本史教科書二一種をとりあげて、戦後の歴史教育に非難攻撃を浴びせつつ、戦前的な天皇中心・軍国主義史観復活の必要を強調した、純然たる自民党極右派の教育政策を代弁した書物であったのである。ここにその全貌を紹介する余裕はないけれど、例えば

天皇主権は日本国民のなかに流れる、歴史的な天皇仁政の伝統の近代的法律的表現にほかならない。したがって、明治の祖先が何故に天皇主権の憲法をもつにいたり、これを一般国民がすなおに遵奉してきたかを考えようとしないものは、憲法の最も重要な条件が、国民の歴史的伝統慣習に基礎をおかなければならないという通念に対して、全く認識をかくものであるといわなければならない。このような理解を欠いて、現憲法を無批判に絶対視せんがために、帝国憲法をその対立物として引きだして批判したとしか思われないのが、今日の教科書の叙述であ

る。

とか、

満洲における日本の軍事的支配力の意義は、それが自覚的であると否とにかかわりなく、満洲民族自立のための、そして東洋の平和のための、唯一の支持力であるということであった。これを最も切実に身をもつて痛感したものは、満洲在留邦人であり、在満部隊であった。

とかいう記述を見ただけで、この書がどのような性格のものであるかは明白であろう。この書物の表紙にかけられた帯に津田をはじめ、清瀬一郎・高山岩男・花見達二の四人の推薦の辞が印刷されており、津田のは

現行の教科書は、多くの誤謬を犯している。いわゆる進歩派の者に反対する者は反動的だとかたずける風は、馬鹿げている。

本書の批判には賛成である。

というのであるが、別にこの書の広告用に作られた十頁のパンフレットが出ていて、[35]その「推薦のことば」の欄に、「御感想の一端」と題する津田の文章が、清瀬・今村均・高山・安西愛子・花見・竹内徳治の各の文章とならんで掲げられているので、その全文を左に紹介しておく。[36]

……(原文)現在、所謂進歩派の者に反対する者は反動的だと片づける風があるが、馬鹿げた事だ。日本の歴史教科書は、日本人が日本をよくするために昔からいかに努力してきたかを中心として書かれなければならない。本書の批判は賛成である。明治、大正時代では、触れられていない重要問題もあるが、大体は本書に述べられた通りである。昭和の部分も、大部分賛成である。日本人の道徳感情は立派なものだといふ事を、もつと強く云つて欲しかつた。続篇を期待したい。……(原文)

これが津田の自ら筆をとって書いた文章の抄引であるのか、談話の筆記であるのか、いずれにしても津田の名を盗用したものでないかぎり、表現の微細な点まで正確かどうかは別として、津田の真意を伝えているものと見なさないわけにはいかないのであるが、戦後の津田が札つきの右翼評論家とならんでこうした書物に「推薦のことば」を贈っているのを見て、無量の感慨を覚えるのは、おそらく私ひとりの感傷ではないにちがいない。

このような政治的党派性が、戦前の津田の思想の必然的な展開であるのか、あるいは大きな転換であるのか、前記のとおり政治的禁欲を守った戦前の津田の言動との形式的な対比からは必ずしも一義的な解釈は出てこないかもしれないが、戦前の学問的研究の基礎をなす思想と戦後の発言とを比較するときに、明白な転換のあることは否定できないと思う。さきに津田が、天皇制擁護の熱情にかられたあまり記紀批判の根本的動機を否定するにちかい見解を述べているのを引用したが、記紀批判の著作の戦後版を見ても、必ずしも戦前版の基本命題を変更するほどの大きな改訂のないことは、次章に表示するとおりであるから、戦後の津田がこの点で完全に転向したとまで断定するのは憚られる。しかしながら、津田が、天皇制擁護、共産主義排撃から進んで反共政策を強行する保守党政権を全面的に支持するにおよんで、その政策にふくまれている前近代的思想の積極的温存ないし再生産と同一線にそった前近代思想の積極的評価、すくなくともそれらに対する批判的態度の放棄(ただし、政権の側にあっては、単なる利用であろうから、津田が衷心から思想上の支持を与えたのとは、やや性格を異にするけれど、その点今は措く)の態度を示すにいたったのは、前近代的思想とのミリタントな対決を行なうことにより大正デモクラシーのイデオローグとしての輝かしい役割を果してきた大正・昭和初年の津田の思想を基準とするかぎり、明らかに大きな転換があったと見なさざるをえまい。例えば、昭和二十三年の『ニホン人の思想的態度』において、

生命が単なる肉体的意義のものにとゞまらないものである以上、家系、従つて血統、のもつ意味は大きいといは

ねばならず、（中略）祖先から系統の伝へられた家を子孫に伝へてゆくことが、考へらるべきである。家系のことを別としても、世間には、人が家に抑圧せられ拘束せられる方面のあることだけを見て、よい家を作つてゆくのが人であることを考へないものがあるが、これもまたまちがひであらう。

同三十六年刊『思想・文芸・日本語』所収の「日本の家族生活」において、

婚姻は婚姻だけのことと当事者の結合だけのことではなく、一方ではこれまで考へて来た家族の構成に関することであるのみならず、他方ではそれによつて生ずる子孫との交渉が重要である。人が祖先から次第に承けて来た血統を次第に子孫に伝へ、その子孫の素質とはたらきとを次第によくしてゆくこと、その意義での「家」を尊重することが、考へられねばならぬ。（中略）今の日本のいはゆる知識人は多分からいふ家系とそれに伴ふ家風との存在を認めず、或は「封建的」と称してそれを非難し、或はそれを破壊すべきものとするであらうが、それは、かゝる人ゝが家系をつぐものの努力によつておのづから作られてゆく家ゝの美風を感受することができないからであらう。勿論、それには弊害が伴ふばあひもあるが、いかによいことでも欠点はあるから、欠点のあることのみを見て全体としての美風を認めないのは、偏見でもあり浅見でもある。

とそれぞれ言っているのによく示されている封建的家族制度への批判から支持への転化のごときは、そのもっとも代表的な実例とするに足りよう。この点は、『我が国民思想の研究』の戦後改訂のほうにいっそう全面的かつ具体的に露呈しているから、次章でいま一度詳論することとして、ここではこの程度の指摘にとどめるが、右の引用文に現われているとおり、「いかによいことでも欠点はあるから」という理由で批判を非とし「美風」の讃美を要求する姿勢は、これまた否定的批判的言論の故にその独自の個性を鮮やかに発揮してきた津田史学の志向を逆転させたものといらべく、実体的な論議の内容の変化よりも、むしろこのような基本的方法の変化のほうにこそ、戦後の津田史学の変貌を促すいっそう決定的な動因が見出されると言ってよいのではなかろうか。戦前の津田が常に現実にきびしい批判の眼を向け、そこから独自の発想に基く評価を滾々と湧き出させてきたのに対し、戦後の津田がつとめて批判を抑え現実の擁護と維持とに汲々としているのは覆いがたいところであり、論理の大きな転換の生じている事実は否みがたいのである。どのような制度にも欠陥があるから、という前引の弁解——それは一般論と具体論とのすりかえであつて、ファラシイに属する論法であるが——のほかにも、例えば、

現にあるものを無くしようとするには、それだけの特殊の理由を提出しなくてはならぬが、現にあるものをあるまゝに保存するには、さういふ特殊の理由を提出する必要もなく、また提出しがたくもある。現に「ある」といふ事実そのことが「ある」ことにそれだけの理由の具はつてゐることを示してゐるのであり、またその理由は明かに意識せられてゐないのが普通のありさまだからである。(37)

とか、

人には現状を変革して生活を新しくしようとする欲求があると共に、また現状を保守しようとする欲求もある。長い間慣れて来た生活は、よしそれに欠陥があることを知つてゐるにせよ、何となくそこに安住してゐるような気分があつて、そこからかういふ欲求が起る。これは（中略）人としては本能的ともいふべきものであつて、そこに生活の一貫性永続性の基礎がある。（中略）たゞひたすらに変革を主張するものは（中略）伝統に愛着する保守的気分を蔑視または軽視して、弊履の如くそれを棄てんとし、またはそれをたやすく蹂躪し去らうとする。（中略）かういふ見地に立つものは、その自然の傾向としてやゝもすれば生活の暖かい人間的情味を解せず、その非とするものに対して冷やかな排撃的闘争的態度をとるようになるので、伝統に対して愛着をもたないのもそのためである。しかし生活は単に合理的にのみ処理せらるべきものではなく、伝統に対して愛着を抱くのは、実は生活の

本質にかゝはることなのである。[38]

とかいう論理がいくたびも提示されているのを、見落すべきではなかろう。それは同時に戦前の津田史学のもっとも独自の特質を成していた普遍的価値原理からの過去に対する超越的批判の放棄ともなる。

さしあたつては、主要な人間概念人間観について一応の知識が得られゝばよいとして、さてそれらを比較対照してその価値を判別しようとすることになると、それがまたむつかしい。何等かの自己のたちばからそれを試みることはできるであらうが、それは結局、自己の人間観人間概念によつて他のを見ることであつて、客観的には妥当性が無い。[39]

という命題は、「諸民族における人間概念」の比較思想論の方法についての立言であり、歴史批判の方法論とは少し違った問題について述べたところであるけれど、「何等かの自己のたちばから」「価値を判別しようとすること」が「客観的には妥当性がない」という論理を、『我が国民思想の研究』に適用するならば、この戦前の津田の力作はほとんど「客観的に妥当性がない」として葬り去られるおそれ少からぬものがあるのではなかろうか。『我が国民思想の研究』の著者である津田がこのようなことを言い出したのは、「客観的には」戦前の自己の業績を自らほとんど抹殺し去るも同然の発言と解せられるのを免れず(次章に表示するとおりの、戦前版の個性的論述を帳消しにするような改訂を施さざるをえなかった事実が、この解釈の曲解でないことを裏書している)、それはまさしく津田史学の転向の自白にほかならないというべきであった。

歴史的伝統の「欠点」を認めつつ、すべてのものに「欠点」があるから「欠点」の批判より「伝統」への「愛着」を優先させるべきだという戦後の津田の姿勢は、戦前津田がことにくみきらっていた道学者的精神主義を津田自らがとらざるをえないはめに追いこまないではおかない。「国民もしくは社会を存立させるためには、自己を抑制し、事情によっては自己をそれに捧げる場合のあるべきことを感知」すべきであり、「意志の鍛錬と情操の修養を妨げる近代の社会生活の状態」を痛罵する津田に、戦前の津田の道学先生への強い嫌悪を見てきた私たちは、あまりにも大きな変貌を感じないわけにいかないのである。[40] これについては、戦前の津田が早くから歴史学における普遍的法則性の追究に否定的見解をとりながらも、『我が国民思想の研究』に具体化されているように、社会的歴史的条件の規定力を重視する見方をとっていたのに対し、戦後の津田が原理的にいっそう強く社会科学の歴史認識への適用を拒否する姿勢を強化したこと、それにもかかわらず、本来社会科学的認識を深めることなしに正確な判断を下しえないはずの政治的社会的諸問題に関する時務的発言を盛に行なうようになった事実と無関係ではない。「私は経済に関する知識をもつて居りません。実際の状態についても学問上の理論についても、さういふ知識はありません」[41]と告白しながらも、なおあえて「経済に関する」「実際の状態について」あるいは「理論について」論ずるということになれば、それが客観的現実の科学的認識に立脚した判断としてではなく、主観的な精神主義をふりかざした道学先生的お説教に終るほかなかったのは、必然であったろう。

戦後の津田の変貌は、思想の実体的内容ばかりでなく、その形成過程や構造形式にも現われている。青年時代以来津田の思考に感性的・直観的傾向の強かったことは、もともとローマン主義文学青年であった津田の場合ふしぎはなかったけれど、第一編で見てきたとおり多方面にわたり貪欲に知識を吸収していた青年期の津田には、国の内外の歴史の動向についてのかなりの豊かな情報に裏づけられた現実感覚があったのに対し、戦争中平泉に疎開し、敗戦後もただちに帰京しなかった津田は、その間に急速に進行する歴史の動態を的確に把握し、それに応じた適正な判断を下す力をいちじるしく弱めてしまったところがあるのではなかろうか。上に引用してきたもろもろの命題が、いずれもきわめて観念的かつ感情的であり、どれほど具体的な事実認識に裏づけられているか、ことに津田が声を大にして罵倒する共産主義諸国の実態やその対比として支持を惜しまないアメリカ陣営諸国の行動の実態について、津田に、戦争中は日本の国家権力により、敗戦後は占領軍によって統制され、ないしそれに応じて自己規制を続けてきた商業新聞類のニュースの限界を克服するだけのどれほどの認識があったか、きわめて疑わしいことは、上引の若干の文例を見ただけでも明白であろう。[42] 津田は、『歴史の扱ひ方』の「あとがき」で、

事実をしつかりつきとめてそれに本づいて物ごとを考へようとはせず、世間でいひふらされてゐること、その多くはジヤアナリズムの上に断えず現はれるまちがつた記事や言説やまた故意の宣伝やによつて与へられたことであるが、さういふものをそのまゝに受け入れ、それが果して事実であるかどうかを批判する用意が無い。（中略）それがために事実に対して甚しく無智であるが、かゝる無智が同じような偏見を増長させると共に、その偏見が更に無智の度を強め、恣に構成せられた空中の楼閣を恰も現実の存在であるかの如く思つてゐるように見える。

という非難を、津田が軽蔑の意味をこめて呼ぶ「いはゆる知識人」に対して加えているが、皮肉にも戦後の津田の時事評論はまさしく右のごとき性格のものであったとの印象を禁じがたい。現に津田は、『世界』昭和二十五年十一月号に寄せた「わたくしの信条」において、「時の問題」について意見を述べることは自分には「むかないしごと」であると言いながらも、「政治のこと、社会上思想上のこと、学問界言論界教育界のこと、世界の動き、一々きになる。さうして喜んだり心配したりする。見聞が甚だ狭いので、たしかなこと詳しいことはわからぬが、わからないなりにかういふきもちになる」と告白し、特に「日本の国家と社会と日本人の生活とその根柢にある人間性とを破壊しようとする特殊の運動」の「世間にあることがきにかゝ」り、黙してはいられないのだ、という趣旨のことを述べているのであって、戦後の津田は、天皇制と共産主義とをめぐる内外の動きへの不安にたえきれず、「たしかなこと詳しいこ

と」が「わからぬ」ままに制しきれぬ激情をもって、上引のような政治的発言を続けていた、と見ることは、津田自らのこの率直な告白に徴しても、決して津田を誣いるものではないといわなければならぬ。

戦後の津田の読書記録としては、明治時代の日記や大正末の日信に相当するものが無く、わずかに残っている昭和二十七年一月から五月までの日記[43]に、ケイスの『仏教哲学』、ダスグプタの『ヨオガ』、『マハアバアラタ』、中川善之助の『日本の家族制度』を読んだ記事があるにとどまり、生きた政治動向についての情報源は一切不明である。早大の『津田文庫目録』所載の書目のみにより津田の情報源を考えるのは、そこに新聞・雑誌がほとんどない（一般にそれらは廃棄されるのが習慣である）ことに徴し、必ずしも十全な方法でないにもせよ、戦後出版の単行本、特に津田があれほど情熱を傾けて論じた国際的・国内的社会情勢を考えるために役立ったと思われる書物の名がいちじるしく乏しく、せいぜい田中美知太郎『敢えて言う』（昭和三三年）・国民文化調査会編『左翼文化戦線（その組織と活動）』（同三一年）・トマス著中外調査会訳『社会民主主義と共産主義』（同三三年）・吉田茂『回想十年』四冊（同三二—三年）・安倍能成『平和への念願』（同二六年）・高山岩男『保守主義と進歩主義』（同三四年）・ラッセル著牧野力訳『民主政治是か非か』（同三〇年）・小宮山登編『愛国心について』（同三六年）・浅野晃『主義《イズム》にうごく者』（同三〇年）・同『共産病患者の病理（わが体験と同志の批判）』（同二八年）・フアスト著五島十三雄訳『邪教の神殿』（同三四年）・毎日新聞外信部訳編『死の十三日間（救いを求めるハンガリー放送の記録）』（同三二年）・時事通信社編『血ぬられた日曜日（東欧の動乱）』（同三一年）・日本ハンガリー救援会編『ハンガリーは死なず』・同訳編『国連特別委員会ハンガリー問題報告書』（同三二年）・世界編集部編『三つの声明（世界平和と講和の問題）』（同二五年）等、反共反ソ宣伝文献を主とした僅少の書名が見えるにすぎないのに徴しても、津田が、豊富な情報源を駆使して厳密な事実認識につとめ、その上に立って上述のような時務的発言を行なったのでないことは、ほぼまちがいないと見てよいであろう。戦前の津田が、きわめて主観的な、見る人によってはきわめて独断的な見解をはばからず表出しながらも、その背後には青年時代以来蓄積してきたぼう大な学問的知識と時勢に対する鋭敏な感覚との裏付けがそなわっていたのに対し、戦後すでに時勢の動向への臭覚を失なった津田が、ろくろく勉強らしい勉強もせず、資料も事実認識もなしに始めた時事評論が、上述のような内容のものに堕したのは、必然の運命であったといわねばならぬ。津田が、あれだけの時務的発言に、学問研究以上の情熱を注ぎこむのであったならば、大正時代に思想史や記紀の研究を行なった場合に劣らないくらいの豊富で多面的かつ批判的な実証を伴なう必要があったし、もしそれだけの努力を試みたならば、おそらくあのような発言をくり返す陋に陥るのを免れえたのではなかったろうか。

すでに述べたとおり、戦前の津田は、アカデミズム史学とほとんど縁のない世界で独力で思想形成を行なうことにより、アカデミズム史学の思想的痴呆性に汚染されない批判的精神のもち主となったのであるが、それは一方で「ジヤアナリズム」を通しての、積極的な現実への関心によるところ大であったのである。ところが、戦後の津田は、「ジヤアナリズム」に意識的な敵対態度をとり、さればとて独自のルートをもって現実を正確にとらえようと努力するのでもなく、ステロタイプ化した反共イデオロギーに軽率にも乗ってしまった。思想形成の方法における、戦前と戦後とのこの重大な相違が、津田の思想的な強さとアカデミックな豊かさとの、戦前の独自性をふたつながら台無しにする結果となって現われたのである。

私は、津田の思想家としての誠実を疑うものではない。戦前に頑迷固陋の思想を批判した勇気と良心とは、形式的にはそのまま戦後の言論活動のなかにも維持されているのである。昭和二十五年九月十日私が津田を訪問した際だったかと記憶するが、津田は、私に対し、「一体どうしたらばいいのだろうか」と真剣な憂いを示した。それは「左翼的」風潮の流行に対する津田としての切々たる憂国の念の表現であったのであり、私はこの老碩学の生涯を貫く愛国の熱情に深く胸をうたれたことを覚えている。それ故に、私は、思想の実体は同様であっても、時勢に便乗し権力に迎合して得々たる徒輩と津田とを同類視すべきでないとは考えるものの、その歴史的役割がそれらの徒輩と同じであること（純粋なだけにかえって社会的影響力はいっそう大きい）、それが戦前の津田の思想界での役割と全く異なることも、また認めざるをえず、その由って来るところの主たるものとして、右に述べたような客観的認識の質量の変化に注目すべきであると思う。思想家の社会的活動が知的な営為である以上、主観的な誠実が客観的妥当性を有しないかぎり、その責任は解除せられない、と私は考える。

　専門研究に専念できる境遇に入る以前とても津田がそれほど広い社会的体験を積んだとは言いがたいであろうが、象牙の塔に入った後に比べれば、矛盾にみちた現実社会を目撃しそれらと格闘せざるをえない機会がはるかに多かったことは想察できる。そのような経歴がアカデミズムの世界内の純粋培養の所産と異なる津田史学の独自性の根源をなしていたと考えられるが、満鉄調査室から早大教授へのコースを経て象牙の塔の内にとじこもる過程でそうした苛烈な現実との直接の接触が次第に薄らぎ、迫害のために隠退の生活を余儀なくされて以後は、それがいっそう進められたのではなかったろうか。『世界』昭和二十五年八月号の「八月十五日のおもひで」に

> その年〔一九四五年〕の六月の末からそこ〔ヒライヅミ〕に立ちのいてゐたが、トウキヨウにゐた時ですら、戦争が実際どんなありさまであるか、政府がそれに対してどういふことを考へ、またはしてゐるか、といふやうなことは、たしかにには殆ど知らなかつたのであるから、ヒライズミにいつてからはなほさらであつた。たゞこの東北の農村では、どこにそんな戦争があるかと思はれるほどに、全体の空気がのんびりしてゐた。

と回顧しているとおり、学界から追われ、さらに戦火を避けて平泉に疎開して以後の津田が、激動する歴史の実相を正確にキャッチする条件を失なっていったことは、否定しがたい。

第一編で述べたとおり、津田には幼少の頃から孤独を好む傾向を帯びていたようで、学問の領域では白鳥庫吉・池内宏・関与三郎その他、芸術の領域では東儀鉄笛その他のすぐれた師友に恵まれ、決して己れひとりの閉鎖した世界にとじこもっていたわけではないとしても、象牙の塔に入って以後は、やはり社会の激動からは次第に遠ざかっていたようであるし、ことに迫害後の隠退生活期に生きた歴史の鼓動を直接にきくことはいっそう困難になっていたのではなかろうか。そのような時点で敗戦を迎え、社会的・思想的大転換が生じたとき、この未曾有の大転換を不可避とした由来やその意味を的確にとらえることが困難であったとしても、怪しむに足りない。

どこまでも「我流」で研究を貫き、他の学者からの批判に対して反論しないのみではなく、自己の著作においても、他の学者を批判したり、異なる見解を「批評したり」「非難したりすることは、しないやうにして」きた津田の研究態度は[44]、戦前には津田の学説の独創性を最高度に発揮させる原因となったのであるが、情報源の涸渇化の中でその効果は逆転し、津田の思想を貧困なものとする結果を招かざるをえなかったのである。ことに、戦後の津田が、その孤立癖を意識的に強調し、「学術の研究には」「多数者もしくは集団としての意思」をはたらかせることは「許されぬ。学者は芸術家と同じで」あって、学問は「どこまでも個人の創作である」と主張して学問研究の社会的集団的作業としての側面を無視し、「学術研究の民主化」に反対したのを見ても[45]、津田が、異なる意見との対話や論争をことさら断ちきることにより、偏見や誤謬を修正する機会を失ない、あらぬ方向への顚落をくいとめる歯どめを欠いた原因が察せられるのではなかろうか。かつては独創の源泉であった「我流」が、今や時代の進展に盲目な固陋に転化したのも、免れがたいところといわねばならなかった。

戦争の激化、敗戦、戦後の変革という有史以来未曾有の大きな歴史の波瀾のなかで、誤を全く犯すことなく歴史の進展に正しく寄与する行動を選びとりえた人は皆無にちかかったのではないかと思われるほどであり、まして上記のように、浮世離れした平泉の静かな環境の中で、「たしかなこと」の「わからぬ」ままに、「ジアナリズムの上に断えず現はれる」表面的な、あるいは故意に真実を隠匿しないし歪曲したニュースのみを材料として、「日本人の生活とその根柢にある人間性とを破壊しようとする特殊の運動」と目するものへの主観的な怒りに動かされ、本来自分には「むかないしごと」とさえ思っている時事評論の執筆に、専門研究著作以上の熱情を燃やすまでにいたった津田は、とぼしい情報に基いた空虚な慷慨の筆を走らせることしかできなくなってしまった。かつて学問的にもっとも円熟した業績を生み出しつつあった時期の昭和二年六月十六日の日信に、津田は

生きた人生の体験そのものに於いて、はじめて人生は知り得られる。ファウストの悲劇の根本は、書斎の中、書物のなかから人生を知らうとしたところにある。

と記していたのであったが、今やまさしく彼自らがかつては聡明にもその危険を洞察していたところの「悲劇」に陥らざるをえなかったのである。前引「わたくしの信条」には、「長い間同じしごとにたづさはつてゐると、物ごとの見かた考へかたがいつのまにか固定して来て、弾力性を失い、どんな問題に対しても同じやうなしかたでそれを取扱ふ傾向が生じ、これまでじぶんのして来たそのしかたが、じぶん自身を拘束することになりがちなので、断えずその拘束を破つてゆかなくてはならぬのに、それがなか〳〵むつかしい。(中略)どうかすると、また例のやうな見かたをしてゐるが、これでよいのか、と思ふことがしば〳〵ある」とも記しているが、これほどまでに不断の自己批判の必要を観念の上では知っていながら、「弾力性を失い」、硬直化した方向に一途に突進していった戦後の津田の姿は、戦前の津田の活動がみずみずしい新鮮さに富んでいただけに、いっそう「悲劇」的な色彩を濃くするとの感を禁じえない。非科学的なレトリックの使用をあえて許していただくとすれば、戦後おそらくもっとも強烈な反共主義知識人の一人として、前記のようにれっきとした右翼組織の「赤狩り」キャンペーンに推薦の辞を送るまでにいたった津田の心情

は、さながらかつて彼を陥害した蓑田胸喜の亡霊が乗り移ったという印象さえ生じかねぬものがあるのである。

私は生理学や医学について全然専門の知識がないし、津田の心身についてのその方面からの科学的判断のデータをもっているわけでもないので、全くの推測の域を出でないけれど、敗戦時すでに七十二歳、昭和三十六年の逝去のときには八十八歳という戦後の津田の生理年齢を考えるとき、昭和二十六年執筆の文章中に彼自ら「年をとつてくると、考へかたが固定して、この弾力性が乏しくなりがちです」と言っているとおりの現象が生じたのではないか、とも思われる。もっとも、このように生活環境とか生理年齢とかの外的条件を考えるに先だち、戦前以来の津田の思考様式に内在する固有の特色と歴史の動きとの相関々係をいっそう深く追求するほうが思想史の研究としては先決の課題であろうとも思われるし、次章ではその点をめぐり本章で十分尽さなかったところを今少しく掘り下げてみたいと考えてはいるが、たとい津田の戦前以来の思想の内在的矛盾が拡大したと見るにしても、それを拡大させた直接の要因として右のような外的諸条件はやはり無視できないのではないかと考える次第である。

このような戦後の津田の時事的発言に現われた思想的変貌が、その学術上の研究をどのように変化させたか、章を改めて検討してみたいと思う。

（１）以上の発言は『展望』一九六四年一〇月号座談会「戦後知性の構図」から。
（２）東北帝大刊行小冊子（昭和二三年刊『ニホン人の思想的態度』所収）。
（３）同書所収「皇室に関する思想について」。
（４）「唯物史観に本づいたといはれる国史の説きかたのうちには、その方向は反対であるが、戦争時代の極右的なのと同じほどな荒唐無稽なものがあるのみならず、その考へかたの非学問的なところは、両方とも同じである」（昭和二五年刊『必然・偶然・自由』）、「戦時中の職業軍人及び在郷軍人とその指導者としての軍部の活動と同じはたらきをするものとして見られる今日の労働組合とその指導者との活動を、かういふ知識人と彼等の関与してゐるジヤアナリズムとが支持または声援してゐる」（同三〇年刊『歴史の扱ひ方』）等。

(5) この一件については、当時の『世界』の編集者であった吉野源三郎氏が「終戦直後の津田先生」(『みすず』九五―七号)に裏面の事情をふくめて回顧している。

(6) 共産党ばかりではなく、高野岩三郎の憲法草案(『新生』昭和二一年二月号発表)や正木昊の活動(拙著『権力悪とのたたかい』第五章参照)など、共産主義者でない民主主義者の間からも、公然と天皇制の否定を唱える声が出ていた。

(7) 高野岩三郎のように天皇制否定を主張する学者は少数例外であった。また、高野のように天皇制廃止の結論にまでは達しなかったけれど、日本国憲法の下においても、「天皇がいぜんとして一種の特殊な地位を有し、一種の特別な権能を有すること」は、「民主主義の根本観念に反し、その基礎を無視しているところがある」、したがって、「純粋に理論的には、天皇制を維持する理由はない」と断定した横田喜三郎の見解(昭和二四年刊『天皇制』)もまた、学界ではやはり例外意見とみてよいであろう。敗戦直後の時期に、学界では、ポツダム宣言受諾から新憲法の制定へという過程で「国体」が変革されたか否か、天皇は戦争責任を負って退位すべきか否か等につき、意見の対立があったが、すべて天皇制支持に立っての上での発言であった。大正デモクラシーの学界での代表者ともいうべき人々はもちろん、戦争中も時局に便乗せず戦後も民主主義平和主義の思想を堅持した学者もまた多くは、天皇制支持の立場にあった。したがってその点だけに限定していえば津田の天皇制擁護は少しも珍しいものではなかったが、問題は、それがその人の思想の全体系の構造を定める上でどのような意義と機能をもっていたかにあり、その点で、津田の場合は、他の人々と必ずしも同列に論じがたい特色が窺われること、以下の本文に詳述するとおりである。

(8) 例えば、同じく天皇制支持の立場をとりながらも、南原繁が「今次の大戦について政治上法律上、陛下に何の御責任のないことはかく明白でありましても、それにも拘らず、(中略)御宗祖に対し、また国民に対し、道徳的精神的御責任を最も強く感じさせられるのは陛下であると拝察するのであります。(中略)いづれの日にか、国民の道義的精神生活の中心として、天皇躬らの大義を炳らかにし給はんことを庶幾ふ」ものである(『祖国を興すもの』所収昭和二十一年天長節東京大学祝賀式における総長としての演述)と論じ、田辺元もまた「国家を代表し国民を統べらるる天皇が、外国に対し、戦争の責任を負はれることは少くとも道徳上当然の事であるといへる。私は此点に関する天皇の御態度を、畏多いけれども遺憾とするものである。側近に人無き御不幸を歎息せざるを得ない。否、進んで憚なく言ふことを許されるならば、啻に外国に対し潔く責任を負はるるのみならず、国民に対してもまた、現在より一層切実なる責任感の表現を敢てせられることが願はしかつたのである。天皇こそ戦争に対する責任の帰属中心であると外国人の思惟するのは、決して理由無しといふことは出来ない」(昭和二一年刊『政治哲学の急務』)と力説し、これを天皇に呈して退位を勧告した(『読売新聞』昭和三九年八月七日夕刊臼井吉見氏「ある編集者の回想」62)。津田も『暁鐘』論文において、「陛下おんみづからにおかれては、国民に対し世界に対し、さうしてまた祖宗に対し御子孫に対して、大なる責任――法制上の責任ではなくして、もつと深い意義に於いての――を感じてゐられるであらうと拝察せられる」という文に引続き、当初の草稿ではさらに「のみならず、陛下おんみづからにおかれては、このことを中外に向つて宣言し、開戦をおんみづからの過ちとして、国民と世界とに対し、それを謝せられるおぼしめしがあつたのではないか」という文を書いたという。これによると、南原や田辺の考え方にかなり近い考えをいだいていたことになるが、印刷に当り右後段の一節は削除せられ、戦争責任は結局国民の責任であり、天皇に責任を帰するのは誤であるという主張が強くおし出されている。そして、この論文を『ニホン人の思想的態度』に再録するに当っては、「開戦も敗戦も、すべて国民の責任である。(中略)だから、もし陛下おんみづからに退位のお考があられるにしても、国民はそれをおとめ申すべきだと思ふ」という一節をふくむ文章が書き加えられ、全体としては、天皇の戦争責任を問題にする南原・田辺の主張とはいちじるしく基調を異にする論説となってしまったのであった。

(9)　したがって、『世界』の「編輯者」の心配していたとおり、保守党政治家がこの論文を政治的に利用する結果となるのを免れなかった。例えば、芦田均『新憲法解釈』(昭和二一年一一月刊)は早速に『暁鐘』の津田論文を援引している。

(10)　「現在の歴史教育に関する疑義」(『歴史の扱ひ方』)。

(11)　同右。

(12)　「わたくしの記紀の研究の主旨」(『歴史学と歴史教育』)。

(13)　註(5)所引吉野氏回想記。

(14)　『学問の本質と現代の思想』。

(15)　『必然・偶然・自由』。

(16)　「講和後における日本人の覚悟」(『早稲田学報』昭和二六年九月号・『全集』第二十三巻)。

(17)　「近代日本における西洋の思想の移植」(『フイロソフイア』昭和二七年一〇月号・『思想・文芸・日本語』)。

(18)　「講和に関する所感」(『世界』昭和二六年一〇月号・『全集』第二十三巻)。

(19)　「逆コオス・平和・軍備」(『婦人公論』昭和二九年二月号、『全集』第二十三巻)。

(20)　「漢文科の問題について」(『世界歴史事典』昭和二七年四月月報・『全集』第二十三巻)。

(21)　「再び歴史教育について」(『歴史の扱ひ方』)。

(22)　「歴史教育の主要問題」(同右)。

(23)「日本史の教科に於ける世界史との関聯の問題」(同右)。
(24)「独立の年を迎へて」(『日本経済新聞』昭和二七年一月一日号・『全集』第二十三巻)。
(25)同右。
(26)「総選挙に対する意見・批判・希望」(『世界』昭和二七年一〇月号・『全集』第二十三巻)。
(27)「逆コオス・平和・軍備」(前引)。
(28)「愛国心」(『思想・文芸・日本語』)。
(29)「講和後に於ける日本人の覚悟」(前引)。
(30)「日本のジャアナリズムの批判」(『新潮』昭和二七年一一月号・『全集』第二十三巻)。
(31)「国会における両社会党の暴力行動」(『文芸春秋』昭和二九年八月号・『全集』第二十三巻)。
(32)「独立の年を迎へて」(前引)。
(33)「国会における両社会党の暴力行動」(前引)
(34)『学問の本質と現代の思想』。
(35)この広告パンフレットには、さらにタイプ一枚刷ビラが挿入されていて、その内に左のような一節がある。

文部省は本年から教科書検定を強化した。社会科(歴史教科書)の合格、わずか四割一方、不合格となつた執筆者側は学問研究の自由の抑圧である、言論の統制であると強硬な態度で、文部省に陳情している。

しかし、果してどちらの言分が正しいか。

その問題の核心をつき教科書の実態を明らかにしたものが、『子供に教える正しい日本史』である。

この書物の刊行の意図は、これによっても明らかであろう。
(36)この推薦文は『全集』の「著作目録」に載っていない。
(37)『ニホン人の思想的態度』。
(38)「再び歴史教育について」(前引)。
(39)「諸民族における人間概念」(『思想・文芸・日本語』)。
(40)『歴史の扱ひ方』「あとがき」。

(41)『学問の本質と現代の思想』。
(42)ソ連が「捕虜とすべからざるものを捕虜としてソ聯の内地に拉致し、冷酷な取り扱ひをしたこと」(「独立の年を迎へて」)とか、ハンガリに対する措置(『早稲田大学新聞』昭和三二年一月号所載「ハンガリ事件につれて愛国詩人ペトフイを想ふ」、『思想・文芸・日本語』所収)とか、ソ連に言論の自由が無いとかといった津田の主張は、後に引用するような命題と結びついて主張されているところに問題はあるにしても、それだけを取り出してみれば、必ずしも誣言とはいえないが、ソ連が「日本の国家組織を暴力によつて破壊し日本の社会と人心とを攪乱しようとする日本共産党を、支援または指導し、或はその命令の下に置いてゐること」とか、「アメリカやイギリスが戦時中にも日本人に対してソ聯のしたやうなことは決してしなかつたこと、戦後の日本を占領下に置いても、その国を日本人のために公開し、文化的に日本人と協同する態度をとつてゐることと、対照して見れば、うんぬん」「独立の年を迎へて」とか、「朝鮮において眼前に行はれている武力的侵略」(「講和後における日本人の覚悟」)とか、「日本が侵略を行つたと考へてそれを強く非難しながら、曾て同じことを行ひまた現に行つてゐるソ聯中共」(『歴史の扱ひ方』「あとがき」)とかいう命題にいたっては、いわゆる床屋政談の域以下といわねばなるまい。私はソ連についてなんらの専門知識を有しないのであるが、津田のソ連についての議論があまりにも公平を失しているのを憂い、昭和二十七年秋に津田に書簡を呈し、ソ連の現状が理想的なものでないことは事実であろうが、それにしても帝政時代のロシアの一般人民の生活状態と比較して、ソ連人民がはたして過去に比べいっそう不幸といえるであろうか、ソ連の現状はそのようなロシアの歴史の中で過去との比較をぬきにして評価すべきでないのではないかとの意見を述べたことがあった。津田は、これに対し、同年十一月三十日附の書簡で、「ソ聯に関する御意見は卑考とは大きな違ひがあるやうです。しかしこれは書き出すと多くの紙面を費さねばなりませんから、やめておきます」という回答が寄せられ、ついに津田からそれ以上立ち入った見解をきく機会なくして終った。
(43)『全集』第二十六巻。
(44)「読むことと書くこと」(『文芸春秋』昭和二三年七月号・『思想・文芸・日本語』)。
(45)『ニホン人の思想的態度』。

第二章　学術著作に見られる思想的変貌

前章に見てきたとおり、戦後の津田はおびただしい時評的文章を次々と発表し、天皇制の擁護と共産主義攻撃とにはげしい熱情を注入した。そのような思想活動が、以前から主体的立場を強く表出するのを回避しなかった学術的著作の上にも平行して表出されるのは必然である。たゞ本篇の冒頭に述べたように、純然たる戦後の学問上の新著作は比較的とぼしく、専門研究の領域でいちばん精力を注入したのは、戦前の著作の改訂の作業であったから、戦後の思想的変貌もおのずから改訂の作業の中に大きく浮かび上ることとなったのである。

したがって、学問研究上での戦後の津田の思想を知る方法としては、戦後改訂版の改訂部分を検討するのがもっとも有効となるわけであって、どこが改訂部分であるかを確めるためには戦前版本文と戦後版本文とを全面的に比較してみなければならない。この作業を行なうならば、戦前版と戦後版との異同が明らかになり、したがって前々から課題としてきた、戦後の津田の思想が戦前のそれとどのような連続面と非連続面とを有するかについての解答を当然に導き出す道が開かれるであろう。

もちろん改訂は、思想的変化によるものばかりではなく、戦後版を公刊してのちに接した新史料・新研究を考慮しての改訂、津田自身の考証の不備を自覚しての改訂など、もっぱら実証面からの必要によってなされたものも少くないのであるが、やはり全般的に注目されるのは思想的立場の変化に基く改訂であって、ことに『文学に現はれたる我が国民思想の研究』（戦前版）と『文学に現はれたる国民思想の研究』（戦後版）との比較においてそれがいちじるしく窺われる。昭和四年刊行

『史苑』所載論文「歴史の矛盾性」と戦後の単行本『歴史の矛盾性』との比較においても、同じことが言える。哲学的思弁を主とした『歴史の矛盾性』はもとより、豊富な史料を駆使して書きあげられている『国民思想の研究』にあっても、戦後の改訂は必ずしも考証の訂正、史料の不足の補充という具体的な実証の修正によるものは少く、その種の修正もあるにはあるが、後に掲げる戦前版戦後版本文の対照を通覧すれば知られるとおり、全く実証なしの、見方の変更にとどまるものが、すこぶる多いのである。もっとも、戦前の著作が、豊富な史料を用いながら史料から一義的に導出せられない津田の解釈や評価や、時に史料・史実から連想される現代社会相への批判までを付加したところが多かったのであるから、戦後にも同じような手法で改訂したとも考えられるが、いずれにしても、戦後の改訂が、実証の修正の必要からというよりは、思想の変化に伴なうものの多い事実は、否定できまい。記紀研究四部作の改訂と、「日本の神道に於ける支那思想の要素」から『日本の神道』への改訂等について見ると、あまり大きな変化はないようであるが、記紀研究に関しては、弾圧裁判の過程で言及したような問題点もあるので、一応比較対照の必要があると思う。そこで、次に『神代史の研究』『古事記及日本書紀の研究』『文学に現はれたる我が国民思想の研究』「歴史の矛盾性」(以上戦前版の題名)の四部につき、その戦後版と本文の全面的な対照を試み、その内から特に思想上の変化をよく示していると認められる部分を抄出して戦前版戦後版の異同を対照表示し[1]、しかる後にその変化の生じた思想的意味についての卑見を述べることとする。こうした比較作業は、「歴史の矛盾性」についてかつて石母田正氏が行なった先例があり[2]、私も『我が国民思想の研究』についてサンプル的例示を行なったことがあるが[3]、今回はそれらよりいっそう広範囲にわたる比較を行ない、できるだけ多面的に戦前戦後の変化を検出できるようつとめてみた。

次にまず戦前版・戦後版の異同の対照表を掲げる。上欄が戦前版の本文、下欄が戦後版の本文で、上欄が空欄となっているのは、下欄の文章が戦後新に書き加えられたことを、下欄が空欄となっているのは、上欄の文章が戦後削除されたことを、それぞれ意味している。就中重要な相違を示す文句には傍線を付し、特に注目されるよう配慮した。

	『神代史の研究』	『日本古典の研究 上』
A1	天皇は政治的君主であらせられると共に、宗教的には神であらせられるのでもあるから(記紀の新研究第五章第一節参照)、其の御祖先を神とするのは固より当然であるが、(二一一頁)	天皇は政治的君主であられるが、その君主には現つ神といふ称号が与へられてゐる意味に於いての神の性質が伴つてゐるから(第二篇第六章第一節、参照)、其の御祖先を神としたのはこゝに理由があつたらうが、(三七六頁)
2	かういふやうに、オホナムチの神は、イツモの政治的勢力を物語の上に現はさうとして、神代史の述作者の脳裡に生まれたものである。(二九四頁)	かういふやうに、オホナムチの命は、イツモの政治的君主として、神代史の物語の上にはじめて現はれたものである。(四九三頁)
3	皇祖神が日神であるといふことは天皇が神であらせられるといふ思想に基づいてゐるのであつて、(二一五頁)	皇祖が日の神であるといふことは天皇に神性があるといふ思想に本づいてゐるのであつて、(三七九頁)
4	天皇が神であらせられ、政治と祭祀とが離るべからざるものとせられてゐる上代思想(二九一―二頁)	
5	所謂皇孫降臨に先だつて、此の国に騒いでゐる多くの悪神を平定せられるといふ話は、君主を神として見る上代思想からは、国家の建設の物語に於いて、自然に生ずべきものであつて、(三一一頁)	所謂皇孫降臨に先だつて此の国に騒いでゐる多くの悪神を平定せられるといふ話は、君主に神性があるとする上代思想からは、国家の建設の物語に於いて、自然に生ずべきものであつて、(五〇四頁)
6	神威を畏れて同殿に安置せられることを憚られたといふことは、天皇が神であらせられるといふ、勿論、書紀編纂のころにも明かに存在してゐる思想とは十分に一致しないの	神威を畏れて同殿に安置せられることを憚られたといふことが、神宝の起源説話の思想とは一致しないのである。(五二七頁)

7	8
である。（三四二頁）	
神勅や神宝のことも、物語としては、装飾の用をなすまでのものであるが、たゞ神勅は、皇室の地位を明かなことばでいひ現はしたものである点に於いて、思想的意義があり、神宝は、皇室の政治的宗教的儀礼に関するものである点に於いて、現実的意義があるので、さういふ話のあるのは、天くだりの物語の精神を一層明かにすることになる。思ひ〳〵に添加せられたものであるにしても、添加したものの意図と世に及ぼしたその効果とは、かういふところにあつたと考へられる。（五三五頁）	なほ神代史の思想に於いて重要なことは、日の神は、その本質として、生れながらにオホヤシマの統治者ミヅホの国の政治的君主であつたので、（中略）創業の主であるといふやうな性質をもつてゐない、といふことである。こゝに神代史の根本精神があるので、日の神はみづからの力みづからのしごとによつて肇国の大業を成就したのではない。この神について何等政治的経略の功業が語られてゐないのは、そのためである。（中略）どの民族のでも、上代の帝王の説話には、はげしい戦争の語られてゐるのが普通のありさまであるので、それは上代に於ける国家の建造には、事実さういふことが行はれたからである。然るに、神代史にはそれが無い。これは、島国であるために異民族との接触が無いと共に、この国土の住民が民族としては一つであつたために、民族的の争闘が国土のうちで行はれなかつたこ

9

	神代史は其の国家組織が整頓してから後、思想の上で企てられた国家成立の由来に関する一つの主張であつて、それによつて現実の国家を正当視しようとしたものである。勿論歴史的事実を有のまゝに述べたものでは無い。（五六三—四頁）
と、従つて上代の我が国には一般に平和の空気がみちてゐたこと、皇室がこの民族を統一せられた実際の情勢としても、武力によることが（全く無かつたではないにしても）極めて少かつたと推測せられること、などの故でもあるので、特にこの最後の事実は、その反映を皇祖神の物語に現はしてゐるやうにも考へられる。上代に於いて建国創業の事功を語らうとすれば、戦闘に於ける勝利をいふより外に、いひやうが無からうと思はれるからである。（六四二—三頁）	神代史は其の国家形態が整頓してから後、思想として形づくられた国家成立の由来、その統治者の起源、に関する一つの主張の表現せられたものであつて、それによつて現実の国家の正当性が示されたことになるのである。勿論、歴史的事実を述べたものではない。（中略）しかしこゝに注意すべきは、神代史が作られてゐてもゐなくても、諸氏族及び一般人の皇室に対する感情なり態度なりには、大なるちがひが無かつたと考へられる、といふことである。それは、長い間に関歴して来た実生活によつて、おのづから生じおのづから発達して来たものであつて、神代史によつて与へられたものではないからである。上にもいつた如く、神代史の諸氏族にうけ入れられたのが、そも／＼諸氏族の思想や感情に適合したからのことである。神代史によつて与へられた知識が、彼等のかういふ思想や感情を一層強め、または或る根拠を与へたではあらうが、それによつてさうい

	『古事記及日本書紀の研究』	『日本古典の研究 上』
		ふ感情や思想が始めて生じたのでも形づくられたのでもない。(六六七―九頁)
B1	皇子が此の荒ぶる神を平定せられたといふのは、(中略)皇室を神と見るところから来る宗教思想が、物語として現はれたものであらう。(三二三頁)	皇子が此の荒ぶる神を平定せられたといふのは、(中略)政治的君主としての皇室に宗教的使命があるといふ上代思想が、物語の形に於いて現はれたものであらう。これは皇室が神を祭つたり呪術を行つたりすることによつて荒ぶる神を克服せられたのではなく、皇室みづからの政治的権威によつてそれができたといふのである。(一九九頁)
2	八十王といふ「八十」も、例の多数といふ意味に用ゐられる語であることを考へねばならぬ。また、記紀の例として皇子の御名が一々列挙せられてゐるのに、此の場合に限つて所謂「記に入らざる」皇子が数多く坐すといふことにも、理由があらう。明らさまにいふと、それが即ち作り話であることを示すものである。(三九〇―一頁)	八十王といふ「八十」が多数といふ意義に用ゐられる語であること、また記紀の例として皇子皇女の名は一々列挙してあるのに、此の場合に限つて「記に入らざる」即ち名の知られなくなつた、王が数多くあつたとせられてゐることを考へると、これは帝紀に変改が加へられたことを示すもののやうである。(二三七頁)
3	祖先が神とせられてゐるのは神の代にゐたゝめであつて、(中略)それは祖先を神としたのでは無くしてたゞ神の代の人としたのである。祖先が所謂人代となつてからの皇族である場合には、神と称せられないのも此の故であつて、(中略)従つてそれは、祖先崇拝といふやうな宗教思想の発現といふよりも、寧ろ現実の政治的制度また社会組織に其の基礎があるのである。(四一〇頁)	

4	5
家族制度に於いては、男性を祖先とし、父系相続が常則である程にはなつてはゐたが、近親結婚が一般に行はれ、庶母を妻とすることさへもあつたこと、夫妻は多く別居してゐたこと、子は母の家で生長し従つて子に対する母の権力の強かつたこと、長子相続の制の無かつたらしいこと、夫妻と兄妹との称呼が同じであつたこと、家の分れてゐる場合に其の同族に通じた氏の名が無かつたらしいこと、などから考へると、家族制度がまだ固まつてゐなかつたことが推知せられるから、此の点から見ても、祖先崇拝の風習の起り得べき傾向は存在しながら、それがしつかり成立してゐたとは認め難いやうである。皇室に於かせられても、皇祖神たる日神を祭らせられたのみで、御歴代の一々に対しては、さういふことが見えず、支那人の宗廟及び其の祭のやうなものは全く無かつたらしいでは無いか。(四一四頁)	天皇が神であらせられるといふ此の思想が上代に於いて一般に存在したことは、天皇に「現人神」(景行紀ヤマトタケルの命のエミシ征討の条、雄略紀四年の条)または「現つ神」(出雲国造神賀詞、続紀に見える多くの宣命)といふ称呼のあるのでも知られる。(中略)神武紀のウツシイハヒといふのも、斎主を臣下に命ぜられ天皇親らイツベの粮を嘗めさせられるとあることから考へると、天皇御自身を神としての儀式をいふのであらうと思はれる。(四五六頁)
	天皇に神性があるといふ思想が、上代に存在したことは、天皇に「現つ神」(出雲国造神賀詞、続紀に見える多くの宣命)または「現人神」(景行紀ヤマトタケルの命のエミシ征討の条、雄略紀四年の条)といふ称呼のあるのでも知られる。これは、宣命の「現つ神と大八島国しろしめす」といふ語によつて明かに示されてゐる如く、政治的君主としての天皇の地位の称呼ではあるが、その地位に宗教的意義が伴つてゐる、或は宗教的のはたらきがある、とせられてゐたために、かういはれてゐたのであらう。それは即ち天皇に神性があるといふことになるのである。(中略)神武紀の

ウツシイハヒといふのも、斎主を臣下に命ぜられ天皇みづからイツベの粮を嘗められたとあることから考へると、天皇みづからを神として行はれる儀礼をいふのであらうと思はれるし、（中略）

けれども、記紀はもとよりのこと、その他の文献に於いても、現つ神または現人神の称呼を有せられ神性をもたれるやうに考へられてゐた天皇も、宗教的崇拝の対象となつてゐられたやうなことは、少しも記されてゐない。我が国には、上代に於いても、天皇崇拝の風習があつたやうな形迹は、全く見えないのである。のみならず、天皇が、神として、人とは違つた特殊の生活をせられるやうに考へられてもゐなかつた。天皇は政治的君主ではあられるが、臣下や民衆と同じく、また彼等の間に立ちまじつて、生活せられ、従つてまた現つ神の称呼はもたれるが、普通の人と同じく、またそれらと共に、その日常の生活をせられるのであつた。古事記に、神武天皇がタカサジ野で「七ゆくをとめ」のうちからイスケヨリヒメを見出され、また「葦原のしこけき小屋に菅だたみいやさやしきてわが二人ねし」とよまれた、といふ話のあるのでも、上代人が一般に天皇の生活をいかに見てゐたかが、窺ひ知られよう。さうして天皇についてのかういふやうな話は、記紀のところ〳〵で語られてゐる。天皇はどこまでも人であられたのである。（中略）天皇に神性があるといふのは、たゞ知識人の思想に於いてのことであり、現つ神の称呼も公式の儀礼に於いて用

ⓐ　6

神代とは皇祖神の代といふ意義であることが知られる。さて何故に皇祖が神であり、其の代が特に「神代」と称せられるかといふと、それは天皇が神であらせられるところから来てゐるので「現人神」にて坐す天皇の「現人」たる要素を観念の上に於いて分離した純粋の「神」を、現実には見ることが出来ずして観念の上にのみ表象し得る遠い過去の皇祖に於いて認め、それを神とし、其の代を神代と称したのである。(四六四頁)

帝紀によつて書かれたと見なすべき部分の記紀の記載から考へると、四世紀の後半より前のことについては、帝紀編纂の際に其の材料のあつたやうな形迹が少しも見えない。たゞ文字の学ばれるやうになつた事情と総論第五節に述べたやうな記載の内容とを互に参照してみると、応神天皇ころから後の御歴代については、御系譜に関する記録もおひ〳〵作られるやうになつて来たらしく、よし精密には後に伝はらぬまでも、大体のことは帝紀編纂の時にも知られてゐたと推測せられる。(中略)応神天皇より前の部分について材料が無かつたといふことは、旧辞から出たと推定すべき同じ部分の物語についての上記の研究の結果とも、おのづから符合する。(四八二―三頁)

ゐられたまでのことである。皇室の宗教的のはたらきは、さういふことよりも、上にいつたやうな民衆のために呪術や神の祭祀を行はれることに、重要さがあつたのである。しかし知識人の思想に於いて天皇に神性があるとせられたことは、事実である。神代の観念はこゝから形づくられたのであつて、「現つ神」にて坐す天皇のその「現つ」といふ要素を、或は「現人神」の「現人」たる要素を、観念の上に於いて分離し去つた「神」を、現実には見ることができずして観念の上にのみ表象し得る遠い過去の皇祖に於いて認め、それを神とし、其の代を神代と称したのである。(二八一―四頁)

応神朝に百済から文字が伝へられ、それによつて何等かの朝廷の記録が作られたとすれば、その時より四五代ほど、年数からいつてもほゞ百年あまり、前からの天皇の名は、多分、なほ人の記憶に残つてゐたと思はれ、従つてそれが記録せられてゐたであらうから、その点から崇神天皇以後の歴代は、その名によつて後に伝へられたであらう、と推測せられる。従つてそれらの歴代の天皇は、事実上の存在として考へられよう。しかし、さういふ推測を甚しく遠い昔の時代にまで溯らせて適用することには、むりがあらう。もつとも、ヤマトの朝廷の勢力の発展の径路に於いて、かなり遠い昔の何の時にか劃期的の事業をせられた、いはゞ創業の主とも称せらるべき君主のあつたことが、想像し得られるので、さういふ君主の名が口碑として後に伝へ

ⓑ	C1	
	『文学に現はれたる我が国民思想の研究』『貴族文学の時代』	我が日本民族の起源や由来などについては茲に論及する余裕も無く、また著者にはそれだけの知識も無いが、これは比較言語学、比較解剖学、人種学、又は先史考古学上の精細なる研究によつて決定せらるべきものであつて、文献の上からは何等の材料をも供給することが出来ないといふことだけは明である。(二―三頁)
られたでもあらうが、幾代かの歴代の君主が欠漏なく、伝へられたかどうかは、問題である。従つて上記の如き推測のできるのは、ほゞ崇神天皇以後の歴代であるとするのが、安全な考へかたではあるまいか。(中略) しかし、帝紀の系譜の記載をどう見るにしても、ヤマトの朝廷の起源が、応神天皇のころから考へて、遠い昔にあつたこと、皇室がそのころまでに既に長い歴史を経過して来られたことは、明かに推知せられる。応神朝に半島の経略がはじめられ、その前にツクシの北部が帰服したとすれば、それより前の長い期間にヤマトの朝廷の勢力は漸次各地方にひろげられて来たに違ひなく、従つて皇室の由来は旧いとしなければならぬ。(中略)それがいつからあつたものであるかは、もとより明かでないが、上記の情勢から考へても、それは遅くとも二世紀のころには、その地方に於ける鞏固な勢力として存在したはずである。(三〇四―八頁)	『文学に現はれたる国民思想の研究』『第一巻』	統一後の民族生活も統一前のそれの継続であり、それから歴史的に発展して来たものである。(中略)そこで上代に於ける国民、いひかへると民族、の思想が如何なるものであつたかを(中略)考へるには、統一以前に溯つてそこから研究を始めねばならぬが、その溯り得る時代には限界がある。先史考古学などが、生活の状態、文化の状態、につい

て或る程度の知識を与へることのできる時代に於いても、その知識は民族生活民族文化の限られた部面に関してであつて、例へば社会組織とか政治体制とかいふやうなことは、それによつて知ることはむつかしい。またそれは民族の行動そのことを直接に示すものではない。(中略)従つてかういふ研究は、歴史時代の初とすべき前一世紀のころにその最初の出発点を置くよりしかたがない。(四頁)

2

社会組織も散漫であつて、後の状態から推測すると家族制度すらもあまり発達してはゐなかつたらしい。上代の伝説などによつて知られてゐる種々の事柄、例へば多くの妻があつてそれらが各自の子どもと共にそれ〳〵別居してゐたこと、財産は家族の共有でもなく家長の有でもなく子弟各自が分有してゐたらしいこと、夫妻と兄妹との称呼が判然区別せられてゐなかつたことなどは、家族の結合があまり鞏固で無かつたことを示すものでは無からうか。もつとも兄弟の勢力争ひが断えず話の種になつてゐたのを見ると、其の争ふ目的物が家といふものに附属してはゐたらしく、そこに家長の権もあつたらうが、一切の生活単位が家であつたとは概言することが出来まい。(八頁)

〔村落的〕集団は家を単位として成立してゐたが、その家は、家といふものの本質として、またその自然の状態として、特にわれ〳〵の民族に於いては住家の構造から来る制約もあつて、親子夫妻の少数の家族によつて形成せられ、父たり夫たる男子がおのづから家長の地位にゐたに違ひなく、(中略)これが後世までも変らない日本人の家族形態である。(六頁)

ⓐ　3

斯ういふ民族が或る時期に於いて我が皇室の下に統一せられたのである。此の統一が如何なる動機から起り、又た如何なる事情の下に、如何なる経過によつて行はれたかは容易に解釈し難い史学上の問題であるが、(中略)一般国民についていふと国家の統一も其の実際生活にはさして大きい

皇室の御祖先を君主として戴いてゐた大和の国家が如何にして幾多の小国家を併合し、全民族の政治的統一に向つてその歩を進めていつたか、その情勢は知り難い。(中略)四―五世紀から六世紀にかけてのこの情勢に伴つて、国家の統一は次第に鞏固になり、皇室の権威は漸次かためられ

4　ⓑ

変動を与へなかつたらしい。国民自身が国民として統一せられてゐることを自覚してゐなかつたからである。一国民たる自覚は多く対外関係から生ずるが、政府が国家の統一と殆ど同時に着手した韓地の経略も、たゞ政府の外交政策たるのみで国民生活とは直接の関係の無いものであつた。即ち国民生活の内的要求から起つたことでは無い。だから、それはたゞ半島の一角に我が政治的勢力が樹立せられたといふのみのことで、そこが植民地となつたのではなく、経済的関係すらもあまり生じなかつたらしい。(一三—五頁)

て来た。(中略)統一(中略)の完了せられたことに大きな意味があるので、皇室の下に統一せられてゐる日本の国家が、これから後、永久に存続するものであり、また存続させねばならぬ、といふ信念が、それによつて無意識の間に次第に形づくられまた強められてゆくのである。(中略)しかし半島の国家に対する政治的活動が朝廷の事業であつて、国民の活動でなかつたために、一般的にいふと、地方的豪族の如き地位にあるものの間に於いてすらも、異国民との対抗に刺戟せられて生ずるのが常である国民的感情といふやうなものは成長せず、たゞ皇室に対して共通の思想なり感情なりをもつてゐるのみであつた。民衆に於いてはなほさらであつたらうが、たゞ皇室直轄領の住民は領主たる皇室に対して、一種親近の情を懐いてゐたであらう。(一四—二〇頁)

法制の上では天皇親政の形が整へられてゐたが、実際の政治の運用はさうではなかつた。皇位の継承そのことも重臣の議によつて決せられたので、これもまた久しい前からの習慣であつた。しかしこのことについては、それにつれて権家の権力の争が生じ、皇族間の対抗がその争に絡まつて起つたことを、注意しなくてはならぬ。(中略)しかし皇室の内部にかういふことがあつたにかゝはらず、国家に於ける皇室の地位にも皇室に対する人々の心情にも、いさゝかのゆるぎも生じなかつたところに、長い歴史によつて養はれて来た皇室の精神的権威があり、さうしてそれには、かゝる紛争が権家の行動によつて起り、従つてその責任の権家にあることが、遍く人に知られてゐたといふ事情もあつたであらう。また事ある場合に皇室の安泰を計るのが重臣の責務であるといふ考を、その重臣がもつてゐたことにも、皇室の精神的権威が現はれてゐる。精神的権威といふ語を用ゐたが、これは皇室にさういふ特殊の権威があるためにそれによつてかういふ状態が生じたといふのではない。かういふ状態であるそのことに於いて、精神的権威のあることが示されてゐる、といふ意義である。この状態が歴史的に馴致されて来たものであると共に、精神的権威もまたそれに伴つて生じて来たものなのである。（五一頁）

5

又た政府に於いても、伊藤博文などが或る場合に行つた欧化政策のやうに、丁度聖徳太子式の浮華なやり方をしたこともあつたが、（四六頁）

6

是等の芸術は本来仏教といふ異国の教に附随してゐるものであるから、仏の相好はこんなもの、浄土の有様はかういふもの、寺院堂塔の配置は斯う定まつたものとのみ信ぜられ、其の典型は木や石の形がきまつてゐると同様、始から動かせない性質のものであつた。即ち国民の信仰の象徴でも無ければ趣味の表現でも無く、初からさういふ内的意義を少しも有つてゐないものであつた。秋天に立つてゐる薬師寺の三重塔は、其の権衡といひ輪廓といひ、其の簡素にして而も変化を失はざる細部の技巧といひ、今日見ても殆ど申分の無い美しい建築である。けれども、あの層々相重

これらの芸術は本来仏教といふ外来の教に付随してゐるものであるから、仏の相好、浄土の有様、また寺院堂塔の建てかたは、与へられた典型に従はねばならぬのであつた。即ち国民自身が自己の信仰の象徴または表現として作り出したものではなかつた。秋天に立つてゐる薬師寺の三重塔は、その輪廓といひ各部分の権衡といひ、その簡素にして而も変化を失はざる細部の技巧といひ、今日見ても殆ど申分の無い美しい建築である。しかし、あの層層相重つてその頂に聳ゆる九輪の尖端が高く碧空を摩する窣堵婆はそも〱何を語つてゐるのか。当時の人の何様の精神がそれに

なつて其の頂に聳ゆる九輪の尖端が高く碧空を摩する卒堵婆は抑ゝ何を語つてゐるか。当時の人の何様の情調がそれによつて現はされてゐるか。或は大きな屋根が天から落ちて来て地を蔽ふばかりに見える、さうして中へ入ると光線の通らない薄暗い陰鬱な金堂の建築に何の象徴があるか。十一面観音や四天王や十二神将や、或る教義の寓意せられたものとしては、知識の上からそれを理解することは出来ても、日本人の信仰なり想像なりから現はれたものでないから、当時の人の内生活とは何の因縁も無い別世界のものである。特に頭の上に頭が幾つも列んでゐ、手のわきに手が何本も出てゐるやうな奇怪な形体、鈍栗の笠を並べたやうな螺髪、幾条も絲でくゝつたやうな頸、さうして又た全身の金色、何から何まで異国のものである。異国のものといふよりも人間界を離れた怪物であつて、どこか知られぬ幽冥界から人の世を嚇かしに出て来たものである。多くの児女はそれを見て白日の夢にうなされたかも知れない。要するに外から持つて来た型によつて作られた工芸品であり複製品であつて、真の意味でいふ芸術品では無い。実は其の手本となつたものが、仏教芸術の歴史からいへば、既に因襲化し、便宜化し、退化したもので、芸術品としては価値の高くないものである。(中略)或は其の製作者に信仰的情熱があつたかも知れないが、それは芸術的精神とは何の関係も無いのである。(五二一—三頁)

よつて表現せられてゐるのか。或は大きな屋根が半空にひろがつてゐる、さうして内へ入ると光線の通りのわるい薄暗い金堂の建築に、日本人の情調の何の象徴があるのか。或はその窣堵婆の外観の美しさとこの金堂の内部の陰鬱さとがどんな関係をもつものとして、当時の人に感ぜられたのか。(中略)おのれらのとは似もつかぬ容貌姿勢の仏たち、特に頭の上に頭が幾つも列んでゐ、手のわきに手が何本も出てゐるやうな奇異な形体、どん栗の笠を並べたやうな螺髪、幾条も絲でくゝつたやうな頸、東大寺の大仏に於いて極度に達したその偉大な体軀、さうしてまた全身の金色、何から何まで異様のもの(中略)といふよりも人間界を離れた怪物として感ぜられはしなかつたか。十一面や千手の観音は、或る教義或る思想の寓せられたものとしては、知識の上からそれを理解することはできても、日本人の気分とは縁遠いものとして見られはしなかつたか。或は奇異なものであることが却つて崇拝の念を起させたといふ一面もあらう。また或は今人の眼から見て芸術的に価値のあることが、当時の人にもいくらかは感知せられ、それが崇敬の情を誘つたといふ事実があるのかも知れぬ。或はまたあの堂塔を建て仏像を造るそのことに、偉大なもの美しいものを作り出さうとする強い精神が現はれてゐ、それを仰ぎ見それを崇拝するそのことに感情の昂奮があつた、と考へることもできよう。建築に於いても彫塑絵画に於いても、断えず製作に従事したことが、部分的には、おのづから何等か

7

の点に幾らかの創意をはたらかせることにもなつたではあらう。或はまたそれを造りそれを観ることによつて日本人の美意識が養はれたでもあらう。しかしそれにしても、日本人の思想、日本人の想像、からあのやうな仏像や堂塔が造り出されたのでないことは、明かである。（五七―八頁）

かかる文化の形成が後世に至つて全体としての国民文化を発達させる基礎とも淵源ともなり、またさういふ国民文化の要素としてのはたらきをしてゆくところに、不朽の価値をもつてゐることを考へなくてはならず、壮麗なる寺院の建てられたことなども、その意味に於いて豊富なる文化財を後に貽したものである。さうしてそれが、民衆を使役し民衆の財貨を徴し、その点で民衆を困苦させることによつて成りたつたことは、この時代のこととしては、已むを得ざるものであつた。もし民衆の力を用ゐなかつたならば、法隆寺も興福寺も東大寺も、その他の多くの寺院も作られず、従つてわが国の文化は現に発達した如き発達はできなかつたであらう。（中略）しかし、当時の民衆は、このことに対して、今人ならばもつであらうと考へられる如き不満や不平を抱いてゐたには限らぬ。「課役はたる」「里長」の前に「泣く」ものは少なくなかつたであらうが（万葉巻一六）、それは必しも中央政府の政治の全般に対する怨嗟とはならなかつたと考へられる。（中略）彼等は自己の労苦を労苦としつゝ、壮麗なる京の景観に驚歎し、または自己の労苦の与つたものとしてそれを見ることに或る誇りをさへ

感じたかも知れぬ。（七二―三頁）

8

当時の為政者の脳裡には外国に対する我が国民といふ観念は無く、民衆に対する彼等自身の位置をのみ考へてゐたのであるが、それは民衆は彼等を生活させるために生存してゐるものとするのであつた。だから秕政の結果として、地方人と下層民とが如何に困憊しても溝壑に顛死しても、一向顧なかつた。承和九年に鴨の河原等から髑髏五千五百頭を拾ひ取つて焼いたといふでは無いか。（六八頁）

当時の為政者には（中略）政弊が何によつて生じたかの明かな反省が無かつたのである。（中略）従つて秕政から来る民衆の困苦を知りながら、その秕政を根絶する方法を切実に考へることはしなかつた。承和九年に鴨の河原などから髑髏五千五百頭を拾ひ取つて焼いたといふが、どうしてかういふものがこれほど多く委棄せられてゐたかは知り難いけれども、かゝる事実のあつたことだけでも官司の態度はわかる。（七七頁）

9

神代史（中略）は（中略）当初から宮廷もしくは政府に於いて皇室の起源を説くために作られたものであるから、国民の間に自然に発達した叙事詩では無く、従つて国民的精神の結晶とか、国民的英雄の物語とかいふ性質のものでは無い。（中略）かういふ風に特殊の目的があつて知識で作り上げたものであつて、国民の内生活、国民自身の感情が表現せられたもので無いから、一旦記紀といふやうな政府の記録に於いて書きとめられると、それで全く固定してしまつて、ただむやみに尊いものとなつてしまひ、それ以上に何の発展もしなくなつた。従つて神代史は国民文学としての価値が余り高くないのである。又た二三の插話の外は、（中略）具体的の描写が極めて少いので、此の点からも文学としての価値は低いのである。神々についても其の容貌や性質などの記述は甚だ乏しく、たまに行動があつても場所も時も曖昧であり、高天原のやうなところでも其の世界の

記紀の物語は（中略）何よりもそれが朝廷の知識人が為政者の地位に立つての作であり、その主なるものが政治的意義をもつてゐるといふこと、いひかへるとそれが民衆の間から出たものでなく、また詩人の作でないといふことが、その性格を規定してゐる。（中略）人物も民族的または国民的英雄ではない。そこに（中略）その叙述が概ね行為の外形にとゞまつてゐる理由もある。（中略）イサナキ・イサナミの二神が青海原をかきなすところとか、ホノニヽギの命が高天原からタカチホの峯に下るところとかは、雄大な光景であるのに、その叙述は概念的であり抽象的である。（中略）大和の土地を反映してゐる高天原も、天上の国としての特殊の相貌は描かれてゐない。（中略）もつとも、叙述が具体的になつてゐるところは所々にあるので、例へば（中略）がそれである。（中略）神代史をまとまつた一つの物語として見ると、（中略）皇室の権威の由来を語り、それを無

10

有様は具体的に想像せられてゐない。概念ばかりの神々さへ多い。（たゞ諾冉二神が滄溟を探られるのと天孫降臨との条は頗る雄大崇高な想像である。）（七五―六頁）

彼等〔万葉歌人〕は自然に対して敬虔の情も無ければ、嘆美の念も起らない。自然に対して、胸の底から溢れる一滴の涙をこぼしたことも無かつた。これは何故であらうか。知識の上からいふと、支那の学術も仏教も、さういふ思想を有つてゐないから、外部からの誘因も無かつたのである。支那人は宇宙万有に活潑々地の生命を感じない。仏教はあらゆる現象を虚無と見る。ヱダには自然の大なる力と愛とを讃頌してゐるし、それから発達した婆羅門教の汎神思想にも、哲学的思索ながら、大宇宙を生きたものと見る傾向がないでは無いが、其の汎神説を取り入れてゐるに拘はらず、我が国に来た大乗仏教に於いては、此の思想が見えないのである。自然を合理的のものと見、虚無と見る時、自

窮に持続させようとする作者の思想と欲求とは、明かに看取することができる。さうしてそこに上にいつた知識人の智能のはたらきが現はれてゐるのである。神代史が詩人の作ではないながらに、文学的作品としても取扱ひ得られるのは、これがためである。皇祖が日であつたり、天上の高天原とこの国土の間を人々が往復したり、さういふやうなことがこの物語の中心となつてゐるのは、当時の知識人の作としては解し難いことのやうでもあるが、（中略）当時に於いては大人の物語であつた。それを現実にあり得べきことは考へてゐなかつたであらうが、物語としては常のことと思はれたであらう。さうしてそこにも文学的作品としての一つの意味がある。（八一一―七頁）

ⓐ 11	ⓑ
然を嘆美し、その恩恵を感ずる情は起らないのである。それならば国民自身の内生活から、此の思想が湧いて出ないかといふに、さういふ機縁もまた甚だ乏しかつた。我が国の自然は何の方面に於いても、人生を圧迫するほどの強さ意地わるさを有つてゐない。さうして、国民は比較的安楽な生活をしてゐて、真率に人生の痛苦を知らなかつた。(中略)一方に人間生活を抑圧するほどの自然の力がなければ、自然其のものに恩恵をも感ずることができない。また真率に人生の痛苦を味うてこそ、始めて自然の大なるをも感ずることが出来、之に対する感謝の情も湧く。(中略)我が上代人、特に当時の貴族都人士には、それが出来なかつたのである。(一八〇―一頁)	神代史の大主意が、異国に対して我が国の優れてゐることをいふのではなく、多くの氏族に対して皇室の尊いことをいふのであるから、これは何処までも国内だけの話である。さうして其の皇室を頌するにも、京都を讃美するにも、(中略)山も川も大君に奉仕するとか、風景が美しいとかいふやうなことで、国民の活動の中心として、又は民族精神の象徴として、讃美したのでは無い。皇室を皇室として仰ぐことは、どこまでも明白な事実であるが、此の尊皇心はまだ愛国心とは結合せられなかつたのである。愛国心其のものが十分に発達しなかつた時代であるから、これは仕方が無い。 更に一二の歌を読んでみて此の事実を明にしよう。防人の
	皇室を讃頌する歌は種々の場合のがあるが、(中略)「(中略)山川もよりて仕ふる、神のみ代かも、」はその代表的のものであらう。(中略)自然の風物も大君に仕へまつるといふところに、(中略)当時の歌人の皇室観が現はれてゐる。さうして「陳私拙懐」と題したもの(巻二〇家持)にもほゞ同じことが詠ぜられてゐるのを見ると、それは必しも儀礼の意味に於いてのみのことではなかつたことがわかる。(中略)万葉の歌に於いては、皇室を讃頌するについても、それが国家の形成または発展の上に何等かの偉大な功業を立てられた、といふやうなことをいつたものが無い。神代の物語そのものに於いて既にさうなつてゐるので、(中略)民衆は公民として、法制上、皇室の直接の統治をうけること

ⓒ

歌に「大君のみこと畏みいそにふり海原渡る父母をおきて」といふやうなのがあるが、これは政府の厳命によつて恋しい故郷を離れてゆくといふ点に、寧ろ哀れつぽい情が見えるのであつて、(中略)「大君のみこと畏み」云々といふ歌を、愛国心の発現として解するやうなことがあれば、それは大なる誤であらう。彼等防人には、何のために遠い筑紫のはてまでやられねばならぬかといふことすら、よくは判つてゐなかつたらう。唐人をも新羅人をも、自分等の敵として見たことの無い彼等に、何処から強烈な愛国心が出ようぞ。(一八五—七頁)

になつてはゐるが、その地位が距つてゐるから、現実には皇居の壮麗とか百官の奉仕する状態とかによつて皇室を観るのみであつたらう。従つて神代の物語とそれとが結びついて彼等の心情に入つてゐたかどうかは、よくわからぬ。それを推測すべき資料も無い。たゞ万葉の防人の歌があつて、(中略)これらの歌に愛国心と結びついた皇室観が現はれてゐるやうに説かれたことがあるので、そのことをこゝで一言しておかう。例へば「大君のみこと畏み磯にふり海原渡る父母をおきて」といふやうなのがある。(中略)しかしこの歌は政府の命によつて懐しい父母を離れてゆくといふ点に、哀れつぽい情が見えるのであつて、(中略)彼等防人には、何のために遠い筑紫のはてまでやられねばならぬかといふことすら、よくは判つてゐなかつたらう。けれども防人とせられたものがかういふ心情を抱いてゐたといふことは、彼等が「大君」のために酷使せられ奴隷視せられてそれに不満であつたといふやうなことではない。さういふ形迹は数多き防人の歌のどれにも見えない。(中略)「大君のみことかしこみ」(中略)の意義は官命を奉じてといふことである。(中略)民衆に於いてこの語の用ゐられたのは、彼等公民が、法制上の規定として、統治の対象とせられたからである。防人がその徴発について特に「大君」の命を畏み恐れたのでないことは、いふまでもない。或はまた藤原宮之役民作歌(巻一)を民衆が痛苦を歌つたものとするやうな解釈があるとするならば、それもまた当らぬこと

12	ⓓ
かゝる形勢の下に於いて皇室はおのづから文化の中心としての旧来の地位を継承せられ、またその発達に大なる寄与をせられた。（中略）いはゆる延喜天暦の治にもし実際上の意義があるとすれば、それは政治に於いてではなくして文	である。（中略） かの貧窮問答の歌も（中略）「世のなかの道」のせんすべなきをいつたものであつて、政治の問題としてではなく、この貧者は文字のまゝの貧者であつて、被治者としての民衆の意義でいつてゐるのではない。「楚とる里長の声」が治者の声として、特に大八島しろしめす神の命から出たものとして、いはれてゐないことは、いふまでもなからう。これは作者の多くの歌に現はれてゐる皇室に対する感懐によつても明かに知られる。のみならず、第一章に述べた如く、当時の政治がすべて朝廷に権勢をもつてゐるものの政治であり、民政がそれ〳〵の官司のしわざであつたことは、憶良も十分に知つてゐたはずである。（中略）一般的にいふと歌人に農民の生業とその困苦とに対する同情があつたにせよ、それは歌の世界のことではなかつた。歌の主題は、因襲的におのづから定められてゐたと解すべきであらう。その因襲から少しく脱したところのある貧窮問答歌を作つた憶良も、政治の弊害から来る民衆の痛苦を歌ふには至らなかつた。しかし一面からいふと、これはその意味での痛苦の甚しくなかつたことを示すものであらう。（二二四―三三頁）

13

武士は本来良民の間から生まれたものとはいはれない。従つてまた其の間に養はれた気風も習慣も、決して国民固有の性情が自然の径路によつて健全に発達したものでは無い。後に至つて彼等の間に一種の美しい気風習慣の生じたのは、徳川時代の博徒の間に犠牲的精神や、団結心や、又は任俠の気象などが発達し、また何れの時代、何れの国でも、盗賊などの仲間には一種の厳格な道徳が行はれてゐると同様である。（二三二頁）

化に於いてのことであり、平安朝文化の特色がこのころに於いて著しく現はれて来たことである。（宇多天皇や醍醐天皇が政治に無関心であられたのでないことは、遺誡や御記によつても知られるが、さりとて御自身の意見を直接に政務の上に加へようとはせられなかつた。）（二六六―七頁）

武士は、地方的豪族、土着したもとの国司、荘園の荘司、またところによつては村落の首長、などが、或は国司などの従者であつたもの、或は宿衛や貴族の帳内資人などをつとめ、または時々行はれた兵役に徴発せられてあばれ癖のついたもの、また或は生活に窮して本地を離れたもの、そのうちには境遇によつては盗賊となりかねないやうなものを加へて、それらを糾合し、或は部内の農民、特にその間の功名心あり野心あり浮浪性を帯びたものなどを率ゐ、さうしてそれらの首領となり、種々の形に於いてのそれぞれの集団をなし、弓馬を用ゐて何等かの行動をとる習癖がいつとなく生じたことによつて、形づくられたものらしい。（中略）さうしてその間におのづから一つの秩序が作り出されてゆくのであるが、（中略）制度からいふと、武士の成立もその存在も非合法的のものである。しかしかゝる非合法的な武士の行動は、彼等の集団のうちに次第に一つの秩序を立ててゆくのみならず、長い年月を経過するうちには、国民全体の間にいつのまにか新しい政治的社会的秩序を作り出してゆくはたらきをするやうになるのであつて、（二五九―六一頁）

14	地方の状態がこんな風であるとすれば、一般農民に何の文化もある筈は無い。京都の宿衛に上つた地方人が、多少の京風を学んで帰ることもあつたらう。(中略)けれども地方的特色のある文化といふやうなものが生まれなかつたことは勿論である。(二三二―三頁)	一般民衆の文化の程度が低かつたことはいふまでもない。(中略)しかし民衆自身についていふと、彼等は一方では困厄しながらも、その生活を営むための努力を怠らず、現在の生活と昔からの風習とによる道義が彼等の間に成立つてゐると共に、他方では種々の宗教的儀礼とそれに伴ふ娯楽なども行はれ、その間には、貴族文化から学ばれた何ごとかも幾らかは加はつて、それ〴〵の地方の民俗がおのづから形づくられてゐたであらう。かう考へなくては、日本の国民が国民として存続し歳月が経つに従つて次第にその活動を盛にして来たことも、古くからの民俗が後世まで伝へられてゐることも、全く理会せられない。一般民衆が奴隷の如き境界にあつたものと見るが如きは、大なる誤である。(二七八―九頁)
15	寺院は一方に於いて貴族文化の一要素であり、装飾物でありながら、他方に於いては平民と地方人とに接触して、それに多少の文化上の影響を与へたのである。けれども其の与へたものは、国民の日常生活其のものには、さしたる関係の無いものであるから、それが為めに国民生活を豊富にすることも、向上させることも出来ない。国民は依然として、花やかな貴族文化の薄暗い裏面に、影の如く蠢めいてゐるのみであつた。(二三七頁)	寺院は一方に於いて貴族文化の一要素であり装飾物でありながら、他方に於いては民衆と地方人とに接触して、それに幾分の文化上の影響を与へたのである。(二八三頁)
16	おのれらの特殊の修養を誇つてゐる貴族等は、此の点に於いて寧ろ彼等の常に侮蔑してゐる平民よりも甚しい。少く	おのれらの特殊の教養を誇つてゐる貴族等は、此の点に於いて彼等の常に侮蔑してゐる平民と同じであつた。彼等の

17

とも彼等の無情、惨酷、粗野の心情は、毫も修養の無い平民と異なるところがなかつたといはねばならぬ。これは(中略)己等ばかりを人と考へて平民を犬馬視したといふ理由があるのを忘れてはならぬ。さうして平民に対して人格を認めない彼等は、同じ人類である以上、彼等みづからもまた動物的であつたことを示すものである(三三六頁)	公共的感情などは初から無いのであるから、それが歌に現はれないのは当然であつて、国民とか国家社会とかに対する思想などは全く見ることができない。賀の歌などに皇室に関係したものがあつても、皇室を国民の元首として見たものでは無い。(序にいふが、今国歌として取り扱はれてゐる「君が代」の原歌、「我が君は千代に八千世に」の歌が御代の長久を詠んだもので無いことはいふまでも無からう。)(二六〇頁)
無情のふるまひ粗野の心情は、毫も教養の無い平民と異るところがなかつたといはねばならぬ。これは(中略)おのれ等ばかりを人と考へてゐたといふ理由があるのを忘れてはならぬ。さうして平民に対して人格を認めない彼等は、同じ人類である以上、彼等みづからもまたその人格を重んじないことを示すものである。(三八六頁)	神の崇拝は、種々の点に於いて仏教の信仰とは違つてゐる。(中略)よし明かには意識せられないにせよ、そこには日本人としての特殊の情趣のあることが感ぜられたのではあるまいか。もしさうならばそれには間接ながら神国の観念と結びつくところがあらう。「大原やをしほの山も今日こそは神代のことも思ひ出づらめ」(業平)、神まうでには神代の昔さへも聯想せられたのである。しかし神についてはたゞ遠い昔が思ひ出でられるのみならず、永き未来もまた考に浮かぶ。「ちはやぶる賀茂の社の姫小松よろづ世ふとも色はかはらじ」(古今東歌敏行)。松のみではない。「神まつる時にしなればさか木葉のときはの影は変らざりけり」(貫之集)、常緑樹たるさか木は永久不変の象徴とせられた。さうしてこのことは皇室の永久性を信ずることと、その皇室の何等かの儀礼の如何なる場合にもつきせぬ御代を祝福する点で、思想上の連繫がある。国歌「君が代」の原歌「わが君は千代に八千代にさゞれ石の巌となりて苔のむすまで」(古今賀)にも、その現はれてゐることはいふまでもあるまい。(四三五—六頁)

	D1	2	3
『武士文学の時代』	世は純然たる武家の時代となつたのである。(二頁)	承久の役後、政権は全く京都から離れたので、久しい前から四季をり〳〵の儀式を行ふ外に仕事の無かつた朝廷は、益〻遊戯の舞台になつてしまつた。(一七頁)	
『第二巻』	世は純然たる武家の時代となつたのである。しかしこのことは我が国の政体にとつて重要な意味がある。(中略)遠く京を離れて鎌倉に本拠をもち、朝廷の外に幕府を建てて、そこから天下に号令した(中略)ので、政治の上に於ける天皇の超然たる地位は一層明かにせられ、すべての責任が権家に帰して天皇には累を及ぼさない、といふ我が国に特殊な政治の形態とその精神とが、かくしてます〳〵固められるやうになつたのである。(一—二頁)	院も天皇も、その御心情に於いては、もしくは思想としては、日本の君主として国のため民のための貴き責務を有することを自覚せられてゐた(花園院宸記など参照)。蒙古来侵の際に於ける亀山院の御行動もまたそこから生じたことである。しかし事実上、国政には関与せられず、(中略)だから皇室としては専ら文事に力を注がれたが、朝廷のしごととしては儀礼的な公事を行ふのが殆どその全部であつた。が、それは実は一種の遊戯でもあつた。(一九—二〇頁)	北条氏(中略)の滅亡の後には、北条氏に代つて鎌倉の幕府を継承するものがおのづから生じたでもあらうから、朝廷にはそれを承認する方策があつたと、今から考へられる。しかしさういふ方策を思ひつかなかつたのが、元弘の挙の

	4	5
	弘安の役（中略）今までは半ば仏者によつて鼓吹せられて、宗教的信仰らしい性質を帯びてゐる神国といふ漠然たる観念が、対外戦争の奇蹟によつて一種の国家的観念としてやゝ明に認識せられたのである。しかし幸か不幸か、其の後元は全く手をひいたので、（中略）従つてそれに刺戟せられて対外的国民精神が発達するといふやうな効果をも遺さなかつたから、神国といふ観念は後までも依然として内容の空漠たるものであつた。（中略）実際上の対外関係に於いて国民的の誇ができたといふのではなく、たゞ我が国が特殊の国柄であること、即ち神の御子孫たる万世一系の皇室は天竺震旦にも例が無いといふ思想が、武家政治に対する皇室の地位と両統の争といふ目前の問題とに刺戟せられて、特に著しくなつたゝめであらう。（九七―九頁）	我が国が神国で皇室が神の御すゑであるならば、皇化は大八島の全体に及ばねばならぬ。だから「草も木もわが大君の国ならば何処か鬼の住家なるべき」（太平記巻一六）とい
企てられた所以であり、（中略）それは、藤原氏や平氏の時の状態とは違つて、朝廷の外に幕府といふ実力政府の建てられたことが、皇室の権威を損ふものの如く錯覚したところから来てゐる。かゝる事情で戦争が起されたために、その自然の帰結として、南朝の天皇に政治上の責任が帰することになり、却つて北朝の皇統によつて、天皇みづから政治に与られない、皇室の伝統的精神が保持せられるやうになつたのである。（一一九頁）	建国以来はじめての事変であつた外敵蒙古の来侵が失敗に終るに及んで、神の守護する国としての神国の信念が一層強められると共に、外国に対する日本といふ観念が明かに人の思想に浮かんで来た。（中略）さうしてそれには皇室の永久性の信念が伴ふ。建武中興の挫折と共に戦乱がまた起つて来て、政治的意義に於いての世の末といふ感じが再び生じはしたが、問題は政治の善悪にとゞまつて、皇室の安危には及ばない。却つてその戦乱に刺戟せられて、神皇正統記に説かれてゐる如き思想が世に現はれるやうになる。（九九―一〇〇頁）	兵乱がしば〳〵起り、平氏と源氏とが代る〴〵政権を握り、北条氏がその源氏の後を承けて幕府を主宰しても、一系の皇位には何の変動も無く、その意義での神国はどこまでも

ふ。鬼の住家が無いくらゐであるから、国民にして皇命を奉じないものは勿論生存しない筈である。(中略)しかし実際は必しも理想通りにはゆかないから、皇命に違背するものも現に存在する。これは何故かといふと、帝王には帝王の道があつて、「君は尊くましませど、一人を楽ましめ万人を苦むることは、天も許さず、神も幸せぬいはれなれば、政の可否に従ひて御運の通塞あるべし」(神皇正統記)といふ道理が一方にあるからである。だから承久の役の京方の失敗には失敗すべき理由があつた。のみならず、同じく神の御系統とは申せ、不徳の君の後は絶え、過ある君は暦数も久しくないとさへいつてゐる(同上)。(一〇二―三頁)

厳然として存在する。実際、神国を神国として維持するためには、承久の役の如きことを起す必要の無かつたことが、その後の状態によつて後からは明かに知られたのである。さうしてそれは、皇室を皇室として戴くことが、如何なる政権の掌握者にも極めて自然な心もちであつたからである。「草も木も我が大君の国なればいづこか鬼の住み家なるべき」(太平記巻一六)。鬼さへも住むことのできぬ国に、その大君を奉ぜぬ人の住むはずはない。(中略)太平記(巻二六)に「都に王といふ人のまし〳〵て若干の所領をふさげ、内裏院御所といふところのありて馬より下るむつかしさよ。もし王なくてかなふまじき道理あらば、木を以て造るか金を以て鋳るべし、生きたる院国王をば何方へもみな流し捨て奉らばや、」と高師直にいはせたのも、師直の「あさましさ」を示すよりはむしろそれを滑稽化したものである。神国に於いては一系の皇室は自然の存在として考へられたので、それは必しも神皇正統記の言を俟たない。(一一五頁)

政治思想の如何なるものであるかを見るに、第一に(中略)国の治乱を時の君主の心術行動の結果としてのみ考へる儒教的政治道徳説の一般的概念をそのまゝ適用しようとしたもの、従つて現実の情勢とは接触するところの少いものがある。(中略)「君は尊くましませど、一人を楽ましめ万人を苦むることは、天も許さず神も幸せぬいはれなれば、政

	6 ⓐ　ⓑ	7
		公家貴族はなほ（中略）一種の精神的権威を有つてゐたのである。（二〇六頁）
の可否に従ひて御運の通塞あるべし、」（神皇正統記）といふのも、またこの類である。（二一一頁）	〔土一揆〕民衆の多くは無智であり利慾には迷ふ。（中略）一揆を起した民衆自身が勢に駆られ多数をたのんで放火劫掠を恣にするのでもある。かういふことが上記の政治上の紛乱と絡みあつて、一般の気風が荒み人心が混乱し、さうしてそれが民衆の困窮をます〱甚しくする。（中略）下剋上（中略）下位にあるものが（中略）上位に上つて権勢を揮はうとするところに意味のあることが、注意せられねばならぬ。（中略）どこまでも個人としての行動であつて、階級的のはたらきではなく、下層階級の上層階級に対する闘争ではない。この点に於いてはかの土一揆の騒乱に、政治的にも経済的にも、階級闘争の如き意味の無いことが参考せられよう。（二〇四―七頁）	公家貴族が（中略）なほ上代文化の遺風を伝へてゐるものの朝廷の儀礼を掌るものとしての誇りをもち、それを失はないための学問に精励してゐること、武士も一般世人もそのことを認め、さうして彼等を敬重してゐるので、義政や義尚が政治について一条兼良に教を乞うたことによつてもそれは知られること、これらは（中略）即ち上代文化の遺風に精神的権威があり、それを尊重する心情に於いて知識ある国民のすべてが一致してゐることを、示すものではなからうか。（中略）さうしてまたそれがおのづから政治的社会的に混乱してゐる日本の民族を精神的に統一するはたらきをす

	8	9
	宮廷を現実の生活から高く超越してゐる古代文化の世界として仰ぎ見てゐたからである。(中略)謡曲に神代の物語を採つたものが多く、長い間、人の思想から遠ざかつてゐた古神話の世界が(著しく仏教的色彩を帯びつゝも)再び人々の前に親しく現はれたのも、国民の心生活に神代が復活したのでは無いから、言を換へていへば当時の国民精神が神代によつて何かの象徴を得たのでは無いから、やはり時が神代といふ極めて遠い昔である為に特に有難げに思はれたのみであらう(題材を神代に求めたのは、奈良朝にとり平安朝にとり、又た支那印度に取つたのと同様である(下略))(三四八―九頁)	勿論天下の平定は武力によつて出来上つたので、それは全く信長の後を承けて大きい勢を有つてゐた天縦の英雄、秀吉の事業ではあるが、日本全国が一国であるといふ感情と、其の国民的結合の象徴である皇室の精神的勢力とが、冥々の裡に此の間にはたらいてゐたことは明である。(三
るのである。(中略)その根本には皇室の存在があるので、上代文化の遺風も、名誉の表彰としての官位も、朝廷の儀礼も、みなそれから出たもの、それに結びついてゐるものである。(中略)皇室の精神的権威は上記の如き形に於いて世の知識あるもの地位あるものの思想と心情とにはたらくのである。驕慢な義政も、後花園院の大葬の時の行動によつても知られる如く、皇室に対して崇敬の情をば失はなかつた。(二一六―七頁)	宮廷を現実の生活とは違つた古代文化の世界として仰ぎ見るからである。(中略)謡曲の主題に古典から取られたものの少くない、理由の一つがこゝにある(下略)(三四六頁)	天下の統一せられたのは、秀吉の人物事業と、彼をしてそれを成就せしめた上記の戦国的情勢と(中略)これら幾多の事情のためであつて、約言すると、戦国時代を経過して来たからのことではあるが、日本人が本来一つの国民であつて、皇室がその国民的結合の象徴として存在せられた事実

10

九〇—一頁）

徳川氏が皇室を高く俗界の上に置いて、一切の政治との関係を無くし（中略）たのは、（中略）結果から見れば、それはおのづから皇室の神聖を保持する好方便となつたので、之が為に国民はすべての政治上の責任を幕府に負はせると共に、宮廷を塵界遠く離れた雲の上の神の宮居として仰ぎ視るやうになつた。（しかし斯うして養はれた習慣は、国民生活の状態が全く旧時とは違つてゐる現代にもなほ残つてゐるので、それがために不徹底な、また実際の国民生活に適合しない一種の固陋頑迷な思想が生じ、却つて皇室に対する国民の真の愛情の発達を妨げてゐる。）（四一〇頁）

と、それに含まれてゐる国民の皇室に対する歴史的感情とが、隠約の間に大きなはたらきをしたことも、また明かである。かう考へると、天正十六年の聚楽第行幸は、啻に洋々たる太平の象がそれに具現せられたのみならず、全国の有力な諸大名が奉迎参列した点に於いて、四海みな皇室の栄光を仰いだことを示すものである。（中略）秀吉の強勢な戦国武将的武力行動によつてその戦国の擾乱が殆ど終結し、曾ては夢であつた天下の泰平が実現に近づいて来たのであるが、それは国民の胸底に潜んでゐた皇室の精神的権威が大きな力となつたのである。（中略）信長も秀吉も自己の権威を固めるために皇室を利用したのだともいはれようし、（中略）たしかにさういふ一面はあるが、しかしたゞそれだけではない。利用したとするにしても、それは国民が皇室と朝廷とを尊重してゐたからである。（三九五—六頁）

徳川氏は皇室が高く俗界の上に在つて政治上の実務に関与せられないやうにしたのであるが、（中略）結果から見れば、それは（中略）おのづから皇室を安泰にする好方便となつたのである。しかしそれがために文化的にも皇室が国民と遠ざかつた地位にゐられるやうになつたのは遺憾であつて、戦国時代に萌芽しはじめた皇室と国民との接触が却つて薄れて来た。さうしてかういふ状態に於いておのづから養はれた習慣は、国民生活の状態が全く旧時とは違つてゐる明治時代以後にもなほ残つてゐて、それがために現実の国民生活に適しない一種の固陋頑冥な思想が一

11

要するに耶蘇教を以て徳川氏の政治的秩序を動揺させるものと認めたからに違ない。(切支丹が国土侵略の先駆となるといふ報告は、必しも全くの誤解ではない。徳川の禁教の動機にどれだけ確かな事実があつたかは明で無いが、耶蘇会の伴天連に幾分の危険性が無かつたとはいはれない。(中略))(中略)兎も角も其の目的は世の動揺を防がうとする固定政策から出た禁教のためであつた。(四二〇—一頁)

部の権力者の間に生じ、皇室に対する国民の真の愛情を妨げてゐた事実がある。(四二一—二頁)

要するにこの宗門を、幕府の固めようとした政治的秩序を動揺させ、従つてまた日本の治安を攪乱するものと、認めたからには違ひない。この宗門が国土侵略の先駆となるといふ情報は、真実を伝へたものではないが、しかし全くの誤解のみではないので、(中略)この宗門の布教に幾分の危険性のあることを感じたとしても、それには無理の無い事情もある。(中略)幕府の当局者の眼には、キリシタン宗門は日本の国家を内部から攪乱しようとするもの国家の敵として映じたであらう。事実バテレンが(中略)ロオマのパッパの主宰する宗門本位の思想、キリシタン宗門を絶対のものとし、すべての人類はそれを奉ずべきものとする甚だしき偏執の見を、偏執と感ぜずして、もつてゐて、布教のためには国家の権威をも無視したからである。(中略)バテレン等の熱心と艱苦に克つて志を遂げようとする敢為の勇とには、同情すべきところもあるが、宗門の外から見れば専恣の行であるから、危害のそれに伴ふことを感じた国家は、当然の任務としてその布教を禁じ得る。だからこれは国家と宗教との関係の問題であるので、禁教はそれを解決するものとして行はれたのである。ところが、その動機が何れにあるにせよ、国家の法として禁教をする以上、それに背くものを罰するのは当然である。法を犯して日本に潜入し日本人の間に布教しようとするのは、啻に違法の行為

		であるのみならず、極言すれば日本に対する反逆だからである。だからそれを罰するのは決して迫害の語を以て評すべきことではない。(四二三―五頁)
12	けれども此の武士の風尚には根本的に大なる欠陥がある。(中略)平和の世に於いては、戦闘の間から発生した武士の精神が銷磨するのは、当然であるから、武士道は畢竟一種の変態道徳に過ぎないのである。(五五六頁)	けれどもこの武士の気風には根本的に大なる欠陥がある。(中略)平和の世に於いては、戦闘の間から発生した武士の精神が銷磨するのは、当然である。(五二八―九頁)
13	〔切支丹〕信仰其のことについての問題の外には、君父との衝突もあまり起らなかつたのではあるまいか。(六一六頁)	今日から見ると、(中略)かゝる宗門は放任しておいても治安の妨げにはならなかつたとも考へられるが、その代り偏狭固陋なこの宗門は、当時に於いては、日本人の精神生活にさしたる裨益は与へなかつたであらう。たゞその信徒をロオマのパッパの権威の下に置かうとしたことには重要なる意味があるので、そこに国家に対する反抗的精神の胚胎する危険がある。(五八五頁)
	『平民文学の時代 上』	『第三巻』
E1	「死なぬやうに生きぬやうに」(落穂集追加に見える家康の語)といふ主旨で租税を取られる彼等の地位と生活状態との惨めさは、事新しくいふまでも無からう。(中略)「民者国之本也」といふ儒教的標語を提示しながら、代官に向つて「国寛成時者民奢もの也」といつて「無奢様に可被申付」と訓令した綱吉の最初の命令を見ても、農民の生活を纔に露命を維ぎ得る最低の度に抑止して置かうといふ態度	「死なぬやうに生きぬやうに」といふ落穂集追加に家康の語として記されてゐるものが果して家康の語であるか、よしさうであるとしてもそれが如何なる場合に如何なる意義でいはれたものか、わかりかねるので、この語だけを取出してそれを文字のまゝに解するのはむりであるが、かゝる語の世に伝へられてゐることに一つの意味はある。一面に於いては、田畑の永代売を禁じ(寛永二十年)、小農の土地

	が察せられる(今日の旧式政治家が農民の生活程度の昂進を一概に奢侈として嫌悪する由来はこゝにある)。もつとも田畑の永代売を禁じ(寛永二十年)、小農の土地分配を制する(貞享四年)など、一種の社会政策を行はうとしてもゐ、時には治水策として植林の奨励をし(寛文六年等)、また収斂のために農民を困窮させた籏下の知行を没収する(寛文十一年等)など、農民生活の安固を考へなかつたのでは無いが、実際どれだけの効果があつたか覚束ない。(四六—七頁)	分配を制し(貞享四年など)、さういふやうなことによつて一種の社会政策を行はうとしてもゐるし、時には治水策として植林を奨励し(寛文六年など)、天災地変によつて農地の荒廃するのを防ぐための設備及びその他のことについて農民を指導すべき訓令をしば〳〵代官に下してゐ(慶安五年など)、また聚斂のために農民を困窮させた旗本の知行を没収する(寛文十一年など)如く、幕府の当局者も農民生活の安固を考へなかつたのではない。代官とても心あるものは必しも徴租にのみ専念したのではなく、農民の保護誘掖に意を用ゐたもののあることが、伝へられてゐる。農民生活を安固にするのは畢竟租税の収納を容易にするためである、といふ推測がせられるでもあらうが、さうばかり考へるのは却つて僻見であつて、農民に親しく接触するものには、おのづからかゝる心情の起ることをも認めねばならぬ。(三五—六頁)
2	しかし封建制度も武士本位の社会組織も、全く暗黒面ばかりがあるのでは無い。(六三頁)	のみならず、封建制度も武士本位の政治機構社会組織も、欠点ばかりがあるのではない。(中略)勿論それにはこれまで考へて来たやうな欠陥もあり弊害も伴つてゐたが、如何なる制度にも如何なる組織にも完全なものはなく、かならずそれに欠陥があり弊害が伴ふものであることを考へねばならぬ。(四九頁)
3	人を見れば敵と思へといひ、隣国は皆な敵国だと考へる戦国的思想(中略)秀吉の理由なき外国侵略が行はれた時代に於いて、己れを以て他を度らうとする武人政治家が、斯	人を見れば敵と思ひ隣国はみな敵国と考へる戦国的思想(中略)秀吉の外国征服が企てられた時代に於いて、己れを以て他を度らうとする武人政治家には、無理のない考へか

	う考へたのも無理の無いことではあつたらう。(中略)此の考は何時まで経つても決して無くならず、(中略)なほずつと後の時代までも続いてゐて、例の攘夷論となつて大に現はれたのである。のみならず、今日の対外思想にもなほ其の病因は絡まつてゐて、軍事的政略眼からのみ外国を観る癖があるでは無いか。(六四—五頁)	たでもあつた。(中略)この考は何時まで経つても決して無くならず(中略)ずつと後の時代まで続いてゐて、幕末の攘夷論となつて大に現はれるのである。(五〇—一頁)
4	公家貴族を尊ぶことは、彼等によつて代表せられる古代文化の残骸を重んずることゝ相待つて、(六九頁)	公家貴族を尊ぶことは、彼等によつて保持せられてゐる上代文化の遺風を重んずることと相待つて、(五五頁)
5	農民自身が農業其のものゝ発達に力を尽さず、他の方面に向つて其の力を伸ばさうとするのは、一つは農民を卑しむ武士的風習の故であり、一つは如何に努力して収穫を多くしても、それはたゞ租税になつてしまふに過ぎないので、農民としては到底楽地を求めることが出来ないからであつて、其の根本の原因は武士本位の政治組織にある。(七五—六頁)	農民自身に農業そのことに改良を加へそれを精練しそれを発達させることに力を尽さうとするものが少く、他の方面に向つてその力を伸ばさうとするのは、一つは農民を卑しむ武士的風習の故でもあるので、かういふ側面から見ると、その根本の原因は武士本位の政治制度社会組織にあるといはねばならぬ。(六一頁)
6	次には公家貴族の状態をも一瞥する必要がある。(八九頁)	次には公家貴族の状態をも瞥見する必要があるが、其の前に皇室の文化上の地位を一言しておくべきであらう。歴代の天皇が学問の修養を積まれるのは、皇室の古くからの伝統であるが、特にこの時代の後水尾院、後光明院、後西院、また霊元院、みなこの点に於いて豊富な知識と才能とをもつてゐられた。後水尾院は歌や連歌に長ぜられ漢詩をも作られたのみならず、古歌古物語の注釈を書かれ、短篇ではあるが、「蝴蝶」の如き室町時代乃至江戸時代初期に世に現はれたやうな物語の擬作もせられた。しかし一方ではよ

7	8	ⓐ
	公家はたゞ古代貴族文化の残骸を断片的に保持して（中略）私には生命の無くなつた所謂家々の道を持ち伝へるのが職分である。（八九頁）	斯ういふ風にして、過去の文化の諸要素が現実の国民生活に摂取せられ、さうしてそれが平民の文化として現はれたのは、異国文化の輸入によつて攪乱せられなかつたからであつて、即ち鎖国制度の与へた一つの利益では無からうか
く民情にも通ぜられ、「清十郎きけ夏が来てなくほとゝぎす」といふ発句、奴ことばなどを用ゐた狂歌、の御作もあるほどである。霊元院も修学院の離宮にしば〳〵御幸のあつたそのをり〳〵の紀行を幾篇も書かれてゐる。これは一つは煩はしい政務が無いために文事に心を用ゐられる余裕があつたからでもあらうが、それはかりではなく、文事が天皇の御職責となつてゐたためにそれに精励せられたからである。これはこの時代の国民文学の形成とその発展とには直接の交渉の無いことであるが、皇室が、種々の儀礼と共に、古代文化の遺風を伝承せられてゐることと、天皇の御行動が文事に関してであることとに於いて、重要の意味がある。のみならず、後水尾院が「うけつぎし身の愚さに何の道も廃れゆくべき我が代をぞ思ふ」、また「いかにしてこの身一つを正さまし国を治むる道は無くとも」と詠ぜられたのを見ると、政務に関与せられないながらに、天皇としての御職責が、単に文事を文事として嗜まれるところにあるのではなかつたことが、知られよう。（七三頁）	公家は古代貴族文化の遺風を保持し（中略）私には過去から伝へて来た家々の道を失はないやうにするのが、その職分である。（七四頁）	かういふ風にして過去の文化の諸要素が現実の国民生活に摂取せられ、さうしてそれが平民の文化として現はれたのは、異国の文化をうけ入れることによつて攪乱せられなかつたからであつて、鎖国制度の与へた一つの利益ではなか

ⓑ

といふ説もあるらしいが、著者はさうは考へない。国民に其の生活を向上させ発展させようとする内的要求が、強ければ強いほど、又た其の活動力が盛であればあるほど、あらゆるものを皆な摂取し、それを材料として実生活の基調の上に諧和した文化を造り出すことが出来る。さうして外国の交通、外国文化との接触は其の要求、其の活動力に強い刺戟を与へるものである。徳川の代には此の刺戟が極めて弱かつたゝめ、国民の精神が十分に緊張して現はれなかつたに拘はらず、兎も角もこれだけになつて来たのは、国民の中で最も気力のあつた最も活動せる生活をしてゐた平民が、文化の中心になつてゐたからである。（一〇九頁）

らうか、といふ説が世にはあるらしい。それはたしかに一面の事実である。（中略）戦国の混乱がからくも収まつたばかりで人心の安定がまだ十分でなかつた時代、昔からの文化の伝統が纔かにつながつてゐるのみであつた時代に、異質の文物が強い力で入つて来たならば、元禄時代になつて過去の文化の諸要素をあのやうに生かし、さうして新しい精神によつてそれらをあのやうにはたらかせることは、できなかつたであらうと推測せられる。当時の日本人には、異質の文物をよく咀嚼消化してそれからよき栄養分を吸収するだけの能力がまだ十分に養はれてゐなかつた、と考へられるからである。（中略）またもし鎖国をしなかつたために禁教が十分に行はれず、偏狭固陋で戦闘的精神にみちてゐる上に、ロオマのパッパの統帥の下にあつた当時のキリシタンが、何等の形で遺存し何ほどかの活動をするやうなことがあつたならば、それが信者となつてゐた日本人の思想に種々の抑圧を加へ、従つて一般の日本人の思想の自由な発展を阻止し、或は政治制度や社会組織にも何ほどかの動揺を与へたであらうし、また同じやうに偏狭固陋な儒教思想との間に摩擦と抗争とを生じ、それが日本人の精神生活を混乱させたでもあらう。戦国時代とは違つて、平和の世には思想の人を動かすことが大きい。要するに人心の安定が得られず、従つて文化の発達が防〔妨〕げられたであらう。この意味に於いて日本の文化に及ぼした鎖国の効果のあることは、考へられよう。けれども、かう考へるにもま

		た制限がある。(中略)日本人の文化の伝統を破壊することとなしに、ヨウロッパ文化の新しい要素を加へること(中略)によつて元禄の文化は現に形づくられたよりも一層内容の豊富な色彩の多様なものになつたのでないか、とも考へられよう。(九〇—一頁)
9	政治が治安の維持の外に無かつたゝめ、今日のやうに財力が濫に政治を動かし、政治家が富者に媚びるやうなことも無かつた。(一一三頁)	政治が治安の維持の外には殆ど無かつたため、財力が濫りに政治を動かし政治家が富者に媚びるやうなことも無かつた。(一〇一頁)
10	元禄の此の文化は、形の上に於いて平民の勝利を示し、人間の威力を発揚したものではあるが、それは無意識の間に行はれたことであつて、自覚して努力した結果では無い。だから其の思想の内面に於いては、概して社会的拘束と因襲の抑圧とを脱することが出来なかつた。(中略)さうして平和の世に於いて兎も角もして生きてゆかれる国民の多数は、それを拘束と考へず圧迫と感じない程に、自己の権威を自覚しなかつたので、其の圧迫を排し其の拘束を脱しようとする内心の要求が甚だ弱い。(中略)著者は前編に於いて寛文元禄時代を「或る意味に於いて我が国のルネッサンスともいふべき」ものと述べたのであるが、(中略)しかし、欧洲のルネッサンスは知識社会の自覚から生まれたものであるのに、元禄の思潮は無意識の間に馴致せられた平民の活動に現はれたものである(全体に我が国には思想上の先覚者として、一代の人心を新しい方面に向けさせる哲人が無い。(中略)また欧洲のルネッサンスには、それに伴ふ新	元禄のこの文化は、形の上に於いて平民の勝利を示し人の威力を発揚したものではあるが、それは無意識の間に行はれたことであつて、自覚して努力した結果ではない。だから思想としては、概して社会的拘束と因襲の抑圧とを脱することができなかつた。(中略)しかし抑圧とか羈束とかいふのは今日から考へたことであつて、当時の思想ではない。当時に於ける国民の多数は、それを拘束と考へず圧迫と感ぜず、従つてその圧迫を排しその拘束を脱しようとする内心の要求が無かつた。世は平和であり、さうして人はともかくも生きてゆかれたからである。今人は当時の人のかゝる態度を評して人としての権威の自覚が無かつたといふかも知れぬが、さういふ自覚が生じなかつたのは、実は羈束と抑圧とがさまでに強くなかつたこと、すべての人がともかくも生きてゆかれたこと、を語るものであらう。(一〇二頁)

道徳観が重大の要素であるのに、元禄時代にはそれが甚だ微弱である。知識社会に於いて新に尊崇せられて来た儒教思想は、仏教の非現世主義とは反対にどこまでも現世的ではあるものゝ、人間の自由を撥無し、情意と本能との尊とさを認めない点に於いて、殆ど非人間的であり、此の思想の尊崇せられたのも、自身の内的要求から出たものでは無くして、一種の因襲又は模倣から来てゐる。（中略）のみならず前から述べて来たやうに、動もすれば放縦な歓楽主義に陥る虞さへあつた此の時代の人間本位の思想には、社会的抑圧のために故らに激成せられた気味が無いでもなく、また其の裏面には其の抑圧に屈服してゐる一種の哀愁が潜んでゐて、ルネッサンス時代の欧洲人が心耳に聴いたやうな、希臘的の自然な明朗な透徹した歓楽の声を、そこに求めることは出来なかつたのである。（一一三―六頁）

11

人或は武士の気象をストイシズムに比較する。けれどもストイシズムには其の根柢に世上の現象を無価値とする思想があり、従つて世間の富貴栄華を求めぬと共に其の毀誉褒貶を塵芥視し、断乎として、自己の所信を貫かうとするのであつた。武士の思想は全然それとは反対である。齷齪として名聞に拘泥する彼等には独立と自由との精神が無い。

（中略）

斯うはいふものゝ、武士中心組織も封建制度も我が国民生活の発達にそれ〴〵の貢献をしてゐると同様、武士の風尚も全然無意味なものでは無い。よしそれが主として名聞と

当時の武士には、世間の富貴栄華を求めぬと共にその毀誉褒貶を塵芥視し、断乎として自己の所信を貫かうとする意気が乏しかつた。齷齪として名聞に拘泥する彼等に独立と自由との精神が無かつたことはいふまでもない。（中略）なほ一言すべきは、これまでいつて来たところでは武士の風尚の欠点とすべき方面が読者に強い印象を与へたのではないかと思はれるが、武士の思想心情には長所もまた多い、といふことである。武士中心の社会組織も封建の政治制度も我が国民生活の発達にそれ〴〵大きな貢献をなしてゐると同様、武士の風尚もまたさうである。よしそれが多

世間体とによつて維持せられたとしても、これは多数人を支配する道徳としては、程度の差こそあれ何れの社会何れの時代にも通有のことであり、さうしてそれによつて兎も角も責任の観念が養はれ、一種の操守も出来、自己を抑制すること、他人のために自己を犠牲にすることも学ばれ、又た互に他人の意地を尊重する点に於いて、所謂武士の情けといふうつくしい気風も保たれ、礼儀や作法も整ひ、平民をして「さすがは武家」といはせるだけの修養が、何の点かに於いて積まれたのである。（四二〇―三二一頁）

くは名聞と世間体とによつて維持せられたとしても、これは多数人を支配する道徳としては、程度の差こそあれ何れの社会何れの時代にも通有のことである。（中略）さうした欠陥があるにしても、それによつて強い責任の観念が養はれ、意志が鍛錬せられて、堅固な操守ならびに事に当つての勇気と忍耐とがそこから生れ、自己を抑制することと他人のために自己を棄てることとも体得せられ、また互に他人の意地を尊重する点に於いて、武士の情けといふ美しい気風も保たれ、礼節も整ひ、平民をして「さすがは武家」といはせるだけの修養が、多くの点に於いて積まれたのである。（中略）なお文学の上には多く現はれてゐないやうであるが、大名がその家臣を取扱ふ細かな心づかひや、それに対する家臣の気分など、戦国時代から継承せられたものが、（中略）伝統的な教養としてそれが重んぜられ、心ある大名やその家臣に於いては、幼時からの訓導によつてその風尚が育成せられ、さうしてそれが彼等に自然な心情となる。（中略）またよし大名の家臣は組織せられた集団ではないにしても、一方では同じ主家の下にあつてそれ〳〵の任務に服することによつて常に相接触すると共に、他方では一藩一家のうちに共通な気風がおのづから成りたち精神的な聯結が形づくられるので、それによつてよい意味に於いて互に恥を思ふ念が養はれ、上に挙げたやうな武士の道義がみがゝれる。（中略）平和の世の武士の風尚は、かゝる日常生活の間におのづから新しい色彩をつけて育成せられ

		るので、そこに上にいつた如き平和時代の武士道を樹立しようとする意図と接触するところがある。(中略)さうなると、その気風は、もはや武士道と呼ばれるよりも人道といはれるのがふさはしいのであつて、武士的精神を保ちながらにそれが人道にまで高められるのである。(中略)さうしてそれが徳川の世の紀綱を維持し、それによつて長い年月の平和を鞏固にし、全体としての国民文化の発達に寄与したのみならず、明治時代に至つて新文化を作り出すためのおのづからなる準備をしたことにもなつた。明治時代の活溌なる国民的活動は、江戸時代に於いて養はれた武士の風尚の継承せられたところに、大なる原因がある。(三二九―四一頁)
12	農民は租税を搾り出す目的物たるに過ぎないのであるから、(中略)藩といふ一勢力が、農民を其の一要素として、土地の上に組み立てられてゐる結合体で無いことは勿論である。(四二七頁)	農民は租税を納めさせるところに主なる意味のあるものであるから、(中略)藩といふ一つの勢力は、農民をその一要素として、土地の上に組みたてられてゐる結合体ではない。(三三四頁)
13	商人は(中略)特殊の人に対する特殊の取引には約束を重んじ義理を守るけれども、相手の定まらない広い世間に対する場合には、一時の利を得んがために種々の不正手段を用ゐるのが、寧ろ普通のことであつたらしい。(中略)道義の基礎が他人にあつて自分自身には無く、従つてまた公共的道徳の観念が薄い世の中だからである。個人の尊重せられない、従つて人が自己を尊重しない世に、真の道徳が発達しないことはいふまでも無からう。(彼等の口癖にする	商人が概していふと特殊の人に対する特殊の取引には約束を重んじ義理を守りながら、あひての定まらない広い世間に対する場合には、一時の利を得んがために種々の不正手段を用ゐることのあるのも、(中略)道義の基礎が他人の名聞にあつて自己自身の人格に無い(中略)ために、公共道徳の観念が薄い世の中であつたことは、事実であらう。個人の尊重せられない、従つて人が自己を尊重しない、世に真の道徳が発達しないことはいふまでもなからう。彼等の

世間といふのも人中といふのも、自分を知つてゐる仲間のものを指すのであつて、広い社会のことでは無い。（中略）（四六三頁）

口癖にする「世間」といふのも「人中」といふのも、自己を知つてゐるものの間のことであつて、広い社会のことではない。（中略）

しかし（中略）商人が利を得るのもあひてがあつてのことである。そこで自己の生活のできるのは他人のおかげである（マヽ）　それをおしひろめていふと世間のおかげである、といふことが知られねばならぬ。その他人その世間は、自己と特殊の関係のある狭い範囲のものであるが、商人の世界は広いからさういふ関係のあるものは必しも一定してはゐない。そこで彼等の責任の意義が一般的にいふと上記の如きものでありながら、思慮あるものに於いてはあひての定まらぬ広い世間に対するものとなり、一種の宗教的気分を含んでゐる町人冥利といふ語が自己のしごとを尊重するといふ道徳的意義を帯びて来て、そのために世間体も名聞も単なる世間体や名聞に止まらぬやうになると共に、彼等の生活のできるのが広い世間のおかげであるといふ考が、漠然たる気分として、或は現実感の伴ふことの少い単なる観念として、ではあるが、生じて来る。（三六四―八頁）

14

一般多数の農民は商人より生活の波瀾も少く世間も狭く、従つて実社会から得る知識も少いのであるから、生活上の体験によつて練磨せらるべき思想も浅薄で、道義の念もまた幼弱であることを免れなかつたらう。（中略）郷土以外の土地を見ることが少く、他の地方との交渉も少いために、郷土を愛するといふ精神も発達しない。政治的領域と自然

一般多数の農民は商人より生活の波瀾も少く世間も狭く、従つて実社会から得る知識も少いから、生活上の体験によつて錬磨せらるべき思想も浅薄で、道義の念もまた幼稚であることを免れなかつたらう。（中略）郷土以外の土地を見ることが少く、他の地方との交渉も少いために、郷土を愛するといふ精神も発達しない。政治的領域と自然的区劃と

的区劃との錯綜してゐることもまた郷人の社会的結合を妨げる。（四六七―八頁）

の錯綜してゐることも、また農民の社会的結合を妨げる。（中略）しかし農民には農民としての道徳がおのづから養はれてはゐる。その主なるものは、村落的共同生活によつて歴史的に形づくられて来た、村落民相互の間の責務感であつて、それが即ち彼等の義理であり、従つてまたそれはその共同生活を維持しそれを鞏固にするはたらきをする。（中略）思慮あるものに於いては、それから村落生活を超えたところに対する一種の責任感も馴致せられるので、義理がたいといはれる農民気質の由来するところもそこにある。（中略）農事には困苦が多いが、上にもいつた如く、村落生活の中心である鎮守の神社の祭礼や、盆踊りや、また年中行事としてのその他の共同の娯楽が、農民の生活の潤ひとなり、それによつてその困苦が緩和せられもする。農民の生活は忍従の一語で尽きるやうに見られてもゐるらしいが、彼等みづからの心情に於いては、その忍従が他からの強圧によるとするよりは、むしろ境遇と習慣とによつておのづから規制せられた彼等の分際として考へられてゐる。さうしてそれが一面に於いては、一種の誇りさへも伴つてゐる彼等の職分に対する責任感を示す語として百姓冥利といはれるやうな、或る宗教的気分を含んだ観念となつても現はれる。さうしてかういふ点から見れば、農民が自然の恩恵に浴して静かにその業務を営むところから、平和な気分がおのづから養はれると共に、平和の世の民たることに満足してゐることが、推測せられるので、（中略）「百姓と

	15	16
	武士の家といふ観念は単に血統の相続ばかりでは無く、其の根柢に知行俸禄があることを忘れてはならぬ。（これは上代の族制々度でも同様であつて、家の重んぜられるは主として其れに伴ふ領土のためであつたことはいふまでも無からう。我が国の家の観念は単純な血統主義または祖先崇拝といふやうな思想からばかり成り立つてゐるのでは無い）。（四七三頁）	
なりて世間も長閑さよ」（続猿簑馬莧）にもこの意味が含まれてゐよう。（三六九―七一頁）	武士に於ける家の観念は単に血統の相続ばかりではなく、その根柢に知行俸禄があることを忘れてはならぬ。（三七六頁）	家長としての夫の妻に対する態度もまた必しも専制的ではない。武士に於いては、家事はおのづから妻の手に委ねられ、幼児の教育、特に女子については成人となるまでのそれが、母なる妻の任務となつてゐる。（中略）それだけの責任感と教養とがあれば、夫とてもおのづから妻を軽視することはできない。また平民に於いては、妻は家の業務に与るところが甚だ大きいので、職業によつては妻がその主宰者であることを常とするものが少なくないし、地方によつては妻が夫よりも権威をもつてゐるところもある。江戸時代の家族形態に於いては一般に男尊女卑であり妻は夫に使役せられるものであつたやうに考へるのは、必しも当を得たものとはいひ難い。（中略）子からいへば父母は同等であり、家系に於いても夫妻は同じ地位のものとせられてゐる（下略）（三八二頁）

けれども家族制度は欠点ばかりがあるのでは無い。(中略)老を養ひ長上を尊敬し同胞相助けるといふ風習も(是はどこまでも家族制に伴はなければならぬものでは無いが)此の間に養成せられたことが少くは無いであらう。概していふと封建制度と同様、家族主義もまた国民生活の発達に於いて一度は経過すべきものであつた。(四八九―九〇頁)

けれども当時の家族制度には欠陥ばかりがあるのではない。(中略)老を養ひ長上を尊敬し一般に秩序を重んずる風習も、この間に養成せられたことが少くないであらう。これはどこまでも家族制度によらねばならぬものではないが、相関するところの多いものである。家族そのものについても、親の子に対する愛情が、よし時に無意識ながらも親の利己主義によつて累はされることがないではないにせよ、一般にはその純情が保たれ、或はそれが純化せられ、さうして子を育てあげて世に立たせることが親の最大の喜びとして、またその道徳的責務として考へられてゐる。夫妻の間がらに於いても、世間体や義理のそれに絡まる場合があるにせよ、武士の家に於いては、妻の夫に対する心からの従順と夫の妻に対するおのづからなる信頼との、また平民に於いては、家事やその業務をきりまはす妻のはたらきに現はれてゐる夫妻間の情味の、あることは明かな事実である。人の妻とその舅姑との間がらとても、必しもいはゆる義理ばかりで保たれてゐるのではない。人により家族の状態によつて一様ではないが、人の妻には、少くとも自己に対する一種の指導者である点に於いて尊敬の情を以て舅姑に対する一面があり、教養のあるものに於いては、そこにむしろ多数人の態度がある。よしそれには努力して舅姑の意に従はうとする念が伴ひ、従つてそれに種々の苦悩があるにせよ、それのみでないところに当時の家族生活の意味がある。かゝる親子夫妻の心情によつて当時の家族生

		活の風尚が形づくられ、さうしてそれによつて近代日本人の精神生活の基礎となつた教養が成りたつたのである。だから概していふと、封建制度と同様に、かゝる家族制度もまた国民生活の発達の径路に於いて重要なるはたらきをしたのであり、それによつて明治時代の日本の新しい活動ができるやうになつたのである。（三八九―九〇頁）
18	今日に於いても家族生活の重んぜられ、父母を敬愛することの尚ばれるのは、これまた勿論であつて、其の家族生活には徳川の世とは違つた新形式が具はり、孝行といふ語にも、現代の実生活から発生した新しい意義、新しい生命が附与せられるのである。（五〇三頁）	今日に於いても家族生活の重んぜらるべきことは勿論であつて、その家族生活には江戸時代とは違つた新しい形が具はり、それに現代の実生活から発生した新しい意義、新しい生命が、附与せられ、新しい道徳がそのために立てられねばならぬのである。（四〇〇頁）
19	実験的であるべきものも書物によつて学ぶことが主であつたので、従つて概して先人の説を継承する外は無いのである。勿論学者によつて多少の例外はあり、又た稲生若水の如き特殊の学者もあるが、一般にいふと斯ういふ傾向を免れなかつたことは、何人にも異議があるまい。知識と情生活の表現たる文芸とが縁遠いこともやはりこゝから生ずる。（我が国民が思想の上、知識の上、学問の上に於いて、世界に貢献したところが殆ど無いといつてよいのも此の故である。日本人自身の創造した浮世絵が世界の芸術に幾分の寄与するところがあつたのと、比べてみるがよい）。（六〇五頁）	実験的であるべきものも書物によつて学ぶことが主であつたので、従つて概して先人の説を継承する外は無かつた。（中略）学者によつて例外はあり、また暦学に於ける安井算哲、農学に於ける宮崎安貞、本草学に於ける稲生若水、の如く、シナの書物に誘致せられたところがありながら、独自の観測実験採集により、または数学に於ける関孝和の如く、独創的な研究によつて、大なる業蹟を挙げ、日本に特異な学問的活動をした学者もあるが、一般的にいふと上記の如き傾向を免れなかつた。知識と情生活の表現たる文芸とが縁遠いのも、やはりこゝから生じたことである。（四七七―八頁）
20	当時の我が国民は、事実狄して夷狭と称せらるべきもので	一般文化の上からいふと、当時の我が国民は決して夷と称

	は無かつた。一般国民の心生活は可なりに浅薄なうはつらなものであり、また学問に於いては全体に創始性がないため、殆ど誇るに足るべきものを有たないけれども、其の実生活は何れの方面に於いても、長い間の歴史的発達の結果として、特殊の形式と内容とを具へてゐる。（六一八頁）	せらるべきものではなかつた。学問に於いては独創的研究が多く行はれなかつたけれども、一般国民の知識生活は決して低級のものではなく、シナの民衆に比して遙かに高かつた。当時に於いてはこのことが知られてゐなかつたけれども、今日から見れば、それは明かである。さうして学問に独創的研究の無いのはシナに於いても同様であつた。概括していふと、国民の実生活は、何れの方面に於いても、長い間の歴史的発達の結果として、特殊の形と内容とを具へてゐ、従つて実生活を動かしてゆく日本人に独自な思想もおのづからその間に形成せられてゐた。（四八八頁）
21		武家と公家との違ひは、たゞそれが朝廷の外にあるのと内にあつたのとの差異に過ぎない。公家なり武家なりが世襲的に政権をもつてゐながら、どこまでも皇室を戴き、皇室は政務に与かることをせられないながら、どこまでも、政権の本源であり政治的君主の地位にあられる、といふことは、世界に類の無い我が国だけのことであるから、シナ思想に束縛せられてゐる儒者にはこのことが理解せられず、武家を皇室に対抗してゐるものであるかのやうに考へたので、（五〇一頁）
22	特に神道は、宗教思想や道徳観念を外部から附加しても、実際の信仰に於ける民族的神祇の観念は、殆ど原始時代のまゝであつて、其の間に融和が出来てゐない。知識は此の点に於いて（昔の神代史の神祇が民間信仰と一致してゐないと同様）信仰とも遊離してゐる。（中略）神道は、昔の幼	なほ神道については特に一言を要する。その根柢にある民族的習俗としての神祇に対する一般人の崇拝は、この時代に於いても殆ど上代のまゝであるが、神道者はそれを日本人に特殊な存在として仏教または儒教に対抗させるために、この二つから宗教及び道徳に関する種々の思想を取入

23	稚な民族的神祇の信仰が、国民の思想の深くなると共に内部から発達して宗教として成り立ち、またそこに国民の道徳生活の基礎が据ゑられたのでは無いから、当時に於いても立派に民族の思想を支配するやうな資格を有つてゐないのである。さうしてこれも歴史的にいへば、我が国が常に外来の進歩した思想を知識として学ばなければならなかつたゝめ、固有の信仰は原始的状態のまゝに保存せられ、それを宗教として発達せしめるだけの力の養はれなかつたのが、大なる原因であり、当時の思潮からいへば、国民が真率なる宗教生活を要求しなかつたからである。(六八〇頁)	
	れて、それをこの習俗の知識的粉飾としたので、当時の神道はむしろこの側面にその本質があるかの如き観を呈し、従つて現実の神祇の崇拝からは浮いたものになつてゐた。(中略)いはゆる神道は、昔からの民族的神祇の崇拝が、国民の生活の深められまたは高められて来ると共に、その内部から発達しておのづから形づくられたものではない。さうしてこれも、歴史的にいへば、異国に於いて形づくられた思想を知識として取入れねばならなかつたため、固有の神祇の崇拝は昔ながらの状態に於いて存続せられたのと、外来の仏教が宗教としての或るはたらきをなし、さうしてそれが固有の神の崇拝と結びついたのとのためであり、また当時の思潮からいへば、知識人がその生活、特に道徳生活、に於いて宗教に重きをおかなかつたからである。(中略)日本人の生活の中心となつてゐたといつてもよいことであるにかゝはらず、或は却つてそのことが明かな事実として何人にも知られてゐたがために、民俗としての神の崇拝は、知識人が神道といふものを考へるに当つては、重要視せられなかつた。(中略)日本の民族的神祇の崇拝の習俗をその根柢にもつてゐながら、神道が日本人の宗教的心情を深めることができず、道といふものを説いても日本人の道徳生活に何物をも加へることのできなかつたのも、またこれがためである。(五四八—五〇頁)	現実の政治については、国民は治者被治者として幕府とは対立の関係にあつたが、皇室にはさういふ関係が全く無か

つた（中略）その代り国民のうちで幾らかでも知識のあるものは、皇室に対し、遠い者〔昔〕からの伝統的な心情として、その間に精神的な結びつきのあることを自覚してゐた。このころの学者の皇室尊重の思想も、また後年に至つて国民の間に反幕府思想としての尊王論が起るやうになるのも、その根原はこゝにある。国民は彼等と皇室とが対立の関係にあるものとして考へないのみならず、皇室に対し一種の親近感を抱いてゐたのである。連俳の上げ句に「大道ひろき大君の春」（西鶴）といひ、「君が代なれば田うち畑うち」（吏荊）といふやうなものが作られ、いはゆる俳句に於いても、「門々の松葉や君が御代の春」（貞徳）、「おれにいはしや先づ御代をこそ千々の春」（季吟）、または「君が代やみがくことなき玉椿」（越人）と、をりにふれて御代の長久を祝福し、或はまた「今朝しるや国常立の御代の春」（立圃）、「梅や先づ仁徳の御代所の春」（宗因）、と神代を思ひ上世の聖代をしのぶのも、この祝福の意を託するためである。「元朝や神代のことも思はるゝ」（守武）と戦国の世にもいはれたが、今平和の時となつてはその感が一層強められ、「蓬萊にきかばや伊勢の初だより」（芭蕉）の句も作られた。年の始めに国の始めの神代を想起することに、その国と共に始まり国と共に無窮なる皇室に思をよせる心情の籠つてゐることは、いふまでもあるまい。かういふものは、歌や連歌に於いてのしきたりに従つて、半ばは儀礼的に作られたまでだ、ともいはれようが、後光明天皇即位の翌年

		F1	2
『平民文学の時代 中』		本来貧窮なのは公私の武家であつて、必しも一般国民では無いのであるが、政府の政策は此の武家のために寧ろ国民全体を犠牲にしようとするのである。国民を犠牲にしなければ武家と武家政府とが成立たないのである。（一三頁）	強制的改革は国民全体のためよりは寧ろ幕府自身と其の家人とのためであつて、それを成就させず、彼等の病を益〻
『第　四　巻』	の正月に「新春と君も祝ふや四方の国」（立圃）と賀詞をのべ、清涼紫宸の造営の成つた時に「新月や内侍所の棟の草」（嵐雪）と衷心からそれを喜んでゐるのを見ると、さうばかりとはいひかねる。徳川氏の権力の下にではあるが、太平の世に生きてゐる幸福を味ひ得たものが、その幸福を思ふにつけて大君の御代の長久に想到するのは、歴史的に養はれて来た国民的感情の発露であることに、疑を容れる必要は無い。室町時代の謡曲に君が御代を祝福する言辞があるのとは、少しく趣きがちがふ。俳諧の如き民衆文学にかゝる感情の現はれてゐるのを見て、民衆の皇室観が上記の如きものであることを知らねばならぬ。民衆の心理としての皇室に対する尊敬は、皇室が権力から離れてゐられるに伴つて深くなり、知識が民間に弘まるにつれて広くなつた、といふべきである。（五六二―四頁）	本来貧窮なのは公私の武家であつて、全体の上から見ると必しも一般国民ではないが、政府の政策はこの武家のためにするものであつて、国民のためにするものではなかつた。幕府にとつては国民のためにするよりも武家と武家政府とのためにすることが先にたつたのである。（一〇頁）	幕府の強制的改革は国民全体のためよりはむしろ幕府自身とその旗下の士とのためであつて、それを成就させず、彼

ⓐ　3

根づよくしたのは、冥々の間に行はれた国民の反抗力の発現だからである。(中略)たゞ其の力が自由に伸び伸びと発揮せられずして、虐げられ、抑へられ、又た曲げられてはゐるが、それながらに大なる潜勢力として存在し、(中略)一朝時機が来ると、忽ち此の制度を根本的に倒してしまふやうになるのである。(中略)もし其〔制度〕の実質がどこまでも堅固であつて、国民に其の力を伸ばさせる少しの間隙をも与へなかつたならば、国民の反抗力は猛烈になつて、制度其のものゝ破壊をもつと早く試みたかも知れぬからである。(二二一頁)

等の病を一層甚しくしたのは、冥々の間に無意識に行はれた国民の反撥力の発現であつた。(中略)たゞその力が自由に伸び〳〵と発揮せられずして、抑へられまた曲げられてはゐるが、それながらに大なる潜勢力として存在し、(中略)一朝時機が来ると、そのためにこの制度が倒されるやうになる。(中略)もしその実質がどこまでも堅固であつて、国民にその力を伸ばさせる少しの間隙をも与へなかつたならば、国民は割合に早く制度そのものの変革を企てねばならぬやうになつたかも知れぬからである。(一八―九頁)

しかし他の側面としては、封建制にも武士制にもそれの保持せられる理由もあるので、それは主として大名及びその家士の心がまへである。(中略)概観すると由緒のある諸藩に於いては伝統的に武士間の秩序が保たれ礼儀が正しく、それと共に人あつかひに温情の籠つてゐることは、事実であつた。一藩だけの特殊の風尚を記したものではあるが、「葉隠」に見える鍋島藩の君臣間の相互の情誼及びその民衆に対する態度も、かゝることの一例である。(中略)かういふ話は所々にあるので、鍋島家に限つたことではない。日本の如く権力あるものが権力を恣にして民衆を凌虐しない国は、世界に類が無い、権力者たる君主も法には従はねばならず恣意なことはできない、と日本風俗備考の著者がいつてゐるのは、将軍や大名についてのことらしいが、ほゞ当を得た観察である。(中略)いはゆる外様大名に多いこ

ⓑ

とではあるが、封建制の廃止せられた明治時代またはその後までも、昔その配下に属してゐた民衆が、旧藩主の家に或るなつかしみを懐き、過去の事実となつた「旧藩」が今なほ現実の存在ででもあるかの如く思つて、それに一種の誇りをさへもつてゐたのも、故なきことではない。（中略）

徳川の世に於ける民衆がその領主たる大名に対する感想については、なほ次のやうなことも参考すべきであらう。藩主がそれと知らせずに或る農家に立ちよつた時、そこにあつた米をふみ越したので、殿さまにさし上げる米をふみ越すとは何ごとだと、その家の老婆がひどく尤めた、といふ話が「葉隠」に見えてゐるが、御年貢米を鄭重に取扱ふことは、一般に農民の心がけであつた。命令や強制によつてではなく、衷情からさうするのであつた。（中略）

こゝまで考へて来たところで、少しわき道に入るやうでもあるが、一ついひ添へたいことがある。徳川幕府及びその治下にあつた諸藩の政治は極端な専制主義であつた如く一般に考へられてゐるやうであるが、さうしてこの考は概観すれば事実にあてはまるものとして認められようが、このことに於いてもまたその専制主義が種々の方法によつておのづから緩和せられてゐたことを、知らねばならぬ。その一つは、前篇にも一言したことであるが、柳沢や田沼や水野の例によつても知られる如く、権力を振つた幕政の当局者が民望を失つた場合には、おのづからその地位を去らねばならなくなつたことであつて、専制政治形態の下に於い

ⓒ

てかゝることの行はれたのは、世界にその類が無いのではなからうか。やゝ大げさないひかたをするならば、この意味に於いては、幕府にはおのづから一種の責任内閣制めいたものが成立してゐたといつてもよいのであり、（中略）根本的には将軍の多くが専制的権力を揮はうとしなかつたことにも、それと相応ずるところがある。（中略）

なほ民政に関しては、幕府の権力の定まつた後でも、京や江戸や長崎や堺などの直轄都市に於いては、市民生活に直接に関係のある市の事務は多くは、奉行の統制をうけてはゐながら、市民の自治が許されてゐる（中略）農民の庄屋名主などは多くは世襲であるが、退役または死亡した際には全村民の選挙で後任を定める慣例になつてゐるところもあり（地方凡例録）、私領に於いても大名主を一般農民の投票によつて選挙させた領主もある（成嶋道筑の農譚拾穂）。（中略）或る程度の自治が行はれてゐることと、村民の意向によつて庄屋などが定められると共に衆議の機関のあることとの、二つの意味に於いて、民政もまた必しも専制的なものではなかつた。（中略）さうして直轄地に於いても私領に於いても民衆のために努力し彼等をして自治の能力を発揮せしめた代官があり、村民をよく指導愛護した庄屋年寄のあつたこともまた事実である。（農譚拾穂、勧農固本録、民間省要、世事見聞録、など）。（中略）上に述べた如く国民が徳川氏またはそれ〳〵の藩主に対してさしたる反感をもつやうにならなかつたのは、こゝにも一原因があらう。（二六一―三一一頁）

4	5
しかし武士として失つたところがあるのに人としてそれに代るべきものが無いのであるから、彼等は堕落する外は無い。（三八頁）	
しかし武士として失つたところがあるのに人として代るべきものが確立しないとすれば、彼等にはおのづから堕落する傾向がある。（三九頁）	けれども既に考へた如く、武士のすべてがこゝにいつたやうなものばかりではない。彼等の階級に属するものは、一般にはむしろ武士たることの誇りとそれに伴ふ自制とをもつてゐるのが常である。その誇りも自制も、多くは前篇に述べたやうな外聞と世間体とによつて支持せられてゐるのであつて、そこに欠点もあるけれども、社会的風尚の力が多数人を支配するのは、如何なる社会にも普通な状態であるのみならず、本来社会的意義をもつてゐる道徳は、社会的通念によつて成りたつものであることをも、考ふべきである。（中略）従つて純粋の倫理眼からは賞讃しかねることも、社会的の紀綱を斉へるためには寛仮しなくてはならぬことがある。のみならず、世間体を重んずるのは、人は孤立して生活することができないからであるので、そこに一種の社会感情の現はれがあり、道徳の社会的意義に対する認識がある、といつてもよからう。（中略）こゝに社会的通念といつたのは、長い歴史によつて形成せられ一般社会がそれを支持してゐるもののことであつて、江戸時代の武士の風尚はその好例である。一時的の流行思想などをいふのではない。さてその風尚の大なるものとして、主君の恥、お家の恥、にならず祖先の名、家の名、を辱めぬことの重んぜられてゐるのは、それが自己の利害に関せざるもので

あり厳粛なる道念である点に於いて、特に賞讃に値する。（中略）彼等の知識技能といふやうな方面に於いても、またほゞ同じことが考へられる。（中略）能力あり達識才能あるものは武士でも下級のものであつて、大名をも含めての上級のものには学識も才能も無いものが多い、といふやうな観察は、必しも当つてゐない。大名に於いて、松平定信、本多忠籌、または松浦清称、の如き自己の著作があるもの、細川重賢とか上杉治憲とか真田幸弘とかいふやうな藩政の改革を行つたもの、などのあることは、高級武士の教養の如何なるものであるかを示すことにもならう。よき伝統がありよき師傅がある家に於いては、幼時よりかゝる学問的教養を積むことのできるのが、当時の大名の生活であつた。知識技能ばかりではない。藩主として家臣の首長としての彼等の心事行動に至つては、或は祖先から守られて来た特殊の家風により或は一般の風尚によつて、厳格なる訓練をうけるのが常であつて、よき素質のあるものは、一種の明識も才幹も情操もまたおのづからなる品位も、それによつて育成せられたのである。（中略）固より大名にも上級武士にも彼等の地位に伴ふ欠点はあつたであらうし、家により人によつては教養の乏しいものもあつたに違ひないが、それは如何なる時代の如何なる社会にも如何なる地位のものにも免れがたいことである。こゝではたゞこの時代の武士の生活に多くの欠陥があり弊害があつたにかゝはらず、それによき一面もあり、むしろその面が多かつた、と

ⓑ	ⓐ 6
農民のすべてが窮迫の極に陥つてゐたのではない。前篇にも述べた如く、如何なる地方の村落にも、鎮守の神の祭礼が定期に行はれて、その場合には、地方的の特色があり古くから伝承せられて来た種々の民間演芸も奏せられ、また正月の行事とか盆踊とかの類が村落民共同の娯楽となり、さういふことによつて農民の生活気分がゆるやかになることも、注意せられねばならぬ。祭礼の余興としての笛や太鼓の陽気な響き、田植ゑ歌取入れ歌臼ひき歌などの朗らかな旋律、が農民のかゝる生活気分を示してゐる。農業そのことについても、種まき田うゑ刈りとりなどのそれ〳〵の場合に古風に従つて家々村々で行はれる簡素な神事が、農民に精神的な安慰と一種の希望とをもたせることをも、看過してはなるまい。或はまた蕪村の春風馬堤曲に現はれてゐるやうな農村の風光、「東風漸近浴蚕時、牆外柔桑緑抜枝、看他村婦帰寧路、茜裙紅映野酴醾、」(田能村竹田)の如き情景をも、想見すべきであらう。(中略)いはゆる百姓一揆の起るのも、農民の生活の痛苦が主因であることは、いふまでもない。一揆を誘発した事情はいろいろであつて、必しも貢租の苛重ばかりがその直接の原因ではなく、(中略)何等かの不平を抱いてゐる郷士浪人または事を起すことを好むものの煽動や、(中略)富豪などに対する一時的な反感の爆発や、時には政令の誤解や、さういふやうなことが、或は単独に或は複合して、かゝる行動を	いふことをいはうとしたのである。(四一—四頁)

階級の存在を否認するやうな思想の無かつたことはいふまでも無い。又た経済生活に於ける貧富の争の如きは、全くその痕跡をも認めることが出来ぬ。百姓一揆は虐政に対する反感から来たものであり、（九五頁）（※へつづく）

ⓒ

しかし、これ〔生計の困難〕は農民生活の一面であつて、別

とらせることになるのであるが、何れにしても農民生活の痛苦にその淵源はあり、さうしてそれには貢租の苛歛誅求もしくは代官やその手代などの冷酷な処置、またはそれらに関する疑懼が大きなはたらきをしてゐる場合が多い（黒正巌の「百姓一揆の研究」）。しかしそれは何れも為政の当事者もしくはその下僚として直接におのれらに臨む官吏に対する不平と反抗とであるのみならず、将軍はいふまでもなく、藩国に於いても大名自身に対するものではない。（中略）まして政治形態や社会組織としての封建制武士制そのものに対する反抗、または農民階級の武士階級に対する闘争、といふやうな意味は、百姓一揆には全く含まれてゐない。（中略）百姓一揆を以て革命的行動とするやうな言説に至つては、誣妄の甚しきものである。のみならず、百姓一揆が頻発したといつても、農民のすべてが一揆を起すやうな気分になつたのでもなく、一揆の起り得るやうな状態にあつたのでもない。一揆は特殊の事情から起つた特殊の事件であつて、それによつて一般的に農民の心理やその生活の状態を推測すべきではない。（中略）また一揆の起つたことが封建制や武士制の崩壊に向つて来たことを示すものでもない。制度の崩壊はさういふことに現はれてゐるのではなくして、既に述べた如くもつと深いところ人の気のつかないことに於いて徐々に行はれてゐる。（中略）勿論、一揆の頻発を誘致するに至つた生活の痛苦が農民にあつたことは、疑はれない。けれどもこれは一部の農民ま

ⓓ

に他の一面の存することを見のがしてはならぬ。当時の農民が全体として苦痛の境にあり、断えず不安の生活をしてゐたとのみ考へてはならぬのである。(中略)常に自然と抱合して年々の収穫を楽しみにすることの出来る農業そのことの性質上、其の生活に一種の安定した気分の伴つてゐることをも考へねばならぬ。(四三—四頁)

概していふと不満足ながらに一通りの生活の出来る中産階級の農民が多く、大観すれば貧富の懸隔も甚しくは無い地

たは農民生活の一面であつて、他の一部の農民または農民生活の他の一面には、これと違つたもののあることを見のがしてはならぬ。当時の農民のすべてがかゝる痛苦を常に抱き断えず不安の生活をしてゐた、とのみ考ふべきではないからである。(中略)常に自然と抱合して年々の収穫を楽しみにすることのできる農業そのことの性質上、農民の生活には一種の安定した気分の伴つてゐることをも、考へねばならぬ。農業は労苦の多いものであるけれども、楽しみは春生夏長秋収冬蔵の間にある、と或る老農がいつたといふが(小田文静の譬稲性弁)、これは一般農民の心情である。(中略)労苦は徒らなる労苦ではない。もしそれ「今とし世がよて穂に穂がさがる枡はとりおけ箕ではかる」場合の喜びは、農民ならでは経験することのできないものである。農事に関する俚謡にほがらかなものの多いのは、一つは呪言の意味からでもあらうが、事実として収穫の喜びがあるからでも(中略)ある。「苦労と思ふな世界は車またと豊年まはり来る」、といふ楽天観さへ農民の心情の一隅にはあるのである。(中略)

かせいでもかせいでも貧乏に追ひつかれる窮民もあり、小作人などは概ね過重な負担を課せられてゐるが、努力に対する報酬が全く得られないではなく、小作人は勤勉であるから少々の田地もちよりは却つて生活がし易い、といふ観察すらもある(民間省要)。(中略)大観すれば、不満足ながらも一とほりの生活のできる中産階級の農民が当時の我が

ⓔ

方が多い。(四四頁)

※貧者の富者に対する漠然たる反感は固より存在したので、(中略)又た田舎などの狭い世界では利害関係から生ずる直接の衝突も生じ勝ちである上に、幾分の嫉妬心なども それに加はつて「白壁のそしられながら霞みけり」(一茶)

国には多く、貧富の懸隔も甚しくはない地方が少なくない、といふことだけは考へられよう。(中略)一般に、地主は小作人に対してかなりに重い負担を課しながら、それと共に彼等のためにその財を用ゐもしたので、それによつて地主の名声と品位とを保つのが常であつたことは、学校の建築または他の村落的公共事業に於いて多くの負担をしてゐた明治時代の状態からも、逆推し得られる。却つて小作人のうちには気まゝなものがあつた。土地が自己の所有でないからである。が、概していふと、日本の地主と小作人とは、数村にわたつて広大なる土地を有するやうな大地主のあるところは別として、多くの場合には、同一村落の住民であり互に親近の情をもつてゐるので、その間の関係は、ヨウロッパの貴族とその領地の農民との間がらとは大なる差異があることを、知らねばならぬ。多分地主であつたらうと思はれるが、天明の饑饉の時に貯蔵米を郷党隣里に配与したのみならず、平素も道を作り橋を架して村民の便を計つたといふ宇都宮の富民、蔵を開いて窮民を救ひ、苛酷な処置をした奉行などに対して町民が反抗した時に責を負うて刑死した、といふ新潟の富民、などの世に伝へられてゐることをも、考ふべきである(蒲の花かゞみ、新斥繁昌記)。(中略)勿論、貧農や小作人の富農または地主に対する幾らかの反感はあり、利害関係から生ずる直接の衝突も起りがちである上に、幾分の嫉妬心なども加はつて、「白壁のそしられながら霞みけり」(一茶)といはれるや

7

といふやうな場合も多く、地主と小作人との不調和も屢々見られるのであるが、貧者にも富者にも明な階級意識が形づくられ、彼等の間に執拗な争の起るまでにはならなかった。（九五頁）

うな場合も少なくなかったに違ひない。「おだいじん衆は太鼓をたゝくわしは貧乏で鍋たゝく」「……暮す百姓ども旦那だんさま苦を思やんせ」、といふやうなことも謡はれ、その他にも田植歌などには時に地主に対する幾らかの皮肉の現はれてゐるものもあるのは、そのためである。しかしまた一方では「今日は殿ごさまのおも田が植わる苗を小わけにもとさし上げて植ゑて上げませう」、また「今年世がよて穂に穂がさいて殿も百姓も嬉しかろ」ともいはれてゐる。貧農も富農もありながら彼等の間に階級意識が形づくられ彼等の間に執拗な闘争が起るやうなことはなかった。（四七―五五頁）

商人や職人生活の社会関係について一言しておかう。（中略）商人には（中略）貧富の差等もまたさまぐ\であるが、概観すると、それらは互に相頼り相待ってその事業を営み得るのであり、上にいった如く富者の事業が貧者を圧迫するやうなことは無い。（中略）規模の大きい事業を営むものには多くの被使用者が従属するが、それは今日の意義での雇用ではなく、人としての結びつきがその本質であるので、被使用者は使用せられることによって、事業の学習と練磨と並に人としての修養とをつむことを心がけると共に、主家とは永久の情誼を保つのが本義とせられてゐる。それは一種の主従関係であるが、武士の如く何時までも主家の俸禄によって衣食するのではなく、或る年月を経ると独立して事業を営むことになる彼等に於いては、かゝる情誼は精神的のものなのである。このことは工業に従事する職人とてもほゞ同様である（中略）「野でも山でもお主さまよかれお主のおかげで世に出づる」といはれてゐるのも、こゝにその根拠がある。ツンベルグが、日本では工場主と労働者とは身分の区別は厳であるが互に同胞としての尊敬と愛護との情をもつてゐる、といつてゐるのも、かゝることを聞き知つての感想であらう。（五九―六〇頁）

8

上に述べた文化の不健全な点は封建制や武士制や鎖国制の自然の帰結であると同時に、其の制度を腐蝕してゆく役にも立つてゐるのであるが、其の健全な方面も亦た本来此の制度の精神とは背反する性質のものであるから、それがおのづから是等の制度を破壊するために道を開き、または有意的の破壊運動をする助けになるのである。（八三頁）

文化の不健全な点は、封建制や武士制や鎖国制から来たところのあるものであると共に、その制度を内部から徐々に腐蝕してゆく用をするのであるが、健全な方面もまた、これらの制度によつて生じたものであると共に、その精神とは背反する性質をもつてゐるもの、従つておのづから制度をその内部から徐々に変革してゆく道を開くものである。さうしてそこに、人を羈束するのみのものではない制度のはたらきがあると共に、制度を外部から崩さうとせずして内部から変質させてゆく人の力の現はれがある。如何なる制度にも欠陥の無いものはなく、従つてそれから弊害の生じないものはない（中略）たゞその本質として人間性のはたらきを制約または抑圧するところのあるものでありながら、一面に於いてその新しいはたらきを生み出すことのできる制度は、国民生活の歴史的発展の径路に於いて価値の高いものであるとしなくてはならぬことを、考ふべきである。（九一頁）

9

昏夢の裡にあつた多数人の耳を驚かしたのは、かゝる詩を作つた洗心洞夫子自身の警鐘の乱打である。梁川星巌はそ

昏夢の裡にあつた多数人の耳を驚かしたのは、かゝる詩を作つた洗心洞夫子自身の警鐘の乱打である。梁川星巌はそ

10

れを評して「清平有事是天警」といつた。為政者には天警であつたかも知れないが、事を起したのは、抑へても抑へきれない肝癪玉の破裂である。そこに彼自身のうさはらしがあると共に、人は是によつて少しく倦怠の気を慰むるを得た。世間の空気はそろ〳〵動揺し初めたのである。（八八頁）

多年解かうして解くことのできなかつたヂレムマは、かういふやうにして大勢の推移によつて自然に解かれるやうになる。が、其れが解かれることは即ち幕府の存在が失はれることである。（一〇〇頁）

れを評して「清平有事是天警」といつた。勿論、天警と聴いたのは特殊の知識人のことであつて、一般の民衆はさうではない。事件そのものは、無思慮、無計画、かゝることによつてかゝる民衆を動かし得ないことに気のつかなかつたほどに、軽率な暴動の企てに過ぎなかつた。それに応じそれに続いて起つやうなものは、どこにも無かつた。けれども事を企てたものにとつては、それが抑へても抑へきれない癇癪玉の破裂であつたと共に、知識人をそこまで追ひこんだところに時弊の重大さがあつた。或はそれによつて暴動者自身のうさはらしができたと共に、傍観者は少しく倦怠の気を慰むるを得た、ともいはれようか。世間の空気はそろ〳〵動揺し初めたのである。（九五頁）

多年解かうとして解くことのできなかつたヂレムマは、かういふやうにして大勢の推移によつて自然に解かれるやうになる。が、それが解かれることは即ち幕府の存在が失はれることである（中略）

しかしこれは幕府政治の壊頽の情勢を今日から過去の事実として客観的に見た一面の観察である。幕府の存立する間は、その当局者も旗本の士人も、時勢の刺戟によつて新しい形をとりつゝ復活した武士的精神を発揮し、後から回想すればよくもあれだけのことができたと思はれるほど、その任務を全うするために渾身の力をこめて奮闘したのである。幕府の仆れたのは万策尽きた上でのことである。（一〇四—五頁）

11	歴史は畢竟自己革命の過程である。（一〇二頁）	歴史は畢竟断えず自己を新しくしてゆく過程である。（一〇六頁）
12	本来不自然な社会組織の中に生活してゐて、自然な素直な人間のあることを知らず、抑へられた感情が畸形を呈して露はれる世（一八七頁）	本来不自然なところのある社会組織の中にあつて、抑へられた感情が畸形を呈して露はれることの少なくない当時の世（一七二頁）
13	甲子夜話の著者が、石川丈山が無礼者を斬り殺したといふ話を載せて、それを称美してゐるのを見ると、隠逸の翁にもこんなことを期待する武士気質が覗ひ知られる（続篇七〇）。畢竟制度として武士があり、それが特殊の地位と権力とを有つてゐる以上、彼等の心生活の奥底にはなほかういふ気風が潜在し、それが国民全体の風尚にも影響してゐるので、（二五〇頁）	甲子夜話の著者が、石川丈山が無礼者を斬り殺したといふ話を載せて、それを称美してゐるのを見ると、隠逸の翁に対してもかゝることを期待する武士気質の当時の知識人にもあつたことが覗ひ知られる（続篇七〇）、さうしてそれが国民全体の風尚にも影響してゐる。（二一八—九頁）
14	一々紙上道徳の信条に依頼しようといふ、コセ〱した、気魄の無い、局量の小さい、馬琴の所謂英雄は、松平定信などの最も好みさうな人物である。（二六三頁）	一々紙上道徳の教条に依頼しようといふ、コセ〱した、気魄の無い、局量の小さい、馬琴のいはゆる英雄は、文字のみを弄んでゐる儒者などの好みさうな人物である。（二二八頁）
15	官憲の目ににらまれなかつたといふ点に於いて時の権力家と調子の合つてゐることを誇つてゐる彼〔馬琴〕は、決して革命的思想を抱いてゐたものでは無い。（二七二頁）	官憲に疾視せられなかつたといふ点に於いて時の権力家と調子の合つてゐることを誇つてゐるほどの彼〔馬琴〕は、決してさういふ〔倒幕〕政治思想を抱いてゐたものではない。（二三五頁）
16	社会の固定した、文化の沈滞した、さうして人間の個性の発揮せられない（中略）世に、歌の革命が起らないのは怪しむに足らぬ。（三七七頁）	社会の固定した、文化の停滞した、さうして人の個性の発揮せられない（中略）世に、歌の革新が行はれないのは怪しむに足らぬ。（三一五頁）

ⓐ 17

局部的に又は末節に於いて、多少の目さきをかへることが出来、或は幾分か新しい文学の形式をはじめることが出来た。しかし根本に革命が起つたのでは無いから、それがために、或は徒に新奇を求め、或は技巧の上に技巧を加へて不自然に陥り、（中略）

文学に於いても、（中略）実際生活の権威を立て人生そのものを現はさうとする態度が一方には起つて来た（中略）もとより其の力は微弱でもあり、またそれは其の反抗しようとする分子と互に絡みあつてもゐるので、熾烈な文学上の革命運動として現はれたのでは無く、此の点に於いてもまた実社会の状態と同じであるが、兎も角もそこに因襲から文学を解放しようとする要求があつたことを認めねばならぬ。（中略）又たそれは文学上の因襲に対する反抗たるに止まつて、概していふと、人間の内生活に於ける革命の叫び、人間生活の因襲に対する人間性の解放の要求が文学の形に於いて現はれたのでは無く、（四六七―九頁）

ⓑ

局部的にまたは末節に於いて、幾らかの目さきをかへることができ、或は何ほどか新しい文学の形態が現はれた。しかしそれがために、或は徒らに新奇を求め、或は技巧の上に技巧を加へて不自然に陥り、（中略）

文学に於いても（中略）実生活の権威を立て人生そのものを描写し表現しようとする態度がその間から生じて来た（中略）もとよりその力は微弱でもあり、またそれはおのづからそれを抑制することになる因襲的のものと互に絡みあつてもゐるので、熾烈な文学上の革新運動として現はれたのではなく、このことに於いてもまた実社会の状態と同じであるが、ともかくもそこに因襲から脱却しようとする要求のあつたことは、認められねばならぬ。（中略）

またそれは文学上の因襲に対する反抗たるに止まつて、概していふと、自己の内生活の要求と因襲的思想との矛盾から生ずる苦悩、生活そのものの因襲に対する人間性の自覚、が文学の形に於いて現はれたのではなく、（中略）もつともこのことについては、当時の思慮あるものをして因襲の権威を疑はせ、それに対して人間性の自覚を誘致させるほどに、因襲そのものが生活を圧迫せず、或は生活に於ける因襲が強力でなかつた、といふ事実が、少くともその一面に、あつたことを考へねばならぬ。（中略）根本的に考へると、当時の特殊な因襲や制度そのものの内面に普遍的な人間性が保たれてゐたのであつて、さういふ因襲や制度が生活を甚しく圧迫せず、人の内生活の要求とそれとの矛盾

19　ⓑ　ⓐ　18

しかし彼等の伝へた支那の書物を読むことによつて種々の知識が得られ、全体として智能が進められたことは明である。道徳の上に於いても、儒教のドグマが直接に与へた影響は少いが、知識の進められたことによつて全体として精神生活が幾分か高められたことは認めねばならぬ。そこに儒者の存在した文化史的意義がある。（五〇一頁）

彼等〔国学者〕に於いては、島国であるといふ我が国の地理

が深く感知せられるに至らなかつたのも、そのためと解せられる。（中略）

から考へてみると、これまで観察して来た文学の諸形態の価値が改めて注意せられる。それらには何れも種々の欠陥があるが、それにもかゝはらず、当時の人心と日本の文化の発展とに対してそれ〳〵に何等かの寄与をしたことを、忘れてはならぬのである。（三九一―四頁）

しかし儒学の行はれたことが全く無意味ではない。個人的家族的及び君臣間の道徳の教としては、（中略）日本人の道徳、特に武士道、の根柢に存在する人間性、その現はれとしての人道、に包容せられそれぞれに同化せられることによつて、幾らかのはたらきをする場合のあつたことは、考へられる。（中略）儒学の特色をなすものではないけれども、儒書に散見する思想に普遍的な人間性または人道の含まれてゐるもののあることも、また注意しなくてはならず、例へば孔子の言として伝へられてゐるもののうちにはさういふのがある。また儒学と関聯してシナの書を読むことによつて種々の知識が得られたことは、前篇にも述べておいた。（中略）日本人がシナの書物を半ば国語化して読む習慣が、一方では日本語の語法を乱すことになつたと共に、他方では日本語の語彙を豊かにする効果を生じたことも、考へられる。（中略）これらの点に儒者に存在した文化史的意義がある。（四二四―六頁）

かういふやうに神代の物語を文字のまゝに信じてゐるか

的位置も、それがために外国との戦争によつて国民生活のひどく脅かされるやうな事変が無かつたことも、従つて主権者に対する国民の実際上の要望が著しく現はれなかつたことも、同じ地理的事情によつて遠い昔から民族が一つであり、後になつてもそれに混乱や動揺が起らず、従つてまた社会上にも外部から来る激変の生じなかつたことも、又は前章に述べた一二卓識ある儒家の見解に現はれてゐるやうな事情も、昔から権家に権があり、又た其の間に競争の絶えなかつたことも、或は又は事実上、皇室の政治上の地位が常に時勢の推移に順応しておのづから変遷して来てゐる歴史の径路も、全く考慮せられてはゐなかつた。彼等はたゞ、我が国民を先天的に特殊の心理を有する特殊の民族として考へたのである。（五三二頁）

ら、彼等〔国学者〕がその道の中心思想としてゐる最も重大なる事実、即ち皇室が一系であること、についても、その由つて来るところを歴史的事実によつて明白に考へようとはしなかつた。島国である我が国の地理的位置と附近の諸民族の状態（中略）、また国家の体制が整つてからは朝廷の貴族も地方の豪族もその出自を皇室に帰したこと、後になつても皇居に武力的防備の設けの無かつたこと、によつても知られる如く、皇室と国民との間には常に親近感があつたことも、或はまたこれまでしば〳〵述べても来たし、前章に記した卓識ある学者の見解にも現はれてゐるやうなことがら、即ち天皇は昔から政治の局に当られず、国民に対して権力を用ゐようともせられず、政権の掌握者は時と共に変動しながら別にあつて、政治上の責任はすべてそれに帰してゐた、といふことも、（中略）なほ昔からの皇室の活動は政治に於いてよりも文化に於いてであつたので、天皇としても、政治的手腕を揮ひもしくは軍事的功業を立てられた方は無いが、学問または文芸に関してはその時々の第一流の学者文人芸術家であられた方は極めて多く、それがために皇室に対する国民の親近感が何時の世にも強かつた、といふことも、また遠い上代に於いては天皇の地位の称呼としての現つ神の観念に現はれてゐる如き一種の精神的権威が皇室にあつたと共に、国民生活の安寧のために祭祀や呪術を行ふ任務を天皇がもつてゐられ、それが儀礼として後世まで継承せられたこと、後になると国民の幸福の

		ために心力を労せられた天皇が多く、また天皇はさうせらるべきものであるといふ理念が皇室には伝統的なものとなつてゐたこと、国民の心あるものはそれによつて皇室に対する感謝の念と崇敬の情とを特に深めたこと、これらのいろ〳〵の事情から、国民の間に皇室を国民の皇室とし天皇を国民の天皇とする心情の養はれて来たことをも、国学者は考へてゐなかつたやうである。遠く上代に溯つていふと、初めから永続する習慣が無く、しば〳〵更迭するものに対しては、それを永続させようとする欲求が起らないが、或る程度まで永続して来ると、永続してゐるといふ事実に権威が生じて、永続することがそのものの本質と見られ、従つて何時までも永続するものと考へられるのみならず、それから一転して、如何なる事情が生じても、それを永続させようとする強い欲求が生じ、さうしてその欲求から、永続させることが道徳的責務である、といふ信念が形づくられるやうになる、といふ心理的観念の如きは、固より思ひも設けぬところであつた。（四五二―三頁）
20	それが支那式の政治思想に対する反抗となり、溯つては支那式の学問に対する科学的精神の叛逆となつて現はれた。しかし斯ういふ学問上の根本的革命思想は、容易には世間に認められなかつたが、（五六六―七頁）	それがシナ式の政治思想に対する反抗となつても現はれた。（四九三―四頁）
21	耶蘇教が邪教で無いことは大抵の蘭学者には知られてゐたらしく（不思議にも夢の代にはそれをマホメット教仏教と共に邪教としてゐる）、たゞ国禁の故を以てそれを公言す	利明もキリシタンを邪教として我が国を奪ふものと考へてゐたが、それと共に「ジュデヤの良法」のことをもいひ、それをシナの聖人の説いたと同様な治国平天下の道と見た

	るものが少く、（中略）利明が経世秘策に於いて、それを邪教と見なかつたのは一大進歩であるに拘はらず「ジュデヤの良法」と称し、支那の聖人の説いたところと同様な治国平天下の教だとしたのは、やはり儒教眼を以て観たものである。（五七二頁）	のは（経世秘策）、（中略）或は故意にかゝるいひかたをしたのであらうか。それはともかくも、ヤソ教を政治の道としたのは儒教眼を以てそれを観たものであつて、（中略）儒教主義の蟠桃がヤソ教をマホメット教や仏教と共に邪教としたことには（夢の代）、或はこの辺の事情もあつたかも知れぬ。多くの蘭学者はヤソ教を邪教とは思はなかつたらしいが、（五〇〇頁）
22	対外問題が起つてから、西洋の兵器兵術を学ぶことを主張しながら攘夷説を唱へたのも、同じ思想であり、前に引いた象山の考（「東洋道徳西洋芸」）も畢竟そこに帰着するのであつて、今日までもなほ行はれてゐる採長補短説の由来がそこにあるのであるが、其の誤つてゐることはいふまでも無い。（五七八頁）	対外問題が起つてから、西洋の武器兵術を学ぶことを主張しながら攘夷説を唱へたのも、この考へかたにつながりがあらう。（五〇八頁）
23	西洋の科学と儒教道徳とを結合しようとするに至つては、資本主義の経済組織を学びながら主従道徳や家族制度を維持しようとすることの不可能であると、一般であらう。（五七九頁）	西洋の科学と儒教道徳とを結合しようとするに至つては、現代の経済組織のうちに於いて昔の主従関係や家族制度をすべてそのまゝに維持しようとすることの不可能であるのと、同じであらう。（五〇九頁）
24	水戸にも蘭学者の聘せられたことが（中略）あ（中略）るに拘はらず、弘道館記となつて現はれたやうな偏狭な水戸気質は、其の水戸人の頭脳をこんなものにしてしまつたのである。もとより是には対外問題の勃興した時勢の刺戟もあるのであるが、其の対外問題に於いて西洋人を敵国視したのがそも〳〵無知識のためである。（五八二頁）	水戸にも蘭学者の聘せられたことが（中略）あつたほどでありながら、弘道館記となつて現はれたやうな偏狭な水戸気質は、その水戸人をしてかゝる態度を取らしめるに至つた。蘭学をも西洋伝来の知識をも実用に供しようとしたけれども、思想上の問題になると、対外問題の勃興した時勢にも刺戟せられて、それをかういふ風に見ることになつた

のである。（五一一頁）

けれども、蘭学は単に西洋に関する知識を供給するだけのものではなく、また世界共通の学としての自然科学を講ずるのみのものでもなく、上にもいつた如く、幕末の時代になると直接に国政との接触を生じ、従つてその事業も、海外からおしよせて来る荒波に対抗し、世界の一国として如何に島国日本を鞏固にうち建ててゆくべきかの、国策の樹立に与かることになつてゆき、さうしてそこに国学の根本精神と結びつくところも生じて来る。知識を世界に求めることが、国家の新しい統一を完成し世界列国に対して国力の進展を計るために最大の緊要事となり、それに寄与するところに蘭学の任務があることになるのである。蘭学がもしその起つた時に起らず、さうしてその後に於ける蘭学者の努力がそれをあのやうに進展させなかつたならば、西洋諸国の東方侵略が強力に行はれるやうになつた十九世紀に至つて、我が日本はどうしてそれに対処することができたであらうか。その侵略の形勢すらもよくは知られなかつたのではあるまいか。要するに蘭学は、不完全ながらも徐々に世界の形勢及び西人の行動に関する知識を日本人に与へ、日本が世界の一国であることを知らしめ、またそれによつて世界に於ける日本人としての自覚を喚起したと共に、西洋に発達した自然科学とその実証的な研究法とを日本に移植したので、この二つの意味に於いて、当時の知識人の思想を啓発し、さうしてそれはおのづから、後の明治

	26	Ⓐ 27
	家康の攘夷といふのも耶蘇教の禁止を指したのであつて、それを尊王と結合することは全く理由が無い。（五四八頁）	福内鬼外の源氏大草紙に於いて「侍といふ商売」といはれ「高が侍風情」と罵られ、甚しきは「出家侍犬畜生」といふ言葉さへも作られてゐるのを見るがよい。これは固より口達者な江戸児の空気焰を写したに過ぎないものではあるが、明治の初年、武士が其の権力を失つた時、彼等が如何に平民から取扱はれたかを知るものは、表面にこそ著しくは現はれないものゝ、実際に於いては武士階級を侮蔑する
時代に日本が新しい文明を創造するための素地となつたものである。（中略）国学の興起とほゞ時を同じくして蘭学が世に現はれたが、それは上にいつた如く西洋の学問とその研究法とを伝へて、日本の学界に新しい気息をかよはせると共に、粗雑ながらに世界の形勢を日本人に知らせることによつて、日本人としての自覚を呼びさまし、なほシナ思想に拘束せられてゐた儒者の迷妄を打破することが多かつたので、そこに国学との或る結びつきがある。（五一四—六頁）	家康の攘夷といふのもキリシタンの禁止を指したのであつて、それを尊王と結合することにはやゝ縁遠い感じがある。ロオマのパッパの権力の下にあつた当時のキリシタンが、日本人の皇室に対する尊崇心を否認するやうな態度をとるものであつたとすれば、その影響の及ぶところ或は測るべからざるものがあつたかも知れぬが、事実に於いてさういふ形迹がまだ明かには現はれてゐなかつたからである。（四七六頁）	福内鬼外の源氏大草紙に於いて、「侍といふ商売」といはれ「高が侍風情」と罵られ、甚しきは「出家侍犬畜生」といふ語さへも用ゐられてゐるのを見るがよい。これは固より口達者な江戸つ児式の放言に過ぎないものであり、またそれは平民が武士階級の権力に対して反抗の念を抱いてゐることを示すものではなくして、何ごとかで或る武士に接触する場合にやゝもすれば横柄な態度を見せられることに対

ⓑ

気分が、ずつと前から一般民衆(の少くとも一部分)に存在したことを否まぬであらう。菅原伝授手習鑑にも「小糠侍、鋸屑公家」の語があるでは無いか。現に、武士は無理をいはれても上命とあれば心を屈し或は阿諛のためにそれに従ふが、百姓はそれと違つて権力には心を屈せぬものである、といふことをいつたものがある(日本文庫所収夢語)。これは確かに(少くとも一半の)事実と見なさねばならぬ。官禄のために生活を羈束せられない平民に比較的意気があることは、当然であつて、それはやがて武士階級に対する軽侮ともなつて現はれるのである。(六一二—三頁)

する反感の現はれであり、個人としての侍に対するものであるので、菅原伝授手習鑑に「小糠侍鋸屑公家」の語があるのも、その類である。もつともかういふいひかたをするのは、その個人が侍の身分をもつてゐるからではあるので、そこに武士の地位に対する或る反感が含まれてはゐようが、それにしても現実の武士階級に対する反抗ではない。武士は無理をいはれても上命とあれば心を屈し或は阿諛のためにそれに従ふが、百姓はそれと違つて権力には心を屈せぬものである、といつたものがあるが(日本文庫所収夢物語)、これは一面観であつて、他の一面には地頭には勝たれぬといふ諺もできてゐる。官禄のために生活を羈束せられない平民に比較的意気がある、といふことは考へ得られるが、それは百姓よりはむしろ町人にあてはまることが多からう。百姓、特に小百姓、に気まゝなところがあるといふことは、上にも言及しておいたが、それは必しも権力に屈しないといふのではなく、彼等が地位も無くみづから恃むところも無く、従つて自己の行動について節制の念をもたないからのことであらう。かういふことは人にもよりその人の境遇や教養にもよるのであつて、概言することはできないが、教養ある武士に於いては、必しも平民に対して驕傲のみではないと共に、また彼等から常に軽侮せられても嫌悪せられてもゐなかつたのが、事実のやうである。さうしてかういふ側面から見ると、むりな上命に服従するのは、むしろ武士の地位から来る一つの節制として解

	28	29
	生命ある文学は寧ろさういふ信条（或る時代、或る社会の道徳の因襲的便宜的信条）に反抗しなければならぬ場合が多いのであるが、それが即ちおのづから人間の道徳生活そのものを一段高く進めてゆく所以である。（五九〇頁）	徳川時代の道徳思想が当時の社会組織と生活の状態とから発生したものであることは勿論であるが、こゝに於いてもまた、一方には知識の上からそれを正当視しようとする考があると共に、他方には人間の自然の要求として、それに対する反抗心の生じてゐることが見られる。表面上、世襲的階級制度が厳存し、それによつて社会の秩序が維持せられ世の平和が保たれてゐる当時に於いて、此の制度を維持し又たそれに服従することが道徳上の責務と考へられてゐたことは、自然の勢であり、又た其の制度に慣らされ、其の下に於いて兎も角も生活の出来てゐる多数人が、それに対して甚しき反感を抱かなかつたのも、怪しむに足らぬ。（六〇九頁）
すべきであつて、そこに地位の無いものの気まゝな態度に対立するところがある。秩序の定まつてゐる平和の時代に於いては、自己を主張するよりもみづから謙抑するのが美徳とせられたのである。（五三九—四〇頁）	生命ある文学はむしろさういふ信条に反抗する場合が多いが、それが即ちおのづから人の道徳生活そのものを一段高く進めてゆく所以である。（五二一頁）	江戸時代の道徳思想の特色が、当時の政治制度及び社会組織とその間に於ける生活の状態とから形成せられたものであることは、いふまでもない。このころに於いてもそれが多くの知識人によつて正当視せられてゐる。けれどもまた一方では、人としての自然の欲求から、それに対する幾らかの反撥も生じてゐる。（中略）このころの道徳思想を概観すると、封建制度に伴ふものとして君国のためお家のために、また君臣主従の関係によつて構成せられた社会のこととて主人のために、あらん限りの力を尽して奉仕することが重んぜられ、特に武士に於いては死を覚悟してその事に当ることが尚ばれてゐる。なほ世襲主義の世であるところから祖先の名を辱しめず子孫に汚名をきせない心がけが必要とせられてゐる。これらは主として武士についてのことであるが、すべての社会の通念としては、人の身分が世襲的に定められ、それによつて世の秩序が維持せられ平和が保たれてゐる当時のこととて、

	30	31
	こんな風に階級的地位が重んぜられるのは、人の欲望を其の地位の獲得に向はせるものであつて、事業に興味を有たず、地位を高めることにのみ力を注ぎ、又た努力して得た地位に誇を有するため、下級のものに対して地位といふものゝ勢威を示さうとする、此等の種々の邦人の悪風習はこゝから生ずる。（六一一頁）	武士に特殊な義理の観念が人間としての自然の情に背馳するものとして取扱はれた、近松及び其の後継者の浄瑠璃は、其の義理によつて立つ武士道其のものに対する一種の反抗心を是認してゐるものとして、見ることが出来る。（中略）のみならず「つくらうた義理といふものはまさかの時には剝げ易い」（北条時頼記）とさへいはれてゐる。死を厭はぬといふ武士の覚悟についても「戦に臨みて死を忘るとは嘘の皮」（世間猿）と冷罵するものもある。学者の見解に於いても、君国のために潔く討死するものも心の奥には
この身分制度を守るのが道徳上の責務と考へられてゐたことが、注意せられる。事実かゝる制度に慣らされ、その下に於いてともかくも生活のできてゐる多数人は、それに対してさしたる疑惑をも反感をも抱かなかつたのである。（中略）身分による社会的秩序の維持が要求せられることには理由があると共に、人をしておの〳〵何の方面かにその力を伸ばさせることが、却つて社会的秩序を保たせる所以でもあるので、それは事実が明かに示してゐるところである。（五三六―七頁）	かかる身分上の地位が重んぜられるのは、人の欲望をその地位の獲得に向はせるものであつて、事業に興味を有たずして地位を高めることにのみ力を注ぎ、また努力して得た地位に誇りを有するため、それの低いものに対して地位といふものの勢威を示さうとする。（五三八頁）	武士に特殊な義理の観念が人としての自然の情に背馳するものとして取扱はれた近松及びその後継者の浄瑠璃は、その義理によつて立つ武士道そのものに対する一種の反抗心を是認してゐるものとして、見ることができる。（中略）のみならず「つくらうた義理といふものはまさかの時には剝げ易い」（北条時頼記）とさへいはれてゐる。死を厭はぬといふ武士の覚悟についても「戦に臨みて死を忘るとは嘘の皮」（世間猿）と冷罵するものもある。学者の見解に於いても、君国のために潔く討死するものも心の奥には父母妻子

父母妻子も恋しく命も惜しいに違ない、大丈夫だといつても究竟は女童と同じことである、といつた宣長がある(石上私淑言、玉の小櫛)。昂奮の極度に達して我みづから我を忘れた時には、生命を顧る余裕の無い場合もあらうから、かういふ考を承認するには多少の割引を要するので、そこに何人も実戦の体験を有たない平和の世の机上論たる所以があるが、一般的の観察としては勿論それに違なく、死地に身を投ずるには我慢若くは痩せ我慢を要する。(六一六―七頁)

も恋しく命も惜しいに違ひない、大丈夫だといつても究竟は女童と同じことである、といつた宣長がある(石上私淑言、玉の小櫛)。戦国の世に於いては、特に戦場で敵と直面する場合には、昂奮の極、我みづから我を忘れて、生命を顧みる余裕の無いのが常であり、またその時代の一般の空気と、戦闘の体験と、幼時からの訓練と、社会的風尚と、身をすてることによつて始めて身を立てることができるのと、これらの事情から武士は死を敢てするのである。命を惜しむ情は命を棄てることと離れてあるものではない。だから宣長のやうな考の根柢には、よし事実と認められるところが含まれてゐても、要するに一面観である。それと共に「武士道といふは死ぬことと見つけたり」といふ「葉隠」の思想は戦国武士の気分をそのまゝ平和の時代の道義の基礎とするものであつて、これはむしろ冷静なる思慮の所産である。そこに二つながら何人も実戦の体験を有たない平和の世の机上論たる所以がある。勿論、死を覚悟して事に当るのは戦場のみのことではなく、平和の世に於いて日常の任務に就くにもそれが必要とせられ、そこに武士の地位にあるものの特殊の教養があるべきだと考へられたので、「葉隠」に説いてあるのもこの意味のことであるが、その由来は戦国武士の風尚にある。ところが宣長の考はむしろ平安朝の文学から彼の汲出して来たものと解せられるので、当時に於いてかういふことを主張しようとすれば、当然思慮せられねばならなかつた武士道との対決を彼が試

	32	33
	当時の人にとつては、自己と社会とは全く相離れて対立してゐるものである。だから実際生活に於いては極端な利己主義になるが、それでは世が保たれないことを知識の上で考へるため、道義上の要求としては社会のために全然自己をすてることが説かれる。しかしそれは人間として不可能のことであるから、此の二つは到底調和の道が無い。さうして何事をしてゞも生きてゆかねばならぬ人間は、各ゝ利己主義の陣営に立て籠つて互に争闘するのみとなる。其の間にもしそれを融和するものがあるとすれば、かゝる間にも全く無くならない人情と幾分の名聞との力であるが、それはかういふ社会組織に於いては極めて狭い、自己の生活と直接の関係のある、人々の間に限られる。かういふ時代に博愛の念や人類を同胞とする広い人道的精神の発達しなかつたことは当然であつて、さういふ意味に於いての公共事業などが起らなかつたのも無理は無い。（六二二頁）	平民が将軍に対しては勿論のこと、其の直接の領主に対しても何等の情誼を有せず、（中略）将軍の恩とか領主の恵とかいふことが説かれはするが、一般の場合に於いてはそれ
みようとしなかつたのも、そのためらしい。いふところが武士道に触れてはゐるが、迫力が無い。これは彼の見解が彼自身の実生活から出、彼の時代の現実の武士の道念に対して形づくられたものでないからであらう。しかしともかくも彼の主張が武士道に対する一種の反抗であつたことは、疑はれないであらう。（五四四—五頁）	それはまた、現実に於いて集団生活社会生活が深く体験せられないからである。公共事業の起ることの少いのでもそれが知られよう。（五四八頁）	一般の平民に、概していふと、その直接の領主たる封建諸侯に対して深い情誼を感じないものが多く、（中略）維新の後になつて諸侯が廃せられても強い衝激を受けなかつた。

ⓐ 34

はたゞ空疎な理窟であつて、現在の事実に背いてゐるから、何人もそれを感知することが無いのも当然である。事実、徳川幕府の顚覆も封建制度の廃滅も、徳川氏もしくは諸大名から直接に俸禄をもらつてゐる武士の外は、平気で見てゐたではないか（薩長に対する反抗は別問題である）。（六二一—三頁）

また武士は旗本家人でない限り、徳川家が政権を失ふやうになつても、痛切な心の痛みを感じはしなかつた。（五四九頁）

からは考へて来たものの、君臣主従の関係にはなほ別の意味があり、そこにむしろこの関係の本質がある。それは単なる市道ではなく、利益の観念ばかりがそれにはたらいてゐるのではない。日本の武士の君臣関係は戦争によつて生じたものであつて、昔のシナのそれとはその点に根本的の違ひがあるから、市道といふ語が部分的にあてはまるところがあるとしても、全体としてはその間に大きな差異がある。あてはまる場合でもそれは客観的存在としての冷やかな観察であり、またはその成立の要件を挙げたのみのことであつて、君臣の地位にあるものの主観的な心情、もしくはそれが成立した後の両者の実生活上の交渉によつておのづから養はれる気分としては、君臣を結びつけるものは相互の暖い親愛感と切なる依頼感とであり、さうしてそれは君臣の間がらが譜代となることによつて一層強められる。（中略）「何といひ何と語らむ昔今の君の恵みのつゆかゝる身は」（松平定信）。君に対する臣の道徳的責務はかゝる恩恵に対する感謝の情に本づくのであるが、その恩恵は必しも物質的の利益のみではなく、人の生活のすべての方面に

ⓑ

事実上、君臣の情誼のあるべき譜代大名も、一向徳川氏の味方にはならなかつたのを見ると、これは武士道そのものゝ根本たる君臣の情誼が既に存在してゐなかつたゝめか、然らざればさういふ情誼が自家の利益に抵抗するに足らなくなり、若しくは時勢の推移の前には何等の価値も無くな

関するものである。封建君主の家臣に対する細かな心用ゐについては上文(第一章)にも一言したが、事あるに当り寛容の情を以て臣下に接することが臣下にとつては大なる恩恵として感ぜられることは、いふまでもない。「葉隠」の如き特殊の伝統的精神の現はれてゐるもの、または明君賢主といはれた諸侯の言行を記したものなどを見れば、このことはおのづから明かになるであらう。(中略)平時に於いて武士が死を以て事に当る場合のあるのも、これがためであつて、梅園がシナ人の気風と対照して「我長于敢死」と云ひ、「自裁報国家之恩」を嘆美した如く、儒者もまた武士道の存在を誇つてゐる。(中略)民衆とその領主たる諸侯との間にも上に述べた如く或る情味の存することが考へられ、外様大名の領国に於いては特にさうであつた。(中略)陪臣と将軍との間には緊密なる心情の結びつきはないけれども、しかし必しも路傍の人ではない。江戸に在住しまたは期限つきの江戸づめとなつてゐる地方武士が、江戸城の壮大を仰ぎ見、または正月などに諸大名の登場する光景を観て、将軍の権威の大なるを知ると共に、武士としての自己の生活がその権威に依存することの深きを覚つたに違ひない。幕府の倒れるやうになつた時には、すべての武士が、少くとも、何となき寂しさを覚えたのは、そのためである。武士のみではなく一般の民衆にもまたこの感があつたので、明治時代になつても国民が徳川氏宗家の後継者に対して或る敬意と親しみとを懐いてゐたことによつても、そ

ⓒ

つてゐたゝめか、何れかで無くてはならぬ。（中略）（六二五頁）（※へつゞく）

※今日から回顧して見れば、君臣主従の関係を以て社会組織の枢軸とすることが、新しい活動を要する社会、新しく開展せらるべき国民生活には不適当であつて、それが早晩廃滅の運に会しなければならなかつたことは明であるが、当時の多数の武士にさういふ自覚があつたので無いことは、いふまでもあるまい。（六二五―六頁）

れは知られよう。

なほ公共心は発達しないにしても、また人の責任感がよし上記の如きものであるにしても、ともかくも彼等、特に武士、はその任務と地位とに関する責任感をもつてゐるので、事ある場合にはそれが君国のために身をすてて努力することになる。（中略）

町人などに於いては、前篇にいつておいた如く、世間のおかげといふ漠然たる観念に一種の社会感情がこめられてゐる。白木屋の或る番頭が寛政年間に書いたといはれてゐる独慎俗話に、人はそれぞれに違つた地位職業任務をもつてゐるが、世の成りたつてゐるのはそれらがおのづから互に助け合ふことになつてゐるからである、といひ、また人は天地、国王、父母、衆生の四恩を知らねばならぬ、と説いて、貝原益軒とは違ひ、仏家の説に於ける衆生の恩をもとのまゝにして置いたことにも、町人の道徳観念に含まれてゐる社会的意義が認められよう（前篇第十五章参照）。

（中略）

要するに平和の時代でありながら封建制度武士制度の下に生活してゐるこのころの日本人の道徳思想には、今日から見るといろ〳〵の欠点があり、特に武士のに於いてさうである。当時に於いてもまた武士の因襲的道念に対して異議を提出したものがあつた。しかし現実の具体的な道徳は、如何なる時代の如何なる制度の下に於いても、おのづからその時代その制度に適応するやうになつてゐるから、抽象

35

的な倫理観から見れば決して完全なものではなく、普遍的な妥当性をもつてゐるものでもない。他の時代に於いて他の制度の下にあるものが自己の思想を標準として見れば、その欠点と短所とが特に目につく。しかし歴史的に観察すれば、さういふ意味で欠点のある道徳がその時代の国民生活社会生活のためには有効なはたらきをしたことが知られると共に、時代が変り制度が改められた後の社会生活国民生活のために必要な道徳が、それから展開せられ、或はその適用を変へることによつて形成せられてゆくことが、考へられねばならぬ。このころの武士の道徳思想が一つの理念たるに止まつて、十分には実現せられなかつたにしても、それは幕末に至つて現実に大きなはたらきをするやうになると共に、明治時代の道徳思想の形成についておのづからなる準備とも基礎ともなり、またはその有力な資料となつてゐることとは、次篇に於いて詳しく考へるであらう。(五五〇—三頁)

家を構成するものは第一に親子である。「親はこの世の油の光り親がござらにや光り無い」、「親が片親ござらぬ故に人もあなづりや身もやせる」、「こはや恐ろし他人と闇みは親と月夜はいつもよい」、俚謡にもかういふものがあるので、それは多くは少年の感懐であらうが、そこに彼等の真情がある。「親の異見と茄子の花は千に一つもむだが無い」といふやうなのは教訓のためのであらうが、親の重んぜられもし依頼せられもしたことは、これでもわかる。一

36

今日から見れば幾多の欠点が当時の家庭に存在し、夫妻間の道徳が甚しく片務的であつたといふ今人の非難にも、十分の理由があるにせよ、（六三三―四頁）

般の状態として、親は子の親であるのみならず家長でもあり師でもあり、子が「人」となるのは親の力であることは、いふまでもない。「妻は搗きよから臼は立てよから娘はしうとのならひから」、娘にとつてはしうとはこの点に於いても親と同じであるとせられた。しかし親は親であると共に家長であるが、家長であれば家を維持し或は家の地位を高め名声を墜さないやうにする責任があるので、それがためには時に愛子をも見はなさねばならぬ場合が生ずる。（五五四―五頁）

当時の家庭生活に種々の欠陥があつたと考へ、夫妻の間がらも不平等であつたといふ、今人の非難には、一応の理由があるとするにせよ、（五六〇頁）夫妻の地位及びその日常の行動についていふと、平民の生活に於いても、妻の地位は必しも低くはなく、「舟は帆まかせ帆は舵まかせ内のしんしよはかゝまかせ」、家政のきりもりは概ね妻の任務とせられ、またよくそれが果たされたことは、明かな事実である。前篇にも考へておいた如く、我が国の夫妻の関係を男尊女卑の一語で蔽ひ去るのは、大なる誤りである。妻としては何ごとにつけても夫を本位として行動するのではあるが、それは夫から軽視せられまたは抑圧を加へられてゐるからではなく、またさういふ感じをもつてゐるからでもなく、妻たるものの衷情の発露でもあり、妻みづからそれを自己の任務としてもゐることを、知らねばならぬ。或はまた日常の生活に於いてはみづから

	37	38
謙抑しみづから節制することが人の道であることを、妻は信じてゐたのである。さうしてそれが事ある場合に毅然として守るべきところを守り敢然として為すべきことを為す強烈な精神と相伴ふものであることを、疑はなかつたのである。教養ある武士の妻に於いては、このことがその行動によつて実証せられてゐる。だからこの点に関して一般人が妻を夫の隷属視する儒教道徳の教を承認しないのは、当然である。（五六〇―一頁）	「思ひ思はれ添ふのは縁よ親の添はすは縁ぢやない」。俚謡にもかういふものがあるのを見ると、かゝる思想は必しも平安朝文学に淵源があるには限らず、むしろ人生の自然の欲求から出たものと解するのが当つてゐようか。（中略）しかし恋愛結婚の主張の如きは、当時の地位あり教養ある社会に於いては実現しがたいことであり、学者の抽象的な理説として、また民衆の間、特に農村、に於ける青年男女の心情の現はれとして、却つてそれに意味がある。たゞ後者が教養の無いものの放縦なる行為を導き出す場合には、そこから顰蹙すべき風俗の形成せられる虞れがある。（五六一―二頁）	さてこの現実の家族生活には、今日から見ると種々の欠陥はあるが、当時の社会構成には適応するところの多いものであり、それと共にまた現実の生活と人々の心情行動とがその社会構成をおのづから緩和もし調節もしてゐるのみならず、それによつてこの欠陥が補はれてもゐる。（中略）さ

39

	此の気軽な心もちは、兎もすれば世を遊戯視する態度ともなる。（中略）かう観察して来ると、此の遊戯的態度の根柢がやはり物質主義乃至享楽主義であることに気がつく。 （七〇二—四頁）
うしてかういふ家族生活によつて当時の社会が動き文化も進み、さうしてそれが明治時代の新しい世を現出する素地とも、おのづからなる準備とも、なつたのである。（五六四頁）	この気軽な心もちは、ともすれば世を遊戯視する態度ともなる。（中略）かう観察して来ると、かゝる遊戯的態度の根柢がやはり利己主義乃至享楽主義であることに気がつく。 （中略） しかしこれまでいつて来たことは、文字に現はれてゐるものについての観察である。人がみなかういふ態度で世に処してゐるとは必しもいはれぬ。しば〳〵述べた如く、武士には武士的気象を失はず堅実にそれを守つてゐるものが少なくないので、武士の社会はそれによつてその紀綱が維持せられ、国民の間に於けるその精神的権威も保たれてゐる。学者にはその任務としての学問の研究に身を捧げてゐるものがある。芸術家にはわき目もふらずその芸術に精進してゐるものがある。農民の主なるものはよくその労苦に堪へて耕作を勉めてゐる。いかなる人にも精神的肉体的または物質的のいろ〳〵の苦労はあるが、苦労してこそ始めて「人」になれるといふのが、当時の一般の考へかたであつて、「苦労しまいなら人にやなれぬ」といふ俚謡もある。苦労に堪へ苦労を克服してゆくところに「人」となる鍛錬があり、それによつて剛毅の気象も養はれ人間的情味も解せられることを、当時の人はその体験から覚つてゐたので

		ある。のみならず、その労苦にはおのづからなる楽しみの伴ふことをも知つてゐた。国民の多数はかくして日夕その職業に努力し、且つその間に於けるかゝる楽しみを楽しんでゐる。如何にして世に処すべきかといふやうなことを考へてみる余裕もなく必要もないのである。（六一六—九頁）
40	地方の農民などには悲惨な生活をしてゐるものが少なくないのに、（七〇八頁）	地方によつては貧農などに甚しき窮乏の境にあるものも少なくなかつたが、（六二一頁）
41		現在の社会を破壊しようとするやうな革命思想の見えないことは、いふまでもない。（六二二頁）
42	上記の如き政府者の態度であるから、その政治が国民自身を目的にしたもので無いことは、おのづから知られよう。勿論、当時の政治とても全く国民の生活を念としないのでは無い。役人の中にも農民の保護のために種々の施設をしたり努力をしたりしたものゝあることは、争ふべからざる事実である。けれども政治の根本の意義は政府の思ふやうな型に国民をはめ込まうといふのであり、さうしてそれは国民を政府の存在のために必要なものとするところから来る。だから政府の政策を遂行するためには国民を度外視することもある。対外問題については此のことが最もよく現はれてゐるので、日本の政府にもし其の国民を保護する意志があつたならば、断えず生ずる漂流民を適当に処置するためにも、外国からの勧誘をまたず、みづから進んで附近の諸国と交渉を開き、それに対して親善な関係を結ばねば	理想主義的政治家の態度は上記の如きものであるから、その政治の根本には政府の思ふやうな型に国民をはめこまうといふ思想があるが、それが極端にはせると、ともすれば政府の政策を遂行するためには国民の生活を軽視する場合さへ生じないにも限らぬ。（中略）幕府にもし外国に対して日本の国民を保護する用意があつたならば、断えず生ずる漂流民を適当に処置するためにも、外国からの勧誘をまたず、みづから進んで附近の諸国と交渉を開き、それに対して親善な関係を結ばねばならなかつたらうに、鎖国制度をどこまでも守つてゆかうとした幕府には、さういふことを思ふ遑が無かつたのである。しかしかうはいふものの、幕府の如何なる当局者も国民の生活を無視し得るものではなく、特に理想主義的政治家は一面に於いては、儒教思想にも助けられて、国民生活の安定に意を注いだことは、いふ

	上	下
43	ならなかつた。然るに政府の態度は全く之に反し、（七三八頁）	までもない。国民を彼等の思ふやうな型にはめこまうとしたのも、彼等の心情としては、実はそれがためであつた。その施設の是非と効果の如何とは別の問題として、彼等に民を思ふ心情のあつたことだけは忘れてはならぬ。（六四五—六頁）
		遊惰奢侈のために貧窮したものは救済するに及ばぬ（幽谷の封事）とも、いはれてゐるのは、（中略）或は産を治めるのは自己の責務であることと自己の生活について他に依頼する情を起させるのはよくないことを示したものとして、注目に値する。（六五五—六頁）
44 ⓐ ⓑ	農民自身に対しては、分に安んじて勤倹力行せよとすゝめるより外になく、二宮尊徳の方法の基礎がそこにある。報徳記及び語録によれば尊徳の思想には、勤倹力行すれば必ず其の報酬があるといふ一種の楽観主義と、人は食つて生きてゆけばそれでよいといふ唯物主義と、上に述べた如き宿命観的傾向とがあり、さうして又た政治的には在上者の施す教化の力を認め、社会的には富者の仁慈に依頼するところが多く、貧富の平均が貧者の力行と富者の仁慈との協同によつて成就すると考へてゐた。（七四四頁）	尊徳の助貸法又び報徳金の考案（中略）その方法は勤倹を行ふことと密接につながるものであつた（中略）信淵も尊徳も幽学も、（中略）その主なる方向は人の心術態度行動を改めてゆかうとするところにあり、このことに関する限りに於いては、制度の変革をば考慮しなかつた。（中略）上に述べた学者の見解の中には制度の改革に重点を置いたものがあつて、それは封建制度武士制度の存続を肯定する限り、実現のできない考案であると共に、人の意志と努力とを軽視する傾向がおのづからそれに伴ふを免れなかつた。尊徳などの意図したところはそれとは違つてゐたのである。人の生活は制度にあつて支配せられるのみでなく、その根本は人みづからにあることを、彼等は理解してゐたのである。（六五八—九頁）

45	たゞ当面の問題が主として対外的国防に集中せられるがため、大名の財政救済は考へられるが、一般国民、特に農民の生活問題などは却つて閑却せられるやうになる。政権の推移が国民の実生活には直接の関係なしに行はれてゆくことは注意しなければならぬ。（七五一頁）	たゞ当面の問題が主として対外的国防に集中せられるがため、大名の財政救済は考へられるが、貧農の生活問題などは却つて閑却せられるやうになる。国民の一部分のことだからでもあるが、それよりも切迫した日本の国家の存亡に関する大問題が目前にあるからである。（六六九頁）
46	ロシヤ人の千島占領は本来、日本の領土を侵略したのでは無い。蝦夷地は半ば化外に置かれ、（中略）日本にもロシヤにも属しない蝦夷人の住地を、一は南から他は北から占領しようとした形になり、此の二勢力が千島に於いてはウルップ及びエトロフの附近で衝突したのである。けれども人を見れば敵と思ひ猜疑のこゝろを以てそれを迎へる武士の目には、ロシヤ人は北門を窺窬するものとしてのみ映じた。（七五八―九頁）	ロシヤ人が北部千島を占領したのは、事実としては必しも日本の領土を侵略しようとしたのではない。蝦夷地は半ば化外に置かれ、（中略）日本にもロシヤにも属しないその地方の蝦夷人の住地を、日本人は南からロシヤ人は北から占領してゆく形になり、この二勢力が千島に於いては既に日本人の勢力範囲に入つてゐたウルップ及びエトロフの北方で、またカラフトではその中部の或る地域で、衝突したのである。けれども、一つはロシヤの東方経略の形勢が蘭学者によつて伝へられてゐたのと、一つはカラフトにも千島にも自然的境界が無く、またカラフトの主なる地域と千島の全部との住民が日本の領民と同じ蝦夷であるのと、今一つは武士の習ひとして人を見れば敵と思つて警戒する傾きがあるのと、これらの事情のために、日本人の目にはロシヤは我が北門を窺窬するものとして映じた。（六七五頁）
47	信淵は其の空想的新制度の提唱に関聯して、東方亜細亜の大陸及び南洋諸島の征服を猛烈に主張し、其の策源地及び出兵の道筋なども考へて、所謂宇内混同の白日夢を描き出	信淵はその空想的新制度の提唱に関聯して、東方アジヤの大陸及び南洋諸島の征服を主張し、その策源地及び出兵の道筋なども考へて、いはゆる宇内混同の白日夢を描き出し

ⓐ　48

してゐるので、これは最早植民政策を超越してゐる海外侵略論である（宇内混同秘策）。侗庵の荅千住某問書に（中略）。東潜夫論にもルスン征服論が述べてあるでは無いか。（中略）それは幕末の島津斉彬、橋本左内等の東亜経略論から遠く明治初年の征韓論まで系統をひいてゐるのみならず、ずつと下つて日清戦役以後の帝国主義的思想にすらも一脈の聯絡があることを思ふと、思想史上、全然閑却すべきものでは無い。（七六三頁）

てゐる（宇内混同秘策）。侗庵の荅千住某問書に（中略）。東潜夫論にもルスン征服論が述べてあるではないか。（中略）それは幕末の島津斉彬、橋本左内、などの東亜経略論にも一脈の連繫があることを思ふと、思想史上、全く閑却すべきものではない。（六七九頁）

ⓑ

「敷島の大和こゝろを人問はゞ外国人の肝をひしがん」（隆正）と、大和こゝろも攘夷思想に化けたでは無いか。そればかりでは無い。「欧羅ぶね科戸の風の海ふかば蓋し打ち見て怖んものかも」（題多帆船図、象山）、神風さへも頼みにせられたのである。（「奥の手は伊勢から風の神が来る」とは文化のロシヤの事件の際には現れた川柳である（下略））。（七七二―三頁）

〔磐（盤）渓の詩の引用については次項の旧版原文と対照の

「敷島の大和こゝろを人問はゞ外国人の肝をひしがん」（隆正）と、大和ごゝろも攘夷思想に化したではないか。（中略）それればかりではない。「欧羅ぶね科戸の風の海ふかば蓋し打ち見て怖んものかも」（題多帆船図象山）、神風さへも想起せられたのである。西洋諸国の東洋侵略に刺戟せられて、武士的気象が振興せられると共に、国家の独立を思ひ自国の尊厳を思ふ国民的心情が昂進するのは、当然であり、それにつれて一部人士の間に神国思想の復活して来るのも、当時に於いては自然の勢であつたらう。敵国がまぢかに迫つてゐることを感ずれば、蒙古襲来の昔が想起せられるのも、むりでは無いからである。（中略）しかし、この語の用ゐられるのは主として詞藻の上のことであるので、それは曾てロシヤ問題の喧しかつたころに「奥の手は伊勢から風の神が来る」といふ川柳を作つたものがあり、後に磐《（マヽ）》渓が「弘安神風何足恃」といつたことからも、推測せられる。（中略）真に恃むべきは武力であること、颱風が

ⓒ	49
こと」さて此の攘夷思想に特殊の意義を添へたものは、弘道館記に見える尊王主義の結合であつて、（中略）「外攘夷狄、内尊天子」（漢書刑法志）と評せられた管仲が想起せられたのであらう。（七七三頁）	反語に富んだ夢々物語の真意には捕捉し難い点もあるが、（中略）無謀の打払は国難を招く所以だと考へた慎機論などゝ同じ憂も暗示せられてゐる。これは嘉永の初に「弘安神風何足恃、満清覆轍現在斯」といつた盤渓の思想と同一である。鴉片戦争の遠い由来が支那政府の驕傲頑冥な態度にあり、後のペリの使命に武力的威嚇手段の含まれてゐるのがやはり日本の政府の頑冥なためであつたことを知るものは、当時に於ける彼等の杞憂の必しも杞憂のみで無かつ
神威を示したことになつたのも実は鎌倉幕府の防衛計画と武士の奮戦との故であつたことを、このころの識者は知つてゐたに違ひない。（中略）さて当時の形勢に於いて神国思想の復活が考へられるほどならば、水戸の斉昭の弘道館記に見える如く「攘夷」と尊王とが相伴つて人の思慮に上るのも、必しも怪むには足りないであらう。（中略）文字についていふと「外攘夷狄、内尊天子」（漢書刑法志）と評せられた管仲が想起せられたのでもあらう。しかし一般的にいふと、対外的に国家の権威の守持を思ふことがその国家を統治せられる皇室の尊崇と結びつくことは、心理的にも自然である。さうしてまたそれには、武士が封建列国の間に於けるそれ〳〵の藩国の君臣に対してもつてゐる感情を、外国に対する我が国といふ意識の強くなつて来た時代になつて、日本全国の統治者であられる皇室に移入し、それによつていはゆる尊王の念を一層強めた、といふ意味もあらうか。（六八六―八頁）	反語に富んだ夢々物語の真意には捕捉し難い点もあるが、（中略）無謀の打払は国難を招く所以だと考へた慎機論などと同じ憂慮も暗示せられてゐる。これは嘉永の初めの攘夷思想に対して「満清覆轍現在斯」といつた磐渓の思想と同じ考である。鴉片戦争の遠い由来の一つがシナ政府の驕傲頑冥な態度にあり、後のペリの使命に幾らかの武力的威嚇手段の含まれてゐたのがやはり日本の政府が世界の形勢を知らなかつたためであることを考へると、当時に於ける

たことを悟るであらう。(七七七頁)	**3　2G1** 「歴史の矛盾性」(『史苑』所載)	或る階級(四頁)	階級的の(五頁)	革命の歴史、又は我が国に於ける幕末維新史(七頁)
彼等の杞憂は必しも杞憂のみではなかつたかも知れぬ。(中略)もつとも事実としては、日本に開国を要求するに当つて、どの国も武力を用ゐはしなかつた。日本は一寸の土地も外国に奪はれはしなかつた。これにはいろ〳〵の事情のあることが考へられるので、軍艦を派遣して威力を示しながら、平和的に辛抱づよくまた懇切に日本の政府を説得して開国を応諾させたアメリカが、列国の指導的地位にあつたことも、その一つであるが、根本的には、日本が遠い昔からの厳然たる独立国であり、当時に於いては武人政府の下に武人たる三百諸侯が統一せられてゐる国であるのみならず、その武人が特殊の武士的気象を具へ、ヨウロッパ諸国の東方侵略に憤懣して死を以て国を守らんとする意気があり、さうしてまた特異な高度の文化をもつてゐる国であることを、世界が認めてゐた、といふことが、その主なるものであつたらうと推測せられる。アジヤの地域に於いて西洋のどの国からも侵略せられなかつた国は、日本のみであることを、思ふべきである。(朝鮮は独立国ではなかつたから、こゝでは問題にしない。)(六九一—二頁)	『歴史の矛盾性』(昭和二十二年単行本)	或る地位をもつてゐるもの(一三頁)	地位による(一四頁)	革命の歴史、或は革命ではないけれども我が国に於ける幕

		末維新史（一七頁）
4		こゝに必然的といつたのは、人の意志なり欲求なりの如何にかかはらず社会的に必然的な方向があり、社会的メカニズムのはたらきが自然界のそれの如き必然性をもつてゐて、それによつて世が動いてゆく、といふやうな意義のことではない。（一六頁）
5	史家の生活する時代の志向、其の漠然たる気分、彼の属する国民の一般的感情、階級的欲求などが、個人の性格をとほして現はれる。（一四頁）	史家の生活する時代の志向、その漠然たる気分、彼の属する国民の一般的感情、などが、個人の性格をとほして現はれる。（三一頁）
6		ただし、ここに社会観国家観といつたのは、一定の社会理論や一定の政治上の主張やのことではなく、従つて社会観国家観がはたらくといふのは、さういふ理論にあてはめて、またはさういふ主張の立場に立つて、歴史を構成するといふことではない。さういふことは、史家の厳に戒めて避けねばならぬところである。史家はどこまでも固定した理論や主張を離れて事物に対しなければならぬ。たゞ史家が史料を取扱ひ歴史上の事態を観察するには、その心生活の全体を以てそれに当らねばならず、さうしてさうするには、その心生活に潜在する社会観国家観がおのづからそこにはたらくといふのである。（三一―二頁）
7		一般的にいふと人の造り出したものに完全なもののあるはずはないが、それのみならず新しく造り出した生活の形態、政治上の制度にしても、社会上経済上の機構にしても、

	8	9
または道徳上の規制にしても、それらはその前の時代の形態に存在した欠陥を是正しようとする特殊の要求から生じたものであつて、そこにさういふ形態そのものが本質的にもつてゐる特殊性があるから、前の時代のそれとは違つた欠陥が必ずそれに伴ふものである。(中略)或はまた生活の形態はそれを変へることができるにしても、そこに生活する人はひきつゞいてゐるから、もし強いて急激にその形態を変へようとする場合があるならば、そこに何等かの形での力(革命の如き場合には何等かの形での暴力)がはたらかなくてはならぬが、力が加へられるとすれば、それから受ける抑圧は特に強かるべきである。また或は政治上社会上の秩序を破壊することによつて新に地位と権力とを得たものが、その権力その地位を保たんがためにあらゆる力をはたらかせる、といふやうなことがあるならば、人はその抑圧に堪へられなくなるであらう。もしその権力を得たものが文化上の修養の無いものである場合には、なほさらである。だからかういふ抑圧を排除して生活の自由を得んがために、その形態を更に変革する要求が新に生ずる。かくして変革は永遠に行はれてゆくのである。(三七―九頁)	史学は一般的法則を求めようとする意義に於いての科学ではない。(三九―四〇頁)	必然的といつたのも、歴史の進展の過程に一般的法則としての必然的な径路があるといふのではなく、具体的な歴史的進展の過程に於いてのことである。(四〇頁)

10	11
現在をいかに転化さすべきかの指導原理は、どこまでも現在の生活そのものゝ中から生れ出づべきものである。其の指導原理の基礎として或る歴史観の提供せられることにも理由はあるが、それは歴史観そのものが、一面の意味に於いては、現在の生活の欲求の反映であるからである。（一八頁）	何等かの目標が未来に置かれるに当つて、それに何ほどかの幻影が伴はないことは無く、それが伴つてこそ、前途を指示するの用をなすのである。が、此の如き指導原理を提出し此の如き幻影を描き出すのは、必しも史家の本務では無い。史家も、未来に向つて生きんとするものである点に於いて、それに関心を有することは勿論であり、或はおのづからそれを提出しそれを描き出さんとするに至るでもあらう。（中略）しかし、それは史家としてゞは無くして、実行を以て世を動かさんとするものとしての態度である。（一八頁）
現在をいかに転化さすべきかの欲求と志向とは、どこまでも現在の生活そのもののうちから生れ出づべきものである。それがもし指導原理とも称すべき理論的形態を具へるやうになるとすれば、その理論の基礎として何等かの歴史観の提供せられることにも、理由はあるが、それはさういふ歴史観そのものに、現在の生活の欲求の反映があるからである。さうして成立つた歴史観が正しいかどうかは、別問題である。（四二頁）	未来に実現せられるものとしての或る状態を予想して、その実現に必然性があるといふやうなことが、或る方面に於いて主張せられてゐるが、それは、実は、実現しようとする欲求から形づくられた目標であり、さうしてそれはまた、一つの意味に於いては、幻影でもある。何等かの目標が未来に置かれるに当つて、それに何ほどかの幻影が伴はないことはなくそれが伴つてこそ、前途を指示するの用をなすのである。特に革命といふやうなことは、かういふ幻影に導かれて行はれるのが常である。が、既に欲求であり志向であり、それに空想的な幻影が伴つてゐるとすれば、それに対して、その欲求と志向と、その指導原理とその基礎としての歴史観とが、正しいかどうか、さういふ欲求や志向が果して現在の生活の正しい認識に本づいてゐるかどうか、を明かにし、それに伴ふ幻影の幻影であることを示すための、冷静にして緻密なる批判が必要である。さうしてそれには、史家もまた与るところがなければならぬ。

ところで、史家もまた、未来に向つて生きんとするものである点に於いて、上記の如き欲求と志向とをもつてゐる。(中略)しかし史家は、一方に於いて、(中略)よしそれが実現せられるにしても、その新しい世界に新しい欠陥が生じて更にそれを変革しなければならぬ欲求が起るべきことを、かれの史家としての心生活に於いて体験してゐる。その意味に於いて史家は——正しい意義に於いてかう称せらるべき史家は——上記の批判に与るべきものなのである。(四三—四頁)

以上四部七冊の著作の戦後改訂中、思想上注目すべき箇所を選んで比較対照してみたが、その相違の内容を類別すると、大体次のような項目に分かれるのではないかと思う。

(一)天皇または皇室に関するもの

(イ)天皇または皇室の歴史的意義

(ロ)神代史についての見解

(ハ)天皇が神であるということについて

(二)歴史観に関するもの

(三)「階級」と「革命」に関するもの

(四)支配層と民衆との関係に関するもの

(五)社会的観点に関するもの

(六)前近代的(主として封建的)思想に関するもの
(イ)武士支配体制または武士道について
(ロ)町人・農民の道徳について
(ハ)家族制度とその道徳について
(七)外国に対する観念に関するもの
(八)キリスト教に関するもの
(九)日本文化の評価に関するもの

右の順序にしたがい、上掲対照表のナンバーをあげて、各対照箇所の相違のもつ意味を包括的または個別的に考えながら、学術著作の中に津田の思想の変貌がどのような形で現われているかを検討してゆくこととしたい。

(一)　戦後の津田が象徴天皇制の成立により素志を達するとともに、公然化した天皇制否定論と対抗すべく熱烈な擁護論の展開に大きな熱情を注ぐにいたったことは、前章に述べたとおりであるが、それは学術著作の上にも顕著に現われ、特に『国民思想の研究』にもっとも大量の改訂を生ぜしめ、(イ)いたるところに日本歴史における皇室讃美の叙述が書き加えられるにいたった。まず皇室の起源に関する新しい叙述(B6ⓑ・A8)から始り、天皇の「聖徳」の讃美とでもいうべき叙述の追加(C12・D2・E6・F19)、人民の側からの皇室崇敬親愛の事実の強調(C3ⓑ・C3ⓐ・C4・D4・D7・D9・E21・E23・F19・F48)、反対に皇室への反抗ないし無関心を示すとされてきた事実についての叙述の修正(C11ⓐ・C17・D5)、武家政治が天皇の地位と矛盾するものでないことのいっそうの強調(D1・D3)など改訂が大幅に加えられているのであって、戦後版におけるこうした天皇讃美の横溢により、『国民思想の研究』は、戦前に一般的であった天皇中心主義に近い色彩を帯びるにいたっている。天皇親政を「国体の本義」とするかつての正統史観否定は維持されているが、それは象徴天皇制の実現した戦後では、戦前と反対に体制イデオロギーの機能を帯びるにいたっているし、「世界に類の無い我が国」（E21）「国民の幸福のために心力を労せられた天皇が多く」（F19）などの文句には、戦前の国定教科書を連想させるところさえなしとしない。（ロ）神代史と一般民衆との結びつきについての戦前版の消極的判断が戦後版に積極的に転化した（A2・A7・C9・D8・E23）のも、（イ）と深い関係があり、それは戦前の記紀研究の実証成果に大きな変化を来すものでないまでも、その実証を生み出した思想的基盤には大きな変化があると見てよいであろう。（ハ）また、戦前版で天皇は神であるという思想の存在を認めていたのを、戦後版では大幅に修正している（A1・A3・A4・A5・A6・B1・B5）のは、単なる修辞上の表現の問題にとどまるかのようにも見えるけれども、これも実は天皇制積極的擁護という政治的動機から出たものであった。津田は、敗戦直後の天皇制廃止論の論拠と目するものに一つ一つ反駁を加えて行く中で、次のように論じている。

第四に、天皇は現つ神であられるといふように、天皇を神聖化しようとした近ごろの或る方面の意図をとりあげ、それを天皇の本質とみなして、かういふ本質の天皇の存立を現代国民生活に矛盾するものとし、またそれは自由なるべき国民の思想を抑圧するものとすることである。（中略）そ［この称呼］の由来は遠い太古の原始時代にあるが、この称呼の用ゐられた時代では、それに、天皇が人とは違つた神であられるとか、神として宗教的に崇拝せられるとか、いふような意義は少しもなく、（中略）かういふ称呼も、中世時代から後には殆ど用ゐられなくなつてゐた。それを近年に至つて復活させ、さうして（中略）一部のものが宣伝したのである。さうしてそれは、天皇を一般国民から遠ざけ、さうすることによつてその尊厳を示さうとする考へかたに伴ふことであつた。(4)

これを見れば、上掲戦後版の修正が、単なる修辞上の修正にとどまらぬ政治的動機から出たものであることは明白といわなければならない。しかしながら、右に述べられているように、天皇を神とするのは「近年に至つて一部のものが宣伝」のために「天皇を一般国民から遠ざけ」るためにことさら「復活」させた一時的現象であったろうか。それが事実でないことは、明治三十九年に刊行された木下尚江の自伝『懺悔』に明治初年の事実として

> 彼等老人の眼には、此の御巡幸と云ふことが忝くも亦た悲惨に見えたらしい。彼等は固くも「天子様は生神様」と云ふ古き信仰を守つて居た。彼等は天子様を拝めば目が潰《つ》ぶれると云ふ古き信仰を守つて居つた。

と記しているのに徴しても否定しがたいばかりでなく、何よりも津田自らが、『懺悔』刊行四年前の三十五年『をんな』に連載した「明治維新の原動力」(5)の中で、

> 幕府は（中略）朝廷を世界の一ばん上に位せらるゝ御方、最も尊い御方としたのです。（中略）政権を掌握するよりも一層高い位地の御方である、さらに言ひかへれば生きておいでになる神様である、とかういふやうに考へたのでもありませう。（中略）福地さんが、当時の人は天子様は神様なりと心得たるに過ぎずといはれたのも真相をうがつた語で、西洋人が宗教上の君主と申したのも必ずしも無理はないのでございます。

と書いているのを見ても、明白であった。このように、一見修辞上の修正にすぎないかのごとく見えるこれらの改訂も、結局天皇制廃止論との闘争意識の所産であると認められ(6)、さらにひいては戦後改訂の一般的性格を類推する有力な根拠ともなりうるものであろう。

天皇制擁護との不可分の関連において、すなわち天皇制否定論を組織的に展開した共産主義政治勢力、およびそれと結びついていると目する唯物史観史学に対するはげしい敵愾心は、学問的著作の上にも濃厚な影を投じている。それは理論的一般論のレベル〈(二)〉から、具体的史実認識のレベル〈(三)(四)(五)(八)等〉にまでさまざまの形で現われるのである。

(二)　戦後の昭和二十五年に『必然・偶然・自由』と題する単行本ではじめて詳細に津田の歴史哲学が体系的に公表されたが、角川書店発行初版本の表紙にかけられた帯に「津田博士の烈々たる発言　唯物史観批判　問題の書遂に出づ」と書かれているとおり、この書はまさしく「唯物史観批判」を主動機として著わされたものであって、決して長年にわたる津田の史学的思索の結晶とのみ見ることのできぬ書物である。しかし直接対比すべき戦前論文のない戦後書き下しのこの新著の内容からただちに戦前戦後の津田の思想の推移を判断することはできないから、この書の内容の分析はやめ、戦前版の戦後改訂について、津田のマルクス主義に対する闘争意欲の昂揚がどのような形で現われているかを見ると、歴史における法則性の否定(G8・G9)、同じく必然性の否定(G4)などが新しく書き加えられているのに気づく。「固定した理論や主張を離れて」(G6)という命題の追加、「指導原理」を「欲求と志向」と書き変えたこと(G10)などにおいて、マルクス主義理論排斥を連想するのは、おそらくまちがいではあるまい。

(三)　こうした一般的理論から具体的歴史叙述に入って行くと、戦前版の制度・道徳の根底に物質的基盤を求める命題の削除(E15・B3・F34ⓐ)となり、あるいは現代社会の「資本主義」的特質の指摘の削除(E9・F23)ともなる。また、戦前版における「階級」という用語の使用廃止(G1・G2・G5・F30)、日本歴史における階級闘争の存在の否認(D6ⓑ・F6ⓑ・F6ⓓ・F27ⓐ)、さらに戦前版における「革命」という用語、それは社会革命についてばかりでなく、精神的・文化的意義に用いられた場合をもふくむ「革命」という用語の使用廃止(F11・F15・F16・F17ⓐ・F20)、革命ないし革命思想の存在の否認の追加(F41・G3)、「反抗力」を「反撥力」に、「根本的に倒してしまふ」を「倒される」に、「破壊」を「変革」に、といった用語の修正(F2・F8・F28・F29)、大塩事件について「無思慮」「無計画」「軽率な暴動」等の否定的形容語の使用(F9)等、いずれもマルクス主義史家の愛用語への反感を前提としてはじめて理解される改訂であろう。革命へのなまの形での否定論も新しく書き加えられている(G

7・G11)。青年時代の熱情的な「破壊」讃美を想起するとき、まことに今昔の感にたえないが、思想の上昇期に「革命」と評価した歴史的変化を、思想の後退期に入って抹殺するのは、思想史上の通則であるらしく、青年時代平民主義を唱えていた頃の徳富蘇峰が明治二十六年刊行の著書『吉田松陰』で明治維新を「革命」、尊攘の志士を「革命家」と呼んでいたのに、帝国主義者に「変節」した後の明治四十一年の改訂版で「革命」の語をことごとく抹殺している事実も想起されて、すこぶる興味深い(7)。

(四)　戦前版では、各時代にわたり支配層と民衆との地位の隔絶、専制支配、搾取などが史実に即して強調されていたが、戦後版では強調の置き方が逆転し、民衆の困苦がそれほどではなかったことや、支配層の「民を思ふ心情」や、その他支配者と被支配人民との情誼の深さなどのほうが強調されるにいたった(C7・C8・C11ⓑ・C11ⓒ・C11ⓓ・C14・C15・C16・E1・E5・E10・E12・E14・F1・F3ⓐ・F3ⓑ・F3ⓒ・F6ⓐ・F6ⓒ・F7・F14・F34・F42・F45)。ここにもまた戦前の国定教科書的傾向、否国定教科書にさえなかったほどの支配層美化の基調が濃厚に現われているのである。それが、道徳的資質について支配層の徳性をたたえ(F29・F31・F34・F39)、貧小の民衆の「利慾」や「気まゝ」を公言する(D6ⓐ・F27ⓑ)のと結びついているのであるが、これもおそらく唯物史観史学の問題意識に対抗し、ことさらその転倒を試みたものであろう。

もともと津田には社会科学の教養も理解もとぼしかった。栗田直躬は晩年に「自分にほんとうにわかるのは、日本の文学ぐらいだろうか。も一度戻ってそれをやってみたいな」という津田の述懐をきいている(8)が、それは社会科学者であるよりも、文学・美術・音楽等の芸術愛好家であった津田の衷情の吐露であったと思う。洋書の耽読が津田の思想形成の大きな要因であったことはすでに第一篇に述べたとおりであるが、津田の死後に遺した蔵書を「津田文庫目録」の洋書の部の分類どおり部数(冊数ではない)で数えてみると、次のとおりである。

Philosophy	四五部
Religion	六四部
Science	五部
Language	一二部
Literature	二八二部
Education	二部
Fine Arts	一二六部
History	二九部
Geography	一六部
Society	一二部
Politics	六部
Economy	七部

この分類が必ずしも適切かどうかは問題であるとして、一応これに従ってみるかぎり、文学の二八二部は、哲学・宗教・科学・教育・歴史・地理・社会・政治・経済の合計一八六部よりもはるかに多く、文学と美術とを合計すれば四〇八部となり、圧倒的となる。これを、社会・政治・経済の合計二五部、しかもその内には神話研究のために読んだのであろうと思われる Batchelor, Frazer, Lévy-Bruhl, Smith, Westermarck の著書をもふくんでいるのであるから、社会科学書の絶対数の少なさはいっそういちじるしい。たといこの蔵書数が読書量をそのまま示す数値ではないにしても、津田の社会科学的教養の欠乏は覆いがたく、それが社会的感覚のまだ鋭かった昭和初年までは大きな欠陥を露

呈しないですんだのであるが、戦後の反マルクス主義感情の異様な昂進に伴ない、一挙に表面に現われてきたものと考えることができる。

(五)　社会科学的思考の全面的放棄が、戦後改訂の大きな特色といえるが、その結果、歴史上の事実を、個人の心情に帰結させるにいたるのは免れがたい。かつては津田が忌み嫌った道学先生的説教が、もっとも反道学先生的基調に貫かれていた『我が国民思想の研究』の戦後版に現われてきたのは、皮肉の至りであるが、戦後の津田は今や「苦労してこそ始めて『人』となれる」とか、「自己の生活について他に依頼する情を起させるのはよくない」とかのお説教を公言するにいたるのであった(F39・F43・F44ⓐ・F44ⓑ)。

(六)　戦前の津田の思想活動は、いわば近代日本に根強く生き残っていた、あるいは新しい体制の必要に応じて再生産された前近代的なものとのたたかいであったことは、すでに見てきたとおりであるが、天皇制擁護と共産主義排撃の闘志にかられた津田は、さらに進んで前近代的なものへの否定的評価の大幅な変更をあえてするにいたる。(イ)かつてはきびしい否定的評価の対象とされてきた徳川時代の武士道徳(その前身である古代末以来のそれをふくめて)あるいは武士支配の世襲社会組織等がむしろ讃美の対象に変じ、「普遍的な人間性」という超歴史的妥当性まで賦与されるにおよんだ(C13・D12・E11・F4・F5・F10・F13・F17ⓑ・F18ⓐ・F29・F31・F32・F34ⓐ・F34ⓒ)。そして、それが近現代の弊風につらなっているという戦前の認識は消去され(F30)、あるいは「一部の権力者」のみによる一時的現象に矮小化されているのである(D10)。(ロ)同じ時代の庶民道徳も同様の論法で高く評価され(E13・E14・F7・F34ⓑ)、(ハ)さらに同時代の家族制度への批判も大幅に緩和される(E16・F35・F36・F38)とともに、家族制度が古代において未成熟であったとする戦前版の見解が撤回され(B4)、家父長家族制度が早期から確立したとする見解がこれに代るのであった(C2)。家族制度の肯定とともに、その下での恋愛結婚については否定的評価が下され(F37)、また近代以後における家族制度維持の全面的不可能という命題にも大きな修正が施される(F23)。そして、このような前近代的なものへの評価の大転換が、「如何なる制度にも欠陥がある」という一般論により正当化されている(E2・F5・F8・F34ⓒ・G7)ことは、前に述べたとおりである。

(七)　対外観念における武士思想の歪みの指摘もまた積極的肯定に転化する。元寇に対する「武士の奮戦」という表現(F48ⓑ)、豊臣秀吉の朝鮮出兵を「理由なき」「侵略」とする戦前版の判断の撤回(E3)、幕末における対欧米敵視政策の讃美(F10・F24・F25・F46・F48ⓐ・F49)から、さらに前近代における外国敵視思想、侵略思想の近代へのつながりを否定する(E3・F47)にいたっては、戦前版における明治以後の軍国主義批判の放棄を意味するものとして特に重要な意義を有するとしなければならぬ。佐藤信淵の「海外侵略論」という評価と「日清戦役以後の帝国主義的思想」という表現との削除が、(三)に見られた「資本主義」という用語の削除と同じように、単なる修辞上の修正でないことは明瞭であろう。いずれにしても、戦前版になかった対外危機感の高い評価と軍備・戦争の肯定とが戦後版の特色をなすにいたったと認められるが、それが前章で見てきた津田の対共産主義諸国の「侵略」への警戒心、それから導き出された再軍備および日米軍事同盟支持論の歴史的認識への投影であることは、まずまちがいないのではあるまいか。

(八)　そのように考えてくると、戦後版にキリシタンを「国家の権威を無視」する「叛逆」者とし、その処罰は「迫害」ではないという、戦前版にないキリスト教「邪教」観が戦後版にくり返し現われてきた(D11・D13・E8ⓑ・F21・F26)理由も、おのずから推測せられよう。『国民思想の研究　第二巻』の「まへがき」で、津田は、新出の資料を「十分に利用するだけの余力が無いために、それによつて考説を新にすることのできなかつたところが多い」けれど、たゞ「キリシタンに関する記述には、近年になつて行はれた諸家の業績に負ふところの甚だ多いことを」告白する、と記し、新しい学界の成果を吸収した結果であると言っているけれど、はたしてそれだけであろうか、また、近年の研究が津田のような見解に一義的に到達するであろうか、はなはだ疑わしい。おそらく、津田の胸裡(あるいは深層心理)には、ソ連・中国ないしソビエト共産党・中国共産党と「ロオマのパッパ」との、キリシタンと日本共産党ないしその「同調者」との、それぞれ重なり合った映像が形づくられ、そこから右のような評価が生み出されたのではあるまいか。

(九)　(一)の(ロ)や(四)(六)(七)の評価の転換と同じ考え方から出た結果であるが、上記以外の各時代の日本文化の諸相に関しても、戦前版の否定的評価を戦後版で削除し、あるいは肯定的に転化させた例が多く(C5・C6・C10・E4・E7・E8ⓐ・E19・E20・E22・F18ⓑ)、結局、全体を通じ、戦前版の日本の思想・文化に対する批判はいちじるしく影が薄くなり、讃美肯定が大きく前面に出てきているということができる。

もちろん、ここに取りあげたのは戦前版の改訂であって新しい書き下しではないから、戦前版の大すじが全面的に廃棄されているわけではない。上掲の対照表にもその一端が示されているし、戦前版戦後版の原本を全面的に対照すればいっそうはっきりと理解できるのであるが、戦前版の叙述を一応残しておいて、その後に「しかし」という接続詞に始る他の反面への言及、前段と正反対の評価を長々と書き加えることにより、全体としては戦前版の評価を逆転させる効果を生み出している場合が多いのである。したがって、形式的には戦前版の考え方を根本的に変えたのではないとも言えないわけではなく、現に津田自身、戦後における津田の思想的変化を指摘した私の書簡に答えた、昭和二十七年十一月三十日付書簡で

近ごろになつて僕の考が前とは変つて来たように御考へかと推測せられますが、僕はさうは思つてゐません。例へば武士道によい側面のあることは旧著にも所々にいつておいたと思ひます。その他の点でも同様です。旧著に

は少しいひすぎたと思はれること、或はその反対にいひ足らなかつたと考へられることもあつて、それは前〻から気づいてゐたことでありますから、さういふ点に注意して筆をとつてはゐます。しかし根本の考へかたは一貫してゐるつもりです。

と言っている。津田の思想に「一貫」したもののあることは事実であり、津田が主観的に自分の思想に変化がないと考えるのも無理はないとしても、津田自ら「少しいひすぎた」「いひ足らなかつた」とする部分、そうした部分の質と量とが思想的変化と称するに足りる程度に達しているかどうかが、問題であろう。たとい戦前との連続性は認められるにしても、私はやはり津田の思想には大きな変化があったと認めざるをえない。たしかに、天皇制支持も、唯物史観反対も、戦前以来の津田の持論であったから、それらの論点に関するかぎりでは、津田には「転向」はなかった。しかし、問題は、そのような個々の主張の連続性の有無よりも、何度もくり返すことになるが、思想の全体系の中での比重である。少くとも戦前の津田の主力が、近代の内に根強くはたらく前近代的なものとのたたかいのために傾注せられていたことにまちがいないとすれば、(六)に見られるような前近代的道徳のほとんど全面的にちかい肯定への転化は、「少しいひすぎた」「いひ足りなかつた」過不足の補正というにとどまらぬ思想的変化と見なさないわけにはいかないのである。かつては、同調はせぬが政治的攻撃を加えずむしろ時弊を衝く功績さえ認めていたマルクス主義と徹底的にたたかいぬくために、津田がさきに主要な敵としてきた前近代的道徳と手を握るにいたった事実を、看過すべきでない。ものに譬えれば、それは思想家津田と右翼思想家との間のミュンヘン協定の締結ともいうべきできごとであり、このような見方が誤でないとすれば、戦後の津田の思想を戦前のそれとの連続線上で理解することは困難であって、そこには明らかに一種の「転向」があったと見るべきではなかろうか。

もっとも、このような「転向」を回避できなかったのは、津田の思想に内在する弱さが顕在化したからに外ならず、したがってそこに基本的な連続面があるともしなければならず、その点を極端に強調するときには、津田史学の「本質」が露呈したにすぎない、津田史学とは最初からそういうものだったのだ、という「本質顕現論」ともなるが、そのような見方を私は採らない。弱さが内在してもそれが大きく顕在化しなかったこと、それが大きく顕在化するにいたったこと、そのいずれにもそのような結果をもたらすに必要な歴史的条件の作用がそれぞれ加わらねばならなかったことも、上述のとおりであるとともに、そのような条件の中での津田の主体的選択の結果であったという側面も見落されてはならない。大正デモクラシー期に津田とほぼ同様の立場にあった人々が、戦後に揃って津田と同じような道を選んだわけではないことを考え合わせれば、その点の理解は容易であろう。

以上戦前版と戦後版との比較の結果を概括した次第であるが、読者が、前掲対照表に直接に就いて微妙な表現の変化の裡に窺われる微妙な思想の変化を読みとられることにより、私の不手際な概括では尽し得なかった実態をきめこまかく理解してくださるよう、お願いしたい。煩をいとわず多くの紙数を割いて対照表を掲げたのも、実はそれを期待したからであった。

戦前版と戦後版との相違から窺われた思想的変化の認識は、戦後新に書き下された学術論文の思想的立場を理解する上にも、大きな示唆を与える。その一つである『必然・偶然・自由』については、さきに簡単に言及したので、ここでは、他の一つ、『国民思想の研究　第五巻』の題名下に収録された、主として雑誌『心』連載の明治維新史関係の研究について、特に印象的な傾向だけを指摘しておくこととする。

これらの論文の全体を通じて強く主張されているのは、(イ)幕末における正統政府として幕府当局のとった政策は正当なものであり、これに反抗した尊王攘夷論者の行動は、有害であった、(ロ)尊攘論者が政権を奪取して成立した明治政府が、天皇に政治的責任の帰する結果を免れない内容をもつ憲法を制定したのは、日本の伝統的な皇室のあり方を無視したまちがいであった、という点のように思われる。これらは、いずれも明治以来の正統的歴史観と相容れないものであって、形式的には戦前以来の津田の佐幕派的維新史観が維持されており、その点だけに視野を限定すれば、国定教科書的歴史像を随処に露呈した戦後版『国民思想の研究』とは、必ずしも同一視しがたい面もなしとせぬといえよう。それにもかかわらず、津田がこれらの論文において、昭和初年以来累積されてきた明治維新史に関する学界の巨大な研究成果を一切無視し、ひたすら津田の青年時代以来のアイデアのみを固執し、その観点内だけにこの大きなテーマをとじこめてしまっていることと、豊かな学問的成果の吸収の拒否と関連し、矮小化された問題意識を感情的ともいえる激越な超越的評価により、青年時代の原点をいっそう一面的に極限化していることとは、戦後にいたり多年断念してきたかに見えた維新史研究に再び着手するにいたった思想的動機を推測させる手がかりとなるのではあるまいか。第一に、明治維新史研究が、『日本資本主義発達史講座』の刊行の前後以来、唯物史観史学者の業績を原動力として飛躍的に発展してきたことは、マルクス主義への賛否を超えた客観的事実として否認しがたいところであり、たといその結論に賛成すると否とにかかわらず、いわゆる講座派や労農派と呼ばれる学派の学者が提示した問題や事実認識を無視して明治維新の研究を科学的に前進させることは不可能となっていると考えざるをえないのであるが、唯物史観史学と倶に天を戴かざる心境にたちいたっていた戦後の津田は、それ故に学界の研究成果を利用する気持になれなかったにちがいない。戦前以来、津田には学界から孤立して独自の発想で研究を進めてきた傾向があり、ことに戦後その傾向がいっそう強くなっているので、あながちそのような成心のためばかりではあるまいが、唯物史観史学を全くオミットしては学界の成果を論じえない明治維新史について、津田が学界の成果の吸収を拒否することは、思想的にも必然といわねばならなかったと考えられるのである。その結果、これらの論文は、津田の個性をあらわにしたユニークな発想において、全く無意味なものとはいえないまでも、明治維新研究史の上に新しい成果を加上するメリットはほとんど認めがたいとされるのを免れないであろう。

第二に、幕府の正統政府としての地位、その政策の正当性、これに反抗する尊攘論者へのはげしい非難(それは同じ戦後の筆に成る戦後版『国民思想の研究』の改訂部分の論旨とも矛盾するところさえあるのであるが)が、単に青年時代以来の持論にとどまらぬ強烈さを加えているのは、どのような理由によるものであろうか。例えば、

阿部正弘と堀田正篤と並びに条約締結に当りまたは直接間接にそれを助成した諸有司とは、たゞによく日本の政府の首脳部として当面の任務を尽したのみならず、後来更にそれを鞏固にしまた拡大してゆく基本を定めたものとして、永く国民に感謝せらるべき功績を遺したのである。(中略)それは即ち、政治が徳川氏のためのものでなくして日本国家のためのものであること、この新しい国家意識の上に立つて日本の経営に当らねばならぬことを、幕府の達識ある当局者が初めて真に理解したことを意味する。開国を枢軸とする幕府の新国策は実にこの基本的な認識と理解とから生まれたものであり、内政改革の企図もそれから導き出されたのである。(中略)しかし、(中略)彼等のこの見解とその情熱とを理解するものは世に少なく、それがために内政は次第に紛糾してきた。事実、当時の日本の国情は、幕府の大なる努力と、日本に駐在した列国使臣に対し指導的なはたらきをしたハリスの好意ある態度と、によつて成立した新条約の実行に、種々の障害を生ぜしめ、それによつて条約の効果を著しく弱め、日本を甚だしき不利の地に陥れることになつてゆくのである。それは頑冥なる「攘夷論」、とそれと結合せられた「尊王」の説と、それらを利用しまたそれらに仮託して幕府に対する反抗的感情を煽つたいはゆる「志士」の言行と、また識見も能力も無いものの多かつた一部の宮廷人の妄動と、(中略)の故であり、(下略)

いはゆる「志士」の徒の横行には、その地盤として一般世人の外事に関する無智無識といふことがあるので、それは頻繁に世に現はれる落首の類によつても知られる。のみならず、いつの時代でも世間の評判とか世論とかい

ふものは、世人が事の真相を知らずして、何人かが高い声で何ごとかを呼号するとそれに追従し雷同することによつて形成せられるのが常であるが、このころにはそれが特に甚だしかつた。（中略）世間にはかの「志士」の徒らに声のみ高き叫喚の響きに動かされるもの多く、彼等をして何等の根拠も無く明かな事実にも背きまた考へかたに何の論理も無い、さうして内容の空虚にしてしかも矯激な、言説をほしいまゝにさせたのである。(9)

といった一節を見るときに、それが前に見たキリシタンについての評価と同様の心境の所産ではないかとの推測をたくましくしたいという願望のわき上るのを抑えようとしても抑えがたいのである。端的にいうならば、津田は、幕府当局に吉田茂以来の保守党政権担当者の、開国条約にサンフランシスコ条約の、「攘夷論」に全面講和論ないし非武装中立論の、「志士」の行動とその影響力にいわゆる「進歩的文化人」(10)と「ジャアナリズム」(11)の論調の役割の、それぞれのイメイジを投影しつつこうした論旨を展開したのではなかったろうか。単なる過去の歴史的事実の評価というにはあまりにもはげしい褒貶の対照を見るとき、私はどうしてもそこに戦後の津田の時局に対する強烈な関心（詳細は前章で見てきた）の投影を考えずにはいられないのである。

戦後の書き下し学術論文が、このような思想的動機から出ていると認められるとすれば、戦後版『国民思想の研究』に新しく書き加えられた部分で、戦前版『我が国民思想の研究』の所論の修正でない、戦前版刊行後紹介された新史料・新事実・新研究に基いて書き加えられた、いわば新しい書き下し部分と見なされる部分についても、大体同じことを想定してよいのではないかと思われる。それらは、実証的観点からの補正であり、思想の変化による改訂でないはずであるにしても、戦後の津田の新しい思想的立場と無関係ではありえないからである。一々の例証は省略するが、戦後版『第四巻』に書き加えられた安藤昌益についての相当に長文の所論(12)などが、その好例であることを指摘しておきたい。

戦後の学問的著作の具体的内容を通じて窺われる思想的変貌の検討は、この程度で終ることとし、最後に、それらの根底に横たわる根本的な思考様式における問題点をとりあげて本章を結ぶこととするが、それは津田の思想における内在主義ともいうべき論理構造である。青年時代以来、宗教の問題は津田にとり大きな関心事の一つであった。神話研究のために原始的民族宗教の実証的研究を貪慾に学ぶと同時に、仏典やバイブルとも熱心にとりくんだ津田、少くとも青年期の津田に、此岸を超えた彼岸の問題が意識せられなかったはずはない。そして他方には、現実への強烈な破壊と革命(政治的な意味ではなかったにしても)への熱情があった。そのような矛盾の自覚とその克服のための熱情を基盤として、絶対主義権力と独占資本との抱合の上に立つ明治憲法体制とそのイデオロギーへの勇敢な対決の姿勢が形成されたのであった。アカデミックな学術研究の形をかりた大正デモクラシーのイデオロギーとしての津田史学の成立は、右のごとき思想的背景と無関係でなかったのではあるまいか。昭和三十二年、津田は次のように言っている。

　ぼくは思ふ。人の道徳は本来、人のことであつて、神にかゝはることではない。われ〳〵は人の力の及ばぬところにおいて神の存在を思ひ、神の力を感受する。神に対する神秘的の交感をさへ体験しないでもない。しかし人の力の及ぶところにおいて、人がなさねばならぬことについては、どこまでも人として、努力すべきであつて、道徳の如きはそれである。(13)

この内在主義が、大正期以来高まりつつあった外国の「理論」の日本への適用の拒否の姿勢と相合して、かつては深い関心を示した世界的宗教に対しても、

　わたしは仏教もキリスト教も好まない。(中略)それらは何れも日本の風土、日本人の生活気分、のうちから発生すべきものではない、と思ふ。遠い昔に日本の風土、日本人の生活気分、によつて発生した宗教的信仰とその表

現としての神社及びそこで行はれる祭儀などには、今日でもわれ〳〵に親しいもの、われ〳〵の心情を動かすことの深いものがあるが、仏教の教理やその儀礼や儒学の思想などを附会したいはゆる「神道」は、それとは全く違ふ。（中略）キリスト教の芸術とても同様であつて、カトリックの教派における十字架上のキリストの像の如きは、わたしにはきみのわるい、不快の、感を与へるのみである。それに表現せられてゐる贖罪の思想とても、わたしにとつては非理の甚しきものである。[14]

という、強い拒絶の態度が宣言されるにいたった。『必然・偶然・自由』は『歴史の矛盾性』とともに、多作家津田の著書中数少い哲学的著作であるが、ここでも超越世界とのかかわりは対象外に置かれ、内在的思索のみに終始している。それについて津田は、

この小稿で試みたのは、歴史の展開のありさまを、社会的または心理的の観点から、経験的事実の範囲のうちで考へてみようとすることであつた。上にも述べたことがあるように、形而上学的または宗教的な考へかたに立ち入らなかつたのも、このためである(これはさういふ考へかたを否認する意味ではない。形而上学的思索は人が思惟することから生ずる自然の欲求であり、宗教的心情もまた人の生活の已みがたき要望のあらはれである。たゞその主張をなすものは、現実の生活、現実の自己の体験、から入つてゆくところ、それによつて形づくられてゆくところにあるので、他から与へられるもの初から規定せられてゐるものではない。従つてそこまで入らずに、現実の生活を現実の生活として見るだけで、それだけの意味はある、といふのがわたくしの考である)

と言っている。昭和二十八年四月五日に私は津田と次のような問答を行なった。

問　先生は、形而上学に全く御興味はおありにならないですか？

答　学問上のことをどこまでもつきつめて行けば、必ず形而上学へ行かねばならぬであらうと思ふ。その意味で

形而上学の不可欠なことは認める。しかし、西洋の形而上学の歴史を学んで、それに何かを附け加へる、といふ形で形而上学を研究すべきではないと思ふ。その点でよく西洋哲学をやつてゐる人と意見が衝突する。(15)

これらの中で津田が、外国の哲学・宗教等を既成の所与としてそこから思索を出発させるのではなく自己の現実の経験から思想を形成すべきであると主張しているのは、すでに大正末年からの津田の意識的に心がけてきたところのようで、戦後に新しく言い出されたことではないが、必ずしもそれが津田の思想形成の出発点からの方針でなかったことは、すでに詳述したとおりに、津田がおびただしい西洋人著作の欧文原書を読み、戦後になって嫌悪の情を示したキリスト教の聖書や、また上述のように戦後には役に立たぬとしたカントその他のヨーロッパ哲学、あるいは仏教の経典等をも熱心に耽読している事実に徴しても明白といわねばならない。大正デモクラシー期の津田が、人類的普遍妥当性(客観的にはそれが歴史的制約を帯びるものであったにせよ)を価値基準とすることにより、日本の歴史を批判的に再構成する壮大な業績を築き上げることができたのも、青年時代以来の、形而上学的思索の成果をふくむ外国思想を深く学んだからでこそあれ、それなしに津田史学の輝しい成果はありえなかったのではなかろうか。前引のごとき晩年の主張は、人類普遍の真理を拒否する民族主義、個人の経験にのみ拘泥する経験主義、超越的なものへのかかわりを拒否する内在主義といった、平板で浅薄な現実追随思想への落し穴に陥る危険に通じており、晩年の津田に見られる、社会の動きに目をつぶりひたすら自己の成心を固執する柔軟性を欠いた姿勢も、畢竟このような現実へののめりこみ、超越的なものとの交渉の意識的な遮断という方向への傾斜が、すでに見てきた社会的・個人的(生理的・心理的)等の外的条件とあいまって形成した結果であったろうと思われる。

津田が、戦前の著作においてすでに初版に数多く引用した洋書の引用を改訂版でことごとく抹殺することにより、欧米思想からの「独立」を意識的に実行しようとしたことは、前に詳しく検討したとおりであるが、それと相呼応するように、津田の洋書の利用も、中年期を境として急激に低下したように思われる。というのは、津田旧蔵の洋書の目録によるかぎり、日本人の著作の欧訳を別とすれば、一九三〇年代以降の発行のものがきわめて少いという特徴が窺われるからである。[16] 発行年代と閲読年代とが必ずしも直接結びつくと断定できないにせよ、大体において一九三〇年代以後、津田が直接に欧米新思想の摂取に熱意を失なったことだけは推定してあやまりないのではあるまいか。ことに津田が積極的に国際政治問題にまで発言するようになった戦後の時期が、津田の海外情報の直接摂取のほとんどなされなかったらしい時期であったことが、その発言をいちじるしく客観性のないものとしてしまった原因の一つであることはまちがいなかろう。

蓑田胸喜は死んだが、それと同じ役割を演ずる徒輩のいつまでもあとをたたず出てくる戦後の日本で、彼らと手をたずさえるまでにいたった晩年の津田を語ることは、戦前の津田のしごとの輝かしさを知る私にとり、筆にするに忍びないところではあるが、[17] つとめて客観的に津田の戦後の思想の特質を、具体的発言に即して述べてきたつもりである。次に章を改めて戦後思想史の中でもつ意味を考えて、本書の結びとしたい。

（1）　無数の相違点を抄出することは不可能であるから、ここには、私が特に典型的と認めた例のみをあげているにすぎないことを、承知していただきたい。
（2）　『歴史と民族の発見』所収「歴史家について」。
（3）　『日本の近代史学』所収「『国民思想の研究』新旧両版の比較研究」。
（4）　『ニホン人の思想的態度』。
（5）　『全集』第二十二巻所収。
（6）　折口信夫も、敗戦直後に津田と同じような主張をして、天皇制批判への防衛を試みたが、それもまた津田と同じく政治的な発言であった。宮田登氏は、折口民俗学では天皇が「生きた神」であるという信仰が鋭くとらえられていることを指摘している（『生き神信仰』九二頁以下）。

(7)　『吉田松陰』改訂版は、論旨にも大幅の改訂が加えられている点、『我が国民思想の研究』の戦後改訂と揆を一にするものがあり、「歴史はくり返す」という諺を思い起させる。

(8)　「津田先生と二人の先生」(『現代日本思想大系月報20』)。

(9)　『国民思想の研究　第五巻』所収「文化の大勢　一」(遺稿・『全集』第八巻)。

(10)(11)　ともに津田の用語。

(12)　六五九―六四頁。

(13)　「宗教と道徳」(『新潮』昭和三二年一二月号・『全集』第二十三巻)。

(14)　「梵鐘のひゞき」(『思想・文芸・日本語』)。

(15)　昭和二十七年『フィロソフィア』第二三号に載せた「近代日本に於ける西洋の思想の移植」においても、津田は次のように言っている。「人はその生活の内省とそれについての思索とによつて、そこから自己の哲学――形而上学を構成することができるのではあるまいか。少くともさういふ一面がこの学にはあるのではなからうか。勿論、学としての体系を与へるには、過去の哲学とその歴史的発展とに関する知識が役だつであらう。けれども役だつのはその点に於いてのことではなからうか。(中略)形而上学は学徒たるもの思索をするものがいつかはその門に入つてゆかねばならぬところであり、上つてゆかねばならぬ堂である。しかし過去のその学に関する知識の堂を下りその門を出て、そこから思索の道に旅だつべき性質のものではないのではなからうか。わたくしは西洋の哲学――形而上学について何ごとをもいふ資格の無いものである。それであるからこそかういふことがいはれるのかも知れぬが、かう思つてゐる」。

(16)　『津田文庫目録』の中で、発行年代の記入されていないもの、日本人の原著および日本を紹介したものを除き、一九三〇年代以後の洋書はわずかに左の数部にすぎない。

Zeller, E. : Outline of the history of Greek Philosophy : 1931.
Robertson, E. A. : Francis Xavier, Knight errant of the cross, 1506–1552. 1930.
Chuch, A. : Mathematical logic. 1936.
Bryan, J. I. : Philosophy of English literature. 1930.
American historical association : Annual report, 1959, v. 1. 1959.
〃　: Guide to historical literature. 1961.
Gibbon, E. : Decline and fall of the Roman empire. v. 6–6. 62 1950.

Sansom, G. B. : Western world and Japan. 1950.
Van Viet, J. : Historiael verhael der sieckte ende doot van pra interra tsia 22^{en} coninck in Siam and den regheren-de pra onghsry, 1640. 1956.
〃　: Historical verhael der sieckte ende doot van pra interra-tsia 22^{en} pra ongh srij. 1958.
Saris, J. : First voyage of the English to Japan. 1941.

(17)　本書では、戦前の津田について述べたと同じような比重(津田の著作量との比例に相当した)で戦後の津田について論ずることをしなかったのは、このような理由による。

第三章　戦後思想史上における津田の位置

敗戦を契機とする天皇制をめぐっての急激な思想情況の変化の中で、かつて天皇制のわくの中での近代化をめざしすぐれた業績をあげた学者が、おおむね天皇制擁護の姿勢を示したことは、第一章に一言したとおりである。さきに津田と同様に天皇制の近代化・合理化の学問体系の樹立者として対比観察した美濃部達吉と柳田国男とについて一瞥すると、美濃部は、昭和二十一年一月、東京新聞記者とのインターヴューで、「共産党について、今の政治について、といろ〳〵聞いてみても、『その話は止めませう』と苦虫を嚙みつぶしたやうな顔をしてみせ」、「天皇制問題に就いては安倍能成君などと同じで絶対支持だ」と語ったということで、津田と全く同じ反応を示している。しかも、戦前以来「象徴」としての天皇を提唱してきた津田が、象徴天皇制を採用する日本国憲法の制定に抵抗感をいだかず、むしろ自己の持論の実現として快く受容する態度を見せたのと異なり、美濃部は、明治憲法の天皇主権主義を固守する立場に立ち、主権在民は「我が建国以来の歴史的伝統と相容れないことは勿論、(中略)我が鞏固な国民的信念とは絶対に調和し得ないものである」と言ってその採用に反対し、新憲法案に対し、「国家統治の大権は総て天皇から離脱し、立法権は国会に、行政権は内閣に、司法権は裁判所にそれぞれ所属し、(中略)行政権の首脳たる内閣総理大臣には恰も大統領の如き地位を有せしめんとする」「如き急激な大変革」が「我が国に深い歴史的根柢を有する一般国民心理国民感情に適合するものであるや否やは、甚だ疑はし」く、ことに天皇が国務大臣任命等を「認証」するという規定は、本来「認証」が公証人の職務とされている事実に照し、「天皇に恰も公証人の如き地位を与へんとするもの」というべきであり、同様に天皇が法律を公布するという規定は、従来内閣事務官の担当してきた公布の職務を天皇の大権たらしめるものであって、いずれも「何の意味であるか全く理解し難い」という酷評をあびせているのである。こうして美濃部は枢密院における新憲法案の審議において反対の意思を表明した唯一人の枢密顧問官となったのであるが、美濃部の新憲法への反対は、改正手続にも論拠をもっているけれど、思想的には、もっぱら上述のような天皇主権主義を擁護し「国体の変革」に反対であったところから導かれたものと解して、まちがいないであろう。[1] 同じく昭和十年代にその天皇制合理化の学説の故に国体論者から反逆者呼ばわりされ迫害にさらされながら、美濃部の天皇制への執着は、津田よりも保守的であり、津田に劣らず熱烈な主張となって展開されたのであった。

戦前から天皇制に直接深入りした言論を公にすることなく、それ故に美濃部や津田のような迫害をも受けなかった柳田は、その姿勢を持続し、敗戦後も現実政治にふれる発言はしていないが、思想の科学研究会の聞き取りに答えた中で、[2]「ロシアのヴォルシェヴィキを共産主義とみてよいのでしょうが、日本にある共産主義がそれならば反対です。(中略)学者の自由をみとめない政党は賛成出来ないという返事をします。ロシアでは学者に対してアナイレーされたのがひどいようですね。我々は人間全体として井戸、泉のようなものだから、それを塞ぐというだけでも反対してよいと思います。ところが日本では学者が大分共産党に入りましたね。私はああいう人たちが本当に学者なんだろうかと思うのです」と言い、[3]「天皇陛下については余りはっきりいいたくないのだけれども、私としては勤皇心を持っております。如何なる場合でも陛下に忠実であるべきだと思っております。ただ、非常に苦しい立場においでになるものだから、今我々がわいわい騒ぐとわずらわしくお思いになりはしないかという意味から何も言いません。これは四年前に御詔勅〔降伏の詔書か?〕をうかがった時から、皇室の問題を問題にすることを避けようと決心して、それ以来未だに何も書きません。少しはお休ませ申さなければならぬような気がします。日本には古来そういう時代が随分ありました。今のように天皇問題の議論が盛んになった時代というものはあまりありませんが、天皇問題は日本人にとって運命的といってよい位で、宗教と同じように感情問題ですから、理論で説明しなければやれないというものではありません」と述べたことが記録されていて、柳田もまたその衷情を披瀝すれば、反共と天皇制護持の二点で美濃部・津田と全く同じ立場にあったことが確認されるのである。たゞ天皇制についての柳田の発言は、他の二人に比べ、はるかにデリカシーに富んでおり、その擁護のために積極的な言論活動を行なうのを回避している点、思想は同一でも行動様式には大きな違いがあるといってよい。

このように大正デモクラシー思想を学問として大成させた代表的な三人の老碩学は、期せずして戦後も同一の立場に立ったのであるが、戦後における三人の新しい知的活動の展開のし方は、いちじるしく異なっていた。

まず美濃部について見ると、新憲法案には反対しながらも、それが日本国憲法として実定法となると、その後は明治憲法に対すると同じ解釈法学者の立場に還ってその解釈のために全力を傾注し、立法論上からいつまでも反対の主張を固執することはしなかった。美濃部の新憲法解釈には、明治憲法的発想の清算が十分でなく、明治憲法と根本的に異なる日本国憲法の理念を十分に理解していないところが多いと認められるが、(4) それにしても、新憲法を思想的に非難する態度は見られなくなった。実定法を所与としてその解釈につとめる解釈法学者の習性によるものか、新憲法に順応しようとする柔軟な心理によるものか、そのあたりはよくわからないけれど、いずれにしても、敗戦後三年にも満たない昭和二十三年五月に、その後の思想界の激動を見るに先だち、七十六歳で世を去ったので、戦後史の動きとの関連で他の二人と比較するすべは全くない。

柳田は、津田の死よりも八か月おそい昭和三十七年八月に八十七歳で死去しているが、戦後十七年間にわたり旺盛な活動を続け、戦前からの論説を集めた『柳田国男先生著作集』『定本柳田国男集』を別にして、三十冊ちかい新刊単行著作を公にしている。晩年の柳田の学問活動の旺盛さを察するに足りよう。しかも、死去の前年である昭和三十六年公刊の最後の単行著作『海上の道』は、きわめて創見と示唆に富んだ内容のものであって、最後までその学問がとどまることなく進展を続けたようすが窺い知られるのであった。津田が、戦後もっぱら時事問題についての著作のほうにより大きな力を注ぎ、戦前の旧著の改訂のほかに学問の進境の見るべきものにとぼしかったのに比べて、大きな相違を示している。民俗学は戦後アカデミックな学問の世界で市民権を獲得し、大学に民俗学の講座が設けられたり、隣接諸科学が民俗学の方法や研究成果を盛んに活用したり、柳田の努力がようやくにして実り、民俗学は戦前に比し数段活況を加えたが、その中で柳田は肉体の力の尽きるまで、多数の後進とともに第一線の活動を続けてとどまることを知らなかったのであった。ただし、柳田民俗学の思想的立場や方法論の基本構造に飛躍的進展があったとはいえず、むしろ柳田の考え方は終始一貫してかわらなかったと見てよい。真の意味での保守主義は戦後の思想界の激動の中でも最後までそのまま維持せられたと見られるが、それは戦前と同じく柳田が新しい思想に常に一歩距離を置いた地点に立ちめまぐるしい思想の推移に批判的姿勢を堅持しながらも、自己の思想をそれに対置させ、新しい思想的動向をみだりに攻撃することをしない態度と相表裏していたのであって、自己の保守的心情の故に新しい動きを阻止しようとはしない寛容を、柳田は晩年にいたるまで失なわず、そのような柔軟で弾力に富む心を失なわなかったればこそ、八十歳をこえてなお新鮮な学問的成果を豊かに達成する能力を保ちえたのではあるまいか。柳田民俗学において、大正デモクラシーの最良の面が戦後の新時代に依然として生命を保持し、昭和世代の後進の手に継承されるに値するものを遺しえたといってよいであろう。

津田においては、柳田のような寛容と柔軟性とが見られなかった。敗戦直後までは、基本的にきわめて近い思想的立場に立ちながら、戦後十数年の歴史の中で津田は急速度にその思想を硬化させ、戦前とは反対の方向に、しかも狂信的な情熱を以て突進して行った。その思想的硬直化が、歴史的現実の多面的な認識と透徹した洞察の眼を曇らせ、戦前のような独創に富む、しかも多産な学問的業績を世に送る能力を涸渇させてしまったのではないであろうか。戦後間もなく死去した美濃部とは比較できないけれど、柳田との比較において、津田のたどったのは、率直にいって衰弱の道であったと見るほかない。柳田と同様に、津田もまたアカデミズムの世界で大きな栄誉を与えられるようになり、昭和二十二年には学士院会員に選ばれ、同二十四年には文化勲章を授けられる、というように、学者としての最高の栄誉を次々に与えられたが、僅々数年前には体刑を宣告せられた刑事被告人であったことを回想すれば、戦後における津田に対する社会の公的評価の百八十度的転換が窺われ、その点では、柳田民俗学の地位の上昇よりもドラスティックであったといいうるだろう。第一章に述べたとおり、記紀説話による権威づけから解放された戦後の象徴天皇制は、津田の多年にわたる持論を実現させたにひとしいものであったから、明治憲法体制の下では異端とされることを免れなかった津田史学も、新憲法下ではそのもっとも正統的なイデオロギーとして再評価せられる日を迎えたわけであって、津田の頭上に最高の栄冠が冠せられたのは実にそのような歴史的変化によるものであった。

しかしながら、日本国憲法との関連で津田の思想との幸運なる調和が完全に保たれたのは、日本国憲法の究極理念である主権在民・人権保障・戦争放棄においてではなく、象徴天皇制との間においてだけであった。その他の点で津田の思想が憲法理念と相容れなかったことは、第一章に具体的に見たとおりである。象徴天皇制を除き、総じて津田は戦後の「民主化」のさまざまの試みには、ほとんどみな反対の態度をとった。それだからこそ、吉田茂政権成立以後、保守党政府がアメリカの国際軍事政策に従属して、反共・再軍備の政策を強行し、憲法の空洞化を進めて行くようになると、津田はこれを全面的に支持し、もっとも率直大胆な改憲勢力の代弁者としての役を買って出るとともに、共産主義者はもちろん、民主主義・平和主義を防衛しようとする人々に対しても、痛烈な非難攻撃を加えるのをあえて辞さなかったのであった。この段階において、津田史学固有の思想的個性が津田自らにより抹殺され、津田は今や全くの公式的体制イデオローグに化し了ったのである。

戦前の津田史学の成果は、戦後学問の自由の保障により急速に長足の進歩をとげた史学界では、当然の常識とされ、むしろ陳腐な学説としてそれを乗りこえて行くことが新進研究者の合言葉となった。ただし、その主著の戦前版は『全集』別巻の刊行されるまでは依然として稀覯本に属していたし、『全集』の刊行された時期になると、もはや津田史学など過去の学説史上の存在でしかないと考える世代が学界の中堅を占めるようになっていたから、戦前の津田史学の本領が戦後の史学界でどこまで的確に理解されたか、特に思想史学についての行届いた理解がなされたかどうか、私ははなはだ疑問に思っている。そして、同時代の津田の発言が、戦後の新進史学研究者の多数にとり異和感なしには接しえない性質のものであった事情も加わり、津田史学は、戦後史学の発展のための先行の遺産として十分に継承せられるにいたらなかったと見る余地さえあるように思われる。民俗学の開祖柳田の高峰には多数の後継者の裾野が広がり、詩人柳田のみがよくしえた、他人で代置しがたい個性は別として、その継承・影響が広範囲に及んだのに比べ、津田の周囲には、津田史学の嫡流を継承発展させるに足りる学徒集団を欠き、したがって超越的批判は多くても、これを内側からのりこえ、その独自の発想を時代の進運とともに発展させて行く継承者はとぼしかったと認められるのであって、津田自身のたどった個人的な進路もさることながら、学界におけるその歴史的貢献についても、柳田よりもむしろ貧寒たる悲哀は否みがたいものがあったとせねばならぬ。美濃部達吉は早く死んだけれど、その門下から鵜飼信成ら新憲法の理念を積極的に展開させた後継者を生み出しているのに比べても、津田史学の余光は薄かった。

大日本帝国憲法から日本国憲法へ、さらに安保体制へ、という僅々十数年の間に生じた日本のはげしい変動の中で、戦前以来活動を続けてきた学者・思想家の間に分裂変動の現象が生じた。個性をある程度捨象しなければ不可能な類型化を学者・思想家群に施すことに、おそらく異論があろうことは承知しているけれど、思想史的大勢を鳥瞰するためにあえてそれを試みると、大体次のような諸類型が見られるのではなかろうか。

第一は、戦前以来の非マルクス主義的リベラリズムの立場をそのまゝ堅持し続けた人々で、戦前・戦中・戦後の立場には個々の人ごとにさまざまな相違があるにしても、例えば南原繁などにもっとも典型的に示されている、この種の類型を設定できると思う。第二は戦前以来のマルクス主義をそのまゝ堅持し続けてきた人々、例えば大内兵衛らがその典型として挙げられると思うが、これらの人々は、前者と世界観を異にしながらも、憲法空洞化の反民主主義・再軍備強化の体制に対立するという点では、前者とあわせて高次の同一類型にふくめることができる。第三は、これら二者といささか異なり、戦前・戦中にはむしろ体制的思想を奉じていたが、戦争体験・戦争責任の自己批判を経て、平和主義・民主主義の立場に移った人々、例えば学者ではないけれど元陸軍中将遠藤三郎のような人をその典型として挙げることができよう。以上の三者は、思想の経歴、基本的世界観等において、一様に理解できない相違をはらみながら、大局において、思想界の配置の一方に位置づけることが適当と思う。

これに対立する側も、前者と同じようにいくつかの類型があり、相合して体制イデオローグ陣営として、思想界の一方に立っている。一つは、敗戦前からの反共・反民主主義・軍国主義思想をそのまゝ戦後にも維持している人々、例えば平泉澄のような人がその典型であろう。もっとも、この場合、アメリカとの決戦を叫んできたことと戦後のアメリカへの軍事的隷属下での反共体制支持とを思想的一貫と見てよいかどうか疑わしいけれど、それは副次的な問題であり、反共・反民主主義が基本的問題であるのだとすれば、やはり敗戦前からの一貫性を認めることができる。次に、敗戦前にはマルクス主義者、あるいは広義のリベラリストに属し、戦後に徹底した反共・反民主主義に転向した人々がある。例えばマルクス主義から転向した林健太郎、かつてはリベラリストであったと思われる天野貞祐のような人々がその典型にあげられよう。これらの人々が相合して、最初にあげた高次の一類型と対立する別の一類型を形づくるのである。

以上は、戦前からすでに学問的活動を行なっていた人々について試みた類型化であって、これに戦後はじめて活動を開始した人々の多数が両類型に分属する。もっとも、戦前世代においても、右の類型のいずれにも属せしめにくい人物もおり、ことに戦後世代はいっそう複雑な様相を呈しているので、戦後の現代思想界を上述のような両極分解として大観することは、あまりにも事態を単純化するとのそしりを免れないかもしれないが、最初におことわりしておいたとおり、大勢を把握するためにあえて単純な類型設定を冒すのを避けなかった次第である。そして、津田が、このようなグルーピングの中でいずれの類型に属するかは、改めて説明するまでもないところであろう。

戦後の津田の思想を発表する場所が、単行本の多くを岩波書店から出しているにもかかわらず、岩波書店の看板雑誌である『世界』から離れ、『世界』の編集方針を快しとしない人々の機関誌として発行された『心』や、『世界』とは思想的に対極的な思想傾向の強い『新潮』などに求められているところに、津田の戦後思想界における位置づけがよく現われている。発刊当時の『心』の編集同人は左のとおりであった。

今井登志喜　仁科芳雄　土居光知　和辻哲郎　川田順　吉井勇　田中耕太郎　高橋里美　高橋穣　高橋誠一郎
辰野隆　谷崎潤一郎　高村光太郎　津田左右吉　永井荷風　長与善郎　中谷宇吉郎　中川一政　武者小路実篤
務台理作　宇野浩二　梅原竜三郎　信時潔　久保勉　久保田万太郎　熊谷守一　柳宗悦　柳田国男　安井曾太郎
安田靫彦　正宗白鳥　福田平八郎　小宮豊隆　小泉信三　児島喜久雄　小林古径　小牧健夫　天野貞祐　安倍能成　斎藤茂吉　里見弴　新村出　志賀直哉　広津和郎　鈴木大拙

この顔ぶれはかなり多彩であり務台理作・広津和郎のように、後にはむしろ相対立する側の立場に立って活動した人々をもふくんでいるけれど、例えば昭和二十三年九月号の巻頭論文に和辻の「国民全体性の表現者」を載せ、同三十三年八月号の巻頭に高坂正顕の「思想の平和」と天野の「道徳教育について」を並べ、久野収・鶴見俊輔・藤田省三の「日本の保守主義『心』グループ」の批判に答えるための安倍・鈴木成高・和辻・谷川徹三・竹山道雄・武者小路の座談会「『心』グループ批判を読んで」(5)を載せ、同三十四年十一月号の巻頭に小泉の「立憲君主制」、三つ目に田中の「裁判の常識」を載せているなど、その一端をのぞいただけでも、大体の傾向を窺うに十分なのではなかろうか。『心』グループの思想史的な位置づけは、前記久野らのすぐれた評価があるので、ここには縷言しないこととするが、いずれにしても、津田が、このような、もっとも時代の進展に盲目な老人のくりごと仲間に安住していたところに、戦後の津田の思想的衰弱が表見的にも裏付られるのであった。

戦後の思想史における諸潮流・諸対立はきわめて多面にわたり、簡単に概括することはできないが、もういちどあえて全体的展望のための単純化を試みるとするならば、一九四五年の敗戦における有史以来の未曾有の悲劇を貴重な反省の契機とし、戦前の権力ならびにその要請に基く正統思想が否認してきた基本的人権の尊重、主権在民、平和主義を、最低限の公理として支持するか否認するかが基本的対立点であって、それを超えるところの諸問題、あるいはそれに達しないところの諸問題についての見解の対立は、基本的な対立ではなく、少くとも歴史の現段階においては、第二次的な対立にすぎない、と私は考える。この基本的対立において、津田が明白にその一方に身を投じ、きわめて極限的な主張をくり返してきたことは、前章で具体的に見たとおりであった。津田の晩年におけるそのような思想的活動は、その死後に生じたいわゆる教科書訴訟をめぐる思想的対決の中にあざやかな形で浮かび上っているので、その概要を一瞥して、戦後思想史上における津田の位置づけの結びとしたい。

教科書訴訟は二つの訴訟の総称であるが、ここでは便宜第二次訴訟のほうだけによって述べると、昭和四十二年三月二十九日、教科書検定権者である文部大臣は家永三郎著作高等学校用教科書原稿の一節「『古事記』も『日本書紀』も『神代』の物語から始まっている。『神代』の物語はもちろんのこと、神武天皇以後の最初の天皇数代の間の記事に至るまで、すべて皇室が日本を統一してのちに、皇室が日本を統治するいわれを正当化するために構想された物語であるが」とある部分を不合格処分に付したので、著者はその取消しを求める訴訟を東京地方裁判所に起し、この叙述は、津田左右吉の学説によったものであって「学界の殆んど異論のない最大公約数的命題」であり、著者の学問的見解に基く記述の当否を公権力により審査する検定処分は憲法に違反する、と主張した。このように津田の学説に立脚した叙述の検定不合格処分の取消しを求めるこの訴訟は、津田学説が皇室の尊厳を冒瀆したと称して行なわれた戦争中の刑事裁判のいわば復讐戦ともいうべき性格を帯びていたが、被告文部大臣は、戦後の津田の論文の一部を乙第二一号証・乙第五二号証として提出し、原告の主張に対する抗弁のために用いた。昭和四十五年七月十七日、裁判所は、教科書内容への権力的介入を違憲違法とする原告の主張を認容して、不合格処分を取り消した。文部大臣の控訴により、事件は東京高等裁判所に移ったが、ここでも文部大臣はくり返し津田の戦後の学説を引用して、不合格処分の正当性を主張している。昭和四十六年六月二十五日の控訴人第三準備書面に次のような一節がある。

被控訴人は、この記述内容は、津田左右吉博士以来学界においてはほとんど異論のない最大公約数的命題であると主張し、また津田左右吉博士自身の「……だから神代の説話を或る方面の人達のいふ如く、事実でないことを『でつち上げて書いた』ものと考ふべきではない」(乙第二一号証四四八ページ)といふ所論も被控訴人のこの記述を否定するものではないとする。

しかし、右の津田論文は続けて、「……説話は心情思想の表現であるから、一々の事件の歴史的記録よりも却てよく全体としての上代の真相を世に伝へるものである。」としているところからも明らかなように、被控訴人とはその考え方を異にしているのである(乙第二一号証四四八―四五〇ページ参照)。このことは津田博士が別の論文で「……ところが、この点に於いてもまた拙著は世間から誤解せられてゐるところがあるらしい。政治的地位を有する人々の国家と皇室とに対する思想及び心情を明らかにするために、造作せられた物語であつて、歴史性事実性の無いものである、といふ拙著の考えを政治的権力者が皇室を権威づけようとする政策上の目的を以て故意にでつち上げた虚偽の物語である、といふ風に解せられているように見えるからである。」(乙第五二号証、傍点控訴人)と述べているところからも明らかである。

また、津田博士自身は「要するに神代史はたゞ、統治者の地位に立つて、其の地位の本源と由来とを語つたものである」(「日本古典研究　上」六四〇ページ)と述べており、津田博士の所論を本件記述のように「すべて……皇室が日本を統治するいわれを正当化するために構想された」ものであるとすることは、飛躍といふべきである(下略)

戦前の津田の研究に主としてよった記述を不合格処分とした国家権力が、戦後の津田の論文を証拠として不合格処分の正当性を主張するというパラドックスに、戦前には正統的史観への勇敢な挑戦者であり戦後には戦後の科学的史学を敵視し「皇国史観」の復活を強行しようとする権力のイデオローグに化した思想家津田の悲劇が縮図となって映し出されているのである。

(1)　拙著『美濃部達吉の思想史的研究』三一七―二七頁参照。
(2)　思想の科学研究会『私の哲学』。
(3)　昭和二十四年五月十五日、『改造』編集部の企画で柳田と私との対談が行なわれた際、柳田は『改造』編集者が唯物史観を問題にしたのに答えて、「私たちにとつて史観は問題にならない。事実が問題である。まだ分つてゐない事実がいくらもあつて、それを明にする方が先決問題である。唯物史観の人々にも二通りあつて、事実に即して考へ方を改めて行かうとする人もある。しかしひどいのになると、都合の好い事実だけを挙げ、都合のわるい事実を伏せてしまふのもある」(私の作成した聞書による)と言っており、思想の科学研究会での聞き取りほどひたむきにマルクス主義を否定することなく、寛容な態度を示している。

(4) 註(1)所引拙著三二八―三五頁参照。

(5) 『現代日本の思想』所収。

津田左右吉略年譜

津田左右吉の著書、主要な論文、および特記すべき経歴上の事実(津田左右吉については、原則として主語を省く)を収めた。なお、時代の背景として、または津田の思想に関連して参考とすべき事実を、＊を付して付記しておいた。年の下に津田の年齢を数え年で示してある。

明治六年(一八七三)　一歳

十月三日　岐阜県米田東栃井の士族の家に生れた。

明治十二年(一八七九)　七歳

是歳　郷里の小学校に入学した。

明治十四年(一八八一)　九歳

七月　改進党系の『岐阜新聞』が『岐阜日日新聞』と改題され、継続刊行された。津田の父がこれを購読していたので、津田もいつ頃からかこれを読んでいた。

明治十九年(一八八六)　十四歳

是歳　小学校を卒業し、名古屋の私塾に学んだ。

明治二十年(一八八七)　十五歳

二月　徳富蘇峰が『国民之友』を創刊した。津田は、後年創刊号掲載の田口卯吉の論説「国を建つるの価は幾何ぞ」から深い感銘を受けたことを記している。

明治二十一年(一八八八)　十六歳

是歳　名古屋の西本願寺別院設立の私立中学校のようなものに入学した。

明治二十二年(一八八九)　十七歳

＊二月十一日　大日本帝国憲法が発布された。

是歳　東京専門学校政治科校外生となり、講義録の購読を始めた。名古屋の私学を退き、帰郷した。

明治二十三年(一八九〇)　十八歳

春　東京に上り、東京専門学校に入学し、政治科二年に編入された。

＊十月三十日　教育勅語が「渙発」された。

明治二十四年(一八九一)　十九歳

夏　東京専門学校を卒業した。

年末　沢柳政太郎の家に寄寓した。その後、沢柳の世話になることが多かったが、精神的交流には限界があったようである。

明治二十五年(一八九二)　二十歳

四月　これよりさき、東京専門学校の学友有志と青年文学会を組織し、『青年文学』を創刊した。この月刊行の同誌第六号に現存最古の公刊著作である「『文学一班』を読む」を掲載した。

明治二十六年(一八九三)　二十一歳

夏　沢柳が東本願寺の招きに応じたのに伴なわれて京都に赴き、ついで富山県の東本願寺別院附属教校の教授に聘せられた。

明治二十七年(一八九四)　二十二歳

春　東本願寺の教校の職を辞した。
明治二十八年(一八九五)　二十三歳
春　東京に上り、白鳥庫吉の庇護を受けるを得、その後学問上白鳥に心服師事して多くを学んだばかりでなく、生活上の世話になることも多かった。
明治二十九年(一八九六)　二十四歳
五月『密厳教報』に仏教に関する論文を載せ、その後も幾篇もの論文を同誌上に発表した。
七月　日記に経歴・心境をつぶさに書き記したが、この月より明治末までの分が断続的に残っている。
同月　教員検定試験に合格し、中等教員歴史科の免許状を得た。
九月　沢柳が校長である群馬県立中学校の教師となった。
十一月　内村鑑三の『求安録』を読んだ。
十二月　これよりさき明治二十一年四月に『文』誌上に星野恒・那珂通世らの上代紀年についての論説が多く発表された。是月、これを読み、日記に見解を記した。
是歳　ゲーテの『エルテル』を耽読し、「狂気」「風雅」「学問」の三途を追おうとした。以後数年そうしたローマン的心情を持続した。
明治三十年(一八九七)　二十五歳
三月　群馬県立中学校の職を辞した。
五月　千葉県立中学校の教師となった。
明治三十一年(一八九八)　二十六歳
八月　宇都宮中学校の教師となった。
明治三十二年(一八九九)　二十七歳
一月　宇都宮中学校の職を辞した。
四月　再び千葉中学校の教師となった。
明治三十三年(一九〇〇)　二十八歳
九月　千葉中学校の職を辞した。ついで、白鳥の斡旋により、独逸協会中学校の教師となった。
明治三十四年(一九〇一)　二十九歳
三月『をんな』に寄稿し、その後幾篇もの文章を同誌に掲載した。
十一月　検定教科書『新撰東洋史』を出版した。
明治三十五年(一九〇二)　三十歳
一月　検定教科書『国史教科書』を出版した。
明治三十六年(一九〇三)　三十一歳
二月—九月「明治維新の原動力」を『をんな』に連載した。
*十月　最初の国定小学校日本歴史教科書が発行され、これ以来昭和二十年の敗戦にいたるまで、神代の物語から始る日本歴史が広く全国民の脳裏に注入されることとなった。
明治三十七年(一九〇四)　三十二歳
*十月　高木敏雄が『比較神話学』を出版した。
明治四十年(一九〇七)　三十五歳
是歳　前年満鉄東京支社に白鳥庫吉を主任として設置された満鮮地理歴史調査室の研究員となり、白鳥の下で、池内宏らとともに満鮮史の研究に従事することとなった。独逸協会中学校の職を辞した。

明治四十一年(一九〇八)　三十六歳
八月　Muther の絵画史の原書を読み始めた。

明治四十四年(一九一一)　三十九歳
一月　幸徳秋水らが大逆事件により処刑された。のちに津田は幸徳に対し好意ある心情を私に書きしるした。
八月　日記に桂内閣の「専横と陰険」を痛罵する文字を記した。

明治四十五年(一九一二)　四十歳
＊四月　白鳥庫吉が「『尚書』の高等批評」を『東亜研究』に掲載した。

大正元年(明治四十五年七月三十日改元)
＊十二月　桂太郎が内閣を組織したところから、護憲運動(第一次)がひき起され、大正デモクラシー思潮興隆の端緒が開かれた。

大正二年(一九一三)　四十一歳
十月　『神代史の新しい研究』を出版した。
十一月　満鉄満鮮地理歴史調査室報告『朝鮮歴史地理研究』二巻を出版した。

大正五年(一九一六)　四十四歳
＊一月　吉野作造が「憲政の本義を説いて其有終の美を済すの途を論ず」を『中央公論』に掲載した。
八月　『文学に現はれたる我が国民思想の研究　貴族文学の時代』を出版した。

大正六年(一九一七)　四十五歳
一月　『文学に現はれたる我が国民思想の研究　武士文学の時代』を出版した。
九月　早稲田大学講師となった。

大正七年(一九一八)　四十六歳
十月　『文学に現はれたる我が国民思想の研究　平民時代　上』を出版した。
同月　早稲田大学教授となり、昭和十五年に筆禍のため退職するまでその職にあった。

大正八年(一九一九)　四十七歳
八月　『古事記及び日本書紀の新研究』を出版した。

大正九年(一九二〇)　四十八歳
十月　「天皇考」を『東洋学報』に掲載した。

大正十年(一九二一)　四十九歳
十二月　『文学に現はれたる我が国民思想の研究　平民文学の時代　中』を出版した。

大正十一年(一九二二)　五十歳
十一月　和辻哲郎が津田の学説への反論の意をこめた「お伽噺としての竹取物語」を『思想』に掲載した。和辻のこの論文をふくむ一連の研究は、大正十五年十月『日本精神史研究』にまとめられて出版された。
＊同月　西村真次が、もっぱら人類学考古学等により、神話をそのまま史実でないとする立場で執筆した『国民の日本史(一)　大和時代』を出版した。

大正十二年(一九二三)　五十一歳
＊四月　美濃部達吉の国家法人説に立つ『憲法撮要』が出版された。

十月　東京帝国大学より文学博士の学位を授けられた。
大正十三年(一九二四)　五十二歳
二月　『神代史の研究』を出版した。
＊七月　柳田国男が『東京朝日新聞』に論説を掲載し始め、昭和五年九月に及んだ。
九月　『古事記及び日本書紀の研究』を改訂した『古事記及日本書紀の新研究』を出版した。
大正十四年(一九二五)　五十三歳
四月　是月以後、鈴木拾五郎夫妻に宛てて日信を書き送り、時論・心境等を私に述べ、昭和二年末に及んだ。
昭和二年(一九二七)　五十五歳
＊五月　全国訓導協議会で一小学校教師が神代を久米邦武流に解釈して教授した旨報告し、出席者の強い批判を受けた。
九月　『道家の思想と其の展開』を「東洋文庫論叢第八」として出版した。
昭和三年(一九二八)　五十六歳
＊三月　村岡典嗣が『本居宣長』の増訂版を出版した。
昭和四年(一九二九)　五十七歳
四月　「歴史の矛盾性」を『史苑』に掲載した。
＊同月　折口信夫が『古代研究　民俗篇』を出版した。
昭和五年(一九三〇)　五十八歳
四月　『日本上代史研究』を出版した。
＊十一月　村岡典嗣が『日本思想史研究』を出版した。
昭和六年(一九三一)　五十九歳
＊一月　柳田国男が『明治大正史　世相篇』を出版した。
＊九月　日本軍により「満洲事変」がひき起され、十五年戦争が始った。
＊十一月　松本信広が『日本神話の研究』を出版した。
＊是歳　この頃から渡部義通らにより、唯物史観に立った日本原始古代史の研究が始められた。
昭和七年(一九三二)　六十歳
＊五月　『日本資本主義発達史講座』の刊行が開始された。これにより、唯物史観に立った明治維新史の研究が活潑となった。
八月　「儒教の実践道徳」を『満鮮地理歴史研究報告第十三』に掲載した。
昭和八年(一九三三)　六十一歳
九月　『上代日本の社会及び思想』を出版した。
昭和九年(一九三四)　六十二歳
五月　「日本精神について」を『思想』の「特輯日本精神」号に掲載した。
十月　「上代史の研究法について」を『岩波講座日本歴史』の一冊として出版した。
＊同月　福山敏男が「飛鳥寺の創立に関する研究」を『史学雑誌』に掲載した。
昭和十年(一九三五)　六十三歳
＊二月　美濃部達吉の憲法学説に対する非難攻撃が開始された。ついでその主要著書は発売禁止となり、九月、美濃部は貴族院議員を辞任するの余儀なきにいたらしめら

れ、国家法人説に立つ憲法学説は国禁の学説となった。その間、後に津田陥害の主役であった蓑田胸喜らの美濃部攻撃が特に著しかった。

九月『左伝の思想史的研究』を「東洋文庫論叢第十一」として出版した。

昭和十一年(一九三六)　六十四歳
六月　羽仁五郎が『思想』に掲載した「国学の限界」で津田の研究を援引した。

昭和十二年(一九三七)　六十五歳
＊七月　日本が中国との全面的戦争に突入した。
十一月「日本の神道に於ける支那思想の要素」を『東洋学報』に連載し始め、昭和十四年五月に及んだ。

昭和十三年(一九三八)　六十六歳
三月『蕃山・益軒』を「大教育家文庫4」として出版した。

同月「マツリといふ語と祭政の文字」を『史苑』に掲載した。

六月『儒教の実践道徳』を「岩波全書」の一冊として出版した。

十一月『支那思想と日本』を「岩波新書」の一冊として出版した。

昭和十四年(一九三九)　六十七歳
三月「日本に於ける支那学の使命」を『中央公論』に掲載した。

十一月　小野清一郎が「東洋は存在しないか」を『中央公論』に掲載し、津田の学説を非難攻撃した。

十一月(？)東京帝国大学法学部より東洋政治思想史の講義を依頼され、講師として出講した。年末、終講の日に教室に潜入していた右翼の輩の集中攻撃を受けた。法学部助手丸山真男が津田を守って矢面に立った。

十二月　蓑田胸喜らが『原理日本』臨時増刊号を刊行し、「津田左右吉氏の大逆思想」と題し、津田の学説に非難攻撃を集中した。彼らは、津田を不敬罪で告発した。

昭和十五年(一九四〇)　六十八歳
一月　早稲田大学教授の職を辞した。

二月『古事記及び日本書紀の新研究』『神代史の研究』『古事記及日本書紀の研究』『日本上代史研究』『上代日本の社会及び思想』が発売禁止の処分に付せられた。
＊同月　丸山真男が戦後『日本政治思想史』にまとめた一連の近世思想史についての論文を『国家学会雑誌』に連載し始め、昭和十九年に及んだ。
三月　津田および津田の著書の出版人岩波茂雄が出版法違反の罪名で起訴された。
四月「日本歴史の特性」を河合栄治郎編『学生と歴史』に掲載したが、発行直前に削除、少部数の抜刷のみ残された。
＊十一月　紀元二千六百年祝賀式典が行なわれた。
昭和十六年(一九四一)　六十九歳
三月　津田・岩波両被告を公判に付するとの予審終結決定がなされた。
十一月　東京刑事地方裁判所で津田・岩波の公判が開始され、昭和十七年一月結審した。この間、津田は『上申書』および数種の弁護資料を印刷して裁判所に提出した。

*十二月　日本は米英両国に宣戦し、太平洋戦争が始った。

昭和十七年(一九四二)　七十歳
五月　東京刑事地方裁判所が津田・岩波両被告に対し有罪の判決を言渡した。検事が控訴し、津田は『上申書』を印刷して東京控訴院に提出した。しかし、訴訟手続が進められず時効が成立し、有罪判決は無効となった。

昭和二十年(一九四五)　七十三歳
六月　平泉に疎開した。
*八月　日本が降伏した。

昭和二十一年(一九四六)　七十四歳
*二月　高野岩三郎が天皇制廃止の憲法私案を公表した。その他、敗戦直後には、国の内外において、天皇制存廃の論議がかまびすしかった。
三月　「日本歴史の研究に於ける科学的態度」を『世界』に掲載した。
四月　「建国の事情と皇室の万世一系の思想の由来」を『世界』に掲載した。『世界』編集者はこれが政治的に悪用されることをおそれ、改稿を求める書簡を津田に送り、これを津田の論文とあわせて公表した。
五月―六月　「日本の文化の現状について」を『暁鐘』に掲載し、天皇制擁護論を主張した。
九月　東北帝国大学卒業式で記念講演「我が国の思想界の現状に就て」を口述し、大学ではこれを印刷頒布した。
*十一月　日本国憲法が公布された。
十二月　『論語と孔子の思想』を出版した。

昭和二十二年(一九四七)　七十五歳
四月　『史苑』掲載論文を改訂した『歴史の矛盾性』を出版した。
九月　日本学士院会員となった。
同月　『日本上代史研究』『上代日本の社会及び思想』の各一部等を改訂改編した『日本上代史の研究』を出版した。

昭和二十三年(一九四八)　七十六歳
一月　『学問の本質と現代の思想』を出版した。
八月　『古事記及日本書紀の研究』『神代史の研究』等を改訂改編した『日本古典の研究　上』を出版した。
十一月　『ニホン人の思想的態度』を出版した。

昭和二十四年(一九四九)　七十七歳
九月　「日本の神道に於ける支那思想の要素」を改題し、他の論文を付載した『日本の神道』を出版した。
同月　『おもひだすまゝ』を出版した。
十一月　文化勲章を授けられた。

昭和二十五年(一九五〇)　七十八歳
二月　『日本上代史研究』『上代日本の社会及び思想』等を改訂改編した『日本古典の研究　下』を出版した。
三月　中国思想史関係の旧著を集めた(以下同じ)『儒教の研究　第一』を出版した。
五月　『必然・偶然・自由』を出版した。
*六月　世界の冷戦が激化する中で、朝鮮人民共和国と大韓民国との間で戦端が開かれた。それは、やがて米軍を主力とするいわゆる国連軍と中華人民共和国義勇軍との

参加する国際戦争として展開された。
＊七月　占領軍が日本に「警察予備隊」の創設を命じ、日本の再軍備が始った。

昭和二十六年（一九五一）　七十九歳
六月　『我が国民思想の研究　貴族文学の時代』を改訂した『文学に現はれたる国民思想の研究　第一巻』を出版した。
＊九月　対日講和条約・日米安全保障条約がサンフランシスコで調印された。
同月　『儒教の研究　第二』を出版した。

昭和二十七年（一九五二）　八十歳
三月　文部省が『学習指導要領社会科篇』を発行し、歴史教育の基準を示した。ついで、津田はこれに対し批判を加えた。

昭和二十八年（一九五三）　八十一歳
一月　『我が国民思想の研究　武士文学の時代』を改訂した『文学に現はれたる国民思想の研究　第二巻』を出版した。
三月　『日本文芸の研究』を出版した。
七月　『歴史の扱ひ方――歴史教育と歴史学――』を出版した。
十月　『我が国民思想の研究　平民文学の時代　上』を改訂した『文学に現はれたる国民思想の研究　第三巻』を出版した。

昭和三十年（一九五五）　八十三歳
一月　『我が国民思想の研究　平民文学の時代　中』を改訂した『文学に現はれたる国民思想の研究　第四巻』を出版した。
＊八月―九月　日本民主党がパンフレット『うれうべき教科書の問題』三輯を頒布した。このことなどをめぐり、もっぱら社会科検定教科書についてはげしい論争がまき起された。
九月　昭和二十八年版『歴史の扱ひ方』を改訂増補した同名の書を出版した。

昭和三十一年（一九五六）　八十四歳
二月　『儒教の研究　第三』を出版した。

昭和三十二年（一九五七）　八十五歳
七月　歴史教育問題研究会なるものが『子供に教える正しい日本史』を出版し、津田はこれに「推薦のことば」を寄せた。
九月　『シナ仏教の研究』を出版した。

昭和三十三年（一九五八）　八十六歳
九月　「東洋文庫論叢第十一」として刊行した旧著を市販本『左伝の思想史的研究』として出版した。

昭和三十四年（一九五九）　八十七歳
十一月　既刊著書『歴史の扱ひ方』『歴史の矛盾性』『シナ思想と日本』所収の論文その他を集めた『歴史学と歴史教育』を出版した。

昭和三十六年（一九六一）　八十九歳
六月　『思想・文芸・日本語』を出版した。
十二月四日　死去した。

昭和三十七年（一九六二）　死後一年
＊七月　柳田国男の最後の著作『海上の道』が出版された。
＊八月　柳田国男が死去した。
十二月　これよりさき、津田の蔵書が早稲田大学に寄贈され

た。是月、同大学図書館が『津田文庫目録』を印刷した。

昭和三十八年(一九六三) 死後二年

十月 『津田左右吉全集』全三十三巻の出版が始り、昭和四十一年六月に完結した。その内の、第八巻『文学に現はれたる国民思想の研究 五』は、未完のまゝ『全集』で初めてまとめられたもの、第二十五巻・第二十六巻の『日記』、第二十七巻の『日信』は、『全集』で初めて公開されたものである。また、第二十二巻の『論叢 一』のように稀覯雑誌に発表されていた青年期の文章を集めたもの、第二十三巻付録の『新撰東洋史』『国史教科書』、第二十四巻付録の東京控訴院宛『上申書』等、従来閲覧した人の稀であった稀覯著作が多くふくまれている。第二十八巻には巻末に「著作目録」が載っている。

年月について、松島栄一氏の示教を仰いだところが数か所ある。

■岩波オンデマンドブックス■

津田左右吉の思想史的研究

1972年 6月20日　第1刷発行
1995年 4月24日　第4刷発行
2019年 5月10日　オンデマンド版発行

著　者　家永三郎《いえながさぶろう》

発行者　岡本　厚

発行所　株式会社 岩波書店
〒101-8002 東京都千代田区一ツ橋 2-5-5
電話案内 03-5210-4000
https://www.iwanami.co.jp/

印刷／製本・法令印刷

ISBN 978-4-00-730878-9　Printed in Japan